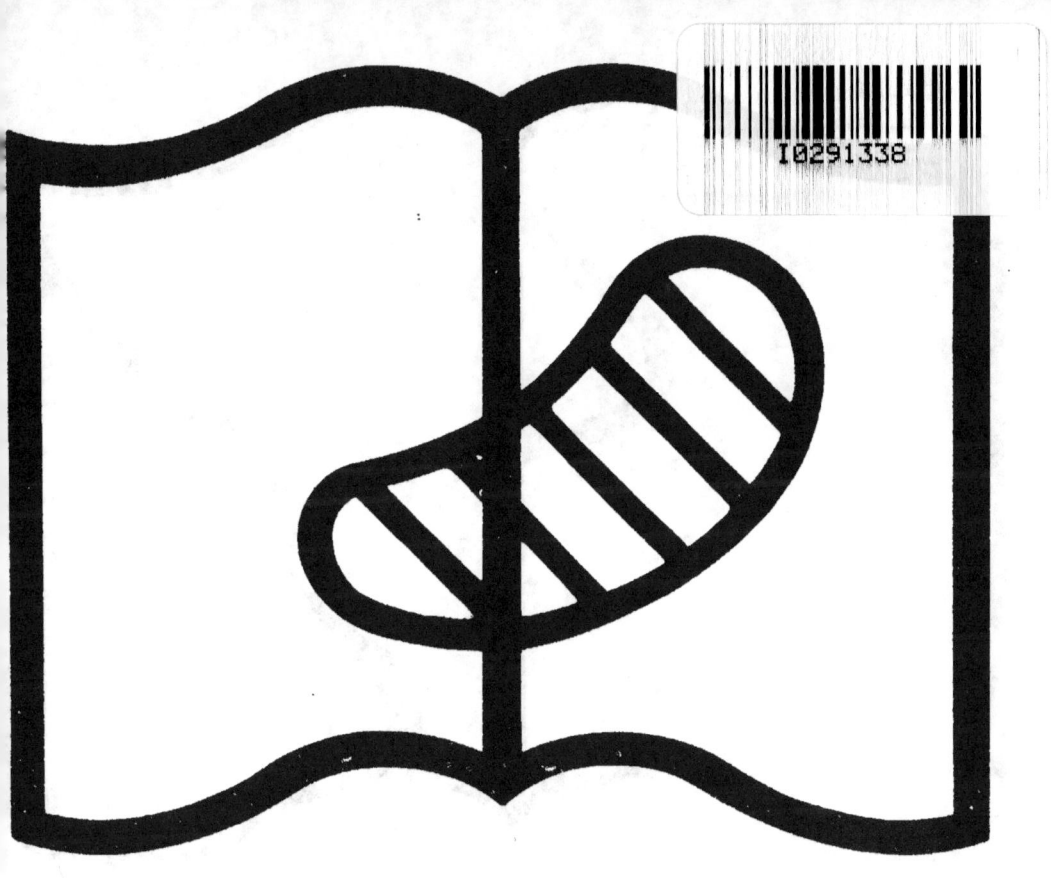

Symbole applicable
pour tout, ou partie
des documents microfilmés

Original illisible

NF Z 43-120-10

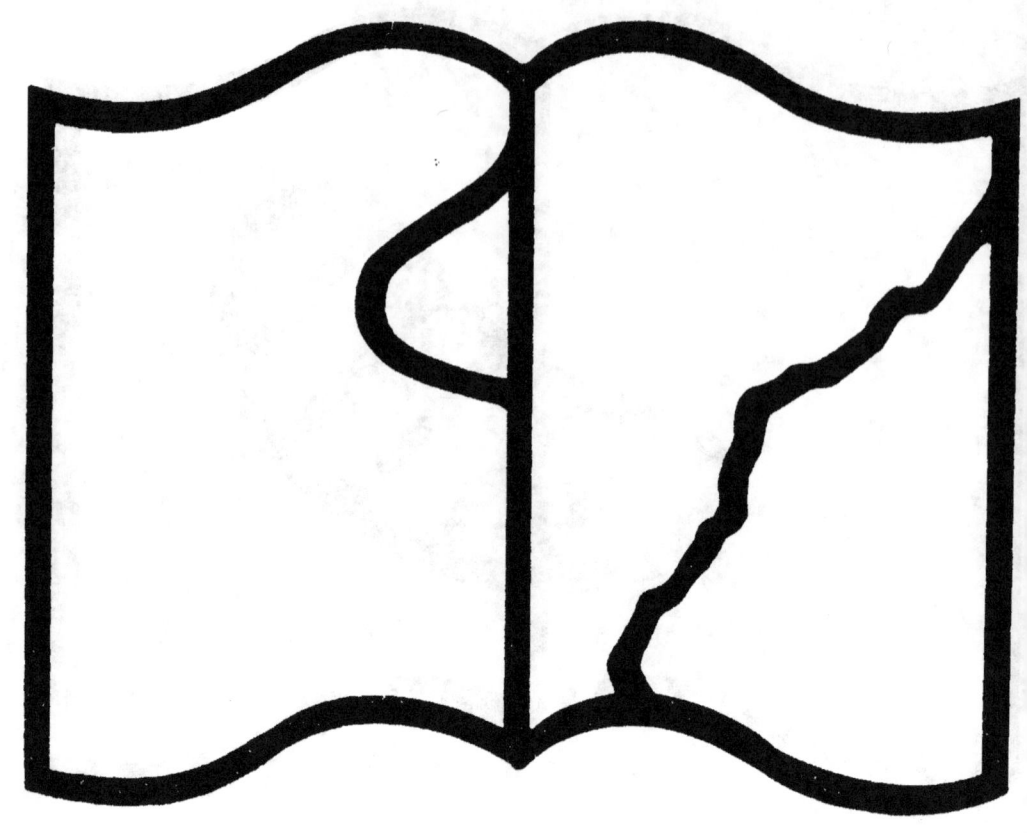

Symbole applicable
pour tout, ou partie
des documents microfilmés

Texte détérioré — reliure défectueuse

NF Z 43-120-11

CARTULAIRE
DE L'ABBAYE DE
ST-CHAFFRE DU MONASTIER

ET

CHRONIQUE DE ST-PIERRE DU PUY

CARTULAIRE
DU PRIEURÉ DE PARAY-LE-MONIAL

ET VISITES DE L'ORDRE DE CLUNY

PUBLIÉS PAR

LE CHANOINE ULYSSE CHEVALIER

Correspondant de l'Institut

MONTBÉLIARD | PARIS
IMPRIMERIE P. HOFFMANN | LIBRAIRIE ALPH. PICARD

1891

CARTULAIRE
DE L'ABBAYE
DE SAINT-CHAFFRE DU MONASTIER
ET
CHRONIQUE
DE SAINT-PIERRE DU PUY

CARTVLARIVM

MONASTERII

Sancti THEOFREDI CALMILIENSIS

Ordinis Sancti Benedicti

SEQUITUR

CHRONICON SANCTI PETRI ANICIENSIS

ET

APPENDIX CHARTARVM

EDIDIT

canonicus Ulysses CHEVALIER

AUCTOR

Repertorii fontium historicorum medii ævi

MONTE BELLIGARDI

E TYPOGRAPHIA PAULI HOFFMANN

MDCCCLXXXIV

CARTULAIRE

DE L'ABBAYE DE

ST-CHAFFRE DU MONASTIER

Ordre de Saint-Benoît

SUIVI DE LA

CHRONIQUE DE SAINT-PIERRE DU PUY

ET D'UN

APPENDICE DE CHARTES

PUBLIÉS PAR

le chanoine Ulysse CHEVALIER

AUTEUR DU

Répertoire des sources historiques du moyen âge

PARIS

ALPHONSE PICARD, LIBRAIRE

—

1884

NOMBRE DU TIRAGE

400 exemplaires sur papier ordinaire;

20 — — — fort.

—

N°

INTRODUCTION

LES chartes offrent à l'historien une des plus précieuses mines de renseignements et forment l'indispensable supplément de ses récits. Les recueils qui les conservent, exhumés en grand nombre à notre époque, sont toujours bien reçus du monde savant, surtout quand ils remontent à une vénérable antiquité et qu'ils apportent à l'érudit un riche contingent d'indications. A ce double titre, le Cartulaire de Saint-Chaffre n'est pas dépourvu d'importance. Les Bénédictins, et surtout les auteurs de l'Histoire de Languedoc, l'ont souvent mis à contribution. A leur suite, bien des écrivains l'ont cité : mais l'absence d'une édition complète a empêché d'en faire jaillir toute la lumière dont il peut éclairer les points obscurs de l'histoire du Velay. Après avoir mis au jour, dans une livraison de mes Documents inédits relatifs au Dauphiné, toute la partie spéciale à cette ancienne province[1], je me décidai, en 1875, sur le désir qui m'en fut exprimé par le Comité de rédaction des Tablettes historiques du Velay, à publier dans son intégrité ce recueil diplomatique; on résolut d'y adjoindre la Chronique de Saint-Pierre du Puy et les princi-

---

1. Académie delphinale, t. II, Grenoble, 1868, 6e livrais., ix-61 p.

pales chartes du fonds du Monastier aux archives de la Haute-Loire. Bien qu'imprimé dès 1879, ce volume est demeuré imparfait de l'introduction, à laquelle l'achèvement du tome premier de mon Répertoire des sources historiques du moyen âge ne m'avait pas permis jusqu'ici de mettre la main.

Le Liber de reparatione chartarum — tel est le titre du cartulaire de Saint-Chaffre, appelé vulgairement le Livre rouge — fut entrepris à la fin du XIe siècle, par les ordres de l'abbé Guillaume IV[1]. Rédigé sans doute pour réparer les désastres du temps ou des hommes, il ne dépassait pas originairement l'époque du pape Pascal II. Sans le comparer au Cartulaire de FOLQUIN[2] pour le mérite littéraire, on peut dire qu'à ce point de vue il n'est pas sans valeur. Il a eu pour base un plan analogue : c'est une suite d'analyses et de textes distribués en quatre livres, d'après une méthode qui a pour base les circonscriptions géographiques. L'ordre chronologique est loin d'y avoir toujours été observé, et il est facile de reconnaître que le rédacteur n'avait pas pris beaucoup de soin pour classer au préalable ses matériaux; mais il faut lui savoir gré d'avoir reproduit entièrement et avec assez de fidélité le texte des chartes les plus importantes, et d'avoir, dans l'analyse des autres, conservé les parties essentielles : noms de personnes et de lieux, notes chronologiques.

Le manuscrit original de ce cartulaire n'existe plus, ou du moins ne se trouve dans aucun dépôt connu. Pour en reconstituer le texte, je me suis servi principalement de quatre manuscrits, dont je vais donner la description, en les rangeant dans l'ordre

---

1. Hæc sunt quæ continentur in libro cui titulus DE REPARATIONE CHARTARUM, vulgo LE LIVRE ROUGE, editus a monacho monasterii Sancti Theofredi, de mandato Guilhermi quarti abbatis creati anno 1087 (Cartul., *p. 1*).

2. Cartulaire de l'abbaye de Saint-Bertin, *publié par M.* GUÉRARD; *1840, 1re part.*

de leur importance relative et en les désignant d'après la lettre abréviative qui m'a servi à les indiquer dans les notes.

C. *Copie du XVII*ᵉ *siècle, contenue dans le ms. lat.* 5456ᴀ *de notre Bibliothèque Nationale, et provenant du cabinet de Lefèvre de Caumartin, évêque de Blois, dont la vente eut lieu en* 1735 [1], *comme le prouve l'ex-libris* Ex Catag° Bibliothecæ Caumartinæ. *C'est un in-folio, de* 101 *pages numérotées, relié en veau; sur le plat recto on lit ce titre, répété à la première page:* ·ABBAYE· DE· MONESTIER. EN. VELAY· DIOCEZE. DV. PVY. *Bien que parfois abrégée, cette copie est précieuse à défaut de l'original. La distribution des livres dans un ordre en apparence différent provient d'une distraction du relieur dans la réunion des cahiers. On trouvera la description matérielle de ce ms. dans la notice préliminaire de ma première édition* (p. v-viij). *Il se termine par ces mots :* Hic explicit Liber de reparatione chartarum extractus, Deo opitulante, intra paucos dies satis fideliter et fere de verbo ad verbum intra supra scriptas paginas.

Ea. *Copie partielle prise par le bénédictin Dom Claude* Estiennot *en* 1676 *dans les archives du Monastier, sous l'abbé Henri de Senectère, et renfermée dans le ms. lat.* 12765 (*olim S. Germani a Pratis n°* 561) : Fragmentorum Historiæ Aquitanicæ, tomus IIIᵘˢ in monasterio Cæsædensi Arverniæ.... digestus a° a Ch° n. 1676 : § iv. Chronicon cœnobii Sancti Theotfredi Calmeliacensis...., erui e tabulario. Calmeliacensi et ms. cod. dicto *le Livre rouge* (ff. 18-89). *Le docte bénédictin le fait précéder de ces* Observationes præviæ: « i. *Hujus (chronici) auctor anonymus, sed monachus Calmeliaci, scribebat anno circiter MC;* ii. *toto volumine suum chronicum prosecutus est, cui nomen dedit* Liber de reparatione

---

1. Léop. Delisle, Cabinet des mss. de la Biblioth. Nation., 1874, t. II, p. 349.

chartarum; III. *eo in opere, quod* IV *libris comprehendit, bene multa refert quæ ad historiam parum conferunt : hæc omittimus et ex* IV *libris indiscriminatim selegimus utilia, de quibus sententiam feres.» D'autres extraits sont épars dans le corps du volume. En suivant au bas des pages les variantes de la présente édition, on constatera à regret que Dom Estiennot ne se piquait pas de copier exactement les documents qu'il avait sous les yeux et que des pièces anciennes ont souvent pris sous sa plume une forme rajeunie.*

Ep. *Fragments du cartulaire de Saint-Chaffre et chronique de Saint-Pierre du Puy, recueillis par le même bénédictin dans ses* Antiquitates Benedictinæ diœcesis Aniciensis *(ms. lat. 12749).*

B. *Autres fragments conservés dans le tome LXXV des mss. de* BALUZE, *qui note au f°* 228 : J'ay fait copier cecy sur une autre copie dont je n'ay pas vu l'original.

Il est encore un manuscrit dont il ne sera pas superflu de donner la description. Parmi les dépendances de Saint-Chaffre figurait au premier rang le prieuré de Saint-Gilles de Chamalières, qui lui fut annexé, comme on le verra, vers 939. *Dès lors les annales de ces deux maisons religieuses se confondent souvent, et les chartes de Chamalières sont d'un grand secours pour l'histoire des abbés du Monastier. Plus heureux que l'abbaye, le prieuré n'a pas perdu son cartulaire original. Une édition en a été publiée en* 1871 *par le regretté abbé H. Fraisse, curé de Monistrol*[1], *mais en partie dépourvue de l'appareil scientifique qui en rendrait l'usage plus fructueux. J'ai cru rendre service aux érudits en leur livrant de ce texte une collation rigoureuse* [2].

Avant de devenir la propriété de l'évêché du Puy, par don de

---

1. Cartularium conventus S^{ti} Egidii Camaleriarum, ordinis S^{ti} Benedicti, a d^o H. FRAISSE; *Le Puy, Desbenoît, 1871, gr. in-8° de 198 p.*
2. *Voir l'annexe B à cette introduction.*

M. Lacombe, maire de Saint-Etienne - Lardeyrol, ce cartulaire a eu ses vicissitudes, comme l'indiquent le titre et les notes suivantes : Cartulare Chamaliarum a Petro de Lamée Carcassonensi, nunc priore, sumptibus et vigilantia recuperatum, anno Dni 1733, regni hujus 18 *(p. 6).* Sans ce carthulaire egaré durand long temps et que je n'ay recouvert que par hasard, en 1733, à la vente des meubles de l'abbe de St Vozy au Puy, je n'aurois pas rapellé bien des droits dont mes derniers predecesseurs n'ont pas jouy *(p. 203).* Contenu du present liuvre par moy acquis de Me Nolhac, abbe de St Vozy, au prix de 36 livres, en 1733 *(p. 201). C'est actuellement, dans une reliure du siècle dernier, due sans doute aux soins du prieur Pierre de Lamée, un volume en parchemin, haut de 24 et large de 17 cent. Il offre deux paginations : l'une contemporaine de l'inscription des rubriques, par feuillets numérotés au verso ; l'autre, par pages, établissait déjà la disparition des huit premiers feuillets. Le relieur a maintenu une interversion regrettable des cahiers ou quaternions. Voici l'ordre dans lequel ils devaient être placés, avec indication des deux paginations et des numéros correspondants des chartes dans l'édition :* VIIII - LXVI [1], 8-127 *(n°s 1-194)* ; [2] LXX - IX, 144 - 63 *(n°s 220-69)* ; LXXX - VII, 128-43 *(n°s 195-220)* ; LXXXVIII - fin, 164-200 *(n°s 270-384). Les pages ont de 18 à 27 lignes, avec titres et initiales en vermillon. Entrepris sur l'ordre du prieur Pierre de Beaumont* [3]*, ce cartulaire fut continué par Gilbert de Mézères sous Pierre de Servissac* [4] *et terminé sous Raymond de Mercœur par Durand Coiro, qui fut plus tard*

---

1. *Après* LXIIII *vient* LX, *puis* LXV, LXVI *et encore* LXVI.
2. *Il manque ici au moins un feuillet ; les lignes 7-10 du n° 220 (depuis et in mor...) appartiennent à une charte dont on ne possède pas le commencement.*
3. Cartul., n° 157. — 4. Cart., n° 158.

lui-même à la tête du prieuré [1]. *Les numéros* 122, 256, 288 *et* 313 *ont été transcrits par une main très postérieure, peut être frauduleuse.*

Le but primordial de ma publication étant de fournir un texte exact aux investigateurs du passé, on ne saurait s'attendre à trouver ici la mise en œuvre des documents qu'elle renferme. Il y a lieu toutefois de les résumer, en les complétant à l'aide du Cartulaire de Chamalières, dont il vient d'être parlé, du Gallia Christiana, des pièces mss. des archives de la Haute-Loire non insérées dans ce volume, des notices de M. ARSAC, *etc.*

L'importante abbaye de Saint-Chaffre [2] *aurait été fondée vers l'an* 570 *par saint* CARMERY (Calmilius, Calminius) [3], *dont elle prit d'abord le nom. Gouverneur ou duc d'Auvergne, Carmery renonça aux honneurs du monde et fit ériger, à quelques*

---

1. Cart., n° 159. Le nom de ce dernier rédacteur du Cartulaire ressort d'une lecture plus exacte des n°ˢ 159 et 273.

2. *En latin,* Calmelium, Calmeliacum, Calminium, Calminiacum. *On trouvera peu de lumière sur ses premiers temps dans les* Nonnulla ex chronicis eiusdem coenobij *qu'il a plu au P.* LABBE *de publier,* licet quamplurimis parachronismis foedata et a sciolo quodam conscripta, *dans sa* Nova bibliotheca mss. libror. (1657), t. II, p. 688-90. — *Voir sur l'histoire de ce monastère :* Gallia christiana vetus (1656), t. IV, p. 861-2 ; nova (1720), t. II, c. 761-9, instr. c. 257-61 ; — DEVIC et VAISSETE, Histoire génér. de Languedoc (1730-3), t. I et II, passim ; — DUTEMS, Le Clergé de France (1775), t. III, p. 384-7 ; — BOSSUE (Benj.), *dans les* Acta ss. *des* BOLLANDISTES, octob. (1853), t. VIII, p. 524ᵇ -6 ; cf. III, 413 b; — C[ENAT] DE LHERM (Théod. de), Histoire du monastère, de la ville et des châteaux du Monastier, 2ᵉ édit.; Le Puy, 1855, pet. in-8°, 4-108 p.; — MONTROND (Max. de), Diction. des abbayes (1856), c. 167 ; — ARSAC (G.), Notes historiques sur l'abbaye, la ville et les châteaux du Monastier, *dans* l'Écho du Velay (21, 23, 28, 30 octob. et 6 nov. 1875) ; Le Puy-en-Velay, 1875, pet. in-8°, iv-49-15 p.; — MABILLE (Emile), Catalogue des abbés, *dans la nouvelle édition de* l'Histoire de Languedoc (1876), t. IV, p. 570-3.

3. *Voir dans les* Acta Sanctorum *des* BOLLANDISTES (augusti, d. xix, t. III, p. 759-62) : Vita s. Calminii ducis Aquitaniæ, Mosaci in Arvernia, auctore anonymo ; avec le Commentarius prævius du P. G. CUPER (ibid., p. 756-9). Cff. Andr. DU SAUSSAY, Martyrologium Gallicanum, pp. 920, (22 novemb.) et 1220; Répertoire des sources histor. du moy. âge, c. 394,

lieues (21 kilom.) du Puy-en-Velay, sur la Colanse, un monastère en l'honneur du prince des apôtres. Il y rassembla quelques disciples, désireux de se consacrer au service de Dieu, et les enrichit de revenus pour leur entretien, à ce qu'affranchis du soing de leurs corps, leur principal soucy fust à cultiver leurs âmes, servans au seul roi de l'univers [1]. *A la suite d'un pélerinage à Rome, Carmery visita les moines de Lérins, alors sous la direction de l'abbé Maxime, qui devait illustrer le siège épiscopal de Riez. Maxime permit à un petit nombre de religieux d'accompagner Carmery (T*[2]. *3, 429) : à leur tête se trouvait* EUDON, *qui fut préposé au gouvernement de la nouvelle abbaye. Il y fit fleurir les plus belles vertus et émigra de cette vie vers l'an* 600 *(T. 4, 5, 57, 429): à Lérins on honorait sa mémoire le 20 novembre* [3], *et au Monastier le* 19 [4]. *Son neveu* THÉOFROI, *plus connu sous le nom vulgaire de* CHAFFRE *et né à Orange* [5], *lui succéda. Il s'attaqua aux superstitions payennes,*

1. De l'ancienne abbaye du Monastier-Saint-Chaffre, *par le P. Odo de* GISSEY, *manuscrit inédit (1627) publié par M. l'abbé G.* ARSAC, *dans les* Tablettes histor. du Velay *(1878), t. VIII, p. 265-318 ; Le Puy, 1878, gr. in-8° de 54 p. (p. 12)*.

2. *Ici et dans la table chronologique les numéros du Cartulaire de Saint-Chaffre sont précédés de la lettre* T, *ceux de Chamalières de* C.

3. DU SAUSSAY, Martyrol. Gallic., *p. 916*.

4. *Odo de* GISSEY, Anc. abbaye du Monastier-St-Chaffre, *p. 23*.

5. *Voir* Vita s. Theofredi, abbatis Calmeliacensis et martyris, apud Velaunos in Gallia, circa annum 732, *auctore anonymo (antérieur au XI*e *siècle), dans* MABILLON, Acta ss. ordinis s. Benedicti *(sæc. III, pars I*a *, p. 477-85), reproduite dans les* Acta ss. *des* BOLLANDISTES *(octob.d. xix, t. VIII, p. 527-33), avec un* Commentarius prævius *du P. Benj.* BOSSUE *(ibid., p. 515-26), et par extrait dans D.* BOUQUET, Script. rer. Gallic. et Francic., *t. III, p. 651 ; et aussi* Passio s. Theofredi mart., a quodam recentiore conscripta mendisque infecta, *dans la* Nova bibliotheca mss. librorum *du P.* LABBE, *t. II, p. 684-8. Une vie plus complète de saint Chaffre fait partie des* Chroniques *d'Estienne* MÉDICIS, *publiées par M. Aug.* CHASSAING *(1869), t. I, p. 48 et suiv. Son office se trouve dans un* Bréviaire *du XV*e *siècle* ad usum monasterii Sancti Theofredi *(Biblioth. Nation., ms. lat. 1278). Cff.* DU SAUSSAY, Martyrol. Gallic., *p. 903-5 (20 novemb.);* Répertoire des sources histor.du moy. âge, *c. 423. On rencontre une autre vie ms. de saint Théofrède, dédiée au cardinal de Bonzy, par les religieux de son abbaye.*

encore fort répandues dans ces contrées: irrités des coups qu'il portait à leur religion, les idolâtres se précipitèrent sur lui et le lapidèrent, sous le règne de Clotaire II (613-628). Suit une longue période qui demeure obscure, et pendant laquelle l'incendie ou les Sarrasins ravagent le Monastier (T. 6, 57, 429). Tels sont les faits qui ressortent de la chronique et du cartulaire.

Toutefois ces données ne sont pas à l'abri de toute contestation. Mabillon [1], Lecointe [2], le Gallia Christiana [3], les auteurs de l'Histoire de Languedoc [4], les Bollandistes [5] et les autres érudits qui ont étudié les origines du monastère de Saint-Chaffre, placent la mort de saint Théofroi entre les années 728 et 732, le 19 octobre. La version la plus accréditée veut que les Sarrasins aient envahi le couvent dans cette même expédition (732) où ils devaient se faire broyer par Charles Martel. Les moines, sur les instantes prières de l'abbé, s'étaient cachés dans les bois voisins ; seul Théofroi gardait la demeure devenue déserte. Les infidèles, ne pouvant obtenir qu'il leur découvrît la retraite de ses religieux, le tourmentèrent cruellement, et d'un coup de pierre l'étendirent sur le sol à demi-mort. Si l'on admet ce récit, qui est celui de l'auteur anonyme d'une vie de saint Théofroi antérieur à l'an 1000, il faut reculer jusqu'à la fin du VIIe siècle la fondation du Monastier et renvoyer vers 700 la mort d'Eudon, oncle de saint Théofroi : car il est manifestement impossible que le gouvernement de Théofroi se soit prolongé pendant l'espace de 130 ans. Aussi ces mêmes érudits font-ils graviter vers l'an 680 (et non vers 570) les actes relatifs à saint Carmery.

Notre chronique, qui plus d'une fois fait des entorses à la

---

1. Acta ss. ord. s. Benedicti (1672), s. III, pars 1, p. 485 ; cf. Annales ord. s. Bened. (1739), t. II, p. 83 (l. XXI, n. 8).
2. Annales ecclesiast. Francorum (1678), t. IV, p. 816 (an. 732).
3. T. II, c. 762, — 4. T. I, p. 395. — 5. Octob. t. VIII, p. 518 b.

chronologie, contient ici une erreur évidente : Maxime de Riez avait cessé de vivre depuis plus d'un siècle, à l'époque où Eudon aurait pris la route du Velay. Le même anachronisme — et ce n'est pas le seul, de l'aveu de Mabillon, — est reproduit dans la vie anonyme de saint Théofroi. Aucun des deux documents ne mérite donc une absolue confiance. Quel est, dans la question qui nous occupe, celui dont la valeur est plus grande ? Où est la vérité ? Nous aimons à nous ranger à la suite de Mabillon et des Bollandistes, d'autant plus que le Liber de reparatione chartarum *lui-même se fait l'écho d'une opinion d'après laquelle la mort de Théofroi serait postérieure à l'année 700 (T. 7). On constatera néanmoins que cette chronique apporte, pour l'étude des commencements de notre monastère, un élément digne d'un sérieux examen.*

Lecointe attribue à Basile, évêque du Puy (778), la construction de l'église du Monastier [1]. *Ce qui est plus certain, c'est que Louis-le-Pieux, alors roi d'Aquitaine, fit restaurer l'abbaye dans les premières années du IXe siècle* [2].

Le premier abbé connu après Théofroi est DRUCTANNE [3],

---

1. Ann. eccles. Francor., t. VI, an. 778. Cf. Gallia christ. nova, t. II, c. 692.

2. Et quidem multa, *dit le biographe de cet empereur connu sous le nom de l'Astronome,* ab eo sunt in ejus ditione reparata, imo a fundamentis ædificata monasteria, sed præcipue hæc : ...... monasterium Sancti Theotfridi (BOUQUET, Rer. Gallic. et Francic. script., *t.* VI, *p.* 95; PERTZ, Monum. German. histor., Script. t. II, p. 616); *ce que les Chroniques de Saint-Denis traduisent en ces termes :* Maintes églises et abbaies restora et réédifia, desquiex pluseurs sont ci nommées : ...... le mostier S. Theofrit (BOUQUET, *op. cit., p.* 136). *Rapportés sous l'année 812, ces faits sont ramenés à l'an 813 par M. Eng.* MÜHLBACHER *dans sa récente édition des* Regesta imperii *de J. F.* BÖHMER (Die Regesten des Kaiserreichs unter den Karolingern, *1881, t. I, p.* 214).

3. *Et non* s^t Savinien (Gall. Christ., etc.), *qui fut tiré du monastère de Saint-Chaffre pour être placé à la tête de celui de Ménat. Une notice sur Druclanne, par M. l'abbé G.* ARSAC, *a paru dans l'Écho du Velay du 6 sept. 1877. Y a-t-il eu un deuxième abbé du même nom, celui de la ch. 61 ?*

qui reçut en don gratuit la moitié d'Avouac, le 19 mai 840, et, du comte Odilon, divers biens dans l'évêché de Die (T. 10 [1], 58 à 61).

Bodon *lui succéda ; il obtint de Louis-le-Pieux un diplôme qui confirmait le monastère dans ses possessions (T. 22, 62)* [2].

Pépin, roi d'Aquitaine, ratifia, en 845 ou 846, cette concession entre les mains de l'abbé Gautier *(T. 22, 62 à 64).*

L'abbé Rostaing *figure dans plusieurs chartes, dont la plus ancienne est de 856 et la plus récente de 889. Le 10 avril 876, Charles-le-Chauve soumit l'abbaye à la juridiction de Guy, évêque du Puy, qui exerça sur les moines, toutes sortes de vexations ; mais Rostaing remontra à l'empereur que cette décision était contraire aux privilèges du monastère, et Charles ordonna à l'évêque de respecter les immunités des religieux, le 1er août 877 (T. 23, 68, 72, 289, 430).*

A plusieurs reprises (T. 10, 429), le cartulaire nommé Dalmace immédiatement après Rostaing. Mais deux chartes (T. 297, 306) nous apprennent qu'avant Dalmace l'évêque Gotescalc *fut à la tête de l'abbaye* (Gotiscalcus monasterium disponebat, ... præerat). *Elu au siège du Puy à la mort de l'évêque Guy, l'ennemi des moines (T. 73), Gotescalc procura la restauration du Monastier (939-40), auquel il donna les bourgs de Rosières, Colence, Chamalières et Ventressac ; en même temps il pria Arnoul, abbé de Saint-Géraud d'Aurillac, d'y envoyer quelques-uns de ses religieux et d'y faire revivre l'observation de la règle bénédictine (T. 53)* [3]. *Dès lors le couvent prend le nom de*

---

1. *Druclanne y est appelé à tort* Decanus.
2. *Voir Th.* Sickel, Die Urkunden der Karolinger *(1868), t. II, p. 363 (acta deperd.).*
3. *Voici comment Dom* Estiennot *résume la série des abbés de Saint-Chaffre jusqu'à Gotescalc (Fragm. histor. Aquit., t. III, f° 78) :* De abbatibus et de iis quæ sub illis in eleemosinam data vel pecuniis empta et

Saint-Chaffre *en l'honneur de son second abbé et l'appellation de Carméry, sous laquelle il était désigné, devient plus rare* [1].

DALMACE de Beaumont *(C. 256), qui était au nombre des moines venus de Saint-Géraud (C. A), eut la joie de voir la prospérité renaître sous son administration (939 à 949)* [2]. *Les biens de la communauté s'accroissent tous les jours par le fait de donations ou d'achats (T.* 10, 54, 75 à 82, 280, 301-2, 305, 328). *Deux faits saillants entre tous se produisirent. Dalmace unit tout d'abord à Saint-Chaffre le prieuré de Chamalières, qui à l'origine était un modeste oratoire en l'honneur de la Vierge Marie, mais avait acquis de l'importance avec le temps (C. A, T.*

RECUPERATA FUERUNT. — Diximus supra post primos fundatores, nempe s. Calmilium, s^{tum} Eudonem I^{um} rectorem, s^{tum} Theoffredum II^{um}, non potuisse comprobatum habere quis rector secutus fuerit, quamvis qui numquam legerunt cartas domûs, de ætate sua provecta gloriantes, Savinianum sine ullo fundamento post s^{um} Theoffredum extitisse rectorem II^{um} in hacque ecclesia quiescere ejus corpus asseverent : at e contra antiquiora nostra manuscripta de successore beati Theoffredi penitus inscia sunt attestanturque Savinianum abbatem II^{um} post Meneleum in cœnobio Minatensi apud Arvernos extitisse. Inter illos tamen qui a tempore passionis s^{ti} Theoffredi usque ad Dalmatium, tempore Ludovici regis in Galliis filiique ejus Karoli, quos rexisse istud cœnobium in cartis reperitur : 1º Dructannus, regnante Ludovico, episcopus et abbas, cui Odilo comes dedit ecclesiam S^{ti} Stephani in pago Diensi ; II. Bodo, cui Ludovicus imperator hoc monasterium liberum dimisit ; III. Galterius, qui successit Bodoni et multa adquisivit ; IV. Rostagnus : hic præceptum libertatis accepit contra injurias quas patiebatur a Guidone episcopo Vallavensi, qui infensissimus erat huic monasterio. Post obitum Rostagni suscepit regimen abbatiæ Dalmatius et, post obitum Guidonis episcopi Vallavensis, suscepit sedem Gotiscalcus, in tantum monasterio amicus in quantum prædecessor odiosus fuerat. De aliis abbatibus vide supra fol. 34 : eadem enim ferèque iisdem terminis refert author aut alius quivis anonymus qui opus auxit.

1. *Le Cartulaire ne semble pas autoriser le sentiment des* BOLLANDISTES, *qui font remonter ce changement à la mort même de saint Théofroi (octob. t. VIII, p.* 525 a).

2. *L'abbé* FRAISSE *a donné une Notice sur Dalmace de Beaumont dans l'Echo de Notre-Dame de France (2e année, n^o* 15).

74) **1.** *Plus tard l'évêque de Mende, Etienne, sur le conseil de son clergé et de son peuple, supplie Dalmace de relever le monastère de Sainte-Enimie, fondé par la vierge de ce nom, fille de Clotaire II et sœur de Dagobert I*[er] **2.** *Dalmace ne consent à*

---

1. *En attendant l'histoire de Chamalières que prépare M. Charles* ROCHER, *voici la liste succincte de ses doyens ou prieurs, du X*[e] *siècle au commencement du XIII*[e] : *Dalmace; Lanfred, 948; N. 952/3; Amblard, 981-5; Bertalaic, 989/90; Amblard; Adémar; Eldebert ou Ildebert, 1014; Réraud; Pierre, 1021-38; Dalmace, 1034/5; Jean; Ebrard, 1082-7; Armand; Jarenton, 1095-8; Silvion de Fay; Jean Calcat; Géraud, 1158; Pierre de Beaumont, 1162-4; Ponce de Chalancon, 1172-6; Pierre de Servissac; Raymond de Mercœur, 1212-3; Durand Coiro.*

2. *Voir sur cette sainte les ouvrages indiqués dans mon* Répertoire des sourc. hist. du moy. âge, *c. 642. Dom* ESTIENNOT *nous a conservé sur elle* (Fragm. hist. Aquit., *t. III, f*[o] *263-7*) *des documents qui compléteront l'article que les* BOLLANDISTES *lui ont consacré.*

S[tæ] Enimiæ, v(ulgo) s[tæ] Enemie, festum hactenus colitur in cœnobio Calmiliaci II nonas octobris, quo die hi rithmi in vesperis olim decantabantur, ut notat vetus breviarium quo utor :

    Rex regum summe, sedens in excelso
    Gloriæ throno, Enimiæ gesta
    Virginis almæ valeamus ut nos
        Promere facie.
    Genitam primum dicimus te fore
    Ex Clodovæo illustri Francorum
    Rege, qui sceptrum sublimi regebat
        Rite vigore.
    Teneris tandem puella sub annis,
    Candido florum trophæo præcincta,
    Te Deo vivam vero obtulisti
        Hostiam caste.
    Decora demum nuptias ut posses
    Celebres virgo prorsus recusare,
    Horrido lepræ orasti scalore
        Contaminari.
    Sed quæ te dudum pietas a tactu
    Sic præservârat divina virili,
    Artus ægrotos effecit salubres
        Burle cum lymphis.
    Sana diversos in mente languores
    Lepræ quæ rauca jam pectora fecit,
    Sonet ut clara laus voce divina
        Corde ex nostro.

s'en occuper qu'autant que Sainte-Enimie sera sous la dépendance absolue de Saint-Chaffre. Après plusieurs années d'hésitation, Etienne finit par donner son assentiment : dans un voyage à Rome avec Dalmace, il obtint pour son projet l'agrément du pape Agapet II, le 5 mai 951 (T. 82, 375) [1].

Itemque alii de eadem sancta versiculi referuntur in citato ms. codice :

  Sancta proles Enimia, regione Germania,
  A summis mundi regibus carnis traxit initia....
  Contemnit regum nuptias puella sine macula,
  Vivam et mundam hostiam se Christo vovens sedula ;
  Uterque parens sobolem urget ad matrimonium,
  Sed virgo Christum asserit suum sponsum, non alium.
  Non patet ullus virginis evasionis aditus,
  Sed virgo rogat Dominum ut adjuvetur cœlitus.
  Virgo regina denique gravi lepra percutitur,
  Sic prorsus a contagio nuptiali redimitur.
  Movetur virgo postmodum, divina tacta gratia,
  Ut Burlefontis citius petat arcta confinia.
  Divinis ibi fontibus virgo per te abluitur,
  Et Trinitatis balneum optata salus sequitur.
  Remittit virgo socios post sanitatis gaudium,
  Cujus hæc vallis jugiter persentit patrocinium.

Legendarium vetus Calmiliaci hæc item de sta Enimia habet : — In provincia illa Germaniæ quæ Francia nuncupatur oriunda extitit Enimia, scilicet progenita de patre rege nomine Clodovæo, filio Dagoberti, cujus actavus eodem nomine Clodovæus inter Francorum reges verè dogmatis Christi primus suscepit fidem. — Lepra percussa Burlefontem adit, ubi sanata pie vixit, ut refert ms. codex fusius.

Hujus sanctæ meminere Hagiologia mss. Calmiliacense et Camaleriæ ad Ligerim, II nonas octobris, his tantum verbis : Stæ Enimiæ virginis. In eo vero loco, in quo sepulta est, ipsam sanctimonialium cœnobium construxisse asserunt Calmiliacenses monachi et satis probant litteræ Stephani, episcopi Mimatensis, supra relatæ *(p. 127-30)*.

1. D. Estiennot *notait en 1676 (loc. cit.)* : Cœnobium Stæ Enimiæ, in diœcesi Mimatensi, hactenus extat et archisterio Calmiliacensi subest. In eo XV vel circiter monachi (quos ad nutum vocat et revocat abbas Sti Theofredi) Domino famulantur. Voir *l'Histoire du monastère et prieuré de Sainte-Enimie, au diocèse de Mende, par* Ferdinand André, *archiviste, dans le* Bulletin de la société d'agricult., indust., sciences et arts... de la Lozère *(1867), t. XVIII, part.* II, *p. 1-140, plan; et une courte notice, sous le titre :* L'abbaye de St-Chaffre et ses dépendances, *dans l'*Écho du Velay *du 30 janv. 1879.*

Nombreux sont les actes qui font mention de VULFADE, Goltade *ou* Vualde, *successeur de Dalmace* (T. 11). *Ils sont échelonnés entre les années* 951 *et* 982. *Signalons les donations du comte de Valentinois, Geilin, le* 30 *juin* 956 *ou* 962 (T. 330); *la confirmation faite par Conrad-le-Pacifique, roi de Bourgogne, des biens possédés par les religieux dans le Diois et le Valentinois* (T. 322); *la concession gratuite de terres et de l'église de Charols par Achidée, évêque de Die, en mai* 957 (T. 323, 327). *C'est à son temps* (18 *juillet* 962 ?), *comme le prouve le document publié par le* Gallia Christiana [1], — *et non sous l'épiscopat de Guy II d'Anjou, ainsi que l'énonce la Chronique de Saint-Pierre du Puy* (T. 414) — *qu'il faut rapporter la fondation de l'église de Saint-Michel-de-l'Aiguille. Vulfade devint évêque de Die* (T. 11, 50) *vers* 977, *tout en conservant sa dignité d'abbé de Saint-Chaffre au moins jusqu'en* 982.

L'abbé ARMAND [2], *précédemment à la tête de la maison sous le titre de doyen* (T. 130), *paraît dès l'année suivante: il nous est représenté comme un dissipateur* (T. 131), *peu digne de sa haute fonction,* non satis utilitati monasterii congruus (T. 11). *Les fautes qu'il avait commises pendant son administration furent heureusement réparées par son successeur. Avant son élection,* GUIGUES Ier *remplissait dans le couvent la charge d'apocrisiaire* (T. 11). *Il donna ses soins à l'oratoire de Saint-Martin qui, dans la pensée de Vulfade, avait dû remplacer celui de Saint-Pierre devenu insuffisant* (T. 51). *Le* 13 *avril* 993, *de concert avec Guy, évêque du Puy, et avec l'approbation du comte Ponce et de son frère Bertrand, neveux de Guy, il fonda le monastère de Saint-Pierre-la-Tour, au Puy, dont le revenu se composa d'une portion des dîmes épiscopales* (T. 140, 415-8). *Il serait trop long d'énumérer tous les*

---

1. *T. II, c.* 755-6. — 2. Omis à tort par le Gallia Christ. et ses copistes.

documents qui font mention de Guigues Ier. Ajoutons toutefois qu'à la dignité d'abbé de Saint-Chaffre il joignit celle d'évêque de Glandèves [1].

A sa mort, on lui donna pour successeur son homonyme GUIGUES II, trésorier (sacrista) de l'église (T. 179). Celui-ci géra avec habileté les affaires du Monastier. Une première fois son nom est cité dans une charte datée de 998 (C. 59). En cette même année, Étienne, vicomte de Gévaudan, après avoir pris conseil des évêques Manfred de Mende, Théodard du Puy et Pierre de Viviers, du comte Ponce et de son frère Bertrand, donne à Saint-Chaffre l'église de Langogne, avec des terres sises en divers territoires (T. 376). Frédelon, évêque du Puy, cède également des biens à Guigues II (T. 419). Lambert, évêque de Valence, confie à sa sollicitude, le 14 mars 1011, le monastère de Saint-Victor de Valence, bien déchu de sa première splendeur (T. 314-5) non moins que l'abbaye de Saint-Victor de Marseille, dont il avait jusque là dépendu. Le 21 février 1012, Humbert, évêque de Grenoble, soumet à sa juridiction le prieuré de Saint-Laurent de Grenoble, du consentement de Rodolphe III, roi de Bourgogne, et de Burchard, archevêque de Vienne (T. 355). En 1014, il est question de Guigues II une dernière fois (C. 260).

L'abbé GUILLAUME Ier de Capdenac ne laissa pas dans le cœur des moines un souvenir de sagesse et des sentiments de vénération. Issu d'une famille mal disposée pour Saint-Chaffre, il négligea les intérêts du monastère. Aucune donation importante ne signale sa longue administration (1016-1036) : mais de nombreuses pièces enregistrent des concessions, généralement gratuites, dans les localités environnantes (T. 210-30, etc.). Guillaume déposa, avant de mourir, une charge trop lourde pour ses épaules (T. 11).

---

1. Cf. Gallia Christ., t. III, c. 1237-8, qui donne à tort la date de 975 à l'acte T. 173, passé sous le roi Robert.

Elle fut confiée à Guillaume II *de Solignac, neveu du saint abbé de Cluny Odilon, homme vertueux, mais faible et cassé par l'âge : aussi le relâchement s'introduisit parmi les religieux* (T. 12). *Son passage est marqué par deux donations du comte Humbert Ier de Savoie, la première d'une église aux Echelles, le* 21 *janvier* 1042 (T. 434), *la seconde des autres églises du même lieu, le* 10 *juin suivant* (T. 435). *Guillaume II mourut peu de temps après.*

Des conflits d'opinion et des dissensions violentes se produisirent avant qu'on fît choix d'un autre supérieur (T. 12). *L'esprit monastique s'affaiblit grandement durant ces années, qui doivent compter parmi les plus mauvaises que Saint-Chaffre ait eues à traverser* (T. 13). *Ce fut sans doute dans cette période de désolation que Ponce, évêque de Valence, annulant l'acte de son prédécesseur Lambert, enleva à Saint-Chaffre le petit monastère* (abbatiolam) *de Saint-Victor, situé dans sa ville épiscopale, et le remit entre les mains du pape saint Léon IX, au concile tenu à Verceil en septembre* 1050; *le* 7 *du même mois, le Souverain-Pontife le restitua à Pierre, abbé de Saint-Victor de Marseille* [1].

A la fin, on élut Guigues III, *longtemps prieur du monastère* (T. 12). *Le* 18 *mars* 1058, *il reçut à titre gracieux de Geilin II, comte de Valentinois, le lieu de Saint-Barthélemy et l'église de Marnas* (T. 349), *et il acquit des seigneurs de Mézenc la forêt des Egaux* (ad Æquales), *le* 9 *août* 1062 (T. 232). *Guigues, dont la vieillesse avait ruiné les forces, ne tarda guère de démissionner* (T. 12).

Un espace considérable de temps s'écoula avant que les religieux se décidassent à nommer un autre abbé. En 1074, *les suf-*

---

1. Voir les sources indiquées dans ma 1re édition (p. 2), entre autres Guérard, Cartul. de l'abb. de St-Victor de Marseille, 1857, t. I, p. 7-8. On retrouve St-Victor de Valence parmi les possessions de Saint-Chaffre en 1179 (T. 442) et 1266/7 (T. 452).

frages des moines de Saint-Chaffre se portent unanimement sur GUILLAUME III, *alors doyen de Sainte-Enimie. Guillaume réforme les abus avec une fermeté qui amène les meilleurs résultats. Il chasse les principaux auteurs des désordres et fait venir de Sainte-Enimie quelques religieux, dont l'exemple et l'enseignement rendent à la discipline son ancienne vigueur; le nombre des vocations augmente tous les jours (T. 13). De concert avec Hugues de Die, légat du Saint-Siège, qui lui avait donné la bénédiction abbatiale, il fixe un cens destiné à procurer à ses frères les vêtements nécessaires (T. 36-7). L'oratoire de Saint-Martin s'étant écroulé, il s'occupe de le faire reconstruire, aidé des conseils et de l'or de l'abbé de Cluny, Hugues (T. 52). Il obtient du vicomte Guillaume le désistement de prétentions non fondées sur le monastère (T. 237), et reçoit, le 19 avril 1080, d'Adhémar de Monteil, évêque du Puy, et de Ponce, vicomte de Polignac, l'église de ce lieu (T. 235). Il finit le 13 décembre 1086, une vie employée à la pratique de toutes les vertus (T. 13).*

Conformément à ses dernières recommandations, les moines s'occupent aussitôt de lui donner un successeur. Dès le 20 décembre, ils désignent à l'unanimité GUILLAUME IV, *prieur de Saint-Laurent de Grenoble et ami de saint Bruno : il reçut, l'année suivante, la bénédiction abbatiale des mains d'Adhémar de Monteil, de retour de la Terre-Sainte (†), en présence du saint évêque de Grenoble, Hugues, dont il avait été le commensal pendant plus de vingt ans (T. 14)* [1]. *Un des premiers soins de Guillaume fut de faire écrire le* Liber de reparatione chartarum (T. 15). *C'est à cette sage mesure, dont il confia la réalisation à un moine*

---

1. *Le chartreux* GUIGUES, *biographe de saint Hugues, proteste devoir beaucoup à son témoignage et lui prodigue les qualifications les plus honorables,* vir venerabilis, vir ætate et sanctitate reverendus (*cf.*BOLLANDISTES, Acta ss., éd. Palmé, april. t. I, pp. 40 b, 43 b; octob. t. III, pp. 616 a, 704 b, 707 a, 729 a).

intelligent et modeste (vocavit... abbas humilitatem meam), que nous devons la connaissance des événements antérieurs à son époque. Il serait trop long d'analyser tous les actes obtenus par Guillaume IV : nous y voyons figurer les noms des papes Urbain II (T. 16, 401), Pascal II (T. 18, 19) et Calixte II (T. 409), d'Etienne, archevêque de Vienne (T. 403), des évêques du Puy Ponce Ier de Tournon (T. 427) et Ponce II Maurice (T. 428), d'Adhémar, évêque de Rodez (T. 395), des évêques de Viviers Léger (T. 259-60) et Gaucerand (T. 56), du comte de Graisivaudan Guigues le Vieux (T. 352), du vicomte Héraclius (C. 26). De ce temps date aussi la codification des documents qui précisent les conditions dans lesquelles doivent s'exercer les divers offices de la maison, comme ceux d'hôtelier (eleemosynarius), d'infirmier, de réfectorier, de sacristain, etc.; la règle de Saint-Benoît sert de base à cette curieuse organisation (T. 24-52). Guillaume atteignit un âge très avancé, car il vivait encore vers 1136 [1], abbé depuis cinquante ans.

Faut-il placer ici l'abbé ODILON, dont le Nécrologe de Saint-Robert de Cornillon a révélé l'existence ? En l'absence de tout autre document, le rang qu'il occupe au 27 septembre dans cet obituaire nous autorise à le mettre pour le moins au XIIe siècle [2].

Une lettre de Saint-Bernard signale au zèle apostolique des évêques d'Ostie, de Palestrina et de Frascati la conduite scandaleuse (horrendas blasphemias) d'un abbé de Saint-Chaffre, dont sa charité nous a caché le nom. Les Bénédictins ont daté de 1143 cette courte missive du grand abbé de Clairvaux [3].

1. Cette date est établie par le témoignage de GUIGUES, qui, se référant dans sa vie de saint Hugues au rapport de Guillaume, s'exprime ainsi : Hoc a... Wilhelmo, S. Theofredi nunc abbate, tunc monacho, nos audivimus (ch. V, n. 22). Or le prieur des Chartreux reçut du pape Innocent II l'ordre d'écrire la vie du saint évêque de Grenoble le 22 avril 1135 ou 1136 (JAFFÉ, Reg. pont. Rom., n° 5524; cf. p. 573) et mourut le 27 juill. 1137.

2. Odilo, abbas monasterii Sancti Theotfredi (Documents inédits relatifs au Dauphiné, 1868, t. II, 5° livr., p. 45, n° 270).

3. MIGNE, Patrologia latina, t. CLXXXIII, c. 419 (ep. CCXXXII).

Le 29 mars 1144, le pape Lucius II envoyait aux évêques Humbert de Die, Gaucerand de Viviers, Raymond de Maguelonne, Humbert du Puy et Jean de Valence des bulles pour recommander à leur sollicitude pastorale l'abbaye de Saint-Chaffre, en ce moment sous la direction de l'abbé Béraud *(T. 406-10). Le lendemain, il faisait expédier à celui-ci une autre bulle, confirmative de tous les privilèges de son monastère (T. 405). C'est assurément au même Béraud — et non à un abbé Bertrand* [1], *inconnu d'ailleurs — que le pape Adrien IV confirma solennellement, le 17 avril 1155, la possession de plus de deux cent trente églises. Le cartulaire de Chamalières nous permet de suivre Béraud depuis 1158 (C. 283) jusqu'au 22 janvier 1165 (C. 88).*

Grâce à lui aussi, nous pouvons fixer au 20 avril 1165 l'élection, et, au 13 mai suivant, la bénédiction de l'abbé Pierre Ier *de Beaumont (C. 78), qu'on entrevoit à peine dans le* Liber de reparatione chartarum *(T. 440-1). Mentionné dans le cartulaire de Chamalières comme prieur de ce lieu (C. 65, 76), il l'est encore comme abbé de Saint-Chaffre de 1166 au 1er mai 1173 (C. 80, 118).*

Le même recueil diplomatique nous parle, à la date du 24 avril 1176 (C. 175), de l'abbé Arnaud [2], *doyen de Sainte-Enimie dès 1165, dont rien ne ferait soupçonner l'existence dans le texte que nous publions.*

Le 1er avril 1179, le pape Alexandre III adresse à Guillaume V de Varces *(C. 93), abbé de Saint-Chaffre, une bulle d'un haut intérêt pour l'histoire de ce monastère : on y trouve énumérées toutes les dépendances de l'abbaye, églises ou chapelles, au nombre de 235 (T. 442). La mort empêcha Guillaume de*

---

1. Gallia Christ., t. II, c. 767.
2. *Son nom (Arnal) est fourni par le travail de M.* André *sur Sainte-Enimie, p. 19.*

finir une transaction qu'il avait commencée, au sujet des dîmes des Estables, avec Jarenton, prieur de Bonnefoy (T. 464).

L'abbé FRANCON *termine cet accord* (T. 464). *Le 31 mars 1184, il tranche à l'amiable avec Géraud Adhémar, seigneur de Montélimar et vicomte de Marseille, le différend survenu à propos d'une possession de Saint-Chaffre à* Clivum [1] *(T. 443).*

C'est ici, ce semble, qu'il convient de placer Ponce de Chalancon, *que nous voyons* (T. 466) *transiger avec Pierre II, abbé de Mazan* [2]. *Il avait été précédemment prieur de Chamalières* (C. 118, 163, 175, etc.).

Il en est de même de PIERRE II de Servissac (C. 158). *Un acte du cartulaire de Chamalières, du 1er mai 1206, fait seul un peu de jour sur la personnalité de cet abbé* (C. 273).

GUILLAUME VI de Montclar *n'est connu que pour avoir pourvu aux besoins des malades, qu'il avait toujours aimés* (consulens et compatiens obedientiæ infirmorum, quam semper dilexerat et auxerat), *en leur assurant un revenu de 40 sous Valentinois* (T. 467) [3].

Il est question, en 1213, de l'abbé PIERRE III Gaudin, *dans le cartulaire de Chamalières* (C. 156).

SOFFROY, *qui lui succède, est nommé évêque de Grenoble* (T. 468), *vers 1223* [4].

Il fait don à l'abbé RAYMOND Ier de Barjac *de mille sous Viennois* (T. 468). *En novembre 1240, celui-ci confirme un accord avec Guillaume d'Arllia* [5] *et reçoit, le 7 septembre 1247, de Henri, Armand et Guigues, seigneurs de Barey, leur droit de*

---

1. *Cléon-d'Andrans, Cliousclat ou Glun?; cf. A.* LACROIX, L'arrondissement de Montélimar, *1871, t. II, p. 315-8.*
2. *Voir sur ce personnage la notice du Gallia Christ., t. XVI, c. 599.*
3. *Le Gallia mentionne cet abbé comme vivant en 1206 et 1208.*
4. *Gallia Christ., t. XVI, c. 242.*
5. *Original parch. aux archives de la Haute-Loire, fonds du Monastier.*

pacage dans ce mandement ¹.

Le pape Innocent IV maintint, le 2 septembre 1250, le pouvoir absolu de l'abbé de Saint-Chaffre de nommer aux bénéfices de son patronage (T. 448).

L'abbé ANTELME Iᵉʳ approuva deux conventions, des 17 juillet et 14 août 1255, entre Pierre Morre, abbé de Mazan, et les prieurs de Notre-Dame de Provenchères et de Graillouse ². Le Gallia Christiana *le nomme encore dans une pièce de* 1258 ; *mais*

Parmi les témoins figure Antelme, prieur de Saint-Laurent de Grenoble; quant à l'archevêque de Vienne F., qui appose son sceau à l'acte, ce ne peut être que Jean de Bernin (1218-1266).

1. *Original parch., jadis scellé, aux mêmes archives, même fonds, avec cette inscription au dos* : Droit de pasturage au mandement de Barcy. *En voici le texte.*

Ad noticiam omnium volumus pervenire quod nos, Aenricus et Armandus et Guigo fratres, domicelli, domini de Barre, donamus, laudamus et concedimus in perpetuum Deo et beato Theotfredo Monasterii et vobis, domino B. (L ?), abbati nunc existenti in dicto monasterio et recipienti nomine dicti monasterii, pascua que habemus vel habere debemus in mandamento de Barre, et ligna et aquas ad usum pastorum vestrorum et vestrorum animalium et pecorum, non choacti, non seducti, set [s]pontanea voluntate ducti ; promittentes et jurantes super sancta Dei Evangelia nos nunquam venire contra donationem seu concessionem supradictam ; renunciantes omni exeptioni, si qua nobis contra vos, abbatem supradictum et vestrum monasterium, posset nunquam competere de jure canonico et civili. Quoniam hanc donationem legitime scimus et credimus esse factam, volumus et promittimus per nos et successores nostros predictam donationem inviolabiliter observare, prout melius et plenius potet intelligi ab alique sane mentis. Actum apud Privacium, in domo Bergondionis, sabato ante festum Nativitatis Virginis gloriose, anno Domini Mº CCº XLº VIIº. Testes hujus donationis sunt G. de Barre, prior de Stella, Armandus de Salgues, Ugo Riperti, prior de Mariac, Guillelmus de Cormaceto, prior de Sancto Claro, monachi ; Stephanus de Mirabello, Pontius de Antro milites ; Willelmus Peregrini, rector ecclesie de Privacio ; Petrus de Mirabello, domicellus. Ad majorem hujus rei firmitatem, nos fratres supradicti presentem cartam sigillorum nostrorum munimine roboramus.

2. *Elles sont publiées* in extenso *dans le* Gallia Christ., *t. XVI, instr., c,* 350 2.

deux chartes des 27 janvier 1257 [1] et 21 février 1258 (T. 450) ne mentionnent que le prieur claustral Jean [2].

Au mois de juillet de l'année 1263, l'abbé JOURDAIN (et non Jean) de Châteauneuf met fin aux dissensions, survenues à propos du bois de Lasfons, entre son abbaye et la chartreuse de Bonnefoy [3]. Trois ans plus tard (21 août 1266), il ratifia en chapitre un acte entre particuliers [4]. Par une bulle solennelle (1265-68), le pape Clément IV prend Saint-Chaffre sous sa protection et lui reconnaît authentiquement la possession des dépendances dont il donne la liste (T. 452). En 1268, Jourdain composa avec Géraud, abbé de Doue [5]. Signalons, durant les années 1272 et 1273, quatre lettres émanées du Souverain-Pontife Grégoire X (T. 454-57), un échange (11 juillet 1273) du prieuré des Echelles contre une maison et un oratoire au Fraisse, avec le grand prieur d'Auvergne, commandeur des Hospitaliers du Puy (T. 458), un acte du 26 juil. 1274 par lequel notre abbé absout ad cautelam,

1. Orig. parch. aux archiv. de la Haute-Loire, fonds du Monastier. C'est la cession du quart d'une manse, in villa que dicitur ad Besset, citra rivum de aqua que vocatur Laussona; present. Bertrando magistro scolarum.

2. Au gouvernement de l'abbé Antelme se rapportent sans doute deux pièces ainsi analysées dans l'Inventaire des tiltres de l'abbaye de St Chaffre du Monastier, diocèse du Puy, agregé à l'ordre de Cluny (Archiv. départem. de Saône-et-Loire, à Mâcon): Coppie de la bulle du pape Alexandre IV, portant commission à l'abbé des Alpes de maintenir les abbés et couvent de Monestier St Chaffre dans leurs privileges et dans leurs exemption de la juridiction de l'evesque du Puy, comme estans immediatement deppendans du st Siege; ladite bulle en datte de l'an 5 du pontifficat de ce pape, environ 1259; la coppie signé André, cotté 3. — Coppie de commission du pape Alexandre pour reunir ce quy pouvoit avoir esté allienné du domaine de l'abbaye de St Chaffre : ladite copie signé André, cotté 4.

3. Vidimus parch. de 1359 aux archiv. de la Hte-Loire, fds du Monastier. Les arbitres furent Bermond, prieur de St-Apollinaire de Glultras (dioc. de Viviers), Bertrand Falcon, prieur de Gordes (dioc. de Cavaillon), et Jean Sauret, chapelain de St-Jean des Vastres (dioc. de Viviers).

4. Inséré dans un document original du 30 août 1359.

5. Original dans le fonds du Monastier, aux archiv. de la Haute-Loire. L'acte parle d'Armand Dussoyre, jadis abbé de Doue.

en attendant la décision du pape, Adémar de Poitiers, comte de Valentinois, de l'excommunication dont il l'avait déclaré frappé à la suite de différents (T. 459) ; enfin un accord avec Raymond d'Alairac, en 1280, où Jourdain paraît pour la dernière fois.

*Nous ne savons rien d'*ANTELME II, *que le* Gallia *met à la suite de Jourdain, en 1234.*

Le même ouvrage mentionne, à la date du 10 mars 1288, l'abbé GUILLAUME VII, *qu'une charte ms. du 20 novembre 1292 nous montre donnant en fief au chevalier Ponce du Monteil une partie d'une manse à Saint-Front* [1].

Après Guillaume VII viennent successivement :

PIERRE IV, *dont le nom nous a été conservé dans l'acte d'élection de son successeur ;*

PIERRE V de Montlaur, *dont la nomination fut confirmée en 1293 par l'évêque du Puy, Guy de Neuville ;*

GAUCELME de Mayreiis, *moine, puis abbé de Saint-Chaffre qui, mis à la tête du monastère de Lérins en 1295 (postérieurement au 28 juin* [2]*), mourut, selon toute apparence, le 15 mars 1309.*

N. de Villars, *de race noble, mentionné en 1297 et 1303 par le* Gallia [3]. *C'est peut-être l'abbé* Vilata, *dont il s'agit dans un acte du 17 octobre 1300 (T. 472).*

---

1. Original parch., aux archiv. de la Hte-Loire, fds du Monastier.
2. Date d'une commission donnée à l'ancien prévôt de Marseille, Guillaume Ferrier, cardinal prêtre de St-Clément, de nommer un abbé à Lérins, per obitum quondam Petri. Cf. Gallia Christ., t. III, c. 1201.
3. A lui se réfère cet acte pontifical, que l'Inventaire de Mâcon mentionne ainsi : Coppie de la Bulle du pape Boniface VIII, portant confirmation de tous les privileges et exemptions conceddés à l'abbaye de Monastier St Chaffre par les papes ses predecesseurs, roys, princes et autres. laditte bulle en datte de l'an 5 du pontifficat de ce pape, environ 1299 : la copie signé André et cotté 6. — Les Registres de Benoît XI, récemment publiés par M. Ch. GRANDJEAN (1883 nous parlent (c. 196), à la date du 11 décembre 1303, d'un moine St-Chaffre, Hugues « de Hermo », qui avait quitté sans autorisation l'abbaye pour aller étudier les lois civiles et s'était fait

Foulque de Pleinchamp (Plani-Campi), *pourvu de l'abbaye de Saint-Chaffre « du temps que le pape Clément V était à Bordeaux »* (1306 [1]), *avait reçu par son ordre la bénédiction abbatiale. Sa dignité lui fut disputée par Raymond (sans doute le suivant) : un décret de deux cardinaux commissaires le donna pour successeur de Gaucelme à Lérins* (per mortem quondam fratris Gantelmi), *le 3 octobre* 1309 [2].

Raymond II d'Ayrault, *vraisemblablement compétiteur du précédent, gouvernait le Monastier en* 1318.

Bernard, *dont nous regrettons de ne pas connaître les antécédents, devait être doué de qualités peu ordinaires, à en juger par la haute mission dont il fut chargé par le pape Jean XXII: de concert avec Barthélemy, évêque d'Aleth, il fut envoyé, le* 1er *juin* 1324, *comme nonce apostolique auprès du roi de Lithuanie* [3]. *On retrouve cet abbé dans des pièces mss. de* 1331 (13 décembre) [4], 1333 [5], 1336 (7 juillet), 1352 (29 août) [6]. *et* 1356.

---

recevoir maître en droit ; il sollicitait pour cette infraction aux décrets du concile de Tours (1163) un pardon que le pape lui accorda (cf. Journal des Savants, 1884, p. 156).

1. *Mes Regesta mss. des papes postérieurs à Boniface VIII me permettent de constater la présence de Clément V dans cette ville, en 1306, surtout du 18 mai au 27 août.*

2. *Indications dues à l'obligeance de mon savant ami, M. l'abbé Albanès, historiographe du diocèse de Marseille.*

3. Raynaldus, Annales eccles., a. *1324, n. 45-9 (édit. de Bar-le-Duc, t. XXIV, p. 269-71) :* Ad quas (Septentrionis gentes) fide orthodoxa imbuendas decreti sunt Apostolici nuntii Bartholomæus episcopus Electensis et Bernardus abbas monasterii S. Theofredi Aniciencis diœcesis, quibus data provincia est, ut ex omnibus religiosis ordinibus viros pietate ac doctrina insignes in laboris et gloriæ promulgandi apud Lithuanos et Ruthenos Evangelii societatem adsciscerent. *Cf.* Gall. Christ., *t. VI, c.* 275. *La bulle de commission a été publiée par d.* Martene (Thesaur. nov. anecd., *t. I, c.* 1149-50, *ex arch. Montisolivi), sous la date du* 1er *juin* 1317 : *aux preuves de la fausseté de ce millésime données par* Mansi (a. *1334, n. 47 ; p. 270, n. 1) il faut ajouter que l'évêché d'Aleth ne fut érigé, par Jean XXII lui-même, que le* 1er *mars* 1318 *et qu'en* 1317 *l'abbé de Saint-Chaffre s'appelait Raymond.* — 4. *Protocole du notaire Jean de Peyre, reg. III, f.* 31

Le troisième de ces documents intéressera ceux qui s'occupent de l'histoire de la marine : l'abbé de Saint-Chaffre, de concert avec Bernard le Brun, évêque du Puy, en appelle d'une décision des commissaires royaux qui exigeait son concours pour la répation du port d'Aigues-Mortes [1].

AMBLARD de Rolland, *au dire du* Gallia, *aurait eu la dignité abbatiale de l'année* 1358 *à* 1368 : *la suite montrera l'inexactitude de cette dernière date.*

Ravagé dès 1361 *par les routiers, le Monastier tomba en la possession de Bouvetaut, capitaine d'une de ces bandes. Du* 19 *janvier au* 7 *mars* 1363, *la noblesse de la sénéchaussée de Beaucaire en fit le siège et finit par tailler en pièces les routiers ; dans ses rangs se distingua le vicomte de Polignac. Diverses lettres du roi de France, Jean le Bon, et du maréchal Arnoul d'Audenham, son lieutenant en Languedoc, prouvent en effet qu'à cette époque néfaste* (24 *janvier-avril* 1363) *le monastère de Saint-Chaffre avait été la proie des compagnies anglaises commandées par Gautier dit Lescot et Pierre Bœuf* [2]. *En septembre* 1364, *le*

(arch. de la Hte-Loire). — 5. Original de la vente de tous ses biens par Michel de Onzilione. — 6. Original de la vente du lieu de Cogossato (près Faurie) pour 33 florins d'or.

1. *Maître Jean d'Avignon agissait en outre comme procureur d'Armand, vicomte de Polignac, de Guigues, seigneur de la Roche, de Maurice de la Tour, seigneur de St-Vital, de Gilbert, seigneur de Goudet, chevaliers ; de Guiot, seigneur de Chalançon, de Jausserand, seigneur de Saint-Didier, de Lautard, seigneur de Solignac, damoiseaux ; de noble Marquise de Polignac dame de Bouzols, de Guigues de Saint-Germain, seigneur de ce lieu et prévôt de l'église du Puy, de l'abbé de Doue, de la prieure de Vorey et de noble Alix d'Usson.*

2. Bibl. nat., ms. lat. *10002*, f° 48, Arnulphus, dominus d'Audenham, marescallus Francie et locum tenens domini nostri Regis in partibus Occitanis, senescallis Bellicadri et Nemausi ac bajulo Vallavie.... Signiffcavit nobis abbas monasterii Sancti Theofredi.... quod per societates Galterii dicti Lascot et cujusdam se discentis Spinagium navium, et quasdam alias societates per illas partes tranationem facientes et ultimo per Petrum (al. Perrinum) Bovis qui dictum monasterium per aliquod tempus

même maréchal enjoignit à l'abbé du Monastier de payer sa quote-part de la contribution promise à Seguin de Badefols pour obtenir que ce capitaine de routiers quittât le pays [1].

L'abbé était alors JACQUES de Caussans, qui fit un échange avec les officiers du monastère le 11 décembre suivant [2]. A sa demande, le pape Grégoire XI unit, le 25 octobre 1370, l'office de maître de l'œuvre de Saint-Chaffre (officium operariæ) à celui du sacristain (T. 470). En 1374, Jacques fut élu abbé de Cluny ; il mourut à Avignon le 6 juillet 1383 [3].

GILBERT Malafayda lui fut donné pour successeur par Grégoire XI, le 10 janvier 1375. Il est encore nommé en 1386.

DREUX (Drogo) de Saint-Vital administrait l'abbaye en 1390 et 1392 [4].

tenuit occupatum, dictus locus in totum, excepto monasterio, et aliqua pars dicti mandamenti fuerunt incendio concremati, et prefati abbus et monachi et homines suis jocalibus et bonis mobilibus spoliati et depredati, multosque ex eis pro redemptione personarum ipsarum in magnis summis pecunie creditoribus obligatos ; et ultimum quod pro quadam financia pecuniaria seu pactis factis cum Seguino de Badefol et ejus consortibus, et quibusdam aliis imposicionibus et talliis, dicti abbas et ejus conventus ac homines graviter molestiuntur et impetuntur.... Datum Villamnovam, prope Avenionem, die xxiiii mensis januarii, anno Domini millesimo CCCLXIII*. — Même ms., f° 46 v° : JOHANNES, Dei gracia Francorum rex, senescallis Carcassone et Bellicadri.... Inimici nostri occupabant locum monasterii S. Theofredi.... Datum ibidem, die penultima martii, anno eodem. → Arch. nat., JJ. 93, n° 232 : JOHANNES, etc. (lettre de rémission en faveur de divers particuliers qui avaient exécuté un routier, nommé Jean de la Bonihola)... Anno proxime elapso, circa festum natalis Domini, existente in loco monasterii Sancti Theofredi, baillagii Vallavie, certa societate predonum Anglicorum seu innimicorum regni nostri, armorum portencia patriam discurentium et subditos regni nostri opprimencium.... Datum ibidem, anno eodem, mense aprilis.

1. ARNAUD, Hist. du Velay, 1816, t. I.
2. Ils lui concédaient domos vocatas de la Nostres et domos infirmarie nove... pro faciendo fortalicium quod dnus abbus facere proponit et intentit de novo... habitationis sue... (original parch. coté R. 31 dans le fonds du Monastier).
3. Gallia Christ., t. IV, c. 1155-6. — 4. A cet abbé se réfère peut-être

Bompart d'Ayrault *remplissait la même charge en* 1419 [1].

Le 4 octobre 1484, *Jean de Bourbon, évêque du Puy, comte de Velay et abbé de Cluny, fonde à perpétuité pour sa famille une messe quotidienne à Saint-Chaffre* [2], *alors dirigé par l'abbé* Vital Eraith (*Yralh*) [3], *qui paraît dès* 1451 *et résigna au suivant en* 1492.

François d'Estaing, *chanoine et comte de Saint-Jean de Lyon, fut promu à la dignité abbatiale par bulle du pape, le* 20 *mai* 1493 [4]. *Élu en* 1501 *à l'évêché de Rodez, dont il ne put prendre possession qu'en* 1504 [5], *il se démit en faveur de* Gaspard de Tournon.

*l'article suivant de l'*Inventaire *de Mâcon*: Coppie de lettres patentes du roi Charles VI, par lesquelles il prend en sa protection et sauvegarde l'abbaye et couvent de Monestier avec touttes deppendances, du 15 décembre 1396 : ladite coppie signé André, cotté 7.

1. *Autre article de l'*Inventaire *de Mâcon* : Vidimus d'une sentence rendue en vertu d'une commission du pape, impetrée par l'abbé de Monestier, par laquelle les sentences d'excommunication décernée par l'evesque du Puy contre ledit abbé, pour n'avoir pas voulu se trouver au synode dudit evesque, sont cassé et déclarés nulles et ledit evesque condamné aux despens ; ladite sentence en datte de l'an 1417 et le vidimus de l'an 1456 ; signé par coppie Franchois, cotté 8.

2. .... Cum solemnitate decenti alta voce celebretur in altari gloriosissime Virginis Marie retro chorum magni altaris ecclesie monasterii Sancti Theofredi, et quam missem vult publice nuncupari de Borbonio, in honorem et commandationem illustrissime et ducalis domus de Borbonio...; pro dicta missa .... tradidit ... abbati et conventui summam mille et ducentarum librarum Turonensium. (*Arch. de la Hte-Loire, fds du Monastier, parch.*)

3. *Serait-ce l'abbé* Heraleus, *pour lequel le prieur de Chamalières, Etienne Hugonet, fonda un anniversaire fixé au* 26 *janvier dans le Nécrologe de cette maison* (Gallia Christ., *t. II, c.* 769) ?

4. Inventaire *de Mâcon* : Coppie d'une bulle du pape Alexandre VI, par laquelle il prend sous sa protection et celle du Saint Siege l'abbé et couvent du Monestier St Chaffre avec touttes leurs appartenances, confirme tous les privileges, libertés, exemptions, inmunités et indults à eux conceddés par les papes ses predecesseurs, roys, princes, etc.; laditte bulle en datte 1498: la copie signé André, cotté 9.

5. *Voir sur le bienheureux François d'Estaing le* Répert. des sourc. histor.

Celui-ci fut appelé au siège épiscopal de Valence en 1505 : il mourut en 1520.

CHARLES Ier de Senectère (*Saint-Nectaire*) *fut préposé au gouvernement de l'abbaye le 2 juillet* 1520, *et conserva jusqu'en* 1558 *cette charge, dont il fit cession à son neveu.*

ANTOINE de Senectère *fut installé le 24 juillet de la même année : il devient évêque du Puy en* 1570 *et garde l'abbaye en commende jusqu'à sa mort* (3 *novembre* 1593). *Sous lui le Monastier eut fort à souffrir des guerres religieuses qui déchiraient la France* [1].

MARTIN BARRY, *neveu du précédent, semble devoir être intercalé de* 1595 *à* 1625.

La signature de CHARLES II *de Senectère se trouve au bas d'une procuration du* 18 *octobre* 1626. *Cet abbé était aussi prieur de Saint-Front et baron de Freycenet. En* 1630, *Hugues Davignon, seigneur de Monteils, lui dédie un poème intitulé* La Velleyade ou délicieuses merveilles de l'église Nostre-Dame du Puy et païs de Velay [2]. *Décédé en* 1645, *il fut enseveli près de ses parents Charles et Antoine.*

HENRI de Senectère, *qui lui succéda la même année, finit le* 18 *mars* 1677, *par une triste mort une assez triste existence.*

Les Archives nationales conservent 3 *diverses pièces relatives à l'union de l'abbaye de Saint-Chaffre à l'ordre de Cluny : elles sont datées des* 24 *juillet et* 25 *novembre* 1667, *avec approbation du roi du* 13 *mars suivant* [3].

---

du moy. âge, c. 769 ; sur cet abbé et les suivants jusqu'à la Révolution : Les dix derniers abbés de Saint-Chaffre, *par* M. A[RSAC] G., Saint-Quentin, s. d., in-8°, 4 p.

1. Voir le Monastier pendant la Ligue, 1589-96, *dans* l'Echo du Velay, 1875 nov. 6 (Notes histor., 2e part., p. 1-15).
2. BRUNET, Manuel du libraire, 5e édit., t. II, c. 539 ; GRAESSE, Trésor des livres rares, t. II, p. 342^a.
3. Grand Conseil, *registre des enregistrements*, 1664-8.

Pierre VI de Bonzy *fut nommé abbé du Monastier le 16 juillet 1677 ; il devint postérieurement évêque de Toulouse, archevêque de Narbonne et cardinal* [1].

Son neveu Armand-Pierre *de Lacroix de Castries, le remplaça le 1ᵉʳ novembre 1702, alors qu'il était déjà grand-archidiacre de Narbonne, archevêque nommé de Tours et premier aumônier de la duchesse de Berry* [2].

Son successeur fut Jean-Georges *Lefranc de Pompignan* (1747), *en ce moment évêque du Puy* [3]. *Transféré de ce siège à l'archevêché de Vienne en 1774, ce prélat obtint de la cour de Rome la réunion de Saint-Chaffre à sa mense métropolitaine,*

---

1. *Cf.* Gallia Christ., éd. Palmé, t. II, animadv., c. xliij.
2. *Un des bénédictins chargés par la congrégation de Saint-Maur de recueillir des matériaux en vue d'une nouvelle édition du* Gallia Christiana, *dom Jacques* Boyer, *s'arrêta au Monastier en 1712. Voici un court extrait de son* Journal de voyage, *publié par MM. Franç.* Boyer *et Ant.* Vernière *dans le t. XXVI des* Mémoires de l'académie ... de Clermont-Ferrand (1884) : 9 mai ... J'arrivai à Monastier un peu tard... 10. Je dis la messe à l'autel des Saintes-Reliques, que M. de Chabannes, sacristain, me montra après la grand-messe. D. Benoît Plagnol, chantre et prieur claustral, m'ouvrit les archives, et je vérifiai ce que D. Estiennot a extrait du Cartulaire qu'ils appellent le* Livre Rouge, *et qui est fort ancien. Le jubé de l'église est fort beau ; il a été fait par le B. d'Estaing, évêque de Rodez, abbé du Monastier. M. le prieur, ... (p. 272). Parmi les travaux qu'il envoya à dom Denis de Sainte-Marthe, on trouve :* plura sur l'abbaye S. Theofredi *(p. 181) ;* Indiculus abbatum Calmeliacensium *(p. 311) et des* emendanda vel addenda *sur la même (p. 465). Il faut noter encore un passage d'une lettre du même à don Bernard de Montfaucon (ou plutôt à dom René Massuet), datée de la Chaise-Dieu (23 déc. 1711) : Le P. abbé (de St-Allire) avait envoyé F. E. Buisson à Mauzac pour dessiner la châsse du B. Calminius, qui est historique et où il est dit fondateur des monastères de Mauzac, de Tulle et de S. Chaffre en Velay... Cette châsse a été faite après 1067 et pourrait avoir place dans le 5ᵉ ou 6ᵉ volume (des* Annales ordinis S. Benedicti) *(p. 496).*
3. *En 1768 les religieux de St. Chaffre étaient au nombre de 21 et les revenus de l'abbaye évalués 12279 livres (*Peigné-Delacourt, Tableau des abbayes et des monastères d'hommes en France..., *Arras, 1875).*

malgré les protestations des religieux et des habitants du Monastier (1776 à 1786).

Charles-François d'Aviau du Bois de Sanzay *fut, comme archevêque de Vienne, le dernier abbé (1789-90).*

La Révolution était venue, qui portait partout la dévastation. Saint-Chaffre s'écroula, comme tant d'autres institutions bienfaisantes destinées à procurer la gloire de Dieu.

L'abbaye avait dans sa dépendance les prieurés de Saint-Pierre du Puy, *de* Chamalières *en* Velay, *de* Sainte-Énimie *et de* Langogne *en Gévaudan, de* Sévérac *en Rouergue, plus celui de* Saint-Pierre de Freycenet *(filles). L'abbé de Saint-Chaffre et le prieur de Chamalières faisaient partie pour le clergé des États particuliers du Velay.*

De ce monastère, onze fois séculaire, il subsiste encore le couvent, l'église abbatiale (monument historique) et la statue en argent de saint Chaffre [1].

---

*Indépendamment de l'*Index personarum, locorum, rerum, *qui termine ce volume, trois appendices suivent cette introduction :*

A. Table chronologique des Cartulaires de Saint-Chaffre et de Chamalières. *Ces deux recueils se prêtent à cet égard un mutuel secours. Une minutieuse révision a permis de rectifier les dates attribuées à plusieurs chartes du premier à l'aide de données fournies par le second : ainsi le commencement du règne de Louis d'Outremer paraît avoir été pris invariablement en Velay à l'année 938 et celui de son successeur Lothaire à 957* [2]. *Ce*

---

1. Joanne, Dictionn. géograph. de la France, *1872, p. 1461.*
2. *Cf.* Alex. Bruel, Études sur la chronologie des rois de France et de Bourgogne d'après les diplômes et les chartes de l'abbaye de Cluny aux IXe et Xe siècles, *dans* Biblioth. de l'école des Chartes, *1880, t. XLI, pp. 43 et 338.*

nouvel examen ne laissera pas moins subsister bien des incertitudes, certaines chartes renfermant des notes chronologiques ou des synchronismes inconciliables.

B. Errata du Cartulaire de Chamalières. *Voir p. viij, n. 2.*

C. Index onomastique, *destiné à faciliter le travail des futurs éditeurs d'une nouvelle édition du* Glossarium *de* DU CANGE, *complétée à l'aide des innombrables publications de documents faites à notre époque; les mots qui manquent absolument à l'édition Didot sont ici en italique.*

D. Additions et corrections. *La science marche ou plutôt celle de chacun est toujours insuffisante. Quinze ans séparent déjà les débuts de ce volume de son achèvement : l'auteur a découvert, on lui a communiqué bien des détails dont il serait injuste de frustrer le public. Sa reconnaissance s'adresse particulièrement à M. l'abbé G. Arsac, professeur à la Chartreuse (Haute-Loire); pour la synonymie des noms géographiques à MM. le chanoine* Auvergne, Anatole de Gallier, A. Lacroix *et* A. Mazon. *Elle doit être sans bornes, comme le sera celle du public, à l'égard de M. l'abbé* Jean-Bapt. Payrard, *curé de Saint-Julien-d'Ance (Haute-Loire), de M.* Adrien Lascombe, *bibliothécaire de la ville du Puy, et de M.* Charles Rocher, *avocat au Puy, fondateurs et principaux rédacteurs des* Tablettes historiques de la Haute-Loire, *qui ont généreusement assumé les frais de cette publication.*

Romans, 9 avril 1888.

A

TABLE CHRONOLOGIQUE

DES CARTULAIRES

DE SAINT-CHAFFRE ET DE CHAMALIÈRES

[*Les chiffres à gauche des dates indiquent les numéros des Cartulaires (T = Saint-Chaffre ; C = Chamalières) ; ceux à droite les pages dans leurs éditions*].

T. 3 (Fondation du Monas-) 3-4	429 (tier, 570 [680 ?] . .) 167
T. 4-5 (Saint Eudon, premier) 4-6	57 } abbé de Carmery,† v. } 50	429 (600 [700] nov. 19 .) 167
T. 10 (Dructanne, abbé de) 9	59 } Carmery, -840 . . } 52	60 ( ) 52
T. 58 | 840 ? mai 19. . . . . | 51
T. 62 | Bodon, abbé de Carmery, 840- . . . . | 53
T. 22 | Louis-le-Pieux (, av. 840 juin 20) . . . | 21
T. 63 (Gautier, abbé de Car-)	64 (mery, 845-66.) 54
T. 22 (Pépin, roi d'Aquitaine,) 20-2	cf. 62 (845 (ap. déc. 13).) cf. 53
T. 69 | 857 février 2 . . . | 56
T. 62 | 866 mai . . . . . | 53

T. 65)	54
66-7 } Rostaing, abbé de Car- { 54-5	70-1 } mery, 876-914 . . { 56	296) { 100	300) (101
T. 430 | Charles-le-Chauve, 876 (avril) . . . . . | 168
T. 72 | 876 décem. (1-29). . | 56
T. 23 | Charles-le-Chauve, 877 août 1 . . . . . | 22-4
T. 10 (Guy, évêque du Puy,) 9	72 († 87 . juil. 24 . . .) 57
T. 386 | 879-882 . . . . . | 135
T. 61 | Odilon, comte, 886 ? mars (3-31) . . . | 52
T. 68 | 889 . . . . | 55
T. 339 | 903 ? mars 26. . . . | 114
T. 299 | 914 octobre (6-27). . | 101
T. 73 (Gotescalc, abbé de St-) 57	297 } Chaffre, évêque du { 101	306 (Puy, av. 936 . . .) 102

TABLE CHRONOLOGIQUE

T. 53	Restauration de St-Chaffre, 939/40	47-9	122-4 127-8	Chaffre, évêque de Die, 950-982	66 67
T. 10 77 80 82 280 301 302 C. 191	Dalmace de Beaumont, abbé de St-Chaffre, 939-949.	9 59 59 59 96 101 102 74-5	250 279 283 290 318 332-3 341-2 344 347		91 96 96 99 108 113 114 115 115
C. A T. 74	Union de Chamalières à Saint-Chaffre.	3-4 57	C 268		98
T. 277	939 juillet (2-30)	95	T. 316	950 ? mars (5-26)	107
C. 256	939/940	95	T. 115	950 avril 1	65
C. 290	939/953 décembre	104	T. 317	950 ? juillet (4-25)	107
T. 75	940/949 janvier	58	T. 119 120-1 293 C. 168	950-954	66 66 99 68
C. 259	940 avril (4-25)	96
T. 81	941 septembre (7-28)	59
T. 76	941 octobre 28	58
T. 54	942-3 juillet	49
T. 288	942 novembre 22	99	T. 321	950-982 novembre	108
T. 295	943 ou 948 juin 26	100	C. 272	Etienne, vicomte, 952/953	99
C. 103	945 février 15	42
T. 328	945 avril (4-25)	111	T. 276	955 décembre (5-26)	95
T. 375 cf 82	Union de Ste Enimie à St-Chaffre, 945 mai 5	127 cf. 60	T. 86 89-90 94 103 106-7 112 114 117-8 125-6 303-4 C. 97	957-982	61 62 62 64 64 65 65 65-6 66-7 102 40
T. 78	946/947	59
T. 305 C. 169 270	947/948	102 68 98
C. 114	948 janvier	45
C. 229 230	948/949	88 88
T. 79	949 août (6-27)	59	T. 87	957-982 avril	61
T. 10 50 83 91, 93, 95- -105 104-5 108 110-1 113 116	Golfalde, Vulfalde ou Vualde, abbé de St-	9 45 60 62 63 64 64 65 65 65	T. 85 88	957-982 juillet	60 61
			T. 92	Etienne, vicomte, 957-982 novem.	62
			C. 12 221	958	10 86
			T. 331	958 ou 969 août 1	112
			C. 172	958 octobre	69
			C. 19	959	12

T. 129 340	960.	67 114
T. 323 327	Achidée, évêque de Die, 960? mai (7-28)	110 111
T. 345	Geilin, comte, 961 mars (4-25)	115
T. 414	Fondation de St-Michel de l'Aiguille, 961 juillet 18	153
C. 261 305-6	962.	96 107
C. 271	962 mai	98
T. 330	Geilin, comte, 962 juin 30.	112
T. 322	Conrad-le-Pacifique	108
T. 324	Lambert, comte, 963/4	110
T. 312	965 janvier (5-26)	104
T. 84	969.	60
C. 124	969 mai (4-25).	48
C. 112	970.	44
T. 343	970 juin (6-27).	114
T. 346	970/971	115
C. 193	971.	75
T. 334	974 avril 25.	113
T. 170 C. 182 223	976.	75 72 87
T. 109	976-982	64
T. 308 C. 183	981.	103 72
C. 265 -266	982.	97
T. 130	983.	67
T. 11 131 137 282 298 310 C. 125	Armand, abbé de St-Chaffre, 983-985	9 67 68 96 101 103 48
T. 132	983	67
T. 348	983/984.	115
C. 123	983-985 septembre	48

T. 133 -135 C. 184	984	67 -68 73
T. 136 C. 134 269	985	68 10-1 98
T. 11 51 138 143 152-3 155 159 162 165 167 172 174 177 248 256 308 320 329	Guigues Ier, abbé de St-Chaffre, évêque de Glandèves, 985-996	9 45 68 70 72 72 74 74 74 75 75 76 76 90 92 103 108 111
C. 11		10
T. 378 -381	985	133
T. 139	985 novembre (4-25).	68
T. 161 168 171 309 C. 48	985-986 mars 2	74 75 75 103 21
C. 166	986	67
C. 203	986 juin.	80
T. 308 C. 106	986 mars 2-987 mai 21	103 43
T. 156 157 166	Après 987 mai 21.	73 73 75
T. 146	987/988	71
T. 148 -151 163 169	987 juillet 3-996 oc-	71 -72 74 75

175-6 / C. 102 / 231 / 289	tobre 24	76 / 42 / 88 / 104
C. 34 / 185	988	17 / 73
T. 147 / 148 / 160	988/989 . . .	71 / 71 / 74
T. 55 / 275	988/996 janvier. .	49 / 95
T. 422	989 avril 29 . . .	160
C. 45 / 190	989/990	20 / 74
T. 145	990 janvier (7-28). .	70
C. 15 / 170 / 282	990/991	11 / 68 / 102
T. 158	991.	73
C. 186	946 [991/992] . .	73
T. 140 / 415-8	Fondation de St-Pierre du Puy, 993 avril 13	69 / 153-
C. 36	993/994.	18
T. 337 / 338	993-999 octobre . .	113 / 114
C. 113 / 115	993-1032. . . .	45
T. 412	Guy d'Anjou, évêq. du Puy, † fév. 8 . . .	158
C. 25	995.	14
T. 141	996 (avant octobre 24)	70
T. 142	. . . décembre . . .	70
T. 173 / 178	996 (après octobre 24)	75 / 76
T. 387	996-. . . décembre .	135
C. 51 / 174	996-1031. . . .	22 / 69
C. 117	997-1031 janvier . .	46
T. 11 / 164 / 179 / 180-9		9 / 74 / 76 / 76-8
190-9 / 200-9 / 251-2 / 335 / C. 254 / 255	Guigues II, abbé de Saint-Chaffre, 998-1014.	78-9 / 79-81 / 91 / 113 / 95 / 95
T. 376	Donation de Langogne, 998	130
C. 59	998/999	24
T. 278	998-1014 septembre .	96
T. 144 / 336 / 388	999/1000.	70 / 113 / 135
T. 255	1000 févr. 26 ou 1010 févr. 6	91
T. 33-4	1000 décembre 25. .	31-4
T. 389	1001 mars (3-31) . .	135
T. 154	1001 août 17 . . .	72
T. 319	1003 février 6 . .	108
T. 419	Frédol d'Anduze, év. du Puy.	158
T. 314 / 315	Lambert év. de Valence — 1011 mars 14 / 1011 octob. 1	105 / 107
T. 355	Humbert, évêque de Grenoble, 1012 (fév. 21-novem-13). . .	118
C. 20 / 24 / 35 / 244	Eldebert, doyen de Chamalières, -1014.	13 / 14 / 18 / 92
C. 260	1014	96
T. 11 / 210-1 / 217-9 / 223 / 225-7 / 230 / 272	Guillaume Ier de Capdenac, abbé de St-Chaffre, 1016-1036.	9 / 81 / 82 / 83 / 83 / 84 / 94
T. 419 -420	1016 janvier 31. . .	158 -160
T. 281	1016 février 9 . .	96
T. 311	1016 mars (20 ou 22).	103
C. 16 / 37		11 / 18

46	} 1016–avant 1021 . . {	21	
220		86	
251		94	
284		102	
T. 254	1016–1030 août . .	91	
T. 228	1016–1031 février. .	83	
T. 213		81	
-216		-82	
220		82	
222	} 1016–1031 juillet 20 . {	82	
308		103	
C. 194		75	
250		94	
294		105	
C. 226	} 1016–1042 . . . . {	87	
293		105	
T 367	1018 février 5 . . .	123	
T. 432	1018 mars 2 — 1029 mars 30. . . .	170	
T. 420	Frédol, évêq. du Puy, † oct. 2	159	
C. 55-6	} 1021 . . . . {	23-4	
60-1		25	
242-3		92	
T. 382	1021 février 18 . . .	134	
C. 22-3		13-4	
44		20	
49		22	
101		41	
171	1021–1031 juil. 20.	68	
189		74	
276-7		100	
286-7		103	
295	Armand vicomte. Pierre, doyen de Chamalières	105	
296		105	
C. 52-3		22-3	
57-8		24	
116		46	
161		66	
222		86	
236	} 1021–1038 février. {	90	
278		100	
-280		-101	
285		103	
298-9		106	
303-4		107	
307		108	
T. 212	1022 mars 24–1029 avril 5	81
T. 368	1023 mai 10. . .	126
T. 370	1023 juillet 1, . .	126
T. 284	1023 juillet (5-26). .	97
T. 371	. . . .	126
T. 56	1024 [1134 ?] . . .	50
C. 192	1024 août 4. . . .	75
T. 224	1025/1026	83
T. 393	. . . . juillet 23 . .	136
T. 373	1026	127
T. 374	. . . .	127
C. 54 } 94-5 {	1027 . . . . . }	23 / 39
C. 43	1127 [1027] février 10.	20
T. 372	1029 janvier 5. . .	127
T. 369	1029 avril 10 . . .	126
T. 200 } 227 248 {	Arbert, abbé de St-Pierre-la-Tour . .	8 / 87 / 93
T. 221	1031–1036 août. . .	82
T. 286		98
C. 96		39
204	} 1031 juillet 20-1036. {	80
238		90
249		94
300		106
C.215-6 } 308-10 {	1031 juillet 20-1038. }	84-5 / 108-9
C.107-9	1031 juillet 20-1060.	43-4
C. 224	1032–1036 mars . .	87
T. 423	Après 1033. . . .	161
T. 433	1034 janvier 24. . .	171
T. 357	1034 février 19. . .	120
T. 383	1034 mars 5 ? . . .	134
C.262	1034/1035	96
T. 390	1035 avril 23 . . .	136
T. 391	1035 ? avril 26 . . .	136
T. 356	1035 août 26 . . .	120
T. 362	. . . .	122
T. 12 } 249 325-6 {	Guillaume II de Solignac, abbé de St-Chaffre, 1036–1042.	9 / 91 / 111
C. 211	1037 juillet 8 . . .	82
C. 235	1038	89
C. 264	1038 août 10 . . .	97
T. 229	1039 novembre 11. .	84

C. 17	Jean, prieur de Chamalières.	11	C. 18	Ebrard, prieur de Chamalières, 1082-1087.	12
167		67	21		13
218		85	27-8		16
240		91	39		19
T. 434	Humbert comte de Savoie. 1042 jan. 21	172	47		21
			104-5		42-3
435	1042 juin 10	173	110		44
			208		81
T. 423	. . . .	161	302		106
T. 421	1050 décembre 27	160			
T. 421	St Léon IX pape, 1051	160	C. 98	1032 [1082]. . . .	40
			T. 366	1084/1085	123
T. 421	Etienne de Mercœur, évêq. du Puy, † 1052 août 4.	160	T. 392	1085 mars 11 . . .	136
			T. 13	Guillaume III, † 1086 déc. 13.	11
T. 424	Pierre, évêq. du Puy, sacré à Ravenne 1053 mars 13.	161	T. 13-4	Guillaume IV, abbé de St-Chaffre, élu 1086 déc. 20, béni 1087, -1136.	11-4
			17		17
T. 12	Guigues III, abbé de St-Chaffre, 1058-62.	10	52		46
231		84			
T. 349	Geilin, comte, 1058 mars 18.	116	T. 400	St-Hugues, év. de Grenoble, 1087 ?. . .	142
			C. 195-7	1087 septembre 22 .	75-7
C. 263	Après 1060 août 29.	97	T. 244	1087-1098	89
T. 232	1062 août 9 ? . . .	84	T. 238	1087-1136.	87
T. 424	Pierre, évêq. du Puy, † 1073 juil. 13. . .	161	307-8		102-3
			T. 285	1088	97
T. 13	Guillaume III de Ste-Enimie, abbé de St-Chaffre, 1074-1086.	10	T. 287	1089 [1088] juillet 27.	98
36		35	C. 40-1	Armand, prieur de Chamalières.	19
38		36	173		69
49		43	212		83
52		46	245		92
233		84			
265		93	T. 401	Urbain II, pape, 1090 ?	143
399		41	T. 16	Urbain II p., 1090 avr. 1	15
C. 206		81	T. 385	1092 août 11 . . .	134
T. 237	Guillaume, vicomte .	87	T. 352	Guigues-le-Vieux, comte, 1094. . .	117
T. 234	1076 avril 25 ?. . .	85	T. 239	. . . .	87
T. 350	1076-1081	116	T. 240	1094 août 14 . . .	87
T. 384	1079 mars 7. . . .	134			
T. 425	Adémar de Monteil, évêque du Puy, 1080 ?	161	C. 2-10	Jarenton, prieur de Chamalières, 1095-1098.	7-10
			219		86
T. 235	Ponce, vicomte de Polignac, 1070 [1080] avril 19.	85	225		87
			257-8		95-6
			C. 26	Héraclius, victe, 1095 ?	14
			C. 199	1095 septembre 8. .	78
C. 202	Adémar, évêq. du Puy	79	T. 20	Concile de Clermont, 1095 novembre.	20
T. 360-1	. . . .	121-2	426		162
T. 236	1080-1086	86			
T. 351	. . . .	116	T. 397	1096 [1095] novem. 18.	139

XLII   TABLE CHRONOLOGIQUE

T. 241-2 cf. 17 C. 99	Adémar, évêq. du Puy, 1096.	88 17 40	T. 409 406 408 410 407 405	Lucius II pape, 1144 mars	29 30	149 148 148 149 148 146
T. 245	1096 juillet 25.	89	T. 445	Guillaume, prévôt de Valence		186
T. 398	1096 décembre (4-25).	139	T. 438	1153		176
T. 258 cf. 17 259 260	Léger, évêque de Viviers, 1096-1119.	92 17 92 93	C. 63 -64	Géraud, prieur de Chamalières		26
			C. 283	1158		102
T. 243 C. 1	1097	88 5	T. 439	1159		176
C. 239	1098	91	C. 68	1160		28
T. 426	Adémar, év. du Puy, † 1098 août 1	164	C. 246			93
C. 213-4	1099 juillet 23 ?	83-4	C. 65	1162, - janvier 4		26
T. 246	1101 mars 24	89	C. 177 179-80	Pierre de Beaumont, prieur de Chamalières, 1162-71.		70 71-2
T. 427	Ponce Ier de Tournon, évêq. du Puy, sacré 1102.	164	C. 135-7 C. 210 C. 253			55-6 81 94
T. 436	1103 décembre 17.	174	C. 66-7	1163 mars 30		27-8
T. 394 cf. 17	1103 [1104] mars 20.	136 17	C. 69	1163 avril 14		28
C. 232	1104 mai.	89	C. 70	1163		29
T. 18	(Pascal II,) 1105 mars 24	17	C. 71	1163 avril 30		29
T. 19	pape) 1107 juil. 20.	19	C. 72-3	1163 septembre 1		29-31
C. 297	1108-1136	105	C. 74	1163 octobre 21		31
T. 395	1106 [1112] mars 13.	138	C. 75	1163 novembre 11.		31
T. 402	Calixte II, pape, 1119 mai 1.	144	C. 76	1164 mars 7.		32
			C. 77	1164 mars 13		32
T. 427	Ponce, évêq. du Puy, † 1121 janv. 24	165	C. 88	1165 janvier 22.		36
T. 428	Ponce II Maurice, év. du Puy 1121, † 1128 avril 20	165-6	C. 78 157 T. 440	Pierre Ier de Beaumont, abbé de St-Chaffre, élu 1165 avril 20, béni mai 13, -1173.		33 64 177
T. 403	Etienne, archevêque de Vienne, 1129-1132	145	C. 78	1165 juin 3.		33
T. 404	Humbert, év. du Puy.	145	C. 79 81	1166		33 34
437	Bernard, c^{te} de Melgueil.	175	C. 80	1166 décembre 1, 5.		33
			C. 81	1167 janvier 9		34
T. 56	1134 ?	50	C. 82	1167 janvier 30		34
C. 188 311	Béraud, prieur de Chamalières	74 109	C. 83	1167 avril 13		35
			C. 84	1167 mai 2.		35
			C. 85	1167 décembre.		35
C. 42 237	Silvion de Fay, prieur de Chamalières, v. 1143.	20 90	T. 441	1170		177
			C. 162	1171		66
			C. 163	1172		67

TABLE CHRONOLOGIQUE XLIII

C. 164	1172 octobre 12 . .	67	C. 56	1213 après déc. 21.	64
C. 89	1172 décembre 13. .	36	T. 445 } C. 234 }	1217	} 186 89
T. 441 } C. 90 }	1173	} 177 37	C. 233	1218 juin [juillet 15].	89
C. 91	1173 mars 3. . . .	37	T. 446	1219 juillet	186
C. 121	1175	47	T. 447	1227 février . . .	187
C. 175	1176 avril 24. . . .	69	T. 468	Soffroy, évêq. de Grenoble	211
C. 201	1176 [1177] févr. (5-26)	79	C. 22	1246	47
T. 466	Ponce de Chalancon, abbé de St-Chaffre.	210	T.	1247 septembre 7 . .	XXV
C. 93 128-9 130-4	Pierre de Servissac, prieur de Chamalières.	38 49-51 51-4	T. 448	Innocent IV, pape, 1250 sept. 2 . . .	188
T. 442	Alexandre III, pape, 1179 avril 1 . . .	178	T. 449	1255 mai 28 . . .	189
			T. 450	1258 février 21. . .	190
C. 247	1180 ? septembre 29.	93	T. 451	1259,–août 18 . . .	191
T. 445	Eustache, prévôt de Valence . . .	185	T. 452	Clément IV, pape, 1265-8.	191
T. 464 C. 149 150 158	Francon, abbé de St-Chaffre.	209 59 60 65	T. 453	Clément IV, p., 1266 sept. 19	198
			T. 454	Grégoire X, pape, 1272 mai 3. . .	199
			T. 455	Grégoire X p., 1273 janv. 12	200
T. 443	1184 mars 31 . . .	183	T.	1273 janvier 23 . . .	199
T. 465	. . . .	209			
C. 273 T. 467	1026 [1206 ?] mai. . Guillaume de Montclar, abbé de Saint-Chaffre . . .	99 210	T. 456 } T. 457 }	Grégoire X p., 1273 mars 23.	} 201 203
			T. 458	1273 juillet 11 . . .	203
			T.	1273 juillet 17 . . .	206
C. 156	Pierre Gaudin, abbé de St-Chaffre . .	64	T. 459	1274 juillet 26 . . .	206
T. 444	1210	184	T. 460	1280 octobre 16 . .	207
C. 53	1212	62	T. 461	1288 septembre 28 . .	207
C. 154-5 159 291	Raymond de Mercœur, prieur de Chamalières.	63-4 66 104	C. 288	1299	103
			T. 462	1300 octobre 17 . .	207
			T. 469	1318 juin 18 . . .	211
C. 152 367	1213	61 120	T. 470	Grégoire XI p., 1370 oct. 25. . . .	211

B
ERRATA
DU
CARTULAIRE DE CHAMALIÈRES

Page 3, *ligne* 4 : Interea ; 15 : d. consodales s. — *P.* 4, *l.* 2 : domnus ; 4 ; p. Et h. . . . c., set ; 7 : Set ; 9 : Lxxi v., de st. xiii domus et ; 12 : i. c* de civ. ; 19 ; singularum ex. ; 22 : domino ; 25 : cj. doni ; 26 : do. ve. ; 27 : comunis ; 28 (*etc.*) : vi. d', i. cl' c. ; 29 : et s. ii : c. h. i. cl' f. (*etc.*) — *P.* 5, *l.* 6 : etiam . . . parro.

Numéro 1, *ligne* 3 : Jhesu Xpisti m. n. VJI^(mo) ab l-aci-e ; 14 : senum ; 18 (Luc. xi, 17) ; 19 : ostentatur ; 20 : do. verbis ; 31 : conp. : 33 : s-m c-t ; 38 : opidis ; 40 (*Eccle.* xii, 11) ; 44 (Luc. xi, 41) ; 45 (*Eccli.* iii, 33) ; 47 : brevi ; 50-1 : v-onis . . . k-s. . ; set ; 55 : anatema m.

2, 7 : gregacioni.

4, 4 : dona(c)i-m ; 6 : xxxta ; 8, 9 : Gauzf-s.

5, 6 (*bis*) : m-acus ; 9 : laudaut-e.

6, 8 : Rigïnanda.

7, 3 : t. Deo et ; 6 : Gauzf-i.

8, 3 : Ugo lenus ; 4 : Malis E-s ; 6 : c-ssisime.

9, 7 : Carulus.

10 : Combris, in perochia Camaleriarum ; 5 : masso.

10ª, 2 (*etc.*) : -e i. mi (meiteinc) c(ivate), xij d'. S-t etiam iij. o. . .e i. cl' c. ; 5 : meiteinc e. ; 6 : saina . . . meiteinc e. S-t etiam ; 7 : brasatie.

12, 1 : Vourei ; 2 : ii. r-i ; 6 : r-mt-e ; 8 : Nizea-s.

13, 3 : Tehot-i ; 6 : tc(s)tes.

14, 1 : Vourei ; 2 : quedam.

15, 1 : Vourei ; 3 : Tehot-i.

16, 1 : In p(erochia) de Vourei ; 2 (*etc.*) : domnus ; 6 : m. i. d.

17, 3 : canno-s ; 7 : conl-s etiam c. ; 8 : W* G o.

18, 2 : sunt ; 12 : etiam s. a. ; 13 : cann-s ; 14 : T-a C-a . . . allii.

19, 2 : l-aci-e . . . etiam.

20, 2 : Tehotbertus.

21, 3 : Jhesus Xpistus ; 4-5 : red(e)m-(cione) m.

23, 2 : Cautburgia ; 4 : Jhesus i-s ; 9 : v. cl' sgl', ii. s' ci, i. mi or., iii. sol' emai, iii. sol' a kl'.

24, 1 : I(n) p(erochia de) R-s ; 3 : Blismodis ; 7 : Be(r)n-s.

26, 3 : etiam ; 4 : Xpistianis ; 6 : set ; 9 : v-e c-s t. c., (pro) e. ; 10 : Tehot-o ; 13 : Johannis . . . longitudinis ; 34 : a(d).

27, 11 : Roiravus.

28, 3 (*Eccli.* iii, 33) ; 6 : Bona Villa.

29, 2 : (Q)ve . . . vi(r) s. Smido ; 3 : porrochia . . . [un]um m. Cens[us] e.

30, 1 : Euva-o (Luc. vi, 38) ; 5 : des F. ; 6 : i. s' c.

32, 2 : istaret ; 4 : om(n)ium ; 6 : iii. cl' s', i. s' c.

33, 2 : R-a B-e ; 5 : r-rium ; 7 : i. s' c. H. etiam.

35, 8 : mai ii. d' e m-a . . . i. cl' c.

36, 5 : ape-m ; 6 : mai, vi. d', kl' vi. d', i. m' c.

37, 2 : W(illelmi) ; 6 : V-o, t-m alo e feu ; 7 : i. cl' c.

38, 4 : ape-m ; 6 : W(illelmi) et W(illelmus).

43, 6 : M-s C-i, . . . V-a N-a, i. apendariam in Apillac ; 9 : Vila Nova kalendis ; 10 : i. cl' a., i. mi c.

44, 4 : Beljoc d. D. ; 7 : vi. d', i. cl' c. ; 8 : P. Calast ; 9 : P. d'Arsenc ; 10 : P. d'Arserc.

47, 2 : P(h)ilipo ; 7 : feudum ; 8 : S' Patelli ; 9 : ii. s' a. . i. c., i.

52, 3 : abbati ; 4 : retrib-m d-i Jhesu Xpisti.

53, 3 : Xpisti ; 6 : parrochia ; 7 : Jhesus Xpistus.

54, 4, 9 : Xpisti ; 6 : Marniaco.

55, 9 : fratris ; 11 : T-s, H-r, A-s s-s.

56, 5-6: parrochia.
57, 5: mansum ; 6: parrochia s-i Gorii.
58, 2 (*Ps.* xxvi, 13) ; 8 : Jeohtbertus.
59, 5: Jhesu Xpisti ; 8 : parrochia.
60, *titre* : Sancti Evodii ; 4 : ret-m ; 6 : parrochia ; 7 : G-s, A-s.
61, 3 : Jhesu Xpisti ; 5 : parrochia.
62, 2 : con-r ; 10 : Set ; 11 : precessores ; 13 : mus. Et ...
63, 5: pigniori ; 6 : i. cl' s', iii. s. a., iii. mi c. ; 9 : Hec o-a alo. et feu. D-t i-m alodum.
64, 3 : de Arnosc ; 4 : Arimandi ; 5 : pro lx sol ... ii. s' a. ; 6 : parrochia.
65, 3 : ensi-e ; 4 : Trenorcium [*Tournus*] ; 8 : Pig-s.
66, 3 : C-ium ; 4 : Joannis de Bracos.
67, 4 : opidi ; 6 : decimus ; 15 : sin ; 18 : A-a R-a.
68, *en marge*: Agricole et Vitalis Retornac ; 5 : sol. ; a T-a ; 6 : alia B. ; 15 : set.
69, 4 : Belmont ; 10 : n. u. in eo e. ; 11 : Aumarus.
70, 2 : A-o a(b) In(carnatione) D.
72, 1 : refecturarie ; 6 : fratribus ; 10-1 : i-s et clamorum j ... D. etiam ; 18 : decimas ; 19, 21 : quiquid ; 23 : Fraisejurios ; 24, 31 : set ; 27 : redere ; 29 : come-i ; 33 : seqenti ; 34 : conventi ; 35 : q. etiam ... ist-m ... seqe-s ; 37 : der R. ; 39 : der R-a B-e ; 41 : Annitie(n)ti.
73, 2 : oficium.
75, 4 : B-o M-e ; 12 : sol. et ir. ; 14 : sine omni ; 20 : comu-s ; 23 : mantione ; 24 : Mic[hael,].
76, 4 : Belmun ; 9 : H. etiam ; 13 : clautralis.
77, 1 : C-ler-m ; 3 : der R. ; 8 : et P. f-r.
78, 2 : M° C° ; 3 : idus , a ; 12 : c. egua-s ; 13 : Set ; 14 : quoniam a.
80, 4 : quiq-d ; 9 : Foraias ; 10 : m-cus ; 11 : Po-i.
81, 1 : Johannis ; 2 : Arimandi ; 5 : set ; 8 : q. hab ; 12 : m-o h-t, d-t ; 13 : Euv-i ... aliquit.
82, 2 : frb' ; 3 : imminere senssiset.
83, 5 : Bausac ; 6 : P(etrus).
84, 4 : Bausac ; 6 : etiam c. ; 11 : dimiteret ; 12 : excpto.
85, 2 : mensse ; 3 : Hierus-m ; 4 : Belmunt.

88, 5 : Teóth(fredi) ; 7 : Belm(un) ; 14 : Set ; 17 : Pon. R.
89, 4 : M° C° LXX. II ; 9 : de segl' ; 11 : P. der R.
90, 2 : E. der C. ; 5 : i. cl' c. et a Mans.
91, 5 : Set ; 12 : quiquid.
92, 5 : uxori ; 7 : gall', alla B-a ... de segl'.
93, 9 : hée ; 14 : Uguone ; 16 : buére ... Raolz ; 18 : Guiguonis c-is ; 21 : c-icci-e ; 23 : Guiguonem ; 30 : domni ; 33 : f-s xii. lec(tionum) s-t.
94, 2 : M° XX° VII° ; 3 : Theotfredi ; 9 : set.
96, 3 : Prosine (?) ; 7 : Guigo.
97, 3 : Theotfredi ; 7 : Ussom.
98, 4 : Theoff(redi) ; 8 : Len-s ; 10 : bostc-m ; 16 : Set ; 18 : eiceret ; 20 : xxii.
99, 3 : quatinus ; 11 : profundn-r ; 13 : atque ... peca-m ; 16 : grama-i.
100, 1 : Bauzac ; 3 : Jerus-m ; 8 : quod jus ; 12 : Bovis.
101, 7 : Rodavus.
104, 2 : Philipo ; 6 : Bausac ; 7 : m-o ubi d-r.
105, 5 : Piiairolas.
106, 4, 11 : Rodavus ; 5 : B-o j. a-m ; 6 : G-ivos.
107, 5 : issartariis ; 6 : Rodavus.
108, 6 : Fageto ... attinentiis.
109, 5 : Bausaco j. c-m.
111, 2 : come-e curavimus ; 5 : T-s h. d-s U-s A-s s-s, B-s U-s et.
112, 2 : xiiii^{mo} ... Golphaldo ; 9 : E-s xii. d(enarii).
115, 6 : Ranulphus.
116, 3 : Rodavus.
117, 4 : Bausaco ; 6 : comunem ... Bégo.
120, 1 : R-a B-s ; 4 : c-m i. mi s-s.
121, 2 : M° C.LXX.V , 8 : l(una) ; 15 : Rialeras.
123, 2 : setembri ; 5 : Mons Cornaton.
124, 4 : Lucd-s ; 5 : quandam ; 6 : R-tus.
125, 3 : Rostangnus ; 6 ; p-a p-a Lucd-i.
126, 2 : come-r ; 3 : Aleug-s ; 7, 13 : quandam ; 8 : Ficalina ; 9 : Lu-m.
127, 2 : Luctunensi.
128, 7 : Set ; 11 : B-o M-e ; 17 : DCC^{tos} ; 23 : sé inp-m ; 25 : CCC^{tos} ; 26 : xxii ; 31 : m-m, M.

ERRATA DU CARTULAIRE

h-t ; 34 : grangam ; 44 : xl^{ta} ... xxx^{ta} ; 45 : xx^{ti} ; 47 : Gerardus ; 48 : Euv-a ; 51 : P-s del Poi.

129, 7 : x^{eem} v_{II}^{tem} ; 9 : W^{mo}... et V. V-z ; 11 : Gerardus ; 12 : super ; 13 : Euv-a.

130, 5 : Set ; 7 : hos III^{or} ; 10 : inp-m ; 11 : quendam ; 12 : III^{tor} ; 14 : VIII^{to}

131, 6 : dif-t ; 19 : DCC^{tis} ; 20 (en marge) : [Qu]od... f.[ab]..re ; 27 : Belmunt ; 28 : P-m Delsais ; 24 : Clarmot-i ; 36 : excomu-s ; 43 : G-s d'Esingau ; 45 : c s. de A-s.

132, 3 : Wi-s ; 14 : CC^{tis} ; 19 : P(etri) de C-az ; 22 : S rz.

133, 2 : Murz ; 6 : Euv-s ; 8 : W. s-s.

134, 3 : diff-t... Cairelz ; 6 : Comuni ; 13 : LXX^{ta} ; 18 : filii ; 19 : Jo. d'Espeleu.

135, 3 : de A-s ; 5 : et Stephani m. ; 8 : fati-m ; 12 : decen-e ; 17 : adq-t ; 21 : nectare.

136, 5 : Saintinac ; 7 : et J. s' ci. c-e e chaucha ; 13 : vque.

137, 2 : come-e ; 5 : M-m D-m.

138, 3 : S-o E(gidio)... redep-e ; 4 : quam.

139, 6 : Sainnaz ; 7 : r-m d'Orscer [Ourzie].

140, 1 : Tiranias ; 5 : IJ^o.

141, 4 : vque ; 5 : u-m c-m.

145, 2 : Ponci ; 5 : CCC^{tis}.

147, 3 : q. t-s c-t ; 4 : Ponrainart ; 6 : U-i A-o.

149, en marge : M^o CC^o XI° ; 7 : Cop-o ; 3 : come-r ; 6, 19, 30 : T(heotfredi) ; 8 : nesc m ; 17 : quoddam ; 19 : Pimenta.

150, 4 : inp-m ; 5 : T(he-i) ; 8 : c-asciens ; 9 : nescccitati... f-sque ; 15 : CC^{tos}.. operi ; 18 : a. D. s-s s-r err-t ; 19 : CC^{tis} ; 25 : C-az ; 35 : VIII^{to} ; 39 : a-m, III s-s ; 40 : IJ^{os}.

152, 1 : Felcos ; 2 : come-s ; 3 : Will(elmus) ; 4 : reliquid ; 8 : inm-e.

153, 9 : occulos ; 13 : cong-s ; 14 : b. sive t. necce-a ; 15 : promtum ; 16 : conp-s ; 19-20 : xx^{ti} ; 21 : m(arcam)a-i,q. ; 24 : n. ammodo q. ; 26 : d. dom^a G. et ; 29 : U. Coiros ; 32 (bis) : Coiros ; 35 : Surellus ; 40 : nichil ; 42 : inp-m ; 44 : C-nii ; 45 : inm-s.

154, 1 : com-e ; 5 : pos-t ; 2 : et si e. f-nt r. a. sive etiam r. ; 12 : Arnaudus ; 16 : Coiros.

155, 5 : i-amodo n. ; 8 : Gla(venas), J-s, G. de B-o M(onte), B. prespr.

157, 2 : lite-m ; 3 : quodam ; 5 (Luc. xii, 42) ; 16 : c-m talem, si p-t, u-o m-o ; 17 : par-s ; 24 : haberetur ; 26 : set ; 27-8 (Matth. v, 14-5) ; 32 : provectus ; 34 : d-iquit ; 36 : inp-a.

159, 1 : Raim-s ; 5 : d e (main postérieure, en interligne) Duranto C-o.

161, 3 : Malavalle.

164, 7 : et U. de A-s.

167, 2 : Girini ; 4 : Planesziis.

173, 7 : q-mp m ; 10 : Arthietas ; 18 : Mauri(c)ius.

175, 13 : terra a-o ; 20 : de Meseras.

176, 3 : set ; 5 : vi-e d-o ; 10 : vi-e.

177, 4 : ab(s)c-s ; 7 : villicationi... DCC. L. (sol. ?) ; 22 : o-it ; 23 : s-fœc-t.

178, 2 : p s causa t-s.

180, 2 : come-s ; 7-8 : D-s avunculus G-lini.

183, 6 : Isnarus (= Isarnus ?)

186, 2 : Ad h... come-s ; 3 : DCCCC^o XL. VI°, r-i U-s ; 7 : p-natiis.

187, 2 : Calmils.

188, 3 : Achardi.

190, 5 : p-atiis ; 6 : p-e videtur. H-s.

192, 1 : Step(h)ani ; 3 : M^o XXIIII° ; 4 : Willelmo.

193, 1 : Cheuto ; 5 : Læotardus.

195, 7 : i-e c e c-s... inp-e ; 11 : a-e quandoque inm-a ; 12-3 : D. t. p. sensum.

196, 2 : si quid ; 9 : M^o LXXX° VII°.

198, titre : Sancti Mauricii ; 3 : ex-c-s ; 5 : elem-m ; 6 : litere ; 11 (Luc. xi, 41) ; 12 : ho-m ; 14 : c-m, d i ; 15 : p-tius ; 18 (Galat. vi, 10) ; 22 : n ique ; 24 (Ephes. ii, 19).

199, 2 : Igitur ego.

201, 2 : N-m sit ; 3 : M^o C^o LXX° VI°.

202, 3 : Ca-m ; 4 : set ; 14 : conp-i ; 17 : per v l-s d-s.

203, 4 : servitoribus.

204, 4 : vIII^a... xx^a ; 5 : n. Aialmodis ; 6 (cf. Ps. lxxxii, 13) ; 11 : p-atiis ; 15 : C. C^{tos}... et m-m ; 22 : t-s Besso.

205, 2 : S-s Bello(mo)ntis ; 5 : Wi-s alb'a.

206, 5 : quoddam ; 7 : come-m ; 8 : D-alius.

207, 2 : come-e ; 4 : reliquid.

208, 4 : 11ᵒˢ ; 5 : V-o P-o ; 9 : Rotlerius.
209, 8 : Xpisti ; 6 : de feudo.
210, 4 : Chaselas.
211, 2 : Mᵒ XXXᵒ VIIᵒ ; 3 : Ainrico ; 10 : Ai-s.
212, 4 : IIIIᵒʳ ; 7 : Chalanco.
213, 3 : set ; 4 *(I Timot.* II, 4) ; 8 : j. Domini m. ; 12 : An-s ; 13 : d-s q-d ; 24 : sanct-e Teohtf-i ; 30 : si q-s ; 35 : Mᵒ XCᵒ.
215, 2 : r-ati (= r-ari) ; 5 : Theotf-i ; 9 *(d'abord)* in Libratensio t-o ; 19 : Rodavus ; 14 : L-oe-s.
221, 2 : Rudavus Bellomontis.
223, 1 : Rodavus.
224, *en marge (XIIIᵉ s.)*: [Ma]loberssa ; 2 : donpmo.
225, 3 : quartum.
227, 11 : xxᵗⁱ .
228, 8 : pitanciam ; 11 ; feuum.
229, 6 : Rodavus.
232, 6 : dominioco ; 8 : meisos.
233, 1 : cuntis ; 7 : pro eo e-m ; 11 : T. etiam s.
237, 12 : d-t etiam f-m.
238, 1 : Appinnaco.
239, 1 : martirum... Roiravo ; 2, 7, 13, 24 Anic(iensis) ; 3 : lite-m ; 7 : R-avo ; 16 : Quicumque a-m.
240, 7 : hoc manso d-m ; 10 : Ros.G.
243, 4 : Rodavus.
246, 3 : abba ; 5 : Cheiapanc.
249, 2 : et beato T-o ; 5 : a M-s, a C-h.
250, 1 : I(n) p(erochia) de Crapona ; 7 : Rainaldus.
256, *titre (XVᵉ s.)*: Donum ecclesie ; 6 : t-e q-m.
257, 1 ; Rodavus ; 7 : carei.
259, 2 : sabati, Rodavus.
260, 1 : Mᵒ XIIIIᵒ ; 8 : abba.
262, 9 : Rostangnus.
264, 3 : Rodavus ; 5 : de M-o ; 7 : Mᵒ XXXᵒ VIIIᵒ.
268, 1 : Golphaudi.
271, 1 : come-e ; 2 : vıᵗᵒ ; 6 : Arlibodus.
273, 2 : It (= Ut) ; 8 : come-e ; 14 : Et not...*(à fin, postérieur)* ; 19 ; mus D(uranto) Heremio ; 20 : Comarc.
277, 8 *(Psalm.* xxvi, 13).
280, 7 : Sentiniago.
281, 2 *(Eccli.* vii,40).

283, 3 : Mᵒ Cᵒ L. VIII. ; 6 : faciandum ; 10 : I-r M-m ; 12 : IIII. s(esters) : I. from(en), I. segl(e), I. orge, I. ci(vate).
287, 5 : Giral d'Encham (?) ; 7 : q.h. i. H. : t.
289, 4 : bate, H-s.
290, 2 : Rodavus ; 5 : Pratum C-m.
293, 7 : Rodavus.
294, 1 : [R]egnnante ; 5 : Frotbertus.
297, 4 : boschatgio.
302, *titre* : Retornac ; 5 : Roiravi ; 7 : la Neiseira ; 9 : G-o, B-s.
305-6-7-9-11, 1 : perochia.
311, 4 : Rodavus... Theot-o ; 5 : Cozagas.
314, 3 : ci(vate) et ııᶜⁱᵐ d(enarios) ; 5 : e per m-s ; 10 : xııᶜⁱᵐ ; 11 : ııᶜⁱᵐ... anone ; 12 : Cozangas ; 13 : ııᶜⁱᵐ... meisos.
316, 5 : alodo.
323, 1 : karasi-m.
325, 8 : gallinam.
328, 9 : messiones.
334, 2 : feualis ; 4 : feuales.
336, 9 : dimedius ; 10 : emina.
339, 1 : dimedius ; 2 : meisos.
349, 2 : xv. ı [.den'ar). et... s(est).] annone segel et ı [sextarium ci(vate)....] ; 3 : est [...., qui redit] in... ı. [den...... ı e]-minam.
352, 4 : [Ad.....] sunt II appendarie. Una [redit in........] d(e-narios) ; et *per meissos* vı d(en)................ et ı eminam civ(ate) et ı [gallinam........... ; et alia appe]ndaria redit in kalendis [............] et ı gallinam. [Ad .... est ı append]aria cum quarto, et [redit............] [Ad............ est....... qu.] redit in kalendis xvı d(en). et v cartals ci(vate) et ı quartum et ı gallinam.
361, 1 : Stratam.
362, 8 : e si m-a ; 9 lalendo... al sains, e.
363, 1 : Fracsenetum.
367, 8 : montana ; 12 : montanee.
376, 2 : Ligualo ; 4 : D. Balbs.
381, 1 : A Solacias, B. Bonus Jocus.
384, 2 : et [Bo]na Femina.

INDEX ONOMASTICUS

[*Les chiffres renvoient aux pages du* Cartulaire de St-Chaffre; *les mots en italique manquent au* Glossarium *de* DU CANGE].

Abbatia, 85 ; Accessio, 125-6-7 ; Alaudis, 117 ; *Aleudum*, 134 ; *Allodis*, 56 ; Alodis, 68, 117, 121-2, 138 ; Alodium, 44, 141 ; Alodum, 89, 116, 122 ; Ambaciator, 24 ; Ammonitio, 172 ; Ampulla, 48 ; Anathema, 2, 33, 140, 162, 171 ; A-atizare, 161 ; Anguilla, 175 ; Anniversarium, 40, 186 ; Annualis, 29 ; Annulus, 22, 24 ; Anulus, 166 ; Apocrisarius, 9, 106 ; Appellatio, 199, 202-3 ; *Appendarium* [=A-ia], 66 ; A-dentia, 153-4 ; Arca, 42, 90, 124, 126 ; Area, 125 ; Armarium, 40 ; Aureus, 44. — Bachas, 208 ; Basilica, 43-4, 46, 52 ; *Becieria*, 78 ; *Beco*, 78 ; Benedictio, 29, 41, abbatis 18 ; Beneficium, 155, 171, 188-9 ; B-ciarium (jus), 48 ; Berna, 134 ; Bibliotheca, 40 ; Bodina, 55 ; Boscus, 196 ; *Brevis*, 41 ; Buschare, 125. — Caballus, 100, 141 ; Cacabus, 42 ; Calderia, 90 ; Cameraria, 211 ; Campana, *C-ale*, 213 ; Candela, 186, 213 ; Canonica, 105-6, justitia 147, 149-50 ; Capellanus, 39 ; *Capitaliter*, 175 ; Cappa, 42-3, 209 ; Capsa, C-sula, 42 ; Caritative, 186 ; *Cartoneria*, 190, 210 ; Casalus, 108 ; Castrensis (plebs), 138 ; Casula, 43, 209 ; Ca*x*alus, 69 ; C-llus, 66 ; *Cedare*, 172 ; Cellula, 128 ; Censsus, 184 ; Censualis, 175-6 ; C-iter, 49, 174-5 ; Censura, 199, 208 ; Census, 1, 8, 11, etc. ; Cera, 39, 40 ; Charitas, 29 ; Chartularium, 27 ; Chrisma, 196 ; Christianitas, 162 ; C-ni, 88-9, 152, 164 ; Civata, 28, 133-4 ; Clausura, 197 ; Clausus, 113, 115, 155 ; Coclear, 43 ; Cœnobialis, 4, 7, 85 ; Colonica, 112 ; Columba, 41 ; Comitalis (potestas), 109 ; *Commandaticia*, 170 ; Commenda, 81, 182 ; Communia, 114, 157 ; Condamina, 84 ; Conditi (potio), 40 ; Congadiaria, 73 ; Conquistum, 172 ; Consignare, 74 ; Consuetudinaliter, 140 ; *Convivare*, 140 ; C-vium, 189 ; Coquina, 177-8 ; Cortina, 42 ; Costa, 100 ; Cruciola, 41 ; Curtile, C-lum, 77 ; Custodia, 50. — Dalmatica, 42-3, 209 ; Debitalis, 189-90 ; *Decimacinaris* (?), 124 ; Decimatio, 27 ; D-mum, 122 ; Dena, 122 ; Desamparare, 184-5 ; Diffinitio, 90 ; Dimidietas, 127 ; Dominatio, 88, 184 ; Dominicatum, 125 ; D-cus, 68 ; Donaria, 81 ; Dorsale, 42. — Eleemosyna, 26-7-8, 41, 57-8 ; Emendamentum, 186 ; Emina, 89, 209 ; Episcopium, 155 ; *Estble*, 191 ; Excommunicare, 140. — *Fabrare* [= Fabare ?], 80 ; Fascia, 155 ; Faxia, 100 ; Feudatarii, 141 ; Fidelitas, 85 ; Filacterium, 42 ; Finire, 186 ; Firmamentum, 118, 128 ; Firmantia, 50 ; Fiscus, 21-2, 24, regalis 109 ; *Fistucus*, 125 ; Fornellus, 185 ; Fortia, 185, 187 ; Fosatum, 186 ; Fossa, 177 ; Franchisia, 109 ; Fraternitas, 39, 41 ; Freda, 21, 24 ; Furnus, 121, 155 ; *Fuxa*. — Gatgeria, 133 ; Granarium, 26, 30 ; Guerra, 185, 212.— *Herbolarium*, 09 ; Homagium, 42 ; Honor, 90, 145, 158 ; Hostia, 210. — Immunitas, 196-7 ;

Indominicatus, 80 ; Indulgentia, 98 ; *Infrangere*, 171 ; *Ingressura*, 125-6-7 ; Investitura, 143-4. — Jugea, 124-5-6 ; Jugis, 126 ; Jurator, 190 ; Justitia, 187. — *Lampredis*, 118 ; Lanterna, 43 ; Latrinæ, 41, 213 ; Laudatio, 87 ; Laus, 177 ; Lectorata, 159 ; Libertates, 196-7 ; Locellus, 128 ; Lucerna, 41 ; Luminare, 213. — Macheria, 112 ; Manipulus, 42 ; Mansura, 126 ; Mansus, 27, 44, 54, etc. ; Manualis, 209 ; Manzus, 63, 108 ; Marcha argenti, 133 ; Marcum arg. 141 ; Manutenere, 149 ; Mappula, 43 ; Mapula, 209 ; Maranatha, 171 ; Massarius, 125 ; Matutinæ, 213 ; Mausolium, 166 ; Medium plantum (ad), 97, 100 ; Melioratio, 186 ; Mercatum, 32 ; Miles, 89 ; Missale, 145 ; Missus com. 22 ; Modium, 62, 100-1 ; *Modus*, 97 ; Molina, M-ar, 78 ; *Monachalis*, 31, 44 ; Monachare, 132 ; Monasteriolum, 132 ; Monimentum, 24 ; Mula, 88-9, 90 ; Mulus, 50, 88, 141 ; Mundeburdus, 21 ; Munitio, 183 ; Mura, 112. — Nominative, 124 ; Novale, 196. — Obedientialis, 32, 50 ; Oblata, 43 ; Obrizum (aurum) 159 ; Olcha, 94 ; Olium, 196 ; Olivetum, 136 ; Ordinatio, 87, 197 ; Ordo monast. 188, 192 ; *Ouchia*, 208. — Paccator, 208 ; *Pagatus*, 185 ; Palea, 161 ; Parada, 21, 24 ; Parium, 90 ; Parrochialis, 138, 159 ; P-atus, 209 ; Pascuale, 100 ; Patena, 43 ; Patronatus, 189 ; Pecten, 43, 209 ; Pegna, 78 ; Pellicea, 37 ; P-cia, 36 ; Perpetualiter, 132 ; Piscatio, 204 ; Piscatoria, P ium, 107 ; Pitancia, 208 ; Placitum, 90 ; Plana, 43, 209 ; Plancta, 41 ; Plantata, 115 ; Plantus, 100 ; Plenarie, 175 ; Pluvialis, 43 ; Poiez (de), 23 ; Portus, 108 ; Postis exactoria, 52 ; Pradale, 34 ; Prælatio, 40 ; Procurare, 94 ; Professio relig. 181 ; P-sus (mon.), 146. — Quæsta, 210 ; Quista, 187 ; Quitius, 185. — Raba, 122 (cf. 28) ; Receptio, 28 ; Receptus, 27 ; Recompensatio, 205, 211 ; Rectitudo, 142 ; Redditus, 25, 29, 39 ; Refectio, 40, 145, 211 ; Reinvestire, 143-4 ; *Remedimere*, 61 ; Revestire, 143-4 ; Rota adipis, 41 ; *Rovaria*, 79. — Sacramentum, 188 ; *Salicetus*, 115 ; Sanctimonialis, 137 ; Sanctio, 100 ; Saumarius, 140 ; Scannus, 90 ; Sedimen, 124-5-6 ; Semodius, 176 ; Septimana, 41 ; Serviens arm. 207 ; Servitium, 204 ; Sestarium, 23 ; Sext-m, 29, 161, 183-4, 190, 210 ; Signum, 5, 89, 43 ; Silica, 161 ; Societas, 142 ; Solidata, 83 ; Squilla, 42 ; Stibulatio, 105 ; Stipu-o, 81 ; Stola, 42-3, 209 ; Strata publ., 78, 88, 208 ; Subterfirmare, 169 ; Superhumerale, 42. — Tabula, 126-7 ; Tallia, 187 ; Tapes, 42 ; Teloneum, 24 ; Temporalitas, 204, Tenementum, 187 ; Textus Evangelii, 41 ; Thimiamaterium, 41 ; Thuribulum, 41 ; Tolita, 177 ; Torca, 43, 209 ; Torques, 42 ; Troliare, 114 ; Tumba, 130 ; Tunica, 43, 209, subdiac. 42 ; Tunna, 90. — Urceus, 42 ; Usagium, 196, 204 ; Utensile, 76. — Vadimonium, 44 ; Vaso, 125 ; Venda, 177 ; Verneta [= V-tum ?], 29 ; Vestitura, 125, 161 ; Vicaria, pas. ; Vigilia, 106, 119, 120 ; Villicatio, 142 ; Vinea cooperta, 118 ; Villula, 4 ; Vineale, 108 ; Virga, 41 ; Viridarium, 115. — Wadium, 27 Wanto, 125.

D
ADDITIONS ET CORRECTIONS

Page x, note 2 : [Arsac (G.)], Notes chronologiques sur les abbés de Saint-Chaffre, dans l'Echo du Velay; *Le Puy-en-Velay*, 1881, pet. in-8°, viij-72 p.; Daudé (J.), En Gévaudan : recherches historiques sur le Monastier ; *Paris*, 1885, in-8°, 240 p., pl.

P. xiii, ligne 14 : *La fête de saint Théofroi se célébrait le 18 novembre et sa translation le 22 juin.*

Page xiii, n. 3 : *La notice de M. Arsac a été tirée à part, Le Puy, s. d. in-12°, 11 p.*

P. xiv, l. 3 : *Druetanne fut en même temps évêque du Puy* [1].

P. xiv, l. 9 : *L'acte de 856 (qui est bien de 866) appartient à l'abbé Gautier et non à Rostaing, lequel figure de 876 à 914.*

P. xvi, n. 2 : Acta sanctæ virginis Enimiæ et Francorum Clotarii II filiæ regis (ex bibliotheca nationali Lat. n° 913) ; *St-Martin de Roubaux (Lozère), imp. de l'abbé Pourcher*, 1883, in-32°, 192 p.

P. xix, l. 22 : *L'abbé Guillaume Ier avait un frère nommé Itier (T. 285).*

P. xxii : *Guillaume IV, d'après M. l'abbé Arsac, aurait eu pour successeur immédiat* Guillaume V *Delluc Galo ou Gallon de Luc, qui figure dans une charte de donation au mo-*

---

1. *D'après le P.* Fidèle Savio *(de Turin), le Saint pourrait être le même qui est vénéré au diocèse de Saluces comme patron principal et qui a un sanctuaire à Crissolo, dans la vallée du Pô, près des sources de ce fleuve. Non loin de Saluces, dans la plaine, se trouvait le monastère de St-Chaffre de* Cervere *(dépendant du Monastier), d'où on aurait transféré à Crissolo des reliques du saint, ce qui expliquerait son culte dans le diocèse de Saluces.*

nastère de Saint-Pierre du Puy; si l'on maintient à ce document la date de 1134, qui lui a été postérieurement attribuée, il rentre dans la période de Guillaume IV.

P. XXIII-IV : *Il semble préférable d'intercaler l'abbé Ponce de Chalancon entre Arnaud et Guillaume V de Varces.*

P. XXIV : *Pierre III Gaudin confirma, le 5 février 1210/1, un accord entre l'abbaye de Saint-Ruf et le prieuré de Saint-Victor de Valence* [1].

Soffroy paraît, comme abbé de Saint-Chaffre, dans un acte de 1221 relatif à une sorte de droit de régale exercé par les dauphins sur les biens de l'évêché de Grenoble, sede vacante [2].

*Raymond I*er *de Barjac figure en outre dans trois actes, des 18 mars 1231, 3 avril 1242 et novembre 1243, indiqués par M.* ARSAC.

P. XXVI : *Antelme I*er *fut délégué par le pape Alexandre IV pour prononcer sur la validité d'un premier mariage du dauphin Guigues VI avec Cécile de Baux ou de son second avec Béatrix de Savoie* [3]; *il rendit sa sentence en faveur du dernier, le 10 mai 1261*, apud Atanardum [4].

Jourdain approuva, le 22 juin 1263, un accord entre le monastère de St-Ruf de Valence et le prieuré de Saint-Marcellin d'Etoile [5]. *Les fils de Berlion, seigneur de Vinay, donnèrent à son couvent, en 1266, leur maladrerie de Vinay* [6]. *Jourdain*

---

1. Arch. de la Préfect. de la Drôme, fonds de St-Ruf, orig.
2. Inventaire des archives des dauphins... en 1277 (Doc. hist., 1ᵉ livr.), p. 32.
3. Invent. *cité*, nº 108; Invent. des mêmes archives en 1346 (Docum. histor. inéd., 2ᵉ *livr.*, p. 61, nº 317; = BARTHÉLEMY, Invent. de la mais. de Baux, p. 131, nº 458.
4. WURSTEMBERGER, Peter der Zweite, *1856*, t. IV, p. 291, nº 562. Cff. Régeste Genevois, *1866*, nº *930*; Invent. de 1277, nº *109*; Invent. de 1346, n *169*.
5. Arch. de la Préfect. de la Drôme, fonds de St-Ruf, orig.
6. MOULINET, Reg. généalog. mss., t. IV, p. 854 (cabinet de M. Morin-Pons).

figure encore dans divers actes, des 19, 20 *et* 26 *juillet* 1274, *relatifs à Aymar de Poitiers, comte de Valentinois* [1]; *en* 1280 *enfin, les* 16 *octobre (T.* 460*) et le* 1ᵉʳ *décembre* [2].

P. XXVII : *Aymon, abbé de St-Chaffre, passa divers accords et conventions* (pacta et conventiones) *avec le dauphin Humbert (sans doute le I*ᵉʳ *de ce nom)* [3].

Guillaume VII avait reçu, dès 1286, *l'hommage du même Ponce de Monteil (note de M.* ARSAC*).*

Pierre V de Montlaur transigea encore avec les gens de Thueyts, le 26 *juin* 1297 [4].

Cette dernière date aurait pour conséquence, d'après le même auteur, la suppression de l'abbé Gaucelme ou Gaucelin de Meyrières, *lequel n'aurait été que profès de Saint-Chaffre ; il est certain qu'il occupait, en* 1288, *la fonction de camérier à Langogne.*

P. XXVII, l. 21 : *au lieu de (T.* 472*) lire (T.* 462*).*

P. XXVIII : *Le* 14 *février* 1310/1, *Humbert de Chissé, moine de St-Chaffre, donna au dauphin Jean II toute la juridiction qu'il avait à Vizille* [5].

Sur l'abbé Raymond II M. ARSAC *cite encore deux actes, des* 29 *août* 1312 *et* 3 *juin* 1319.

Il lui donne avec vraisemblance pour successeur HÉRACLE, *connu seulement par son inscription au* Nécrologe de Chamalières, *le* 26 *janvier* [6].

Bernard de Morez *apparaît dans une série d'actes analysés par M.* ARSAC : 11 *octobre* 1321, 1327, 1328, *mai* 1331 *et*

---

1. Arch. de la Préfect. de l'Isère, cartons du Valentinois.
2. Arch. de la Préfect. de la Hte-Loire, fds du Monastier, n° 576.
3. Invent. des archives des Dauphins... en 1346, p. 202, n° 1133.
4. Arch. de la Préfect. de la Hte-Loire, fds du Monastier.
5. Minutes du notaire Jean de Saint-Denys.
6. Gallia Christ. nova, t. II, c. 769.

14 mai 1344. Cette même année (le 14 mars), il avait reçu du pape Clément VI commission pour faire récupérer ses biens au monastère de la Chaise-Dieu [1].

P. xxx, n.: *Le texte de la pièce d'avril 1363 a été publié, d'après la même source, dans le t. X de la dernière édition de l'Hist. de Languedoc (1885), c. 1306-8.*

P. xxx : *Jacques de Causans* [2] *prononça une sentence arbitrale, le 21 avril 1365, entre Raoul de Chissé, évêque de Grenoble, et les doyen et chapitre de cette église* [3]. *Il était à Rome en 1369 et y constitua pour procureur, le 26 octobre, un prieur du diocèse de Carpentras nommé Jean Pèlerin* [4].

Gilbert de Malafayda confirma la fondation d'une chapelle dans le cimetière de Sainte-Enimie (28 et 30 mars 1384) [5].

Dreux de Saint-Vital fut reçu solennellement chanoine du Puy le 2 mai 1392 (Odo de GISSEY).

P. 22, l. 22 : *au lieu de n°* XXXII, *lire* XXII.

P. 47, n. 43 : *au lieu de* Textem ipr., *lire* Texte impr.

P. 72, l. 34 : *cette* charta n° XVII *correspond au n°* CCCCXX, *p.* 159.

P. 113, n. 87 : *au lieu de* XXVII° cal., *lire* XVII° cal.
P. 159, l. 26 : *renvoyer en variante* S' Geraldi præpositi.

---

*Plusieurs fautes et changements dans les dates indiquées en notes sont rectifiées ou opérés dans l'*Appendice A.

P. 214, col. 2 : Ad Æquales... — *Les Egaux, forêt (Ard.)*
P. 217, c. 2 : Arlis... — *Arlis, c° de Chirol (Ard.)*

---

1. Cartul. de Saint-Robert de Cornillon, *1865, p. 69-72.*
2. *Cf.* Répert. d. sourc. hist. du moy. âge, t. I, c. 2664.
3. Notice analyt. sur le Cartul. d'Aimon de Chissé, *1869, p. 167, n° 35.*
4. Arch. de la Préfect. de l'Isère, B. 3233, f° 60 v°.
5. ANDRÉ, Histoire... de Sainte-Enimie, *p. 43.*

P. 218, c. 2 : Balneis ... — *St-Laurent-les-Bains (Ard.)*
   Bauzonica... — *St-Genest-de-Beauzon (Ard.)*
P. 219, c. 2 : Bisatge.... — *Le Béage (Ard.)*
P. 220, c. 1 : Broschia ... — *St-Julien-la-Brousse (Ard.)*
   Brucco... *St-Theofrède [du Bruc], c° de Thueyts (Ard.)*
P. 221, c. 1 : Campanias ... — *Champagne, c° de Montpezat (Ard.)*
   Capdenaco... — *Chodenac, c° de Thueyts (Ard.)*
» , c. 2 : Castronovo de Boteria ... — *St-Julien-Boutières (Ard.)*
P. 222, c. 1 : Cellario... — *Le Cellier-du-Luc (Ard.)*
P. 223, c. 2 : Croso.... — *Cros de Laval, c° de Thueyts (Ard.)*
P. 224, c. 2 : Erodonc... — *L'Erieux, riv. (Ard.)*
P. 226, c. 1 : Galexiano ... — *St-Martin-de-Galezas, c° de St-Romain-de-Lerp (Ard.)*
P. 229, c. 1 : Ilerius... — *L'Allier, riv.*
P. 232, c. 1 ; Massolus ... — *St-Michel-de-Boulogne (Ard.)*
P. 233, c. 2 : Mura ... — *Notre-Dame de la Mure, c° de Cornas (Ard.)?*
P. 234, c. 2 : Pervencheriis... — *Prévenchères (Loz.)*
P. 235, c. 2 : Porcellerias... — *Pourselaire, c° d'Issarlès (Ard.)*
P. 236, c. 2 : Robore... — *St-Jean-Roure (Ard.)*
P. 237, c. 2 : Si Albani... — *St-Alban-en-Montagne (Ard.)*
   Si Andeoli, 50... — *Pranles (Ard.)*
P. 238, c. 1 : Si Clementis ecclesia, 94. — *St-Clément, c° de Pradelles.*
P. 239, c. 2 : Si Martini de Vallo ... — *St-Martin de Vals (Ard.)*
P. 240, c. 1 : Si Stephani e. 179 ... — *St-Etienne-de-Lugdarès (Ard.)*
P. 241, c. 2 : Soltronen ... — *Soutrou ou Sautron, c° d'Arcens (Ard.)*
P. 242, c. 2 : Uscello... — *Ucel (Ard.)*
P. 243, c. 1 : Vallo ... — *Vals-les-Bains (Ard.)*
   Vecialensis... — *Vesseaux (Ard.)*
P. 244, c. 1 : Vobregio ... — *Bruge, c° de Thueyts (Ard.)*

La plupart de ces additions géographiques sont dues à l'obligeance de M. A. MAZON [Dr Francus].

CHRONICON-CHARTULARIVM
MONASTERII
SANCTI THEOFREDI CALMILIENSIS

I. Præfatio libri de reparatione chartarum[1].

In hoc libro, qui dicitur *de reparatione chartarum*, continentur possessiones ad hoc monasterium pertinentes et est divisus in quatuor libellis[2]. In primo designatum est a quo fuerit iste locus fundatus et quos habuerit[3] rectores, quamvis non omnes sed quantos[4] ex ipsis chartulis nosse potuimus; deinde privilegia Romanorum pontificum et regum Francorum, quæ pro tuenda libertate[5] monasterii data sunt; deinde positæ sunt distributiones prædiorum inter procuratores et quidquid[6] quantumve ad uniuscujusque obedientiam pertineat, nomina villarum et quantitas census, sicut ab antiquis descriptum invenimus, licet non possit modo tantum exigi propter inopiam incolarum; census etiam monasteriorum et ecclesiarum huic loco subditarum habetur descriptus et quædam alia, quæ possunt a legentibus facile quæsita dignosci. In secundo vero libello[7], unde vel a quibus personis, quove[8] tempore res quæ descriptæ sunt monasterio huic acciderint, brevius[9] quam in eisdem chartulis habeatur[10] et ea tantum quæ in pago Vellaico continentur; nam in aliis duobus libellis illæ possessiones habentur descriptæ quæ in pago Vivariensi et in diversis aliis regionibus[11] : non tamen omnia, sed mentionem tantum ecclesiarum hic facimus quæ sigillatim suas apud se servant possessiones in chartulis scriptas. Hæc autem[12] omnia non sine difficultate disposita sunt, propter confusi-

---

1. *C* ...., supradicta (*n*ᵒˢ........) enim præter ordinem fuere annotata; *Ea* Prologus. — 2. *Ea cart.*, tractans de rebus ad h. m. Calmiliacense p-tibus, div. est in iv libros. — 3. *Ea* In 1° d-ur a q. f-s f-t i. l., qui fuerint. — 4. *Ea* s. tantum illi quos. — 5. *Ea* l. hujus. — 6. *Ea* quid. — 7. *Ea* libro designatur. — 8. *C* quo vel. — 9. *Ea* melius. — 10. *Ea* h-ebatur. — 11. *Ea* r. existunt. — 12. *Ea* Quæ.

onem et vetustatem ipsarum chartarum[13] quæ vix discerni potuerunt[14] a nobis : desunt enim adhuc multa quæ possunt in hoc codice addi, ut de exiguo ingens videatur effici. Nam ipsæ chartulæ, per imperitiam notariorum verbosa rusticitate compositæ[15], prolixius quam oportuerat[16] extendebantur, quarum plures in hoc libro brevi sunt insertæ relatu, nomina tantum eorum[17] qui dederunt et res et loca et tempora designantes ; illas vero detestationes et maledictiones, quæ violatoribus et invasoribus in ipsis chartulis imprecantur, ponere devitavi. Novimus enim omnes invasores et fraudatores rerum ecclesiasticarum a sanctis Patribus, maxime[18] decretis pontificum Romanorum, condemnari et perpetuo anathematis vinculo innodari : Si quis aliquid eorum quæ pertinent ad ecclesias alienare, vendere vel commutare præsumpserit, nisi pœnitendo correctio fuerit subsequuta[19].

II. Incipit hic codex chartarum lator et index.

Æternus et incommutabilis Dominus, omnipotens opifex atque universalis dominus, cum in principio cœlum et terram creasset, cuncta quæ in eis consistunt pulchra atque mirabili specie distinguens senario dierum numero complesset, hominemque ad imaginem suam a mundanis omnibus creaturis intellectu, mente et ratione inter omnia præminentem fecit, quem etiam in Paradiso voluptatis ad hoc, ut Scriptura refert[1], posuit ut operaretur et custodiret illum, præbens ei adjutorium simile sibi ne solitudo forte tristitiam vel tædium inferret ; liberum quoque arbitrium accepit, ne coactus sed sponte Deo serviens præmio remunerationis digne glorificaretur ; præceptum nihilominus vivendi et pœnam mortis, si peccaret, audivit ne forte ignoranter se peccasse fateretur. Nulla igitur necessitate, sed causa superbiæ, vitæ mandata contemsit et maligno suasori, mendacii patri, adquiescens, dignitatis propriæ gloriam amittens, expulsus de Paradisi deliciis in hujus sæculi miseriarum descendit ærumnas ; ubi genus humanum primi parentis errorem sequens, in peccatis concipitur et in

---

13. *Ea* cartularum. — 14. *Ea* poterant. — 15. *Ea en marge* Non proba, sed nota mentem authoris hujus chronici. — 16. *Ea* o-teret. — 17. *Ea* illorum. — 18. *Ea* P. m. et. — 19. *Ea* s-ecuta (......). — 1. Gen., II, 15.

doloribus nascitur ; et, nisi gratia Dei per dominum nostrum Jesum Christum subveniat, nullus a debita damnationis pœna liberatur. Deus enim omnipotens et clemens, per nimiam charitatem suam qua dilexit nos, ait Apostolus[2] , Filium suum misit in similitudinem carnis peccati et de peccato damnavit peccatum, dans potestatem his qui eum receperunt, credentes in nomine ejus, filios Dei fieri[3] ; et, sicut idem Dominus noster in Evangelio testatur[4] : « Sic Deus dilexit mundum ut Filium suum » etc. et « ut omnis qui credit in eum non pereat sed habeat vitam æternam. Veniens igitur (............) in umbra mortis sedebat, illuminavit oculos mortis eorum qui prædestinati erant ante mundi constitutionem ad vitam æternam[6] : copulavit sibi ex eis, ut ait Apostolus[7], gloriosam Ecclesiam, non habentem maculam criminis aut rugam duplicitatis. In hac ergo Ecclesia ut hospes Dominus susceptus est a multis, fideliter in una domo catholica tamquam Martha et Maria conversantibus, dispari quidem vitæ conversatione, sed pari devotione Domino famulantibus. Fuerunt enim per Dei gratiam plures in Ecclesia sanctissimi viri terrena penitus omnia respuentes, quæ sunt cœlestia et divina meditantes ; epulis verbis Dei semper refici cum Maria, quæ juxta pedes sedebat Domini[8] , cupientes : quorum conversatio cum Apostolo in cœlis est[9] , quoniam partem optimam, quæ non auferetur ab eis[10], eligere maluerunt. Sunt et alii numero pluriores, activæ vitæ quasi Martha fideliter insudantes, aliorum necessitatibus et miseriis pro viribus succurrentes, mundanis adversitatibus exercitati nec superati, cum Apostolo patienter omnia tolerantes, per gloriam et ignobilitatem, per infamiam et bonam famam, ut seductores et veraces[11], viam hujus sæculi transeuntes excurrunt.

III. Institutio hujus abbatiæ a Kalmilio duce inclytissimo[12].

Hujuscemodi actibus pollens in Ecclesia Christi quidam vir clarissimus, urbis Arverniæ[13] senator et princeps, nomine Kalmilius[14], Ecclesiæ Dei studiosus amator et pauperum cul-

---

2. *Ephes.*, II, 4; *Rom.*, VIII, 3. — 3. S. Joan., I, 12.— 4. Id., III, 16. — 5. Luc., I, 79. — 6. I Petri, I, 20; *Act.*, XIII, 48. —7. *Ephes.*, V, 27. — 8. Luc., X, 39. — 9. *Philip.*, III, 20. — 10. Luc., X, 42.—11. *II Corin.*, VI, 8. —12. *Ea* Hujus cœnobii fundatio per illustrissimum virum Calmilium. — 13. *Eap* Arvernæ. — 14. *Eap* Ca-s.

tor religiosorumque virorum sedulus imitator, tempore Justini Cæsaris, qui Romani regni tunc gerebat insignia, ac Theodeberti regis, qui regno Francorum simul cum avia sua Brunechilde præerat, hujus nostri monasterii fundationis in Christi nomine primus[15] extitit auctor. Denique cum in propria juris sui possessione ecclesiam in honore principis apostolorum Petri religiosa construxisset devotione, in territorio Vellaico, super rivum Colentiæ, qui non procul posito Ligeri commiscetur fluvio[16]; tradidit eidem ecclesiæ contigua rura et adjacentes villulas, unde possent ibidem Deo[17] servientes quotidiani victus stipendia sufficienter habere. Cumque sollicite perscrutaretur quomodo vel unde cœnobialis vitæ sectatores illic aggregari[18] valerent[19], quoniam raro illis temporibus poterant inveniri, divina favente clementia[20], qua diligentibus se[21] omnia cooperantur in bonum[22], utile consilium mox invenit : proficiscens namque Romam, ut quod instituere[23] cupiebat auctoritate Romanæ ecclesiæ stabiliter firmaretur locumque ipsum beato Petro, in cujus erat constructum nomine[24] committeret, ad monasterium Lirinensis insulæ, quod præ cæteris totius Galliæ locis in sancta religione pollebat, prædictus princeps studuit properare; quo tempore præerat sanctæ illi congregationi sanctissimus pastor nomine Maximus, vir magnarum virtutum et miraculorum effector, qui etiam Regensis ecclesiæ episcopus extitit. Illi ergo memoratus princeps causam suæ devotionis exposuit ejusque consilium super hoc negotio humiliter postulavit, effectumque suæ petitionis apud eum utiliter invenit.

IV. Erat quippe in illo fratrum collegio quidam honestæ conversationis, divinæ sapientiæ ac secularis scientiæ [25] non indoctus, charitate Dei et proximi plenus, qui proprio nomine Eudo fuerat nuncupatus, quique mundana nobilitate sublimis et clericalis ordinis dignitate habebatur illustris; sed postpositis omnibus quæ ad vitam æternam currere cupientes[26] impediunt expeditus deprimentibus sarcinis, portum monasterii velut ereptus naufragio alacriter subiit[27]. Hunc ergo pater Maximus dignum fore discernens[28], petenti princi-

---

15. *Ep* imprimis.— 16. *Ep* f. c., *C* c. —17. *Ea* Domino. —18. *Ea* a-re, *C* a-ati. — 19. *Ea* v-ct. —20. *Ea* gratia. — 21. *Ea* Deum.— 22. *Rom.*, VIII, 28. — 23. *C* i-ct. — 24. *Ea* n. c. e. —25. *Ea* d-na s-ia ac s-ri s-ia. — 26. *Ea* c e c-s a. v. — 27. *Ea* petiit. — 28. *Ea* dec-s.

pi caritatis gratia cum aliquantis fratribus commendavit et ad opus Dei construendum partibus Aquitanicis direxit, acquisiturum Domino proprio labore plurima fidelium lucra animarum. Tandem igitur perveniens[29] vir venerabilis Eudo cum sociis [30] ad locum quem venerandus[31] princeps construxerat, ex cujus nomine Kalmilius[32] dicitur, tradente sibi eodem principe cuncta quæ necessaria videbantur existere, cœpit commissum opus cum divino auxilio viriliter exercere ; venerabilis autem ille princeps, exultans in Domino qui repleverat in bonis desiderium suum[33], cum plenius ea[34] quæ circa curam ejusdem loci restabant agenda disposuisset[35], libertatemque monasterii sui et a Romano pontifice, sicut mos est, et a rege Francorum obtinuisset, Arverniam[36] urbem protinus regreditur. Et quoniam bonis viris familiare est ut semper ad meliora proficiant, non fuit contentus unius sancti[37] loci constructione, sed mox cœpit aliud in territorio urbis prædictæ monasterium ædificare, quod Mauziacum placuit conditori acthenus[38] nominare : ubi post hujus vitæ mortalis excursum, in æterna memoria justus, corpus resurrecturum in gloria meruit habere sepulchrum, quod multis a Deo[39] miraculis illustratum quantum apud eum habeat[40] meriti signorum testimonio comprobatur.

V. Sanctus autem Eudo suscipiens curam monasterii divinitus, ut credebat, sibi commissi, regulariter ut didicerat cum discipulis vivere cœpit, exemplo sanctæ conversationis ac sermone piæ consolationis audientium mentes ad[41] amorem cœlestis patriæ provocando, talentum acceptum a Domino duplicare satagebat[41*]: nam de terrenis acquirendis possessionibus parum erat sollicitus, sciens quod inquirentes Dominum non deficient omni bono[42] ; primum enim regnum Dei et justitiam ejus quæsivit, et juxta Domini promissionem hæc omnia sibi adjiciebantur[43]. Præbent namque virtuti religionis ejus testimonium imitatores perfecti sub illius magisterio educati, beatus videlicet nepos ejusdem atque successor Theofredus[44], necnon et Meneleus[45] Minatensis abbas sanctissimus, pariterque

---

29. *C* prov-s. — 30. *Ea* s. suis. — 31. *Ea* reveren-s. — 32. *C* Kalmilii K-iis. — 33. *Ps.*, CII, 5. — 34. *Ea* omnia. — 35. *C* restitu-t. — 36. *Ea* A-nam. — 37. *Ea* c. s. — 38. *C* hacte-s. — 39. *C* Domino. — 40. *C* q-ti a. Deum h-ant. — 41. *Ea* m. et a. — 41*. Matth., XXV, 22. — 42. *Ps.*, XXXIII, 11. — 43. Matth., VI, 33; Luc., XII, 31. — 44. *Ea* T-ff-s. — 45. *C* M-læus.

Savinianus post ipsum rector egregius, aliique plures inferioris meriti quos Deo notos non ignoramus. — Cum igitur post diuturnum in Dei servitute laborem sanctus ac venerabilis Eudo cursum boni certaminis consummasset, repositam sibi[46] coronam justitiæ a Domino[47] percepturus fideliter[48], ex[49] hac vita migravit : beato tunc Gregorio, magno doctore, præsulatum sedis apostolicæ, divina se comitante gratia, mirifice disponente, cum agerentur ab Incarnatione domini nostri Jesu Christi DC^{ti} [50] circiter anni.

VI. De secundo rectore loci ejusdem[51].

Successit autem primo rectori atque institutori Kalmiliensis cœnobii, beato scilicet Eudoni, vir gloriosus Theofredus, ejusdem patris jussione cunctorumque fratrum unanimi compulsus electione, probitatis illius jamdudum cognita prudentia, qua totum pæne pondus monasterii cum supradicto patre senectute confecto ferre solitus erat. Isdem namque beatus Theofredus ex clarissimo hominum genere ortus, civitatis Arausicæ indigena, patre Leotfredo[52] nobilissimo ac potenti viro, beati Eudonis secundum carnem germano, progenitus, ab eodem sancto patruo[53] suo ex paterna domo cum adhuc sæcularibus litteris imbueretur assumptus, ultro relinquens omnia ad hoc est monasterium[54] perductus, ubi quantæ virtutis ac[55] religionis vitam duxerit, quamvis ignavia eorum et[55] negligentia qui temporibus illis fuere non sint gesta ejusdem sanctissimi viri certa relatione ad nos usque plenius transmissa[56], tamen divinæ pietatis gratia servi sui meritum numquam destitit manifestare mortalibus, multis modis[57] eum glorificando, implens hoc quod per Prophetam[58] prædixit[59] : « Qui glorificant me, glorificabo eos » ; glorificavit enim[60] Deum beatus Theofredus, jugum ejus ab adolescentia portando[61], justeque ac pie vivendo[62], fratribusque sibi commissis exempla virtutis monstrando[63], cunctosque quos errare cernebat zelo charitatis accensus ad veritatis tramitem pio hortamine reducere sata-

---

46. *C* s. a Domino. —47. *Ea* Christo. — 48. *II Timot.*, vi, 7-8. — 49. *Ea* feliciter c. — 50. *Ea* sexcenti. — 51. *Ea* De sancto Theoffredo vulgo *Chaffre*, s. r. cœnobii hujus. — 52. *C* Theof-o. — 53. *C* e. p. — 54. *C* h. m. — 55. *Ea* et, *C* ac. — 56. *Ea* en m. Nota. Vita s^{ti} Theoffredi nondum erat scripta, ut innuit author, tum cum ipse scribebat. — 57. *Ea* m-tim-s. — 58. *Ea* q. P-a. — 59. *I Reg.*, II, 30. — 60. *Ea* etiam. — 61. *Thren.*, III, 27. — 62. *Tit.*, II, 12. — 63. *C* e. m.

gendo. Unde factum est ut ad summum beatitudinis gradum per divinam gratiam a primo incipiens ascendere mereretur : pauper quippe spiritu omnia relinquens extitit et mitis obediendo prælatis, lugens in peregrinatione præsenti, esuriens et sitiens justitiam æterni regni, misericors aliis ignoscendo, mundi cordis simpliciter quæ Dei sunt meditando, pacificus carnem spiritu subjugando; restabat ut octavum conscenderet, persecutionem propter justitiam patiendo, quatenus regnum cœlorum mereretur habere[64], cum sanctis omnibus sine meta vivendo.

VII. Post passionem itaque beati Theofredi, qua Deus eum cœlo glorificavit et mundo, quam quidam post DC[m][65], tempore regis Clotarii[66], quidam post DCC[m][67] ab Incarnatione domini nostri Jesu Christi annum, tempore Karoli[68] principis Francorum qui dicebatur Tudites, peractam esse scripserunt[69] locus isdem, qui nomen a conditore Kalmilio, ut prædiximus, accepit, quem rectorem habuerit ignoramus: aut[70] infestationibus externarum gentium quæ plerumque Gallias et Italiam oppresserunt desolationem passus est, quemadmodum multis ecclesiis et monasteriis novimus contigisse[71], aut forte, ut a majoribus audivimus, ignis incendio deleta sunt universa quæ recondita fuerant. Sed quid horum acciderit, propter imperitiam eorum qui ante nos fuerunt, incerti sumus nec tamen propterea ab indaganda rei veritate, undecumque reperiri valuerit, segnes esse debemus.

VIII. DE REBUS ECCLESIASTICIS CONSCRIBENDIS.

Sancti Patres, qui cœnobialis[72] vitæ prius ordinem instituerunt, imitantes apostolicam vitam, magna mentis fortitudine pollebant, exiguo tantum victu ac vestitu contenti, cætera quælibet velut superflua respuentes; sed moderni quique multo inferiores viribus, propter convenientium multitudinem[73] et morum qualitates et corporum diversitates, multa corporeis infirmitatibus necessaria requirunt. Inde est quod multi sæcularium per fidem se salvari credentes, de rebus propriis multa largiuntur Dei servis qui, propria non habentes, communiter in monasteriis vivunt; illud dominicum implentes præceptum:

---

64. MATTH., V, 3-10. — 65. *Ea* sexcentesimum. — 66. *Ea en m.* Hæc recens manus addidit :« Quæ opinio vera esse non potest ». — 67. *Ea* septingentesimum. — 68. *C* Ca-i. — 69. *Ea en m.* De tempore quo vixerit s^{tus} Theoffredus nihil certum habebat author. — 70. *Ea* a. etiam, *C* a. in. — 71. *C* m. c. — 72. *C* c-ita-s. — 73. *C* m-es.

« Facite vobis amicos de manmona[74] iniquitatis, ut cum defeceritis recipiant vos in æterna tabernacula[75] », et secundum apostolicum[76] necessitatibus sanctorum communicantes[77], in Ecclesia Dei per charitatis officia sibi invicem utiliter sociantur. Unde satis visum est majoribus necessarium ut donationes vel acquisitiones ecclesiasticarum possessionum scriptis traderentur ad memoriam subsequentium, ne quid bene constat a fidelibus delegatum, a malignis hominibus defraudetur per calumniam aliquam subtractum, sed ratum permaneat quod legaliter traditur vel commutatur in perpetuum.

IX. De antiqua hujus monasterii libertate.

Diximus jam supra de constructione hujus loci et de conditore ejus, a quo nomen accepit et quo tempore gestum fuerit, et quam egregios in sancta religione primum institutores habuerit : quorum meritis, ut credimus, inter tot et tantas adversitates hujus sæculi tamdiu conservatum est et adhuc, Deo miserante, in pristina libertate consistit. Nulli enim regi vel principi aut alicui potestati terrenæ nec etiam episcopo, nisi quantum communis cura ecclesiarum sollicitudinis expetit, novimus esse subjectum ; sed habet libertatem propriam secundum Deum[78] eligendi sibimet, cum necesse[79] fuerit, abbatem : salva subjectione Romanæ sedis beati principis[80] apostolorum Petri, cui tradidit Deus omnia regna mundi, certis temporibus, cui censum satis exiguum isdem locus persolvit.—
Hanc vero nostri loci vel ecclesiæ libertatem, non incolarum religiosa probitas aut excellentis ingenii prudentia contulit, sed meritum præcipue beati martyris Theofredi, cujus martyrio locus iste devinctus[81] illustratur, in tantum glorificante servum suum Domino, ut etiam pristinum nomen loci omissum monasterium Sancti Theofredi ab omnibus nominetur.

X. De abbatibus hujus loci.

Nomina autem abbatum qui post primos extiterunt idcirco seriatim non ponimus quia, ut dictum est, ignis incendio librorum quoque monimenta cum cæteris rebus disperiisse referuntur, donec venerabilis abbas Dalmatius in restauratione loci cum Dei adjutorio cœpit strenue desudare, ex quo dein-

---

74. *Ea* m-nna. — 75. Luc., XVI, 9. — 76. *Ea* A-lum. — 77. *Rom.*, XII, 13. — 78. *C* Dominum. — 79. *Ea* n-sarium. — 80. *C* s. p. — 81. *Ea* ipse d-citus.

ceps nomina fratrum cœperunt quasi noviter in memoriali conscribi. Sed tamen reperiuntur in antiquioribus chartulis quorumdam nomina abbatum, qui ante istum cœnobio præfuerunt : hoc est Decani, qui tempore[82] Ludovici, magni Karoli regis filii, extitisse notatur; et Gualterii atque Rostagni, de quibus nonnullæ carthulæ possessionum acquisitarum inveniuntur. Post hos vir nobilis et illustris, de quo dictum est, Dalmatius locum, pæne jam desolatum atque destructum a quodam præcipue maligno episcopo Aniciensis ecclesiæ, quem Deus horribili morte pro sua malignitate justo judicio percussit[83], ad restaurandum suscipiens, multa quæ ad salutem animarum et[84] utilitatem corpoream pertinebant solerter exercere curavit.

XI. Huic successit Vulfaldus, qui etiam episcopus fuit, multum et[85] ipse in acquirendis possessionibus et ædificiis construendis[86] idoneus. Suscepit deinde rectoris officium Guigo, et ipse episcopus[87], vir satis in dispositione rerum publicarum strenuus, in ædificiis ecclesiæ et ornamentis augendis industrius, atque in acquirendis et retinendis possessionibus prudens et cautus; unde præ cæteris apud posteros pro beneficiis ejus celebriori memoria habitus est semper insignis, ita ut decreta quæ[88] scribenda statuit, hactenus observata, permaneant observanda[89]. — Post hujus decessum extitit quidam Arimanus non satis, ut fertur, utilitati monasterii congruus. Cui successit alius Guigo, officium apocrisarii prius in monasterio peragens, qui non ignobiliter abbatis etiam curam perficere studuit. Quo defuncto, locum ejus obtinuit Vulhermus[90], ex consularibus monasterio nostro semper infestis, parum et ipse loco conferens utilitatis, recedens inde priusquam obiret.

XII. Post quem, electus a fratribus, accepit locum regiminis alter Vuilhermus[90], ex genere nobili de castro Solemniaco[91] oriundus, beati Odilonis abbatis Cluniacensis ex[92] sorore nepos, placidus moribus et tranquillus existens ; qui,

---

82. *C* t-ribus. — 83. *Ea* a q. c. A. e. huic infensissimo, q. D. m. miseranda c vivis discedere permisit. — 84. *Ea* et ad. — 85. *Ea* f., c. — 86. *Ea* in-s. — 87. *Ea* en m. Hæc addita sunt : « G-o abbas et postea c-s Glandevensis an. 1000 ». — 88. *C* atque. — 89. *Ea* cons-a. — 90. *Ea* Guilhelmus. — 91. *Ea* Solenn-o. — 92. *C* a. e.

cum diu monasterio præfuisset curamque sollicitudinis prout poterat exhibuisset, languore corporis et senectute jam fesso[93], cœperunt illi-quorum mens prona ferebatur in[94] malum impudenter agendo a rectitudine deviare et, latam viam quæ ducit ad perditionem sequentes, angustam quæ ducit ad vitam[95] penitus devitare[96]. Cumque morte sui rectoris desolati, fuissent dissentiones inter eos et exordinationes propter ambitionem exortæ, sicut oves sine pastore vagantes luporum morsibus undique laniabantur; tandem periculum imminere sibi cernentes elegerunt[97] quemdam Guigonem, cujusdam sui loci priorem, ad officium abbatis : qui cum jam senex non posset pondus tam laboriosi regiminis utiliter sustinere nec improbitates eorum corrigere, baculo pastorali relicto, curam pristini loci tantum maluit exercere.

XIII. Multis itaque annis locus idem, quasi navis inter undarum procellas sine rectore destitutus, pæne submersus conciderat[98] nisi divina miseratio, precibus et meritis eorum quorum patrocinio[99] nititur invocata, imminenti naufragio subvenisset. Accepto namque saniori[100] consilio, pudore cogente ac prævalente præsentium rerum necessitate, elegerunt egregium ex suis virum qui, nomen et officium decani agens in monasterio Sanctæ virginis Enymiæ [1], nobiliter illo[2] tempore persistebat. Hunc itaque nomine Vuilhermum omnes monasterii fratres, simul cum sæculari nobilitate et omni plebe, ad suscipiendum tantum onus flebiliter invitant : qui, vix acquiescens communibus omnium votis, necessitate tantæ rei compulsus, curam monasterii ruinam, non solum morum, sed etiam murorum patientis suscipere studuit. Suscepto vero regimine, cœpit quasi prudens agricola prius vitiorum spinas eruere ut semina virtutum possent melius proficiendo consurgere[3] : eos enim [4], qui auctores erant in malis et impedimento bonis esse poterant, expulsos inde quietos exterius manere constituit; et quoniam omnis ordo [5] disciplinæ per negligentiam defecerat, adducens[6] aliunde eruditos in disciplinis regularibus fratres, exemplo eorum et

---

93. *Ea* confecto. — 94. *Ea* ad. — 95. Matth., VII, 13-4.— 96. *C deest* et lat...tare. — 97. *Ea* e. sibi. — 98. *Ea* cec-t. — 99. *C* c. p-ric-o. — 100. *Ea* s. tandem. —1. *Ea* Eugeniæ. —2. *C* in i. — 3. *C* in-e. — 4. *Ea* etiam. — 5. *C* q. or.—6. *Ea* cdu-s.

doctrina locum sibi commissum ad divinum obsequium honestare procuravit. Unde factum est ut multi sæcularium ex clericali et militari ordine conversi, relinquentes omnia, non parvam monasterio utilitatem melioris vitæ conversatione referrent : non enim[4] ad agendum corporis otium, sed ad exercendum operis divini laborem fideliter venientes, pondus sui magisterii[7] prout ipse disponebat sustentare curabant. Emanabat itaque jam de loco eodem odor bonæ opinionis, unde fœtor noxius exhalari[8] solebat ; et propter hoc Deus glorificabatur a multis. Insistens igitur multo labore ne propter indigentiam murmurarent fratres, indixit omnibus cellis et ecclesiis ad se pertinentibus censum, unde vestimenta fratribus præberentur, quos nihil habere proprium decebat ; in acquirendis quoque possessionibus et in recuperandis quæ locus amiserat multa sollicitudine desudans, illud sapientissimi Regis præceptum exequi videbatur[9] : « Præpara, inquit, foris opus tuum et diligenter exerce agrum tuum ut postea ædifices domum tuam ». Nam cum sufficere sumptus, largiente Domino, cerneret, ecclesiam, quæ casum quotidie ruitura[10] minabatur, a fundamentis construere decrevit; quod cum non sine magno laboris conamine cœptum fuisset, vocante eum Domino, de præsentis sæculi laboribus et ærumnis ad æternam requiem, ut credimus, fœlici morte translatus est : de cujus optimo fine satis poterat dici, sed ad opus incœptum necesse est festinare. Consummavit enim[4] bonum opus[11] septima die, sicut de Domino scriptum est[12] quia « requievit Deus die septima ab omni opere quod patraverat[13] », ut particeps resurrectionis quæ[13*] subsequitur octava fieri mereretur : obiit autem idus decembris anno ab Incarnatione Domini M.LXXXVJ[14]. Qui cum moriens de concordia pacis circumstantes fratres et de cavenda discordia sollicitudine paterna instrueret, hortatus est eos ne diu sine rectore manentes mox sibi pastorem constituere procurarent ; et, ne forte differentes periculum tentationis incurrerent, confestim nuncium mittere ad eum qui

---

7. *Ea* m-tri. — 8. *Ea* e-re. — 9. *Prov.*, XXIV, 27. — 10. *Ea* r-am. — 11. *C* e. o. — 12. *Gen.*, II, 2. — 13. *Ea* patrarut. — 13*. *C* quam. — 14. Dimanche *13 déc. 1086.*

post se regimen susciperet præcepit. Procul enim positus quæ agebantur[15] ignorabat, sed accepto nuncio ad patris imperium venire non distulit, quem tamen sepultum reperit. Congregatis igitur cunctis ex monasteriis et ecclesiis qui priores videbantur in unum, cœperunt invicem de constituendo rectore, sicut in tali negotio moris est, curiosius inquirendo tractare; sed quoniam isdem quem advocatum supra diximus majori præ cæteris authoritate præstabat, saniori consilio divinum admonuit auxilium invocandum, ut secundum Psalmistam omne suum consilium confirmaret[16] in bonum[17].

XIV. Electio abbatis.

Plenius ergo hujus domni[18] nostri abbatis electionem, sicut præsentes interfuimus[19], ad notitiam posterorum[20] referre studeamus : proderit enim forsitan, cum necesse fuerit, subsequentibus quod constat factum a præcedentibus. Cum, sicut superius[21] memoratum est, vir venerabilis abbas Vulhermus IIIus bonæ vitæ terminum meliori fine conclusisset[22] et ecclesia nostra, quasi vidua mœrens absentia viri, relicta lugeret, illico, favente divina clementia[23], consolationem sui mœroris invenit. Nam, ut prædictum est, consultus idem venerabilis pater de successore antequam obiret, illis eum[24] utilem fore, quem post habuere, prædixit; cumque communi consilio Dominum[25] sibi subvenire humiliter orando ac jejunando rogarent, tertia die quæ Dominica habebatur[26], exhilarati velut apostoli resurrectione Christi, recepisse se boni pastoris præsentiam confidentes, in unum solito more conveniunt nec diu loqui necessarium fuit, sed designatum a Domino præesse sibi omnes fratres exposcunt[27]. Sed cum tale pondus regiminis formidans suscipere differret, jubente priore invitum[28] eum ex humili loco in superiorem levantes componunt, non tantum verbis sed lachrimis testantibus cordis ejus affectum; tunc ab eisdem fratribus, quibus obedire cogebatur, non absurde etiam ipse promissionem justæ

---

15. *Ea* gere-r. — 16. *Ps.*, XIX, 5. — 17. *Ea* bono. — 18. *C* e. d., *Ea* domini. — 19. *Ea* en m. Ex his cognoscitur ætas authoris chronici. — 20. *C* p-rio-m. — 21. *C* s-r. — 22. *Ea* clau-t. — 23. *Ea* gratia. — 24. *Ea* illum cis. — 25. *Ea* Deum. — 26. **Dim. 20 déc.** — 27. *Ea* dep-t. — 28. *Ea* i-ict-m.

subjectionis et obedientiæ requisivit. Quod cum libenter ab omnibus factum esset, confestim cum psalmis in ecclesiam pergentes, vacantem sedem abbatis congruenti persona replere curarunt[29], impositoque hymno divinæ laudationis, flexo genu cuncti fratres ante datum sibi divinitus patrem osculo pacis invicem sociantur; adstantem vero plebem, pariter ea quæ fiebant laudantem Deumque[30] cœptis favere rogantem, exhortatorio sermone lætificatam in suas domos remisere cum pace. In crastinum autem cum adesset festivitas beati Thomæ apostoli[31], mature consurgentes ii[32] quibus erat cura monasterii commissa cæterique majores qui convenerant, electum a[33] se prælatum ad sanctam matrem ecclesiam Beatæ Dei genitricis Mariæ, secundum suum morem, confirmandum perducunt[34]. Ingrediuntur in generali canonicorum conventu ibique causam suam proferentes, quem elegerant ostendunt : « Nos, inquiunt, patres et do-
» mini[35], desolati ut nostis morte boni rectoris, elegimus
» in nomine Domini et Salvatoris nostri[36] Jesu Christi ad
» officium abbatis hunc, quem in præsenti cernitis, egre-
» gium virum nomine Vulliermum, nobilem genere, hac-
» tenus inter nos conversatum sine crimine, divinis eru-
» ditum litteris pariterque scientia sæculari non ignarum,
» amatorem veræ religionis, catholicæ matris Ecclesiæ obe-
» dientem decretis, cooperatorem bonorum hominum qui
» studium gerunt maxime in rebus divinis, testimonium
» habentem bonum, ut ait Apostolus[37], non solum ab his[38]
» qui intus in clero sunt, sed etiam a sæcularibus viris;
» hunc ergo tam necessarium ecclesiæ nostræ virum, auc-
» toritate vestræ paternitatis laudatum pastorem et recto-
» rem nobis constitui petimus et optamus ». Tunc omni clero cum plebe urbana talem electionem confirmando laudantibus, quoniam tunc episcopus in peregrinatione Jherosolimitana positus[39] non aderat, dilata interim benedictione, remeatum est ad propria. Cum autem post breve temporis spatium a peregrinatione venerabilis Ademarus episco-

---

29. *Ea* c-aver-t. — 30. *C* Dominum quem. — 31. *Lundi 21 déc.* — 32. *Ea* illi. — 33. *C* ad. — 34. *C* prod-t. — 35. *Ea* i-it, od. et p. — 36. *Ea* D. n. — 37. *I Timot.*, III, 7. — 38. *Ea* iis. — 39. *C* p. p.

pus remeasset, de morte quidem abbatis defuncti doluit, sed de promotione noti sui et familiaris qui fuerat electus exultans, quod gestum fuerat auctoritate propria confirmavit ac demum ipse, pariter[40] et reverendus episcopus Hugo Gratianopolitanus[41], ante sacratissimum altare Beatæ Dei genitricis Mariæ benedicens abbatem ordinavit, anno ab Incarnatione Domini MLXXXVII[42]. Ex hinc suscepta pastorali cura, subjectorum saluti cœpit vigilanter insistere, verbis et exemplis ad rectitudinis viam illos omnino cupiens inducere, pravos arguendo, bonos obsecrando[43], stultorum improbitatem acriter increpando, cunctorum utilitati prodesse. Profuit enim[44] multum commisso sibi cœnobio laboris ejus religiosa sollicitudo: quod testantur constructa noviter[45] ædificia domorum cellarii[46], capituli, dormitorii capientis[47] infra se loca separatim centum lectorum, multiplex etiam varietas in ecclesia refulgens[48] ornamentorum et, quod his[49] dignius et utilius est, multitudo per ejus industriam congregata librorum; in acquirendis autem possessionibus et ecclesiis monasterio nostro[50], efficax et prudens extitisse probatur. Taceo quidem[51] de pluribus, parva contingens exteriora tantum et quæ videntur, non autem ea quæ meliora sunt, virtutum opera designans, ne forte me reprehendat aliquis contraire divinæ Scripturæ dicenti[52]: « Ne laudes hominem in vita sua », subaudiendum est ut securius laudetur post mortem[53].

XV. Hic itaque reverendus vir[54] IV. abbas Vulliermus[55], cum per sui laboris industriam[56] multa cerneret acquisita pariterque ab aliis, qui intus et foris monasterium[57] manebant, fratribus hæc eadem sollicite fieri, sed per negligentiam facile

---

40. *Ea* i. pater. — 41. Voir, sur les rapports de Guillaume IV, abbé de Saint-Chaffre, avec saint Hugues, évêque de Grenoble, la vie de ce dernier par Guigues Ier, prieur des Chartreux (BOLLAND., *Acta SS.*, 1 april., I, 40^b; MIGNE, *Patrol. lat.*, CLIII, 770); cf. la table. — 42. On a rapporté, d'après *Ea*, aux années 1086 et 1087 un premier voyage d'Adémar, évêque du Puy, à Jérusalem (MABILLON, *Ann. o. S. B.*, ed. Lucæ, V, 214; *Hist. gén. de Lang.*, II, 271 et 289; GIRAUD, *Essai*, 1e p., I, 116; *Tablettes*, I, 397), que l'absence du mot « Jherosolimitana » dans *C* peut rendre douteux; quoi qu'il en soit, ce pèlerinage s'effectua dans le courant de 1086 et Adémar revint peu après le 21 déc. : il était au Puy le 1er avril suiv. (*Hist. de Lang.*, II, pr. 323). — 43. *II Timot.*, IV, 2. — 44. *Ea* etiam. — 45. *Ea* n. ejus. — 46. *C* c-lerii. — 47. *Ea* c-tes. — 48. *Ea* r-nt. — 49. *Ea* illis. — 50. *Ea* necessariis. — 51. *Ea* quippe. — 52. *Eccli.*, XI, 30. — 53. *Ea* enm. Ex his authorem chronici tunc in dicto cœnobio scripsisse arguas. — 54. *C* i. v. — 55. *Ea* v. Guilhelmus quartus a. — 56. *Ea* pro s. l. i-a. — 57. *Ea* minis-m.

posse de rebus hujuscemodi fraudem pati, quoniam non videbat[58] de præteritis nec de præsentibus ut congruebat litteris ea memoriæ subsequentium mandari, visum sibi est necessarium omnes[59] quæ separatim habebantur cartulas in uno codicis corpore congregari; cumque id[60] omnibus admodum placuisset, vocavit ad se isdem domnus[61] abbas humilitatem meam et, ut ad hoc animum applicarem confestim, exhortando præcepit.

XVI. In primis igitur, quasi fundamentum superponendi[62] ædificii, privilegium domini papæ Urbani præponatur[63], ut cætera deinceps auctoritate illius quæ scribenda fuerunt[64] fulciantur[65].

URBANUS episcopus, servus servorum Dei, charissimo filio Guilhelmo[66], abbati venerabilis monasterii Sancti Theofredi, quod in pago Aniciensi[67] situm est, ejusque successoribus regulariter promovendis, in perpetuum. — Potestatem ligandi atque solvendi in cœlis et in terra, beato Petro ejusque successoribus, auctore Deo, principaliter traditam, illis Ecclesia verbis agnoscit quibus Petrum est Dominus alloquutus[68] : « Quæcumque ligaveris super terram erunt ligata et in cœlis, et quæcumque solveris super terram erunt soluta et in cœlis »; ipsi quoque et proprie firmitas et alienæ fidei confirmatio, eodem Deo auctore, præstatur cum ad eum dicitur[69] : « Rogavi pro te, Petre, ut non deficiat fides tua, et tu aliquando conversus confirma fratres tuos ». Oportet ergo nos, qui licet indigni Petri residemus in loco, prava corrigere, recta firmare et in omni Ecclesia ad interni arbitrium judicis sic disponenda disponere, ut de vultu ejus judicium nostrum prodeat et oculi nostri videant æquitatem[70]. — Tuis igitur, dilectissime fili, justis petitionibus annuentes tibi tuisque legitimis successoribus Beati Theofredi monasterium et quæcumque ad idem mo-

---

58. *Ea* v-tur. — 59. *C* o-nia. — 60. *C* in. — 61. *Ea* dominus. — 62. *Ea* suppo-dum. — 63. *Ea* prop-r. — 64. *Ea* f-rant. — 65. *Ea en m*. Extat etiam nunc bulla pontificia Urbani pp. in tabulario Calmiliacensi. Dans *C* le texte est ainsi distribué : « Urb... profutura. Vos ig... aprilis »; consequenter ab bullam supra inceptam Urbani II: « Præterea....insudare. Datum... XIII ». Texte impr. (d'après *C* copié par Ruinart) dans *Analecta juris pontificii*, s. X, t. V, II (1869), 520-1 (65). Cff. MABILLON, *Acta SS. Ben.*, V, 256; *Gallia Christ.* n., II, 766; JAFFÉ, *R. P. R.*, 4054; MIGNE, *Pat. lat.*, CLI, 322. — 66. *C* Vulliermo. — 67. *Ea* A-se. — 68. MATTH., XVI, 19. — 69. LUC., XII, 32. — 70. *Ps.*, XVI, 2.

nasterium jure pertinent, in cellis, in ecclesiis, in villis, sylvis, pratis, agris cultis et[71] incultis, in aquis aquarumque decursibus, potestate nostri officii confirmamus ; per præsentem igitur nostri privilegii paginam apostolica auctoritate statuimus, ut quæcumque hodie idem cœnobium juste possidet sive in crastinum concessione pontificum, liberalitate principum vel oblatione fidelium juste atque canonice poterit adipisci, firma tibi tuisque successoribus et illibata permaneant. Decernimus ergo ut nulli omnino hominum liceat idem cœnobium[72] temere perturbare aut ei subditas possessiones auferre, minuere vel temerariis vexationibus fatigare ; sed omnia integra conserventur eorum pro quorum sustentatione ac gubernatione concessa sunt usibus profutura. Præterea tuo tuorumque successorum regimini ecclesiam Sancti Nicetii, quæ in episcopatu Gratianopolitano sita est, et[72*] ecclesiam Sancti Petri de Rivo Sicco, in eodem episcopatu, capellam quoque Sanctæ Mariæ de Berniaco[73], cum omnibus appenditiis earum committimus : ex quibus, quia Romanæ ecclesiæ jurisdictionis existunt, Lateranensi palatio per annos singulos tres solidos persolvatis ; salva in omnibus episcoporum in quorum diœcesibus ecclesiæ vestræ consistunt canonica reverentia, siquidem catholici fuerint et gratiam atque communionem apostolicæ sedis habuerint. Vos igitur, filii in Christo charissimi, oportet regularis disciplinæ institutioni sollicitius ac devotius insudare, ut quanto estis a sæcularibus tumultibus liberi, tanto studiosius placere Deo totius mentis et animæ virtutibus anheletis ; præcipue studentes Romanæ ecclesiæ decreta veneranda servare, cujus patrocinio ab omnium jugo viventium estis, annuente Domino, præmuniti. Ad indicium autem perceptæ hujus a Romana ecclesia libertatis, per annos singulos ex vestro monasterio vestratis monetæ v solidos Lateranensi palatio persolvatis. Sane si quis in crastinum archiepiscopus aut episcopus, aut imperator aut rex aut princeps aut comes, judex aut persona quælibet magna vel parva, potens aut impotens hujus nostri privilegii paginam sciens contra eam temere venire tentaverit, secundo tertiove commonitus si non satisfactione congrua emendaverit, a Christi et Ecclesiæ corpore eum auctoritate

---

71. *Ea* sive. — 72. *C* monasterium. — 72*. *C* deest. — 73. *Ea* Brenniaco.

potestatis apostolicæ segregamus: conservantibus autem pax a Domino et misericordia præsentibus ac futuris sæculis conservetur. Amen. — Scriptum per manum Gregorii, scriniarii[74] regionarii atque[75] notarii sacri palatii. Datum Romæ, kalendas aprilis, per manum Johannis, sanctæ Romanæ ecclesiæ diaconi cardinalis, anno Dominicæ Incarnationis MXCI, indictione XIII, pontificatus domni Urbani II papæ anno tertio[76].
URBANUS PAPA SECUNDUS.

XVII. Adepto igitur hoc privilegio libertatis primo profectionis suæ tempore ad urbem Romam, cœpit idem venerabilis abbas in augmentatione sui monasterii sollicitius insudare; in constructione ædificiorum, in acquisitione possessionum et in cæteris, quæ ad activam hujus temporis laboriosam vitam pertinent, rebus necessariis indefessus insistere. — Impetravit enim[77] a domino Ademaro, episcopo Aniciensi, quasdam[78] ecclesias in ejus episcopatu[79], id est illam de Sancto Frontone illamque Sancti Georgii de Cobone, necnon illam Sancti Amantii de Cadrone, cum omnibus quæ in ipsa villa habentur. Ab episcopo etiam Leotgerio[80] Vivariensi accepit ecclesias, id est illam de Sancta Maria de Graculosa illamque Sancti Juliani de Castronovo, necnon et illam Sancti Theofredi de Vastris[81]. — In episcopatu quoque Ruthenensi monasterium fœminarum Sancti Salvatoris de castro Severiaco, cum omnibus quæ juris sui videbantur esse, accepit ab episcopo Ademaro clericisque ejus et a dominis castri ejusdem, in quorum provisione locus ipse consistere videbatur.

XVIII. Unde cum iterum Romam, exigentibus necessariis causis, adisset, præsidente papa Paschali, qui successerat Urbano, privilegium ejusdem Urbani ab isto etiam corroborandum ostendit et ab eo sibi dari similiter aliud rogavit; quod cum libenter annuisset, conscriptum mox apostolica subnixum auctoritate[82] juxta morem consuetum præbuit:

PASCHALIS episcopus, servus servorum Dei, charissimo filio Williermo, abbati venerabilis monasterii Sancti Theofredi,

---

74. *C* s-iba-i. — 75. *Ea* s. a., *C* ac. — 76. *1ᵉʳ avril 1090.* Le même jour, saint Hugues, que l'abbé de Saint-Chaffre avait accompagné à Rome, obtint un privilége analogue pour son église (*Cartul. de Grenoble*, éd. Marion, 68). — 77. *Ea* etiam. — 78. *Ea* c. Ad. q. — 79. *Ea* Aniciense scil. — 80. *C.* Lo-o. — 81. *Ea* Av-s. — 82. *C* a. a.

quod in pago Aniciensi[83] situm est, ejusque successoribus regulariter promovendis, in perpetuum. — Sicut injusta poscentibus nullus est tribuendus effectus, sic legitima desiderantium non est differenda petitio. Tuis igitur, dilectissime fili, justis petitionibus annuentes, tibi tuisque legitimis successoribus B(eati) martyris Theofredi monasterium et quaecumque ad idem pertinent, in cellis et in ecclesiis, in villis, sylvis, pratis, agris cultis et incultis, in aquis aquarumque decursibus, potestate nostri officii confirmamus. Per praesentem igitur nostri privilegii paginam apostolica authoritate statuimus, ut quaecumque hodie idem coenobium juste possidet sive in crastinum concessione pontificum, liberalitate principum vel oblatione fidelium juste atque canonice poterit adipisci, firma tibi tuisque successoribus et illibata permaneant. Decernimus ergo ut nulli omnino hominum liceat idem monasterium temere perturbare aut ejus possessiones auferre vel ablatas retinere, minuere vel temerariis vexationibus fatigare : sed omnia integra conserventur eorum pro quorum sustentatione ac gubernatione concessa sunt usibus omnimodis profutura. Ad haec adjicimus ecclesiam Sancti Salvatoris de Castro Severiaco[84], cum suis appenditiis[85], sicut a Ruthenensi episcopo cum clericorum suorum conniventia vobis[86] concessa est ; ecclesiam quoque de Cervaria, quae est in episcopatu Taurinensi, vestrum monasterium quiete semper libereque possideat, aliasque ecclesias : salva in omnibus episcoporum in quorum dioecesibus consistunt canonica reverentia, siquidem catholici fuerint[87] et gratiam et communionem apostolicae sedis habuerint. Vos igitur, filii in Christo charissimi, oportet regularis disciplinae institutioni[88] sollicitius ac devotius insudare, ut quanto a soecularibus estis tumultibus liberi, tanto studiosius placere Deo totis mentis et animae virtutibus anheletis ; praecipue studentes Romanae ecclesiae veneranda decreta servare , cujus patrocinio estis a jugo omnium viventium, annuente Deo, praemuniti[89]. Ad indicium autem perceptae hujus a Romana ecclesia libertatis, per annos singulos ex vestro monasterio vestratis monetae v solidos Lateranensi pa-

---

83. *Ea* f. a... q. est i. p. A. Guilhelmo « etc. fere eodem tenore quo Urbanus ut supra, deinde » Ad hæc. — 84. *C* de C. S. S¹ S. — 85. *C* dependentiis. — 86. *C* urbis. — 87. *Ea* « etc. » — 88. *C* i-nes. — 89. *C* perm-i.

latio persolvatis. Sane si quis in crastinum archiepiscopus aut episcopus, imperator aut rex, princeps aut dux, comes aut vicecomes, aut judex aut persona quælibet parva vel magna, potens aut impotens hujus nostri privilegii paginam sciens contra eam temere venire tentaverit, secundo tertiove commonitus si non satisfactione congrua emendaverit, a Christi et Ecclesiæ corpore eum authoritate apostolica segregamus : conservantibus autem pax a Deo et misericordia præsentibus ac futuris sæculis conservetur. Amen. — Ego Paschalis, catholicæ ecclesiæ episcopus. Scriptum[90] per manum Joannis, scriniarii regionarii ac notarii sacri palatii[91]. Datum[92] Lat(erani), ix kalendas aprilis, per manum Aquilei[93], agentis vicem cancellarii, indictione xiii, Dominicæ Incarnationis anno millesimo centesimo quinto, pontificatus domni Paschalis vi°[94].

XIX. Item aliud ejusdem papæ privilegium[95].

Paschalis episcopus, servus servorum Dei, dilectis filiis Williermo abbati et monachis Sancti Theofredi, salutem et apostolicam benedictionem. Postulationi vestræ etiam confratris nostri Pontii, Aniciensis episcopi, petitio[96] sociata est ut loca monasterio vestro proxima[97] nostræ confirmationis sententia muniremus. Sicut ergo idem frater noster Pontius episcopus ex providentia episcopalis officii instituit, nos quoque[98] observanda in perpetuum sanctione sancimus, ut a rivulo Colentia usque ad rivulum Ausoniæ[99] et a villa Bovariæ[100] usque ad villam Caprariæ, inter quos terminos monasterium Beati Theofredi situm est, nemo aliquem hominem[1] capere, deprædari, insilire aut disturbare præsumat, nemo ignem immittere aut rapinas audeat exercere. Si quis autem hujus nostræ[2] constitutionis temerarius violator extiterit, vinculo excommunicationis teneatur adstrictus, donec omnipotenti Deo et ejusdem monasterii fratribus emendatione congrua satisfecerit. Datum xiii kalendas augusti, cum esset in Gallia[3] apud Valentiam[4].

---

90. *C* A. S. — 91. *C* « Sigillum est in originali ». *Rel. des.* — 92. *Ea* ep. D. — 93. *L* Aquitii. — 94. *24 mars 1105.* — 95. *Ea*, dum esset in Galliis apud Valentiam. — 96. *Ea* prætio. — 97. *C* p-mæ. — 98. *C* nosque. — 99. *Ea* A-a. — 100. *C* Bonaria.
1. *Ea* h-num. — 2. *C* naturæ. — 3. *Ea* G-iis. — 4. *20 juil. 1107* (Jaffé, p. 495).

XX. Decretum Urbani papæ in Arvernensi concilio [5].

XXI. Divina Providentia disponens omnia quæ creavit suaviter et regens fortiter [6] Ecclesiam suam, quam in omni genere hominum per universum orbem terrarum in una fidei societate copulavit, voluit in ea non solum esse pastores et rectores animarum, propter bonorum fidelium eruditionem, sed etiam potestatem regiam in sæculo, propter malorum coercendam temeritatem et pauperum defensionem; dicit enim Apostolus quia « non est potestas nisi a Deo [7] » et « qui potestati resistunt, Dei ordinationi resistunt [8] ». Post apostolicam itaque, quæ divinitus prolata est, authoritatem quam moderno tempore libertati nostri monasterii providisse datis privilegiis descripsimus, subinferenda sunt etiam privilegia quæ quondam huic loco a regali potentia pro tuenda libertate nihilominus data leguntur hujuscemodi :

XXII. Regis Pipini privilegium [9].

Pippinus [10], opitulante divinæ [11] majestatis gratia, rex Aquitanorum [12]. Si erga loca divinis cultibus mancipata beneficia oportuna [13] largimur, propter amorem vitæ eorum qui sibi famulantur in eisdem locis, præmium nobis apud ipsam divinam clementiam æternæ remunerationis rependi confidimus. Noverit interea sagacitas prudentiæ omnium fidelium nostrorum, tam præsentium quam futurorum, quia veniens vir venerabilis Galterius [14] abbas, ex cœnobio quod dicitur Calmilius et est situm in pago Vellaico, constructum in honore beati Petri principis [15] apostolorum et sancti Theofredi, ubi ipse corpore quiescit; obtulit obtutibus nostris auctoritatem [16] conscriptam, in qua erat insertum quod ipsum locum Berengarius comes domno [17] Ludovico, piissimo Cæsari augusto, avo nostro ad habendum in proprium obtulerit [18],

---

5. Texte du *Corpus juris canon.*, Decreti p. II, c. i, q. iii, c. 4 « auctore.... sol. sunt » (éd. Bœhmer, I, 346; Labbe, *Conc.*, X, 589). — 6. *Sap.*, VIII, 1. — 7. *Rom.*, XIII, 1. — 8. Ib., 2. — 9. *Ea* P. r. Aquitanicorum p. in favorem hujus abbatiæ... Texte impr. dans *Gallia christ.* n., II, instr. 257-8 (36), ex chart. S. Theof.   G; *Hist. gén. de Lang.*, I, pr. 93-4 (69), arch. de St-Chaf.   V; Bouquet, *Rec.*, VIII, 357-8 (4), d'ap. V; Bolland., *Acta SS.*, octob. VIII, 521, d'ap. V. Cff. Georgisch, *Reg.*, I, 107b; Bréquigny, *Table*, I, 218; Bœhmer, *Reg. Kar.*, 2088; Sickel, *Acta Kar.*, p. 363. — 10. *C Ea G* Pipi-s. — 11. *Ea* d-a. — 12. *Ea G* A-nio-m. — 13. *C Ea* opp-a. — 14. *C* Gua-r. — 15. *Ea* h-em p.   16. *C Ea* autho-m. — 17. *C Ea* domino. — 18. *Ea* o-rat.

et ipse postmodum pius Cæsar, ob perpetuæ vitæ meritum, monachis in eodem loco degentibus et venerabili Bodoni abbati, hujus scilicet Galterii [14] antecessori, eorumque successoribus ad gubernandum atque perhenne [19] regulariter vivendum jure proprio tradidit et [20] consignavit; obtulit etiam reverendam patroni nostri Karoli [21] regis invictissimi auctoritatem [16], nostri videlicet avunculi, qualiter ipsum locum sanctum regaliter [22] veluti pater illius domnus [23] Ludovicus [24] imperator, sicut [25] dictum est, olim fecerat, sua defensione atque mundeburdo [26] recepit immunitatisque tuitione. Ideoque pro studio firmitatis, præfatus abbas Galterius [27] deprecatus est ut prædictum monasterium, cum omnibus rebus ad eum [28] moderno tempore jure pertinentibus, sicut alii reges egerunt ita et nos, eorum sequentes memoriam, sub nostra reciperemus defensione atque immunitatis tuitione. Cujus precibus libenter acquievimus eique quod petebat concessimus, atque per hoc præceptum confirmavimus; per quod præcipimus atque jubemus, ut nullus judex publicus nec quislibet ex judiciaria potestate aut ullus ex fidelibus nostris, in ecclesiis [29] aut locis vel agris seu quibuslibet possessionibus, quas nunc juste et [30] legaliter infra ditionem regni nostri possidet vel quæ deinceps in jure ipsius monasterii divina pietas concesserit augeri, ad causas audiendas vel freda exigenda sive paradas faciendas, aut homines tam ingenuos quam servos super [31] terram prædicti monasterii commanentes distringendos [32], aut ullas redhibitiones [33] aut illicitas occasiones requirendas, contra præceptionem nostram facere audeat vel ea quæ super [31] memorata sunt penitus exigere præsumat; quicquid [34] etiam de præfatis rebus monasterii jus fisci exigere poterat, pro æterna remuneratione [35] totum eidem concedimus monasterio, et omni tempore in alimonia pauperum et stipendia [36] monachorum ibidem Domino [37] famulantium proficiat in augmentum. Concedimus hoc etiam, quo magis locus ipse publicetur cunctisque crescat in augmentum, ut [38]

19. *C* peremne, *G V* p-enne. — 20. *C Ea*a c. — 21. *C V* Ca-i. — 22. *C* semper regulariter. — 23. *C* dominus. — 24. *Ea* Hl-s. — 25. *Ea* ut. — 26. *C* man-o, *G* munb-o, *V* mundib-o. — 27. *C* Gua-rus. — 28. *C* illud. — 29. *G V* e-sia. — 30. *Ea G* ac. — 31. *Ea* supra. — 32. *G* disci-s. — 33. *G* redi-s, *C* retribut-s. — 34. *C Ea* quidq-d. — 35. *C* per æ-am r-em. — 36. *G V* p., s. — 37. *C* Deo. — 38. *G V* ct.

sicut in aliis locis ejusdem regionis aggregantur 39 aguntur-
que mercata, sic et in jam 40 dicto loco, juxta ecclesiam Sancti
Johannis 41, præsentibus ac futuris temporibus quinta feria
mercatum agatur, nec ab ullo comite vel misso comitis ab 42
ipso aliquid exigatur nec quislibet homo in eodem mercato ab
illis distringatur; sed quicquid 43 exinde fiscus 43 noster vel
comes habere poterat, pro æterna 44 remuneratione totum eidem
ecclesiæ concedimus: quod si quislibet reus in eodem mercato
repertus fuerit, a nemine distringatur nisi prior quicumque
fuerit in eodem loco, licentiam dederit vel certe criminosi ex
ipso mercato foras fuerit expulsio. Quando vero præfatus abbas
Galterius ex hac vita migraverit, si tales inter se invenerint
qui eos secundum regulam sancti Benedicti regere valeant, per
hanc nostram auctoritatem 16 licentiam habeant eligendi abbates, quatenus monachos ibi degentes, pro nobis nostrorumque
salute vel 45 pro stabilitate regni nobis a Deo commissi 46, ejus
misericordiam jugiter exorare delectet 47. Ut autem hæc nostra semper auctoritas maneat inconvulsa, monogramma nostrum inserere curavimus ac de anuli 48 nostri impressione 49
insigniri subter jussimus. 50 Signum 51 Pipini præcellentissimi
regis, anno regnante octavo, indictione VIII 52.

XXXIII. ITEM ALIUD PRÆCEPTUM REGIS CAROLI 53.

IN nomine sanctæ et individuæ Trinitatis. Karolus 54, ejusdem Dei omnipotentis misericordia imperator augustus. Si
locis divino cultui mancipatis emolumentum nostræ imperialis celsitudinis exhibemus, hoc nobis ad præsentem vitam
facilius transigendam et ad æternam 55 fœlicius 56 capessen-
dam prodesse confidimus. Noverit igitur omnium fidelium
sanctæ Dei Ecclesiæ nostrorumque, tam præsentium quam

39. *Ea* congr-r. — 40. *C* sicut et jam in. — 41. *C V* Joan-s. — 42. *C Ea*
ex. — 43. *G V* q. f. — 44. *C* pate-a. — 45. *Ea G V* id est. — 46. *C G V* concessi. — 47. *C* d-tat. — 48. *C Ea G* annuli. — 49. *C* i-nibus. — 50. *C*
PIPINUS; « deinde ». — 51. *Ea, monogramme*: cf. DUCANGE, *Glos. lat.*, IV,
557ᵇ, pl. II, 94. — 52. *C* r., i. VIII, regni VIII". (13 déc. 845-). — 53. *Ea* l. A.
KA-I IMPERATORIS ERGA PRÆFATUM MONASTERIUM PRIVILEGIUM, contra
cujusdam Guidonis episcopi Aniciensis voluntatem erga illud intensissi-
mam, DATUM ROSTAGNO ABBATI... Texte impr. dans MABILLON, *Diplomat.*,
edd. 1ᵃ et 2ᵃ, 546 (107), ex chart. S. Theof. *M*; *Gallia christ.* n., II, instr.
258-9 (37), ex chart. S. Theof. *G*; BOUQUET, *Rec.*, VIII, 669-70 (282),
d'ap. *M*; MAB., *Dipl.*, ed. 3ᵃ, I, 566-7. Cff. GEORGISCH, I, 146ᵇ; BRÉQUIGNY,
I, 311; BOEHMER, *R. K.*, 1823. — 54. *C* Ca-c. — 55. *C M* e. æ. — 56. *C*
f-um, *G* facilius.

futurorum, industria quoniam venerabilis abbas nomine Rostagnus, ex cœnobio cui vocabulum est Calmilius, sito [57] in pago Vellaico, in honore [58] sancti Theofredi constructo, ad nostram accedens mansuetudinem, ostendit tam præcepta genitoris nostri [59] quam et nostræ auctoritatis; in quibus continebatur qualiter idem locus sub immunitate domni [60] et genitoris [61] nostri et sub nostra, per utrorumque præcepta, consistere deberet. Nos denique eadem præcepta dijudicari volentes, per Frotarium venerabilem episcopum [62], invenimus veras [63] esse eorum præceptorum auctoritates [64]; et quod petebat libenter ei concessimus. Quapropter cognoscentes quod Guido Vallavensium [65] episcopus non recte nec regulariter suggessit, scilicet quando nos, non recolentes quæ superius dicta sunt de immunitate [66] ejusdem loci, deprecatus est ut eumdem locum subter præceptum dedissemus, affirmans quod ipse locus ad suum episcopatum ex antiquo pertinere deberet; unde falsitatem ejus, quasi sub veritate ambulantem, veram esse tunc putantes, præceptum ei quod precatus est concessimus [67]. Sed, licet ipse idem præceptum habeat, nos tamen volumus ut [68] stabile non sit, sed ipsi monachi et omnes ipsius monasterii res ad eos pertinentes in nostra ac successorum nostrorum immunitate [66] consistant ex hoc et in futurum; præcipimus quoque per præsens nostræ sublimitatis præceptum, ut a nostra vel successorum nostrorum tuitione memoratus locus numquam excidat [69] neque cuilibet episcopo aut alicujus dignitatis homini concedatur, sed in eligendis et constituendis abbatibus regula sancti Benedicti et hæc nostra imperialis jussio omnimodis observetur. Præcipientes ergo jubemus ut nullus judex publicus aut quislibet reipublicæ procurator, ad audiendas causas more judiciario, in ecclesias aut villas seu reliquas possessiones ingredi præsumat, nec freda aut tributa aut teloneum aut mansiones aut paradas aut fidejussores [70] tollere, aut [71] homines tam ingenuos quam servos super terram ipsius loci comma-

---

57. *Ea* situm. — 58. *Ea* h-cm. — 59. *C* n. Pipini *(l.* Ludovici*)*. — 60. *C Ea* domini. — 61. *C Ea G* d. g. — 62. *Ea G* archie-m. — 63. *M* v-am. — 64. *C M* a-em. — 65. *Ea G* V-is. — 66. *Ea* emu-e. — 67. *(-19 juin 876)*: Appendix, n° III. — 68. *G* quod. — 69. *C* excedat. — 70. *Ea* f-ei j-s. — 71. *C M* f. a.

nentes [72] distringere, nec ullas publicas functiones vel illicitas occasiones requirere, quibus in aliquo idem monasterium sibique subjecti patiantur injuste aliquod incommodum; nec nostris futurisque temporibus quisquam tam temerarius existat, qui faciendi hoc illicitam sibi potestatem attribuere [73] audeat. Et quicquid de [74] rebus præfati monasterii fiscus sperare poterat, totum nos pro æterna remuneratione [75] prædicto monasterio concedimus, ut [76] perhennibus [77] temporibus in alimonia [78] pauperum ac [79] stipendia monachorum ibidem Deo famulantium proficiat in augmentum, qualiter monachos ibi [80] deservientes [81], pro nobis atque stabilitate regni nobis a Deo [82] concessi atque jugiter conservandi, Domini misericordiam exorare delectet. Volumus etiam ut quamdiu tales inter se potuerint invenire, qui secundum regulam sancti Benedicti regere valeant [83], semper de propria congregatione eligant per nostram et successorum nostrorum licentiam abbatem; et hoc etiam volumus ut fratres ejusdem loci quemcumque voluerint advocatum, eligendi licentiam habeant: et ob remunerationem æternam [84] eidem [85] dimittimus. Et ut hoc [85] per omnia subsequentia tempora inviolabiliter conservetur [87], manu propria subter firmavimus et anuli [88] nostri impressione insigniri jussimus. — Signum [88] Karoli [54] gloriosissimi imperatoris augusti [90]. Datum kalendas augusti, per manus Frotarii [91] archiepiscopi ambaciatoris [92], indictione x, anno xxxviii regni domni [60] Karoli [89] in Francia et imperii ejusdem ii° [93], in Dei nomine, feliciter. Amen.

XXIV. Cum diversis temporibus a diversis personis diversa cœnobia et ecclesiæ conferantur, ac sigillatim ea quæ dantur ad monimentum chartulis scribantur, necessarium fore videtur ut, dum multa in unum quasi corpus confluxere, quid vel quantum possessores exinde accipere vel quantum cultores solvere debeant certum habeatur, solvendi census quantitas designetur, ne per ignorantiam fraus aliqua parte possit in

---

72. *C M* c-moran-s. — 73. *M* i. p. a. s. — 74. *G* Quicq-d ex. — 75. *Ea* r. Dco et. — 76. *C M* tot... ut *def.* — 77. *C* peremn-s, *M G* p-cnn-s. — 78. *G* a-am. — 79. *Ea* et. — 80. *Ea G* ibidem. — 81. *Ea* Deo s-s. — 82. *G* Domino. — 83. *C M* v-at. — 84. *C M* etiam. — 85. *C M* nostri, *G* c. n-ram totum ei. — 86. *Ea* hæc. — 87. *Ea* c-entur. — 88. *C Ea G* ann-i. — 89. *Ea, monogramme inédit?* — 90. *G* KAROLUS. — 91. *C* Flotardi. — 92. *C* a'bac, *Ea* ab'ác'ssss, *G* abacs. — 93. *1ᵉʳ août (877).*

rebus Deo oblatis accidere: oblationes enim sunt, ut dicit
b(eatus) papa Gregorius [94], quæ pro peccatis suis redimendis
fideles animæ ecclesiis contulere, quatenus inde pauperes Dei
communiter viventes sumptus necessarios habeant, nec in alios
usus illi quibus dispensatio creditur transferre audeant, illud
b(eati) patris Benedicti timentes quod ait [95]: « Memorentur
Ananiæ et Saphiræ, ne forte mortem quam illi in corpore per-
fratres tulerunt, hanc omnes qui fraudem de rebus monasterii
fecerunt in anima patiantur»; isdem namque sanctissimus pater
abbati monasterii præcipit ut substantiam rerum monasterii,
vestium vel ferramentorum vel vasorum, committat fratribus de quorum vita et moribus sit securus, et eis singula ut
ille judicaverit consignet custodienda et recolligenda [96], omnesque monasterii res ita disponat ut dum pluribus committit
unus non superbiat.

XXV. Sunt igitur in hoc nostro cœnobio, sicut et in aliis,
plures quibus cura rerum intus et foris disponendarum sub
abbatis providentia traditur, ex quibus ille qui foris decanus
appellatur majori pondere in rebus exterioribus occupatur, ad
cujus obedientiam ista pertinere noscuntur :

Hic describuntur fusè redditus et census qui ad præfatum
foris decanum pertinebant, et quia hodie non sic se habent res
et brevitatis gratia tacendo mittimus lectorem ad librum *de
reparatione chartarum*, sub finem folii xij usque ad folium xvij,
ubi notantur census pertinentes ad refectorium, consequenter
usque ad fol. xviij, ubi de eleemosinario.

XXVI. De obedientia eleemosinarii.

Descriptis villis et censu pertinentibus ad curam illius qui
foris decanus appellatur, cui non parva sollicitudo laboris in-
dicitur, propterea cum omne vinum quod fuerit necessarium
monasterio per ejus industriam ex aliis regionibus defertur,
et quoniam omnes hospites necesse est cum suscipere præter
peregrinos et pauperes; nunc dicendum videtur de fratris
illius obedientia, cui pauperum et peregrinorum procuratio
deputatur: hoc enim præcipue b(eatus) pater Benedictus in

94.
95. Regulæ c. LVII (Migne, *Patr. lat.*, LXVI, 802). -- 96. Reg. c. XXXII
(ibid., 545).

decretis regulæ commendare studuit, ut pauperum et peregrinorum susceptioni major adhibeatur diligentia, quia magis in ipsis Christus quam in cæteris suscipitur, nam divitum terror ipse sibi honorem exigit [97], amor vero Christi pauperibus ministrare necessaria requirit.

XXVII. Hanc igitur Domino gratam administrationem detinet quidam religiosæ conversationis vir, nomine Geraldus, qui per xxx et amplius annos in obsequiis pauperum [98] Christo ministrans ipsumque bene vivendo sequens, in mercedem laborum suorum adhuc ab eodem Domino fidelis servus humiliter expectat; ante cujus adventum cura pauperum (et) peregrinorum in hoc loco exigua aut nulla esse videbatur, cum et dispensator et dispensanda deessent, nec ubi susciperentur advenientes, ut eorum exposcebat necessitas, haberetur. Cum vero isdem servus Dei ex imperio sui abbatis suscepisset, cœpit illud exiguum quod reperiit egentibus bono animo dispensare; donec, largiente bonorum omnium authore, qui v panibus quinque millia hominum satiatis plura superesse quam fuerint apposita donavit [99], abundanter quod tribueret invenit. Domum quoque pauperum et peregrinorum susceptioni congruam studuit restaurare et ampliare, cunctisque necessariis quibus penitus indigebat paulatim prout poterat instruere, divino pariter et humano adjutus auxilio cœpit; unde factum est (ut) frequenter in eadem domo multitudo pauperum et peregrinorum atque diversi oppressi debilitatibus conveniant omnique, Deo favente, quæ sibi sunt necessaria ministrentur, et a multis inde Deus laudetur et glorificetur. Hoc est autem quod ex communi censu [100] monasterii datur in eleemosina: semper omnis decima annonæ quæ defertur in granario et decima panis qui comeditur in refectorio, et quod unicuique fratrum de suo superfuerit pane et quidquid aliud de mensa ciborum levatur, et vinum de prima refectione totum accipit semper, et cum aliquis noster professus obierit xxx diebus omnem partem ciborum qui pro eo dantur idem eleemosinarius accipit.

97. Regulæ c. LIII (MIGNE, op. c., 751).
98. *Ea* a. o-uio p. et. — 99. MATTH., XIV; MARC., VI; JOAN., VI. — 100. *Ea* sumptu.

XXVIII. Cernens etiam prædictus Dei famulus non posse sufficere sola hæc quæ diximus ad totius familiæ quotidiana stipendia, eo quod plures undecumque congregarentur ibidem propriæ necessitatis causa compulsi, cœpit exercere terram juxta monasterium in villa quæ nominatur Villare, unum ex tribus mansis ad excolendum suscipiens ut haberet, sicut ait Apostolus 1 , unde retribueret necessitatem patientibus. Sunt enim in ipsa villa, sicut in chartulario scriptum est, III mansi et III appendariæ : hic folio xviij sub finem recensentur census qui ibidem percipiuntur. In ipsa villa facit idem eleemosinarius nutrimenta animalium et altilium, et cætera quæ cura domestica rei familiaris exposcit. Habet etiam in eadem villa medium mansum, p(lus?) C solidos in vuadio de Beterram et in molendino de Ricorveria ; habet in villa de Monte x solidos, qui debebantur abbati pro recepto ; in villa de Boaria medietatem prati, et in Montilio medium mansum ; in villa de Rocha Catb. totam decimationem, et in Desbregratis medietatem. Habet et de aliis villis quæ sunt ultra rivum similiter decimam, de Faurias, de Fauritos, a Lambreto, Genebreto, Montilio subter, et quod bajuli in (i)is omnibus requirebant 2 pretio redemptionis. Ista omnia frater prædictus, ex his quæ sibi de eleemosina superesse videbantur certis temporibus colligens, acquirere studuit, non in alios usus ut nonnulli, sed in ejusdem pauperum hospitali necessariis usibus expendens, non ut prodigus effundens nec ut parcus recondens, sed ut sobrius de futuro prospiciens.

XXIX. DE OBEDIENTIA INFIRMARII.

Et quoniam b(eatus) pater Benedictus ante omnia et super omnia curam infirmorum adhibendam esse decrevit, maximamque curam habendam ne a cellariis aut servitoribus negligantur infirmi 3 , hoc prudenter advertens dominus hic qui nobis præest abbas, quod non bene tractarentur a cellario infirmi, sed propter inopiam sæpius murmurarent ; huic viro Dei, quem fidelem erga Deum et dominum et proximum noverat, hujusmodi curam de infirmis committere studuit. Sed cum ille, fragilitatis propriæ memor, hoc suscipere devitaret, compulsus tamen obedientiæ virtute et fraternæ charitatis

---

1. *Rom.*, XII, 13. — 2. *C* r-atur. — 3. Regulæ c. xxxvi (MIGNE, op. c., 582).

amore, quod jubebatur implere non distulit : quod quantum infirmis profuerit evidenter cum opportuna necessitas exigeret, satis omnibus notum fuit. Erat enim vetusta monasterii consuetudo, ut fratribus infirmis carnes a foris decano darentur et interdum a cellario [4] coquinæ, ac idcirco frequenter inopiam patiebantur languentes [5], quia parvi pendebant talia negligentes ; delegaverant quidem in usibus infirmorum quamdam specialiter villam de parte illius decani, ad habendam partem cellarii et inde ministraret subsidia ægrotanti. Et quia nec ipse prout oporteret agebat, eleemosinario eadem villa committitur cum quibusdam aliis rebus, quæ sibi dominus abbas addere studuit, hoc est xxxx solidos de Mura Valentiniens. et de poiez, xx solidos de Mas Cavillano pro ecclesia Sancti Juliani de Brocia ; spondens etiam de his quæ sibi specialiter acciderent rebus decimam partem fore daturum. In ipsa autem villa quæ dicitur ad Mansiones iiij^{or} sunt mansi et duæ appendariæ, et exeunt xvi sest(aria) inter siliginem et hordeum et civatam, et in maio xvi solidos, ad vindemiam vi solid. et xv etiam porcos, unumquemque de tribus poiez, et de singulis habitaculis primam gallinam et xi sol. pro receptione abbatis ; et quidquid aliud ex ipsa villa accipere solebat, totum pro cura infirmorum dimisit : omnes gallinæ de Sancto Victore et de hac villa quæ pertinebat [6] ad refectorarium dedit in domo infirmorum, et foris decanus illas quæ dantur de villa quæ sunt ultra rivum Colentiæ, et camerarius illas de villa de Duabus Rabbis. Hoc quoque prædictus vir in elcemosinam acquisivit : decimam de uno manso in Fraxineto et de hoc quod dominus abbas in villa de Laussone acquisivit.

XXX. De obedientia cellarii[7] coquinæ.

De cellario monasterii qualis esse debeat notum est quod b(eatus) Benedictus in decretis regulæ dicat [8], sed quia vix [9] talis invenitur nec in monasteriis vix uni committuntur omnia, sed pluribus partiuntur et singuli fatentur se nimium laborare propter humanam qua prementur homines imbecillitatem : nam sæpius hoc contingere inter nos videmus ut, dum non prævalent aliquid quod eis committitur utiliter implere, lassati

---

4. *Ea* c-lcra-o. — 5. *Ea* infirmi. — 6. *C* pern'ebatur. — 7. *Ea* c-lera-i. — 8. C. xxxi (Migne, op. c., 533 ss.) — 9. *C* via.

pondere ultro deponant aut, dum a quibusdam non bene agitur quod acceperant, remotis illis alii melius acturi succedant. Idcirco necesse est rectori actus subjectorum vigilanter prævidere et secundum illud evangelicum[10] juxta propriam virtutem gerenda committere. Illi igitur qui nunc nomine cellarii apud nos appellantur, ea tantum quæ in coquina fratribus præparantur procurant, nec etiam ea quæ sibi competerent omnia : nam cura infirmorum, ut prædiximus, per ignaviam ab eis derelicta eleemosinario tradita est ; sumptus inter eos[11] qui sani sunt, ex his quæ ad se pertinent, quotidie subministrantes. — Hæc sunt autem quæ ad eum pertinent qui hanc obedientiam administrat : de coquina fratrum cui necesse est quotidie duo pulmentaria cocta, secundum b(eati) patris Benedicti edictum, fratribus præparare, ut forte qui ex uno non potuerit edere ex alio reficeretur, et si fuerint unde poma aut nascentia leguminum adderet tertium[12]. Habet inter omnes furnos hujus villæ xii sol. et vi den., de omnibus molendinis x sextaria de annona et de medio inter alios posito, de molendino subteriano v sol. et de alio verneta ii sol. vi den. ; habet hortum monasterii excolendum et conservandum ad diversos usus necessarium.

XXXI. De possessionibus ejusdem. — Recensentur fol. xx census (et) redditus qui percipi debent ab eodem cellario, et fol. xxj vinum et in quibus locis recipiendum habet.

Si aliquis homo detulerit in conventu fratrum vel transmiserit denarios propter charitatem, cellarius eos recipere solet, vel si porcum ad altare deduxerit aliquis, accipit similiter, et annuales qui pro defunctis dantur, in coquina deputati sunt ; si transmiserit de foris aliquis legumina aut mel aut aliquid de frugibus arborum vel hortorum vel aliquam aliam benedictionem, ille qui suscepit debet missis cibum et potum tribuere, aut si jumenta deduxerit procurare. — Cum pergitur ad mare cellarius pro emendis piscibus, datur ei panis de refectorio et annona jumentis suis de granario et panis ad famulos, et sacrista ceram et candelas quod sufficiat ; similiter cum in Arvernis propter fabas ierit vel in Gabalitano propter caseos ;

---

10. Matth., XXV, 15. — 11. C inteor. — 12. Regulæ c. xxxix (ibid., 613).

cum operarios in horto vel in coquina habuerit, panem de granario accipit. Cum piscatores in coquina detulerint pisces, datur eis de granario panis et vinum de cellario, et cum opus fuerit ad conficienda fabraria; cum opus habuerit in festivitatibus, farinam vel panem in coquina refectorarius tribuere debet. Equo cellarii datur annona de granario a festivitate Omnium Sanctorum usque kalendas mai.

XXXII. De obedientia refectorarii.

Benignitas immensa Conditoris nostri, semper et ubique consulens hominum infirmitati, beneficiis potius quam terroribus aversum a se genus humanum voluit revocare, transitoria bona præbens et æterna promittens. Ipse namque populum suum per deserta gradientem, Moyse ductore, cibo cœlesti diutius pavit, donec eos qui credebant terra promissionis excepit; de cujus dulcedine panis quidam Sapiens ait [13]: « Panem de cœlo dedisti nobis, Domine, habentem omne delectamentum et saporem suavitatis ». Veniens etiam Filius Dei per misterium Incarnationis suæ inter homines, ut custodiret credentibus eumdem secundum esse, non solum naturalem aquæ fatuitatem in meracissimi saporem vini mutavit, sed etiam austeritatem ordeacei panis in tantæ dulcedinis suavitatem convertit, ut [13*] gustantes ex eo statim refecti mirabili modo Dei potentiam collaudarent. Hujus igitur ineffabilis pietatis exemplum imitans b(eatus) pater Benedictus, eos quos ad æternam vitam secum perducere satagebat non spi(ri)talibus alimentis tantum, sed etiam corporalibus escis reficere studebat. Unde inter cætera solitaria monita, contuens infirmorum imbecillitatem, mensuram victus monachorum tanta moderatione instituit ut omnium qualitatibus personarum congruere videatur; denique, cum præmisisset de pulmentis, adjunxit de principali hominum victu : « Panis, inquit [14], una libra propensa sufficiat in die » et cætera. Nec tamen isdem venerabilis pater hoc tantum suo stabilire voluit decreto, sed in abbatis potius providentia reposuit si expediret aliquid augere; quem frequenter in eadem regula studuit admonere, ut tanta fratribus ratione dominetur, quatenus et animæ salventur et quod faciunt absque ulla murmuratione faciant.

13. *Sap.*, XVI, 20. — 13*. *C et.* — 14. Reg. c. xxxix (Migne, op. c., 613).

XXXIII. Quod prudenter advertens vir egregius [15], Guigo [16], quondam hujus coenobii abbas et episcopus ecclesiæ Glandinensis, cum cerneret fratres sibi commissos in vitio [17] murmurationis, quod nimium animabus noxium est, crebrius incidere propter necessitatem panis triticei [18], eo quod situs loci sit in montuosis et agrestibus locis, et tellus in circuitu posita nihil aliud gignere soleat nisi sylvestrem annonam ; coepit anxius contristari, non valens illud murmur corrigere, quoniam quasi justum esse videbatur ob penuriam panis frumenti. Terrebat autem illum exemplum eorum de quibus Apostolus ait [19], quia qui murmuraverunt ab exterminatore perierunt ; sed et illa sancti patris nostri Benedicti metuenda sententia [20], « ne malum murmurationis in aliquo qualicumque verbo pro aliqua qualicumque causa vel occasione appareat », hoc ante omnia admonens ut absque murmurationibus sint. Sciens autem, utpote eruditus ab infantia lege sancta, quoniam imploranda sunt divina, ubi humana cessant, auxilia, totum se contulit ad supernum consilium, petens ut illi dignaretur ostendere divina clementia qualiter illud vitium extirpare radicitus de eodem coenobio posset ; et quoniam « prope est Dominus invocantibus se in veritate [21] », ostendit ei consilium bonum ac, sicut visum est universis fratribus, utile satis et necessarium. Guigo convocans denique omnem monachorum catervam, dixit sibi ratum videri, si tamen ipsi vellent, ut acciperent aliquam partem de possessionibus et terra quæ sub ditione hujus monasterii spatiosa et ampla, Deo favente, per diversa loca habetur (et) sibi commendarent in obedientiam, quatenus ipse pro timore Dei et pro æterna [22] Christi retributione vel pro emendatione nequissimi vitii murmurationis, cum summo studio et labore et ecclesiæ ac officinarum secundum suam possibilitatem faceret opus et, quod majus ac charius videretur, cunctis diebus vitæ suæ copiosam et sine defectu quotidianam proficeret administrationem frumenti, ut unusquisque monachus a minimo ad maximum per singulos dies singulas accipiant p(ro)pensas libras

---

15. *Ea* venerabilis. — 16. *Ea* G. I^{us}. — 17. *Ea* v-ium. — 18. *Ea* t-ci. — 19. *I Corint.*, X, 10. — 20. Regulæ c. xxxiv (MIGNE, op. c., 564). — 21. *Ps.*, CXLIV, 18. — 22. *C* pat-a.

panis frumenti, sicut dixit b(eatus) Benedictus, sive una sit refectio, sive prandii et cœnæ [23].

XXXIV. Audiens (autem) hoc omnis congregatio fratrum, glorificaverunt Dominum, tam pro bona voluntate venerabilis patris erga se quam pro abolitione tam nefandi ac detestandi vitii murmurationis, quod in eodem loco pro hac occasione, id est pro inopia necessitatis frumenti, diu viguerat. Convocato itaque consilio, commendaverunt ei in obedientiam totam terram de Ponte, sed et terram de Clivo quam soliti erant tenere, necnon et terram de Carrovolo cum totam terram de Mota subque terram de Vecialdis, sed et ecclesiam Sancti Joannis de Mercadilo cum manso de Genebret et illo de Camprias, necnon et villam de Sancto Victore cum villa de Molneriis et illa de Faia necnon et manso de Cazales, cum universa terra quam in finibus Forensis habent; sed et illas terras quæ deinceps ad illum locum datæ sunt commendaverunt ei, exceptis (i)is quas per diversas obedientias fratres quolibet modo acquirere potuerunt, quas providere debent secundum usum ipsius loci. Ista omnia commendavere ei fratres in obedientiam generaliter in conventu suo, eo tenore et ea convenientia ut, si ipse aut aliquis abbas post ejus obitum se subtrahere de hac convenientia vel fœdere voluerit, non habeat in potestate ipsam terram tenere sub simulatione aut clamore obedientiæ; sed [24] revertatur unaquæque terra ad obedientiam illam de qua sumpta est, vel jungatur illi obedientiæ cui vicinior est, ut regatur ab obedientiali secundum usum ipsius cœnobii. Omnis ergo concors fratrum congregatio, videns tam benignum amorem venerabilis viri erga legem et locum et erga se, concessit [25] ei quod nulli umquam concessum erat abbati ipsius loci: decreverunt namque ut ei cunctis diebus vitæ ejus, quamdiu in hac conventione permanserit, sacerdos qui missam in conventu majorem cantaverit semper ei propriam orationem omnibus audientibus dicat, exceptis prœcipuis festivitatibus in quibus una tantum oratio dicitur [26]; addiderunt etiam, quod majus est, ut si usque ad finem in hac convenientia perseverasset isdem domnus Guigo abbas, post obitum ejus sacerdos

---

23. Reg. c. xxxix (ibid., 613-4). — 24. *C* o-a; sede. — 25. *Ea* indulsit. — 26. *Ea* propria decantatur.

qui ad missam matutinalem in conventu Deo sacrificium offert, semper ei propriam missam canat quæ pro uno defuncto episcopo dici solet, audientibus cæteris. His autem peractis conventionibus atque fœderibus, omnis conventus a minimo usque ad maximum decreverunt unanimiter atque statuerunt, illum invocantes testem qui promisit [27]: « Ubi duo vel tres congregati fuerint in nomine meo, ibi sum in medio eorum »; ut si quis abbas præsens aut futurus, aut si quis monachus præsens vel futurus aut aliquis homo, sub obtentu bonitatis alicujus aut contra aliquam malam voluntatem, supra scriptam convenientiam vel fœdus scienter ruperit vel fregerit, imprimis excommunicationis vinculo ligetur, deinde onere maledictionis subdatur ac postmodum anathemate notetur, nisi resipiscat et ad pristinam concordiam revertatur cum eis qui hanc convenientiam tenere voluerint. Nomina autem illorum monachorum qui hanc notitiam scribere voluerunt et hoc pactum firmaverunt, ore et corde laudaverunt et manibus propriis roboraverunt, descripta sunt in charta quam in præsentia ejusdem abbatis fecerunt; post quos volunt(at)em omnium ipse dominus abbas Vuigo utraque manu firmans, dixit: « Careat bonis Domini de terra viventium qui hoc ruperit pactum ». Providentes denique ac consulentes, tam ipse domnus abbas quam omnis congregatio, non solum præsentibus sed et futuris, hoc decreverunt atque sanxerunt ut nullus abbas in eodem cœnobio laudetur aliquando a fratribus aut ordinetur ab episcopis, nisi prius hoc pactum et hanc constitutionem coram omnibus se servaturum semper promiserit et subscribendo firmaverit. Quod ipsemet primus abbas et episcopus Guigo [28] imprecando protulit, idque [29] ab omnibus successoribus ejus hactenus observatum est: id firmavit Guigo [30] II^{us} post primum et Wulliermus [31] III^{us} ab eo, item alius Guilhermus et Guigon [32], item Guilhermus III^{us} [33] Sanctæ Enimiæ et iste qui nunc præest Vulliermus IIII^{us}; a quibus singulis illa terribilis imprecatio videtur descripta: careat bonis Domini de [34] terra viventium qui hoc ruperit pactum [35].

---

27. Matth., XVIII, 20. — 28. *C* ipse p. et e. — 29. *C* quod. — 30. *Ea* firmatum e. et o., ut fecit G-guo. — 31. *C* p., W. — 32. *Ea* G-guo III^{us}. — 33. *C* anno 1000, item Guilhermus. — 34. *Ea* in. — 35. *C* (Valde similiter).

Factum est hoc anno Incarnationis domini nostri Jesu Christi millesimo, eodem die quo ipse verus panis, qui de cœlo descendit, natus est in Betleem [36], quæ domus panis interpretatur, consensu omnium fratrum et abbatis atque episcopi authoritate confirmatum, conservandum deinceps in perpetuum.

XXXV. Hæc sunt autem quæ pertinent ad obedientiam illius qui refectorarius appellatur, qui propterea sic cognominatur quoniam domus illa in qua fratres reficiuntur ipsi commissa est, non solum ut panem quotidie sufficienter ministret, sed etiam ut omnia quæ ad utilitatem vel ornatum necessaria fuerint eidem domui studiose provideat : omnia linteamina mensarum et canistra et vasa vinaria, scifos ligneos et vitreos, coclearia et candelabra; et quidquid ibi confractum vel vetustum fuerit renovare et restaurare debebit, similiter et pistrinum cum furno cunctisque utensilibus et vasculis ibidem necessariis instruere procurabit. — Ecclesia Sancti Joannis de ipsa villa pertinet ad curam ejusdem refectorarii tota et quidquid ex ea procedit, et presbiter ejusdem ecclesiæ : accipit enim duas partes de sepultura; et quod in festivitate s(ancti) Joannis et in festivitate Omnium Sanctorum acciderit est de ipsa obedientia. Condamina quæ est inter pratum et boschum, et illa quæ est sub horto monachali usque ad Clenchenenchum, et domus quæ vocatur grangia, et hortus et pratum quæ ad ipsam pertinent, et mansus de Rascoso : exceptis pradalibus, omnia sunt de ipsa obedientia. — In ipso monasterio habet hortos et olchas, e quibus exit census qui annumeratur sub finem folii xxiij libri *de reparatione chartarum* et consequenter sub folio xxiiij usque sub finem folii xxv, ubi ista inserta.

XXXVI. DE OBEDIENTIA VESTIARII.

Vestimenta fratribus secundum locorum qualitatem ubi habitant vel aerum temperiem dari b(eatus) Benedictus in regula præcipit [37], in providentia ponens abbatis quantum unicuique dari expediat, quia in frigidis regionibus amplius indigetur, in calidis vero minus; hanc ergo curam vestimentorum habere idem sanctissimus pater abbati monasterii suadet, ut nulli

---

36. 25 *déc. 1000.* — 37. C. LV (MIGNE, op. c., 771). — 38. Regulæ c. XXXIII (ibid., 881-2).

fratrum liceat aliquid habere proprium, præcipue detestans hoc vitium in monachis ne quidquam habeant quod abbas non dederit aut permiserit [38]. Et quia locus hic noster in frigidis regionibus ac montuosis situs est, necessitati eorum qui ibidem consistunt oportet secundum qualitatem loci vestimenta præbere : unde vero hi qui ante nos fuere habuerunt indumenta, incertum nobis habetur, nisi tantum quod audivimus a majoribus quoniam de oblatione altaris a sacrista pars aliqua vestimentorum fratribus tribuebatur, sed certum omnibus existit quia cœnobialis ordo mox defectum patitur, si defecerint ex quibus corpora fragilia sustententur; et ideo b(eatus) Benedictus omnia quæ fuerint necessaria fratribus dari constituit, non solum vestimenta sed etiam minima quædam, id est cultellum, grafium, acus, tabulas et cætera, ut omnis auferatur necessitatis excusatio [39]. Cum igitur, ut supra diximus, locum hunc pæne desolatum Vuilhermus III[us] ad regendum ac in melius restituendum suscepisset, de cæteris quidem quæ ad locum pertinerent ordinatum aliquo modo a suis præcessoribus audivit, sed nihil de vestitu quod foret utile recognovit ; unde mox ordinatus a domino Hugone, Diensi episcopo, legato Romanæ ecclesiæ, cum ejusdem consilio indixit omnibus nostris monasteriis et ecclesiis censum, qui posset sufficere ad eorum emenda deinceps indumenta [40] qui vellent in hoc loco regulariter Domino [41] deservire.

XXXVII. Fuit autem census hic [42] : — de monasterio Sanctæ Enimiæ, xxx solidos ; — de Sancto Gervasio [43] Lingoniæ, xxx sol. ; — de Sancto Petro [44] de Podio, xxx sol.; — de Solemniaco, x sol.; — de Marriaco, x sol.; — de Ussello, x sol.; — de Sancto Romano, vii [45] sol. ; — de Camalariis, xlv sol. ; — de Manso Cavillano, xxx sol. Podiens. ; — de Vitrinis, x sol. Anic.; — de Madernatis, x sol. Valentinens.; — de Sancto Victore de Valentia, x sol. Valentin.; — de Clivo, x sol.; — de Ponte, v [45] sol. Valent.; — de Gorda, x [46] Melgoires ; — de Longobardia, xx Pictaviens. [47] : — de Sancto Laurentio, l sol. Valent. et Vireais [48] ; — de Sancto Innocentio, una pellicia ; —

---

39. Reg. c. lv (ibid., 772). — 40. *Ea* vestim-a. — 41. *Ea* v. Deo r. — 42. *C* De censu. — 43. *Ea* de monasterio. — 44. *Ea* de monasterio Si P-ri. — 45. *Ea* x. — 46. *Ea* x sol. — 47. *Ea* sol. P-venses. — 48. *Ea* Vien. et Valentin.

de Rovereto [49], una pellicia; — de Noiolo [50], v sol.; — de Miziliaco [51], v sol.; — de Borea [52], v sol.; — de Sancto Juliano de Castronovo, v sol.; — de Sancto Juliano de Serre [53], v sol.; — de Interaquis, v sol.; — de Stabulis, v sol.; — de Lantriaco, v sol., — de Sancto Johanne [54] de Robore, II sol.; — de Sancto Genesio, II sol.; — de Pervencheriis, v sol.; — de Capella Graculosa, v sol.; — de Severiaco, xxx sol.; — de Bona Terra, v sol.; — de Denay [55], xx sol.

XXXVIII. DE REBUS QUAS ACQUISIVIT PONTIUS CALCATI.

Hic census primum constitutus est ab eodem abbate et commissa est ipsa quoque obedientia cuidam fratri, de militia sæculari converso, nomine Pontio; qui diu eamdem jam obedientiam tenens, in augmentatione et melioratione ejusdem laborare studuit: cernens enim fratrum numerum crescere nec posse se tantum fratrum multitudinem de tam parva quantitate muneris sufficienter vestire, cœpit acquirere sollicite possessiones undecumque sibi potuit accidere. Domnus etiam qui nunc præest abbas addidit eidem obedientiæ ecclesiam Ausoniæ, ubi solebant duo monachi manere, laudantibus in conventu cunctis fratribus: tali tenore ut ipse camerarius in ea presbyterum teneret, et omnia quæ ibi acciderint a vestiario acciperentur ad opus vestimentorum reservanda. Et ipse Pontius, cognomento Calcati, camerarius acquisivit in ipsa parrochia partem decimarum et offerendarum Pontii de Ausona et dedit ei VI solidos, et pro parte Vuilhermi Olivarii xx sol. et Bertrando Hugoni v solidos, qui donum laudavit in villa de Cordazet medietatem decimarum. Plurima alia [56] numerata paginis 43, 44 et 45, quæ prædictus frater, in augmentatione ipsius obedientiæ quam susceperat, acquirere non absque laboris industria procuravit, sperans se mercedem a Deo pro iis quæ bene gesserit consequuturum fratrumque orationibus, quibus obsequitur, adjuvandum. — Sed et dnus abbas adhuc aliquid addendum esse conspiciens, hortatus est eos qui monasteriis et ecclesiis præsunt, ut ad solitum censum plus aliquid augere studerent: quod se facere gratanter omnes illico promiserunt.

49. *Ea* Rovoreta.—50. *Ea* Noyolo.—51. *Ea* Misi-o.—52. *Ea* Borrea.— 53. *Ea* S-ra. — 54. *C* Joa-e. — 55. *Ea* Donay. — 56. *C* palia.

XXXIX. De tunicis pelliceis [57]. — Ebrardus, prior Camalariensis [58], duas; — Jarento, prior Sanctæ Enimiæ, ii; — Geraldus [59], prior Lingoniæ, ii; — Jarento, prior Podiensis, ii; — Gavilo, prior Mansi [60] Cavillani [61], ii; — Hugo, prior Sancti Laurentii, ii; — Faramandus [62], prior de Valentia, i; — Dalmatius, prior de Clivo, i; — prior de Gorda, i; — Grimandus, prior de Longobardia, i; — prior de Sancto Innocentio, i; — prior de Madernatis, i; — prior de Vitrinis, i; — prior de Marriaco, i; — Bertrandus, prior de Solemniaco [63], i; — Johannes [64], prior de Sancto Romano, i; — Guigo [65], prior de Ussello, i; — prior de Altogiis [66], i; — prior de Pervencheriis, i; — prior de Rovereto, i; — inter illum de Serro et illum de Interaquis, i; — de Meziliaco et de Stabulis, i; — de Lantriaco et de Noiolo, i; — de Castronovo et Rovor., i. — Hæ omnes pelliceæ de candidis ovibus debent esse et deferuntur [67] in festivitate b(eati) Theofredi [68], quia propter hyemen tunc præcipue fratribus dividuntur.

Alii vero, qui non possunt dare pelliceas, debent pelles caprinas: — prior de Ponte, duas; prior de Cultis, ii; de Amelio, ii; de Borea, ii; de Valle Amatis, ii; de Sancta Eulalia, ii; de Sancto Lupo, ii; de Mercuris [69], ii; de Placentiis [70], ii; de Canalilis, unam.

Item acquisivit mansum de Casalcus et decimam de Ausonia.

XL. De obedientia sacristæ.

Universalis Ecclesiæ consuetudo religiosa, a sanctis Patribus tradita, per singula loca ubi domus orationis habentur, maxime in eis in quibus corpora sanctorum requiescunt, studiose solet observari, ut cura sanctuarii cauto providoque custodi committatur, qui et ea quæ desunt acquirere sataget et ea quæ sunt servare et honestare studeat. Unde beatus pater Benedictus abbati monasterii præcipit, ut omnem substantiam loci talibus committere fratribus procuret de quorum vita et moribus securus sit [71], in quibus onera sua partiat: nam de [72] designanda hora operis Dei loquens, aut ipsum abbatem nun-

---

57. *Ep* quæ debentur in festivitate s^{ti} Theoffredi. — 58. *C* Camel-ice-s p. E. — 59. *C* Be-s. — 60. *Ep* G-llo p. Montis. — 61. *C* C-liani. — 62. *C* Fer-s, *Ep* F-mun-s. — 63. *Ep* Solum-o. — 64. *C* Joa-s. — 65. *Ep* G-guo. — 66. *C* Atto-s. — 67. *Ep* d-rren-r. — 68. *Ep* s^{ti} T-otf-i. — 69. *Ep* M-uers. — 70. *Ep* P-cianis. — 71. Regulæ c. xxxii (Migne, op. c., 545). — 72. *C* et.

ciare aut tali sollicito fratri die noctuque hanc injungat curam, ut omnia horis competentibus[73] impleantur[74]. Quapropter necessarium valde fore videtur ut ille, cui hoc officium imponitur, bonæ conversationis et probabilis vitæ præ cæteris exteriora tantum ministrantibus esse cognoscatur, qui specialiter ea quæ ad Divinitatis cultum pertinere videntur exercere jubetur. Nam in Veteri Testamento[75] nonnullos Deo placuisse et secreta mysteria cognovisse scimus, sicut Samuel, qui dormiebat in tabernaculo ubi requiescebat arca Dei, visionem vidit quam sacerdotibus nunciavit[76]; in Novo quoque Testamento plures extitisse novimus, qualis fuit Lucianus presbiter, cui demonstrata est in visione quiescenti in oratorio (revelatio) corporis b(eati) protomartyris Stephani[77]; et in libris *Dialogorum* b(eati) Gregorii quosdam in ecclesia custodes fuisse, quibus ipse b(eatus) apostolus Petrus apparebat et eosdem dignos per miracula signi ficabat[78]; in aliis etiam locis alios similiter fuisse idem doctor ejusdem officii viros sanctissimos sanctisque martyribus familiares ostendit. Hæc ideo diximus ut cum magna reverentia is, cui talis obedientia committitur, ea quæ sanctificata sunt administrare et custodire studeat ; ne, si contraria gesserit, audiat illud quod per Prophetam dicitur[79] : « Dilectus meus in domo mea fecit scelera multa », quin potius credat plus Dominum bonorum operum quam parietum ornamentis delectari, Dominumque Christum bene ministrando sequens, illam ejus promissionem accipere mereatur : « Ubi sum, inquit[80], illic et minister meus erit ».

XLI. De rebus ecclesiæ. — Ad illius autem obedientiam pertinent omnia quæ continentur infra ecclesiam, pallia et vestes[81], atque linea et cætera utensilia in usum domus Domini et altaris necessaria, diligenter et opportune providenda ac disponenda : plurima namque jugiter ibidem adhiberi necessarium est, quæ sine intermissione præparare atque supplere debebit, et quidquid vetustate perierit vel aliquo casu aut negligentia defuerit renovare ac restaurare curabit. Sed quoniam

---

73. *C* c-plen-s. — 74. Reg. c. xlvii (ibid., 699). — 75. *C T.* et in Novo. — 76. *I Reg.*, III. — 77. *Le 3ᵉ déc. 415* : Luciani epist. ad omn. ecclesiam (Migne, *Patr. lat.*, XLI, 807 ss.) — 78. Lib. III, capp. xxiv et xxv (ibid., LXXVII, 277 et 280). — 79. Jerem., XI, 15. — 80. Joan., XIII, 26. — 81. *Ea et linteamina, diversa quoque vasorum genera, aurea et argentea, ærea, ferrea, lignea. Cæt. des.*

priscis temporibus multa solebant ad altare deferri, non solum ex vicinis, sed etiam ex longinquis regionibus undecumque propter famam virtutum sancti martyris Theofredi concurrentium, munera diversa (et) oblationes inferentium, non curatum est de aliis possessionibus concedendis, quia satis illud tunc sufficere videbatur ad ea quæ necessaria ministris ecclesiæ ejusque custodibus existebant; cum vero talia deferri desinissent, procuratum est unde posset habere sacrista qualiter ea quæ usus exposcit ejusdem ecclesiæ more solito subministrare deberet.

XLII. Item ecclesia Sancti Fortunati, cum omnibus quæ ad eam pertinent, excepto eo quod capellanus qui cantat ibidem accipit ; et si aliquis homo moriens infra muros sepeliri se fecerit, nisi miles fuerit, quod pro sepultura reliquerit ad sacristam pertinebit : ut cera quæ in festivitate sancti Theofredi venerit vel per totum annum in ecclesia fuerit oblata, ad ipsum pertinebit, sed et cera illa quam priores et alii foris in cellis manentes gratis offerunt beato Theofredo pro animabus parentum suorum fraternitatis. — Hic consequenter describuntur census et redditus quos percipit sacrista diversis in locis : vide lib. *de repar. chart.* fol. xlv ; subsequenter deinde

XLIII. DE GUIDONE[81*] SACRISTA. — Vir quoque reverendus Guido, qui nuper defunctus eamdem obedientiam aliquandiu tenuerat, acquisivit dimidium mansum de Cabanas de Petro Calcato et de Stephano fratre ejus, Cxx solidos ; acquisivit etiam in villa de Breiza quartam partem decimæ de Pontio Lato Dorso et filiis ejus, L solid. Fecit idem homo Dei quædam alia in ipsa ecclesia memoratu digna, sed præcipue in vasis æneis signorum resonantium fabricandis studium adhibuisse videtur: quatuor enim in eadem ecclesia dependent, ipsius industria laboris perfecta ; sed unum horum est magnæ quantitatis et mirifici operis qualitate fabrefactum, in quo plus quam mille ducentarum librarum pondus metalli dicitur expensum.

XLIV. DE ARMARIO[82]. — In libris vero divinis perficiendis[83] semper ejus utilitatis appetitus erat studiosissime, nitens multitudinem aggregare librorum, in quibus esse noverat indeficientem sapientiæ thesaurum cœlestium divitiarum.

81*. *C* Cu-e. — 82. *C*, fol. 45 de reparatione chartarum. — 83. *C* prof-s.

Commissum enim fuerat ipsi officium armarii, quod ita fideliter exercuit, ut omnes novimus quos ipse in pueritia docuit et bibliotheca demonstrat, quam pæne vacuam suscipiens refertam codicibus dereliquit: doctrinam quippe, non negligenter vel cum tædio ut plerique faciunt, sed cum fervore omnibus exhibens, non ut ipse rogaretur expetabat, sed ultro ad discendum desides incitabat. Unde plurimis ejus exhortationis admonitio, bonæ quoque conversationis imitatio, causa salutaris exempli fuit in hoc loco. Nam cum jussione domini abbatis locum suscepisset prioris, in nullo se causa prælationis extulit, sed in eadem humilitatis mansuetudine persistens, inferiorem se omnibus reputabat magnoque laboris studio curam utriusque pervigil obedientiæ perficere satagebat; denique usque ad mortem obedientiæ virtutem patienter tenuit atque in hoc loco indefessus persistens, ab infantia usque ad senectutem exemplum humilitatis et patientiæ cunctis secum viventibus demonstravit.

XLV. DE PRANDIO ANNIVERSARII EJUS. — Decreverat autem idem vir Dei ut, ex his quæ acquisiverat in obedientia ipsa ecclesiæ quæ numquam habuerat antea, procuraret exhibere fratribus refectionem aliquo certo die de piscibus et aliis quibus posset escis cum potione conditi, dum viveret; post obitum vero suum, ab illo qui sibi suaderet hæc eadem in suo fieri anniversario postulavit, sicut jam ab aliis quibusdam factum esse videbatur.

XLVI. DE CERA FRATERNITATIS.— Illud etiam memorandum videtur quia, cum pateretur indigentiam ceræ commissa sibi ecclesia nec a sæcularibus, ut solebat fieri, deferretur, ostensa tali necessitate prioribus et aliis qui de foris solent venire, placuit omnibus ut aliquam benedictionem unusquisque propria voluntate sanctuario conferret: tali tenore ut animabus parentum illorum qui hoc facerent aliquod salutare remedium precaretur, et constitutum est ut in omni septimana feria II, memoria eorum agatur et missa matutinalis specialiter pro eis celebretur; si autem festivitas aliqua fuerit, sacrista debet providere ne missa eadem prætermittatur, sed a se vel ab alio canatur. Quantum vero id debeat esse quod tribuitur a singulis, in eorum propria voluntate consistit. In dormitorio quoque, sicut beatus pater Benedictus præcipit [84], non una tantum sed duæ lucernæ omnibus noctibus accendantur, tertia vero in latrinis, usque mane lucentes. — Quod quidam vir, nomine Guinamandus, agnoscens, convicancus (?) Podiensis, exhortante domno Guidone, promisit se in obsequium servorum Dei singulis annis in luminaribus dormitorii [85] rotam unam adipis, unde fit illud lumen, donaturum et post mortem suam ab illo qui domum ipsius possessurus foret semper debere dari. Hoc ipse Guinamandus, cum consilio uxoris suæ Durantiæ et filiorum suorum Petri et Joannis, donando firmaverunt et eum, qui rumpere præsumpserit ejus eleemosinam, maledicendum fore decrevit.

XLVII. De vasibus ecclesiasticis.

In decretis regulæ beati Benedicti legitur [86] ut, dum sibi fratres in officiis monasterii vicissim succedunt, de vasis et vestibus abbas brevem teneat, ut dum alter alteri succedit, sciat quid dat aut quid accipit; et si hoc de ferramentis aut aliis vilioribus rebus agendum præcipit, quanto magis de iis quæ in sanctuario divinis obsequiis deputata servantur. — Cum igitur Dei famulus Guido, de quo loquuti sumus, obiisset in Domino, hæc in ecclesia, cujus erat diligentissimus cultor et studiosissimus amator, ornamenta diversis usibus apta reliquit [87]: — Cruces aureas et argenteas v, duæ aureæ cum lapidibus pretiosis, exceptis aliis parvis crucibus [88] vi; — Calices argenteos auroque decoratos vi, cum uno calamo argenteo; — Thuribula argentea iii, sed unum maximum ponderis est fere vii librarum, et thimiamatheria tria [89]; — Textus Evangelii tres, duo cum postibus deauratis, tertius eburneis; — Virgas argenteas quatuor et duas eburneas; — Candelabra stagnea et pulchra [90] ii, alia duo ex metallo Corinthico [91], cum illo maximo quod [92] ante altare consistens formam suæ pulchritudinis pandit; — Columba desuper altare aurea, ubi Dominicum reponitur Corpus in linteo mundo servandum; — Planetas sacerdotales ex serico pallio x: duæ candidi coloris, tres

---

84. Regulæ c. xxii (Migne, op. c., 489). — 85. *C* d-tarii. — 86. Regulæ c. xxxii (Migne, op. c., 545-6). — 87. *Ea en m.* Notanda quædam habet hæc sacræ suppellectilis enumeratio. — 88. *Ea* cruciolis. — 89. *C* t-ma iii^{ca}. — 90. *Ea* s. p. — 91. *Ea* C-io. — 92. *C* qui.

nigri, sed una floribus aureis insignita, una coccinei coloris, alia crocei operis, alia commixti coloris, nigri viridique, alia habetur tota viridis, decima est quæ quotidie ad missam principalem induitur; exceptis aliis quotidianis; — Stolas duas et manipulos cum tintinnabulis aureis, alias duas contextas auro et alias de simplici pallio VII, pluresque manipulos cum albis; — Torques contextas [93] auro et margaritis XXI, et I superhumerale; — Dalmaticas VII, subdiaconales tunicas III et alias pueriles XII; — Cappas XLIII; — Pallia XXVII; — Cortinas laneas II artifici textura compositas, una ex Genesi et libro Regum, altera ex historia Judith figurata, leonum equitumque imaginibus distincta; sunt et aliæ cortinæ laneæ III artificio plumarii compositæ, et unum dorsale ejusdem operis, quod totum solebat ambire chorum; sunt et alia tapetia, quibus in diebus festis decorantur illa pars ecclesiæ quam dicimus chorum et sedilia capituli; — Cortinas lineas VIII, præter alia linteamina diversis usibus congrua; — Capsulas argenteas, ubi reliquiæ sanctorum servantur, IIII^r vel quinque, cum majori capsa sanctorum Innocentium et arca illa ubi reliquiæ sancti Theofredi sanctique Eudonis et quorumdam aliorum repositæ sunt, quæ circumdata auro et argento fulgere solebat, donec illis qui Jherosolimam [94] properabant datum est pro commutatione possessionum : tali tamen tenore ut ex eisdem [95] possessionibus ibidem restitueretur argentum; in illa quoque imagine sancti martyris multæ sanctorum habentur reliquiæ, cum quadam dominicæ crucis ligni [96] portione, cujus corona capitis ex auro mundo gemmisque pretiosis mire refulget specie venustatis, palmæ quoque similitudo totius complet figmentum ipsius operis; — Pectines eburneos IIII^{or} vel quinque, et dipticæ similiter eburneæ super altare dependentes cum aliis filacteriis III^{or} vel v^e, sculptoris arte formatæ; — Urceos [97] æneos II : cum uno aqua consecrata defertur, cum altero in manibus aqua funditur, formam habens leonis; duoque alia vasa æthnea fundentia in manibus aquam. — In horologio, quo terminantur horæ, superius duæ pares squillæ suspensæ, inferius duo vas(a) ætnea, item [98] cacabi ita dispositi ut ab inferiori latere ingrediatur in superiori. — Sunt et alia minora vasa in cultu sanctuarii necessaria stagnea, id

---

93. *Ea* c-tus cum. — 94. *C* Je-m. — 95. *C* ut e-m. — 96. *Ea* salutaris. — 97. *Ea* urcos. — 98. *C* idem.

est ampullæ vinum et aquam continentia, vasa quoque lignea tornatili opere facta quibus oblatæ[99] servantur, cum cocleari[100] argenteo quo in patena ponuntur; lanternæ quoque urneæ, quibus ad legendum imponitur lumen, splendide satis intuentium II vel III; — Signa VIII ex metallis, cum dependentibus in restium summitate armillis, et sunt cornua xv ex bubalis [1].

XLVIII. De custodis ecclesiæ, id est sacristæ, ministerio et de his quæ ad ejus curam pertinent, prout nobis congruere visum est, designavimus; nunc de illius obedientia, cui opus constructionis ejusdem basilicæ committitur, aliquid recitemus. Magna quippe materia videtur hujus extruendi operis, sed propter inopiam sumptuum tardius ad effectum ducitur perfectionis: non enim largitate principum aut divitum opulentia hoc opus agitur, sed a pauperibus exigua tribuuntur, cum aliquis tempore messium vel vindemiarum ad ea perquirenda vel congreganda transmittitur. Suscipit etiam illa quæ a morientibus in eodem opere destinantur, et accipit partem de censu qui persolvitur ex monasteriis et cellis nostris, ille frater qui sollicitudinem tanti operis gerit: nec incertum est quantum accipiat a singulis locis, quia diu est quod hoc ipsum datur ab eis; partem quoque possessionum aliquantulam excolendam retinet, et unde censum habeat et familiæ suæ sumptus exhibeat. — In villa de Moneto mansos II, in villa de Salos I mansum, in villa de Cabanas unum mansum alod(ii), in villa de Beceria I mansum, in villa de Crozeto I mans., in villa de Fageta I mans.

XLIX. In nomine Domini. Stephanus Calcati de Bolonia, cum laude uxoris suæ Leodegariæ et filiorum suorum Willermi Corodelli atque Bertrandi, dedit sancto martyri Theofredo et monachis ejusdem ecclesiæ, præsentibus ac futuris, mansum de Cabanis pro filio suo Petro, quem etiam monachum fieri voluit. Miserat autem eum vadimonio Hugoni Roberti: eum redemit Guilhermus, præfatæ ecclesiæ sacrista et monachus, LX solidos Valentinianos Cque solidos Podienses atque tres aureos et dimidium; ipsum quoque puerum diligenter

---

99. *C* o-a. — 100. *Ea* cochl-i. — 1. *Ea add.* Albæ paratæ LXXX, duæ sericæ; cappæ novæ XLIX, veteres XI; dalmaticæ XI; tunicæ XI; torcæ XXI; albæ planæ LIV; casulæ sericæ XIX; stolæ auratæ IX; planæ sericæ XIX; tunicæ infantium VII; pectines eburnei VII; pluviales XIV; mappulæ altaris X; pallia XXXIII.

nutrivit et erudire fecit, eumque cum necessariis indumentis ad monachalem habitum, Deo juvante, perduxit. Hæc quidem gesta sunt in præsentia domini Guilhermi abbatis, qui eidem cœnobio præerat, aliorumque monachorum, item? Dalmatii de Bauzolet et Guigonis Phi(lippi) cognomento Alauda, et prædicti sacristæ Guilhermi ejusque pueri Petri, per quem hoc beneficium fieri decretum est, et Geraldi militis cognomento Truc, qui cum eodem Stephano Calcato monasterium venerat, aliorumque multorum testium ; adeo ut, si quis hanc cartam eleemosinariam infringere voluerit, ipse Stephanus et ejus filius hujusmodi adjutores ac defensores existere debent, ita ut beato Theofredo, cujus alodium antiquitus erat, firmo tenore permaneat [3].

L. De nostra basilica [4].

Quia ergo cœpimus ex rebus ecclesiasticis atque de restauratione domus ejusdem loqui, non superfluum fortassis erit si, a quo vel quando constructa fuerit vel cur illi ruina contigerit, breviter intimetur. Cum prima domus orationis in hoc loco constructa in honore[5] principis apostolorum Petri principaliter diuturno tempore persisteret, sicut ordinatum a primis incolis et ab ipso conditore loci Calminio, viro clarissimo, fuerat et corpora illic sanctorum, Eudonis scilicet primi rectoris et institutoris hujus monasterii et postmodum gloriosissimi martyris Theofredi, recondita venerabiliter essent; visum est eis[6] qui succedere antiquioribus cœperunt ut eadem domus orationis, propter hoc quod angusta parvaque esset, ampliari et magnificari deberet. Sed dum ambigeretur propter sanctificationem loci et multorum in circuitu sepulchra fratrum defunctorum et officinarum juxta positarum impedimentum, eamdem domum Dei diruere decreverunt, ut in alia ecclesia Sancti Martini, quæ sita erat ad plagam meridianam, ubi populus convenire solebat, mirificam et spatiosam domum constituentes [7], ibidem corpus martyris gloriosi Theofredi sanctique confessoris Eudonis cum sanctorum Innocentium reliquiis transferrent. Quod factum esse cognovimus ab eo qui successor

---

2. *C* idem.—3. *(1074-86).*— 4. *Ea* De tempore et a quo et cur constructa fuerit ista ecclesia, quam nunc videmus satis spatiosam et eleganter compositam.— 5. *C* h-em. — 6. *Ea* iis. — 7. *Ea* c-stru-s.

extitit domni Dalmatii, id est Vulfaldo [8], quem etiam Diensem episcopum fuisse non ignoramus : quod nobis non solum relatio majorum, sed etiam multitudo testatur chartularum [9], in quibus ostenditur quanta vigilaverit industria in acquirendis rebus monasterio sibi commisso necessariis, curam non minimam gerens qualiter idem locus de pristina dejectione, quam a malis hominibus pertulerat, ad dignitatem quam priscis habuerat temporibus consurgere valeret.

LI. Hic itaque templum eximii operis cœpit ædificare, sicut diximus, in eodem loco ubi Sancti Martini oratorium habebatur et dum caput ipsius basilicæ, quod adhuc [10] solum ex omni magno illo ædificio superest [11], studiose perfecisset, transtulit illuc corpus beati martyris Theofredi pariterque sancti Eudonis, cæteraque pignora sanctorum quæ ibidem reposita servabantur. Altare autem [12] principale in honorem sancti Martini, sicut fuerat, esse constituit simulque beati Theofredi, cujus sepulchrum post illud altare locavit, omnemque [13] deinceps venerationem ibidem exhibere cœperunt. — Post hunc vero succedens Guigo, vir satis strenuus in agendis rebus quæ pertinere videntur ad activam vitam, qui similiter ut Vulfaldus [8] episcopatum cujusdam ecclesiæ Glandinensis nomine in Provincia rexit, opus imperfectum quod remanserat nobiliter explere curavit et perfectam ecclesiam diversis rebus exornare studuit. Juxta autem ipsam basilicam [14], a plaga meridiana [15] constructum est oratorium Sancti Fortunati [16], sicut illic prius esse solebat, ubi populus similiter conveniret. Ex hac igitur occasione cœpit ipsum [17] Sancti Petri oratorium negligenter haberi, translata scilicet omni dignitate pristina ad illud ædificatum noviter templum : quod non divino sed humano factum esse consilio, hoc videlicet ut [18] principatus ecclesiæ Sancti Petri minueretur, evidenter nobis rerum exitus pandit. Vix enim illud tam magnum ædificium centum annis durare prævaluit [19]; quoniam non super petram, more viri sapientis, sed super arenam, more stolidi, fundamentum habuit [20].

LII. Post ejus [21] ruinam, non absque magno laborantium

---

8. *Ea* Gol-dus. — 9. *Ea* carta-m. — 10. *Ea* q. tempore Willelmi IV[i] creationis. — 11. *Ea* s-rerat. — 12. *Ea* vero. — 13. *Ea* o-esq. — 14. *Ea* ecclesiam. — 15. *Ea* m-ionali. — 16. *Ea* F. martyris. — 17. *Ea* i. primum. — 18. *C* et. — 19. *Ea* perv-t. — 20. Matth., VII, 24-7. — 21. *Ea* cujus.

sudore peractum[22], dubitatum est utrum ibidem rursum ædificari[23] vel alibi locus mutari deberet, quoniam nullum ibi fundamentum posse reperiri quibusdam videbatur; unde factum est ut omne monasterium, propter crebras ædificiorum ruinas in alio loco quo securius ædificaretur, mutari consensu cunctorum visum sit melius[24]. Cumque id fieri summopere nonnulli postularent et jam lapides illuc ad ædificium deportare libenter multi cœpissent, animadvertens hoc prudenter Guilhermus III[us] abbas, qui tunc locum regebat, non sine magno consilio magnam rem ejusdem[25] loci mutationem fieri oportere, cum Sapientissimus[26] dicat[27] : « Omnia fac cum consilio et post factum non pœnitebis », et beatus Tobias[28] filio suo præceperit consilium semper a sapiente quærendum[29] ; venerabilem virum domnum Hugonem, abbatem Cluniacensis cœnobii, super hoc negotio, missis ad eum nunciis, consuluit. Cui ab eodem mandatum est ut, si ullo modo locus ille retinere valeret, non licere in alium temere transmutare locum[30], propter antiquam videlicet hujus loci sanctificationem[31] et multorum ibidem quiescentium corpora fidelium, sed omni studio diligentiam impendendam fore, ut semper in eodem loco Domino serviatur ; et, ne solis hoc verbis dicere videretur, transmisit isdem liberalis pater[32] non minimam auri quantitatem, ad exercendum illud tam necessarium opus. Hujus igitur omnes relevati consilio, de mutatione loci confestim mutata voluntate, in restauratione ejusdem ecclesiæ deinceps enixius laborare cœperunt : præfatus namque abbas ex aliis regionibus peritos conduxit artifices, qui sua industria locum fundamenti, licet cum ingenti fodientium labore quæsitum, repererunt ; ubi stabile fundamentum locantes, ex imis ad superiora consurgere cœperunt. Sed cum jam opus illud inchoatum super terram elatum ferventer ædificari cœpisset, isdem abbas terminum vitæ mortalis accipiens, præsentia[33] mundi reliquit discrimina atque fæliciter ad bona migravit æterna. Cui[34] succedens iste, quem nunc

---

22. *Ea* p-tam. — 23. *Ea* r-us œ-re. — 24. *Ea en m.* Nota quod monasterium Calmiliaci in alium quam modo sit locum primo constructum transferre volunt monachi. — 25. *C* idem. — 26. *Ea* S-ns. — 27. *Eccli.*, XXXII, 24. — 28. *Ea* Tho-s. — 29. Tob., IV, 19. — 30. *Ea* alio t. t-ri loco. — 31. *Ea* ejusdem l. s-titatem. — 32. *Ea* idem l-iter partem. — 33. *Ea* p-is. — 34. *C* Cum.

habemus divinitus nobis concessum rectorem[35], de cujus electione supra diximus, non solum in ejusdem ecclesiæ constructione, sed etiam in aliis officinis monasterii cœpit ita strenue laborare ut pæne[36] omnia jam renovata et in melius mutata videantur. Quapropter illud opus ecclesiæ differri interim videtur[37], quia necessitas regularium officinarum non parvam fratribus angustiam sæpius inferebat, dum a foris convenientes in solemnitatibus, ut moris est, nec in dormitorio nec in capitulo congruenter consistere, nec per claustrum ordinatim[38] procedere valerent : jam vero tantæ sunt[39] amplitudinis, ut plus quam centum monachis ad requiescendum et residendum spatia in eisdem præbeantur congrua.

LIII. DECRETUM ET DONUM QUOD FECIT DOMNUS GOTISCALCHUS[40], ANICIENCIS EPISCOPUS, MONASTERIO SANCTI THEOFREDI, DE ROSERIIS, CAMALARIIS, VENTRESACO[41] ET COLENTIA.

Videtur hic nobis conscribi debere cartam illam memorandam incolis hujus loci, quæ quondam a domino Gotescaldo Aniciensi episcopo, restauratore præcipuo hujus monasterii, descripta penes nos adhuc habetur legenda[42], talia referens[43] :

IN nomine Dei summi, amen[44]. Notum sit omnibus ordinum gradibus, tam præsentibus quam futuris, quod anno secundo regnante Lodoico[45] rege, cum ego Gotiscalchus[46], humilis præsul Vallavensis ecclesiæ, pro meo[47] posse providerem clerum et plebem[48], incidit[49] desiderium in corde meo ut locum Sancti Theofredi[50] Calmiliensis cœnobii[51], quod olim regale fuit et a præcessoribus[52] nostris regali beneficio obtentum, et per incuriam et sæcularem cupiditatem res præfati loci male direptæ sint[53] et exigente inopia religionis status

---

35. *Ea* s. Willelmus IV[us] d. c-us r-r circiter anno MLXXXVII. — 36. pene brevi tempore ab anno citato. — 37. *Ea* d. v-ebatur. — 38. *C* o-tum. — 39. *Ea* tunc enim t. erant. — 40. *C* G-ldus. — 41. *C*² Camel-s et V-ssac. — 42. *C*² n. merito recitanda et c-benda i. h. l. charta i-a m-rialis G-lchi A-is e-pi, h. m. r-ris meritissimi, quo pene tempore Guilhelmi IV h-ebatur in præsenti cœnobio. — 43. Textem ipr. dans MABILLON, *Diplomat.*, edd. 1a et 2a, 569 (136). ex chartul. — *M*; *Gallia christ.* n., II, instr. 259-60 (38), ex ms. cod. Calmeliac. — *G*; *Hist. gén. de Lang.*, II, 79-80. (66), cart. de l'ab. de St-Chaf. — *V*; MAB., *Dipl.*, ed. 3a, I, 589. Cff. GEORGISCH, I, 210; BRÉQUIGNY, I, 403.
44. *C Ep def.* — 45. *Ep* L-ovico. — 46. *C Ep* G-cus. — 47. *C Ep def.* — 48. *C Ep* p. e. c. — 49. *Ep* i. mihi. — 50. *Ep* T-otf-i. — 51. *C* monasterii. — 52. *Ep* prædec-s. — 53. *C* sunt.

inibi penitus[54] annihilaretur, in pristinum pro posse restituerem sui ordinis[55] gradum; unde[56] accitum domnum Arnulphum[57] de cœnobio Sancti Geraldi abbatem, deprecatus sum eum ut[58] prædictum locum in sui[59] dominio susciperet et fratres ibi regulariter secundum normam patris Benedicti viventes delegaret. Caventes itaque recidivam cupiditatis rabiem successorum nostrorum, assensu Geilini[60] marchionis et plurimorum episcoporum, dedimus eis[61] licentiam, ut supra dictum est, ut monita sancti patris Benedicti observent et memores nostri Christum pro nobis quotidie precibus exorent, et[62] cum nostro communi consilio[63], cum fuerit necessarium, eligant talem rectorem qui illos bene regere sciat[64]; si autem, quod absit, instigante diabolo a proposito bono deviaverint, non solum illa quæ perceperunt[65] amittant, sed et illud[66] etiam quod nobis Dominus præstitit ut concederemus[67], hoc est Roserias cum suis adjacentiis et villam Colentiam[68] de communia[69] fratrum, Camalerias etiam[70] et Ventreciacum cum illorum finibus, quæ benevolo animo tribuimus, ad nostram redeant utilitatem. Et istas res supradictas eo tenore concedimus eis ab hac die et deinceps, ut quotidie, exceptis diebus festis, unaquaque hora pro nobis[71] et successoribus nostris tam pontificibus quam clericis, et omnibus adjutoribus et[72] benefactoribus nostræ sedis et ecclesiæ, duos psalmos flexis genibus decantent, pro defunctis vero, quando possibile est, vigiliam et missam. Res autem[73] Sancti Theofredi[74], quas nostra vel quælibet[75] sæcularis potestas tenere videtur aut beneficiario jure, ab abbate ejusdem loci et monachis ibidem degentibus obtineat, eo tenore ut quandiu[76] vixerit censualiter teneat, post mortem vero ipsorum absque ulla contradictione rector et monachi ejusdem loci recipiant[77]. Si quis autem hæc temerare[78] præsumpserit, tam nostra quam coepiscoporum[79] præsentium excommunicatione et æterna damnatione se innodan-

---

54. *C* pæn-s. — 55. *C² M* r. o. — 56. *M* Inde. — 57. *C C¹ Ep* A-lphum. — 58. *M G V* s. u. — 59. *C C² Ep* suo. — 60. *C² M* Guilhermi. — 61. *M G V* ci. — 62. *C Ep* ob. ct. — 63. *C² M def.* — 64. *M* ferat. — 65. *C Ep* p-rint. — 66. *C Ep* s. i. — 67. *C Ep* c. amittant. — 68. *C* Columiam, *Ep* C-nciam, *V* Colenticum *al.* Colon-m. — 69. *V* c-i. — 70. *C Ep* Camelar-s insuper. — 71. *C* n. orent. — 72. *Ep* ac. — 73. *Ep* vero. — 74. *Ep* T-ff-i, *V* T-ophr-i. — 75. *C² G .M G V def.* — 76. *C C²* quamdiu. — 77. *Ep* perc-t. — 78. *C² M G V* t-re. — 79. *C Ep* e-m.

dum sciat, nisi resipuerit[80] et satisfaciendo emendare studuerit. — S(ignum)[81] Gotiscalchi[82] episcopi. — S. Gerontii[83] Bituricencis archiepiscopi. — S. Begonis episcopi[84]. — S. Widonis[85] episcopi. — S. Bernardi abbatis. — S. Dalmatii abbatis[86] et S. aliorum plurimorum testium[87].

LIV. DE VILLA SANCTI JOANNIS BRACONIS.

Supradictum episcopi donum factum est anno II° regni Ludovici. Quinto autem anno ejusdem regis, Dalmatio abbate jam regente monasterium, quædam nobilis matrona nomine Gausna[90] dedit aliquam partem de rebus suis eidem monasterio Sancti Petri Sanctique Theofredi, in pago Arvernico, in vicaria Livratensi, in villa quæ dicitur Sancti Johannis[91] ad Braconos[92] : hoc est ecclesiam ejusdem villæ cum omnibus adjacentiis suis, et alios duos mansos in ipsa villa et duas appendarias[93], cum omnibus quæ ad ipsos[94] pertinere videbantur, sine ulla contradicente persona. Et confirmatum fuit hoc donum cum[95] cartacessionis, in mense julio, feria v· , rege Ludovico II[96].

LV. DE LOCO QUI DICITUR CONFOLENTIS[97].

In pago etiam Vellaico, in vicaria Bassensi[98], in loco qui dicitur Confolentis, juxta fluvium Ligerim[99], dedit[100] quidam vir nomine Gibo [1], cum uxore sua nomine Anna [2], totum quantum ibi possidebat [3] Domino Deo et sanctæ Mariæ sanctoque Petro, ad ædificandam ibi ecclesiam et monasterium construendum, quod foret [4] semper in subjectione monasterii Beati Theofredi Calmiliacensis, et in providentia et ordinatione abbatis ipsius loci [5] : cum tali tamen tenore, ut quinto semper anno tres solidos abbas de Sancto Theofredo persolvat in censum Sancto Petro de Roma. Facta est donatio hæc in mense januario, regnante Ugone rege [6].

80. C¹ *Ep* r-rct. — 81. *C Ep* SS', C² S', *G V* Signum. — 82. *C* G-cha-i. — 83. *C C*² *M* Geran-i. — 84. *Ep en m.* Arvernensis. — 85. *C C*² Vui-s. — 86. *Ep fin.* — 87. *M G V add.* anno II° regni Ludovici II (*V def.*), v autem anno Dalmatio abbate. *(937-8).* — 90. *Ep* Gauzna. — 91. *C* Joa-s. — 92. *Ep* B-ns. — 93. *C* appan-s. — 94. *Ep* ipsas. — 95. *C* c. c. — 96. *Ep* L. anno vi°. (2-30) juil. (940) ((1-29) juil. (941)?]. — 97. *Ep* CARTA DE L. C. Texte impr. dans *Hist. g. de Lang.*, II, pr. 152-3 (131¹), cart. abb. St-Chaf. = *V*; *Tablettes*, III, 7, d'ap. *V.* Cf. BRÉQUIGNY, I, 496. — 98. *Ep V* B-se. — 99. *C* Al-m, *V* L-ius. — 100. *Ep V def.* — 1. *V* Giba. — 2. *Ep V* Avena. — 3. *Ep V* p-ant. — 4. *Ep V* P. dederunt ad æ-dum i. m. et c. c-dam, q. monasterium. — 5. *Ep V* l. foret. — 6. *Janv.* (988-996).

LVI. Charta de Scolenco Sancti Andeoli.

Ad memoriam omnium præsentium et futurorum scribimus, quod Stephanus de Gloiracio dedit et reddidit [7] Deo et sancto Petro et [8] sancto Theofredo, in capitulo coram domno Guilhelmo abbate et cunctis monachis, custodiam et quidquid juste vel injuste possidebat vel exigebat in ecclesia et in villa de Scolenco et in manso hominum de Arcenno: hoc totum dereliquit et in perpetuum sancto Theofredo et monachis ejus, et postea donum firmavit super altare et juravit; et propter hoc accepit in pretium a Ganilone, obedientiali de Valle [9] Erodone, unum mulum valentem C solidos Valentinens. et iterum accepit ab eodem Cxxv[10] solid. ejusdem monetæ. Hoc donum laudavit Gaucerandus episcopus Vivariensis, et nepotes sui Guigo de Monte Acuto et Guilellmus[11] frater, canonicus; et ut hoc pactum firmum et stabile sit semper, Guillelmus de Monte Acuto firmavit in manu Ganilonis[12], et ipse iterum accepit in manu sua firmantias[13]: Petrum Vegeis, Pontium[14] Vejufo[15], et Guillelmum[16] de Veirarac et Umbertum[17] fratrem ejus. Sunt testes omnes supra scripti, anno MXXIIII[18], Henrico regnante, feria IIª, luna xxvii[19], Gaucerandus[20] episcopus Vivariensis et nepotes ejus, Guigo de Monte Acuto, Guillelmus canonicus, Petrus de Greis[21], Pontius del Grifo[22], Guillelmus de Veirarac.

LVII. Incipit liber IIus de reparatione chartarum.

In hujus operis suscepti superiore libro, quem de possessionibus nostri monasterii jam scripsimus, insertum est breviter a quo locus isdem conditus fuerit et unde [1] primus ejusdem abbas advenerit, institutor et auctor existens in eo sanctæ religionis; cui successit, ab eo educatus in Christo, beatus Theodfredus, qui propter justitiam persecutionem patiens [2] palmam martyrii meruit; et quia post ejus passionem quis loco præfuerit ignoretur, propter adversos casus qui contige-

---

7. *C* tradidit. — 8. *C* D. et. — 9. *C* V-la, *Ep* V-lo. — 10. *Ep* xii. — 11. *Ep* G. et. — 12. *C* Gali-s. — 13. *C* f. et. — 14. *C* P-us. — 15. *Ep* Wigo. — 16. *C* G-lhermus, *Ep* G-mi. — 17. *C* Hu-m. — 18. *C* s., MCXXIIII. — 19. *Lundi (19 mai 1034)*. — 20. *C* Gausse-s. — 21. *Ep* G-iz. — 22. *Ep* P. Peiguso.
1. *C* inde. — 2. Matth., v, 10.

runt, nec nomina nec gesta eorum præter paucorum novimus qui illic extitere, donec ad abbatem ventum est Dalmatium, ex cujus tempore qui fuerint vel quid egerint relatione majorum percepimus. Sed et hoc in eo describere curavimus qualiter iste, quem nunc dominum et abbatem habemus, electus et ordinatus fuerit, et quantum in melioratione commissi sibi cœnobii laborare studuerit, et quod 3 pro libertate conservanda ejusdem loci privilegia sibi a pontificibus Romanis dari petierit et accepta deferens 4 in hoc etiam libro transcribi voluerit; juxta quæ nihilominus quædam præcepta regalia, quondam huic loco concessis priscis abbatibus pro tuenda libertate contra perversos homines, inserenda commodum fore putavimus. Deinceps de censu villarum ad idem cœnobium pertinentibus, juxta quod in vetulis chartulis inveniri potuit, scribere non negleximus et quid pertineat ad unumqueque eorum qui procurationem monasterii exhibent, sicut ante nos distributum singulis obedientiis fuerat, rescribere studuimus; de rebus quoque et vasibus ecclesiæ et cæteris utensilibus numeratim expressis, ad ultimum de restauratione ejusdem basilicæ, quæ adhuc peragitur, referentes ibidem fieri terminum primi libri statuimus. Istum vero secundum, qui primo videtur addendus, de chartulis vetustioribus quæ designant unde vel a quibus monasterium ipsas habuerit possessiones compingere, Deo adjuvante, conabimur; quod, ab antiquioribus incipientes, ad modernos usque perducere nitemur. Et primo quidem de his quæ in pago Vallaico isdem locus proprios in usus possidet dicendum est, sicut et in priori libro constat esse peractum, postmodum autem de illis prædiis quæ in aliis regionibus et episcopatibus proprio jure detinet, opportunius referretur.

LVIII. De abbate Druchano episcopo.

Primum igitur quem fuisse post primos patronos, beatum videlicet Eudonem atque Theofredum, hujus loci abbatem reperire potuimus, scribere sicut inventum est in vetustis chartulis incipimus.

De villa Avojaco 5. — Notitia traditionis qualiter, præsen-

---

3. *C* quid. — 4. *C* d-rr-s. — 5. *Ep* Carta.

tibus quibusdam bonis hominibus qui hanc notitiam traditionis subter firmaverunt, quando Placentius et uxor sua Christina, et Amalfredus et uxor sua Aufreda 6 visi sunt tradere ipsas res quæ sunt, in pago Vellaico, sui juris in villa cui vocabulum est Avojaco, monasterio Sancti Petri cui vocabulum est Calmilius, ubi sanctus Theofredus⁷ et sanctus Eudo in corpore requiescunt 8, quod Druetanus⁹ abbas in regimine habet, de ipsa villa medietatem sub integro : id est casis, tectis, ædificiis, hortis, pratis, pascuis, sylvis, aquis aquarumque¹⁰ decursibus, cultis et incultis; de omnibus medietatem ad ipsum abbatem tradiderunt per¹¹ poste exactoria in legitima possessione. Præsentibus testibus his : SS' Amalberto, S' Romaldo, S' Fraderigo¹², S' Ragafredo. Facta est hæc donatio die martis xiiii kalendas junii, regnante domino nostro Lodoico¹³ imperatore, Francorum rege atque Longobardorum, anno xxviii¹⁴, i(n) D(ei) n(omine), fæliciter. Amen.

LIX. Item, in alia chartula, sexta pars de prædicta villa tradita est eidem abbati Druetano in possessionem, a quadam matrona nomine Fredera, coram testibus.

LX. Item, in alia chartula, quod prædictus abbas emerit, in Vivariensi pago, vineam de quadam fœmina nomine Florentia, in loco ubi dicitur Bodices, invenimus conscriptum.

LXI. DE VILLA SAVENNA CUM ECCLESIA EJUS⁵. — Item de eodem abbate reperimus quod acquisierit in Diensi episcopatu ecclesiam et possessiones ad eam pertinentes, largiente comite Odilone, sicut in chartula continebatur scriptum :

IN nomine Dei omnipotentis, ego Odilo comes, pertractans casum humanæ fragilitatis et illud Domini præceptum quod ait : « Date et dabitur vobis¹⁵ » et « Qui sua reliquerit propter Dominum, centuplum accipiet et vitam æternam possidebit¹⁶ », dono aliquid de rebus meis ad monasterium quod dicitur Calmilius¹⁷, ubi vir venerabilis Druetanus ⁹ abbas præesse monachis videtur, et est constructum in comitatu Vallavensi,

---

6. *Ep* Anf-a.—7. *Ep* T-ff-s.—8. *Ep* q-t.—9. *Ep* D-nnus.—10. *Ep* a-mve. — 11. *Ep* pro. —12. *C* F-ico. — 13. *C* Ludovico. — 14. *Ep* xxviii. *19 mai (840)* : Louis le Débonnaire mourut dans le 27° an. de son empire, et le 19 mai fut en 841 un jeudi et en 839 un lundi. — 15. LUC., VI, 38. — 16. MATTH., XIX, 29. — 17. *C* C-um.

in honore sancti Petri apostoli et sancti Theofredi martyris et cæterorum de quibus ibidem reliquiæ venerantur. Sunt autem ipsæ res, quas pro remedio animæ meæ ad ipsum locum tribuo, in comitatu Diensi, in villa quæ dicitur Savenna: hoc est ecclesiam Sancti Stephani, cum suis decimis et omnibus quæ ad eam pertinent villam. Quantum ibidem aspicit, omnia ex omnibus quæ inveniri potuerint in terris cultis et incultis, totum ab integro trado ad ipsam casam Dei, sine ulla contradictione. Facta est charta hujusmodi donationis mense martio, feria v[a], indictione xii, anno vii regnante domino nostro Bosone[18] rege[19], et aliorum pariter confirmantium[20].

LXII. De abbate Galterio.

In præcedenti libro transcripsimus, sicuti alibi scriptum erat, quoddam decretum sive præceptum Pipini, datum abbati Galterio de tuenda libertate hujus loci, ubi insertum est quod imperator Ludovicus concesserit suo regali præcepto Bodoni hujus loci abbati, præcessori Galteri, hoc monasterium liberum ab omni sæcularis personæ subjectione; unde nobis designatur post Dructanum istum Bodonem monasterium istud rexisse, cui Galterius iste successit. De quo in chartula quadam memoratur quod fecerit commutationem cum quodam viro nobili Desiderio et uxore sua Egina, quarumdam possessionum quas in pago Arvernico præfatus abbas habebat, in villa quæ dicitur Felliarias, in arce Libratense, sub ditione sui monasterii quondam posita; ille vero præfatus vir econtra dederit eidem abbati Galterio et monachis ejus in cœnobio Sancti Petri et Sancti Theofredi manentibus possessiones quas in pago Vellaico habebat juxta ipsum monasterium, hoc est mansum qui vocatur Colentiola; et prope de ipso manso donavit terras et prata et sylvam, quæ habent suos fines et terminationes de ipsa villa Colentiola usque in rivum qui dicitur Gomia et de alia parte fontem qui pervenit usque ad terram ipsius monasterii. Facta est commutatio ista mense maio, regnante Carolo rege, filio Ludovici imperatoris, anno xxvi[21].

18. *C* Bozone. — 19. Ces notes chronologiques ne sauraient s'accorder: en mars 886, qui répond à la 7ᵉ année du règne de Boson, l'indiction était iv et non xii, et l'abbé de Saint-Chaffre Guigues et non Dructane. — 20. *Ep deest* et... tium. — 21. *C add.* id est 869 ab Incarnatione Domini. *Mai 866.*

LXIII. De Craxanciaco et Fabricas. — Idem etiam Gualterius abbas fecit aliam commutationem possessionum suarum in pago Vivariensi, in arce Fontebellonis, in loco qui dicitur Montilius seu Aries, cum quodam viro nomine Adalrado, qui dedit in alio loco similiter eidem abbati et congregationi monasterii Sancti Petri vel Sancti Theofredi quod possidebat in villa quæ dicitur Craxanciaco, in arce Fontebellonense, unum mansum quantum aspicit ad ipsum in circuitu, et in villa quæ dicitur Fabricas alium mansum, cum vinea sibi adhærente et campo, et cætera ad ipsum pertinentia. De his commutationibus possessionum chartulam cessionis inter se conscripserunt, sicut mos est, cum testibus et tempore confirmantes quatenus perduravit usque ad nos.

LXIV. Item, in alio loco, in pago Vivariensi, in villa quæ nuncupatur Colonicas, in arce Mariatense, dedit quidam Benjamin presbiter vineam cum campo monasterio Sancti Petri Sanctique Theofredi simulque Gualterio ejusdem loci abbati, pro animæ suæ remedio ut particeps foret æternorum bonorum quæ servis Dei præparata sunt ab origine mundi.

LXV. De Rostagno abbate.

Tempore Caroli regis, filii Ludovici imperatoris, Norberto episcopo sedem Aniciensis ecclesiæ tenente, Rostagnus abbas monasterium[22] Sancti Petri et Sancti Theofredi commissum sibi regebat, cum duo fratres germani Dei timore compuncti, pro remedio animæ alterius fratris defuncti nomine Bernardi, mansum unum in villa Fraxineto dederunt ad ipsum monasterium et ejusdem congregationi, cum omnibus quæ ad eum pertinere videbantur, perpetualiter habendum ; et ipsi fratres, quorum nomina s(unt) Amalfredus et Theodinus, dederunt similiter in alio manso qui dicitur Mollinearias tres pecias de prato monasterio Sancti Theofredi et cæteris sanctis quorum ibi reliquiæ venerantur, et sunt prædictæ res in pago Vellaico positæ, quas legitime cum charta possessionis donaverunt coram subscriptis testibus.

LXVI. De manso Sic Brandi. — Sub eodem tempore et eisdem rectoribus, quidam vir nomine Glaudius et uxor ejus Ingelmodis, cogitantes tremendum diem judicii et regnum

---

22. *C* m-rii.

quod paratum est ab origine mundi, pro redemptione peccatorum suorum atque remedio parentum suorum defunctorum, dederunt aliquid de propriis rebus, quas in pago Vallaico possidebant, monasterio quod est constructum in honore sancti Petri, ubi sanctus Theofredus et sanctus Eudo quiescunt in corpore, cum duobus illis Innocentibus quos Herodes pro Christo necavit et aliis sanctorum pignoribus ibidem reconditis, hoc est in villa quæ dicitur Mansus Sic Brandi unum mansum cum omnibus quæ pertinent ad eum, pratis et sylvis, terris cultis et incultis : quantum inventum est vel inveniri potuit, totum præfato cœnobio contulerunt, manu propria donum suum cum testibus confirmantes, insuper et maledictione detestantes eum qui tale corrumpere præsumpserit donum.

LXVII. DE VILLIS DEUMAS, FABRICAS, CORDAZETO. — Memorato etiam Rostagno abbate monasterio eidem[23] præsidente, vir quidam nomine Godo cum sua conjuge Ingelrada, cogitans casum mortalitatis humanæ, divino timore provocatus tradidit aliquid ex propriis rebus juris sui, quæ sibi de legitima parentum suorum hæreditate successerunt, ecclesiæ Beati Petri ubi sanctus Theofredus in corpore quiescebat aliaque sanctorum pariter pignora veneranda[24], quæ sitæ sunt in pago Vellaico, in arce Aniciense, in villas quæ dicuntur Deumas seu Fabricas, de uno latere villa quæ dicitur Mala Fossa et guttula volvente, de superiore parte rivo decurrente et terra Sancti Petri et Sancti Theofredi per bodinas positas[25] usque in Ingomias : infra istos fines dedit et cessit sub omni integritate quidquid inventum est ipsi ecclesiæ ; et donavit similiter in eodem pago Vellaico aliam villam quæ dicitur Cardazeto, cum finibus et terminis suis : quantum potuit inveniri infra ipsos fines et ad se pertinebat, totum cessit præfato monasterio in stipendia fratrum qui ibidem Deo serviunt, ut particeps eorum bonorum effici mereretur. Istas res dedit cum filio suo Bertrando nomine, quem ibidem Deo regulariter serviturum concessit habendum jure perpetuo.

LXVIII. Eodem Rostagno abbate, II anno regni Odonis regis Francorum seu Aquitanorum[26], quidam vir nomine Adalaldus dedit in villa quæ dicitur Salsas, in pago Vel-

23. *Ep* Sancti Theoffredi. — 24. *Ep* T. c. q-cit et a. s. p-nera v-ntur. — 25. *C add.* sive limites. — 26. *889.*

laico, quidquid ibi possidebat in casis, tectis, curtis, campis, pratis, terris cultis et incultis.

LXIX. DE VILLA AD HERMUM. — Sæpe dicto etiam Calmiliensi cœnobio, constructo in honore sancti Petri apostoli sanctique Theofredi, cessit et dedit quidam vir nobilis Avitus nomine cum uxore sua Berieldi duos mansos et dimidium, in villa quæ dicitur ad Hermum, in pago Vellaico posita, cum omnibus adjacentiis suis et finibus suis sicut erant termini constituti, de uno latere terra Sanctæ Mariæ et Sancti Theofredi, de alio latere terra de Lapsonna, de tertio terra de Ungeolis : hæc omnia donavit prædictus vir Deo et sanctis ejus in eodem monasterio, pro redemptione animæ suæ et parentum suorum, ut partem in resurrectione cum electis Dei mereatur habere. Quod factum esse constat in mense februario, die martis Purificationis sanctæ Mariæ, rege Carolo regnante anno XVII[27].

LXX. DE SANIA ROTUNDA. — Alius quoque vir nomine Gualterus cum uxore sua nomine Gaspasia donavit in pago Vallaico, in villa quæ dicitur in termino de Engeolis, mansum unum ad Sania Rotunda, quæ de allode parentum legitime sibi convenerat inter canonicos Sanctæ Mariæ et monachos Sancti Theofredi, pro remedio salutis suæ et parentum suorum, perpetualiter habendum, cum carta cessionis et confirmationis omnia quæ ad ipsum mansum pertinebant fideliter tradens, eodem rege Carolo regnante[28].

LXXI. DE VILLA ARSIACO. — Similiter alius nomine Sigebaldus tribuit atque cessit de propriis rebus quas jure hæreditario habebat, in villa quæ dicitur Arsiaco, in arce Soltronense, in campis, pratis, sylvis, pascuis, exevis, aquis, aquarum decursibus : quantum intra ipsos fines continebantur de quinta parte septena monasterio Sancti Petri et Sancti Theofredi aliorumque sanctorum qui venerantur in eodem loco, ubi Rostagnus abbas cum fratribus Domino serviebat, totum quod in eadem villa habebat, ut dictum est, obtulit, sicut in chartula concessionis invenitur insertum.

LXXII. DE VILLA CAMPANIA IN VIVARIENSI PAGO. — Acqui-

---

27. C add. id. 170. 2 févr. (857). — 28. (840-875).

sivit etiam idem Rostagnus abbas in pago Vivariensi, in arce Mariatensi, in villa quæ dicitur Campania, de quadam nobili matrona nomine Leutrada tertiam partem de omnibus quæ in ipsa villa possidebat, in campis, vineis, sylvis, pascuis, terra culta et inculta : quantum infra fines ipsius habebat ipsa matrona, totum dedit per cartulam cessionis Domino Deo et sanctis ejus in monasterio Calmiliensi, ubi sanctus Theofredus martyr et sanctus Eudo confessor in corpore quiescunt, ut eorum meritis et precibus eorum qui jugiter serviunt in eodem loco Domino Creatori pervenire mereretur ad æternam vitam. Et hoc donum eleemosinæ factum est mense decembri, feria VII, anno 1° quo rex Carolus imperium sumpsit[29], a quo præfatus abbas Rostagnus præceptum libertatis accepit, ut diximus supra, contra injurias quas præcipue patiebatur a Vuidone maligno episcopo ecclesiæ Aniciensis, qui erga locum hunc non pastoris cura, sed lupi sævitia furens, ad nihilum deducere fratrum congregationem ibidem positam persequendo conatus est, sed restitit ferocitati ejus superna justitia, condigno mortis genere iniquam ejus præsumptionem condemnans.

LXXIII. De Gotiscalco episcopo. — Post cujus turpem obitum successit in episcopatu Aniciensis ecclesiæ reverendus vir nomine Gotiscalcus, qui pius erga subjectos et benevolus existens locum hunc, pæne desertum malignitate sui decessoris, ad pristinum statum reducere paterna sollicitudine satagebat, studiose procurans ea quæ ad salutem animarum pertinebant et corporum circa locum et incolas jugiter exercere.

LXXIV. De Dalmatio abbate.

Cujus tempore suscepit curam monasterii pæne jam desolati vir egregius Dalmatius; qui, nobilis genere et religiosus vitæ conversatione, multa bona contulit huic loco per industriam sui laboris operumque bonorum exhibitione. Acquisivit enim locum Camalariæ, in pago Vellaico, in hæreditate parentum suorum, tunc quidem parvum oratorium in honore beatæ semper Virginis Mariæ, nunc vero per divi-

29. (1-29) décem. (876).

nam gratiam nobile monasterium effectum propter sanctorum patrocinia quæ ibi venerantur, et præcipue beati Ægidii meritis, cujus corporis maxima pars in eodem loco reposita conservatur : quod qualiter peractum sit ut ibi sanctissima membra deferrentur á loco proprii sepulchri, pleniter in eadem ecclesia litteris descriptum habetur[30].

LXXV. Acquisivit isdem abbas Dalmatius in pago Vellaico, non longe ab eodem Calmelariensi loco, ecclesiam Sancti Martini in villa quæ dicitur Roserias, et in villa Fabricas, quæ vicina est de villa[31] Amblanense, mansum et appendariam unam, largiente quadam nobili fœmina Hermegardis nomine, consentiente viro suo Guidone; pro redemptione delictorum suorum et salute animarum perpetualiter consequenda, dederunt ipsas res cum omni integritate Domino Deo sanctoque Theofredo et sancto Martino cæterisque sanctis ad habendum in perpetuum. Quod manu propria firmaverunt et testes alios pariter adhibuerunt, sicut mos est in chartulis conscribere, et tempus et diem mensemque quo factum est inserere, hoc est die dominica, mense januario, regnante Ludovico II rege[32].

LXXVI. De Crozojole. — Divino timore pariter et amore provocati multi fidelium de rebus propriis eleemosinas facere studuerunt, ut apud Dominum hac de causa veniam peccator consequi mereretur, ipso Domino dicente[33] : « Date eleemosinam et ecce omnia munda sunt vobis », et cætera talia. Ob hoc igitur, in Dei nomine, quidam vir nomine[34] Geraldus cognomento Rua, cogitans casum humanæ fragilitatis et illud tremendum judicium in quo recipiet unusquisque sive bonum sive malum, cessit et dedit aliquam portionem suæ possessionis monasterio Calmiliensi[35], quod est fundatum in honore beati Petri apostoli, ubi sanctus Theofredus martyr et sanctus Eudo confessor requiescunt in corpore cum duobus Innocentibus et aliis sanctorum pignoribus[36], ubi Dalmatius venerabilis abbas cum fratribus Deo serviebat[37] : sunt autem ipsæ res in pago Vellaico, in aice[38] Aniciense, id est villam Crojo-

---

30. Ce document, auquel le *Cartulaire de Chamalières* fait également allusion (p. 3-4), semble perdu. — 31. *C* valla. — 32. *Dim. janv.* (937-51). — 33. Luc., xi, 41. — 34. *Ep* nobilis. —35. *Ep* C-liace-i. — 36. *Ep* p-ner-s. — 37. *Ep* s-iunt. — 38. *C* arce.

zole[39] totam ab integro cessit et donavit ad ecclesiam prædicti
cœnobii sine ulla contradictione hominis, ad habendum et
possidendum omni tempore. Et si quis hoc ejus donum calumniare tentasset, maledictionem incurrere et damnum pro sua
redemptione sibi rogavit inferri, et chartulam suæ donationis
firmando cum testibus secundum morem signavit, Ludovico
II° regnante anno iiii°, v kalendas novembris[40].

LXXVII. Eodem Dalmatio pariter abbate, vir nomine
Teutebrandus et uxor illius Leugarda dederunt prælato
monasterio quantum in villa Monito, quæ est in pago Vellaico, possidere videbantur.

LXXVIII. Pariter sub eodem Dalmatio, Ludovici II regis
anno ix°[41], Iterius pro peccatis dedit in pago Vellaico quantum
in villa de Molencherias possidebat.

LXXIX. Item, ejusdem Ludovici II regis Francorum anno
xii, Dalmatio abbate, mense augusto, feria iij[42], quidam
Adraldus, pro remedio animæ suæ et suorum parentum,
dedit eidem monasterio Calmiliensi totum id quod possidere
videbatur in villa Solios, in pago Vellaico.

LXXX. In villa quoque quæ dicitur Concolas, in pago
Vellaico, fecit similiter matrona quædam n(omine) Freysendis, præsentibus monachis, Dalmatio præsidente.

LXXXI. De villa de Caprarias[43]. — Post hæc, vir quidam
nobilis nomine Bertrandus fecit donationem de rebus quas
legitime possidebat in pago Vellaico, in villa quæ dicitur
Caprarias, non longe ab ipso monasterio Sancti Theofredi
posita ; dedit prædictus vir eidem loco quantum in ipsa villa
habere visus est, pro remedio parentum suorum simulque
patris et matris suæ, ut per orationes eorum quibus hoc tribuit in præsenti sæculo et in futuro Dei misericordiam
invenire et vitam consequi mereretur æternam ; quod cum
charta cessionis firmavit, præsentibus aliis testibus et abbate
Dalmatio super eam congregationem vigilante, rege Lothario
anno iiij regnante, mense septimo, feria iij[44] amen.

LXXXII. In aliis etiam regionibus acquisivit isdem reve-

39. *Ep* Crozoiole. — 40. *28 oct. (939)*. — 41. *(944-5)*. — 42. *(2-30) août (947)*.
— 43. *C add.* Chabreyres. — 44. *Le (7-28) sept. (958), qui concorde avec
la 4ᵉ année du roi Lothaire, Vulfalde avait succédé à l'abbé Dalmace ; il
faut peut-être lire « rege Ludovico »* = *(3-24) sept. (939)*.

rendus vir Dalmatius prædia et possessiones ad sui monasterii necessitates explendas, et augendum honorem bonæ famæ qua Deus a multis glorificaretur in illo, sanctisque ejus debita veneratio differretur: in episcopatu scilicet Vivariensi, Valentinensi, Diensi, Lugdunensi atque Viennensi; in pago etiam Gabalitano monasterium Sanctæ virginis Enymiæ, quod erat desolatum rectore, accepit ab episcopo Mimatensi reverendo viro nomine Stephano cæterisque nobilibus viris ejusdem regionis, ad procurandum in melius, sicut in charta scriptum erat quam a papa Romano in eadem urbe notata suscepit super hujusdem legitima donatione.

LXXXIII. De Vulfaldo abbate.

Post Dalmatii vero venerabilis abbatis obitum suscepit locum regiminis Vulfaldus, vir strenuus in agendis rebus necessariis; qui et ipse multa sollicitudine laboravit in augmentandis et acquirendis rebus et possessionibus, tam in pago Vellaico quam in Vivariensi et aliis circumpositis regionibus, ut testatur multitudo chartularum quæ nomine ejus signatæ reperiuntur.

LXXXIV. De Curtimercis. — In pago Vellaico, quidam vir nobilis nomine Stephanus ejusque conjux nomine Ermegardis dederunt villam Curtimercis, quam possidebant, monasterio Sancti Petri atque Sancti Theofredi ejusque monachis in perpetuum, Vulfaldo abbate, regni Lotharii anno xiij[45].

LXXXV. De villa de Salas. — Idem quoque Vulfaldus abbas fecit commutationem possessionum cum quibusdam hominibus vocatis Albericus, Arestagnus, Dalmatius, quæ possidebant in pago Vellaico, (in villa) quæ dicitur Salas: quantum ibi videbantur habere et ad ipsam pertinebat villam, totum integrum reliquerunt in eodem monasterio; et acceperunt in aliis locis possessiones tantumdem valentes ab eodem abbate et congregatione sibi commissa : hoc est in pago Forense, in pago[45*] Monteliago unum mansum, et in Vellaico, in loco qui dicitur Sylva Lugdunense ij mansos et in loco qui dicitur Utrinas j mansum, in pago Viennense, in pago[45*] quæ dicitur Columbario medium mansum

---

45. (969). — 45*. villa?

et in villa quæ dicitur Menglone 」 mansum, et in arce Vernumense, in locis quæ dicuntur Sablonarias et Morto Sania duos mansos, et in vicaria Soltronensi, in villa quæ dicitur Montilio mansum unum et solidos xc. Facta est hæc convenientia vel commutatio, cum consilio et authoritate nobilium virorum, ab utrisque partibus servanda in perpetuum, mense julio, feria II, regnante Lothario rege [46].

LXXXVI. Eodem rege regnante et Vulfado præsidente, quidam vir nobilis Babo et uxor ejus Hermeberga dederunt monasterio Sancti Theofredi unum mansum et quidquid ad eum pertinebat in villa de Ængeolis.

LXXXVII. De Cabriaco et Montilio et de Faia. — Multi divinis obedientes præceptis res proprias reliquerunt et pauperibus vel ecclesiis tradiderunt, pro remediendis peccatis et vitæ pere mnis munera consequenda. Ob hoc igitur Rostagnus levita, pro remedio animæ suæ, et genitor suus fecit [47] donationem de rebus propriis, quas in pago Vellaico possidebat, ecclesiæ et monasterio Sancti Petri, ubi beatus Theofredus cum multis sanctorum patrociniis venerantur: hoc est in villa quæ dicitur Cabriaco IIJ cabanarias cum brolio dominicato, et ad Montilium juxta positum mansum unum et dimidium, cum sylva de Montegenesteso, et ad illa Faia mansum et dimidium cum portione sua de boscho; de his omnibus quantum ibi pertinet et aspicere videtur, totum ab integro tradidit ad prædictum locum et abbati Golfaldo et congregationi fratrum ibidem jūgiter Deo servientium, sine cujusquam contradictione personæ. Stabiliter firmatum est in mense aprili, feria II, signatum testibus et conscriptis litteris ad memoriam succedentium, rege Lothario regnante sub Domino [48].

LXXXVIII. De Monito et Vilareto. — Eodem abbate regente, vir quidam nobilis Bertrandus nomine obtulit de suis rebus propriis aliquam portionem monasterio constructo in honorem beatissimi Petri principis apostolorum atque sancti martyris Theofredi atque aliorum sanctorum quorum ibidem patrocinia venerantur: sunt autem ipsæ res in pago Vellaico, in vicaria de Sancta Maria, in villa quæ dicitur Monito, ubi

---

46. *Lundi juil.* (955-983). — 47. *Leg.* s. et g-ris sui, f. — 48. *Lundi avr.* (955-983).

vocabulum est Carturilago, bene valentes duos mansos et dimidium cum curtis, hortis, pratis, pascuis, sylvis, terris cultis et incultis; quæ omnia habens in prædictis villis dedit ex integro prædicto coenobio, Vulfaldo abbate, mense julio, feria vij, regnante Lothario[49].

LXXXIX. De Fraxineto. — Similiter rege Lothario regnante et Vulfaldo[50] abbate, als vir nomine Beraldus[51] dedit de rebus propriis et possessionibus quas habebat in pago Vallavense, in arce Bonacience, in vicaria Tencianense[52], in villa quæ dicitur Fraxineto, mansos iij prætato monasterio.

XC. De Salsas. — Alius quoque nomine Rainaldus cum sua conjuge n(omine) Ragusa fecit donationem monasterio de rebus propriis quas habebat jure hæreditario in pago Vellaico, hoc est unum mansum in villa de Salsas, cum omnibus quæ ad eum pertinebant ab integro, Golfaldo abbati, Lothario regnante; iidemque etiam vendiderunt jam dicto abbati ejusque monachis mansiones duas cum hortis et pratis, campis et sylvis, in pago Vellaico usque ad rivum Colentiæ terminatas.

XCI. De villa Calmiliis. — Alius quoque vir nomine Adalardus et filia sua Rainildis dederunt unum mansum in pago Vallaico, in villis[52*] quæ dicitur Calmiliis, quem excolebant.

XCII. De Bargita. — In villa quæ dicitur Bargitas, in pago Vellaico, acquisivit præfatus abbas Vulfaldus duos mansos, cum omnibus quæ ad eos pertinere videbantur, de Stephano vicecomite et uxore ejus Bliosinda; et dedit pretium pro eis Cxx solidos, mense novembri, feria ij, rege Lothario[53].

XCIII. De Cogogiaco manso. — Isdem quoque abbas Golfaldus emit unum mansum in villa quæ dicitur Cogogiaco, quæ est in Vellaico, de quodam viro nomine Bernardo et conjuge ejus nomine Girbergia, lx solidos et unum modium vini.

XCIV. De villa de Torta. — Per idem tempus isdem Vulfaldus acquisivit in pago Vellaico, in villa quæ dicitur ad illa Torta, quinque mansos cum omnibus quæ videbantur illis adjacere; et fuerunt emptores Galbertus canonicus et Allimundus sacerdos pro parte beati Theofredi, qui dederunt pretium CCC solidos venditori nomine Ebrardo conjugique suæ nomine Beliardi, rege Lothario.

49. *Sam. juil. (955-983).* — 50. *Ep* Wu-o. — 51. *Ep* Ge-s. — 52. *C* Tesc-si. — 52*. *C* villa ? — 53. *Lundi nov. (954-).*

XCV. De Montiliis. — In villa quoque de Montiliis emit unam append(ariam) quæ dicitur Malafossa, cum omnibus quæ ad eam pertinebant, x solidos; in eadem villa emit dimidium mansum qui dicebatur Lamberticus, de quodam viro nomine Austorgio et ejus conjuge Godila, xxv solidos.

XCVI. De Crozeto et Montilio. — In alia quoque villa quæ dicitur Crozetus, in Vellaico, emit similiter alium dimidium mansum et unam appendariam sibi adhærentem, et in loco alio qui dicitur Montilio tertiam partem de manzo et de alia terra quæ ibidem aspicit et de boscho partem suam, de quodam presbitero nomine Isimbardo, qui hæc omnia quæ possidebat de hæreditate parentum suorum vendidit memorato abbati, accipiens ab eo pretium solidos LXXIJ.

XCVII. De Mazello et dimidio manso. — De alio item viro nomine Rainaldo emit dimidium mansum, in villa quæ dicitur Mazellum, cum omnibus adjacentiis suis, p(retio) XXXIIIJ solid. et accepit ad possidendas ipsas res jure perpetuo, am(en).

XCVIII. De duabus mansionibus Crozeti. — Item duas emit mansiones cum curtis, pratis, pascuis, boscho et cæteris pertinentibus, in loco qui dicitur Crozetus, XLVII solidos.

XCIX. Blatuzago. — Item in pago Vellaico, in villa quæ dicitur Blatusago, emit unum mansum cum pertinentiis ad illum a viro n(omine) Hugone, XXXVJ solidos.

C. In manzo de Crozeto. — Item emit a fœmina nomine Anstrude aliquid de propriis ejus bonis in loco Crozeti, XXXXV solid.

CI. De Ratbodisca. — Similiter a viro nomine Roberto et conjuge ejus nomine Istimburge, in pago Vellaico, in loco qui dicitur Ratbosdisca, emit unum mansum cum omnibus adjacentiis, id est pratis, pascuis, etc., XL solidos.

CII. De che a Payco sive Faypau. — In villa quoque che a Payco sive Faypau emit duos mansos cum similibus ut supra adjacentiis, a viro n(omine) Gislaberto et uxore ejus Belieldi de paterna ipsorum hæreditate, terminatos ex una parte cum terra Sancti Theofredi, ex alia parte cum terra de Cordaco, ex alia cum terra de Coltejolo, et quidquid intra hos fines continetur, pretio XXVIJ solidos.

CIII. DE MANSO ET APPENDICE DE PETROSA. — Cum alio quoque viro facta est commutatio possessionum ab eodem abbate Golfaldo ejusque congregatione : is autem vir vocabatur Isnardus et uxor ejus Anna, qui dederunt mansum unum et unam appendariam, in pago Vellaico, in villa de Petrosa, cum omnibus adjacentiis ; quibus pro pari dedit, in pago Vivariensi, unum mansum et unam appendariam et insuper XL solidos, regnante Lothario.

CIV. DE DIMIDIO MANSO DE VARENAS. — Pariter in villa de Varenas, in pago Vellaico, emit a quodam Aldaberto dimidium mansum pretio XXIJ solid., quem dimidium mansum cum adjacentiis accepit dictus abbas sicut alias monasterii possessiones in communi habendas.

CV. DE PARTIBUS CAMPI ET PRATI DE CROSETO. — Similiter de alio viro, qui vocabatur Alfredus, et uxore Leotgarde partes campi, pratum unum, pretio XII solidor.

CVI. DE RADIGATIAS I MANSUS ET DIMIDIUS. — Ecclesiæ Dei quæ constructa est in honorem principis apostolorum Petri, ubi primum beatus Theofredus martyr simulque sanctus Eudo confessor humati sunt, multi non solum vicini sed etiam extranei de rebus et facultatibus suis donationem faciebant, propter virtutes miraculorum quæ frequenter in eodem loco fiebant, propter remedium animarum suarum recipiendum. Ob hoc igitur Stephanus, vir nobilis de castro Mezengo, cum uxore sua nomine Ermegarde dedit eidem monasterio aliquid de propriis rebus in pago Vellaico positis, hoc est unum mansum et dimidium in villa quæ dicitur Ragatias abbati Golfado ejusque congregationi dedit in perpetuum habendum, feria IV, sub Domino regnante Lothario.

CVII. DE ÆSTIVALIBUS I MANSUS. — Ob id etiam nobilis matrona n(omine) Ava dedit unum mansum cum omnibus pertinentiis, in pago Vellaico, in loco qui dicitur Æstivalis, feria IIIJ, Lothario Francis imperante.

CVIII. DE DIMIDIO MANSO DE MOTILIIS. — Præfatæ ecclesiæ, Vulfaldo abbate, Galterus cum sua conjuge Ramburgi dedit dimidium de his quæ legitime possidebat in villa de Montiliis, in pago Vellaico.

CIX. DE MANSO DE MONTE. — Post alius vir nobilis nomine Desiderius, cum authoritate Guidonis II episcopi, de hæreditate paterna dedit unum mansum in villa de Monte sive de Mont, non procul ab ipso monasterio Sancti Theofredi posita, abbate Galfaldo, Lothario regnante [54].

CX. De Boschito. — Similiter quædam matrona nomine Frotsenda dedit unum mansum cum omnibus quæ per circuitum adjacent, in villa de Boschito, in pago Vellaico.

CXI. De duabus mansionibus de Monito. — Alia similiter nomine Guiberga dedit in villa de Monito sive Catusago duas mansiones, cum curtis et omnibus quæ ad eam pertinebant.

CXII. De Beceria i mansus. — Sub Lothario rege et Golfaldo abbate, vir nomine Gislabertus cum conjuge sua nomine Bertha dedit ecclesiæ Sancti Theofredi unum mansum in villa quæ dicitur Beceria, in pago Vellaico, cum omnibus pertinentiis.

CXIII. De Monte Usclato. — Alius similiter nomine Guicardus cum uxore sua Adaletdi dedit unum mansum, in villa de Monte Usclato, in pago Vellaico, cum omni sua integritate.

CXIV. De eadem villa et de Carabacciaco. — Divino timore pariter et amore provocatus vir nobilis Milo, cum conjuge sua Suficia, dedit unum mansum in supradicta villa de Monte Usclato, et in pago Lugdunensi, in vicaria Soyonense, in villa quæ dicitur Carabaciago, duos mansos cum omnibus pertinentiis, ecclesiæ Sancti Petri atque Sancti Theofredi, Vulfaldo abbate, Lothario rege.

CXV. De duobus mansis de Montiliis. — Item alius vir nobilis, nomine Hugo, obtulit prædictæ ecclesiæ duos mansos in villa de Montiliis, in pago Vellaico, cum omnibus adjacentiis, pratis, pascuis aquarumque decursibus : si quis contra hoc ire voluerit, maledictionem quam in chartulis adscribi voluit ei minitans, kalendas aprilis, feria ii, regnante Ludovico rege [55].

CXVI. De duobus mansis et dimidio de Boscheto. — Gaufredus et uxor ejus Blismodis dederunt ecclesiæ Romanæ et Sancti Theofredi, in pago Vellaico, in villa de Boscheto, duos mansos et dimidium, eo tenore ut singulis annis solvant pro investitura ecclesiæ Romanæ iii solidos, Golfaldo abbate.

CXVII. De manso Sic Brando. — Post hæc alius vir nomine Stephanus cum duobus filiis dedit monasterio Sancti Theo-

54. (975-983). — 55. 1er avril (950).

fredi de rebus quas legitime possidebant, in pago Vellaico, in villa quæ dicitur Mansus Sicbrandi, unum mansum et dimidium, et in alia villa quæ dicitur Boschito mansum dimidium ex integro, Vulfaldo abbate, rege Lothario.

CXVIII. De villa de Culeto ii mansi. — Simili modo vir nomine Bertrandus dedit eidem monasterio in villa quæ dicitur Culeto, in pago Vellaico, de propriis rebus aliquid valens duos mansos monasterio Sancti Theofredi, ut ibi degentes fratres pro salute animæ suæ Deum precarentur.

CXIX. De Cantalupa et Salvaticis. — Eodem quoque Vulfaldo abbate et Lodoico rege [56], vir nomine Armandus cum conjuge sua Leucioara dedit de iis quæ legitime possidebat, in pago Vellaico, in villa quæ dicitur Cantus Lupæ, unum mansum cum pratis, etc. ex integro, et in alia villa quæ dicitur ad Salvatico duos mansos, pro animabus parentum defunctorum.

CXX. De Campaniaco Bonas. — Alius quoque vir nomine Hector dedit unum mansum in villa quæ dicitur Campaniaco, in pago Vellaico, in arce Bonacense, ex integro, Vulfaldo abbate, Lodoico rege.

CXXI. De manso et dimidio Cadergona. — Item alius nomine Girbernus dedit jam sæpedicto monasterio mansum et dimidium, in pago Vellaico, in vicaria de Vetula Civitate, in loco qui dicitur Cadernago, et in Vivariensi pago, in villa quæ dicitur Mercorio, vineam cum cazallo, regnante Lodoico rege.

CXXII. De Calmo appendarium et mansus. — In eadem vicaria de Vetula Civitate, in villa de Calmo, tres fratres nomine Asterius, Ingelranus, Guigo dederunt mansum et appendarium dicto cœnobio.

CXXIII. De Genoliaco. — In ipsa etiam vicaria alius vir nomine Isimbardus dedit appendariam unam, in villa de Genoliaco, cum duabus mansionibus ex integro.

CXXIV. De Montaniaco Rurio. — Frotgerius dedit ex integro monasterio præfato duos mansos.

CXXV. De dimidio manso de Cocherias. — Alius quoque vir nomine Bernardus, cum sua conjuge nomine Gitberga, dedit dimidium mansum cum mansione ex integro, in [57] villa

---

56. (951-4). — 57. C cum.

quæ dicitur ad illas Cocherias, Vulfaldo abbate, rege Lothario.

CXXVI. De manso de Crauchetis. — Sub etiam eodem abbate eodemque rege regnante, in villa quæ dicitur Crauchetis, in pago Vellaico, emptus fuit de quodam Guidone et uxore ejus nomine Sofitia unus mansus ex integro, pretio L solidos.

CXXVII. De Crozeto. — Deque alio viro nomine Aldebaldo accepit pretio XII solid. dimidium mansum in villa de Crozeto.

CXXVIII. De Montiliis. — Item in villa de Montiliis, a viro nomine Aimone emit tertiam partem mansi, quem Lambertus excolebat, pretio L solid [58].

CXXIX. De villa de Mannis. — Quidam nobilis vir nomine Stephanus, anno IIII° Lotharii regis, abbate Galfaldo [59], delegavit post obitum suum monasterio Sancti Theofredi totum id quod hæreditario jure possidebat, id est prata, campos, sylvas, etc. in pago Vellaico, in vicaria de Campo Valarino, in villa quæ dicitur Mannos.

CXXX. De Cannaberias. — Anno XXVII Lotharii regis [60], abbas Vulfaldus et Armandus decanus emerunt a quadam fœmina Eldegardis nomine, pretio LX solid., unum mansum in villa quæ vocatur Cannabarias.

CXXXI. De Arimando abbate.

Post obitum abbatis Vulfaldi et episcopi successit ei in regimine monasterii Armandus, qui tenebat sub eo locum decani, de quo refertur quod plus distribuerit quam acquisierit.

CXXXII. De villa Engeolis. — Idem igitur Armandus emit in villa de Engeolis duos mansos de quodam viro nomine Ebone et uxore ejus Dasastrudis, dans eis pretium secundum bonum suum placitum solidos Cx, anno XXVII regni Lotharii regis [61].

CXXXIII. De Crauchetis. — In villa quæ dicitur de Crauchetis idem Arimandus abbas emit dimidium mansum de Guidone, qui vendiderat prius in ipsa villa mansum abbati Vulfaldo; pro quo dimidio manso datum est ei L solidos, anno XXVIII Lotharii regis [62].

CXXXIV. De Tribus Rubis. — Eodem quoque anno idem

---

58. C m-i, p....d., q....t. — 59. (960). — 60. (983). — 61. (983). — 62. (984).

abbas emit, pretio xxx solid., dimidium mansum in pago Vellaico, in villa quæ dicitur de Tribus Rubis.

CXXXV. DE TRIBUS MANSIS ET DIMIDIO RAINALDI. — Eodem etiam anno xxviii Lotharii regis [62] eodemque Arimando abbate, quidam vir Rainaldi nomine cum sua conjuge Constantia dederunt ecclesiæ Dei et monasterio Sancti Theofredi, in pago Vallavensi, in vicaria de Vetula Civitate, in villa quæ dicitur Grosologus, unum mansum et dimidium et molendinum et pratum dominicum, et in alio loco, in villa quæ dicitur Cambonanto, unum mansum ex integro.

CXXXVI. DE MANSO BINTIS ET VILLARETO. — Eodem tempore, vir quidam nomine Bertrandus, compunctus divina misericordia, obtulit monasterio Sancti Theofredi unum mansum in pago Vallaico, in villa quæ dicitur Bintis, et in alio loco unam appendariam, in . Vilareto, regnante Lothario anno XXIX [63].

CXXXVII. DE FIMO CANIS UNUS MANSUS. — In villa quoque quæ dicitur Fimum Canis, in pago Vellaico, Bertrandus quidam vendidit unum mansum ex alode suo ex integro, XL solidos, regnante Lothario. Hinc

CXXXVIII. DE GUIGONE EPISCOPO PARITER ET ABBATE. Decedentibus igitur illis de quibus loquuti sumus, successit egregius vir in locum abbatis Guigo nomine, qui multa strenue gessit erga locum sibi commissum, desudans sollicite in his quæ monasterio necessaria interius vel exterius esse videbantur; unde præ cæteris laboris ejus fructus usque hodie demonstravit: in augmentandis enim rebus et construendis ædificiis et exornandis, ac in acquirendis prædiis et possessionibus necnon ecclesiis, et in disponendis et conservandis quæ acquisita fuerant, satis eum prudentem et providum extitisse majores nostri narrabant.

CXXXIX. DE MANSIONIBUS GUALBERTI IN PODIO QUAS DEDIT SANCTO THEOFREDO. — Hoc igitur Guigone ecclesiam et monasterium quod est in honorem principis apostolorum constructum necnon et beati Theofredi martyris sanctique Martini nobiliter disponente, quidam clericus et levita nomine Gualbertus, ex Aniciensi urbe, pariterque alius nomine Johannes,

63. (985).

qui erat sacerdos, mercedis æternæ spe dederunt : scilicet Gualbertus de propriis rebus quas possidebat in eadem civitate duas mansiones et unum cazalum cum uno herbolario, eo tamen tenore quod ipse dum viveret retinuit et post obitum suum medietatem de ipsis mansionibus cuidam nepoti suo nomine Desiderio subdiacono dereliquit, ut ipse similiter in vita sua retineret et post mortem ejus libere ab omni calumniatoris vitio sancto Theofredo et ejus habitatoribus remanerent; alias vero mansiones quas habebat in ipsa villa, in terra Sancti Agrippani[64] dimisit similiter, ut medietatem sui nepotes dum viverent retinerent et post eorum obitum sancto Theofredo et loci ejus rectoribus ex integro remanerent. Sign(um) ipsorum Gualberti et Joannis. S. domni Vuidonis episcopi, Vuidonis præpositi, Truanni decani, Aicardi abbatis, Petri abbatis, Iterii armarii, Odonis diaconi. Facta est hæc charta feria IIII, mense novembris, indictione XIII, anno ab Incarnatione Domini DCCCC.LXXXV, regnante Lothario rege[65].

CXL. DE MONASTERIO SANCTI PETRI ET SANCTI BENEDICTI IN PODIO SITI. — Eodem tempore construxit ecclesiam Sancti Petri in suburbio Aniciensi, juxta ecclesiam Sancti Hilarii, episcopus ejus sedis Aniciensis Vuido, cupiens ibi monasterium proficere, tribuendo de rebus propriis tantum quod posset ibidem Deo servientibus quotidie sufficienter abundare. Dedit namque eidem loco portionem aliquam de oblatione altaris Beatæ Dei Genitricis Mariæ, id est decimam suæ partis, et constituit ut episcopi et omnes episcopi morientes in ipsa civitate in eodem monasterio sepelirentur, et etiam peregrini divites et pauperes qui venientes moriuntur similiter in eodem loco accipiant sepulturam; cumque cætera quæ necessaria loco et opportuna videbantur explesset, cum consilio et voluntate clericorum tam majorum quam minorum ecclesiæ Aniciensis, tradidit nuper ædificatum monasterium Guigoni abbati monasterii Sancti Theofredi successoribusque ejus, ad regendum et disponendum jure perpetuo. Fecit autem fieri conscriptionem isdem episcopus consignatam testibus, in qua nomina[66] canonicorum omnium qui tunc aderant et Pontii comitis, nepotis sui, fratrisque ejus Bertrandi descripta s(unt),

---

64. C A-arii. — 65. *(4-25) novem."* 985. — 66. C n-nc.

anno Dominicæ Incarnationis DCCCC.XCIII, indictione vi, epacta xxv, concurrentia xxv[67], idibus aprilis, feria v[68].

CXLI. DE FAUREGOLAS VI APPENDARIÆ [69]. — Dom° Guigone præsidente monasterio Sancti Theofredi, vir quidam nobilis nomine Unaldus [70] cum sua conjuge nomine Amica dedit in vicaria de Solemniaco, in pago Vellaico, pro amore Dei et pro suo filio Vuilhermo, quem ibidem parvulum monachum obtulerunt, sex appendarias cum uno prato cunctisque adjacentiis, cum authoritate virorum nobilium qui chartam cum prædictis signaverunt, anno[71] ab Incarnatione[72] DCCCC.XCVI, indictione viiii[73], feria iiii⁺, regnante Ugone[74].

CXLII. DE VILLA CORDATIS. — Per idem tempus quædam nobilis matrona nomine Bertha, pro anima viri sui nomine Geraldi proque illa filii sui nomine Guilhermi, dedit de propriis rebus in villa Cordatis, septem mansos cum pertinentiis contulit Calmiliensi monasterio; mense decembri signata est charta a viris illustribus.

CXLIII. DE VILARETO ET PINETA APPEND. ET MANS. — Similiter vir nomine Bertrandus dedit præfato monasterio appendariam unam, in pago Vellaico, in villa quæ dicitur Vilareto et in illa Pineta mansum unum cum pertinentiis.

CXLIV. DE VILLA SANCTI VICTORIS. — Hugone præsidente abbate et Roberti regni anno iiii°[75], duo germani fratres nobili ex stirpe procreati, pro obtinenda venia peccatorum suorum, tum pro salute animarum patris sui Stephani matrisque nomine Alaicis, dederunt monasterio[76] Calmiliensi de propria hæreditate villam Sancti Victoris ex integro; isti autem fratres vocabantur Pontius, alter Bertrandus[77], qui signaverunt chartam donationis suæ, pariter testes Beraldus, Aldigerius, Brunenchus et alii.

CXLV. DE MANSIONIBUS RICHARDI PODIENSIS. — In oppido quoque Aniciensi idem Guigo abbas acquisivit[78] suo monasterio Calmiliensi alias mansiones, præter eas quas a Galberto levita prius acceperat, ut supra retulimus; acquisivit ergo de novo

---

67. *Leg.* vi. — 68. *13 avril* 99³. — 69. Texte impr. (incplt) dans *Hist. de Lang.*, II, pr. 153 (131ᵐ), Cart. abb. St-Chaf. ⸗ *V*; *Tablettes*, III, 7 (d'ap. *V*); cf. BRÉQUIGNY, I, 498. — 70. Vualdus ? — 71. *Ep* Factum est hoc a. — 72. *Ep V* I. Domini. — 73. C ix. — 74. C Hu-e. *(Av. 24 oct.)* 996. — 75. *(999-1000).* — 76. *Ep* sancto Theoffredo. — 77. *Ep* B-nnus. — 78. *Ep* Calmeliacensis adq-t.

illas a Ricardo sacerdote, tali tamen tenore ut nepos ejus Ricardi nomine Bertrandus medietatem per vitam teneret, post obitum vero totum relinqueret præfato monasterio. Mense januario, feria III*, facta est charta donationis, signata a nobilibus clericis præter a Richardo donatore, anno [79] regni Ugonis [80] qui fuit pater Roberti regis III° [81].

CXLVI. De Montiliis. — Anno vero I° regni ejusdem Hugonis [82], vir quidam nomine Chabertus dedit in villa de Montiliis, quæ est in pago Vellaico, monasterio Calmiliensi, cui præerat Guigo abbas, unum mansum ex integro.

CXLVII. De Calderiaco unus mansus. — Similiter alius nomine Rodacus dedit in villa Calderiaco, in pago Vellaico, pro salute animarum patris et matris suæ, unum mansum, feria v, anno II° [83].

CXLVIII. De Batarellis. — Eodemque tempore, Guigone abbate, vir nobilis Gilbertus dedit in villa quæ dicitur Batarellis campos, prata, pascua, mansiones, cum pratis et hortis ex integro, pro salute animæ suæ et pro sepultura corporis sui, præfatæ domui Sancti Theofredi. — In illa quoque villa duo fratres, Aymericus atque Geraldus, pro eodem fine quo supra, id est pro salute animarum suarum et sepultura suorum corporum, dederunt unam appendariam et dimidiam, Hugone rege [84].

CXLIX. De Arsiaco I mansus. — Quædam mulier nomine Bonafilia, pro salute animæ suæ et parentum suorum, de hæreditate ab ipsis sibi derelicta dedit in villa Arciaco, quæ est in pago Vellaico, ecclesiæ Dei et monasterio Sancti Petri Sanctique Theofredi unum mansum, eodem Hugone rege et Guigone abbate.

CL. De Montiliis manso. — Eodem tempore, vir nomine Aribernus, cum sua conjuge nomine Ermegardis filioque Constantio, dederunt in villa de Montiliis unum mansum, quem ipsi excolebant.

CLI. De Pogio medio manso. — Similiter alius vir nomine Ingerardus et uxor ejus Theotberga dederunt in villa quæ dicitur Pogio dimidium mansum, pro salute animarum sua-

---

79. C anni. — 80. C Hu-s. — 81. C add. id est ab Incarnatione Domini 990. (7-28) janv. (990). — 82. (987-8). — 83. (988-9). — 84. (987-996).

rum et pro sepultura corporum suorum, regnante Hugone rege.

CLII. DE ÆSTIVALE. — Alius quoque vir Artulfus nomine cum uxore nomine Ingelberga dederunt in villa Æstivale, in pago Vellaico, totum quod ibidem possidebant monasterio Beati Theofredi, ut in dicto loco post obitum si ita necessarium videretur sepulturam acciperent, quod ita factum esse constitit.

CLIII. DE VILLARIO III MANSI ET III APPENDARIÆ. — Vir quidam nomine Geraldus et uxor ejus nomine Gerctrudis dederunt Guigoni abbati ejusque monachis, in villa Vilario, in pago Vellaico, mansum unum quem habebat, propter centum solidos ex abbate et monachis ipsius loci, pro anima sua et sepultura sua ipsum reliquit; et donavit in ipsa quoque villa alium mansum et III appendarias.

CLIV. DE CANTADUCO, DE CROSO, DE BARRETIS [85]. — Anno quoque M. I, regnante Ugone [86] et Guigone abbate, indictione XIIII[a] [87], luna XXIII[a], XVI kalendas septembris [88], clerici ecclesiæ Beatæ Dei Genitricis Mariæ in nomine Dei et Salvatoris nostri Jesu Christi et omnium sanctorum ejus dederunt monasterio Sancti [89] Petri Sanctique martyris Theofredi aliorumque sanctorum quorum ibidem memoria veneratur, ubi domnus Guigo [90] præesse videbatur abbas et præsul præfato cœnobio Calmiliensi, pro salute animæ domni Theotardi [91] episcopi senioris sui, ut pietas divinæ misericordiæ ejus peccatis ignoscere et per intercessionem beati Theofredi aliorumque sanctorum ad vitam perducere dignaretur æternam, dederunt de rebus quas illis isdem [92] episcopus donaverat possessiones ex integro, quas habebant in villa quæ dicitur Cantaduco et villa de Croso et villa de Barretis [93], et terram de Arlenco. Hanc cartam [94] confirmaverunt Beraldus præpositus, Eldenus [95] decanus, Gaucerandus abbas, Robertus ædituus, Gaucerandus abbas, Robertus abbas, Adraldus et alii descripti in charta num° XVII.

CLV. DE BOSCHETO. — In villa quæ dicitur Boscheto, in pago Vellaico, juxta rivum Lignionem et villam Canaberias et

---

85. *Ep* CARTA. — 86. *C* Hu-e, *leg.* Roberto. — 87. *C* XIV[a]. — 88. *17 août 1001*. — 89. *C* Beati — 90. *C* Guido. — 91. *C* Thio-i. — 92. *Ep* idem. — 93. *Ep* Ca-s. — 94. *C* cha-m. — 95. *C* E-no.

Rufiaco, vendidit quidam vir nomine Gislabertus duos mansos cum curtis, hortis, pascuis, terra culta et inculta, ex integro abbati et monachis Sancti Theofredi.

CLVI. Donum Aspasii Rufi de Engeolis [96]. — Subsequenti tempore, vir quidam Aspasius cum uxore sua Ingaliardis [97] dederunt in ipsa villa Monasterii [98] mansiones cum curte et horto, et in villa quæ dicitur Engeolis unam appendariam et unum mansum ex integro, rege [99] terreno deficiente et Christo regnante [100].

CLVII. De Monte-Bracho i mansus [1]. — Ipso tempore, alius vir nomine Bertrandus cum sua conjuge Petronilla dederunt unum mansum in villa de Montebracho [2], quæ est in pago Vellaico, in arce Sancti Frontonis, monasterio Calmiliensi et abbati Guigoni fratribus(que) ejusdem loci, et ipse accepit ab eis in mutua commutatione in aliis locis quasdam possessiones, quas in vita sua tenere deberet et post mortem suam sancto Theofredo liberas relinqueret, regnante [3] Domino et absente rege terreno.

CLVIII. De iiii^r mansis, molinar. beco. mansion. Crozeto. — Quædam nobilis matrona Aldeardis nomine, cognomento Aurucia, cum duobus filiis suis, quorum unus Petrus, alter Hugo vocabantur, volens tradere pactum inierunt cum Guigone præsule et abbate et fratribus Calmiliensis cœnobii, ut de rebus vel substantia facerent eidem loco donationem, simul cum filio suo quatuor mansos de hæreditate aut CC solidos probatæ monetæ; et quoniam non habuerunt in promptu hæreditatem aut denarios, dederunt de terra quam habebant ad feudum de ipso abbate et fratribus in pegnas mansos tres, id est molinas, becieriam et mansiones, et mansum de Crozeto per xl solidos usque ad certum tempus quo possent redimeri, et si tunc non redimerent retineretur ipsa congadiaria [6]. Anno

---

96. Texte impr. dans *Hist. de Lang.*, II, pr. 152 (131^g) = *V*; *Tablettes*, III, 7 (d'ap. *V*). — 97. *Ep* I-andis. — 98. *Ep V* m. Calmilius. — 99. *Ep V* Facta sunt hæc r. — 100. *(987-)*. — 1. Texte (incplt) impr. dans *Hist. de Lang.*, II, pr. 152 (131^h) = *V*; *Tablettes*, III, 7 (d'ap. *V*). — 2. *V* M-co. — 3. *Ep V* Actum est hoc r. — 4. Texte (incplt) impr. dans *Hist. de Lang.*, II, pr. 152 (131 ⁱ), Cart. abb. St-Chaf. = *V*; *Tablettes*, III, 6-7 (d'ap. *V*). — 5. *Ep* A-eca-s. — 6. *Ep V* Aurucia, filium suum Hilionem in monasterio perpetualiter Domino serviturum obtulit et cum eo q. m...: pactum autem iniere G-o abbas et p-l ac fratres c-i C-s de rebus supradictis, et facta est inde carta c.

ab Incarnatione Domini DCCCC.XCI, regnante Domino nostro Jesu Christo [7], contra jus regnum usurpante Ugone rege [8].

CLIX. DE VARENAS. — Redemptus, tum uxor ejus Astrudis dederunt præfato monasterio, licet acceperint L solidos a domino Vuigone præsule et monachis ejus, mansum de Varena in arce Monasterii.

CLX. DE MONTILIIS. — Isdem domnus abbas emit in villa de Montiliis unum mansum de quodam Petro Episcopo, pretio XL solid., anno II regnante Hugone rege [9].

CLXI. DE MANSO CULHETI IN VIVARIENSI. — Regnante Lothario rege [10], vir quidam nomine Bertrandus cum uxore sua nomine Diadoara consignaverunt monachis Sancti Theofredi, ut post suum decessum possiderent sine calumnia, unum mansum in villa quæ dicitur Culeti, in pago Vellaico, et in Vivariensi alium mansum et in vicaria Mariatensi quem Girbonus excolebat; item in villa quæ dicitur Ebde dederunt dimidium pratum, ea conditione quo supra.

CLXII. DE MANSO FERRIOLO. — Pariter vir nomine Stephanus cum sua conjuge nomine Eymerude dederunt unum mansum, in manso qui dicitur Manso Ferriolo, in pago Vellaico.

CLXIII. DE VALLE PRIVATA. — Similique modo quidam presbiter Asterius nomine dedit monasterio Beati Theofredi, Hugone præsule ibi præsidente, in vicaria Bassiensi, in pago Vellaico, in villa quæ dicitur Vallis Privata, unum mansum ex integro, regnante Hugone.

CLXIV. DE CROZO ROMALDI [11]. — Convenientiam inter se habuerunt Vuigo [12], præsul et abbas monasterii Sancti Theofredi, et Agnus vicecomes de possessionibus quibusdam, quas isdem abbas cum suorum monachorum consensu ei dum viveret præstiterat, et ille vicecomes de rebus propriis fecit donationem eidem monasterio post mortem suam, hoc est III mansos in villa quæ dicitur Cros Romaldi: quantum ad ipsos mansos pertinere poterat [13], totum obtulit Domino sanctoque Theofredo, pro salute animæ patris [14] sui et matris suæ, regnante [15] Rotberto [16] rege [17].

CLXV. DE VILLA CULLETO II MANS. ET II APPENDAR. — Alius

---

7. *Ep* V Francis autem. — 8. *C* Hu c. 991. — 9. (988-9). — 10. (-985). — 11. *Ep* CARTA. — 12. *Ep* Wigo. — 13. *Ep* videtur. — 14. *Ep* p-sque. — 15. *Ep* Facta sunt hæc r. — 16. *C* Rob-o. — 17. (996-).

quoque nobilis vir nomine Bertrandus dedit ex integro II mansos in villa Culleti, in pago Vellaico, in arce de Monte Carbonerio.

CLXVI. De Genoliaco. — Quidam vir nomine Girbernus et uxor ejus Leotrudis dederunt monasterio Calmiliensi, pro remedio animarum suarum suorumque parentum, quidquid possidebant in vicaria Vetula Civitatis, in pago Vellaico et villa Genoliaco, ex integro, regnante rege Francorum sub Domino[10].

CLXVII. De Mazeyradeto. — Alius quoque vir Exaerius et uxor ejus Theotburge dederunt de propriis rebus unum mansum sæpe dicto monasterio in villa Mazeiradeto, in Vellaico pago, de valle Amblanense.

CLXVIII. De manso de Abrigas. — Quidam alius vir Aribernus nomine cum sua conjuge vocabulo Arieldi dedit mansum unum in villa quæ dicitur Obrigas, in pago Vellaico, ex integro, terminatum ex una parte cum terra Sancti Theofredi, ex alia cum manso de Cazota, ex altera cum Lignione rivo, rege Lothario tunc regnante.

CLXIX. De dimidio manso Molincherias. — Regnante Hugone, duo fratres, quorum alter Guido, Petrus alter, dederunt sancto Theofredo, pro salute animarum suarum et parentum, mansum dimidium in villa Molencherias.

CLXX. De Mandoroso. — Vulfaldus abbas, regnante Lothario anno xx°[18], emit pretio LV (solid.) unum mansum, qui dicitur ad Mandorosum, a quodam viro nomine Bertrando.

CLXXI. De Beciatello. — Alius similiter nomine Bertrandus, ordine levita, vendidit eidem abbati et fratribus ejusdem cœnobii unum mansum, in loco qui dicitur Beciadellus, in pago Vellaico, pretio LXIIII (solid.), regnante Lothario rege.

CLXXII. Planciaco. — In villa quæ dicitur Planciaco, in Vellaico pago, in vicaria Bazensi, quidam vir Guichardus dedit unum mansum præfato cœnobio, pro redemptione animæ suæ suique patris atque matris.

CLXXIII. De manso de villa Montis. — Quidam etiam vir nomine Arnaldus, regnante Roberto, dedit cœnobio Sancti Petri atque Sancti Theofredi, cui præerat Guigo præsul et abbas, unum mansum in villa quæ dicitur Montis.

18. (976).

CLXXIV. De manso de Vernetis. — Quædam quoque matrona nomine Aldegardis, cum duobus filiis Stephano et Petro, dedit præfato loco, eodem præsule Guigone eidem præsidente, unum mansum in villa Vernetis, in pago Vellaico, in vicaria Craponense.

CLXXV. De duabus appendar. in Urciliaco. — Sub eodem etiam abbate, dedit eidem monasterio quidam vir nomine Girbernus duas appendarias et unum brolium ex integro, in villa quæ dicitur Urciliaco, regnante Hugone rege.

CLXXVI. De una appendaria in Montivallo. — Alius nomine Cunabertus, cum sua conjuge nomine Tathburgis, dedit unam appendariam in pago Vellaico, in villa quæ dicitur Montivallo, monasterio Beati Petri atque Beati Theofredi, regnante Hugone rege.

CLXXVII. De manso in villa Orsiliaco. — Dedit etiam eidem loco quidam vir nomine Geraldus unum mansum in villa Orciliaco, in pago Vellaico, ex integro.

CLXXVIII. De medio manso Mascaratos. — Post hæc alius nomine Truannus dedit sæpedicto monasterio aliquid de propriis rebus, id est dimidium mansum in loco qui vocatur ad Mascaratos, in pago Vellaico, aliam vero medietatem mansi post obitum suum pro sepultura corporis sui in eodem loco similiter dereliquit, regnante Roberto rege et Guigone præsule abbate Sancti Theofredi.

CLXXIX. De Guigone II abbate,
qui fuerat sacrista tempore Roberti regis.

Successit igitur post obitum primi Guigonis, episcopi et abbatis, alius æquivocus Guido, ejusdem ecclesiæ curam sibi commissæ bene ut videbatur exhibere satagens, qui electus a fratribus etiam curam majoris prælationis, id est abbatis, non ignobiliter sed strenue ut fertur exercere studuit: suos enim præcessores imitari in acquirendis rebus monasterii et conservandis procuravit, et in exornandis ecclesiæ utensilibus non negligens sed studiosus extitit; qui quas possessiones suo tempore locoque id acquisierit, ex chartulis transpositas subscribemus.

CLXXX. De manso ad Montem. — Tempore igitur Roberti regis, Odolaricus ecclesiæ Podiensis canonicus dedit monasterio

Sancti Petri atque Sancti Theofredi unum mansum in villa ad Montem, in pago Vellaico.

CLXXXI. De rebus quas dedit Frotgerius sancto Theofredo, quæ hodie pertinent ad sacristam. — Frotgerius vir nobilis dedit præfato monasterio, in pagis Velaunico et Vivariensi, in villa quæ dicitur de Pineto unum mansum, in arce Soltronensi, et in alia villa quæ dicitur Solatico alium mansum; item in alio qui dicitur Pontilium unam medietatem de villa et in alio loco, in villa quæ dicitur Lavastris, unum mansum et in loco dicto Hermum medietatem de manso, et in alio loco vocato ad Crosum unum mansum et in alio loco qui dicitur Rocha unum mansum : quantum in supradictis mansis ad eum pertinebant.

CLXXXII. De manso ad Furnos. — In supradicta vicaria Soltronense Stephanus uxorque ejus Ingelburgis de castro Camberliaco dederunt cœnobio Calmiliensi unum mansum.

CLXXXIII. De manso de Mezeras. — Postmodum alii quatuor fratres, nomine Rostagnus, Goscalchus, Isnardus et Redemptus, dederunt pariter Domino Deo et sancto Theofredo unum mansum in villa quæ dicitur Mazeras, ex integro cum boscho ad calefaciendum, quæ terminantur cum aqua quæ dicitur Merdantia et campo de Cloto et de Turta.

CLXXXIV. De villa Gabiana. — Item in pago Vellaico, in villa quæ dicitur Gabiane, quidam vir nomine Redemptus, cum sua conjuge Leotgarda, dedit unum mansum jamdicto monasterio.

CLXXXV. De villa Verocio in Bassense. — Alius nomine Aribernus dedit in pago Vellaico, in arce Bassensi, in villa quæ dicitur Veracio, unum mansum ex integro.

CLXXXVI. De curtile, vinea, campo et horto. — In villa quæ dicitur Cadrone, ubi est ecclesia Sancti Amantii, dedit quidam clericus Bertrandus nomine unum curtilum cum vinea et horto, campo et arboribus.

CLXXXVII. De manso de Falgerias. — Duo quoque fratres, Pontius et Ademarus, dederunt unum mansum ex integro in villa quæ dicitur Falgerias, [in pago Vellaico, præfato monasterio.

CLXXXVIII. De duobus mansis in Monte. — Quædam etiam

fœmina nomine Raiangardis, pro anima viri sui Ingelrici defuncti, dedit in villa de Monte, vicina monasterio, duos mansos, obtulitque filium suum cum aliis fratribus Calmiliensibus Deo serviturum.

CLXXXIX. DE VILLA AVOJACO DUO MANSI. — Alius etiam nobilis vir, nomine Arimandus, dedit eidem monasterio duos mansos in villa Avojaco, in pago Vellaico, pro salute propria, tum pro salute uxoris et filiorum suorum.

CXC. DE ENGEOLIS. — Vir nomine Vuilhermus vendidit subaudito supra Guigoni II, abbati Calmilii, quartam partem de loco qui dicitur ad Calme Ortigosa partem suam de boscho ibi uno manso et accepit ab eo xvi solidos.

CXCI. DE MONTE MEJANO UNUS MANSUS. — In eodem pago Vellaico, in villa quæ dicitur Montemejano, quidam Umbertus nomine, pro remedio animæ suæ suorumque parentum, dedit unum mansum.

CXCII. DE FAJETA I MANSUS ET II APPENDARIÆ. — Eodem tempore dedit quidam miles nomine Bego unum mansum in villa quæ dicitur Fajeta, in pago Vellaico, in arce Issingaudensi, et in ipsa villa partem de duabus appendariis et de uno brolio et de uno boscho, et partem duorum fratrum suorum Aldegerii et Guigonis, et filium suum pariter obtulit Deo serviturum in ipso monasterio.

CXCIII. DE VILLETA ET TANSIANENSE. — Vir quidam Fritgisius, uxore sua Agita consentiente, dedit in pago Vellaico, in villa quæ dicitur de Villeta, in vicaria Tansianense, quartam partem de quatuor mansis, terminatis a superiori parte cum terra Sanctæ Mariæ, de duabus partibus cum strata publica, de quarto latere cum aqua Lignionis.

CXCIV. DE ROCHA JUXTA HERMUM. — Post hoc duo nobiles viri, Sylvius et Redemptus, dederunt unum mansum in villa quæ dicitur Rocha, juxta villam quæ dicitur Hermus, in ditione ipsius monasterii Sancti Theofredi.

CXCV. DE MALO BOSCHO I MANSUM. — Prædictique fratres et Bermundus alius frater III^{us} dederunt etiam, in villa quæ dicitur Malus Boschus, unum mansum ex integro, pro sepultura matris suæ.

CXCVI. DE VARENA I MANSUS. — Alii quoque fratres, his

nominibus Vuilhermus, Austorgius, Petrus, cum filiis suis dederunt unum mansum ex integro, in villa quæ dicitur Varenas, et partem boschi ibi siti.

CXCVII. De Mantilio et Calme Ortigosa. — Quidam etiam sacerdos, nomine Vuido, dedit eidem monasterio quantum in villa quæ dicitur ad illum Montilium possidebat, et in alio loco qui dicitur ad Calme Ortigosa partem suam de boscho ibi sitam.

CXCVIII. De Crozeto in Bassense. — Quædam nobilis fœmina, nomine Anna, filium suum Arricum nomine obtulit monasterio Beati Theofredi, Deo semper serviturum ; obtulit quoque unum mansum in villa quæ dicitur Crozeto, quæ est in pago Vellaico, in vicaria Bassense, cum pratis et sylvis, et unam medietatem de molendino, et in ipsa villa unam appendariam cum quinta parte de boscho, hoc est rovaria contra unum mansum.

CXCIX. De Sania Rotunda. — Similiter alia matrona, nomine Aspasia, cum filio suo Drogoleno dedit prædicto cœnobio mansum unum, cum curte et horto, cum pratis et pascuis, sylvis et aquis, in loco qui dicitur Sania Rotunda, in arce de villa de Engeolis, terminato de uno latere cum terra Sancti Theofredi, de alio cum rivo currente nomine Sapsonita, de alio cum terra Sanctæ Mariæ.

CC. De Montelheto i mansus. — Alia quoque nomine Ermegarda, pro anima viri sui Aimerici et filiorum suorum Guilhermi et Stephani et pro sua salute, dedit unum mansum ex integro in villa Montelhiti, in pago Vellaico.

CCI. De campo et villa de Faia. — Isdem etiam Guigo II abbas emit unum campum in villa quæ dicitur ad illa Faia cum aliqua parte de sylva, quod totum Bertha comitissa vendidit.

CCII. De manso de Flamiangas. — Eodem tempore, quidam vir nomine Umbertus tradidit aliquam partem de rebus suis monasterio Beati Theofredi, id est unum mansum, in villa quæ dicitur Flumiangas, in pago Vellaico, in arce Bassense, pro anima sua et requie animarum patris et matris suæ et pro filio suo Humberto, quem Deo serviturum in ipso monasterio sub cura domini Guigonis II abbatis obtulit.

CCIII. De villa Culheti i mansus, dimid. et ii appendariæ.

— Per idem tempus Bertrandus vir nobilis dedit supradicto monasterio unum mansum et dimidium et duas appendarias, in villa quæ dicitur de Culheto, in pago Vellaico, pro redemptione animæ suæ proque filio suo Guigone, quem in eodem monasterio militaturum sub regula sancti Benedicti tradebat, in præsentia domni Guigonis II.

CCIV. De Boscheto in Vetula Civitate. — Vir quoque alius nomine Durandus dedit sancto Theofredo unum mansum, in villa quæ dicitur Boscheto, in vicaria de Vetula Civitate, ex integro cum campis.

CCV. De manso de Falgerias. — Similiter fecit alius vir nomine Stephanus, miles de castro Bisatico : dedit unum mansum Deo et sancto Theofredo, in villa quæ dicitur Falgerias, in pago Vellaico, pro salute animæ suæ et requie illarum patris et matris atque fratris sui Arimani, a cujus dono ipsum mansum possidebat.

CCVI. De Fageta iii cabanariæ. — Alius nomine Bernardus dedit in villa quæ dicitur de Fageta, in vicaria de Issingaudo, tres cabanarias.

CCVII. De Costa Rubra et Gemedello, Castellaro. — Præfatus autem abbas Guigo cuidam clerico nomine Odiloni dedit unam vineam dum viveret ad tenendum, in loco qui dicitur Gemadello, cum tali tenore ut post suam mortem sancto Theofredo libera remaneret; et ipse clericus Odilo, pro illo beneficio et pro salute animæ suæ et parentum suorum, dedit mansum de Costa Rubra sancto Theofredo, cum mansione et curte et horto, vineis, campis et pratis, et in Gemadello fuxam de vinea et pratum quod dicitur Leotaldo, et in alio loco quod dicitur Castellarum, in arce de Bernatis, unum mansum cum curte et mansione et horto, exævo et vineis, campis et sylvis ex integro.

CCVIII. De prato Cultiguli villa. — Duo quoque viri Giraldus atque Bertrandus dederunt, in villa quæ dicitur Coltigulo, in pago Vellaico, unum brolium quod dicitur pratum indominicatum, terminatum ex omni parte cum terra Sanctæ Mariæ, pro sepultura sua post obitum.

Hæc omnia suprascripta ab articulo ubi incipit *Guigo II*us facta fuere tempore Roberti regis, Guigone ipso II regente

Calmiliense cœnobium[19]; pariter charta donaria quæ subsequitur.

CCIX. In pago Vellaico, in vicaria Bassense, (in villa) quæ dicitur Sarliangas, quædam matrona nomine Agina dedit duos mansos, pro anima sua et pro anima viri sui Truberti et pro filio suo Delmatio, quem Deo serviturum in ipso monasterio obtulit, regnante Roberto, Guigone II abbate.

CCX. De Vuilhelmo abbate, successore Guigonis II.

Post sæpe dicti Guigonis II mortem præfuit eidem monasterio Sancti Theofredi Guilhelmus primus, post quem fuere tres alii eodem nomine vocitati, Roberto rege.

CCXI. De terra de Verneto. — Hujus vero tempore, quædam matrona nomine Gimberga dedit monasterio Beati Theofredi terram incultam, in villa quæ dicitur Verneto.

CCXII. De villa de Cordaco. — Prædictus abbas Guilhelmus redemit villam de Cordaco, quam olim Geraldus Rua et Bertha ipsius uxor dederunt sancto Theofredo, de quibusdam qui eam tenebant ad feudum, hoc est a quadam matrona nomine Pontia et filiis ejus Pontio et Girino; qui, sicut in charta refertur,[1] venientes ad monasterium in sabbato sancto Dominicæ Resurrectionis coram altari et sepulchro beati martyris Theofredi, pro timore divino et pro redemptione animarum suarum, reliquerunt omnia quæ tenebant de illis in ipsa villa et nihil deinceps ibi retinuere, et pro hac guirpicione vel stipulatione acceperunt de rebus monasterii CCC solidos, die sabbati sancti, luna XVII, Roberto rege[20].

CCXIII. De manso de Pineta. — Quidam vir nomine Geosbertus cum filiis suis Stephano et Odilone dedit unum mansum in villa de Pineta, in pago Vellaico, rege Roberto[21].

CCXIV. De dimidio manso de Neizaco. — Alius quoque nomine Guido dedit eidem monasterio dimidium mansum, pro redemptione animæ suæ, in pago Vellaico, in manso qui dicitur Neizaco; et in alio loco, in villa quæ dicitur Fageta Superior, dimisit commendam quam exigebat in ipsa villa, pro timore Dei, luna XII, regnante Roberto.

CCXV. De manso in villa Adalgeriis. — Postea isdem

---

19. *(996-1014).* — 20. *(24 mars 1032 ou 5 avril 1029).* — 21. *(-1031).*

Guido de propriis rebus eidem monasterio contulit unum mansum, in villa quæ dicitur Adalgeriis, quæ est in Vellaico.

CCXVI. DE APPENDARIA ANGEOLIS. — Quædam etiam fœmina nomine Theoberga dedit, pro sepultura sua, eidem monasterio unam appendariam (in villa) quæ dicitur Engeolis, in vicaria de Capitalio, luna x, regnante Roberto rege.

CCXVII. DE CAZALLENDIS VILLA. — Post hæc duo fratres nobiles viri, Sylvius et Redemptus, pro anima alterius fratris sui nomine Adonis proque animabus fratris et matris suæ, dederunt monasterio Sancti Theofredi dimidium mansum et unam appendariam, in pago Vellaico, in villa quæ dicitur Cazalendis, ex integro cum omnibus pertinentiis.

CCXVIII. DE VILLA SOILZ ET CASTRIS. — Alius vir nomine Arnulphus, pro timore Dei et peccatorum suorum redemptione, dedit ipsi monasterio aliquam partem de sua hæreditate, in pago Vellaico, in villa quæ dicitur Soilz et in alia quæ dicitur Chartris, valente duos mansos: quæ ex integro dimisit, pro sepultura corporis sui et requie animæ suæ et parentum suorum.

CCXIX. DE MOLENCHERIIS VILLA.—Et quidam n(omine) Girbernus miles, ad mortem veniens, dedit pro anima sua quod habebat in villa quæ dicitur Molencherias sancto Theofredo.

CCXX. DE ESTIVALE ET SUI LA FAN. — Quædam matrona nomine Theotburgis, de misericordia Dei cogitans, dedit unum mansum, in villa quæ dicitur Æstivale et Sui la Fam, Domino Deo et sancto Theofredo, cum omnibus quæ pertinebant ad ipsum mansum, sine contradictione personæ, Guilhermo I⁰ abbate, rege Roberto.

CCXXI. DE DUABUS MANSIS BRUGERIAS, VELIAS. — Modeardus et fratres ejus Robertus et Beraldus concesserunt de sua hæreditate duos mansos optimos monasterio Sancti Theofredi, pro remedio animarum patris et matris suæ, in villa quæ vocatur Brugerias et ad Duas Velias, luna VIII, mense augusto, regnante Henrico[22].

CCXXII. DE VILLA CROZETI. — In pago Vellaico, in villa quæ dicitur Crozeto, quædam matrona nomine Geimbergia dedit totum quod in supradicta villa possidebat, scilicet campos,

---

22. (1031-).

prata, sylvas, hortos, exitus, arbores et cætera adjacentia, regnante Roberto.

CCXXIII. De Rocolas dimidius mansus. — In villa quoque quæ dicitur Rocolas, juxta castellum quod dicitur Quadreria, in pago Vellaico; vir nomine Guilhermus et alter Robertus dederunt in supradicta villa dimidium mansum.

CCXXIV. De manso de Mola et Eredone dimidius mansus. — Vir etiam alius Aspasius, cupiens ad misericordiam Dei pertingere, venit ad dictum monasterium Sancti Petri Sanctique Theofredi ad conversionem, et dedit eidem loco unum mansum in villa quæ dicitur la Mola, in media strata publica de subtus ecclesiam Sancti Agripani, et in alio loco qui dicitur Eredone medium mansum et unum molendinum pro uno manso cum omnibus adjacentiis, campis, pratis, sylvis et cæteris, anno xxx° regni Roberti[23].

CCXXV. De ii mansis de Ferrerias. — Alius nomine Pontius cum sua matre similiter dicta Pontia dederunt, in villa quæ dicitur Ferrerias, duos mansos, in pago Vivariensi; unum dicunt al Codeleto, alium dicunt mas au lo Fenc; ex integro, Guilhelmo abbate.

CCXXVI. De i manso Mezeretas. — Quidam quoque Rostagnus cum fratribus suis Gotiscalco, Redempto, Isnardo dederunt, in pago Vellaico, ad locum qui dicitur a Mezeretas et ad Lenconiam unum mansum, et acceperunt de Vuilhermo xxii solidos.

CCXXVII. De Albepino pertinente ad sacristam. — Quidam vero miles nomine Petrus, filius Aimonii, de uno manso qui dicitur Albespino, quem tenebat ad feudum de terra Sancti Theofredi, accepit pretium redemptionis solidatas centum et dimisit omnia quæcumque ex eo manso accipiebat.

CCXXVIII. De manso de Ponticulo. — Eodem tempore, Sylvius nobilis vir dedit monasterio Sancti Theofredi et aliis sanctis ibi quiescentibus unum mansum, in villa quæ Ponticulum dicitur, in vicaria de castro Capitoliensi, cujus ipse Sylvius dominus erat, cum omnibus quæ illi manso adjacere videbantur, pro redemptione animæ suæ et parentum suorum et pro emendatione malorum quæ monachis ejusdem loci in-

---

23. (1025-6).

tulerat: quod cum charta confirmavit, Guilhermo I° præsente et aliis testibus, mense februario, luna xi, regnante Roberto rege.

CCXXIX. De manso ad Alpem. — Succedente tempore, quidam vir Guilhermus nomine, pro timore Dei et vita sempiterna, dedit in pago Vellaico de sua hæreditate unum mansum juxta ecclesiam Sancti Frontonis et dicitur ipse mansus ad Alpem, cum campis, pratis et sylvis et cæteris adjacentiis, luna xxi, die xi[24] mensis novembris, Vuillermo abbate, regnante Henrico Francis[25].

CCXXX. De Mansionetis. — Quædam etiam matrona nomine Aldeardis, cum filiis suis Guigone, Ademaro, Rostagno, dedit dimidium mansum in villa quæ dicitur Mansionetis, in parochia ecclesiæ de la Vastris, ex integro.

CCXXXI. De Guigone III° abbate.

Post abbatis Vuilhermi decessum successit III Guigo, qui quamvis parvo tempore abbatis locum tenuerit et parum sub eo locus profecerit, eidem tamen loco cui longo tempore præfuerat multa bona contulerat in exornanda ecclesia diversis ac necessariis rebus, et in acquirendis prædiis et possessionibus ac reliquis temporalibus bonis.

CCXXXII. Hic acquisivit monasterio, dum abbas esset, lucum qui dicitur ad Æquales de dominis de Mezengo, id est Stephano, Jarentone, Bertrando, Petro, Hugone, Geraldo, Petro, cum uxoribus et filiis hoc donum laudantibus et sylvam illam Domino Deo sanctoque Theofredo pro redemptione suarum animarum sponte tribuentibus, ut habeant semper monachi hujus loci de sylva ipsa quantum sibi necessarium fuerit, sine prohibitione ullius hominis et nullus molestus sit ex hominibus nostris hominibus illorum, sed teneant cum pace sine ulla contradicente persona; et si quis hoc donum deinceps violare præsumpserit vel calumniare, maledictioni sicut scriptum est subjaceat. Facta est charta hujus donationis consensu omnium, confirmata mense augusto, feria vi, luna xxix, regnante Philippo rege[26].

CCXXXIII. De Vuilhermo III abbate.

Subsequenti autem aliquanto tempore isdem Guigo suscep-

---

24. D'abord xv. — 25. 11 novem. (1039). — 26. 19) août (1062).

tam abbatiam reliquit, pristinum quem solebat procurare repetens locum, ubi et vitæ terminum fecit. Tunc pæne desolatum jam locum Guilhermus tertius rogatu multorum successit[27], qui multum in restauratione ejusdem loci desudans, in illis rebus quas amiserat recipiendis primum studuit laborare ac pravas consuetudines quæ negligenter inoleverant extirpare : nam non solum prædia et possessiones concesserant sæcularibus illi qui ante eum fuerant, sed etiam de oblatione ecclesiæ vel altaris quosdam sibi nobiles conciliaverant ut sui forent.

CCXXXIV. Unde quidam nobilis vir, de vicino castro quod dicitur Bolziol, nomine Guigo, qui habebat omni anno de monasterio solidos quinquaginta, tali tenore ut pro hoc fidelitatem tenere abbati juraret, cogitans apud se sicut Apostolus ait[28] « melius esse dare quam accipere », cujusdam militis sui subita morte compunctus, cui quamdam partem illius muneris dederat, et divino timore præventus reliquit quod accipere solebat : ita tamen ut similiter abbati monasterii eamdem fidelitatem jurando faceret et filii ejus post illum, sicut patres sui antea faciebant; dedit ergo, laudantibus filiis suis et uxore sua, prædictos solidos Domino Deo sanctoque Theofredo cæterisque sanctis ejusdem loci, pro redemtione animæ suæ et patris sui Sylvionis et omnium filiorum et propinquorum suorum, ut peccati pœnam evaderent et inter electos Dei misericordiam in die judicii reperirent. Reliquit etiam uxor illius defuncti portionem suam, hoc est xv solidos, pro anima viri sui nomine Bertrandi, cum voluntate filiorum suorum, ut numquam deinceps ipsam pecuniam acciperent aut haberent. Facta est inde charta donationis vii kalendas maii, feria ii, confirmante ipso Guigone et filiis ejus Sylvione et Stephano, Adone et ex alia parte Guilherma, filia ejusdem Guigonis, cum filiis suis Sicardo, Stephano, Guigone et aliis testibus, sine ulla contradicente persona, Vuillermo abbate III° regente monasterium, regnante Philippo rege Francorum[29].

CCXXXV. DE ECCLESIA SOLEMNIACENSI[30]. — Multa similiter quæ per pravam consuetudinem et negligentiam monasterium

---

27. suscepit ? — 28. *Act.*, xx, 35. — 29. 25 *avril (1076)*. — 30. *Ep* CARTA. Texte impr. dans *Hist. de Lang.* II, pr. 308 (280), Cart. abb. St-Chaf. — V; cf. BRÉQUIGNY, II, 179.

amiserat, cum magno laboris studio recipere et rectum ordinem reducere curavit. Acquisivit quoque monasterio possessiones et ecclesias in Vellaico pago et in Vivariensi atque Gabalitano, quas numquam idem locus habuerat : ecclesiam scilicet[31] Sancti Vincentii de Solemniaco, quam episcopus Ademarus[32] bonæ memoriæ monasterio concessit, et[33] vicecomes Pontius cum fratre suo Heraclio et matre sua Auxiliendis[34] dederunt dominationem[35] quam in eadem ecclesia[36] retinebant[37]; et duo fratres, qui post illos tenebant omnia quæ ad ipsam ecclesiam pertinebant, Pontius et Petrus, et filios[38] suos pariter Domino servituros obtulerunt, quantum[39] ibidem possidebant totum simul relinquentes, dederunt Domino Deo sanctoque Theofredo cæterisque sanctis ejusdem loci, ad habendum et tenendum semper jure perpetuo. Quod factum est[40] in mense aprili[41], dominica 1ª post Pascha, anno Incarnationis Dominicæ[42] M.LXX[43], regnante Francis Philippo, præsidente sedi Romanæ Gregorio papa, Aniciensi episcopo Ademaro, monasterium disponente Vuillermo III[44]. Nomina filiorum[45] qui dederunt ecclesiam[46] : Bertrandus et Beraldus fratres, filii Pontii, filius[47] Petri Sylvius.

CCXXXVI. DE ALIIS ECCLESIIS QUAS ACQUISIVIT. — Isdem etiam abbas acquisivit, in eodem pago Vellaico, ecclesiam Sancti Petri de Lausona et ecclesiam Sancti Vincentii de Lantriaco, ab episcopo Ademaro et a dominis qui eas detinebant sæcularibus, et item in ipso episcopatu ecclesiam Sancti Philiberti de Stabulis; et in pago Vivariensi alias ecclesias et possessiones, id est ecclesiam Sanctæ Mariæ de Pervencheriis et illam de Sancto Lupo de Mircorio et illam de Sancto Benigno de Miziliaco et illam Sancti Juliani de Serro ; itemque in pago Vellaico ecclesiam Sancti Romani inter montes, juxta Ceresium castrum, a dominis ejusdem castelli, cum omnibus quæ postea ibi acquisita sunt.

31. *Ep*ª Willelmus IIIᵘˢ m-m *(nº 233)* in r-e cœnobii Calmiliensis d-avit, nam adquisivit e-m; *Ep V* Noverint omnes quod e-m. — 32. *V* A-rius. — 33. *Ep V* sancto Theoffre-do et m-o Calmiliensi c-serat. — 34. *Ep*ª A-de. — 35. *C* don-m. — 36. *V* in e-a; *Ep*ª q. *habebant* et in dicta e-a. — 37. *Ep* sibi r. — 38. *Ep*ª P-s dimiserunt, et f.; *V* P-um et P-um, f. — 39. *Ep V* et q. — 40. *Ep*ª F-m fuit hoc; *Ep V* Actum est hoc. — 41. *V* a-is. — 42 *C* D-ni. — 43. *Ep en m.* « f(orte) LXXX »; *V en m.* « l(eg.) M.LXXX». — 44. *(19) avril 1080.* — 45. *Ep V* vero f. — 46. *Ep V* præfatam e. sunt hæc. — 47. *Ep V* f. vero.

CCXXXVII. Guirpicio Vuilhelmi[48] vicecomitis. — In ipso monasterio Sancti Theofredi requirebat loca et mansiones et pravas consuetudines vicecomes Guilhermus, et rogatus ab eodem abbate[49] et aliis nobilibus viris reliquit domum quam construere cœperat et cuncta quæ injuste in tota Sancti Theofredi possessione usurpabat, pro timore Dei et redemptione peccatorum suorum.

CCXXXVIII. De Vuillelmo IIII abbate.

Obeunte vero eodem Vuillelmo III° abbate successit, ut prædictum est, alius Vuilhermus IIII^{us}, multum[50] et ipse laborans in ejusdem loci constructione atque meliorationis augmentatione. Hic in primo tempore ordinationis suæ construxit oratorium in villa Fraxineti, quæ non longe sita est ab ipso monasterio, propter securitatem ipsius villæ et aliarum circumjacentium[51], ut haberent ibidem refugium a raptoribus quorum violentia sæpius vexabantur, et constituit ut fœminæ sanctimoniales ibidem conversantes Domino deservirent, sicut hactenus factum est, constituens etiam unde sumptus necessarios haberent: acquisivit[52] enim ibidem duos mansos et dimidium.

CCXXXIX. De Rairaco villa. — Est namque vicina possessio in Rairaco villa deserta, in qua duos mansos et dimidium acquisivit de omnibus qui aliquid ibidem requirebant: in primis de Guigone de Bouziol et cunctis filiis ejus et uxore Austoria, deinde a cæteris qui post ipsos in ipsa villa partem aliquam sibi vindicabant; de uno autem manso quem possidebat Rolannus de Mezenc accepit pretium Cxx^{ti} solidos a supradicto abbate Vuilhermo.

CCXL. De Chexcrino. — Idem quoque Rolannus dimisit unum mansum in alia villa quæ dicitur Checrino Domino Deo et sancto Theofredo, quem injuste tenuerant parentes ejus, deditque post mortem suam eumdem mansum pro redemptione animæ suæ, animabus patris et matris suæ, tum parentum et propinquorum, cum laudatione fratrum suorum Pontii, Bertrandi et aliorum amicorum suorum, manu propria donum confirmans, mense augusto, luna xxviii, feria ii[53].

48. *Ep* Carta. Gurpitio Wille-i. — 49. *Ep* v. Willemus, r. autem a Willelmo III°, a-e monasterii Calmiliacensis. — 50. *Ep* in regimine monasterii S^{ti} Theofredi, m. — 51. *Ep* c-m adj-m. — 52. *Ep* adq-t. — 53. (14) août (1094).

CCXLI. DE ECCLESIA SANCTI FRONTONIS. — Postmodum acquisivit isdem abbas ecclesiam Sancti Frontonis, concedente domino Ademaro episcopo, et liberavit ab iis qui contra jus ecclesiasticum detinebant : quatuor enim erant fratres in vicino castro quod dicitur Misengum, Petrus Bastard, Guilhelmus, Pontius, Guigo, qui eam quasi pro hæreditate possidebant, cumque pariter omnes Hierosolimam petere decrevissent, statuerunt eamdem ecclesiam liberam dimittere et pœnitentiam pro sua injus(ti)tia agere; annuente ergo prædicto venerabili episcopo petitionibus abbatis, ipsam ecclesiam monasterio nostro semper habendam tradere voluerunt et propter imminentem sui itineris necessitatem pecuniam sibi dari petierunt, et acceperunt mille et amplius solidos, et ita reliquerunt omnia quæ ad ipsam ecclesiam pertinebant in campis, pratis, terris cultis et incultis, sub juramento firmantes numquam se quod tunc relinquebant repetituros, sed firmum ac stabile esse debere in perpetuum.

CCXLII. DE COBONE VILLA. — Eodem tempore præfatus episcopus, rogatu prædicti Vuilhermi IIII abbatis, dono concessit monasterio nostro ecclesiam Sancti Georgii de Cobone super ripam Ligeris, cum omnibus quæ ad eam pertinent.

CCXLIII. DE VINEIS DE VOLIACO[54]. — In parrochia ejusdem ecclesiæ[55] ultra fluvium est locus qui dicitur Voliacus, habens vineas quæ de terra sunt[56] vicecomitis Arimandi, et dedit eam Pontio consulari de Faino cum filia sua in hæreditatem. Postea vero duo filii ejusdem Pontii, post mortem ipsius cupientes ire in Hierosolimam[57], sicut tunc fiebat ab omni Christianorum populo, decreverunt eamdem[58] possessionem vendere : ex quibus natu major nomine Petrus pro parte sua accepit pretium ab abbate Vuilhelmo[59] et a fratribus ejusdem loci[60] plusquam mille solidos et unam mulam; alter vero nomine Pontius, morte præventus, reliquit partem suam Petro Iterii[61], qui et ille accepit pro illa parte de rebus monasterii non parvam quantitatem, id est duos mansos in villa de Barietis et LX solidos et mulum[62]. Hoc autem factum est authoritate et con-

---

54. Texte impr. dans *Hist. de Lang.*, II, pr. 345-6 (319), Cart. abb. St-Chaf. = V. — 55. V paro-a Sancti Georgii de Cobone. — 56. V q. t-a fuit. — 57. V ire Je-lymam. — 58. V eandem. — 59. V Wille-o. — 60. V f. monasterii Calmiliensis. — 61. V Yt-i. — 62. V unam mulam.

silio Pontii vicecomitis, cujus beneficio cæteri possidebant, consensu quoque filiorum suorum et uxorum et aliorum familiarium suorum, cum quibus pariter chartam[63] venditionis firmiter ut dictum erat tenendam esse perpetualiter statuerunt, Ademaro episcopo præsidente Aniciensi ecclesiæ, regnante Philippo rege, anno[64] ab Incarnatione Domini M.XC.VII.

CCXLIV. DE CHADRONE VILLA[65]. — Ecclesiam Sancti Amantii[66] de villa quæ dicitur Chadronis, concessit prædictus episcopus[67], ad petitionem ejusdem Vuilhermi[68] abbatis, monasterio Beati Theofredi martyris, concensu suorum clericorum semper habendam.

CCXLV[69]. In eadem villa Chadronis præfatus abbas Vuilhermus acquisivit tres mansos de alodo, quos reliquit Jarento de Biziatico, pergens in illa[70] prima expeditione Hierosolimitana[71] quæ facta est zelo Christianorum, et accepit pretium pro ipsis rebus mansos et villam de Hermeto, mille solidos et unam mulam : ob quod ipse Gerento et Vuilhermus frater ejus dederunt totum quod in illis habere videbantur Domino Deo et sancto Theofredo et habitatoribus ejusdem monasterii ; quod tanta authoritate confirmatum est cum illis duobus fratribus et tribus aliis pariter jurantibus idem, Reymundo Bors, Petro Gasc, Geraldo, ut nemo postmodum præsumat violare vel calumniam inferre. Factum est hoc[72] mense julio, feria vi^a , luna xxx, anno ab Incarnatione Domini M.XC.VI, regnante Philippo rege [73].

CCXLVI. DE OFFERENDIS ET DECIMIS[74]. — Quidam miles nomine Geral(dus?)[75] accipiebat in ipsa parrochia decimas et partem offerendæ, et dedit ei dominus abbas Vuillerm(us) pro parte quam habebat CCCC solidos et eminam de annona. In ipsa parrochia est quædam villa quæ dicitur Hermum, quam acquisivit idem abbas de Pontio vicecomite : sunt autem in ipsa villa unus mansus et vii appendariæ; quantum ibi habebat vel alius tenebat ab eo, fideliter totum reliquit et dedit Domino Deo sanctoque Theofredo et habitatoribus ipsius mo-

---

63. *V* ca-m. — 64. *V* a. autem. — 65. Texte impr. dans *Hist. de Lang.*, II, pr. 346 (319ᵃ) =·· *V*. — 66. *C* A-tis. — 67. *V* c. monasterio Calmeliensi c. Ademarus Aniciensis. — 68. *V* p. domni Guillelmi. — 69. Texte impr. (incplt), *ibid*. — 70. *V* Bisa-o, p. Jerosolymam pro. — 71. *V deest*. — 72. *V* Acta sunt hæc in. — 73. (25) juil. 1096. — 74. Texte impr. (incplt) dans *Hist. de Lang.*, II, pr. 346 (319ᵇ) =·· *V*. — 75. *V* Arimannus G-l.

nasterii, et accepit de substantia ejusdem loci pecuniam DCC solid. et unam mulam. Et sic confirmavit suum donum, laudante uxore sua et filio Arimando et cæteris fidelibus et amicis, et confirmatum est cum charta cessionis[75*] in mense martio, feria vij, luna xx, indictione viiii[76], anno ab Incarnatione Domini M. C. I, regnante Philippo rege[77].

CCXLVII. De pensionibus de Podio[78]. — Memoria[79] mandatum est fratribus in cœnobio Beati Theofredi manentibus et mansuris diffinitionem[80] quæ facta est a domino Vuilhermo abbate IIII°, coram dom° Pontio episcopo et clericis ejus nobilioribus, Willelmo decano, Pontio et Bertrando qui dicuntur abbates, Icterio[81] et Girberto et pluribus aliis, de domibus Podii quæ sunt juxta ecclesiam Sancti Petri. Talis vero facta est definitio : quotiescumque abbas monasterii Sancti Theofredi voluerit in ipsis domibus hospitari, de suis propriis[82] rebus procuretur; post mortem vero Geraldi, unus lectus procuretur· et arca[83] et tunna et unum parium vel calderia, et xxix[84] solidi de domo reddantur; et successor ejusdem non vestiatur de domibus nisi primum facto placito cum abbate et habitatoribus prædicti cœnobii : quod apud eos tenuerit stabile permanebit; idem fiat de domo Guilhermi Aicardi[85], quoniam hæc et illa una est uniusque juris ac doni sunt ecclesiæ Beati Theofredi. Facta est[86] inde charta deffinitionis, mense aprili, feria iiii*, luna viii*, anno MCVIII, epacta vi*, concurrente iii°[87].

Explicit liber secundus *de reparatione chartarum*.

Hactenus igitur de rebus et possessionibus nostri monasterii quæ in pago Vellaico continentur pleniter, sicut in chartulis invenire potuimus, in uno corpore libri congregantes scribere curavimus; si quid autem neglectum est vel per oblivionem relictum, vel si quid postmodum fuerit honoris acquisitum, in vacanti pagina scribere licebit cui Deo donante vivere licuerit.

CCXLVIII. De rebus aliis in Vellaico pago quæ fuerant omissa. — Tempore Guigonis episcopi et abbatis, Sylvius qui-

---

75*. *V* Facta sunt hæc. — 76. *C* ix. — 77. *C* P-o. *Dimanche (24) mars 1101.*
— 78. *Ep* Carta. — 79. *Ep* m-iæ. — 80. *C* defi-m. — 81. *C* It-o. — 82. *C* de p. — 83. *Ep* archa. — 84. *C* xxx. — 85. *Ep* Ac-i. — 86. *Ep* e. autem. — 87. *(22) avril 1180.*

dam levita cum fratre suo Gaucelino sacerdote dederunt sancto Theofredo in Podio mansiones cum curte, quæ sunt in terra Sancti Stephani, cum omnibus ad eam pertinentibus.

CCXLIX. De vineis de Cedrirs. — Postmodum alius nomine Guilhermus cum uxore sua Tanta Filia dederunt nostro monasterio, illud tunc regente Guilhermo secundo, tres vineas in pago Vellaico, in villa quæ dicitur Cedrirs, in vicaria de Bolziol, pro sepultura sua et redemptione animarum suarum, feria v, luna vi, regnante Henrico rege[88].

CCL. De Montiliis mansis et Monte-Braco. — Præsidente Golfaldo, quidam vir nomine Hugo nobilis dedit nostro monasterio duos mansos in villa de Montiliis, et in alia villa nomine Montebracho ii mansos et in illa Pozolis unum mansum ex integro; tum alios qui sunt in Vellaico et Vivariense pagis, similiter alium mansum in villa quæ dicitur Exarto, in vicaria quæ dicitur Calanconensi.

CCLI. De manso de villa Fracta. — In arce Bonacense, in villa quæ dicitur Fracta, vir nomine Leothaldus cum fratre suo Bernardo dederunt huic monasterio unum mansum, alium vendiderunt pretio lx solid. accipientes de Guigone abbate et aliis fratribus, Franciæ vero regnante Roberto[89].

CCLII. De manso Rorheta. — Eodem tempore, vir nomine Rostagnus cum uxore sua Goberga dedit unum mansum, in villa quæ dicitur Rorheta, in arce Bonacense, ex integro.

CCLIII. De Brugerias. — Alius nomine Sylvius et uxor ejus nomine Helena dederunt unum mansum, in villa quæ dicitur Brugerias, in arce Banaciense.

CCLIV. De possessione quam dedit Guido. — Post illud tempus, Guilhermo abbate monasterium regente, vir nomine Guido dedit unum mansum in villa quæ dicitur Mercorio et in arce de Beldinar, et in alio loco et in arce d'Aneria et in arce quæ dicitur Aligerio unum mansum, et in arce de Capitolio, in villa Naisaco unum mansum et dimidium, et in villa de Monte Calvo unum mansum; factum mense augusto, feria vii, Roberto rege[90].

CCLV. De rebus Arimandi in Bonacensi. — Pietate motus Arimandus vir nobilis, Guigone abbate, dedit monasterio Bea-

---

88. *(1031-).* — 89. *(996-1014).* — 90. **Août** *(-1030).*

ti Petri et sancto Theofredo duos mansos et dimidium, et unum brolium in villa quæ dicitur Montegeraldi, et in villa Sallellas II mansos cum curtis et hortis et exevis et pratis et pascuis, sylvis, campis cultis et incultis, et in loco qui dicitur Tignolos unum mansum cum omnibus adjacentiis suis, et in villa quæ dicitur Campaniaco unum mansum ex integro, et in ipso loco boschum Gargarida, et in loco qui dicitur Varena unum mansum, et in loco qui dicitur Bufetis mansum unum cum molendino et aliis adjacentiis suis, mense februario, feria II, luna XVIII, regnante Roberto rege[91].

CCLVI. De manso Cazaletis Bonaciense. — Eodem tempore, Stephanus quidam et uxor ejus Eymerudis dederunt unum mansum in villa quæ dicitur Cazaletis, in arce Bonaciense, pretio L solid. a Guigone abbate ejusque monachis.

CCLVII. Incipit liber tertius.

Duos jam *de reparatione chartarum* libros, non sine laboris consuetudine confectos, tertium addere necessarium duximus, quem de rebus et possessionibus ad nostrum monasterium pertinentibus infra pagum Vivariensem positis conficere, prout facultas dabitur, deinceps nitemur; et quia plures in eodem episcopatu ecclesias habemus, omnes pariter ponere et nominare primitus utile nobis fore videtur et postmodum cætera quæ in chartulis reperiuntur describendo passim inventa congregare conabimur.

CCLVIII. A Vastris. — Vicinior nobis est ecclesia Sancti Theofredi de la Vastris, quæ posita in montanis inter nostras erat possessiones quasi nobis extranea, sed petente domino Vuilhermo abbate et largiente Laugerio episcopo Vivariensi, a sæcularibus quoque viris a quibus detinebatur non sine dono pecuniarum liberata nunc in nostra ditione consistit semper mansura [1].

CCLIX. De Sancto Juliano. — Non procul ab ista habetur ecclesia Sancti Juliani de Castro Novo, quæ detinebatur a dominis ejusdem castri, sed moriente uno ex eis nomine Pontio ibidemque sepulto, reliquerunt alii duo fratres, Bertrandus, Girinus, eamdem ecclesiam liberam episcopo Leogerio, tali

---

91. (26) févr (1000) ou (6) févr. (1010). — 1. (1096-).

tenore ut concederet eam monasterio Beati Theofredi habendam cum omnibus quæ ad eam pertinere videbantur ; sic tradiderunt cum molendino et prato et horto et domibus et curtis et cæteris rebus, in præsentia nobilium virorum qui aderant 2.

CCLX. De ecclesia Boreia. — Similiter et ecclesia Sanctæ Mariæ de Boreia donata est ab eis qui supradicti sunt et ab alio nomine Pontio, domino castelli juxta ipsam ecclesiam positi, qui permittente eodem episcopo cum omnibus quæ ibidem aspicere videbantur pariter monasterio nostro fideliter tradiderunt 2.

CCLXI. De ecclesia Si Martini, Si Johannis. — In valle quæ dicitur Amatis sunt duæ sub(ter) ecclesiæ, Sancti Joannis una, Sancti Martini altera, cum ecclesia Sancti Clementis sibi subjecta ; ex alia parte superius habetur ecclesia Sancti Joannis de Robore.

CCLXII. De Marriaco. — Monasterium et ecclesia Sancti Stephani quæ dicitur Marriacum habetur in illius regionis convallibus, adjacente sibi ecclesia Sancti Petri quæ dicitur a Contis, cum capella castelli quæ dicitur Brionis.

CCLXIII. De Ameliis. — A prædicto autem monasterio acquisita est ecclesia Sancti Genesii et capella vicini castelli Borrianum vocati.

CCLXIV. De ecclesia de Broschia. — Non longe ab eis habetur ecclesia Sancti Juliani de Brochia, quæ supposita3 est monasterio Mansicavillani 4, a cujus priore dudum est acquisita.

CCLXV. De Mizil., Eulaliæ. — Ecclesia Sancti Benigni de Miziliaco et ecclesia Sanctæ Eulaliæ quæ positæ sunt in montanis, acquisitas novimus a Vuilhermo III abbate, cum ecclesia Sanctæ Mariæ de Pervencheriis et ecclesia Sancti Lupi de Mircorio et ecclesia Sancti Juliani de Serro.

CCLXVI. De Ussello et ecclesiis aliis. — Monasterium Sancti Petri juxta castrum quod dicitur Ussellum habet ecclesias subditas sibi duas, Sancti Privati, aliam Sancti Martini de Vallo, quas acquisivit prior ejusdem loci cum capella ejusdem castelli, et habet aliud oratorium antiquitus constructum in

---

2. (1096-1119). — 3. C s-to. — 4. C M-arii.

villa quæ dicitur Arlitis, unde per unum mensem monasterium nostrum procuratur.

CCLXVII. De Pruneto. — Est quoque non procul ab istis ecclesia Sancti Gregorii in villa Pruneti, unde similiter uno mense sustentamur de vino.

CCLXVIII. De Attogiis. — Ecclesia vel monasterium Sancti Joannis in villa quæ dicitur Attogis procurat ministrando locum istum de vino duos menses, et ecclesia quæ dicitur de Brucco unum mensem subjecta illi de Attogis.

CCLXIX. De Cultis. — Ecclesia Sancti Theofredi in villa quæ dicitur Cultis ministrat similiter per duos menses, nempe septembrem et octobrem.

CCLXX. De obedientia Erodonis. — In valle quæ dicitur Erodonis habetur ecclesia in valle quæ dicitur Excolengo, et inde ministratur vinum huic monasterio tribus fere mensibus, martio, aprili, maio.

CCLXXI. De ii mensibus. — Jencho de Mura et Marniaco præbet vinum januario et februario.

CCLXXII. De Rovereto loco. — Monasterium et ecclesia Sancti Theofredi Rovereto acquisita est a quodam monacho nomine Galone tempore primi abbatis Vuilhermi, sicut in chartula refertur inde conscripta, cum uno manso.

CCLXXIII. De ecclesiis Lingoniæ in Vivariensi pago. — Monasterium Sancti Gervasii Lingoniæ habet plures ecclesias in eodem episcopatu, id est Sancti Genesii unam de Rama, Sancti Petri de Paisaco aliam, Sancti Theofredi de Felgeriis tertiam ; ecclesiam Sancti Martini de Monte Cœlico cum illa de Tina Sancti Laurentii, ecclesiam de Balneis et illam Sancti Vincentii de Cellario, ecclesiam Sancti Albani et illam Sancti Sebastiani de Conculas, et ecclesiam Sancti Clementis juxta fluvium Ilerium et aliam non longe positam ab illa Sancti Stephani

CCLXXIV. De aliis possessionibus in episcopatu Vivariensi.

Præsignatis ecclesiis quas in episcopatu Vivariensi nostrum monasterium possidet, deinceps cætera quæ in rebus aliis antiquitus habuisse in chartulis invenietur passim subscribere compendiose conabimur.

CCLXXV. De manso de Caldeyrobes. — In villa quæ dicitur Caldeirobes, in vicaria Sancti Baudilii, quædam matrona nomine Jersindis, cum filiis suis Bertrando, Reymundo, Bernardo, Guilhermo et Arberto, dedit unum mansum monasterio Sancti Theofredi, quantum ad ipsum mansum pertinere videbatur, pro redemptione animarum suarum et patris sui et pro sepultura cujusdam fratris sui nomine Emeni, cum pratis, sylvis, terra culta et inculta et omnibus adjacentiis suis, in præsentia domi Vuigonis episcopi et abbatis, mense januario, feria v, regnante Hugone rege [5].

CCLXXVI. De villa Legernaco [6]. — Anno [7] ab Incarnatione Domini DCCCC.LV, præsidente Golfaldo [8] episcopo et abbate monasterio [9] Beati Petri apostolorum principis, ubi corpus sancti [10] Theofredi pariterque sancti Eudonis, ejusdem primi abbatis, requiescit [11] cum multis aliorum beatorum pignoribus [12], quidam nobilis vir nomine Stephanus dedit eidem loco de rebus propriis suæ hæreditatis aliquam partem, hoc est mansos VII in loco qui dicitur Legernaco : quantum ibidem visus est habere et possidere, totum cessit fideliter et obtulit ; in alio quoque loco, in villa quæ dicitur Porcellerias, unum mansum et in alio loco qui dicitur Radicias [13] unum mansum, et in villa quæ dicitur Lacus unum mansum : qui sunt simul x mansi cum omnibus adjacentiis suis ; resident autem ipsæ res in pago Vivariensi, in vicaria Issartellensi, in supradictis villis. Hæc omnia dedit præfatus vir Domino Deo sanctoque Theofredo, pro redemptione animæ suæ et genitoris sui Icterii et genitricis nomine Arsindis, mense [14] decembri, feria IVa [15], indictione XIII, concurrente VIo [16].

CCLXXVII. De villa Arlitis. — Ante illud tempus, Dalmatio abbate, qui ante Golfaldum extitit, vir quidam nomine Vulgerius Domino sanctoque Theofredo dedit mansos septem in villa quæ dicitur Arlis, in pago Vivariensi, in vicaria Mariatensi : quantum in ipsa villa visus est habere vel possidere, to-

5. *Janv.* (988-996). — 6. *Ep* Carta. Texte impr. dans *Hist. de Lang.*, II, pr. 93 (86), Cart. abb. St. Chaf. —.*V*. — 7. *Ep V* Noverint omnes quod a-o. — 8. *V en m.* leg. « Godescalco ». — 9. *Ep* m-ii. — 10. *V* beati. — 11. *Ep V* r-cunt. — 12. *Ep* p-ncr-s. — 13. *Ep V* R-itias. — 14. *Ep V* Arsendis. Facta sunt hæc m. — 15. *C* III. — 16. Leg. VII. (5-26) *décem.* 955. — 17. (6-27) *juil.* 958.

tum pro animæ suæ redemptione, mense julio, feria III, regnante Lothario rege anno IIII[17].

CCLXXVIII. De alio manso. — In ipsa villa dedit unum mansum sancto Theofredo quædam matrona nomine Aialmodis cum filiis suis Stephano, Pontio, Ademaro, pro redemptione animarum suarum, cum omnibus quæ sibi adjacebant, sine ulla contradictione personæ habendum jure perpetuo; facta solemniter donatione, mense septembri, feria IIII, regnante Roberto, Vuigone abbate[18].

CCLXXIX. De alio ejusdem villæ manso. — Alius nomine Ebo cum uxore sua Leotgarda dedit in eadem villa unum mansum sancto Theofredo et abbati Golfaldo.

CCLXXX. Isimbardus quoque præpositus dedit alium mansum in ipsa villa sancto Theofredo et abbati Dalmatio.

CCLXXXI. De villa Pruneti et aliis duabus. — Quædam nobilis matrona n(omine) Bertha, post mortem viri sui Geraldi, qui multa contulerat monasterio nostro beneficia, dedit de rebus propriis non exiguam portionem in pago Vivariensi, in villa Pruneti, in vicaria Fontebellonensi, hoc est mansos novem, et in villa de Urnis quatuor et in villa Perralios tres; dedit in pago Vellaico totam villam de Cordaco, in qua sunt mansi quinque et quatuor appendariæ et unum molendinum: quantum in ipsis villis habebat vel possidebat, pietate mota et pro requie animæ viri sui aliorumque parentum defunctorum. Facta est charta donationis mense februario, luna XXVII, anno M.XVI[19].

CCLXXXII. De quatuor mansis de Brucco. — In eodem pago Vivariensi, in villa quæ dicitur Bruco, dedit quidam vir nomine Richardus cum uxore sua Pontia tres mansos Domino Deo et sancto Theofredo et habitatoribus ejusdem monasterio, et in alia villa, in loco qui dicitur Goblario in Monte Aureo unum mansum : quantum ad ipsos mansos pertinebat, totum omnino concedit, in præsentia Arimandi abbatis, regnante Ludovico[20].

CCLXXXIII. De terra Adalardi in Bruco. — Alius quoque vir nomine Adalardus, in ipsa villa de Bruco, dedit omnia quæ in eadem villa tenere et possidere videbatur sancto Theofredo,

---

18. *Sept. (996-1014).* — 19. *(9) févr. 1016.* — 20. *(986-7).*

quod ex ipsis abbatibus Dalmatio et Golfaldo ad medium plantum acquisierat.

CCLXXXIV. Gurpitio Icterii de Bruco. — Notum esse debet fratribus in cœnobio Beati Theofredi degentibus qualiter mala consuetudo, quam pravi homines in illa possessione usurpaverant, postmodum ab aliis eorum successoribus abolita (est). Quidam enim præpotens vir nomine Aldigerius, ædificans castrum quod dicitur Capdenaco juxta hæreditatem Sancti Theofredi, quæsivit a monacho qui tenebat obedientiam de Bruco ut sibi adjutorium præberet ad illud ædificium quinque modos vini : quod cum monachus difficile dedisset, alio anno similiter quæsivit et cum noluisset dare abstulit violenter, sicque mala consuetudo in terra Sancti Theofredi ; nec voluit pravum usum relinquere, nec filius ejus post ipsum. Post ipsos vero successit tertius nomine Icterius qui, melior existens quam sui parentes, cum interpellatus fuisset de hac re, timens judicium Dei et vindictam malorum, dereliquit pravam consuetudinem quam solebant parentes in supradicta villa exigere, et quidquid ex ea male præsumptum accipiebat pro timore Dei et sanctorum ejus amore totum dimisit, coram altari et sepulchro beati martyris Theofredi, nullumque de suis hæredibus post se præsumere talia decrevit et, quia necessitas exigebat, accepit a monachis equum valentem solidos C; et confirmavit hoc cum charta testimoniali, in præsentia Guilhelmi abbatis, qui erat frater ejus, et aliorum fratrum, anno ab Incarnatione Domini M XXIII, mense julio, feria VI, regnante Roberto rege[20*].

CCLXXXV. Dimissio Petri de ecclesia de Bruco. — Post multum tempus, cum Petrus, Icterii filius, antiquam suorum parentum consuetuedinem sequens, ipsam ecclesiam et res alias quæ juris erant Sancti Theofredi exigenda servitia injusta satis opprimeret, tamdem resipiscens decrevit dimittere omnia quæ contra fas ex eadem ecclesia vel villa Brucensi solebat accipere ; dedit ergo monasterio nostro et abbati Vuilhelmo cæterisque fratribus jure possidendum quod ille et herus injuste possederat, et confirmavit cum charta cessionis, uxore sua et filiis hoc ipsum laudantibus et in perpetuum tenendum fore

20*. (5-26) juil. 1023.

decernentibus, anno ab Incarnatione Domini M.LXXX.VIII, regnante Philippo rege.

CCLXXXVI. De manso Icterii de Actogiis. — In parrochia Sancti Joannis, in valle quæ dicitur Athogis, dedit sancto Theofredo unum mansum qui dicitur mansus Richardi, Guilhermo cæterisque fratribus præsentibus, regnante Henrico rege?¹.

CCLXXXVII. Renunciatio ejusdem Petri de rebus ecclesiæ. — Ecclesia Sancti Joannis, quæ est in valle Astorgis, quæ quondam monasterio Beati Theofredi largita fuerat cum reliquis possessionibus ad se pertinentibus a quodam nobili et religioso viro, a domino Geraldo cognomento Ruga, cum multis annis detinerentur injuste ab illis de quibus supra, dominationem iniquam in rebus ecclesiasticis sibi vindicantibus, tradendo clericis per successiones; cernens hoc abbas prædictus Vuilhermus IIII multumque dolens injuriam et detrimentum ecclesiæ sibi commissæ irrogari, cœpit omnimodis agere quatenus, depulsa prava consuetudine, pristinæ rectitudini eadem ecclesia redderetur. Cumque difficulter usus pravos depelli potuisset, tandem acquiescens monitis salutaribus Petrus, Icterii filius, de quo supra diximus, decrevit ut abjectis omnibus impedimentis debitæ libertati donaretur ecclesia; sed quia multum sibi commodum ex ea contingebat, noluit ita gratis illud dimittere ut a solo Deo indulgentiam vel præmium accipere mereretur; sed potius temporalis lucri mercedem percipere quæsivit, unde non parvi muneris quantitatem hac de causa de rebus monasterii sumens ab eodem abbate et ejus monachis, causas supradictæ disponendas ecclesiæ legaliter ut sibi videretur concessit et se defensorem futurum contra eos qui adversarentur promisit: hoc igitur modo suæ libertati ecclesia reddita, censum et pensiones quas viris sæcularibus impendebat nunc gratis nostro monasterio persolvit. Confirmavit autem hoc isdem Petrus, cum uxore sua et filiis et cæteris amicis suis, sine calumnia vel deceptione tenendum inviolabiliter omnibus successoribus suis jure perpetuo, maledictionemque illi subscribendam qui hoc aliquatenus repetere maligna mente præsumpserit; factum est pactum illud cum

21. *(1031-1060)*.

authoritate Geraldi episcopi Vivariensis et Pontii nepotis episcopi Diensis et clericorum ejusdem ecclesiæ, et domni Guilhermi abbatis et monachorum ejus, et aliorum nobilium virorum qui hujus rei testes et assertores fuerunt, anno ab Incarnatione Domini nostri Jesu Christi M.L.XXXIX, mense julio, feria vª , luna IIII, Urbano papa, regnante Philippo rege[22].

CCLXXXVIII. De ecclesia S' Joannis de Attogiis. — Tempore Ludovici regis II, Dalmatio abbate monasterium Sancti Theofredi regente, Geraldus cognomento Ruga, qui pro multis beneficiis eidem loco collatis perpetuam memoriam ibidem dignus est habere, dedit inter alia ecclesiam Sancti Joannis de Athogis, in villa quæ dicebatur antiquitus Vindicatis, nunc autem Athogis appellatur, ipsa vallis et villæ cum omnibus quæ ad ipsam ecclesiam pertinere videbantur, et unum mansum pariter quem sacerdos Aldalbertus in vita sua pro servitio quem ecclesiæ impendebat haberet; confirmavit autem donum eleemosinæ suæ cum charta testimoniali, consentiente conjuge sua et cæteris amicis quorum nomina subscripta fuerunt, in mense novembri, feria III, luna x [23].

CCLXXXIX. De manso de Montiliis. — In eadem villa dedit idem Geraldus et uxor ejus Bertha alium mansum in loco qui dicitur Montilium ; post cujus obitum Bertha uxor dedit alium mansum sancto Theofredo.

CCXC. De aliis rebus in eadem valle. — Alius vir nomine Volgerius et uxor ejus Rotrudis dederunt in ipsa villa Vindictis, id est Athogis, aliquam partem de rebus suis, vineas, mansiones et hortos; et in alio loco qui dicitur Molerias duos scannos de vinea ex integro, Golfaldo abbate.

CCXCI. De manso de Vaxia. — In eodem pago Vivariensi, in villa quæ dicitur Vaxia, Robertus cum conjuge sua Dida dedit unum mansum sancto Theofredo.

CCXCII. De manso de lo Benesco. — Vir nomine Girbernus dedit unum mansum in villa quæ dicitur Lobenesco ex integro, et alius nomine Bernardus vineam in eadem valle.

CCXCIII. De manso Pervencheriis. — Matrona quædam nomine Blicendis dedit mansum in villa quæ dicitur Perven-

---

22. (27) juil. 108(8). — 23. (6) novem. (938) ou (22) nov. (942).

cheriis et ea quæ adjacebant, nempe mansiones, curtes, vineas, campos, hortos, sylvas, pascualia et cætera, Golfaldo abbate, Ludovico rege[24].

CCXCIV. DE VILLA BRUCO CUM MANSIS ET APPENDARIIS. — Hæc est hæreditas et possessio in pago Vivariensi, in villa quæ dicitur Bruco, quam Santius dedit sancto Theofredo, tum etiam vir nobilis de Gabalitano post obitum suum : hoc est mansum quem Giberga cum filiis suis excolebat et illas costas quas presbiter tenebat, deinde mansum quem Folcheradus excolebat et alium mansum quem Iteodaldus excolebat, duos fere mansos quos Adalardus magister excolebat, cum plantis et mediis plantis ex integro, scilicet medium plantum Girberni filii Folcheradi, sicut descendit faxia de monte in vallem usque ad aquam est de ipso manso, et mansum quem Guido excolebat et in ipso mansum quem Geraldus Comportus excolebat ex integro et medios plantos, in eodem loco mansum quem Acfredus Surdus excolebat, et in ipso loco et in eodem loco mansum quem Adelardus excolebat et appendariam quam Domfredus tenebat, qui et Brunenchus dedit sancto Theofredo de hæreditate sanctionis ipsius; fuit et costa de Campo Longo, quam Nicetius comparavit uno modio de annona et uno caballo, et dedit sancto Theofredo, et mansiones quas Theodericus excoluit, et hortos et vineas et alia pars de medio planti Roberti, de manso Adalardi e superiore quod Volgerius dedit sancto Theofredo medium plantum Rotrudis, sive descendit de monte usque ad vineam Adalardi de causa Nicetii extitit ; deinde in villa quæ dicitur Arlitis dedit unum mansum vir Ebo cum uxore sua Leodiarda.

CCXCV. DE VILLA DE CROSO. — In vicaria Meiradensi, in villa quæ dicitur Crozo, dedit quidam vir nomine Ingelbertus cum uxore sua Rotberga de rebus suis aliquid monasterio Sancti Theofredi, id est casas cum curte, hortos, vineas, campos, prata, sylvas et adjacentia, cum quibus obtulerunt filium suum nomine Constantium serviturum Deo in eodem cœnobio, sub abbate Dalmatio, vi calendas julii, feria II, regnante Ludovico rege II[25].

CCXCVI. DE VILLA CAMPANIAS. — In eodem pago, in villa

---

24. (937?). — 25. Mardi 26 juin (937, ou 943 ou 948).

quæ dicitur Campanias, Rostagno abbate, quidam vir nomine Leutardus et Isingarda uxor ejus dederunt casam, curtem, hortum et vineam beato Theofredo.

CCXCVII. De Vobregio villa. — Tempore quo dominus Gotiscalchus monasterium[26] disponebat, quidam vir nomine Galbertus[27] dedit casam, curtem, hortum et vineam eidem monasterio Beati Theofredi[28].

CCXCVIII. De manso in eadem villa. — Tempore vero quo Arimandus nostrum monasterium regebat, vir nomine Jauveldus dedit in eadem villa Vobregio unum mansum cum mansione, curte, horto, campis, vineis, pratis, sylvis, pascuis, terra culta et inculta, cum cæteris adjacentiis suis, regnante Lothario rege[29].

CCXCIX. De vicaria Fontebellonensi de Brugerias. — In vetustissimis chartulis reperimus quod abbas Rostagnus, qui monasterium Sancti Petri Sanctique Theofredi sub Norberto episcopo regebat, habuerit mansum in villa quæ dicitur Bruggeria, in pago Vivariensi, quæ est in vicaria Fontebellonensi, et in ipso manso dederit vineam desertam cum mansione et horto cuidam viro nomine Ricario, ut eam in vita sua diligenter excoleret et possideret, et censum persolveret in festivitate sancti Theofredi omnibus annis quatuor libras ceræ et v modia vini, post mortem vero libera maneret possessio sancto Theofredo; scriptum mense octobri, feria v, anno xvii Caroli regnantis[30].

CCC. De villa Ducialico et ejus rebus. — Ipso quoque Rostagno gubernante monasterium nostrum, Sulpicius nomine cum uxore sua Geila dedit monasterio Beati Theofredi casam propriam cum curte et horto cæterisque aliis dependentibus, campis, pratis, vineis, sylvis, pascuis quæ sunt in pago Vivariensi, in villa Duciliaco, in arce Calanconense.

CCCI. De villa Bovozaco. — Item, Dalmatio abbate post Rostagnum, Giraldus nomine sub Ricardo supradicto positus dedit, in villa quæ dicitur Bovozac, in vicaria Fontebellonensi, casas, curtes, hortos, campos, prata, vineas et sylvas et cætera adjacentia, regnante Lothario rege[31].

---

26. *Ep* m. S{{ti}} Theoffredi Calmiliensis. — 27. *C* Gatb-s. — 28. *Ep* h. ac v. b-to T-ff-do Calmiliensi in villa Vobregio. Hæc anno circiter DCCCCXLVII contigere.—29. *(983-5)*.—30. *(5-26) octob. (909)*.—31. *(954-1?*

CCCII. De Agrinatis. — Tempore Dalmatii abbatis, vir nomine Bernardus et uxor ejus Aldiardis dederunt dicto monasterio, quod tunc regebat Dalmatius, in villa quæ dicitur Agrinatis, peciam de vinea.

CCCIII. In pago Vivariensi, in vicaria Vecialensi est villa quæ dicitur Massolus, ubi erat ecclesia Sancti Michaelis : in ipsa villa emit abbas Golfaldus III mansos cum ipsa ecclesia, cúm dependentiis a viro n(omine) Eracreo, pretio CC solid., regnante Lothario rege[32].

CCCIV. De villa Albenatis. — Vir nomine Grimaldus cum uxore sua Garangarda dedit in villa quæ dicitur Albenatis, in valle Vessialica, partem de campo divisam et terminatam monasterio Sancti Theofredi.

CCCV. De villa Albanense II mans. — Sicut in chartula vetustissima repertum est, tempore Gotiscalchi episcopi et Dalmatii abbatis, qui tunc monasterium Sancti Theofredi disponebant, quidam vir Ordonius nomine dedit eidem loco II mansos in pago Vivariensi, in villa Albanense cum omnibus adjacentiis, anno X regnante Ludovico[33].

Et alii alia diversis in locis : vide fol. 89 *de reparatione chartarum*.

CCCVI. De villa Cressiliano. — In vicaria Valnavense, in villa quæ dicitur Cressiliano, dedit Andreas quantum in ipsa villa possidebat sancto Theofredo, dum Gotiscalchus ei præerat.

Multa alia bona, id est possessiones, non autem ecclesias, alii multi in supradictis et aliis non memoratis vicariis et villis, in pago Vivariensi, dederunt cœnobio Sancti Theofredi, Rostagni abbatis, Gotiscalchi episcopi, Dalmatii, Golfaldi, Guigonis abbatum, sub regno tum Ludovici quam Lotharii, Henrici et Roberti regum in Galliis, ut videre est in libro *de reparatione chartarum* a fol. 82 usque ad fol. 90.

CCCVII. In villa Sancti Victoris domnus abbas Guilhermus acquisivit quartam partem decimarum de omnibus, medietatem carnis de Vuigotis Calco, laudante uxore ejus ; dedit ei præter centum XL solidos Valentinensis monetæ.

CCCVIII. Ego Reverendus cognomento Jordanus, et matre

---

32. *(955-983)*. — 33. *(945-6)*.

mea et nepotibus nostris Bonefos necnon et aliis laudantibus, pro animabus nostris et omnium parentum nostrorum, donamus Deo et sancto Theofredo et domino abbati Vulliermo et omnibus fratribus ibidem Deo servientibus, tam præsentibus quam futuris, molendinum super Colentiam apud Cadronem, accipientes ab eo LXXX solidos.

Hic in folio 26 recensentur dona quædam facta conventui, regente Vuigone abbate, regnante Ludovico, atque Vulliermo, regnante Roberto rege, in vicaria Fontis Bellonis, sita in pago Vivariensi prope Albenas et Vessaauge et circum circa ; regente Golfaldo, regnantibus Lothario rege, (anno) regni XXV, atque Ludovico ; Vuido abbas et episcopus, regnabat tunc Rodulphus rex atque Robertus ; deinde sub quorum imperio ædificata est ecclesia de Rovereto in honorem sancti Theofredi, cujus reliquiæ imagoque ad jam dictam ecclesiam portatæ, miranda visa fuere : multi enim a languoribus sanati sunt.

CCCIX. Guigo, episcopus Aniciensis, Lothario regnante, dedit Guigoni monasterium regenti[34] II mansos in vicaria Sancti Benigni de Mizillac, et alium mansum de sua hæreditate in mansionibus.

CCCX. Post Golphuldum rexit monasterium Arimanus, cujus temporibus datus est huic monasterio, in villa Feliairolas sive Avolatis, unus mansus cum casis, curte, exitibus[35], vineis, campis, pratis et sylvis, terris cultis et incultis, a viro quodam nomine Adalardo et fratre suo Flotberto.

Vide fol. 27 *de reparatione chartarum*.

CCCXI. DE RESIPISCENTIA SYLVII, MONASTERIO SANCTI THEOFREDI INFENSISSIMI VIRI, ut notatur libro *de reparat. chartarum*, fol. XXX, anno 1016, indictione XIV, regnante Roberto, Guilhermo 4° præsidente[36].

SYLVIUS, qui fuit filius[37] Redempti, qui fuit filius Mainfredi, cum post mortem patris sui Redempti, qui fuerat advocatus et deffensor[38] monasterii Sancti Theofredi, ubi ad conversionem veniens, præsentem bene finierat vitam, rapinas et cædes et multa mala cœpisset[39] cum aliis fratribus suis, hominibus et rusticis terram monasterii incolentibus inferre[40], et

---

34. *(Env. 985)*. — 35. *C* excubus. — 36. *Ep* CARTA. — 37. *C* S. f-s. — 38. *C* defe-r. — 39. *Ep deest*. — 40. *Ep* i-et.

pro tantis malis frequens ad Deum oratio[41] coram sepulchro beati martyris[42] fieret ; tandem, divino timore correptus ac de sua iniqua præsumptione pœnitens, venit humiliter ad monasterium et nudis pedibus ac cæteris membris ante sepulchrum sancti martyris flendo se prosternens veniam præcabatur, et cum ei fratres de præteritis indulsissent si de futuris caveret, promisit emendationem et reliquit et dimisit omnes malas consuetudines et pravos usus quos in terra Sancti Theofredi præsumpserat et injuste requirebat, et ut nihil amplius nisi quantum pater suus acceperat ipse deinceps acciperet nec aliquis ex filiis ejus aut ex propinquis, et ut hoc postea firmiter teneretur conscribere dimissionem cum maledictione jussit, si aliquis hoc repetere præsumpserit. Factum est hoc[43] mense martio, feria IIII[a], luna IX[a], anno ab Incarnatione Domini M.XVI, indictione XIV, regnante Rotberto[44] rege[45].

CCCXII. CHARTA DE ESCOLENCO SEU ECCLESIA SANCTI ANDEOLI MARTYRIS IN PAGO VIVARIENSI[46].

Sacrosanctæ[47] Dei ecclesiæ[48] Calmiliensis[49] monasterii, quæ est constructa in pago Vallavensi[50], in aice[51] Aniciense[52], quæ est constructa[53] in honorem sancti Petri et sancti Martini, ubi sanctus Theofredus[54] martyr humatur[55], et sanctus Eudo et sanctus Fortunatus et duo Innocentes ibidem[56] in corpore requiescunt, ubi domnus Vulfaldus[57] abbas supra ipsa congregatione monachorum Deo famulante[58] præesse videtur. Ob hoc igitur[59] ego in Dei nomine Guillelmus[60] et frater meus Armandus cogitantes[61] de Dei misericordia vel de æterna Christi retributione, pro remedio animarum nostrarum et animarum[59] genitoris nostri et[62] genitricis nostræ[59], vel pro remedio animæ[63] fratris nostri Grimaldi ; propterea cedimus vel donamus ad[64] supradictam jam casam[65] Dei[66] aliquid de rebus

41. *C deest.* — 42. *Ep des. c. s. b. m.* — 43. *Ep h. in.* — 44. *C Rob-o.* — 45. (20 ou 22) *mars 1016* : le 9ᵉ jour de la lune était un jeudi. — 46. *C add.* l(ibro) d(e) r(epar.) c(hart., fol.) xxxv, Golfaldo abbate, rege Lothario, anno 899 ; *Ea* CARTA DE E-O, ms. citat. fol. 35. Texte impr. dans *Hist. de Lang.*, II. pr. 101 (90ᵉ), Cart. abb. St-Chaf. V ; cf. BRÉQUIGNY, I, 429. — 47. *Ea V S-æ.* — 48. *V e-æ.* — 49. *Ea V C-liace-s.* — 50. *Ea V* Vela-se. — 51. *C d'abord* arce, *V* vico. — 52. *Ea V* Amnoricense. — 53. *Ea V* c-secrata. — 54. *Ea T-ff-s, V T-osf-s.* — 55. *Ea V h-us.* — 56. *Ea V* ibi. — 57. *Ea* Wuff-s, *V* Wlf-s. — 58. *Ea V* super i-am c-em D. f-em (*V* f-es). — 59. *Ea V deest.* — 60. *C* G-lhermus. — 61. *Ea V* c-amus. — 62. *Ea V* atque. — 63. *Ea* (?) *V* a-arum. — 64. *Ea* et. — 65. *Ea V* s-tæ j. c-œ. — 66. *C deest.*

nostris, quæ nobis ex hæreditate parentum nostrorum legibus obvenerunt[67]. Resident autem ipsæ res in pago Vivariensi, in[66] vicaria Pratelliensi[68], in villa quæ dicitur Escolenco : hoc est[69] in[70] ecclesia quæ est consecrata in honorem sancti Andeoli martyris; quantum[71] ad ipsam ecclesiam aspicit vel aspicere videtur, totum ad[72] integrum cedimus vel donamus ad domum superius dictam[73], sine ulla contradictione. Sane si quis, nos ipse aut ullus homo, qui charta eleemosinaria ista contraire[74] aut inquietare præsumpserit, non valeat vindicare quod repetit, sed ira[75] Dei omnipotentis et sanctorum ejus super illum incurrat, et cum Dathan et Abiron[76] et Juda traditore in inferno sustineat pœnam, et p(ost)ea charta[77] ista firma et stabilis permaneat[78] cum stibulatione subnixa[79]. Facta charta[80] eleemosinaria feria v, mense[81] januario, (anno) ix°[82] regnante Lothario[83] rege[84]. Sig. Wlliermi et fratris sui Armandi. Signum Guidonis. S. Isnardi. Sig. Laodegarii. Sig. Maganfredi. Sig. Aviti[85].

CCCXIII. Incipit liber quartus de reparatione chartarum.

Expleto tandem III° libro, qui de possessionibus in pago Vivariensi positis ad nostrum monasterium pertinentibus editus est, quamvis non omnia descripta sint, adjuvante Domino quartum addere librum curavimus de rebus et ecclesiis quas in aliis pagis habemus; et primum de Valentinensi episcopatu, in quo multa sunt, dicendum videtur.

CCCXIV [1]. Tempore Radulphi[2] regis præsidebat ecclesiæ Valentinensi reverendus vir nomine Lambertus episcopus [3], qui dum rebus ecclesiasticis vigilanter intenderet, cernens locum fundatum in honorem beati martyris Victoris, juxta eamdem[3] urbem positum, desolatum jam ac pæne desertum ordineque religionis penitus destitutum, cœpit satagere qualiter

---

67. *Ea V* o-re. — 68. *Ea V* P-lense.— 69. *C* enim. — 70. (!). — 71. *Ea V* et q. — 72. *Ea V* et ad. — 73. *Ea V* ad jam supra d. ecclesiam. — 74. *Ea* h. ca-am ipsam e-am irritare. — 75. *C* iram. — 76. *C* D-am et Abyron. — 77. *Ea* et per istam ça-am. — 78. *Ea* p-ant. — 79. *C* stabilit-e s-xit. — 80. *Ea V* ca-a ista. — 81. *C* in m. — 82. *Ea* en m. « Actum anno DCCCCLX vel circiter », *V* anno D.CCCC.... — 83. *Ea* L-herio. — 84. (5-26) janv. (965). — 85. *Ea V* S' Guillermo et f-re ejus (*V*, S.) A-do, S' G-ne, S' I-do, S' Landagario, S' M-do (*V* Mecg-o), S' A-to.

1. *Ep* Carta. Cf. *Gallia christ.* nova, II, 765.—2. *Ep* R-lfi.—3. *Eap* eandem.

isdem[1] locus in pristinum restitueretur statum. Consentientibus itaque clericis ejusdem sedis, Andrea decano, Guigone abbate, Isarno archidiacono, Archibaldo[5] apocrisario[6] et cæteris omnibus, cum Ademaro comite, advocavit dominum Guigonem abbatem[7] de cœnobio Calmiliensi[8] venerabilem virum, et depræcatus est eum quod[9] prædictum locum in sua cura susciperet et fratres ibi regulariter viventes inducere procuraret; qui, precibus episcopi et aliorum acquiescens[10], testamentum scriptum et privilegium dari sibi[11] de hoc pacto rogavit, quatenus locus ille suo studio reparandus semper sub dominio et regimine monasterii Calmiliensis et successorum ejus abbatum[12] deinceps consisteret ac permaneret jure perpetuo. Cujus voluntati et[13] petitioni pontifex et clerus libenter acquieverunt: tali tamen tenore sibi servato[14], ut inter alias preces orationum quotidie unum psalmum, id est LX^m[15], flexis genibus nisi festivitas fuerit[16] pro se suisque successoribus et amicis decantarent, pro defunctis vero[17] cum possibile fuerit vigiliam et missam. Confirmatum est hoc decretum et pactum a domino Lamberto episcopo et clero sedis ejusdem, intermissa maledictione si quisquam temerarius umquam[18] præsumpserit dissolvere vel[19] calumniare tale communiter designatum decretum. Quod factum[20] est pridie[21] idus martii, feria IIII[22], luna VI^a, anno millesimo XI ab Incarnatione Domini nostri Jesu Christi, regnante Radulpho rege[23]: nomina vero clericorum omnium qui hoc laudaverunt in charta[24] privilegii ejusdem episcopi sigillatim[25] descripta sunt[26].

4. *Ep* idem. — 5. *Ep* A-imb-o. — 6. *Ep* a-rys-o, *B* a-chriza-o. — 7. *B* a-m Vi-m. — 8. *C* Calvi-i, *Ep* C-meliace-i, *B*^{a} C-ie-i. — 9. *B* quo. — 10. *Ep* B^a adq-s. — 11. *Ep* s. d. — 12. *Ep* C-liace-s et s-ribus c-sdem a-tibus. — 13. *Ep* ac. — 14. *C* s-ta. — 15. *B* sexagezimum. — 16. *B* deest. — 17. *Ep* videlicet. — 18. *Ep B* unq-m. — 19. *B* et. — 20. *Ep* d-mque. F. — 21. *Ep* II. — 22. *C* 4^a, *B* ive. — 23. (14) mars 1011. — 24. *B* ca-a. — 25. *B* sing-m. — 26. Texte abrégé dans *Ea* (p. 182): « *Notitia qualiter dom*^{s} *Lambertus episcopus Valentinensis restituit monachos in monasterio Sancti Victoris juxta eandem urbem deditque illud sancto Theofredo et monasterio Calmilius.* — Notum sit omnibus Christi fidelibus tam præsentibus quam et futuris, quod Lambertus episcopus Valentinensis dedit Deo et sancto Theofredo ac dom^o Wigoni abbati Calmiliacensi locum Sancti Victoris juxta eandem urbem desolatum, ut cum locum in sua cura susciperet et fratres ibidem regulariter viventes inducere procuraret: quod et fecit præfatus abbas Wiguo. Ut autem hæc donatio firma sit et inconvulsa futuris temporibus, hanc cartam Lambertus episcopus fieri jussit et manu propria subsignavit. Actum anno ab Incarnatione Domini MXI. S'Lamberti episcopi, qui hanc cartam fieri præcepit. S'S' canonicorum et aliorum qui testes et auditores fuerunt.

CCCXV. De sylva, molendino, pratis et[27] **piscatorio.** — Prædictus[28] præsul[29] Lambertus, non solum eumdem[30] locum ad reparandum et emendandum aliis tradidit, sed multa etiam bona fratribus ibidem conversantibus[31] ipse tribuens, in ejusdem loci augmentatione sollicitus existebat ; dedit enim eidem loco Sancti Victoris Sanctique Fortunati[32] murium[33], sylvam[34] quæ vocatur Castanetus, et unum molendinum de Gutta[35] et unum pratum[36] et dimidiam piscatoriam : totum hoc concessit illis fratribus qui serviunt et qui servituri sunt Domino Deo sanctisque[37] in eodem loco, sine calumnia vel sine[38] contradictione cujusquam[39] personæ. Confirmatum est hoc donum ipsius episcopi auctoritate, et Arnaldi præpositi et Andreæ decani, Stephani abbatis, Isarni archidiaconi, Archibaldi[5] archiclavi et cæterorum clericorum, et Ademari comitis, fratris episcopi, kalendis octobris, feria II^a[39*], luna XXX^{ma} [40].

CCCXVI. De rebus Gilberni. — In eodem pago Valentinensi acquisivit abbas Vualdus possessiones de quibusdam viris ; nam dedit Domino Deo sanctoque Theofredo partem de suis rebus, quas jure hæreditario possidebat in villis quæ dicuntur Vineatis, Roiatis, Jaconatis, Chasnatis : quantum in istis villis habebat, totum fideliter obtulit sine calumnia et contradictione. Factum in mense martio, feria II^a[40], regnante Conrado rege anno X^{mo}[41].

CCCXVII. De Clevo et aliis villis — Eodem anno, quidam vir nomine Iterius et uxor ejus Blitgarda dederunt similiter eidem abbati et monasterio sibi commisso Beati Theofredi, in villis Clevo, Centuria, Lasenatis, Cocoriano, Banciano, Vinovolis[42], Corniano, Cassanolias et Corno : quantum infra fines earum continebatur et ad se pertinebat, totum fideliter obtulerunt Domino Deo et sanctis ejus[43] in eodem loco semper habendum. Confirmatum ab illis et Atrupto[44] clerico, in mense julii, feria IIII[45].

27. *B* M. ET P-TO. — 28. *Ep* P. vero. — 29. *B* præses. — 30. *Ep B* eundem. — 31. *Ep* commanen-s. — 32. *B* Theofredi. — 33. *Ep* monasterium, *B deest*. — 34. *B* sil-m. — 35. *B* Guta. — 36. *C Ep* e. u. p. *des*. — 37. *B* s. supradictis. — 38. *B* c. et. — 39. *C* c-ue. — 39*. *B*$^{.}$ undecima. — 40. *1er octob*. *(1011)*. Texte abrégé de CCCXIV-V dans *Ea* (p. 82): « Quomodo restaurata fuerit ecclesia S^{ti} Victoris juxta urbem Valentinensem. — T .... loc. S^{ti} V. j. e. u. p., desertum ac p. r. o-e d., dedit Guigoni abbati et monachis ejus, r-e Rodulfo r-e, in eoque loco Deo servientibus ; et in restaurationem tribuit munricum *(en m.* in necessarium) sylvam... toriam. Confirm. fuit a. i. e. et .... epi, anno MXI ». — 41. *(1-29) mars (947)* ? — 42. *B* V-onis. — 43. *B*$^{.}$ illis. — 44. *B* a. — 45. *(7-28) juil. (947)* ?

CCCXVIII. DE BRASCO ET CE[46] OCTO CASALIBUS, CAMPO. — In eodem pago, in villa que dicitur Brasco, dedit quidam vir nomine Pontius cum sua conjuge Crispina monasterio Sancti Theofredi quod habebat in ipsa villa casalum[47] vinealis et campum simul tenentem.

CCCXIX. DE POSSESSIONE ARIMANDI. — Item, in eadem villa Brasco, dedit Arimandus cum Gerino filio suo sancto Theofredo totum quod ibi possidebat cum omni integritate, sine calumnia et contradictione cujusquam hominis semper habendum, Wigone[48] abbate. Datum in mense februario, feria VII[a], luna I[ma][49], regnante Roberto[50] rege[51].

CCCXX. DE MANZO[52] MEJERATIS[53]. — Alius quoque vir nomine Rainaldus dedit primum[54] mansum, in villa que dicitur Meteratis, de sua hereditate Domino et sancto Theofredo, cum omnibus quæ ad eum pertinebant, Wigone abbate.

CCCXXI. DE POSSESSIONE SYLVII QUAM DEDIT SANCTO THEOFREDO. — In eodem pago Valentinensi, in villa quæ dicebatur Viliano et nunc dicitur Mota, quidam vir nobilis nomine Silvius[55] cum uxore sua dedit quantum ibidem possidebat Domino et sancto Theofredo et abbati Waldo[56] et habitatoribus ejusdem monasterii, cum portu qui pertinet ibidem et cæteris adjacentibus omnibus; et in alio loco, in pago Diensi, castello quod nominatur Carrovolo : quantum ibidem habebat et possidebat, totum fideliter obtulit eidem monasterio semper habendum. Datum in mense novembris, feria II[a], regnante Conrado[57] rege[58].

CCCXXII. PRIVILEGIUM REGIS CONRADI [59].

IN NOMINE SANCTÆ ET INDIVIDUÆ TRINITATIS, CONRADUS[60] divina largiente clementia rex. — Si locis divino cultui man-

---

46. *B* ELCE. — 47. *B*[a] casulum. — 48. *B*[a] Gui-e. — 49. *B* prima. — 50. *B*[i] Rolb-o. — 51. (6) *févr. (1003)*. — 52. *B* MANDO. — 53. *B* M.VEJ. METERATIS. — 54. I[um] unum? — 55. *B*[a] Syl-s. — 56. *B*[a] Vua-o. — 57. *B*[a] C-ardo. — 58. *Novem. (954-983)*. Texte abrégé de CCCXVI-XXI dans *C* : « Idem abbas Vulfaldus acquisivit in dicto Valentinensi et in pago Julio, hodie Lamothe, perplures alias possessiones descriptæ in libro *de reparatione chartarum*, folio 36, regnante Conrado rege, cujus subsequitur privilegium ». — 59. *C* add. fol. 56 de rep. chart., *Ea* P-M QUOD FECIT C-DUS REX CŒNOBIO S[ti] THEOFFREDI DE CALMILIACO IN PAGO VELLAICO. Texte impr. dans *Gallia christ. nova*, II, instr. 260-1, ex chartul. S. Theofredi G; D. BOUQUET, *Recueil*, IX, 697-8 (5), ex schedis D. Estiennot R; SCHEID, *Origg. Guelficæ*, II, 132-3 (46), d'ap. G. Cff. GEORGISCH, I, 229; BRÉQUIGNY, I, 426. — 60. *B* C-ARDUS.

cipatis terras quas minus firmiter possident auctoritate[61] regalis celsitudinis firmius corroborare potuero, ad præsentis vitæ stadium percurrendum et ad æternæ remunerationis bravium capessendum mihi prodesse non dubito. Noverit igitur industria virorum nobilium[62] atque simul[63] omnis[64] Ecclesia fidelium, quoniam abbas venerabilis Calmiliensis[66] monasterii[67] nomine Vulfaldus[68], cum aliquibus monachis Domino Deo sanctoque Theotfredo[69] regulariter servientibus, nostram adiit præsentiam ; poscens humiliter ut prædia terrarum ac villarum, quas inclytus martyr[70] Theotfredus[71], munere nobilium virorum Odilonis comitis et Achidei præsulis, et Sylvii[72] atque Truberti[73], et adjutorio atque eleemosina[74] Geilini comitis, in pago Valentinensi atque Diensi possidet, præcepti nostri corroboratione firmarentur, ut rector monasterii cui subjacent et successores ejus[75] ac monachi regulariter ibidem ad præsens et in futurum[76] degentes, ipsarum rerum stabili adepta firmitate, debita obsequia Deo et almo martyri valeant exhibere[77]. Talis ergo petitio in conventu omnium nostrorum laudabilis extitit, et visa est placuisse nobis. Volumus igitur auctoritate[61] nostri regiminis et successorum nostrorum, cum consensu Geilini[78] comitis et Aimonis[79] episcopi et Vulfaldi[80] petitoris, firmum consistere ut omnia quæ ad monasterium Sancti Theotfredi[69] in pago Diensi atque Valentinensi nunc videntur[81] pertinere, aut sint[82] de fisco regali aut de potestate episcopali vel[83] de potestate comitali sive de franchisia[84], et quæ in posterum ibidem ipsi monachi potuerint[85] acquirere[86], omnia regali defendantur[87] potestate[88]. Sunt autem ipsæ res sitæ[89] in comitatu Diensi atque Valentinensi[90], in loco[91] qui prius dictus est Savenna, cum ecclesia Sancti Stephani, et modo dicitur ad Pontem : scilicet ex utraque parte fluminis, quod dedit Odilo comes ; et in adjacente loco qui[92] dicitur Carrovalis[93], et in alio loco villa de Clevo[94] et illa de Mota[95] Subteriore[96] cum portu. Hæc

61. *C Ea* autho-e. — 62. *C* v. n. i. — 63. *C* deest. — 64. *C* o. sub. — 65. *B* qualiter ? — 66. *Ea B G R* C-liace-s. — 67. *Ea R* cœnobii. — 68. *B* Waldus. — 69. *C B* T-of-o. — 70. *B* vir et m. — 71. *C* des. regul.... Theof-s. — 72. *B* Arc-i p., Sil-i. — 73. *C* Tu-i. — 74. *B R* e-syna. — 75. *Ea R* e. s. — 76. *C* e. f. — 77. *B* exi-e. — 78. *Ea* Geyl-i. — 79. *C* Ei-s, *Ea R* Aym-s. — 80. *Ea* Wu-i, *B* Wa-i. — 81. *C* v-etur. — 82. *C* sit, *B* sic. — 83. *B* ut. — 84. *Ea B* f-icia. — 85. *B* p-runt. — 86. *Ea R* adq-e. — 87. *Ea R* deff-r. — 88. *B* p. d. — 89. *B* suæ. — 90. *C* V-nie-i. — 91. *C* locus. — 92. *B R* quod. — 93. *Ea G* C-volis, *B* Charrav-s, *R* C-rov-s. — 94. *C* Clovo, *B* Clevio ? — 95. *C* Motta. — 96. *C* S-ri, *Ea R* Supe-re.

omnia, quæ nunc ipsi monachi possident et quæ in posterum potuerint[85] acquirere[86], ut semper totius firmitatis obtineant vigorem et nullius temeritate possint violari, his litteris regali auctoritate[61] corroboravimus et annuli[97] nostri impressione signavimus, et nostrorum fidelium manu roborari jussimus, quorum nomina descripta sunt :—Signum Conradus[60] rex[98]; — Signum Geilini[99] comitis, — Signum Amonii[100] episcopi, — Signum Amedei comitis[1], — Signum Eruberti[2] comitis, — Signum Arnaldi[3].

CCCXXIII. Donum Achidei[4] episcopi in Ponte[5]. — In pago Diensi, in loco qui vocatur[6] ad Pontem[7], ecclesiæ[8] quæ ibi est[9] consecrata[10] in honorem sancti martyris Theofredi[11] et sancti Eudonis necnon et sancti Petronii[12] confessoris, dominus Achideus[4] episcopus dedit aliquid de propriis rebus suis : hoc est casas[13] cum curtis, hortos, exævos, vineas et campos et sylvas[14], cum terris cultis[15] et incultis[16] ; et habent fines desuper monte[17] Mortonio, sicut aqua vergit in Arduno et sicut aqua vergit[18] in monte Aisono[19] usque in rivo[20] qui dicitur Amarantia[21], de subteriore parte aqua Rubione currente usque in territorio de Mannal et veteres[22] molinos. Quantum infra[23] istas terminationes habebat, totum dedit Domino et supradictis[24] sanctis semper habendum. Datum in mense maio, feria IIda, anno xxmo regnante Conrado[25] rege[26].

CCCXXIV. Donum aliorum in ipso territorio. — Postmodum alii quatuor homines, Nicetius[27], Aldebertus, Achilinus[28] et Lambertus comes, dederunt in eodem pago partem de rebus suis : de una parte rivo qui dicitur Andria[29] usque ad villam Sincana[30], et de alia parte terra[31] Sancti Theofredi ; quantum intra fines ipsos continetur, Domino Deo et sancto Theofredo

---

97. *Ea R* c. a-ique. — 98. *C Ea monogramme inédit.* — 99. *C* Geili, *B* Gelli. — 100. *B* A-ni, *Ea* Aym-i, *R* A-is.
1. *Ea R* des. Sig...., tis. — 2. *Ea R* Umb-i. — 3. (956?). — 4. *B* Arc-d. — 5. *Ep* Carta. — 6. *B* nomina-r. — 7. *C B* P-tum. — 8. *Ep* e-iam, *B* é-a. — 9. *B* e. i. — 10. *Ep* i. c-structa e. — 11. *B* T. m. — 12. *B* P-ni, *B¹* P-is. — 13. *B* gazas. — 14. *C* c., s. — 15. *B* curtis. — 16. *B* i-urtis. — 17. *B* def. — 18. *B* des. in..... it. — 19. *B* Vezono. — 20. *B* rivum. — 21. *B* A-ncia. — 22. *Ep* e. de tres. — 23. *B* intra. — 24. *C* superd-s. — 25. *Ep* C-ddo. — 26. (4-25) *mai* (957). — 27. *B* N-erius. — 28. *B* Arc-s. — 29. *B* A-rea. — 30. *B* Simeana. — 31. *C* t-am.

tradiderunt sine contradictione personæ, abbate Vulfaldo[32] regente monasterium, anno xxiv[33], regnante Conrado[34].

CCCXXV. DE ECCLESIA CARROVOLIS. — In pago Diensi, in[35] loco qui dicitur Carrovolis, est ecclesia[36] Sancti Joannis quam tenebant duo viri, Arimanus et Pontius, et dedit unusquisque partem suam Domino Deo[35] et sancto Theofredo : quantum in ipsa ecclesia requirebant[37], totum illud dimiserunt ; et accepit unusquisque eorum ab abbate Vuilhermo[38] II°[39] xxv solidos, et sic confirmatum est donum cum charta cessionis roborata testibus conscriptis.

CCCXXVI. Alius vir nomine Rostagnus dedit in eadem villa unum mansum, eodem Vuillermo II° abbate.

CCCXXVII. DONUM ECCLESIÆ SANCTI JOANNIS DE CARROVOLO AB ACHIDEO EPISCOPO[40]. — Ecclesiam Sancti Joannis de Carrovolo dedit monasterio Sancti Theofredi et abbati Vulfaldo[41] monachisque ejusdem loci semper habendam dominus Achideus[4] episcopus, cum decimis et primitiis et aliis rebus ad ipsam ecclesiam pertinentibus, sine calumnia vel contradictione personæ cujusquam ; confirmavitque donum suum cum charta testimoniali, feria II^d, mense maio, anno xx^{mo}[42] regnante Conrado rege[43].

CCCXXVIII. DONUM VILLÆ CHALIANI[44]. — Tempore quo Dalmatius abbas regebat monasterium Calmiliense, quidam vir nomine Arricius[45] et uxor ejus Emma dederunt aliquid de rebus suis ad ipsum locum Domino Deo sanctoque Theofredo et aliis sanctis : hoc est in villa quæ dicitur Chaliano[46], in vicaria Subdionense ; quantum ibi possidebant[47] et habere [48] videbantur, totum fideliter obtulerunt[49] sine ulla contradictione[50], confirmatum cum charta cessionis, in mense aprili, feria III^a, anno VII^{mo} regnante Ludovico rege[51].

CCCXXIX. DONUM RORBERTI ET UXORIS EJUS[52]. — Subsequenti tempore, Vuigone[53] abbate monasterium disponente, vir quidam nomine Robertus[54] et uxor ejus Theotburgis[55]

---

32. B Vua-o. — 33. C des. reg... xxiv. — 34. (960-1). — 35. C deest. — 36. B add. quæ dicitur. — 37. B r-atur. — 38. B Wilclmo. — 39. B deest. — 40. B D. ARC-EI E-PI. — 41. B Wa-o. — 42. B xi. — 43. C C-o r-te. (4-25) mai (957). — 44. B DE V-A C-LL-NO. — 45. B A-cus. — 46. C Chel-o. — 47. B p-atur. — 48. B habebatur. — 49. B o-re. — 50. B c-cente persona. — 51. (3-24) avril (943). — 52. C des. Don.... ejus. — 53. B Wi-e. — 54. B Rorb-s. — 55. C T-ob-s.

dederunt in villa quæ dicitur Sancti Marcelli Amilhosco[56] ; quæ est in vicaria Soionense, quantum ibi[57] possidere videbantur ; et in alia villa quæ dicitur Artis, quæ est sub castello de Cruciolo[58], similiter. Quantum ibi possidere vel[59] habere videbantur, totum obtulerunt Domino[35] Deo sanctoque[60] Theofredo : servata sane tali[35] convenientia, ut semper ad tertium annum x. solidos sancto Petro Romæ transmittantur. In villa quoque quæ dicitur Galexiano, dederunt medietatem de[35] ecclesia[61] Sancti Martini, et in pago Vellaico[62], in villa quæ dicitur Monte Usclato[63], dimidium mansum cum uno molendino.

CCCXXX. DE PRÆDIO GEILINI COMITIS. — In pago Valentinensi, in [39] vicaria Subdionense [64], in aice [65] de villa quæ dicitur Cornatis[66] sive Calliario[67], dedit possessionem monasterio Sancti Petri Sanctique Theotfredi[68] vir inclytus nomine Geilinus[69] comes, cum conjuge sua Gothelina[70] : hoc est colonica[71] una, et est macheria vetusta, terra culta et inculta, quæ habet fines de superiore parte rivulo currente qui dicitur Mamemone[72], de subteriore parte Rhodano fluvio volvente et rivulo qui dicitur Cerano, et est mura[73] Flodone in medio posita. Quantum infra[23] ipsos fines concludit[74], totum ex integro dedit[75] Domino Deo sanctisque ejus in prædicto cœnobio semper habendum, quod tunc abbas Golfaldus[76] regebat, facta donatione pridie kalendas julii, feria IIda, regnante Conrado[25] rege[77].

CCCXXXI. DE VILLA GIRANA. — Eodem tempore[78] quidam alius vir[79] nomine Samuel, cum uxore sua Adalgude [80], dedit partem de rebus suis monasterio Sancti Theofredi, in villa quæ dicitur Girana : hoc est mansiones cum curtis, hortis, exævis, et vinea et pecia de campo et sylvis et cæteris adjacentibus ; totum quod ibi possidebat fideliter obtulit, sine ulla contradicente persona[81], feria Iª, kalendas[82] augusti, Vualdo abbate[83].

56. *B* Amih-o. — 57. *C* sibi. — 58. *B²* C-ruzi-o. — 59. *B* et. — 60. *B* et s-o. — 61. *B*. s-e-œ. — 62. *B²* V-arquo. — 63. *B* Ustulaco. — 64. *B* S-si. — 65. *C* arce, *B²* vico. — 66. *C* Carnotis. — 67. *Ep* Cerliano, *B* Caliano. — 68. *C B* T-of-i. — 69. *Ep* Geyl-s. — 70. *Ep* Gobc-a, *B* Gote-a. — 71. *C* colen-a. — 72. *B* des. de... ne. — 73. *Ep* Muro. — 74. *B* incl-t. — 75. *B* donavit. — 76. *B* Vua-s, *B²* Wa-s. — 77. *30 juin (956 ou 962).* — 78. *C* similiter. — 79. *B* q. v. — 80. *C* S. et u-r ejus Adelgaldis. — 81. *B²* e-ctione. — 82. *B* cal. — 83. *C* regente eodem Vulfaldo. *1er août (958 ou 969).*

CCCXXXII. Item, in supradicta vicaria Soionensi, in villa Geira, Arimanus et Aribernus fratres dederunt aliquid.

CCCXXXIII. Item, eodem abbate, Adebertus et uxor ejus Girberga dederunt vineam coopertam, in vicaria quæ dicitur de Vallis.

CCCXXXIV. De duobus mansis in villa quæ dicitur de Planis. — Postmodum abbas Guigo dum regeret monasterium[84], Arnaldus presbiter dedit eidem loco[85] duos mansos in villa quæ dicitur Planis, in arce Soionensi[86] : quantum ad ipsos mansos adjacere videbatur, totum obtulit Deo sanctisque ejus et fratribus in eodem loco servientibus jure perpetuo semper habendum ; datum in die sabbati vij kalendas[87] maii, regnante Conrado rege anno xxxvi°[88].

CCCXXXV. De vinea de Silvinis[89]. — In ipsa vicaria, in villa quæ dicitur Silvinis, dedit   de vinea quædam femina nomine Burgada sancto Theofredo, ejus monachis semper habendum.

CCCXXXVI. Item, in supradicta vicaria, (in villa) dicta Belmonte, Bertrandus et uxor ejus Gilberga dederunt medium mansum, regnante Radulpho rege (anno) vii[90].

CCCXXXVII. De villa Cornatis. — In sæpe dicta[91] vicaria Soionensi, in villa quæ dicitur Cornatis[92], dedit quidam vir nobilis nomine Leotardus monasterio Beati Theofredi, quod tunc abbas et præsul Wigo[93] regebat[94], unum clausum iiii mansos valentem de sua hæreditate, et in alio loco peciam[95] de vinea : cum tali[96] conditione[97] dans hanc possessionem, ut frater qui tenuerit ipsam[98] obedientiam semel in anno epulum splendidum ex lampredibus[99] aut ex magnis[100] piscibus in refectorio fratribus exhibeat[1] ; et ipsi[2] fratres, pro timore Dei, officium et missam defunctorum pro se et suis parentibus[3] studeant decantare. Confirmatum est hoc donum cum carta testimoniali, feria iv[ta] [4], mense octobri, regnante Radulfo[5] .

---

84. C Item, G-one postea regente. — 85. C d. huic monasterio. — 86 B¹ in Vizocorionensi. — 87. B xxvii° cal. — 88. Sam. 25 avril (974). — 89 B¹ Syl-s. — 90. (999-1000). — 91. C Item, eodem..., in præfata. — 92. B v. C. — 93. B¹ Vuigo. — 94. C Guigone episcopo præsidente monasterio. — 95. B pecuniam. — 96. C v. : ea. — 97. B possessione. — 98. C eam. — 99. Cf. Giraud, Essai histor. sur l'abb. de St-Barnard ... de Romans, 1e p., II, 104-5. — 100. B aliis. — 1. B¹ exi-t. — 2. C; i. autem. — 3. C o. mortuorum et m. p. p. suis. — 4. C iii. — 5. C B¹ R-lpho. Oct. (993-1014).

CCCXXXVIII. Isdem autem Leothardus dedit fratri suo, monacho Sancti Theofredi, vineam unam in eadem villa Cornatis, valentem dimidium mansum.

CCCXXXIX. DE EADEM VILLA DE CORNATIS. — In[6] prædicta villa dederat ante plures annos partem de rebus suis quidam vir nomine David, cum filia sua Poncia[7], monasterio quod tunc abbas Rostagnus regebat: hoc est mansos, hortos, vineas, campos cum aliis adjacentiis ad possessionem pertinentibus, totum fideliter contulit Domino sanctoque Theofredo et cæteris sanctis, ejusdem loci habitatoribus ibidem servientibus, ad habendum semper jure perpetuo; facta donatione cum carta testibus consignata, VII calendas aprilis, die sabbati regnante Karolo rege anno III°[9] .

CCCXL. Item, anno ab Incarnatione Domini D.CCCC.LX, regni Lotharii anno IIII°, monasterium regente Vulfaldo[10], in villa Marniaco, vir Godrannus cum uxore sua Blitgarda dedit eidem monasterio perplures possessiones : vide fol. xxxviij.

. CCCXLI. DONUM. — Quædam[11] matrona nomine Aramberga[12] dedit, in eadem villa Marniaco, vineam cum[13] troliare, quantum intra fines et terminos suos concludit, filio suo Fromaldo, monacho Sancti Theofredi : ea conditione ut, post ejus[14] obitum, in communia monachorum ista hæreditas remaneat sine ulla contradicente persona[15]; datum in mense martio, feria   , Vualdo[16] abbate. — Dedit etiam, in eadem villa, campum et dimidiam[17] partem vinearum quas acquisierat de Autgerio, eidem filio suo Fromaldo, consentientibus aliis filiis suis laicis, Adrado, Autgerio et Dominico.

CCCXLII. In eademque villa, vir nomine Natalis dedit campum divisum, terminatum ex una parte cum terra Sancti Theofredi, abbate Vulfaldo.

CCCXLIII. DE VILLA LEUMAS ET MARNIACO. — Alius quoque vir nomine Autgerius dedit in eadem villa quantum habebat, et in alia villa quæ dicitur Leumas[18] similiter quod ibi possidebat: totum dedit ex integro monasterio Beati Theofredi semper

---

6. *C* Insuper i. — 7. *C* Pontia. — 8. *C* R-no a-ate m-ii Sancti Theofredi. — 9. *C* r-ni K-li a. Domini III. *Sam. 26 mars (886 ?).* — 10. *960.* — 11. *C* Item. — 12. *B* A-cia. — 13. *C* et. — 14. *C* ipsius. — 15. *C* o. ad monasterium pertineret ex integro. — 16. *C* Vulfaldo. *B*² Waldo.— 17. *C* mediam. — 18. *C* L. seu Marniaco.

habendum ; in mense junio, feria II^da, abbate Gulfaddo[19], rege Lothario anno XIIII° [20].

CCCXLIV. De villa Iberiolis. — Sic et[21] alius vir[22] nomine Alboinus[23], cum sua uxore Blitgarda, dedit in villa quæ dicitur Jeorolis plantatam cum saliceto, juxta aquam Erodone, terminatam finibus suis, eidem monasterio semper habendum.

CCCXLV. Donum de Manso Calviliano[24] a Geilino comite factum[25]. — In [26] pago quondam Lugdunensi, quod nunc est in episcopatu Valentinensi [27], Geilinus nobilissimus vir et potens, de quo supra dictum est, cum sua conjuge nomine Raimodi[28], dedit ecclesiam in loco qui dicitur Manso Caviliano, quæ est consecrata in honorem Domini [29] Salvatoris nostri, cum ipsa parrochia et clauso de vinea, et viridario et omnibus adjacentiis suis, ut habeant et possideant semper rectores monasterii Sancti Theotfredi [30] sine ulla contradicente [31] persona ; et in alio loco villam quæ dicitur Canilis : quantum ibidem pertinere videbatur et ejus erat possessionis, totum eidem monasterio contulit jure perpetuo. Hæc et alia bona idem [32] princeps nostro contulit loco, Vulfaldo abbate, sicut alibi [33] dictum est. Hoc donum est factum [34] mense martio, feria II^a, anno Domini D.CCCC.LXI, indictione IIII^a, regnante Lothario [35].

CCCXLVI. In episcopatu Viennensi.

Tempore Vulfaldi [36] abbatis Calmilii, quidam vir nobilis nomine Sulpicius dedit jamdicto [37] monasterio partem de rebus suis, quas in pago Viennensi seu Vallavensi possidebat : hoc est villam quæ dicitur Faia, et aliam [38] quæ dicitur [39] Combres. Postmodum [40] uxor ejus dedit eamdem possessionem, laudantibus filiis, regnante Conrado [41] anno xxx° [42].

CCCXLVII. In eodem pago, in villa Menglone, Vulfaldo [36] abbate, dedit casas duas cum hortis, curtis, campis et vineis.

CCCXLVIII. In eodemque, Arimando post Vulfaldum [36]

---

19. *B des.* a. G. — 20. *C regni* L-ii xiv, *B²* a-o xiv^mo Loterico r-c. *(6-27) juin (970).* — 21. *B¹* Licet. — 22. *B deest.* — 23. *B* A-n. — 24. *C en m.* Pricuré de Macheville. — 25. *Ep* Carta. Texte impr. dans *Hist. g. de Lang.*, II, pr. 106 (96), Cart. abb. St. Chaf. ⸺ *V* ; cf. Bréquigny, I, 433. — 26. *Ep V* Noverint omnes quod i. — 27. *V* V-nie-i. — 28. *Ep V* R-oti. — 29. *V deest.* — 30. *C* T-of-i, *V* T-osf-i. — 31. *C* c-ctice-e. — 32. *C* ibi-m, *V* isdem. — 33. *Ep V* l. et Wu-o (*V* Wl-o) a-ti ut supra. — 34. *Ep V* h. autem d. f-m fuit. — 35. *Ep V* L-herio. *(4-25) mars 961.* — 36. *Ep* Wu-. — 37. *Ep* præfato. — 38. *C* a-a, *V* a-m villam. — 39. *C* de. — 40. *Ep* P. vero. — 41. *Ep* f. suis. Facta sunt hæc r. C-ddo. — 42. *(966-7).*

abbate, Leotgerius dedit dicto monasterio vineas et campos ad se pertinentes, juxta vias publicas et rivulum Silo et terram Sancti Petri, anno xxxvii regni Conradi regis[43].

CCCXLIX. In eodem pago, regnante Henrico rege, Ugone abbate [44], xv kalendas aprilis, feria iiii[a], luna xix[a][45], Geilinus comes, cum filiis suis Odone episcopo, Arberto[46], Rostagno, Ugone, Conone et uxore Ava, dedit monasterio Sancti Theofredi[47] locum de Sancto Bartholomæo cum ecclesia de Madernatis, ad monasterium construendum[48]; pariter campos et prata quæ sunt subtus Buxoni[49] Mediano, inter Galaurum rivum et alium rivulum qui dicitur Amilia: vide *de reparat. chart.*, fol. xl[50].

CCCL. Non longe ab ipso loco est posita ecclesia Sancti Victoris, quam dedit sancto Theofredo et monachis ibidem consistentibus Umbertus et uxor ejus Aymerudis, cum filiis suis Guilhermo monacho[51], qui postea abbas effectus est, et Arberto, Guigone, Petro et aliis, consentiente domino Vuarmundo[52] archiepiscopo Viennensi, cum primitiis et offerendis, et medietate decimarum et alodo ecclesiæ[53].

CCCLI. De monasterio Uterinis[54]. — Locus quoque de Sancta Maria de Uterinis[55], qui est in eodem episcopatu, quem dedit sancto Theofredo quidam nobilis vir nomine Aymo, dominus castelli juxta positi quod dicitur Manduni, ad monas-

---

43. *Ep* P. Donum istud factum fuit a. x. r-nante C-ddo rege. (973-4). — — 44. *Ep* r. et Vig-e a. monasterii S[ti] Theotfredi Calmilius. — 45. Mercr. 18 mars (1058). — 46. *C* Alb-o. — 47. *Ep* d. Deo et s[to] T-otf-do. — 48. *Ep* c. : sunt autem hæ res sitæ in episcopatu Viennensi; dedit. — 49. *C* Busconi. — 50. Texte dans *Ea* (p. 283) : « *Notitia qualiter data fuerit ecclesia S[ti] Bartholomæi sancto Theoffredo a comite Geilone ad monasterium construendum.* — Cunctis sanctæ Ecclesiæ fidelibus notum sit, quod Geilinus comes, cum filiis suis Odone episcopo, Arberto, Rostagno, Ugone et Conone, ac uxore sua Ava, dedit Deo et sancto Theoffredo locum de Sancto Bartholomæo et etiam ecclesiam de Madernatis, ad monasterium construendum : sunt autem sitæ res prædictæ in pago Viennensi. Tunc Wiguo abbas regebat monasterium Calmilius. Confirmatum autem fuit hoc donum cum carta testimoniali, xv kalend. aprilis, feria iiii, luna xix, regnante Aenrico rege ». — 51. *Ep* A-ratis dederunt Willelmo m. filio suo. — 52. *Ep* Wa-o. — 53. Texte altéré dans *Ea* (p. 285) : « *Quomodo Geilinus comes dedit ecclesiam Sancti Victoris, juxta Viennensem civitatem, sancto Theoffredo et abbati ex monasterio Calmilius, in pago Vellaico.* — Notum esse volumus sanctæ Dei Ecclesiæ fidelibus tam præsentibus quam et futuris, quod Geilinus comes, pro remedio animæ suæ et filiorum suorum, et pro anima Guillelmi filii sui qui monachus factus est in cœnobio Sancti Theoffredi et postea fuit ejusdem monasterii abbas, (dedit) ecclesiam Sancti Victoris juxta urbem Viennensem sitam. Huic donationi assensum præbuit Warmundus, archiepiscopus Viennensis ». — 54. *C en m.* Annexé au pricuré de Macheville. — 55. *Ep* He-s.

terium construendum ibidem, et dedit in circuitu ecclesiæ terras et possessiones, quas adhuc idem locus possidet, sine ulla calumnia vel contradictione; et postea filius ejus nomine Fulcho, qui monachus effectus est, donum patris augere et confirmare cum fratribus suis procuravit: sic in chartulis scriptum habetur[56].

CCCLII. De prioratu Sancti Mauritii de Sclacianis. — Ecclesiam[57] Sancti Mauritii, de villa quæ dicitur Sclacianis, dedit sancto Theofredo Vuiguo[58] comes senior, in cujus erat alaude[59] posita; et Guilhermus[60], castelli quod dicitur Ebsoni[61] dominus, quod ad eum pertinebat similiter dedit, cum omnibus adjacentiis ipsius ecclesiæ, insuper et capellam ejusdem castelli[62]. De quo postea cum fuisset exorta cum uxore non parva controversia inter clericos Sancti Valerii et monachos Sancti Theotfredi, tandem congregato conventu clericorum et monachorum et aliorum nobilium virorum a domino Vuidone[63] archiepiscopo, sicut modo tenetur, constat esse definitum tali tenore, ut deinceps monachi eam a clericis[64] Sancti Valerii haberent et possiderent[65], omnique anno in solemnitate ipsius sancti libram unam incensi persolverent. Facta autem est hæc pactio anno ab Incarnatione Domini MXCIIII°, regnante Philippo rege.

CCCLIII. De monasterio de Ennaco. — In eodem episcopatu habentur aliæ possessiones et ecclesiæ, ex quibus quædam amisimus, sicut ecclesiam de Solo; quædam vero possidemus, ut ecclesiam Sancti Juliani de Ennaco cum omnibus quæ ad eam pertinent, et capellam de ipso castello, et in alio loco ecclesiam Sancti Clementis, in loco qui dicitur Vallis[66] Viridis, cum adjacentiis suis, et in alio loco ecclesiam Sancti Pauli.

CCCLIV. In episcopatu Gratianopolitano.

Ac primo de monasterio Sancti Laurentii. · In episcopatu

---

56. Texte dans *Ea* (p. 236): « *Quomodo vir nobilis Aymo, dominus castelli Mauduni, dedit sancto Theoffredo locum Sanctæ Mariæ de Viterinis ad monasterium construendum.* — Cunctis sanctæ Dei Ecclesiæ fidelibus manifestum esse volumus, quod quidam nobilis vir Aymo, dominus castelli Mauduni, dedit Deo et sancto Theoffredo et abbati, pro remedio peccaminum suorum et pro redemptione animæ suæ ac parentum suorum, locum Sanctæ Mariæ de Viterinis in episcopatu Viennensi situm, ea ratione ut ibidem monasterium construatur et Deo monachi aggregentur. S' Aymonis. SS' aliorum qui viderunt et audierunt ». — 57. *Ep* Carta. Notum sit omnibus quod e. — 58. *Ep* Wigo. — 59. *Ep* alode. — 60. *Ep* G-llelmus. — 61. *Ep* Els-i. — 62. *Ep* c-tri. — 63. *Ep* Wi-e. — 64. *C* monachis. — 65. *C fin.* — 66. *C deest.*

Gratianopolitano[67] plura noster locus possidet, inter quæ omnia monasterium Sancti Laurentii secus fluvium Isaræ[68] primatum obtinet, quia per illud cætera sunt acquisita; quod qualiter acciderit, charta[69] donationis ejusdem episcopi hic inserenda videtur.

CCCLV. Decretum episcopi Umberti[70].

Notum sit omnibus tam præsentibus quam[71] futuris, quod regnante domino[72] Radulfo[73] rege[74] in Galliis, ego Umbertus[75] Grationopolensis[76] ecclesiæ præsul, cum pro posse providerem[77] clerum et plebem mihi subjectam, incidit desiderium in cor nostrum ut, pro spe coelestis patriæ et propter remedium animarum nostrarum, locum fundatum in honorem[78] beati Laurentii martyris, præfatæ sedi subjectum, qui[79] per incuriam male direptus[80] erat et inopia exigente[81] religionis status inibi[82] penitus[83] annulari[84] videbatur, in pristinum restitueremus[85] statum[86]. Consentiente itaque domino[72] Radulfo[73] rege[87] et regina Ermengarda, et[87] domino[72] archiepiscopo Brocardo, matre quoque[88] mea Fredeburge[89], atque Malleno[90] nepote meo, simulque aliis nepotibus meis[87] Umberto[91] atque Wigone[92], accitum domnum[87] Wigonem[92] abbatem de coenobio almi Theofredi[93] et Johannem[94] venerabilem monachum, deprecati[95] sumus eos, ut eumdem[96] locum in suo dominio susciperent, et fratres ibi regulariter degentes semper delegarent. Qui audientes nostris precibus libenter assenserunt, ea tamen ratione ut exinde hæreditarium[97] firmamentum, scilicet privilegium, de manibus nostris acciperent; qualiter ille locus per omnes[98] succedentes[99] generationes in

---

67. *B* G-nensi. — 68. *C* Izaræ. — 69. *B* ca-a. — 70. *Ea* Decretum Humberti Gratianopolensis episcopi pro restauratione monasterii S^{ti} Laurentii : restaurat illudque Guigoni S^{ti} Theotfredi Calmiliaci ac successoribus suis ordinandum tradit anno Domⁱ MXII. Texte impr. dans Mabillon, *Diplomat.*, edd. 1e et 2e, 580; 3e, 6)0-1 (150), ex chart. *M*; *Bull. de la soc. de statist. ..... de l'Isère*, 2e s., V (1861), 348-50, d'ap. expédit. authent. de 1679 — *P.* Cff. Georgisch, I, 317; Bréquigny, i. 525; Valbonnais, II, 7^h. — 71. *Ea* q. et . — 72. *Ea* domno. — 73. *C B* R-lpho. — 74. *C M* deest. — 75. *B*^t Hu-s. — 76. *C* G-litane-s, *M* G-ian-s, *Ea* Graci-le-s, *P* Grati-s. — 77. *B* nostro. — 78. *Ea P* h-re. — 79. *B Ea P* quod. — 80. *B Ea P* d-um. — 81. *Ea* cog-e. — 82. *B P* mihi. — 83. *C* pæn-s. — 84. *B Ea P* adnull-i. — 85. *B* r-m. — 86. *P* s. r. — 87. *P* deest. — 88. *C M* m-eque. — 89. *M* F-ga, *Ea* Frod-ge. — 90. *Ea* M-oque, *P* M-o atque. — 91. *C M* Hu-o. — 92. *B* Vui-. — 93. *Ea* T-ff-i. — 94. *C B* Joa-m. — 95. *C B* d-ræc-i. — 96. *Ea* eundem. — 97. *M* her-m. — 98. *B* pro omnibus. — 99. *Ea* deest.

potestate et[99] subjectione, regimine ac tuitione permaneret cœnobii Beati[100] martyris Theofredi[1], et omnes abbates per cuncta[100] succedentia tempora haberent in potestate[2] ipsum locum secundum suam voluntatem regere, disponere et ordinare, sine ullius contradictione personæ[3]. Quod audientes assensimus quidem, ea ratione ut quotidie, exceptis diebus festis, unum psalmum, hoc est « Deus[4] misereatur nostri[5] », pro nobis et successoribus[4] nostris[100] et omnibus propinquis et benefactoribus nostris flexis genibus decantent, pro defunctis vero, cum possibile fuerit, vigiliam et missam. Sed et hoc quod supra scriptum est, et nunc iterum inserere libet, quia secundum petitionem prædicti Wigonis[97] abbatis et monachorum ejus decretum est ab[37] omnibus[37] atque statutum[7], ut iste [8] locus Sancti[9] Laurentii martyris perpetualiter[10] maneat atque consistat in potestate et [1] providentia et subjectione et ordinatione legali jure Calmiliensis[12] cœnobii, quod est fundatum in honorem[18] beati[13] Petri principis apostolorum, ubi sanctus martyr[99] Theofredus cum aliis sanctorum pignoribus[14] requiescit in corpore, et habeant[15] semper tam[16] abbas quam congregatio ipsius cœnobii locum ipsum in potestate secundum[16] libitum proprium tenere, disponere, regere[37] et ordinare, sine cujusquam impedimento personæ. Si quis vero hoc[37] temerarius infringere aut violare præsumpserit, tam nostra quam omnium episcoporum auctoritate[17] omniumque fidelium Christianorum, damnationem excommunicationis[18], nisi resipuerit et satisfaciendo emendaverit, patiatur, amen. Atque ut hoc quod factum est firmius credatur et certius teneatur a se et successoribus suis, ipse dominus[19] Umbertus[15] episcopus hanc cartulam[20] scribere rogavit, in præsentia canonicorum omnium qui tunc præsentes aderant, quorum nomina ibidem conscripta tenentur; et ipse[21] propria manu firmavit omnesque similiter confirmare præcepit stipulatores[99] '[22]. Signum Radulfi[23] regis. Signum[24] Brocardi archipræsulis. S' Umberti

---

100. *M deest*. — 1. *P* T. m., *Ea* T-otf-i. — 2. *Ea* p-em. — 3. *B Ea* P u. hominis c. — 4. *P* Dominus. — 5. *Ea P deest*. Ps. LXVI. — 6. *P* s-cso-s. — 7. *Ea* sancitum. — 8. *Ea* isdem, *P* idem. — 9. *Ea* scilicet. — 10. *B* p-uo. — 11. *P* atque. — 12. *Ea* C-liace-s. — 13. *C M* sancti. — 14. *Ea* s-tis p-ner-s. — 15. *B* h-atur. — 16. *B deest*. — 17. *C Ea* autho-e. — 18. *C B M* d., e-nem. — 19. *C Ea M* domnus. — 20. *C M* cha-m, *P* c-uram. — 21. *C* ipsa. — 22. *Ea* ads-s. — 23. *C B* R-lphi. — 24 etc. *Ea* S'.

episcopi Gratianopol., qui hoc donum fieri præcepit[25]. Signum Fredeburgæ-[6], matris ejus. Signum Wigonis[27] et Umberti[28], filiorum fratris[29] ejus. Signum Malleni nepotis ejus. Facta est carta[30] hujusmodi anno ab Incarnatione Domini M°XII°[31], feria v[a], luna xxv[a], indictione x[a][32], epacta majore iii[a], minore xxv[a][33], concurrente iii°, cyclo decemnovennali vi[35].

CCCLVI. DE QUATUOR ECCLESIIS DE VICO. — In eodem episcopatu, in loco qui[36] dicitur Vicus, dedit sancto Theofredo quædam matrona nomine Leotgarda, cum filiis suis, Amblardo videlicet et Volfaldo[37], Bethone[38], Fulgerio, Achino, Sigibodo et Silvione[39], ecclesias quatuor quæ sunt in ipsa villa: una Sanctæ Mariæ, alia Sancti Joannis, et alia quæ dicebatur ad Sanctum Stephanum, quarta non longe quæ[40] vocatur Brega, quæ est in honorem[41] Sanctæ Mariæ, cum omnibus ad ipsas ecclesias rebus pertinentibus. Totum pariter obtulerunt Domino[42] pro redemptione animarum suarum, confirmantes donum eleemosinæ suæ cum carta[43] testimoniali, signata auctoritate Malleni episcopi Gratianopolitani[44], et Wigonis[45] comitis et uxoris ejus Adelsendis[46], filiorumque suorum Umberti et Wigonis[45], et aliorum testium; in mense augusto, feria iij[a], luna ii[da], regnante Conrado rege[47].

CCCLVII. DE VINEA ET MANSO ET[48] CABANNARIA. — Postmodum quidam ex supradictis fratribus, nomine Aquinus, dedit in eadem villa juxta ecclesiam Beati Joannis vineam quam ipse ædificaverat, et in alio loco unum mansum qui[49] dicitur ad Publeum[50] et cabanariam[51]: quantum ad ipsum mansum et cabanariam[52] pertinebat, cum campis et vineis, pratis et sylvis, terra culta et inculta, totum[53] ex integro Domino Deo sanctoque

---

25. *C B M P des.* S' Umb.... ejus. — 26. *Ea* Frod-æ, *P* Fred-ge. — 27. *C* Wui-s, *B¹* Vu-s, *B² Ea* Wi-i. — 28. *C B* Hu-i. — 29. *B Ea P* U. fratrum. — 30. *C M* cha-a. — 31. *M* millesimo duodecimo. — 32. *B* in die duodecimo. — 33. *Ea* xxxv, *B fin.* — 34. *Ea* ii, *P* secunda. — 35. *Ea* ciclus XVIII[b] vi, *P* c-s decem nonalis. *(21 févr.-13 nov.) 1012.* — 36. *C deest.* — 37. *B* V-ardo. — 38. *B* Betone. — 39. *C* Syl-e. — 40. *B* quæ n. l. — 41. *C* h-e. — 42. *B deest.* — 43. *C* cha-a. — 44. *B* G-lensis. — 45. *B* Vui-s. — 46. *B* A-nsis. — 47. *(26¹ août 1035).* Texte dans FONTANIEU, *Preuves de l'hist. de Dauph.*, II, 1, 21 (ex cartul. S. Theoffredi) et abrégé dans *Ea* (p. 83-4): « QUOMODO MATRONA LEOTGARDIS DEDIT S[to] THEOFREDO IV[or] ECCLESIAS. — In e. Gratianopolitano, in l. q. d. V., q. m. L. n. d. iv[or] e. q. s. in i. v. s. T-ff-o, u. S' Johannis dicitur, altera S[tæ] Mariæ virginis, iii[æ] S[ti] Stephani, iv[a] v. B. in h. s. M. virginis, c. o. ad i. p. Quod d. confirmatum fuit c. t-nii atque s-tum.... testium, r. C. r. — 48. *B* DE. — 49. *B* quod. — 50. *B* P-licum. — 51. *B* c-nn-m. — 52. *B des.* q... c. — 53. *B* t-mque.

Theofredo, pariterque loco Sancti Laurentii et fratribus in ipsa ecclesia Sancti Joannis Domino servientibus, (dedit) semper habendum jure perpetuo. Hoc autem fecit cum.⁵⁴ consilio fratrum suorum qui supradicti sunt, et aliorum fidelium et amicorum suorum, et pro anima patris sui Bethonis⁵⁵ et matris Leotgardæ et aliorum propinquorum suorum, xi⁵⁶ kalendas martii, feria iiiᵃ luna xxviᵃ, regnante Conone rege Teutonicorum⁵⁷.

CCCLVIII. De monasterio Sancti Michaelis de Conissa⁵⁸. — Sunt in eodem pago et aliæ possessiones et ecclesiæ monasterio nostro subditæ, inter quas locus Sancti Michaelis, congruens et aptus⁵⁹ religioni satis, habetur⁶⁰ : est autem non longe a Vico, super fluvium qui dicitur Dravus⁶¹, in latere montis qui dicitur Conissa, quem⁶² construxit in propria possessione quidam nobilis vir nomine Lantelmus⁶³ ; ubi post mortem suam sepulturam accepit, relinquens eidem loco prædia et ecclesias, non solum in eodem episcopatu, sed etiam in Vapincensi⁶⁴ et Maurienensi positas⁶⁵.

CCCLIX. De Sancto Nicecio in Auriatico. — Locus⁶⁶ etiam Sancti Nicetii⁶⁷ ; satis in amœno positus loco, non procul a monasterio Sancti Michaelis, habens sibi subditas ecclesias, datus a dominis ejusdem castri sancto Theofredo, cum aliis rebus ad ipsum pertinentibus, a priore Sancti Laurentii nomine Guidone reverendo viro acquisitus est.

CCCLX. Hæc quoque postmodum in ipsa obedientia acquisita sunt per industriam Guilhermi⁶⁸ monachi, qui ipsam obedientiam non segniter administravit : in ipsa villa Monasterii, duos campos ad fontem qui dicitur Sancti Petri, unum desuper, alium subter ; mansum de Croso, subtus ecclesiam Sancti Joannis ; — in villa de Cadrone, apend(ariam) de furno, alodem ; a Voliac, medietatem de omnibus quæ pertinent ad

---

54. *B* deest. — 55. *B* Beto-s. — 56. *B* undecimo. — 57. *B* Tu-m. *19 février (1034).* — 58. *B des.* de C. — 59. *C* apertus. — 60. *C* h-emas. — 61. *B* Dranus. — 62. *C* quam. — 63. *C* L-the-s. — 64. *B* Wa-i. — 65. Texte dans *Ea* Notitia qualiter in episcopatu Gratianopolensi Lantelmus vir nobilis construxit cœnobium Sᵗⁱ M-s, et dedit illud regendum et ordinandum abbati ex monasterio Sⁱⁱ Theoffredi Calmiliaci. — In episcopatu Gratianopolitano locus.... Vico...., sup.... Conissa. Hoc autem monasterium in pr. po. c..., ubi et p..., rel. ad eundem locum p... ep. sitas, sed... — 66. *B* l-um. — 67. *B* N-ecii. — 68. *B* Willelmi, *B²* Vuile-i.

partem Sancti Theofredi, quæ pariter cum domno abbate acquisivit ; — in parrochia Sancti Joannis de III^bus villis Colentiæ, duas rabas ; Fraxineto, tres partes de decimis omnium rerum ; in villa de Curtemarcis, medietatem decimæ de annonis ; in villa des Raschas et in villa des Ternins et in monte Cheyros, medietatem decimæ ; in villa de Molneriis, medietatem de annonis ; de manso Landric de Pratellas et de Comptal, et de manso Casb. et de Calme, decimas de omnibus ; — in mandamento de Fayno, II mansos ; in villa de Canaberias, alodem et feudum ; in villa de Faia, II mansos, alodum et feudum ; ad Cazalos, VI mansum.

CCCLXI. DE ECCLESIA SANCTI MARTINI DE MOTA[69]. — Isdem etiam Guilhermus[70] acquisivit in episcopatu Valentinensi, in villa de Mota, ecclesiam Sancti Martini cum omnibus quæ ad eam pertinebant, et medietatem de decimo de terra Sancti Theofredi quæ ibidem habetur. — In villa de Ponte, emit villicationem de illis qui tenebant, nec ibi ulterius aliquid requirent : in ipsa villa de una vinea II denas, de alia similiter duas. — Idem Guilhermus emit in brolio nostro de quodam milite, scilicet Petro Piloso, et uxore sua Pontia unum pratum, deditque eis L.(sol.). S. Petri Longobardi et Wlliermi de Montiliis, Petri Pilosi et uxore sua Pontia.

CCCLXII. DE MONASTERIO IN AUSENNIS POSITO. — In eodem episcopatu, in montanis, ecclesia Sancti Laurentii secus Lacum ab ipso priore acquisita, largiente Guigone comite et aliis viris, de quorum rebus idem monasterium constructum est.

CCCLXIII. DE ECCLESIA SCALARUM. — In alio loco, qui dicitur ad Scalas, ecclesia Sanctæ Mariæ, et in alio loco, qui dicitur Barralis, ecclesia Sancti Martini, cum aliis rebus ibidem pertinentibus, campis, pratis, hortis et vineis.

CCCLXIV. DE CARTUSIA. — Est et alia ecclesia in Cartusia Sancti Petri, et in alio loco ecclesia Sancti Martini, in loco etiam qui dicitur Rivus Siccus ecclesia cum suis adjacentiis.

CCCLXV. DE SANCTO NAZARIO. — Est in alio loco ecclesia Sancti Nazarii et ecclesia Sanctæ Mariæ de castello Brennico cum capella ejusdem. — Habentur et aliæ ecclesiæ in subjectione illarum, in quibus monachi habitant in eodem episcopatu, quas non nominavi nec res ad eas pertinentes.

69. *C* MOTTA. — 70. *B* Gillelmus.

CCCLXVI. DE MONASTERIO IN GENEVENSE. — In episcopatu Genevense est ecclesia Sancti martyris Innocentii, ex illa gloriosa legione Thebeorum, quæ est posita juxta lacum, quam dedit sancto Theofredo quidam vir nobilis nomine Galterius, de castro quod dicitur Monsfalconis, cum capella ipsius castri, cum consilio et voluntate episcopi et clericorum ejus et comitis nomine Aimonis, consentiente uxore sua nomine Bulgrada ejusque filiis cum illo pariter, quem Domino serviturum in eodem monasterio Sancti Petri et Sancti Theofredi tradidit, nomine Sigismundum; et fecit de rebus suis eidem ecclesiæ donationem ad construendum ibidem monasterium, sine contradictione semper habendum, cum aliis rebus quas acquirere poterunt monachi consistentes ibidem. Factum est hoc tempore Gregorii papæ VII, Vuilhermo III° abbate monasterio præsidente fœliciter, rege Teutonicorum Aenrico obtinente nomen imperii infœliciter[71].

CCCLXVII. DE MONASTERIO CERVARIENSI. — In Italia habetur locus in villa quæ dicitur Cervaria, in episcopatu Taurinensi, juxta fluvium qui dicitur Stura, non longe a vico Pollentis et castello quod nominatur Monsfalconis, et habetur ibi ecclesia in honorem beati martyris Theofredi constructa a nobili viro nomine Rotbaldo et filiis ejus, sicut indicat charta de donatione ejusdem loci conscripta hoc modo[72] :

In nomine Dei[73] et Salvatoris nostri Jesu Christi, anno imperii regis Henrici quarto[74], nonis[75] mensis februarii[76], indictione prima[77]. Monasterio Sancti Theotfredi[78], quod est constructum in regno Aquitaniæ, in comitatu Vallavense, ego Rotbaldus, filius quondam Alinei, et Mainardus[79] seu Aubertus atque

---

71. (1084-5). Texte d'*Ea* : « QUOMODO CONSTRUCTUM FUIT M-IUM S^{ti} MARTYRIS INNOCENTII, EX LEGIONE THÆBEORUM GLORIOSA, IN EPISCOPATU G-si ET QUOMODO GALTERUS DE MONTE FALCONIS DEDIT ILLUD COENOBIO S^{ti} THEOFREDI ET WILLELMO ABBATI. — Noverint omnes præsentes pariter et futuri quod e-am S^{ti} m. I.... Thæb-m, p-am in e-u G-si j. l., d. Deo et s^{to} T-ff-o... G-rus... M-s F-s... c-i, c-o e-i et c-s Aym-s. c. u. s. B. f-ioque suo S-do monacho S^{ti} T-ff-i ; fecitque de r. s. d.... m-m. F. e. au em h... Willelmo... Henrico... » Impr. dans *Hist. patriæ monum.*, Chart. II, 170 (132), d'ap. C. Cf. *Rég. genevois*, n° 216. — 72. *Ea* EXEMPLAR PRÆCEPTI QUOMODO FUNDATUM FUERIT M-IUM C-RIÆ IN I., IN E. T. J. F. Q. D. TURA, N. L. A. C. DE MONTE F-S, ET QUOMODO PRÆFATUM M-IUM C-RIÆ DATUM FUERIT S^o THEOTFREDO. — 73. *Ea* Domini. — 74. *Ea* iv^o. — 75. *C* nonas. — 76. *Ea* f. m. — 77. *Ea* i^a. 5 *février (1018)*. — 78. *C* T-of-i. — 79. *Ea* Mayn-s.

Aicardus, nec non Willelmus[80] et Alineus qui et Elezo[81], qui professi sumus omnes ex natione nostra lege Salica vivere[82], ipso genitore nostro consentiente nobis et subter confirmante, offertores et donatores ipsius monasterii in eo ordine quo hic subter constitutum[83] est, præsentes præsentibus diximus : Quisquis in venerabilibus ac sanctis[84] locis ex suis aliquid[85] contulerit rebus, juxta vocem Authoris in hoc sæculo[86] « centuplum accipiet »; insuper, quod[87] melius est, « vitam æternam possidebit[88] ». Ideoque nos qui supra Rotbaldus[89] et Mainardus atque Aubertus[90] et Aicardus seu Willelmus[91] et Alineus[92], a præsenti die donamus et offerimus in eodem[93] monasterio Sancti Theofredi[94], pro remedio animarum nostrarum, sicut hic subter[95] declaratum fuerit nominative, casas, sedimina et omnes illas res juris nostri quas habere visi sumus in locis et fundis Columberio[96], villa Calbiana[97], Saxeto, Insula, Prata Saxadasca, Sancto Juliano et in eorum territoriis; et sunt ipsæ res in iisdem locis et territoriis quæ super diximus, pro mensura justa inter sedimina et arcas, ubi vites extant seu terras arabiles et prata, super totum jugeas xv : et si amplius de nostri juris rebus in eisdem locis vel territoriis quæ supra diximus inventum fuerit, per hanc chartam offertionis in potestate ipsius monasterii persistant, in eodem modo quo hic subter affirmatum fuit, pro animarum nostrarum mercede. Insuper ego qui supra Rotbaldus dono et offero[98] a præsenti die in præfato monasterio sive supradictis[99] filiis meis mansos xv, cum omnibus rebus illis pertinentibus juris mei quas habere visus sum in locis et fundis Cervariæ, Fontanis, Marenis[100], villa Magrana, Quaranta[80], Quadralio seu molendinum cum omni ordinatione sua decimacinari, cum ripas ambas sive alveo tam superius quam inferius per longitudinem sint et per latitudinem, ut totum ipsum molendinum sine ullius contradictione cum ripis vel alveo persistere possit, ut est constructum in fluvio Stura prope locum ipsum Cervariæ. Concedimus etiam nos qui supra ut monachi, qui cellas ipsius

---

80. *C* Vulhermus. — 81. *Ea* Eloso. — 82. *Ea* v. S. — 83. *C* c-tructum. — 84. *C* sitis. — 85. *Ea* a-uod. — 86. *C* deest. — 87. *Ea* i. et q. — 88. *C* p. æ. Matth., xix, 29. — 89. *C* Rotha-s. — 90. *Ea* Autb-s. — 91. *C* Guilhermus. — 92. *C* Alien-s. — 93. *C* o. eidem. — 94. *Ea* T-ff-i. — 95. *C* super. — 96. *Ea* C-baria. — 97. *C* C-no. — 98. *Ea* o. Deo. — 99. *C* præfatis. — 100. *Ea* Marcans (al. Marenis).

loci Cervariæ[1] in honore supradicti sancti Theofredi(.......), habeant licentiam tam ipsi quam ipsorum massarii in præfato fluvio Stura[2] piscandi, et in boscho qui est de pertinentia curtis Cervariæ buschandi et in pascuis ejusdem curtis pascendi ubicumque voluerint, pro remedio animæ nostræ. De supradictis autem mansis quindecim sunt positi quatuor in præfato loco Cervariæ, et erant exculti per alios homines sed modo retinent monachi in dominicatum, in Fontanis mansos duos, in Marenas duos, in villa Magrana III, in Quarenta II, in Quadralio II : unusquisque eorum de quibus supra habeat pro mensura justa, inter sedimina et vites cum areis seu terris arabilibus et pratis, jugeas X. Supradictas autem res una cum accessionibus et ingressuris earum, cum superioribus et inferioribus suis, sicut scripta legimus, in integrum ab hac die in eodem monasterio Sancti Theofredi pro remedio animæ meæ dono et offero, in eo tenore quo subter decernitur ; insuper et per cultellum, fistucum[3] nodatum, vuantonem[4] et vasonem terræ atque ramum arboris in prædicto[5] monasterio legitimam facio donationem et vestituram, ut omni tempore sit permanendum sicut hic fuerit subter affirmatum, id est habeant ipsas res omnes et teneant monachi de cella quæ est dedicata in præfato loco Cervariæ, in obedientia de abbate illius monasterii Sancti Theofredi[94] de prædicto regno Aquitaniæ, ad partem et usum et sumptum eorum, pro remedio animæ meæ. Si vero abbas supradicti monasterii vel monachus seu quælibet potestas supradictis rebus, in toto vel in parte, de potestate et obedientia ipsius monasterii per commutationem vel quodlibet scriptum seu per vim subtraxerit, statim deveniant in potestatem meam qui sum donator vel de filiis meis aut propinquis qui tunc fuerint, non ad proprium usum sed ad retinendum tamdiu donec ipsæ res quæ subreptæ fuerint eidem monasterio reddantur ; quod si fuerit monachus qui res ipsas cum præfata cella retineat, sine voluntate vel jussione abbatis de præfato monasterio quod est in Aquitania, maledictus a Deo et anatema sit, nisi resipuerit et ad satisfactionem illius abbatis qui tunc fuerit pœnitendo venerit. S'[86] Rotbaldi et filiorum ejus et aliorum testium. Amen[6].

1. *C* Cerra-æ. — 2. *C* Statura. — 3. *C* fas-m. — 4. *Ea* ara-m *(al.* aba-m). — 5. *Ea* præfato. — 6. *Ea* deest.

CCCLXVIII. De duabus mansuris in ipso loco. — Postmodum ipse Rotbaldus dedit eidem monasterio duas mansuras quas habebat in loco et fundo Cervariæ, et sunt ipsæ mansuræ pro mensura justa inter sedimina et vites cum arcis suarum juge una, de terris arabilibus et pratis juges xxix, una cum accessionibus et ingressuris earum, cum superioribus et inferioribus earum rerum quæ ibidem continentur, sine ulla contradictione personæ; confirmatum est testibus, mense maio, decimo die, indictione vi, anno x imperii regis Henrici [7].

CCCLXIX. De manso Vuilhelmi Fraxepelda. — Regnante quoque [8] Conrado, tertio anno imperii ejus, dedit eidem monasterio Sancti Theofredi, in loco Cervariæ [9] posito, Willelmus [10] filius quondam Rotbaldi [11], donatoris ipsius loci et constructoris, unum mansum sui juris in loco qui dicitur Fraxenelda [12], et sunt ipsæ res ad ipsum mansum pertinentes pro mensura justa decem jugeas; et confirmatum est donum, consentiente Amaltrude conjuge sua et aliis amicis, in mense aprili, die decima, indictione xii [13], semper habendum.

CCCLXX. De duobus servis ejusdem juris. — Isdem etiam [14] Willelmus [10] et alii fratres sui, id est Obertus et Mainardus sive Aicardus et Alineus, consentiente matre sua nomine Odila, dederunt eidem monasterio [15] duos homines servos juris sui, quorum (unus) vocabatur Dominicus, alter Maranus, ad serviendum semper sancto Theofredo et habitatoribus ejusdem loci, sine contradictione vel repetitione alicujus personæ possidendos et habendos jure perpetuo; confirmatum testibus idoneis, kalendas julias [16], indictione vi, regnante Henrico I° [17].

CCCLXXI. De pecia juris in Merena villa. — Vir quidam nomine Stepfredus, filius quondam Joannis, dedit eidem loco Sancti Theofredi de Cervaria, pro redemptione animæ suæ, peciam unam de terra aratoria juris sui, in villa quæ dicitur Merenas, ad locum ubi dicitur Rimunda: pro mensura justa tabulas centum lxix, cum accessione et ingressu seu superioribus et inferioribus suis, totum tradidit Domino et sancto Theofredo.

---

7. *10 mai (1023)*. — 8. *Ea* autem. — 9. *C* C-a. — 10. *C* Vuilhermus. — 11. *C* Rotda-i. — 12. *Ea* l. et fundo de F-nadella. — 13. *10 avril (1029)*. — 14. *Ea* Idem quoque. — 15. *Ea* m. S^{ti} Theofredi in loco Cervariæ. — 16. *Ea* j-ii. — 17. *1er juil. (1023)*.

CCCLXXII. DE TERRA IIII. — Duo fratres, Ansefredus et Adamus, cum duabus sororibus suis Adroilda et Dominica, dederunt eidem monasterio Sancti Theofredi peciam unam de terra juris sui, in loco et fundo qui dicitur Moneta ; et habet ipsa petia de terra aratoria pro mensura justa tabulas centum, cum accessionibus et ingressuris earum et superioribus et inferioribus suis : totum obtulerunt Domino et sanctis ejus in eodem loco semper habendum, v die mensis januarii, indictione XII, regnante Conrado imperatore[18].

CCCLXXIII. DE TERRA VALERIANI ET AMALBERSA IN CAMPANIOLA. — Anno Incarnationis Domini nostri Jesu Christi M. XXVI, monasterio Sancti Theofredi, quod est in villa Cervaria constructum, dederunt partem de rebus suis, id est unam petiam de terra aratoria pro mensura justa tabulas C. v, in loco et fundo qui dicitur Campaniola, Valerianus et Amaberga : pro redemptione animarum suarum, totum pariter obtulerunt semper habendum, regnante Conrado II[19].

CCCLXXIV. DE POSSESSIONIBUS IN VILLA BERLHENSI. — Post hoc tempus duo viri, nomine Martinus et Joannes, dederunt Domino Deo ac sancto Theofredo dimidietatem de omnibus bonis suis, quæ possidebant legaliter ex origine parentum suorum, in locis ac territoriis quæ dicuntur Bertlensis, Muneriis, valle Ferraria, Salsa, Morena, Argentaria, Aqua Pendente, Cervarica : alteram autem medietatem habeant habitatores et servitores ecclesiæ Sancti Theofredi in potestate tenendi semper, sine ulla contradictione præsentium vel futurorum. S. Totbaldi, Richelmi, Pontii, Autberti et aliorum, regnante Radulpho rege, Vuillermo abbate, Iterio abbate Cervariæ [0].

CCCLXXV. DECRETUM DE MONASTERIO SANCTÆ ENYMIÆ[21]. IN nomine Dei Omnipotentis, qui trinus est in personis et unus in essentia[22]. Notum sit omnibus fidelibus Christianis,

---

18. 5 *janv.* (1029). — 19. 1026. — 20. (-1032). — 21. *Ea* QUOMODO FUNDATUM FUIT MONASTERIUM S^{tæ} ENIMIÆ IN PAGO GABALITANENSIUM ET DATUM CŒNOBIO S^{ti} THEOFREDI DE CALMILIACO, DE TEMPORE GOTISCALCHI EPISCOPI VELLAUNORUM (al. V-avorum). Texte impr. MABILLON, *Diplomat.*, edd. 1^a et 2e, 569-70 (137), ex chart. S. Theof. = *M* ; *Hist. gén. de Lang.* II, pr. 93-4 (80), arch. abb. S. Chaf. = *V*; BOLLAND., *Acta SS.*, 6 octob., III, 411-2, (d'ap. *M*) = *B*; MAB., *Dipl.*, ed. 3e, I, 589-90 ; F. ANDRÉ, *Hist. du monast. et prieuré de Ste-Enimie* (Bull. de la soc. d'agric.... de la Lozère. 1867), 135-7, (d'ap. *V*) = *A*. Cff. GEORGISCH. 1. 223 ; BRÉQUIGNY, 1, 419. — 22. *Ea* e. divinitatis.

tam præsentibus quam futuris, quod anno VII°[23] regni[24] Ludovici regis, ego Stephanus, ecclesiæ Mimatensis episcopus, cum pro posse providerem clerum et plebem mihi subjectam, consentienti Petro archidiacono ac[25] Maganfredo[26] præposito, Ingelvino[26*] decano cæterisque[27] clericis supradictæ sedis, nec non fidelibus laicis Bernardo et fratre suo Hectore, Hugone[28] et Petro fratribus meis, Bernardo vicecomite, Gaucelino[29], Fredelone, Stephano, Ubone, Bertrando, Rigaldo; incidit in corde nostro[30] desiderium ut locum, fundatum in honorem Beatæ Dei[31] Genitricis[32] Mariæ, ubi requiescit corpus beatæ virginis Enimiæ[33], quod[34] per incuriam et sæcularem cupiditatem male direptum[35] erat, et inopia exigente religionis status inibi penitus annulatus[36] videbatur, in pristinum restitueremus statum. Qua de causa domnum Dalmatium abbatem, venerabilem virum, de cœnobio Sancti Theofredi deprecati[37] sumus enixe, ut præfatum locum in suo dominio susciperet, et fratres ibi regulariter viventes secundum normam patris Benedicti semper delegaret; qui renuit, asserens se in rebus extraneis nolle laborare vel in alterius potestate. Nos autem, animi ejus perscrutantes voluntatem[38], hoc ab eo responsum accepimus, quod nec ipse nec[39] aliquis de monachis suis[40] in loco illo pœne[41] diruto laboraturi essent, nisi prius firmamentum hæreditarium[42], scilicet[43] privilegium satis firmum ac manibus nostris roboratum, acciperet, qualiter locellus ille per omnes succedentes generationes in potestate et dominio seu subjectione permaneret cœnobii[44] Sancti Theofredi[45] martyris, et omnes abbates ejusdem[46] monasterii per cuncta succedentia tempora haberent in potestatem[47] illam cellulam secundum suam voluntatem disponere, regere, gubernare et ordinare, sive secundum Deum sive secundum sæculum, sine ullius contradictione: quod audientes, aliquandiu distulimus hæsitantes de hoc quid ageremus. Sed inito cum

---

23. *M en m.* i. an. 942, *V en m.* leg. « XVI », *A* XVI. -- 24. *Ea* domni. -- 25. *Ea* c-te P. a. et. -- 26. *CMVB* Man-o. -- 26*. *C* I-lrino. -- 27. *M B* cet-e. -- 28. *Ea* U-e. -- 29. *CMB* Canc-o, *V* Cauc-o. -- 30. *B* meo. -- 31. *B deest*. -- 32. *Ea* h-e B. G. D. -- 33. *C* Enymiæ. -- 34. *B en m.* an « qui » ? -- 35. *B en m.* an « d-us » ? -- 36. *Ea* a-ll-s, *B en m.*, a-ll-s. -- 37. *C* d-ræc-i. -- 38. *Ea* v. p. -- 39. *C* ne. -- 40. *Ea* s. m. -- 41. *C Ea* pene. -- 42. *M B* her-m. -- 43. *Ea* p. exinde f., videlicet h. -- 44. *C* c-bio. -- 45. *Ea* T-otf-i. -- 46. *V A deest.* -- 47. *Ea* p-e.

universo clero nostro consilio et fideli populo, cum consilio
etiam et voluntate domini[48] Raymundi[49] marchionis et omnium
clericorum atque fidelium nostrorum, dedimus assensum
secundum suam voluntatem[50] in omnibus : ea scilicet ratione
ut quotidie, exceptis festivitatibus, pro nobis et successoribus
nostris et propinquis, et omnibus benefactoribus[51] et adjutoribus nostræ sedis et loci VII. psalmos flexis genibus decantent,
pro defunctis vero[52] cum possibile fuerit vigiliam et missam.
Et quia tempus instabat in qua[53] causa orationis Romam
proficisci parabamus, dominus[54] scilicet Raymundus[55] et ego
Stephanus episcopus, simulque Petrus archidiaconus, Maganfredus præpositus, Ingelvinus decanus cum aliquantis aliis
clericis ; Dalmatius abbas hoc animadvertens, se quoque dixit
nobiscum velle proficisci et ante sacram præsentiam corporis
beati Petri apostoli, auctoritate[56] ac licentia apostolica, loci
illius inchoare ædificia. Quod audientes, laudavimus studium
animi illius[57] et industriam sollicitudinis erga ipsum locum ;
et venientes ante præsentiam sacri corporis beati Petri[58] apostoli et coram præsentia domni[59] papæ Agapiti[60], nec non et
episcoporum multorum et presbiterorum et reliquorum
graduum, et Alberici senatoris et aliorum nobilium multitudine, patefecimus desiderium nostrum de reædificatione
supradicti loci et in conspectu eorum recitavimus jam dictum[61]
privilegium : quod ut audierunt tam domnus[62] papa Agapitus
quam cæteri fideles qui aderant, laudaverunt et[63] decreverunt
ut locus ille restauraretur in perpetuam habitationem monachorum. Sed et hoc quod supra dictum est nunc iterum
inserere[64] libet, secundum petitionem venerabilis viri abbatis
Dalmatii ac monachorum ejus : decretum est atque statutum
ab omnibus ut locus ille jam dictus antiquitus Burlatis, qui
est consecratus in honorem[65] Beatæ Dei Genitricis Mariæ, ubi
requiescit corpus beatæ virginis Enimiæ[33], permaneat atque

---

48. *C M V B* D. — 49. *C M B* Rey-i, *Ea* Raymondi. — 50. *Ea* n.,
s. s. v. d. a. — 51. *CMVB* b. et propinquis. — 52. *CMVB* vel. — 53. *B
en m.* l. « quo ». — 54. *C Ea M B* domnus. — 55. *Ea* d. videlicet R-mon-
dus marchio. — 56. *Ea* a-i ac domni papæ de manibus nostris vellet illud
accipere testamentum, et cum autho-e. — 57. *Ea* a-mæ ejus. — 58. *V A des.*
apostoli.... Petri. — 59. *C M B* domini. — 60. *Ea* A. pp. — 61. *Ea* r.
præd-m. — 62. *C* dominus. — 63. *Ea* ac. — 64. *Ea* n. i-e. — 65. *Ea* h-c.

consistat[66] in potestate[67] ac providentia vel subjectione Calmiliensis cœnobii[68], quod est fundatum et consecratum in honore principis apostolorum beatissimi Petri, ubi beatus martyr Theofredus in corpore cum aliorum sanctorum pignoribus[69] requiescit; et habeant tam abbas quam congregatio ipsius cœnobii prædictum locum in potestatem[17] ad regendum et disponendum sine impedimento alicujus personæ per omnes futuras hominum generationes jure perpetuo. Hanc autem chartam[70] vel privilegium in basilica Beatissimi Petri, ante sacram ipsius tumbam et coram supra dicta caterva[71], cum sæpe dicto loco[72] tradidimus in manu Dalmatii abbatis ac monachorum ejus, ad memoriam posterorum fine tenus conservandam[73]; si quis vero hanc temerarius[74] infringere præsumpserit, tam nostra quam[75] coepiscoporum[76] præsentium excommunicatione atque perpetua damnatione[77], se noverit condemnatum[78] ante conspectum justi judicis Christi. Signum[79] domni[80] Agapiti papæ, cujus auctoritate hæc charta confirmata est. Signum[79] ejusdem Stephani episcopi. Signum[79] Gotescalchi[80] episcopi Aniciensis. Signum[79] aliorum testium, clericorum et laicorum. Facta est hæc charta iii. nonas maii[81], feria ii, luna viii, regnante Ludovico Francorum et Aquitanorum rege[82].

CCCLXXVI. Charta donationis de loco Lingoniæ a Stephano, principe ejusdem loci, nostri monasterii benefactore[83].

In nomine summi Dei[84] Creatoris Omnipotentis[85], qui trinus est in personis et unus in essentia majestatis. Notum sit omnibus fidelibus præsentibus et futuris, quod ego Stephanus vicecomes Gabalitanensium, cum conjuge mea[86] Aiamolde, cogitans Domini misericordiam et tremendum Dei[87] judicium,

---

66. *B* persi-t. — 67. *V des.* in p. — 68. *Ea* c. C. — 69. *Ea* p-ner-s. — 70. *Ea* ca-m. — 71. *Ea* cathe-a. — 72. *A en n* al. « dictum locum ». — 73. *C* c-dum. — 74. *Ea* t. cartam (al. donationem). — 75. *M* qua. — 76. *Ea* e-m (al. c-m). — 77. *Ea* dampn-e. — 78. *Ea* c-mpn-m. — 79. *C* S., *Ea* S'. — 80. *Ea* Gotischalci, *V* Gotes-chi, *A* G-ldi. — 81. *C* mai. — 82. 5 *mai (951)*. — 83. *Ea* Quomodo constructum fuit monasterium SS. Gervasii et Prothasii de L-a, in pago Gabalitano, et datum huic m-rio S^{ti} Theoffredi. Texte impr. dans Mabillon, *Diplom.*, edd. 1^a et 2e, 579-80 (148), ex chart. = *M*; *Hist. gén. de Lang.*, II, pr. 154-5 (133^b) = *V*; Mab., *Dipl.*, ed. 3^a, I, 599-600. Cff. Georgisch, I, 293; Bréquigny, I, 502. — 84. *Ea* D. et. — 85. *V deest.* — 86. *C* sua, *Ea* m. nomine. — 87. *Ea* ejus.

quando recipiet unusquisque prout gesserit[88] in corpore sive bonum sive malum[89], ut ipsum Dominum[90] Jesum Christum in die judicii propitium habere possimus, hæredem[91] Eum nostræ hæreditatis[91] fore decrevimus et secundum quod Ipse promisit in Evangelio[92] iis[93] qui[94] sua dederint[95] vel reliquerint[96] propter nomen Ejus, centuplum accipient et vitam æternam possidebunt. Hujus rei causa donamus sancto Petro urbis Romæ, principi apostolorum[97], partem de rebus et possessionibus nostris, quæ nobis hæreditario[91] jure[98] successerunt, ad monasterium construendum et servitium Dei ibi regulariter[99] agendum : ea tamen ratione, ut sub honore sancti Petri sit sancto Theofredo[100] Calmiliacensis cœnobii subjectum[1]. Sunt autem ipsæ res sitæ in comitatu Gabalitano, in vicaria Miliacense[2], in villa quæ dicitur Lingonia, secus ripam fluvii[3] Elerii : hoc est ecclesia, quæ est constructa in honore et nomine sanctorum Gervasii et Protasii[4] martyrum, ipsa ecclesia cum decimis quinque mansos valentes[5], et in ipsa villa mansos quatuor[6] et unum molendinum, cum omnibus quæ ad ipsas res pertinere videntur ; et in alia villa, quæ dicitur Mansus Ricardi[7], quatuor mansos cum omnibus adjacentiis suis, et in Montilio quatuor mansos cum omnibus adjacentiis suis et in Caucino duos mansos cum appendiciis suis. Et in vicaria Gredenense[8] donamus villam nomine Clausicias, cum vineis, campis, pratis, pro mansis x[9] ; in valle Alliradi[10], totam silvam[11] ad monasterium ipsum construendum Sancti Gervasii et Sancti Protasii[12] ; et in comitatu Vivariensi[13], in vicaria Bauzonica[14], villam quæ dicitur Felgerias[15], cum vineis, campis, silvis[11] et omnibus adjacentiis suis, valentem viginti mansos vel amplius. Hoc autem factum est cum consilio episcoporum Mathfredi[16] ecclesiæ[17] Mimatensis et clericorum ejus, Theotardi[18] episcopi Aniciensis et Petri episcopi Vivariensis,

---

88. *Ea* g-sit. — 89. *II Corint.*, v, 10. — 90. *Ea* D. nostrum. — 91. *M* her-. — 92. MATTH., XIX, 29. — 93. *Ea* eis. — 94. *C M V* quæ. — 95. *Ea* d-runt. — 96. *Ea* r-runt. — 97. *V* a. et almo martyri Theofredo Calmiliensis monasterii. — 98. *Ea* j. h. — 99. *Ea* et ad s. D. r. ibidem. — 100. *Ea* T. martyri.

1. *Ea* s., quod est in honore sancti Petri apostoli constructum. — 2. *Ea* M-si. — 3. *Ea* fluminis. — 4. *Ea* P-tha-i. — 5. *Ea* v-e. — 6. *C Ea* ıııı^{or}. — 7. *Ea* Richa-i. — 8. *Ea* G-din-e. — 9. *V* decem. — 10. *V en m.* al. « Allerida ». — 11. *C Ea* syl-. — 12. *Ea* SS. G. et P-tha-i. — 13. *Ea* V-rense. — 14. *Ea* Bausonima. — 15. *V en m.* al. « Frugeir-s. — 16. *C* Matphr-i, *M V* Matfr-i. — 17. *Ea deest*. — 18. *Ea V* T-oda-i.

et Rigaldi fratris mei et Berthanæ[19] filiique ejus Wilhermi[20], Poncii quoque comitis ac Bertrandi fratrum, et omnium fidelium nostrorum, ut in prædicto loco monasteriolum[21] ad honorem Dei et Domini Salvatoris nostri Jesu Christi, sanctique Petri apostoli ac sancti martyris Theofredi[45], prout possibilitas nostra[22] potuerit, construatur sub regimine regulæ sanctæ[23] beati patris Benedicti. Hoc ergo negocium[24] committimus in manu et providentia domni[25] Wigonis[26] Calmiliacensis cœnobii[27] abbatis et successorum ejus, quorum consilio in eodem loco monachi aggregentur et mutentur, et prædictæ res in usu monachorum illorum omni tempore permaneant sine ulla[28] contradictione personæ; neque ullus homo censum sive commendam[29] ex istis rebus[30] accipiat, sed abbas Sancti Theofredi[45] xv. solidos tertio anno persolvat sancto Petro pro censu[31]. Si quis autem homo hanc nostram constitutionem aliquando disrumpere vel mutare præsumpserit[32], maledictioni subjaceat nisi pœnitendo satisfecerit; et omnis homo quicumque loco ipsi quem cupimus ædificare vel habitatoribus ejus[33] adjutorium atque defensionem præbuerint[34], partem cum electis Dei habeant[35] in vitam æternam. Hoc autem privilegium, quo sicut stabilitum est[36] firmum et[17] perpetualiter habeatur in memoria cunctorum, in conspectu totius cleri ac nobilium virorum manu propria confirmamus, Gregorio papa hoc auctoritate apostolica confirmante, nec non Mathfredo[37] Mimatensis ecclesiæ episcopo et canonicorum ejus, Theotardo[38] Vallavensis ecclesiæ præsule, Petro etiam Vivariensi pontifice, Rigaldo fratre meo, Berthana[39] filioque ejus[40] Wilhermo[41], Pontio et Bertranno fratre ejus[42], et aliis amicis et fidelibus nostris. Amen[42*].

CCCLXXVII. Stabili memoria certum fieri volentes, scribere disposuimus quod Drogo, Gervasii militis de Castro Novo filius, vitam relinquens sæcularem, monachavit se in monasterio

---

19. *Ea* B-trannæ, *V* Urbani *(al.* B-thanæ). — 20. *Ea* Willelmi, *V* Simonis *(al.* Willermi). — 21. *V* m-ium. — 22. *Ea* n. p. — 23. *Ea* s. r. — 24. *Ea V* n-otium. — 25. *C* domini. — 26. *M V* Wido-s. — 27. *Ea* monasterii. — 28. *Ea* en m. al. « ullius ». — 29. *C* c-man-m, *Ea* coma-m, *V* c. aut custodiam. — 30. *V* r. exigat vel. — 31. *Ea* s. P. pro c. p-t. — 32. *M* p-ms-t. — 33. *Ea* e. h. — 34. *Ea* p-it. — 35. *Ea* h-at. — 36. *Ea* e. s. — 37. *M V* Matf-o. — 38. *V* T-oda-o. — 39. *Ea* B-tranne conjuge, *V* Urbano *(al.* B-thana). — 40. *Ea M* deest. — 41. *C* Vuille-o, *Ea* Wilelmo, *V* deest. — 42. *Ea* P. comite et f. c. B. — 42*. (1998).

Sancti Theophredi, ubi ipse munus offerens Deo, fratribus suis et hæredibus laudantibus ac consentientibus, dimisit gatgeriam unam de iiij. marchis argenti in ipsa Sancti Theofredi villa, quam Gervasius pater ejus in eodem monasterio factus monachus antea posuerat ; præter hanc etiam donavit ex parte suis (.....).

CCCLXXVIII. De possessionibus Alberici et levitæ. — Anno ab Incarnatione Domini nostri J(esu) Christi DCCCCLXXXV, indictione xiii, regnante Lothario, Guigone præsule abbate monasterii Sancti Theofredi, Galbertus, levita et canonicus Aniciensis ecclesiæ, dedit partem de rebus suis in eodem cœnobio Domino Deo sanctoque Theofredo, hoc est ecclesiam Sancti Clementis in loco qui appellatur Beceto, in pago Vivariensi : quantum ad ipsam ecclesiam pertinere visum est, totum obtulit.

CCCLXXIX. De Faia. — Et in alio loco qui dicitur Faia ii mansos, et in Cazalos ii mansos et unum brolium sicut in Faia, et in alio loco qui dicitur Theuciliaco ii mansos cum omnibus quæ ad eos pertinent; in eodem pago, in Boteria, in villa quæ dicitur Nant i mansum et dimidium, et in alio loco et villa quæ dicitur Carnaciaco i mansum, ad locum de Camalariis habendum, et in alio loco Nidorlino quantum habebat ibidem; et in alio loco, in villa quæ dicitur Crucianorum unum mansum et unam appendariam ; in vicaria de Praeles, in loco qui dicitur Boscheto ii mansos, et in alio Boscheto, in vicaria de Rueis, i mansum.

CCCLXXX. De Toulau. — Et in pago Lugdunense, in villa quæ dicitur Taulau sive Valleta, quantum ibi possidebat totum obtulit ; et in pago Vellaico, in pago qui[43] dicitur Engeolis ii mansos, quantum ad ipsos pertinere visum est.

CCCLXXXI. De Molneriis. — Et in alio loco, in villa quæ dicitur Molnerias iiii mansos, et ad Mazellum unum ex integro, et in villa Cabanerias ii mansos ex integro, et in villa Carbonosa i mansum, quod dedit ex integro supradictus vir Galbertus ; hocque donum confirmatum est a domino Guigone Aniciensi præsule et Petro Vivariensi, Guigone præposito et Ademaro abbate aliisque testibus.

43. *Leg.* villa quæ.

CCCLXXXII. DE ILLA ECCLESIA QUÆ DICITUR AD CAPELLAM[44]. — In eodem pago Vivariensi est ecclesia quæ dicitur ad Capellam, quam dedit abbas venerabilis Odilo Cluniacensis et fratres ejus Bertrandus, Stephanus et Ebo, pro anima fratris sui Beraldi præpositi, Domino Deo sanctoque Petro apostolo simulque beato Theofredo in eodem loco semper habendam[45], ubi sepultus est idem[46] Beraldus, id est in monasterio Sancti Petri juxta Sanctum Hilarium[47], in suburbio Aniciensi ; cum interdictione maledictionis ne quis ab eodem loco ipsam ecclesiam cum decimis et primiciis[48] et aliis rebus ad eam pertinentibus subtrahere vel auferre[49] præsumat. Facta est inde charta[50] donationis in mense februario, die sabbathi, luna II*, anno Dominicæ Incarnationis millesimo XXI, regnante Roberto Francorum rege[51].

CCCLXXXIII. DE MONASTERIO MARIATENSI. — Postmodum regnante Henrico filio Roberti, Vuilhermo abbate monasterio præsidente, Sylvius cum uxore sua Tanta Filia et filiis suis Pontio, Bertrando, Radento et Arcaldo, Raymundo dederunt ecclesiam Sancti Stephani de loco qui dicitur Marriaco et totam decimam de ipsa parrochia et bernam[52] de manso Franchiel ; et Desiderius et Sylvius frater ejus dederunt mansum de Rougul, et aliam medietatem superdictus Sylvius et decrevit ut similiter relinquerent feudum, ipse daret aleudum : quod factum est consilio Arimandi Vivariensis episcopi et clericorum ejus, mense martio, feria III, luna XI, epacta XXII, concurrente II[53].

CCCLXXXIV. DE ECCLESIA Sᵗ EULALIÆ VIRGINIS. — Regnante quoque Philippo filio Henrici regis, monasterium regente Vuilhermo III abbate, Geraldo episcopo Vivariensi concedente, data est ecclesia Sanctæ Eulaliæ sancto Theofredo ab illis qui eam detinebant, Odilone Bello necnon Bertrando Mesenc et uxore ejus Guilherma, cum omnibus quæ ad ipsam ecclesiam pertinebant et duabus appendariis ; facta confirmatione in mense martio, feria V, luna XXX, anno Dominicæ Incarnationis M.L.XX.VIII[54].

CCCLXXXV. DE DUABUS ECCLESIIS IN VALLE AMATIS. — In

---

44. *Ep* CARTA. — 45. *Ep* T-ff-o s.h. in c. l. — 46. *Ep* isdem. — 47. *Ep* Hyl-m. — 48. *Ep* p-itiis. — 49. *Ep* auff-c. — 50. *Ep* ca-a. — 51. *(18) févr. 1021.* — 52. *C* b'nam. — 53. *(5) mars (1034) ?* — 54. *(7) mars 107(9).*

eodem Vivariensi episcopatu habentur duæ pariter ecclesiæ in valle Amatis, una Sancti Joannis, altera Sancti Martini, quas dedit sancto Theofredo Bermundus et uxor ejus Astrudis et filii sui Addo atque Geraldo, consentiente Geraldo episcopo Vivariensi et clericis ejus, cum primitiis et offerendis et sepulturis; factum mense augusto, feria iv, luna iv, M.XCII, Philippo rege Francorum, Vuilhermo IIII abbate[55].

CCCLXXXVI. De possessione Iterii. — In comitatu Arvernico, in vicaria Livratensi, in villa quæ dicitur Dora, quidam sacerdos, Iterius nomine, dedit sancto Petro et sancto Theofredo quartam partem de ecclesia Sanctæ Mariæ, cum decimis et primitiis et mansione, cum curtis et hortis, campis, vineis et sylvis, et duas appendarias; et in alio loco ad Hispinacia, unum mansum cum omnibus adjacentiis suis, et in alio loco ultra Vara, molendinum cum una appendaria: ex integro, feria v, regnante Ludoico tertio rege[56].

CCCLXXXVII. In eodem pago Arvernico, in loco qui dicitur Trinico, dedit unum mansum sancto Theofredo quædam matrona nomine Claricia, cum filio suo Arberto, et in alio loco, in villa quæ dicitur Luceidoni, vineam unam valentem unum mansum; ex integro dedit, pro anima sua et viri sui Aicardi, mense decembri, feria vii, rege Roberto, Guigone I° abbate et præsule[57].

CCCLXXXVIII. De patrimonio Guigonis abbatis. — Hæc est possessio quam isdem Vuigo abbas de paterna hæreditate sancto Theofredo acquisivit in comitatu Lugdunensi, pago Forensi, in villa quæ dicitur Cazaletis mansus unus et dimidius, et in alio loco, in villa quæ dicitur Monteniacus dimidius mansus, et in villa quæ dicitur Disculis medius mansus, in villa dicta Solesius i mansus et in ipsa villa alius mansus: quantum ad istam hæreditatem pertinere videbatur, totum eidem monasterio contulit sine ulla contradictione, anno vii regni Radulphi[58].

CCCLXXXIX. Octavo vero anno ejusdem regis, Arnulphus et uxor nomine Allendrada dederunt sancto Thomæ dimidium mansum in loco Campanias, mense martio, feria ii, Vuigone abbate[59].

55. (11) août 1092. — 56. (879-882). — 57. (996-). — 58. (999-1000). — 59. Mars (1000-1).

CCCXC. DE POSSESSIONIBUS IN PROVINCIA SITIS.

Guitardus et conjux ejus Theocinda donaverunt monasterio Sancti Petri Sanctique Theofredi, quod est in pago Vellaico, medietatem de ecclesia Sancti Martini cum terris cultis et incultis, pratis, sylvis, vineis et cæteris adjacentiis; et sunt ipsæ res in Provincia, in pago Vragiensi, in loco Cordensis, terminatæ ex una parte cum terra Rostagni de castello Gradiniano, ex alia usque ad locum qui dicitur Petrafocus, ex alia rivulus de Cerlhosco: mense aprili, feria IV, luna XII, anno M.XXXV[60].

CCCXCI. DE ECCLESIA Sæ EUPHEMIÆ. — Post, alius nomine Rostagnus, cum sua conjuge Astrudi, dedit ecclesiam Sanctæ Euphemiæ, quæ est in pago Sistericensi, ex integro: nempe cum pratis, sylvis, campis, molendinis, mansionibus, etc.; mense aprili, feria VII[61].

CCCXCII. DE BALMAS Sⁱ VERANI. — In pago Arausico, in loco qui dicitur Balmas, Raiembaldus Rufus et Almalricus cum filiis suis, et Pontius Aldour cum filiis suis, et Rostagnus cum filiis suis, et Rolandus dederunt sancto Theofredo ecclesiam Sancti Verani, cum campis et vineis, hortis, olivetis, terra culta et inculta; quod donum confirmaverunt mense martio, feria III, luna XI, epacta XXII, concurrente II, regnante Henrico rege Allemandorum[62].

CCCXCIII. In pago Cavellico, in valle Sancti Pantaleonis, in villa quæ dicitur Cadirana, quædam matrona nomine Eleltrudis, cum filiis suis Odilone, Leutoino, Reynardo, dederunt medietatem de rebus suis Domino Deo et sancto Theofredo, x kalendas augusti, regnante Conrado rege[63], fœliciter.

CCCXCIV. DE MONASTERIO SEVERIACENSI[64]. — In pago Ruthenensi quoddam castrum habetur[65], naturali munimine satis firmum et locatum, undique ruris[66] amœnitate confertum, quod nominatur antiquitus Severiacum[67], in cujus parte inferiori a[68] plaga australi constructum fuit monasterium, in ho-

---

60. (23) avril 1035. — 61. (26) avril (1035)? — 62. (11) mars (1085). — 63. 23 juil. (1025-6). — 64. Ea NOTITIA QUOMODO FUNDATUM FUIT M-IUM VIRGINUM S^{ti} SALVATORIS IN PAGO RUTHENICO JUXTA CASTRUM S-RACI ET QUOMODO PRÆFATUM MONASTERIUM DATUM FUIT MONACHIS S^{ti} THEOFREDI CALMILIACI. — 65. Ea c. h. q. — 66. Ea f-me l., r. u. — 67. Ea S-cira-m. — 68. Ea et.

nore et nomine Salvatoris nostri et Beatissimæ Genitricis ejus ac semper Virginis[69] Mariæ veneratione dedicatum, a quodam nobili et[70] potenti viro nomine Guidone, qui erat ejusdem regionis dominus, ædificatum : qui, cum sexus masculini prole carens filias habuisset, hoc apud se decrevit ut ex ipsis filiabus suis Domino Christo duas in proposito virginitatis servituras offerret, et in propria possessione monasterium illis cæterisque[71] secum habitantibus sanctimonialibus ædificaret; quod cum adimplesset, constructam ecclesiam et locum ditavit de suis rebus et[70] prædiis quantum sufficere visum est, sicut in chartulis[72] ejusdem concessionis invenitur notatum. — Præfuit autem huic[73] loco major filia Adalburgis nomine, obtinens locum abbatissæ diebus multis; cui successit morienti altera soror et, post illarum decessum, aliæ tres ejusdem loci congregationem rexerunt; post quas nulla potuit reperiri cui posset honor regiminis legitimo jure[74] commendari, cum et illa quæ fuerat electa bis gravida fornicando fuerit detecta. Denique cum inter se discordarent et malæ opinionis fama ex eodem procederet loco[75], cœpit paulatim possessio per incuriam[76] incolarum et violentiam[77] raptorum minuendo deficere; quod cernens dominus ipsius castri Deodatus nomine et cæteri nobiles viri, consilium inierunt ut eumdem[78] locum et easdem fœminas, quæ ibidem morabantur, alicui religioso viro causa corrigendi committerent; cumque id fieri omnibus[79] placuisset, advocans præfatus vir Deodatus, in cujus potestate isdem locus consistebat, abbatem Vuilhermum[80] de monasterio Sancti Theofredi reverendum virum, deprecatus[81] est eum quatenus ipsum locum in melius mutandum susciperet et eas, quæ sine pastore velut oves errabant, ad vitæ melioris studium reduceret. Sed cum ille, talia timendo, diceret hoc non sine consilio et jussione pontificis Ruthenensis fieri debere vel posse, convocatus episcopus nomine Ademarus cum archidiacono nomine Odalricho[82], satis hoc sibi placere respondit atque ut fieret exhortando admonuit. Itaque suscipiens ab episcopo et archidiacono et cæteris clericis ejusdem ecclesiæ domum, laudante

69. *Ea deest.* — 70. *Ea* ac. — 71. *C* c. qui. — 72. *Ea* ca-s. — 73. *Ea* eidem. — 74. *Ea* j. l. — 75. *Ea* l. p. — 76. *C* inju-m. — 77. *Ea* invide-m. — 78. *Ea* eundem. — 79. *Ea* o. f. — 80. *Ea* Willelmum. — 81. *Ea* T-otf-i v. r. d-sque. — 82. *Ea* O-co.

domino Deodato et uxore ejus Ermegarda[83] filiisque eorum Guidone, Hugone[84], Gagone et Deodato, cæterisque nobilibus viris cum omni plebe castrensi, voluntatem illarum fœminarum studiose quæsierunt[85], utrum hoc bono animo ferrent quod pro sua agebatur salute : quod cum sua professione[86], consensu pariter uno[87], laudassent atque obedientiam promisissent, sic demum loci ejusdem curam ac dominationem accepit monachosque servientes Domino ibidem permanere constituit, eas vero quæ illic habitaverant in aliis suæ ditionis locis regulariter vivere disposuit Hoc autem factum est voluntate et jussione domni[88] Ademari episcopi et clericorum ejus, et domini[89] Deodati et uxoris ejus et filiorum qui supra dicti sunt. S' Richardi vicecomitis[90] et fratris ejus Girberti. S' Ugoleni et filiorum ejus et uxoris. S' Raymondi et Willelmi fratrum. S' Petri et Gausberti[91] fratrum. S' Hugoni[92], S' Aldeberti, S' Bernardi, S' Rostagni[93] et aliorum qui præsentes aderant pari consensione[94] testium. Factum est hoc donum[95] mense martio, feria j^a, anno Dominicæ Incarnationis MC.III, indictione vii^a [96], luna xx, regnante Philippo rege Francorum[97].

CCCXCV. Domnus Ademarus, gratia Dei episcopus Ruthenensium, cum consilio et consensu clericorum suorum, id est Oadalrici archidiaconi, Berengarii præpositi, Vuigonis prioris, Vuigonis capellani et totius cleri Ruthenensis ecclesiæ, concedendo dedit ecclesiam Sancti Eligii parrochialem, cum capella Sancti Joannis de castro Severiaco, domino Vuilhermo abbati monasterii Sancti Theofredi ejusque successoribus, et ecclesiæ Sancti Salvatoris et priori ejusdem loci Stephano et habitatoribus ejus, ad habendum semper ; anno ab Incarnatione Domini M.C.VI, mense martio, feria iiii, concurrente vi, luna xi, papa Paschali, Ludovico rege Francorum[98]. S(ignum) Ademari episcopi, qui hoc donum fecit et hanc chartam scribere jussit. S. Vuilhermi qui cognominatur Pungens Folia, qui illam ecclesiam sui juris alodem deputabat et totum quod ibi requirebat dimisit et ecclesiæ Sancti Salvatoris dedit. SS. cæterorum supradictorum.

83. *Ea* E-eng-a. — 84. *Ea* U-c. — 85. *Ea* q-ivit. — 86. *Ea* p. ct. — 87. *Ea* u. ore. — 88. *C* domini. — 89. *Ea* domni. — 90. *Ea* Rica-i c-s. — 91. *Ea* Gaufredi. — 92. *Ea* U-i. — 93. *C* sunt, R... Gi-i, Ga-i f., H., A., B., R. — 94. *C* c-nti-e. — 95. *Ea* d. in. — 96. *Leg.* xii. — 97. *Ea* F. r. *(20)* mars 110*(4)*. — 98. *(13)* mars 11*(12)*.

CCCXCVI. De loco Bonæ Terræ. — In eodem pago Ruthenico, habetur ecclesia Sancti Amantii in loco qui dicitur Bona Terra, in territorio castelli Sancti Laurentii, quam dedit Abo dominus ejusdem castri monasterio Sanctæ Enimiæ[99] virginis, pro reddita sibi sanitate, cum campis et vineis et pascuis et molendino et boscho et cæteris adjacentiis suis, sine ulla contradictione personæ semper habendam.

CCCXCVII. Notum sit omnibus hominibus quod Dalmatius, prior monasterii de Clivo, acquisivit vineas de Calmessuita terramque cultam et inculta(m) a domino Ademaro, Aniciensi episcopo, et res quas in eodem monasterio habebat; et propter hoc dedit ei L solidos Valentinenses et mulum qui ejusdem monetæ C solidos valebat. At postquam venerabilis episcopus, his acceptis muneribus, prædictas possessiones Deo Omnipotenti et ecclesiæ Sancti Michaelis archangeli, quæ in eodem loco fundata est, et Dalmatio priori cæterisque ibidem degentibus monachis, præsentibus et futuris, donasset atque laudasset, dereliquit etiam, pro redemptione animæ suæ seu progenitorum suorum, malos usus et consuetudines ac quidquid in eadem villa in finibus ejus juste aut injuste quærebat. S(ed) et frater ejus, scilicet Vuilhermus de Montilio, LXXX solidos Valentine(nse)s a priore super nominato accipiens, prædictum prandium et cætera, hoc est malos usus et consuetudines atque omnia quæ in illo monasterio aut in appenditiis ejus juste vel injuste quærebat, præfatæ ecclesiæ monachisque ibidem degentibus dereliquit: tali tenore, ne dehinc ulla suorum posteritas hoc repetere præsumat. Hæc quidem gesta sunt anno sup(ra)dicto et anno M.XC.VI, XIIII kalendas (decembris[100]), indict(ione) IIII, quando celebrata est apud Clarummontem Arverniæ synodus, præsidente domino Urbano papa, consedentibus diversarum provinciarum archiepiscopis XII, episcopis LXXXII, abbatibus innumeris, regnante Henrico imperatore [1], in præsentia Petri de Divo.

CCCXCVIII. (Carta de militibus castri de Misenco). — Dei Omnipotentis misericordia, qui neminem vult perire, sed omnes ad agnitionem veritatis venire [2], semper laudanda et glorificanda est : sic enim aliquando quorumdam

---

99. C Enymiæ. — 100. C xv. — 1. *18 novem. 1og(5).* — 2. *I Timot.*, II, 4.

pravorum hominum, peccatis eorum exigentibus, corda in malitia obdurare permittit ut postmodum mirabilius, ipse ea amolliens, obstupescentes eos qui ex ipsis desperaverant faciat; revera etiam per omnia diabolus est qui, numquam peccare desistens [3], deprædationibus pauperum et præcipue eorum, qui in oppidis seu villis sacrosanctæ Ecclesiæ Dei fidelibus traditis commorantur, impleri desiderat. Et III milites, ex Misenco castro, nobis semper, videlicet monachis in cœnobio Beati Petri Beatique Theofredi commorantibus, contrarii existentes, Dei inspiratione præventi et Vuilhermi abbatis, qui ipsum locum Deo volente gubernat, admonitionibus, qui nunc blandimentis, nunc terroribus supplicii æterni eos insectatus est, a deprædationibus pauperum in nostris villis commorantium cessaverunt: nam eorum bona quæque diripientes usque ad buccellam, ut ita dicam, panis eos deprædati sunt. Nunc autem quidam eorum, Jerosolimitanum iter ad expugnandos barbaros arripientes, cum cæteris omnibus remanentibus ejusdem castri militibus, devoverunt se nullo modo deinceps aliquam malam consuetudinem quærere hominibus habitantibus in prædiis sive villis supradicti cœnobii, neque saumarios neque convivandi hospitium neque cibatum neque boves ad arandum vel onus ferendum neque aliquid ejusmodi consuetudinaliter, sed omnes jusjurandum super altare sacratum fecerunt, præsente supradicto abbate, ut nihil tale amplius exigant. Accepto autem ab eis juramento abbate absolutisque ab hactenus peractæ tyrannicæ exactione, simul cum subjectis fratribus deprecatus est etiam dominum Ademarum, Aniciensem episcopum, ut eos ab eodem scelere absolveret: qui, miratus eorum crudelitatem, propter quosdam eorum Hierosolimitanam expeditionem properantes vel propter promissam emendationem et correctionem, absolvit eos a commisso scelere ; absolvit autem et eos episcopus Eldebertus Mimatensis, qui simul aderat. Postmodum vero idem episcopus Ademarus, simul cum ipso Eldeberto excommunicavit et sub anathemate constrixit omnes qui hoc ulterius requirerent ab aliquo hominum in prædictis cœnobii prædiis vel villis commorantium, ut deleantur de libro vitæ[4], immo eradatur hæreditas eorum de terra viventium[5] et parti-

3. Cf. I JOAN., III, 8. — 4. Cf. *Psal.* LXVIII, 29. — 5. Cf. JEREM., XI, 19.

cipent pœnas et supplicia æterna cum Juda traditore et illis qui Dominum crucifixerunt, cum Dathan etiam et Abiron et Chore hiatu terræ vivi absorbeantur, infernus eos vivos absorbeat, cahos tartarea semper eos teneat serpentium et draconum morsibus perpetualiter devorandos, ubi vermis eos comedens non moriatur, ignis eos urens non extinguatur [6], sic fiat! sic fiat! Leodegarius vero, Vivariensis episcopus, hanc eamdem excommunicationem corroboravit, prius eos a peccatis absolvens et postmodum infringentes æternaliter in inferno damnans. Hi autem sunt qui suprascriptum jusjurandum juraverunt et, ne maledictioni subscriptæ subdantur in æternum, tenendum sanxerunt: Petrus Bastarcius cum omnibus fratribus, Pontius cum Bertrando fratre suo, Petrus Bertrandi, Geraldus Pilans Contorem et Petrus Faidi. Facta charta ista mense decembri, feria v[a], epacta xxiii, anno ab Incarnatione Domini MXCVI, regnante Philippo Francorum rege, præsulante Urbano papa Romano [7]. S(ignum) et Ademari episcopi Aniciensis, S' Leodegarii Vivariensis episcopi, S' Eldeberti Mimatensis episcopi, S' Vuilhermi prædicti cœnobii abbatis, S' Vuilhermi Claromontensis episcopi, S. Petri Iterii. Dedit autem pro ista convenientia eis Guilhermus abbas, videlicet Bastarcio cum fratribus suis DCC solidos, Pontio C et equum C solidos valentem, Bertrando unum marcum argenti, Petro Bertrandi unum caballum de C solidis et xl solidos, Geraldo unum mulum : hi omnes prædicti domini de Mizenco, recognoscentes juramento, quidquid domus Sancti Theoph(redi) habebat in mandamento de Mizenco, habebat pro alodio, et nos eramus prædictæ domus feudatarii [8].

CCCXCIX. Mandatum camerarii papæ ad Guilhermum abbatem monasterii Sancti Theofredi [9].

Splendenti meritorum luce domno Guilhermo [10], abbati Sancti Theofredi [11], frater P(etrus), domini papæ camerarius,

6. Marc., ix, 43. — 7. *(4-25) décem. 1096.* — 8. Texte abrégé dans *Ea* (p. 180): « Quomodo absoluti fuerunt ... milites de Misenco castro. — Milites ex M. c., m. Sancti T-ff-i semper c-i e. et Willelmo a-i, eos u-e ad b. p., ut i. d., s. d. Q. a. e., Jhe-lym-m i. adiens ad e. b., in capitulo veniam petens, devovit se numquam talia facturum ; idem quoque et alii promiserunt, quos a-t E-c. M.; a-t etiam eos A-us e-us A-sis. Facta fuerunt hæc m. augusto,..., a. MCCVI. S... L. e. V., .. e. M., S' Willelmi a. p. c., S' Willelmi C. e. » — 9. *Ea* Quomodo scripsit P. domini pp. ad Willelmum S[u] T-ff-i a. pro restituendo corpore s[u] Fortunati. — 10. *Ea* Willelmo. — 11. *Ea* T-ff-i.

salutem. Audivi vos calumniari[12] quamdam[13] ecclesiam in Matisconensi pago sitam, nomine Garnosam, quam modo possident regulares canonici Sancti Petri[14] contra calumniam[12] vestram ac[15] contra monachorum Kariloci[16] calumniam[12], qui[17] de eadem ecclesia a dominis loci illius donum habent et cartam : quibus, ut relatum est mihi[18], injuriam maximam vos intulistis. Quapropter, quo[19] querela[20] quam habent in vos de sancto Fortunato, cujus ossa monachi vestri loci furati sunt ac[18] vos[18], sopiretur, mando vobis ac[15] do consilium quatenus[21], pro mei amore ac fraterna dilectione, rectitudinem vestram quam creditis vos habere in supradicta ecclesia eis[22] concedatis, quoniam[23] forsitan[24] sua rectitudine et vestra et quod sint[25] vobis propinquiores loci illius poterint[18] supradictis injuriosis prævalere. Valete[26].

Fecit hoc domnus Guilhermus[27], abbas Sancti Theofredi[11], juxta petitionem P(etri) domini[28] papæ camerarii et sopita est quærela monachorum Kariloci[16] de reliquiis sancti Fortunati, authoritate et consilio[29] domni Hugonis Cluniacensis abbatis[30]; qui et ipse hoc sanctum[31] monasterium Beati[32] Theofredi sua præsentia illustravit, et societatem Cluniacensis capituli et bonorum totius illius congregationis invicem habendam constituit, et in reædificatione prædicti Beati Theofredi[11] monasterii donaria sua fecit.

CCCC. DE UNIONE ECCLESIÆ SANCTI LAURENTII GRATIANOPOLITANI MONASTERIO SANCTI THEOFREDI AB U(GONE) EPISCOPO GRATIANOPOLITANO, CUJUS HÆC SUNT VERBA[33] : — Quoniam[34] quidem[35] Beati Laurentii martiris[36] ecclesiam, non longe a Gratianopolitana urbe positam, ab antecessoribus nostris non solum novimus ædificatam, verum et[37] solemniter auctam atque multipliciter ditatam, pro posse nostro eorum vestigia imitari[38] non incongruum[39] duximus[40]. Ego[41] enim Ugo[42],

12. *Ea* c-mpn-. — 13. *Ea* quandam. — 14. *Ea* P. Matisconensis. — 15. *Ea* et. — 16. *Ea* Cari L-i. — 17. *C* quæ. — 18. *Ea* deest. — 19. *C* deest. — 20. *C* q-am. — 21. *Ea* q-tinus. — 22. *Ea* ci. — 23. *Ea* quam. — 24. *C* f-am. — 25. *Ea* qui sunt. — 26. *C* Vale. — 27. *Ea* F. hujusmodi d. Willelmus. — 28. *Ea* domni. — 29. *C* conci-o. — 30. *Ea* a. C. — 31. *Ea* et pater s-us factus. — 32. *Ea* Sancti. — 33. *Ea* NOTITIA QUOMODO HUGO E-US G-NUS RESTITUERIT E-AM S^{ti} L-I ECCLESIÆ VISILIENSI, *Ep* CARTA. Cf. VALBONNAIS, *Hist. de Dauph.*, II, 8^k, ex tabul. S. Theof. n. 258. — 34. *C* Quamdo. — 35. *V* deest. — 36. *C* meritis, *B* Eap martyris. — 37. *BV* deest. — 38. *Eap BV* i. v. — 39. *V* i-rue. — 40. *B* dixerim, *V* dux-m. — 41. *C Ep* deest. — 42. *C Eap V* Hugo.

Dei gratia Gratianopolitanus[43] episcopus, necnon sanctæ Dei ecclesiæ Gratianopolitanæ omnis conventus[44], Beatæ[19] Mariæ[19] Visiliensem[19], cum sibi jure pertinentibus, ecclesiam diu a nobis tyrannica potestate subreptam, ad ultimum vero[45] a fratribus prædictæ[46] ecclesiæ Beati Laurentii ab eadem potestate acquisitam[47], sed quia nostræ ecclesiæ[48] juris erat sub virorum religiosorum judicio nobis redditam, beato[49] Petro atque sancto Theofredo, necnon et gloriosissimo martiri[50] Laurentio fratribusque ibidem commorantibus, interventu religiosissimi Ugonis[51], Dei gratia Diensium episcopi atque sanctæ Romanæ[52] et apostolicæ sedis[53] vicarii, donamus[54] : tali scilicet retento servitio, ut in die sanctæ ac Dominicæ Ascensionis..............

CCCCI. Bulla Urbani II super prioratu Visiliæ[55].

URBANUS[56] episcopus, servus servorum Dei, carissimo[57] fratri Hugoni[15] Gratianopolitano episcopo[58], salutem et apostolicam benedictionem. Misimus dilectioni tuæ nuper epistolam[59] per monachum Petrum, ut Cluniacenses fratres de Vigiliensi ecclesia reinvestire deberes, et quidem prudentiæ tuæ sollicitudinem[60] fervore[61] justitiæ eamdem[62] cellam Cluniacensibus extorsisse[63] minime dubitamus ; sed ego ipse nostræ[64] assertionis testimonium fero, quoniam eos quondam in ejusdem cellæ possessione[65] nos vidimus : quæ possessio, justa licet aut injusta fuerit, non tamen[18] debuit sine judicio apostolicæ sedis, ad quam eadem[66] causa relata fuerat, extorqueri. Quia igitur[67] justitiæ[18] ratio[68] exigit, nos caritatis[69] tuæ plurimum confidentes de puritate[70], ejusdem loci investituram restitui Cluniacensibus imperamus : revestitis autem eis per dies XL[71], utriusque partis causa diligentius audiatur et, æquitate pensata, quo major ratio utilitatis[72] flagitaverit[73], locus idem[74] possidendus

43. C *Eap* G-norum. — 44. *Ea* c. o. — 45. *BV* deest. — 46. C *Ep* ejusdem. — 47. B a-a, *Eap* adq-am. — 48. *V* e. n. — 49. *Ea* et b. — 50. C *Eap B* m-tyri. — 51. C *Ea V* Hu-s. — 52. *Ea* R. ecclesiæ. — 53. B deest, *V* ecclesiæ. — 54. *BV* d-avimus. — 55. C deest, *Ea* Breve U-i pp. ad Hugonem episcopum ecclesiæ Gratianopolitanæ s-r præfata ecclesia Vigiliensi. Texte impr. dans *Analecta juris pontificii*, s. X, t. V, ii (1869), 570 (111). Cf. Valbonnais, *H. de D.*, II, 8[k], ex tabul. S. Theof. — 56. C *Ea* U. — 57. *Ea* beati-o. — 58. *Ea* c. G. — 59. *Ep BV* in e-a. — 60. *BV* s-e. — 61. *V* fav-e. — 62. *Ea* candem. — 63. *V* e-rxi-e. — 64. *BV* n-rum, *Ea* meum. — 65. *V* p-em. — 66. C corum. — 67. *Ea* ergo. — 68. *V* r. j. — 69. C cha-i, *V* ca-i. — 70. *Ea* de c-s t. p-e p. c., *BV* de p-e p. c. — 71. *BV* quadraginta. — 72. *Ea* et u-as. — 73. *BV* r. f-gra-t. — 74. *Ea* ipse.

cedat[75]. Porro causæ hujus decisionem confratri[76] nostro Magalonensi episcopo[77] tecum commisimus, ad quem loco et tempore constituto[78] tecum pars utraque[79] conveniet[80]; tuum itaque erit priori[81] Cluniacensis[82] denunciare cœnobii[83] ne[19] per[84] acceptam investituram[85] abbatis sui, qui in longinquam regionem profectus est, reditum præstolentur, sed intra dies XL[71] ad actionem causæ pervenire procurent : ita tamen agas ut Cluniacenses adversus te juste murmurare non valeant. Causam quoque ecclesiæ de Stella, in pago Valentinensi[86], tibi et Magalonensi comittimus[87] ut, reinvestitis qui revestiendi[88] sunt, actio peragatur : qui vero[89] judicium subterfugerint, ex causa se noverint decisuros.

CCCCII. Bulla Calixti II pro quæstione terminanda super prioratu Visiliæ[90].

CALIXTUS episcopus, servus servorum Dei, venerabilibus fratribus Hugoni[45] Gratianopolitano et[91] P(etro)[92] Diensi[93] episcopis, salutem et apostolicam benedictionem. Fratres monasterii Sancti Theofredi, constituto a nobis termino, pro Vigiliensis[94] ecclesiæ controversia nostro se[95] conspectui[96] præsentarunt[97]; nos[98], pluribus negotiis impediti, causam discutere non valuimus, idcirco eam sollicitudini vestræ commisimus finiendam. Præcipimus ergo fraternitati vestræ ut, in præsentia utriusque partis, idem negotium usque ad proximam festivitatem[99] sancti Juliani, omni occasione postposita[100], canonico judicio terminetis : quod si prior Vigiliensis[1] judicium effugerit [2], vos prædictos fratres Sancti Theofredi[11], sicut ratio exigit, de[45] eadem[45] ecclesia[3] in integrum revestite, salva alterius jurisdictione. Si q(u)a v(ero)[4] ...... Datum Brivati [5], kalendis maii [6].

---

75. *C* c-tur. — 76. *Ea V* f-i. — 77. *Ea B V* e. M. — 78. *BV* statuto. — 79. *Ea* u. p. — 80. *BV* c-iat. — 81. *B* tempori, *V* in t-re. — 82. *CV* C-i. — 83. *CBV* c-bio. — 84. *Ea* post. — 85. *B* i-utum. — 86. *C* V-se. — 87. *BV* c-isi-s. — 88. *C* inv-i, *Ea* rei-i. — 89. *B* in, *V* si. — 90. *C* deest, *Ea* Rescriptum C-i pp. super eadem ecclesia. Cf. Valbonnais, H. de D., II, 8ᵏ, ex tabul. S. Theof. — 91. *B* deest. — 92. *B* pro, *B*² *V* deest. — 93. *B*² Pod-i. — 94. *C* Vilg-s. — 95. *Ea B* deest. — 96. *BV* as-i. — 97. *Ea* p-antur, *B* p-atur. — 98. *Ea* et quoniam. — 99. *C* nat-m. — 100. *Ea* p. o.
1. *C* V-ic-s. — 2. *Ea* V. venire et j. subire contempserit, *B* Vici-s ad causam venire ut j-ibus repræsentetur, *V* V. ad c. non v-ct ut j-r. — 3. *BV* e-am. — 4. *Ea* quæ est, *BV* des. salva ... v(ero). — 5. *BV* Pr-i. — 6. 1ᵉʳ mai (1119).

CCCCIII. Decretum archiepiscopi Viennensis.

Stephanus, sanctæ Viennensis ecclesiæ archiepiscopus, sedis apostolicæ legatus, venerabili Vuilhermo abbati Sancti Theofredi totique conventui, salutem. Super honoribus quos in diœcesi nostra habetis plurimum gratulamur, et si plures acquirere possetis magis ac magis lætaremur. Volumus enim ecclesiam vestram diligere et sustentare de decimis super quibus ecclesiastici Sancti Valerii vos calumniant; definitionem, quam piæ memoriæ dominus P(etrus) prædecessor noster fecit, laudamus et firmamus: propterea rogamus fraternitatem vestram, ut pro nobis oretis. Valete[7].

CCCCIV. (Carta dimissionis nepotum Willelmi decani)[8].

In nomine sanctæ Trinitatis. Volumus esse memorabile quod factum fuit in præsentia domni[9] Umberti[10] Aniciensis episcopi et Vuilhermi[11] abbatis Sancti Theofredi. Vuilhermus decanus ecclesiæ Aniciensis, qui erat dominus castri de Godeto, habebat in festivitate sancti Theofredi refectionem usuariam cum hominibus suis in monasterio ipsius martyris, unde monachi et homines loci illius gravissimum incommodum in unoquoque anno sustinebant. Nepotes vero ejus decani, admonitione domini U. episcopi et consilio amicorum suorum, considerantes tam grave peccatum timentesque ne ob hoc decanus prædictus pœnas sustineret æternas, antequam sepeliretur taliter coram Deo et Humberto Aniciensi episcopo et Vuilhermo abbate Sancti Theofredi hanc consuetudinem dimiserunt: cum dom Hu. episcopus celebraret missam pro anima ejus, Balduinus et Stephanus de Godeto et Girbertus, nepotes decani, hanc oblationem ei fecerunt et Missale super altare posuerunt et abbatem Vilhermum osculati sunt, ut nullo modo amplius hoc prandium ab ipsis vel a suis successoribus vel ab eorum hominibus quereretur. Altera vero die, ad abbatiam venerunt et hoc totum quod diximus, præsentibus monachis, præsente etiam Hugone[11*] episcopo et abbate ipsius loci Vuilhermo, fecerunt ; abbas vero, consilio monachorum, hoc constituit ut pro anima ipsius decani per annum integrum missa defuncto-

---

7. (1129-1132). — 8. Texte abrégé dans *Hist. gén. de Lang.*, II, pr. 470 (430*), Cart. abb. S. Chaf. = V. — 9. C domini. — 10. V Hu-i. — 11. V Willelmi. — 11*. *Leg.* Humberto.

rum in monasterio celebraretur et vii pauperes ab eleemosinario procurarentur, tantumque fieret pro eo quantum pro uno professo monacho. Si quis autem contraire præsumpserit, iram Omnipotentis incurret, ab Humberto episcopo excommunicatus est, et cum Dathan et Abiron pœnas sustinebit in inferno : cunctis autem servantibus, pax Domini nostri Jesu Christi in perpetuum. Facta est charta hæc anno ab Incarnatione Domini M.C.XXXII, indictione x, concurrente v. Testes sunt dom[s] Humbertus episcopus, Guilhermus abbas, Pontius prior, Stephanus cardinalis, Petrus eleemosinarius, Eustachius, Stephanus sacrista, Pontius de Colle ; milites vero testes sunt : Jarento de Mizenco[12], Jarento del Bitsage[13], Vuilhermus Rotdandus[14], Ugo Malarta, Bernardus frater ejus.

CCCCV. (Bulla privilegii Lucii II papæ pro monasterio)[15].

Lucius episcopus, servus servorum Dei, dilectis filiis Beraldo[16] abbati Sancti Theofredi ejusque fratribus, tam præsentibus quam futuris, regularem vitam professis, in perpetuum. Ad hoc universalis Ecclesiæ cura nobis a provisore omnium bonorum Domino[17] commissa est, ut religiosas diligamus personas et beneplacentem Deo religionem studeamus omnibus modis[18] propagare : nec enim[19] Deo gratus aliquando famulatus impenditur, nisi ex charitatis radice procedens a puritate religionis fuerit conservatus. Ea propter, dilecti in Domino filii, vestris orationibus[20] clementer annuimus et præfatum monasterium, in quo divino[21] mancipati estis obsequio, sub beati Petri et nostra protectione suscipimus et præsenti(s) scripti privilegio communimus ; statuentes ut quascumque possessiones, quæcumque bona idem monasterium in præsentiarum juste et canonice possidet, aut in futurum concessione pontificum, largitione regum vel principum, oblatione fidelium seu aliis justis modis, Deo propitio, poterit adipisci, firma vobis vestrisque successoribus (et) illibata permaneant, in quibus (hæc) propriis duximus exprimenda[22] vocabulis : ecclesiam de Capdenaco et ecclesiam de Quaires. Prædecessoris (quo)que nostri Paschalis fœlicis memoriæ (vestigiis)

---

12. *V* Misc-o. — 13. *V* Bisatge. — 14. *V* Rod-s. — 15. Cf. *Gallia christ. nova*, II, 767 = *G*. — 16. *G* Ge-o. — 17. Deo ? — 18. m. o. ? — 19. *C* n. non. — 20. postulationibus ? — 21. *C* Domino. — 22. *C* expone-a.

insistentes, sicut Pontius bonæ memoriæ Aniciensis episcopus ex providentia episcopalis officii, nos etiam in perpetuum observanda sancione sancimus, ut a rivulo Colentiæ usque ad rivulum Ausoniæ et a villa Bovariæ usque ad villam Caprariæ, inter quos terminos Beati Theofredi monasterium situm est, nemo aliquem hominem capere, deprædari, insilire aut disturbare præsumat, nemo ignem immittere aut rapinas audeat exercere. Decernimus ergo ut nulli omnino hominum liceat præfatum monasterium temere perturbare aut ejus possessiones auferre vel ablatas retinere, minuere aut aliquibus vexationibus fatigare, sed omnia conserventur integra[23] eorum pro quorum gubernatione et sustentatione concessa sunt, usibus omnimodis profutura : salva diocesani episcopi canonicâ justitia et apostolicæ sedis authoritate. Si quis igitur in futurum ecclesiastica vel sæcularis[24] persona hanc nostræ constitutionis paginam sciens contra eam temere venire tentaverit, secundo tertiove commonita si non satisfactione congrua emendaverit, potestatis honorisque sui dignitate careat reamque se divino judicio existere de perpetrata iniquitate cognoscat, et a sacratissimo Corpore et Sanguine Dei et Domini Jesu Christi Redemptoris nostri[25] aliena fiat, atque in extremo examine districtæ ultioni subjaceat : cunctis autem eidem loco justa servantibus, sit pax Domini nostri Jesu Christi, quatenus et hic fructum bonæ actionis percipiant et apud districtum judicem præmia æternæ pacis inveniant. Amen, amen (, amen).

O *Signum et sigillum Lucii.*

Ego Lucius, catholicæ ecclesiæ episcopus (, subscripsi) ; *et* Ego Conradus, ecclesiæ Sabinensis episcopus ; Ego Alb(er)icus, Hostiensis episcopus ; Ego Vuido, presbiter cardinalis tituli[26] Sancti Chrisogoni ; Ego Thomas, presbiter cardinalis tituli[26] Vestinæ ; Ego Hubaldus, presbiter cardinalis tituli[26] Sanctæ Praxedis ; Ego Himarus, Tusculanus episcopus ; Ego Petrus, Albanensis episcopus ; Ego Nicolaus, presbiter cardinalis tituli[26] Sancti Cyriaci ; Ego Reinerius, pre(s)biter cardinalis tit. Stephani in Cœleo Monte ; Ego Gregorius, diaconus cardinalis Sanctorum Sergii et Bachi ; Ego Guido, diaconus cardinalis Sanctorum Cosmæ et Damiani ; Ego Vuido, in R(om)ana eccle-

23. i. c. ? — 24. e. s-sve ? — 25. R. n. J. C. ? — 26. C t-lo.

sia minister indignus ; Ego Joannes, diaconus cardinalis Sancti Andriani. Datum Lat(erani), per manum Baronis capellani et scriptoris[27], III kalendas aprilis, indictione VII, anno ab Incarnatione Domini M.C.XLIIII, pontificatus dom! Lucii II papæ, anno v°[28].

CCCCVI. (Breve Lucii II papæ episcopo Diensi).

Lucius episcopus, servus servorum Dei, venerabili fratri Humberto[29] episcopo Diensi, salutem et apostolicam benedictionem. Veniens ad sedem apostolicam filius noster Beraldus, abbas Sancti Theofredi, nobis conquestus est quod Pelestore et quidam alii parrochiani tui sibi et monasterio graves injurias faciant ; quia igitur officii tui (est) religiosos viros et bona eorum diligere et fovere et a pravorum incursibus deffensare, per præsentia t(ibi) s(cripta) m(andamus) quatenus, tam de præfato P. quam de aliis parrochianis tuis, de quibus abbas et fratres sui conquesti fuerint, debitam eis justitiam facias. Datum Lat(erani), IIII kalendas aprilis[30].

CCCCVII. (Aliud breve episcopo Vivariensi).

Lucius episcopus, servus servorum Dei, venerabili fratri J(aucerando) Vivariensi episcopo, salutem et apostolicam benedictionem. Perlatus est clamor ad aures nostras, quod uxor quondam Guilhermi Jordanis, Gerento de Mezenco et quidam alii parrochiani tui bona beati Theofredi, quæ in commisso tibi episcopatu sita sunt, violenter diripiant et graves in eis exactiones faciant. Quia igitur tui officii est eosdem religiosos et bona eorum a perversorum infestationibus defensare, per præsentia t(ibi) s(cripta) m(andamus) quatenus, tam de supradictis quam de aliis parrochianis tuis, de quibus tibi conquesti fuerint, debitam eis justitiam facias. Dat(um) Lat(erani), IIII kalendas aprilis[30].

CCCCVIII. (Aliud breve episcopo Magalonensi)[31].

Lucius episcopus, servus servorum Dei, venerabili fratri R(aimundo) Magalonensi episcopo, salutem et apostolicam be-

---

27. *C* ins-terii. — 28. *30 mars 1144.* — 29. Leg. H(ugoni). — 30. *29 mars (1144).* — 31. Texte impr. dans *Hist. gén. de Lang.*, II, pr. 503 (459), Mém. de Bardon = *V* ; D. Brial, *Recueil*, XV, 411 = *B* ; Migne, *Patrol. lat.*, CLXXIX, 844 (13), d'ap. *B.* Cf. Jaffé, *R. P. R.*, 6043.

nedictionem. Sacrilegium et contra legem est si quis, quod venerabilibus locis relinquitur, pravæ voluntatis studiis suis tentaverit compendiis[32] retinere. Ergo[33] perlatus est clamor ad aures nostras quod comes Merguriensis et quidam alii parrochiani[34] tui, ea quæ Bernardus olim Merguriensis comes monasterio Sancti Theofredi in testamento dimisit, ei per violentiam auferant[35]; quocirca per præsentia t(ibi) s(cripta) m(andamus), quatenus præfatum comitem et alios qui ipsum testamentum detinent studiose commoneas, ut quod præfato monasterio pro suæ animæ redemptione[36] dimisit, filiis nostris B(eraldo) abbati et fratribus suis cum omnibus ablatis reddant et in pace dimittant: quod si infra XL[37] dies post tuam commonitionem adimplere contempserint, in ipsos tamquam[38] sacrilegos canonicam sententiam proferas et donec resipiscant facias observari. Dat(um) Lat(erani), IIII°[39] kalendas aprilis[30].

CCCCIX. (Aliud breve episcopo Aniciensi).

Lucius episcopus, servus servorum Dei, Hum(berto) venerabili fratri episcopo Aniciensi, salutem et apostolicam benedictionem. Ad tuum spectat officium religiosos viros et eorum loca, præcipue quæ in commisso tibi episcopatu sita sunt, diligere et fovere et a perversorum incursibus deffensare. Quocirca per præsentia tibi scripta mandamus[40], quatenus dilectum filium nostrum B(eraldum) abbatem Sancti Theofredi et fratres suos juves et manuteneas, et de parrochianis tuis qui Desiderii vocantur et aliis de quibus ti(bi) conquesti fuerint, canonicam eis justitiam facias. Dat(um) Lat(erani), IIII kalendas aprilis[30].

CCCCX. (Aliud breve episcopo Valentinensi).

Lucius episcopus, servus servorum Dei, venerabili fratri J(oanni) Valentinensi episcopo, salutem et apostolicam benedictionem. Adversus S(ilvionem) de Clarei et A(rnaldum) de Cresto, uxorem quoque ipsius et quosdam alios parrochianos tuos, B. B(eraldi) abbatis et fratrum monasterii Sancti Theofredi querelas accepimus, quod monasterium quod vocatur Clivum graviter inquietaretur[41] et bona sua ei per violentiam

---

32. *V* c-ed-s. — 33. *C* q°. — 34. *B* paro-i. — 35. *V* auff-t. — 36. *C* r. a. s. — 37. *C* LX, *B* quadraginta. — 38. *B* tanq-m. — 39. *B* IV. — 40. *C* t. sit manifestum vel m-atum. — 41. i-ietent?

auferant; Artaldus vero de Bello Disnare, in villa quæ vocatur Mura, graves eisdem fratribus injurias inferat. Quare[42] igitur ecclesiasticarum rerum pervasores quanta si(n)t plectendi animadversione fraternitati tuæ non extat incognitum, per præsentia tibi scripta mandamus[43] quatenus ipsos de damnis illatis (et) injuriis præfatis fratribus satisfacere districte procures et canonicam justitiam facias. Datum Lat(erani), III kalend(as) aprilis[30].

Hic explicit liber *de reparatione chartarum*.

42. Quia? — 43. C t. sit manifestum.

CHRONICON

MONASTERII

SANCTI PETRI ANICIENSIS[1].

CCCCXI.

Fuit vir quidam, ex nobili Francorum progenie ortus, Guido nomine, qui, providentia Dei disponente, traditus a parentibus litterarum[2] studiis, relictis sæcularibus[3] pompis, monachus factus[4] in cœnobio quod vocatur Cormaricum[5], viriliter militavit[6] ibi sub regula sanctissimi[7] Benedicti. Patre vero illius monasterii[8] migrante ex hac luce, fratrum concordante consensu, abbas ibidem eligitur atque juxta morem canonicum benedicitur. Sublimatus[9] autem ita bonis fulsit moribus[10], ut etiam fama bonitatis ejus perveniret ad aures regis Franciæ; cujus rex idem innixus consilio, disponebat quod beneplacitum erat Deo et[11] utile populo.

CCCCXII. Quo in tempore Aniciensi[12] ecclesia viduata suo antistite, a clero et populo ipsius civitatis[13] unanimiter legati

---

1. Texte impr. dans *Gallia christ.* vetus, III, 910ᵇ-3ᵃ (« Fuit vir..... S. Hugonis », comnq. p. du Bouchet) = *Gv*; Labbe, *Nova biblioth. mss.*, II, 749-51 (« Diploma fundationis ecclesiæ Sancti Petri Monasteriensis in urbe Aniciensi seu Podiensi. Fuit vir..... et aliorum », d'ap. l'original) = *L*; Mabillon, *Acta SS. ord. s. Bened.*, s. V, 835-9 (« Vita Guidonis II episcopi Aniciensis, monasterii S. Petri eadem urbe conditoris », d'ap. *Gv* et *L*) = *M*; *Gallia christ.* nova, II, instr. 223-5 (« Notitia de Widonis Aniciensis episcopi gestis. Fuit vir..... canon. ») = *Gn*; *Hist. gén. de Lang.*, II, pr. 7-10 (« Extrait de la chronique du monastere de S. Pierre du Puy. Post beatæ..... Franc. rege », d'ap. *Ep*) = *V*; D. Bouquet, *Recueil*, XII, 346-9 (« Ex Chronico monast. S. Petri Aniciensis. Descriptis IV.... Franc. rege », d'ap. *V*) = *R*; Mandet, *Hist. du Velay*, III, 103-9; Est. Médicis, *Chroniques*, éd. Chassang, I, 63-7 (« De l'eglise de Sainct Pierre le Monestier du Puy. Fuit vir .... S. Ugonis ») = *C*. — 2. *Gv* L lite-m. — 3. *Gv* C sec-s. — 4. *Ep* C f. m. — 5. *Ep* C-ium, *Gv* C C-inum, *M* C-iacum. — 6. *L M* m-ans. — 7. *Gn* deest, *C* s-ti. — 8. *Gv* des. viril..... monast. — 9. *L M* s-levatus. — 10. *Gv* des. atque .... mor. — 11. *Ep Gn* ut. — 12. *L M* A-is. — 13. *Gv* des. Deo .... civit., *Gn* des. i. c.

mittuntur ad regem[14], ut daret illis[15] utilissimum pastorem, præfatum scilicet abbatem, cui erat frater germanus nobilissimus comes Gaufridus[16], cognomento[17] Grisogonella[18]. Unde rex nimium gavisus, convocans electum virum, multa prece monuit eum[19] ut, pergens ad[20] Podium, fieret ibi[21] animarum pastor, sibi et populo fidelissimus[22] procurator : hæc[23] ille audiens nec citius consentiens, rege cogente, velit nolit[24], fratribus valedicens, sumptis[25] inde sociis ad eum[26] missis, Aniciense[27] iter[27*] aggreditur. Hoc factum audientes Pontius et[28] Bertrandus, ejus[29] nepotes, Aquitaniæ clarissimi consules, cum matre eorum Adalaide[30], sorore ipsius, venerunt ei obviam, se et sua ei dantes; cum quibus Podium ingressus, fit ei[29·31] magna processio clericorum, fit grandis exultatio[32] laicorum, quod Deus eis talem[33] patronum dedisset.

CCCCXIII. Pontificali igitur cathedra sublimatus, cogitans assidue de tenenda pace et[34] de rebus ecclesiæ quas vi abstulerant[35] raptores hujus terræ, jussit ut omnes milites ac rustici de episcopatu suo[36] convenirent in unum, auditurus ab eis quale sibi de regenda pace[37] darent consilium. Ipse vero apud Brivatensem vicum nepotibus suis mandans congregare exercitum, omnibus de pontificatu suo coadunatis[38] in unum, in prata Sancti Germani, quæ[39] sunt[39] prope Podium, quæsivit ab eis ut pacem firmarent, res pauperum et ecclesiarum non[40] opprimerent[41], ablata[42] redderent : ut[43] sic[44], sicut decet fideles Christianos, ita se haberent. Quod illi dedignantes, jussit exercitum suum a Brivate tota nocte venire, mane volens eos constringere, ut pacem jurarent et pro ipsa tenenda obsides darent, rura et castella Beatæ Mariæ et res ecclesiarum[45], quas rapuerant, dimitterent : quod et[46] factum fuit, Deo auxiliante.

14. *Ep* a rege. — 15. *Ep C* eis. — 16. *L* G-redus. — 17. *Ep* c-minato, *C* c-tus. — 18. *Gvn* G-sag-a, *Ep L* Gn(en m.) *C* Martellus. — 19. *Gv L* tum, *M* tunc. — 20. *Ep Gn* deest. — 21. *Ep* sibi. — 22. *Ep* fidi-s. — 23. *Ep C* hoc. — 24. *C* nollit. — 25. *M Gn* sumtis. — 26. *Ep Gn* s. cum. — 27. *Ep Gn* A-sibus. — 27*. *Ep* ita. — 28. *Gvn* ac. — 29. *Gv L M* deest. — 30. *GvnLM* Adel-e. — 31. *C* ei f. — 32. *M* exsu-o. — 33. *C* t. e. — 34. *Ep Gvn M* deest. — 35. *Gvn* a-runt. — 36. *Gv M* deest. — 37. *M* en n. « Inde ejus charta de treuga et pace, edita in libro 6 *De re diplomatica*, p. 577 », et ailleurs : Migne, *Patrol. lat.*, LXXXVII, 853; *Tablettes hist. du Velay*, III, 14-9, où M. Ch. Rocher prouve que ce concile Vellave (1004?) fut tenu par un évêque homonyme postérieur. — 38. *L Gv M* ordin-s. — 39. *Gv* deest. — 40. *Gv* novas, *L M* nonas. — 41. *Gv L M* primitias. — 42. *Gv M* a-as. — 43. *Ep* deest. — 44. *Ep L* deest. — 45. *Gvn* c-asticas. — 46. *Ep Gvn M C* deest.

CCCCXIV. Postquam vero Deus Omnipotens, cuncta sibi subjiciens, dedit ei tranquillam et serenam pacem, convocavit majores ecclesiæ, dicens eis[47] voluntatem suam esse[48] ut clerici ibidem Deo[39] servientes haberent communiter victum et vestitum sufficienter : hac de causa, bipartita[49] oblatione altaris Beatæ Mariæ, dedit unam partem canonicis Deo et ejus Genitrici die[20] ac[20] nocte[20] servientibus, alteram vero[13] reservavit suis usibus. — Præterea cum Truano[50] decano, optimo viro, magno[51] ingenio fecit incidi rupem, quam vocant[52] Aculeam ; in cujus cacumine ædificavit[53] ecclesiam, in honorem[54] Beati Michaelis archangeli[55], quam similiter, prius tamen a se dedicatam[56], cum magnis appendentiis[57] dedit prædictis canonicis[58].

CCCCXV. His[59] ita[39] compositis, divina inspirante clementia, dum idem[20.60] dominus[61] Guido, sanctæ Vallavensis ecclesiæ superno nutu episcopus, sollicita investigatione mentis arcano[62] secum discuteret, qualiter pastorali officio a 'Deo sibi commisso, ad utilitatem suarum[63] ecclesiarum seu cœnobiorum atque animæ suæ profectum[64], et cæteris quæ præsulari curæ congruere videntur, die noctuque[65] invigilare deberet, semetipsum erga id officium[66] pontificatus[20] in multis Deum[20] offendisse referens[67] in terra[68] ; judicis Christi[13] examinatione perculsus[69], Domini[70] benignum cœpit implorare auxilium, ne universæ carnis iter[71] perficeret, priusquam quicquid[72] deliquerit pro posse satisfaceret. Unde, Dei gratia succurrente, cum studiose secum tacita cogitatione revolveret[73], qualiter facinorum[39.74] fasciculos, Deo propitio, deponere potuisset ; sibi memoriæ[39.75] accidit quod, ut ecclesiarum[76] decus augeretur, per multas civitates monasteria[77] constructa[29] haberentur[29] : ipsa vero Aniciensis[13], cui præesset, tali religione viduata manebat. Quocirca decus Vallavensis ecclesiæ augmentare

---

47. *Gvn deest*, *L* docens cos. — 48. *Gv* ecce. — 49. *Ep* biper-a. — 50. *Gv* a T., *Ep C* T-nno. — 51. *Ep C* maximo. — 52. *Gv L M* v-avit. — 53. *C* ediff-t. — 54. *Gv LMC* h-e. — 55. *Ep Gn* dedicatam, *C* a. d. — 56. *Gv* ab ipso ædifi-m, *Ep Gn C* des. prius .... dedic. — 57. *Ep* apendiciis, *L Gn* (en m.) app-s. — 58. *Ep Gn* (en m.) clericis. — 59. *C* Hiis. — 60. *Gv* des. div. .... idem. — 61. *L deest*. — 62. *M* a-na, *Ep* archano. — 63. *L* suam. — 64. *Ep* perf-m. — 65. *Ep* n-tuq. — 66. *Ep Gn* o-cii. — 67. *Ep* r. o. — 68. *Ep Gn* (en m.) tamen. — 69. *Ep* p-cussus. — 70. *Ep* Christi. — 71. *Ep Gn* ita viam. — 72. *L* quidq-d. — 73. *Ep Gvn LM* r-vens. — 74. *LM* peccato-m. — 75. *Ep Gn C* m-ia. — 76. *Gv M* e-iæ. — 77. *LM* sint m.

contendens, ut peccaminum molem sibi internus judex remitteret, in Aniciensi suburbano[78] coenobium construere[79], Deo largiente, disposuit. Suam igitur dispositionem suæ sorori Adalaidæ[80] comitissæ suisque filiis, videlicet Pontio et Bertrando, ejus[43] nepotibus[43], cunctorumque[81] canonicorum collegio[82] manifestans[83], cunctis hoc laudantibus, in prædicto suburbano[84], pro animæ suæ omniumque[85] episcoporum qui ante se in eadem urbe pastoralem curam rexerunt et suorum successorum, necnon Stephani sui[86] cognati, Adalaidæ[87] sororis eorumque filiorum, Pontii et Bertrandi, et omnium Aniciensis ecclesiæ[88] canonicorum, animarum redemptione suorumque peccatorum remissione, quamdam[89] ecclesiam sub nomine Monasterii ædificavit, quam in beati Benedicti honore et[90] in Christi nomine dedicavit[91].

CCCCXVI. Postea vero, quadam die, ipso domino jam prædicto Guidone episcopo, cum Guidone præposito, Valentinæ sedis episcopo, et Truanno decano et Petro[92] abbate[43], Vivariensis ecclesiæ episcopo, Guitardo archidiacono et abbate Roberto, cæterorumque[93] canonicorum collegio, in capitulo residente[94]; per ferulam sui præsulatus[95] indagatricem tradidit prædictæ ecclesiæ[96] de[97] Sanctæ Mariæ[98] terra[99], cunctis canonicis consentientibus, in territorio Vivariensi[100] quamdam[89] villam quæ dicitur Isla[1], cum omnibus[2] appendentiis[3] suis quæ ad episcopi partem pertinere videntur, excepta dumtaxat capella quæ in ipsa villa est ædificata atque in honore beati Cypriani martiris[4] consecrata[5]: vivente Truano[6] deca-

78. *L Gvn M* urbé. — 79. *Gvn M* c-stituere. — 80. *Ep* A-lcide, *Gvn LM* Adelaidæ. — 81. *L* c-m, *M* ct c-m. — 82. *Gv des.* cunct. c. coll. — 83. *Gv* m-arc, *LM* m-avit. — 84. *L Gvn M* p-ta Aniciensi urbe. — 85. *Ep* cunctorumq. — 86. *Gn deest.* — 87. *Ep* A-leidæ, *Gvn* Adelaidæ. — 88. *L* e. A. — 89. *Ep Gvn L* quand. — 90. *C deest.* — 91. *M* ædifi-t, *Ep Gn*ien m.) sub nom* sancti Petri dedic., *Gv des.* quam .... dedic. — 92. *C* d. P-oque. — 93. *Gvn LM* d. Guid. ep. j. p. in capitulo Aniciensi personaliter existente *(M* cxsi-e), dictis *(Gvn* dominis) canonicis ad hoc specialiter vocatis, ex quorum numero erant venerabiles viri domini *(LM deest)* G-o *(M* Guigo) p-tus Aniciensis et V-æ ecclesiæ e-pus, T-anus d-nus, Petrus Sancti Petri abbas V-sque *(Gvn M en m.* Vincæci-sq.) e-æ præsul, G-dus *(L* Qu-s) etiam Vivariensis *(Gvn M en m.* Vincæci-s) ecclesiæ a-nus, et abbas R-tus, qui tunc sanctæ Aniciensis ecclesiæ erant canonici, cum c-m. — 94. *Gvn LM* r-tium. — 95. *Gvn LM* pontificatus. — 96. *L* e. seu cœnobio, *Gvn M* e. s. c. prædicto. — 97. *Gv* et. — 98. *Gv LM* M. Aniciensjs. — 99. *Gv* t-æ. — 100. *Gvn M* Vincene-i.

1. *Ep* Illa Fascia. — 2. *Gvn LM* o.juribus et. — 3. *Ep L M* a-diciis. — 4. *Gvn LM* episcopi et m-tyris. — 5. *L* c-ervata. — 6. *Ep C* T-nno.

no. Post cujus obitum similiter dedit ipsam capellam cum toto dominio[7] suo, sive cum universa hæreditate quæ ad ipsam [8] respicere[9] videtur[10], quæ est in ipsa villa fascia[61] una[61,11] de vinea, et in villa de Tauliaco[12] mansus unus; rursus de proprio prædio[13] in Vivariensi territorio, in villa nomine Gimellis[14], mansos duos quos acquisivit de Guidone, Desiderii[15] nepote; in alio autem loco, in villa de Nido Aquilino, vineam unam quam decem solidis[16] emerat de Ebrardo[17]; in alio autem loco, in territorio Vellaico[18], in villa quæ[61] vulgo[61] nominatur[61] Cuciacus[19], totum quod modo ipse dominus[61] Guido episcopus in dominium tenere videtur, videlicet prata, vineas, campos, silvas[20] et appendarias duas; et in eodem Vellaico, in[21] villa[21] quæ Lanciacus[22] dicitur, mansum unum quem Roffredus[23] canonicus in beneficio tenebat; in villa quoque[36,24] Sancti Germani[25], unam appendariam ad gallinas nutriendas; et in eodem Vellaico, in pago[26] quem Fines[27] vocant[28], unam ecclesiam in honore sancti Juliani dedicatam, suo episcopio[29] Aniciensi subjectam, quam[30] a suis nepotibus Pontio et Bertrando in[31] emendationem[31] accepit, eo[32] quod jam præfatum Guigonem[33] præpositum, captum violenter, a Beatæ Mariæ Aniciensis[34] ecclesia Mimate[35] duxerunt; in ipsa autem civitate cui præesse videtur, unum molendinum, quem[36] nonaginta[37] solidis Petrus sibi vendidit, et unum furnum quem ab Hugone[38], Aicardi[39] abbatis nepote, ob canonicam pro pretio sexaginta[40] solidorum accepit; et in ipsa civitate, de terra illa quam vulgus proprie terram Sanctæ Mariæ nominat, quam episcopus ipsius loci in propriis usibus tenere semper solitus est, totam sepulturam; et in brolio dominico ad jumentorum pascua tantum de prato quantum homo unus in die cum[43] falce valuerit[41] secare[42]; in Arvernico[43] quoque territorio, clausum

---

7. *Ep Gn* (en m.) decimo. — 8. *Gvn M* ipsum. — 9. *L Gvn M* pertinere. — 10. *Ep* v-entur. — 11. *Gvn M* Fustessina, *C* Fastisuna. — 12. *Ep* T-lhi-o, *Gvn LM* Thauli-o. — 13. *Gvn deest.* — 14. *Ep* Gum-s. — 15. *Ep* Disd-i. — 16. *C* s-dos. — 17. *Gvn LM des.* in al.... Ebr. — 18. *C* V-ayco. — 19. *Gn* Cac-s, *Gv M* Citracius, *L M* (en m.) Cunarius. — 20. *Ep Gvn* sylvas. — 21. *Ep Gvn LC deest.* — 22. *Ep* Lauc-s. — 23. *Ep* Bofr-s, *Gn* (en m.) Bosf-s. — 24. *L* quæ. — 25. *L G.* dicitur. — 26. villa? — 27. *Gvn M deest, L M* (en m.) Fimes. — 28. *Gvn M* v. Fiver. — 29. *Gv* e-po, *Ep* e. id est. — 30. *Gvn LMC deest.* — 31. *Gvn LM deest.* — 32. *Ep Gn* (en m.) et. — 33. *C G.* j. p., *Ep* G-guo-m j. p. — 34. *LM* A-i. — 35. *M* Minate, *Ep* Mariæ munitate. — 36. *Ep* quod. — 37. *Gvn L* 90. — 38. *C* U-e. — 39. *Gv* Arcadi, *M Gn C* A-ardi, *Ep* Ric-i, *Gn* (en m.) Richa-i. — 40. *Gvn L* 60. — 41. *Ep* fasce vol-t. — 42. *Gvn LM des.* in br.... sec. — 43. *Gn* A-nco, *Gv M* Arv-o.

unum quem de Umberto [44] presbitero [45] centum [46] solidis [16] comparavit.

CCCCXVII. Insuper [47] pro cunctorum utilitate laborare contendens, et [90] ut sui successores indeficientem [48] a totius bonitatis largitore mercedem pro temporali dispendio accipiant, ex omnibus quæ in ecclesia cæterarum Vallavensium [49] matre, quæ cunctis sibi subjicientibus pontificali cathedra excellentius [50] eminet, Christo Dei et hominum mediatori, pro requie defunctorum et [51] salute vivorum, oblata fuerint [52], decimam partem jam prædicto cœnobio tribuit; ut ita cœnobitæ sub beati patris Benedicti regula in eodem [53] monasterio Christo famulantes, decimam partem sub futuris episcopis ex eorum semper [54] medietate accipiant : super hæc omnia unam integram canonicam ex quadraginta [55] dedit, ut [56] omnes canonici tam præsentes quam præteriti necnon [31] et [54] futuri sicut ipse [57] in hac [58] societate perenne [59], Deo concedente, bonum valeant adipisci. Hæc autem [60] omnia, quæ supra descripta sunt [61], sicut legitur [62], pro remedio animarum cunctorum prædictorum [63], eo tenore [64] ipse dominus Guido episcopus [90] prædicto cœnobio tradidit, ut secundum abbatis qui eidem loco præfuerit jussionem [65] cœnobitæ ibi degentes, Christo Domino pro salute vivorum et requie defunctorum servientes, proprietario jure ita habeant, teneant firmiterque possideant, ad suorum ipsiusque cœnobii utilitatem dispensent, quatenus meliorando in ipsa semper ecclesia permaneant [66] et nunquam [67], nisi ad ecclesiæ et eorum [68] utilitatem, ab ipsa [69] recedant. Canonicorum vero [61] congregatio, ut partem sempiternæ remunerationis a Deo accipiant, pro ejus rogatu promiserunt se [70] talem societatem [71] pro stabilitate hujus [61] prædicti monasterii post mortem ipsius [72] Guidonis episcopi a futuris episcopis ipsius [61] loci petere, et hoc pro consuetudine ac [60] lege teneri laudave-

---

44. *Ep Gn* Im-o, *Gv* Com-o, *LM* Go-o. — 45. *Gvn LM* p-byt-o. — 46. *Gvn L* 100. — 47. *Ep* I. vero. — 48. *Ep Gn(en m.)* i-e, *L* i-er. — 49. *Gv* V-is. — 50. *Gv M* e-i, *L* c-ior. — 51. *Gvn C deest*. — 52. *Ep Gvn L* o-tum f-it. — 53. *C* cad. — 54. *Ep deest*. — 55. *L* 40. — 56. *Gvn L* et. — 57. *C* sic ipsi. — 58. *Gvn LM* sic in ipsa. — 59. *C* perhe-e. — 60. *L* et. — 61. *L deest*. — 62. *Gvn LM* sic leguntur. — 63. *Gvn LM des.* pro.... præd. — 64. *Gvn LM* t. sicut. — 65. *Gvn LM des.* sec.... juss. — 66. *Gvn LM* m-t. — 67. *M* numq. — 68. *L* ipso-m. — 69. *L* ca i. — 70. *Gv* si . — 71. *Gvn* severit-m, *LM* securit-m. — 72. *Ep C deest*.

runt, qualem pro sua parte altaris et[73] communia : sicut[74] enim futuri episcopi ipsius loci omnia quæ canonici ex eadem Aniciensi ecclesia in sua parte[75] habere videntur jurejurando[76] conservare promiserunt[77], ita res [60] hujus monasterii supradictas[78] vel[79] quæ, Deo propitio, ibi donatæ [80] fuerint[81], nullo modo a semetipsis episcopis[82] minorari jurejurando promittant.

CCCCXVIII. Denique pro certiori securitate et stabilitate, ut certius credatur et firmius teneatur a se et a suis successoribus, hanc cartulam[83] in præsentia canonicorum præfatus [61] dominus Guido episcopus scribere rogavit, quam manu propria inferius[61] litterarum[84] apicibus roborans, cunctos[85] sanctæ Aniciensis ecclesiæ[86] diversorum ordinum canonicos[87], quorum nomina inferius descripta habentur, propriis manibus firmare præcepit : nimis enim inhonestum et indecens atque omnibus bonis operibus[88] contrarium videtur, ut quod ordinatum est ad ecclesiasticam utilitatem alter quærat perperam fundere [89], et quod suo debet studio accrescere [90] perniciose tentet[91] prævertere[92]. Quapropter si, instigante diabolo, aliquis inquietare tentaverit [91] hujuscemodi[93] ordinationem, non ad dexteram Dei [94] Patris Omnipotentis collocari mereatur, sed cum[95] Datan[96] et Abiron[97] accipiat[98] partem hæreditatis mortiferæ et cum Juda pessimo mercatore, ac veniant[99] super eum universæ maledictiones quæ scriptæ continentur[100] tam in Novo quam in[1] Veteri Testamento. — Actum[2] est autem[3] hoc in Aniciensi civitate, idus[4] aprilis, luna xvii [5], anno Dominicæ[31] Incarnationis D.CCCC.XCIII[6], indictione vi[7], epacta xxv[8], concurrente [9] vi[10], fœliciter. Hanc cartulam[11] firmaverunt Guigo[12] præpositus, Valentinensis ecclesiæ[54] episcopus, Truanus[13] decanus, canonicus[14], Petrus abbas, Vivariensis[15] epis-

---

73. *L* est. — 74. *Gv LMC* sic, *Gn* (en m.) sunt. — 75. *Gv LM* p. habent et. — 76. *M* et j. — 77. *Ep* in-e p-rint. — 78. *Gv M* s-ti, *L* s. m. — 79. *Gv LM* ut. — 80. *Ep* donante. — 81. *Gvn LMC* f-runt. — 82. *Gv LM* et e. — 83. *LM* cha-m. — 84. *Gv L* lite-m. — 85. *Gv LMC* c-tis. — 86. *L* e. A. — 87. *Gv LMC* c-cis. — 88. *Gv LM* moribus et o. — 89. *Ep* stud-e. — 90. *Gvn LM* cr-e, *C* adc-e. — 91. *C* tempt-. — 92. *Ep LM* perv-e. — 93. *L* h-sm-i. — 94. *C* Domini. — 95. *Ep* cx. — 96. *Ep* Dusan, *C* Dathan. — 97. *LM* A. quos terra deglutivit vivos. — 98. *L* a-ant. — 99. *LM* adv-t.— 100. *L* sunt.
1. *LM deest*. — 2. *Gvn* Quapropter etc. A. — 3. *L* a. e. — 4. *C* ydus. — 5. *Gv L* 17. — 6. *Gv L* 993, *Gn* ....XCVI. — 7. *Gv L* 6. — 8. *Gv LM deest*. — 9. *C* c-es. — 10. *L* 6. *13 avril 993* : cf. doc. cxl. — 11. *L* chartam. — 12. *Ep* G-guo, *L* Guido. — 13. *Ep* Truhamnus. — 14. *Gn deest*, *Cv LM* f. T. d., G. p., V. e. e. — 15. *Gv deest*.

copus, canonicus, Ademarus[16] abbas, canonicus, Guitardus abbas, canonicus, Robertus[17] abbas[17], canonicus[17], Theotardus[18] canonicus[19], Roffredus[20] canonicus, Arnaldus canonicus[21], Robertus custos ecclesiæ, canonicus, Eldenus[22] canonicus[21], Girbernus[23] canonicus[24], Jarento canonicus, Odo canonicus, Grimaldus[25] canonicus, Desiderius[26] canonicus[27], Sirus[28] canonicus[15], Odalricus[29] canonicus[15], Agarinus[30] canonicus[15], Adraldus canonicus, Isimbardus[31] canonicus, Asterius canonicus, alter[54] Arnaldus[54] canonicus[54], Truberctus[54] canonicus[54], Anserius[54] canonicus[54], Hanno[32] canonicus, Stephanus canonicus, alter Stephanus canonicus[33], Petrus canonicus[15], Bertrandus[34] canonicus, Bernardus[35] canonicus[15,36], alter Bertrandus[37] canonicus[15], Ugo[38] canonicus[15], Icterius[39] canonicus[15], Arricus[40] canonicus[15], Beraldus canonicus[15], Gislassus[41,17] canonicus[17], Agiton[42] canonicus[15], Gaucelmus[43] canonicus[15], Theobaldus[44] canonicus[45]. S' Adalaidæ[46]. S' Pontii. S' Bertrandi. S' Agni vicecomitis. S' Aldegerii[47]. S' Guillelmi[48]. S' Bertrandi. S'[49] Stephani. S' Redentis[50]. S' Rayneril[51]. S' Hugonis[52].

CCCCXIX. His ita ut superius diximus peractis, regnante domino Hugone rege Francorum, fœlix anima supradicti præsulis sexto idus februarii migravit ex hac luce, terra plorante, cœlo gaudente. — Post beatæ memoriæ domini[53] Guidonis episcopi transitum, cives Anicienses, clerus et populus invicem concordantes, eligerunt sibi idoneum antistitem virum nobili stirpe[54] progenitum, Fredelonem nomine, de quodam castro vocato Anduza[55], quod est situm in pago Nemausensis civitatis. Hic vero pontificali infula decoratus, strenue regendo ecclesiam Beatæ Mariæ, Deo auctore, cum consilio suorum

---

16. *L* A-rius, *Gv M* A-meus, *C* Adhemarus. — 17. *Gv M deest*. — 18. *Ep* T-oda-s, *M* T-otha-s. — 19. *C* abbas,c. — 20. *Ep* Gofr-s, *Gv M* Ro-s, *Gn* Bo-s. — 21. *Gvn deest*. — 22. *Gvn M* Adenan, *Gn(en m.;* Eddenus. — 23. *Gv M* Vib-s, *Gn* Wi-s. — 24. *Gn* c. etc. *(fin)*. — 25. *Ep* Jr-s. — 26. *Ep* Dis-d-s. — 27. *Gv M des.* Jar.... can. — 28. *Ep* Syrus, *Gv* Serus, *M* Serva. — 29. *Gv M* Odol-s. — 30. *Ep* A-rnus, *M* Agærinus. — 31. *C* Isinb-s. — 32. *Ep* A-o. — 33. *C des.* a. S.c., *Gv M des.* Adral.... can. — 34. *Gv M* alter Petrus. — 35. *Gv M* Rohandus. — 36. *C des.* B. c. — 37. *Ep* Bernardus. — 38. *Gv M* Hugo. — 39. *Ep Gv* It-s. — 40. *Ep* Cor-s. — 41. *C* G-ludesus. — 42. *Ep* A-om, *Gv M* A-ori. — 43. *Gv* Gane-s, *M* Gelinus. — 44. *Gv M* Strocardi, *C* Fleotardus. — 45. *Ep* et T-di c-ci, *L* Guit. abbas can. et alii plures. — 46. *Ep C* A-leidæ, *Gv L* Adelaide. — 47. *Gv L M* Ad-i, *L* A. et aliorum *(fin)*. — 48. *M* Guilie-i, *C* G-lhermi. — 49. *Ep* et. — 50. *Gv* Pr-s, *M* Præ-s. — 51. *Gv M* Ricomerii, *C* Ram-i. — 52. *C* U-s. — 53. *V* divi. — 54. *Ep* styrpe. — 55. *Ep* A-ula.

fidelium multis honoribus augmentavit cœnobium Beati Petri apostoli, quod antecessor ejus construxerat : dando ei molendinum juxta fontem Berlerie[56] situm, tunc ad Pilulos vocatum, cum ripis aquæ defluentis usque[57] ad lapidem Aculeæ, ut ibi ædificaretur aliud molendinum ad victum et vestitum monachorum ; aliud etiam molendinum quod dicitur della[58] Todilia, constructum[59] super fluvium Doledonem, donavit eidem monasterio. Præterea omnes mansiones quæ vulgo dicuntur terra d'Espalede, ubicumque in urbe positas, sive alterius parrochiæ ædibus consolidatas sive per se existentes, omnimodo ejusdem monasterii parrochiales esse constituit et pontificali auctoritate[60] confirmavit ; insuper tres lectoratas de episcopali prato eidem monasterio contiguas donavit.

CCCCXX. Juvat autem quoddam insolitum, quod ad posteros transmisit antiquitas, de hoc egregio viro referre[61]. Quidam enim prædives agricola, cum multitudine clericorum et militum eum invitans ad prandium, post diversa fercula assas carnes diversarum avium in vasis argenteis cum auro obrizo abundanter trito omnibus attulit ; cum eis vera novitate rei stupentibus, ipse elevata manu talem benedictionem dedisse fertur : divinum numen benedici cum lance leguminum. Hic si diutius in rebus humanis fuisset, multa bona prædicto cœnobio contulisset ; viam vero universæ carnis, sexto[62] nonas octobris, ingressus, quod docuit operibus exequendo, migravit ad Christum. Has donationes fecit dominus Fredelo episcopus Aniciensis, regnante Roberto rege Francorum, laudantibus omnibus his quorum nomina inferius posita sunt et subscribentibus. S'[63] Pontii comitis. S' Beraldi præpositi. S'[57] Geraldi[57] præpositi[57]. S' Guarentonis abbatis. S' Roberti abbatis. S' Guigoni decani. S' Roberti canonici. S' Rodefredi canonici. S' Odoni canonici. S'Arberti canonici. S'Girberni canonici. S'Aldraldi canonici. S' Garentoni canonici. S' Asterii canonici. S' Ugoni canonici. (S') Ebraldi canonici. S' Disderii canonici. S' Raymondi canonici. S' Aldegerii canonici. S'Guiguonis canonici et Stephani. S' Artoni, Asterii canonici et Dalmacii canonici. S' Stephani canonici. S' Petri canonici. S' Gaulzelmi canonici. S' Lamberti canonici, Bertrandi canonici. S' Ingeltrici canonici. S' Geofredi canonici.

56. *V* B-ic. — 57. *V deest*. — 58. *V* Sella. — 59. *Ep* et c. — 60. *Ep* autho-c. — 61. *Ep* reff-c. — 62. *V* vi. — 63. *V* Sign.

S' Theodardi canonici[64]. Facta carta ista in mense januario, II kalendas februarii, luna XVIII[65].

CCCCXXI. Post hunc[66], concordantibus civibus, extitit pastor Aniciensis ecclesiæ egregius vir, indigena Arvernensis, nobili parentela ortus, nomine Stephanus, de castro vulgo nuncupato Mercurio, nepos beati Odilonis abbatis Cluniacensis. Electus autem Romam petiit, ibique a præsule sedis apostolicæ pontificali suscepta benedictione, per eundem papam se suosque successores a Bituricensis ecclesiæ absolvit jurisdictione. Ad Aniciensem urbem deinde reversus, universo populo et clero cum abbatibus, decano et præposito congaudentibus de tanto patrono, ipse præsul magnis precibus impetravit ab eis ut monasterio, quod antecessores ejus construxerant, unusquisque de parrochia sua omnino concederet in sepulturam omnes peregrinos venientes vel transeuntes, et omnes clericos civitatis si eis placuerit aut sua voluntate venerit; terram vero Forael, quæ est juxta terram de Seguret, cum omnibus quæ in ea crevissent in sepulturam[67] dedit monasterio. Insuper etiam ecclesiam[68] Lagrathola vocatam, in territorio Vivariensi sitam, prope castrum quod dicitur la Fara, de patrimonio suo dedit, pro remedio animæ Beraldi præpositi, nepotis sui, ibidem quiescentis et omnium consanguineorum suorum. Post hæc dominus Stephanus, Aniciensis episcopus, laudantibus fidelibus, factis his donationibus, apud cœnobium Voltam nuncupatum, quod ipse cum beato Odilone, avunculo suo, in propria construxerat tellure, IIII^a[69] augusti, regnante Henrico rege Francorum, flentibus[57] populis[57], gaudentibus[57] angelis[57], migravit ad Christum. S' Beraldi fratris sui. S' Eldegerii præpositi. S' Petri decani. S' Petri abbatis, Heldeberti abbatis. S' Arberti. S' Armandi vicecomitis. S' Pontii. S' Odilonis canonici, Ebraldi. S' Petri. S' Guillelmi. S' Armandi fratris sui. S'[70]. Facta carta ista feria quinta[71], mense decembris, luna x^a[72].

CCCCXXII. Radulfus, burgensis civitatis, cum uxore sua nomine Maiesendis, agrum vocatum Campum Dolentem cum consilio et adjutorio domini Guidonis episcopi de

---

64. *V* Roberti can. et aliorum canonicorum. — 65. *31 janv. (1016).* — 66. *Ep* hanc, *V* hæc. — 67. *V des.* nepos b... sepult. — 68. *V* m. (S. Petri)e. — 69. *V* quarta. — 70. *V* f. sui etc. S. A. v. etc. — 71. *V* v. — 72. *V* XI. *(6) décemb. (1033)-(27) déc. (1050).*

diversis hominibus comparavit, dedit monasterio: tali pacto ut, quandui ipse viveret, usum fructum haberet et omni anno in vestituram unum sextarium de silica vel de frumento et unam trossam de palea daret, et post mortem ipsius ipse campus liber et absolutus sine ulla contradicente persona coenobio remaneret. Facta carta ista iii^a mense maio, feria iii, luna xx, regnante Hugone rege Francorum[73]. S' domini Guidonis episcopi. S' Radulfi et uxoris ejus Maiesendis, qui pro remedio animarum suarum et pro sepultura corporum hunc campum dederunt. S' Arnaldi. S' Geraldi. S' Girberni. S' Geoberti[74].

CCCCXXIII. Dominus Heldegerius[75] præpositus, cum consilio et laude domini sui Stephani episcopi, et omnium abbatum et canonicorum Beatæ semper Virginis Mariæ, in sepulturam concessit monasterio Beati Petri apostoli[57], in[57] suburbio[57] constituto[57], domos illas quæ sunt subtus chesa episcopi, et omnes milites et feminas virosque nobiles[76] de Cheissac et d'Espalede. S' Stephani episcopi, qui hanc donationem affirmat et corroborat, et manu sua propria maledicit et anathematisat si quis eam infregerit et inquietaverit[77]. S' Heldegerii[75] præpositi. S'[49] Petri decani. S' Petri abbatis. S' Heldeberti abbatis. S' Arberti abbatis. S' Armandi vicecomitis. S' Pontii æditui. S' Odilonis. S' Pontii d'Espalede. S' Odonis d'Espalede[78]. S' Guillelmi de Raphael. S' Armandi fratris sui.

CCCCXXIV. Post beatæ recordationis Stephani episcopi finem, Petrus nepos ejus successit ei in locum regiminis Aniciensis ecclesiæ Beatæ Mariæ: vir probus et satis strenuus secundum sæculi dignitatem; qui ordinatus episcopus, multa prælia gessit cum civibus necnon vicinis omnibus, quibus ad ultimum devictis atque superatis, Jherosolymam[79] adiit. Idem reversus, apud coenobium Volta, regnante Henrico Francorum rege, cum avunculo suo requiescit in pace.

CCCCXXV. Descriptis superius[80] quatuor nominibus episcoporum Aniciensium, dominus Ademarus, filius consulis provinciæ Valentinensis, memoriæ non est omittendus; qui, Deo gubernante, clero ac populo conclamante[81], Podiensium factus

---

73. *29 avril (989)?* — 74. *V des.* Radulfus .... Geob. — 75. *V* H-gar-. — 76. *Ep* n-lis. — 77. *V* aff. etc. — 78. *Ep* E-llede. — 79. *V* Je-m. — 80. *R deest.* — 81. *VR des.* Deo... concl.

episcopus, mirabiliter rexit ecclesiam Beatæ semper Virginis Mariæ, auferendo jus tiramnicum[82] ab ecclesiis quæ tunc opprimebantur a laicis in partibus illis. Namque ipsa ecclesia Beatæ Mariæ, subjugata tali infortunio, a proconsulibus Podomniacensibus urgebatur, sæpius factis magnis assultibus, tertiam partem dare de omnibus quæ aliquo modo accipiebat episcopus a clericis honores[84] civitatis habere cupientibus. Hoc videns vir egregius, factis cum eis multis conflictibus, duobus germanis fratribus, Pontio atque Eraclio vocatis propriis nominibus, pro libertate suæ ecclesiæ dedit vingiti quinque millia[85] solidos Podiensis monetæ; exinde[86] cæteri milites primo quidem propter insolentiam reliquerunt ecclesiarum dominationes, in quibus ipse posuit censum ad victum et vestitum suorum canonicorum. De quibus unam in honore Beati Hilarii confessoris Christi atque pontificis dicatam, juxta monasterium Beati Petri in suburbio constituto sitam, a militibus de castro quod vocatur Ceyssac longo tempore injuste possessam, tandiu anathematis vinculo ligavit donec monachi, jussu ipsius datis supradictis militibus magnis muneribus et mutuis possessionibus, cum laude et consilio Bertrandi præpositi, Guillelmi decani et abbatum Caroli de Seguret, Stephani de Sancto Petro de Vizac, Guillelmi de Sancto Evodio, Claromontensis episcopi, Jarentonis editui, canonici, Iltini de Raphael, canonici, Gotiscalchi canonici, Bertrandi Richard, canonici, et cæterorum canonicorum, perpetuo jure possidendam eam ab eis acceperunt: tali pacto ut darentur canonicis annui qui(n)decim solidi Podiensis monetæ[87].

CCCCXXVI. In illis diebus papa Urbanus, ab urbe Romana[88] egressus, per Italiam celebrando concilia, per arduas alpes et celsa per montana[89] venit ad[90] Gallias, conquerendo fidelibus viris de sepulchro[91] Domini, quod multo tempore Hyerosolymis[92] tenebatur obsessum a Sarracenis; qui peregrinos illuc euntes magnis afflictos injuriis Christianitatem vexabant in partibus illis, auferendo eis terras, possessiones et cætera bona quæ possidebant, vix[93] sub tributo eos vivere

---

82. *VR* tyrann-m. — 83. *Ep* Podami-. — 84. *Ep* h-ris. — 85. *VR* XX.V.M. — 86. *VR* et i-c. — 87. *VR des.* De quibus .... mon. — 88. *R* Roma. — 89. *VR* c. promontoria. — 90. *R* in. — 91. *R* s-cro. — 92. *VR* Hie-s. — 93. *VR* ut.

sinebant. Unde pastor optimus, condolens suis ovibus, in Galliarum[94] partibus factis sinodis[95] sæpius, veniens ad Claromontensem civitatem, congregavit ibi multos patres sanctæ Ecclesiæ, episcopos, archiepiscopos cum principibus terræ, quibus voce lacrymabili[96] ostendit de sepulchro[91] Domini et miseriis pauperum captivorum transmarinas partes inhabitantium : hoc omnes audientes, vexillum sanctæ Crucis in dextra[97] scapula ponentes, Spiritus Sancti gratia inflammati, dixerunt se paratos esse pro Christo mori et vivere. — Prædictus heros, auditis[98] cum cæteris coepiscopis, palmis ad coelos cum fletu elevatis, idoneum ductorem tanti[99] itineris dominum Ademarum, Aniciensem episcopum, facilem ad omne bonum, gracilem ad equitandum, dedit eis ut ipse pastor utilissimus[100] per terras et per mare, Deo gubernante, fieret illis consolator fidissimus. Qui, accepto tanto onere, iter suum facturus Asclavaniam[1] cum magna difficultate[2], misit legatos suos per provincias usquequaque, ut omnes milites Christi congregarentur citra Constantinopolim, ut inde esset transitus ad Turcos et Agarenos. Velocius igitur omnes ibidem congregati, armis et equis omnibusque[57] necessariis[57] abundanter[57] instructi, mare quod dicitur brachium Sancti Georgii transmeantes, venerunt Niceam[3] ; de qua fugatis Turcis qui venerant eis obviam, tandiu tenuerunt obsessam donec ceperunt eam. Capta autem civitate, relinquentes eam imperatori Constantinopolitano, direxerunt viam suam per mediam Romaniam, ubi in campo vocato Florido reperierunt Turcos armatos sine numero ; qui, pharetras suas et arcus gestantes super equos et currus, putabant illos delere penitus. Sed cum eos vidisset Domini exercitus, nullo pavore perterritus, statim præparatis cuneis ad bellandum cum suis principibus, clamore magno ex utraque parte facto, commiserunt prælium a mane usque ad vesperum, Dei Omnipotentis implorantes auxilium ; qui, fugatis hostibus, dedit victoriam, retentis tentoriis cum cæteris eorum bonis. Hoc cernens prædictus episcopus, cum aliis fidelibus erumpens in Dei laudibus, fecit eos ibi quiescere

---

94. *Ep* G-ica-m. — 95. *VR* syn-s. — 96. *V* lachr-i. — 97. *VR* d-tera. — 98. *R* [his] a. — 99. *Ep* stanti, *VR* statuti. — 100. *Ep* utillim'us.
1. *VR* ad Sclavon-m. — 2. *VR des.* c. m. d. — 3. *V* Nicæam.

tribus diebus, quousque sauciatis factis sanis medicaminibus, collectis spoliis hostium, honeste sepelirent corpora suorum defunctorum. Exinde vexillo sanctæ Crucis quam ferebant præcedente, simul conglobati, elevatis aliis signis, prosperum iter Deus tribuens eis, venerunt Antiochiam; quam multis diebus, cum magnis laboribus, fame, præliis, vigiliis ac noctibus custodiis, into(le)rabilibus diversarum mortium generibus, tenuerunt obsessam, quousque capta urbe magnum refrigerium habuerunt. Inde nam ipsis urbem ingressis, tertia die ab hostibus innumerabilibus obsessi, deficientibus omnibus bonis quæ ad victum pertinebant, elegerunt magis mori quam vivere, si cum illis possent aliquo modo repugnare. Adversariis itaque in equis et curribus sperantibus, istis in Dei virtute confidentibus, quibus non erat alia spes neque salus, prout potuerunt divisis armis cum equitibus exierunt ad bellum obviam eis. Mox divina[4] pietas quæ non est sicut humana, sicut dicitur in cantico Moysi[5], quod « unus persequebatur mille et duo fugabant decem millia », ita et hic contigit virtute divina, cum gentes formidine territæ, relinquentes ea quæ habebant, fugerent nullo cogente : de quarum divitiis et copiosis beneficiis miseri et inopes facti divites, læti redierent Anthiochiam, Deo gratias agentes. Tunc[6] dominus Ademarus Podiensis episcopus, ductor tanti itineris, sociis[7] omnibus congregatis[8], suis exhortationibus[9] et benedictionibus confortavit, ne ceptum[10] iter agere desisterent, quousque sepulchrum[11] Domini et Jerusalem ab hostibus liberarent. Ipse vero pro Christianis[12] attritus tantis malis et persecutionibus, valida ægritudine oppressus, cunctis flentibus, kalendis[13] augusti[14] migrans ad Dominum sepultus est sicut decuit (in) ecclesia Anthiochiæ, in qua beatus Petrus primam cathedram episcopalem tenuit, regnante Domino Jesu Christo, qui cum Patre et Spiritu Sancto vivit et regnat Deus per omnia sæcula sæculorum, amen.

CCCCXXVII. Cives Anicienses de transitu domini Ademari pontificis audientes, communi consilio[16] elegerunt sibi antistitem virum religiosum jam senem, Casæ[17] Dei abbatem, nomine

---

4. *Ep* dn'a. — 5. *Deuter.*, XXXII, 30. — 6. *R des.* Velocius... tunc, *V des.* de qua fug.... tunc. — 7. *VR* locis. — 8. *R* c-tos. — 9. *Ep* c-antibus. — 10. *R* cœ-m. — 11. *R* s-crum. — 12. *VR* C-to. — 13. *Ep* k-das. — 14. 1ᵉʳ août (*1098*). — 15. *VR des.* sicut.... am. — 16. *V* conci-o. — 17. *Ep* Cazæ.

Pontium; qui unctus chrismate, locatus in pontificali sede, milites superbos, Monetarios vocatos, magnis injuriis affligentes cives urbis, in tantum humiliavit ut turres eorum et maximas sedes quas in urbe fecerant, facta cæde pugnantium civium, terræ coæquaret et eos subditos ecclesiæ faceret: datis eis pro pace decem millibus[18] solidis Podiensis monetæ. Cum pro hoc facto admirabilis videtur in populo, afflictus magnæ infirmitatis stimulo, apud monasterium Rocha Paula vocatum, Casæ[17] Dei subjectum, quod ipse cum sua progenie in propria construxerat tellure, felix anima ejus egrediens de corpore[19], nono[20] kalendas februarii, in[80] ecclesia[80] sepultus est ibi[80], regnante domino[80] Lodoico[21] Francorum[80] rege.

CCCCXXVIII. Sepulto itaque Dei famulo, sicut dictum est, (in) monasterio[22], surrexit alter Pontius, cognomento[23] Mauritius, in loco regiminis ipsius: de cujus electione populus necnon major et melior clericorum pars valde congratulanter suscepit[24], propter quosdam æmulos. Calumniantes autem secum ducentes, ierunt Romam ad dominum Paschalem papam, ut illic apud eum examinarentur actiones et electio illius, si deberent[25] esse ratæ[26] et illibatæ[27]; cognoscens autem papa invidiam malignorum, facta audientia ex utraque parte, consecrans eum in antistitem Aniciensis ecclesiæ, remisit eum lætum cum sodalibus suis ad propria: Pontio vicecomite Podemniacensi[83], qui cum eo ierat, ibi sepulto cum magno honore. Reversus ad urbem facta est sibi processio ab omni populo cum gaudio magno[80]; sed tamen invidorum non quievit[28] persecutio: nam turpe et nefas est dicere quot incendia et homicidia, injuriæ et contumeliæ, domus eversæ et destructæ fuerunt in civitate, id[29] Deo volente. Ipse aliquo modo facta cum eis pace, abiens Jerosolymam, fuit ibi per duos annos et dimidium, flens et deprecans Deum ut tribueret ei veniam delictorum. Exinde cum circuiret sancta loca, faciendo orationes et heleemosynas secundum suum posse, pervenit Anthiochiam; ubi cum Bernardo amico suo, patriarcha civitatis, et

---

18. *Ep* millia, *V X. M.* — 19. *R des.* Cum.... corp. — 20. *VR* ix. — 21. *R* Ludovico. — 22. *R* in m. [Rocapaula dicto]. — 23. *Ep* c-minato. — 24. *VR des.* de cuj....susc. — 25. *R* d-ret. — 26. *VR* rata. — 27. *VR* i-ta. — 28. *VR* q-escit. — 29. *Ep* idoneæ.

nonnullis aliis episcopis corpore domini Ademari antistitis, sui antecessoris, translato in aliud mausolium melius ædificatum, detulit secum[30] anulum ipsius cum multis aliis reliquiis necnon palliis optimis, a patriarcha supradicto et rege Jerosolimitano sibi datis[31]. Cumque, in revertendo per viam longa ægrotatione[32] detentus, venisset Podium, exierunt ei obviam quatuor[33] vel quinque[34] milliariis omnes pariter summo favore plaudentes et dicentes : « Advenisti, desiderabilis[35] quem ex-
» pectabamus, ut[36] tuis precibus et benedictionibus, de facino-
» ribus quæ in Deo et te commisimus, indulgentiam nobis tri-
» bueret Deus ». Ipse vero flens, sciens obitum suum fore[37] prope, deosculans omnes et benedicens, post finem duorum mensium cum benedictionibus eorum egressus[38], ivit ad castrum suum[39], in pago Arvernense[40] situm, ubi langore[41] ingravescente, Corpore et Sanguine Domini et cæteris officiis quæ ad infirmum pertinent acceptis ab amico suo Mimatense episcopo[42], xij kalendas maii defunctus[43], apud Casæ[17] Dei cœnobium honorifice est sepultus, regnante domino Ludovico Francorum rege.

30. *Eρ* secundum. — 31. *VR des.* ut trib.... dat. — 32. *R* ægritudine. — 33. *V* 4. — 34. *V* 5. — 35. *V* mir-s. — 36. *V* in. — 37. *V* fere. — 38. *R des.* exier.... egr. — 39. *R* s. (Montem-Buxerium). — 40. *R* A-si. — 41. *R* l-guore. — 42. *VR des.* Corp.... episc. — 43. *V* deff-s (apud Montem-Buxerium).

APPENDIX CHARTARUM.

CCCCXXIX. De fundatione monasterii Sancti Theofredi a Calmilio duce[1].

Anno Dominicæ Incarnationis quingentesimo septuagesimo, hic locus a religioso viro Calmilio, Arvernensium duce, primum ædificatus et ejus nomine Calmilium vocatus, et a sanctissimo patre Eudone, beati Maximi, Lirinensis abbatis, discipulo, postea vero Regensis ecclesiæ, ad opus divinum institutus esse legitur, quo tempore Romanam ecclesiam Benedictus papa regebat, sub quo gloriosissimi patris nostri Benedicti transitus in Cassino cœnobio fuisse describitur; Romanum imperium regebat Justinus, cui successit Tiberius, sub quibus Gregorius adhuc diaconus in Constantinopolitana urbe libros *Moralium* scripsit, postmodum vero sub imperatore Mauritio, Tiberii successore, effectus est papa. Francorum autem regnum sub papa   Brunechildis cum regeret, beatus Menelæus, religionis causa parentes fugiens, a beato Theofredo ad prædictum sanctum Eudonem patruum suum, abbatem hujus Calmiliacensis monasterii, adductus et ab eo per septennium divinis studiis eruditus, angelica postmodum revelatione cum sancto Saviniano monasterium quod Minates dicitur, auxilio et consilio prædictorum sanctorum Eudonis et Theofredi, construxit. Sanctissimo deinde Eudone, primo hujus loci rectore, in pace defuncto, successit beatus Theofredus, fratris ejus Leofredi, nobilissimi civis Arausicæ civitatis, filius, abbas post eum secundus. Brunechilde interea ob sua scelera interfecta et Clotario II regnum Francorum obtinente, dum prædictus venerabilis vitæ beatus Theofredus profanos gentilium ritus, qui in Vellaico pago sicut in tempore beati Martini ex maxima parte vigebant, omnino eliminare studeret,

---

1. *C* In libro societatum abbatiæ Sancti Theofredi cum aliis ecclesiis, fol. lxxxiij sic scriptum reperitur : De... duce, anno 570.

in præconem veritatis pagani irruunt et saxorum injectione eum lapidando Christi martyrem fecerunt; ad cujus exequias memoratus Savinianus, post beatum Meneleum Minatensis monasterii abbas secundus, accurrit et tanti viri corpus in ecclesia apostolorum Petri et Pauli juxta sanctum Eudonem, patruum ejus, in hoc loco sepulturæ mancipavit, et tali facto clerus ad monasterium suum repedavit. Ex illo itaque tempore usque ad tempus Dalmatii abbatis, qui in restauratione hujus monasterii sollicite desudavit plusquam CCC computantur anni, de cujus tam prolixo temporis spatio propter diversa infortunia nihil ad nos de statu hujus monasterii certum pervenit, nisi quod nomina tantum quatuor abbatum nostrorum in quibusdam antiquis chartis inscripta reperiuntur, Dructanni scilicet, Rostagni, Bodonis et Galterii, qui etiam temporibus Francorum regum Ludovici, Caroli et Pipini fuisse in iisdem chartulis memoratur: cæterorum vero nomina nos penitus latent[2].

CCCCXXX. Caroli Calvi imperatoris præceptum pro ecclesia Vallavensi [3].

In nomine sanctæ et individuæ Trinitatis, Karolus ejusdem Omnipotentis Dei misericordia imperator augustus. Si sacris locis, divinis cultibus mancipatis, aliquid subsidii conferi-

---

2. Texte dans *Ea* (p. 161-4), ex ms. cod. Calmiliacensi, in quo habentur Hagiolog(ium), regula s^{ti} p. Benedicti, societates et cæt., anno circ. MCC exarato : « De F. cœnobii Calmiliaci. — A. ab I-ne DLXX h. l. a r-sissimo v. C., Alvernorum d., p. æ. ejusque n. C-us dictus, et a beato E., sancti M., L. cœnobii a., deinde R-s episcopi, d-o, ad o. d. i. e. l., q. t. B. p. E. r., s. q. fuit t-s ss. patriarchæ n. B., ut fere omnes sentiunt : imperante Justino II° post Justinianum, ex sorore ejus Justiniani Vigilantia vocato filio, cui s. Tyb-s, G-rio Magno a. d-no scribente l. *M.* in C. civitate, p. v. M. i-ante, s. Tyb-i, summo pontifice creato, B-de r-m F. administrante. Quo tempore b. M-leus, p. f. r. et conservandæ castimoniæ c-a, quam Deo voverat : cogebant enim illum parentes ad nuptias cum filia cujusdam potentis viri nomine Baronti, in Angavensi *(forte* Agennensi) pago ex quo oriundus, a b. T-ff-o, Arverniam rerum monasterii satagendo peragrante, ad p-m s. E. p. s., primum h. cœnobii a., a. ab eodemque beato Eudone p. s. d. s. e., a. p. r. hinc pedem detulit una c. s. S. ad construendum m. M-ense, non procul ab urbe Rion apud Arvernos, c. et a. p. s. E. et T-ff-i. Beato igitur E. in p. d., p. h. cœnobii r., ei s. nepos ejus s^{tus} T-ff-s, filius n-i Leotf-i, c. A-cani, B. i. ob sc. i. et Clhothario r. F. o. P. vero b. T-ff-s gent.... o-o studuit e-e ; in... l. m. C. f.; ad c. e. beatus S. prædictus, p. b. M. M. a.... e. beatorum a... manc.: quo f. ad.... D., q...... nisi n. t. IV^{or} a. quæ in q. a. ca-s r. i., nempe D., B-i, G. et R., quos vixisse t. L., Ka. et P. eædem prædictæ ca-læ significant : c. v. n. et actus n. p. l. » — 3. Texte impr. dans *Gallia Christ.* nova, II, instr. 221 (1) = *G*; D. Bouquet, *Recueil*, VIII, 649 (258), d'ap. *G* = *B*. Cff. Bréquigny, I, 306; Bœhmer, *R. K.*, 1794; doc. xxxiii.

mus⁴, praesente et futuro seculo ob id magis propitium non dubitamus...... Quocirca omnium sanctæ Dei Ecclesiæ fidelium, præsentium et futurorum, comperiat universitas, quoniam Wido, venerabilis ecclesiæ Vallavensis episcopus, ad nostram accedens⁴ magnificentiam, ostendit nobis præceptum a patre nostro antecessori suo factum, in quo continebatur quod abbatiam Calmelii, in qua sanctus Theofredus requiescit, antecessor suus ejusdem ecclesiæ..... (sub) monastico ordine vivere delegaverat, atque inibi abbatem mittere consueverat : salvo per omnia suo et ecclesiæ suæ honore. Hac ergo de causa, incuria episcoporum a jam dicta sede subtractus fuerat et...... Nos autem, deprecante eodem venerabili episcopo, præceptum patris nostri sequentes ⁴, eandem abbatiam potestati episcopi et sanctæ matris ecclesiæ Vallavensis subjicimus, et subjectam nunc et æternaliter subjiciendam decernimus, ac..........: salvo ibi monastico religionis ordine, secundum dispositionem et providentiam episcopi, sicut in præcepto patris nostri habetur..... Abbas autem qui ibi futurus fuerit seu etiam præpositus ab episcopo, cum eorum........ ⁶eligatur ; ipse vero episcopus, ministerium suum agens, non consentiat eligere prælatum qui vitiis et voluptatibus eorum faveat, sed episcopus regularem normam excolere faciens, necnon........ pro hoc sine dubio rationem redditurum. Ut autem hujus nostræ restaurationis reintegratio pleniorem, in Dei nomine, obtineat firmitatis vigorem, manu propria subterfirmavimus et⁷ sigilli nostri impressione subter jussimus obsignari.

    Signum K $\begin{smallmatrix}R\\L\end{smallmatrix}$ Sˢ Karoli gloriosissimi imperatoris.

(Data.........,) anno xxxvi. regni Karoli gloriosissimi imperatoris in Francia, imperii autem anno I, Actum in⁹ monasterio Sancti Dionysii¹⁰, in Dei nomine¹¹, feliciter, amen.

    CCCCXXXI. Guirpioio de Cabriaco¹².

Noticia guirpicionis que fecit Stefanus de Bisatico et uxor sua nomine Teutburgis et filii illorum. — Nos dimitimus

---

4. G..... — 5. G deest. — 6. G en m. « fiorte) consensu et approbatione. — 7. G subterfir....., B sut-antes. — 8. B deest monogr. — 9. B i-s [in F., i. a. I. A. in]. — 10. (Avril ? 876). — 11. G i-toris; regni autem ut imperii an..... m-ii s-to D-sio....... — 12. Arch. de la Haute-Loire, origin. parch. de 10 lig.; au dos (d'une main plus réc.) : *Donatio 4ʳ librarum in villis de Chabriaco et Fagia.*

ex toto servicium quod commandaticiæ causa nominatur, de duos mansos et .i. cabannaria quem Adraldus et Arnulfus excolunt in villa de Cabriaco, et in villa de Fagia est .i. mansus et una silva quem Bernardus excolit; et accepimus precia de vobis solidos .lxxx. Et pro ipsa precia et amore sancti Theotfredi et monachis ejus, quantum ad ipsis mansis supradictis aspicit vel aspicere et fines illorum continent, totum et ab integrum nos relinquimus, et de ista ora jam in antea nos nullam rem non requirimus nec adprehendimus; et pro ipsa conveniencia habeant monachi Beati Theotfredi potestatem quicquid facere voluerint, sine ullo contradicente persona.

Sane si quis, nos ipsi aut ullus homo, quia hanc cartulam stipulacionis requirere voluerit, veniant super eum omnes maledicciones que sunt scripte tam in Vetus quam in Novo Testamento, et cum Juda traditore Domini participetur penas infernales et iram Dei Omnipotentis incurrat, et carta ista firma permaneat cum stipulacione. Facta carta ista in natale Omnium Sanctorum. Sig' Stefano et uxor sua Teutburga, qui carta ista guirpicionis scribere et firmare rogaverunt, manus eorum firmant. Sig' Geraldi et Garentoni, filii nostri. Sig' Stefani.

Asterius scripsit.

CCCCXXXII. Hec carta dicit quod Izellis villa, quæ est in mandamento Sant Jeurz, in episcopatu Gratianopolitano est[13].

Sacrosanctæ Dei æcclesiæ Gratianopolensis, quæ est constructa in honore sancti Laurentii martiris vel sanctæ Eugeniæ virginis. Ego enim, in Dei nomen, Drogo cogito de Dei misericordia vel de æterna Christi retributione, ut Deus Omnipotens aliquid de peccatis meis minuare dignetur; propterea dono Deo et sancto Laurentio vel sancto Teohtfredo, aliquid de res meas quæ michi obveniunt. Sunt autem ipsas res in diocesim Gratianopolensis, in villa quæ nominant ad Izellos : hoc est unus mansus, quem Stephanus excolit; quantum ad ipsum mansum aspicit vel respicere videtur, cum pratis, campis, silvis, terra culta et inculta, totum et ab integrum dono Deo et ad sanctos supradictos, et ad monachis ibidem Deo famulantibus, ut ha-

---

13. *Cart. A de saint Hugues*, n° xii (origin. à Paris, bibl. nat., ms. lat. 13879 ; copie à Grenoble, arch. de l'Isère, reg. XXXV. 1, f° 169) ; édit. Marion, 19-20.

beant ipsi monachi potestatem quicquid facere voluerint, vendendi, mutuandi vel quod eis visum fuerit, pro anima mea et omnium parentorum meorum. Sane si quis, ego aut ullus homo, qui cartam helemosinariam istam inquietare vel infrangere voluerit, non valeat vendicare quod repetit ; sed in primis iram Dei Omnipotentis et omnium sanctorum ej(u)s incurrat, et cum Datan et Abyron, qui in infernum descenderunt, ac Domitiano vel Diocletiano, et Maximiano vel apostata Juliano, vel Juda traditore Domini, pœnas infernales possideat et sit anathema maranatha. Signum Drogoni, qui cartam helemosinariam istam scribere et firmare rogavit, manu ejus firma. Signum filiorum ejus, his nominibus Matfredo, Geraldo. Signum Aimonis. Signum Lantelmi. Signum Disderii. Signum Barnardi. Facta carta ista mense marcio, die vii°, luna xi, regnante Radulfo rege[14], feliciter. Guido presbiter scripsit.

CCCCXXXIII. Hæc carta dicit quod Musso villa, quæ est in mandamento de Nerpold, in episcopatu Gratianopolitano est[25].

Sacrosanctæ Dei æcclesiæ, sitæ in pago qui vocatur Musso, in honore sancti apostoli Petri dicatæ, in episcopatu Gratianopolitano, seu æcclesiæ Sancti Johannis in eadem villa. Ego nomine Cono et uxor mea Teza, donamus et filii mei medietatem quæ nobis jure contingit sancto Petro Calmiliensis æcclesiæ seu sancto Tehotfredo, necnon sancto Laurentio Gratianopolitano monasterio, ob remedium animarum nostrarum, seu patris mei vel matris meæ omniumque parentum meorum : in tali tenore, ut monachi ibidem sancto Laurentio militantes habeant et possideant perpetualiter, sine alicujus contradictione; nominatimque dicimus medietatem beneficii ipsius supramemorati, hoc est medietatem de decima et de primiciis, et de cimiterio necnon de oblationibus, taliter concedimus qualiter lex nostra Romana obedire precipit. Si quis calumpniator extiterit, nobis viventibus, defendatur a nobis abundantius; si quis hanc nostræ donationis cartam post nostrum discessum contradicere voluerit vel calumpniare ausus

---

14. (2) mars (1018)-(30) mars (1029). — 15. Cart. A de s' Hugues, n° xiii (orig. Paris, b. n., ms. l. 13879 ; cop. à Gren., arch. de l'Is., reg. XXXV. 1, f° 169 v°); édit. Marion, 20-1. Cf. Chorier, H. de D., I, 870.

fuerit, non vendicet quod intulerit, sed componat tantum et alterum tantum, et in domo regis cujus in regimine est libras quattuor auri; et insuper iram Dei incurrat Omnipotentis et beatæ Mariæ semper Virginis sanctique Michaelis, clavigerique Petri vinculis innodatus existat omniumque sanctorum Dei, et cum Juda traditore et Nerone imperatore, et Symone mago et Juliano apostata, ac Datan et Abiron participetur in infernum; et postea carta ista helemosinaria firma et stabilis permaneat. Acta hæc carta die kalendas februarii nona, luna xxii, indictione ii, anno ab Incarnatione Domini millesimo XXXIIII, anno tertio post obitum Radulfi regis[16]. Ego Chono et uxor mea nomine Teza, et filii Ismido et Chono et Alcherius et Armannus et Dudo, manibus nostris firmamus et testes firmare rogamus. Signum Vuale. S. Guigonis clerici. S. Vuilisi. S. Petri.

CCCCXXXIV. Item alia carta de eadem æcclesia, quæ est in mandamento de Scalis, et dicit quod in episcopatu Gratianopolitano est[17].

Inter omnes series scripturarum qua Salvator edocuit speciale nobis medicamentum pœnitentiæ helemosinis dixit abluenda, ut est illud : « Sicut, inquit, aqua extinguit ignem, ita helemosina extinguit peccatum[18] » ; et item alio loco quidam orator : « Redemptio animæ viri divitiæ suæ[19] » ; eodem quoque exemplo vir justus erudiens filium : « Desudet helemosina in manu tua, donec invenias justum cui eam tradas[20] ». His itaque ammonitionibus atque exortationibus sanctorum Patrum aure cordis præmonitus, domnus Upertus comes, volo aliquid cedare de hereditate mea, quæ michi ex conquisto obvenerunt, ad monasterium Calmiliacense, quæ est constructus in honore sancti Petri principis apostolorum, ubi sanctus Theotfredus et sanctus Eudo et duo Innocentes humati jacent, pro remedium animæ meæ, ut Deus Omnipotens aliquid de peccatis meis minuare dignetur; resident autem ipsas res in episcopatu Gratianopolitano, in loco que nominant Scalas, quod antiquitus vocatur Lavastrone, hoc est æcclesia Sanctæ

---

16. 24 janv. 1034 (?). — 17. Cart. A de st Hugues, n° xx (orig. Paris, b. n., ms. l. 13879; cop. à Gren., arch. de l'Is., reg. XXXV. 1, f° 171); édit. Marion, 31-2. — 18. Cf. Eccli., iii, 33. — 19. Prov., xiii, 8. — 20.

Dei Genitricis Mariæ : quantum ad ipsam æcclesiam pertinet, hoc est decimis et primiciis et cimiterium et oblationes necnon et æcclesias quæ sitæ fuerunt in eadem parrochia, quæ necdum rehedificatæ sunt, totum et ab integrum dono Deo, et sancto Laurentio et ad sanctos supradictos. Si quis hanc meæ donationis cartam post meum discessum contradicere voluerit vel calumpniare ausus fuerit, non vindicet quod intulerit, sed componat tantum et alterum tantum, et in domo regis in cujus regimine est libris quattuor auri ; et insuper iram Dei Omnipotentis incurrat, et cum Juda traditore et Nerone imperatore et Juliano apostata, et cum Datan et Abiron participentur in infernum ; et postea carta ista helemosinaria firma et stabilis permaneat. Acta hæc carta XII kalendas februarii, luna XXV, anno ab Incarnatione Domini millesimo quadragesimo secundo[21]. Ego Upertus comes, manibus meis firmo et testes firmare rogo. S. Brochardi archiepiscopi. Signum Aimoni episcopi. S. Ameei. S. Oddoni. S. Orlini et filiorum ejus : Wigoni, Anselmi, Rostagni, Bornoni. S. Rostagni.

CCCCXXXV. Hæc carta dicit quod æcclesia Sanctæ Mariæ, quæ est in mandamento de castro quod vocatur Scalas, in episcopatu Gratianopolitano est[22].

Sacrosanctæ Dei æcclesiæ, sitæ in pago qui antiquitus vocatur Lavastrone, modo vocatur ad Scalas, in honore sanctissimæ Mariæ dicatæ, in æpiscopatu Gratianopolitano, seu alias æcclesias omnes, destructas et rehedificatas, in eadem parrochia sitas. Ego Umbertus comes et filii mei, Amedeus et Oddo, donamus omnes supradictas æcclesias, cum uno manso, sancto Petro Calmiliensis æcclesiæ, sanctoque Theotfredo necnon sancto Laurentio, Gratianopolitano monasterio, ob remedio animarum nostrarum omniumque parentum nostrorum : in tali tenore, ut monachi ibidem militantes sancto Laurentio habeant et possideant perpetualiter, sine alicujus contradic-

---

21. 21 janv. 1042 (?). — 22. Cart. A de st Hugues, n° XIX (orig. Paris, b. n., ms. l. 13879 ; cop. à Gren., arch. de l'Is., reg. XXXV. 1, f° 170). Texte impr. dans S. de Boissieu, Sept. mirac. Delphin., 94 (réimpr. dans ses Miscella, II, 92) ; Guichenon, Hist. de Sav., II, pr. 7 (d'ap. S. de B.) ; édit. Marion, 29-30. Cff. Bréquigny, II, 26 ; Rivaz, Diplomat., II, 78 ; Doc. hist. inéd. p. p. Champ.-Fig., I, 272 ; Forel, R. S. R., 551 ; Wurstemberger, P. d. Z., urk. 15.

tione; nominatimque dicimus omnem decimam et primitias et cimiteria necnon oblationes ad ipsas æcclesias pertinentes, totum et ad integrum donamus Domino Deo, et ad sanctos supradictos taliter concedimus, qualiter lex nostra concedere præcipit. Si quis calumpniator exstiterit nobis viventibus, defendatur a nobis abundantius ; si quis hanc nostræ donationis cartam post nostrum discessum contradicere voluerit vel calumpniare ausus fuerit, non vindicet quod intulerit, sed componat tantum et alterum tantum, et in domo regis cujus in regimine est libras IIII^{or} auri ; et insuper iram Dei incurrat Omnipotentis et beatæ Mariæ semper Virginis sanctique Michaelis, clavigerique Petri vinculis innodatus existat omniumque sanctorum Dei, et cum Juda traditore et Nerone imperatore et Simone mago et Juliano apostata ac Datan et Abiron participetur in infernum; et postea carta ista helemosinaria firma et stabilis permaneat. Hacta hæc carta IIII° idus junii, luna XVIII, anno ab Incarnatione Domini millesimo quadragesimo secundo, regnante Einrico rege[23]. Ego Umbertus comes, manibus meis firmo et testes rogo firmare. S. Brochardi archiepiscopo. S. Amedei comitis. S. Oddonis. Signum Bornonis. S. Aureliani. Signum Rostagni.

CCCCXXXVI. (CONVENIENTIA MONACHORUM SANCTI THEOFREDI ET CANONICORUM MAURIANENSIUM)[24].

Post longuas et graves querimonias, quas monachi Sancti Theofredi fecerunt, ante presenciam domni[24*] Cononis Maurianensis episcopi et canonicorum ejus, pro ecclesia de Monasterio Sancti Johannis et pro quinque aliis sibi subpositis, quas possidebant ; placuit domno Villelmo abbati Sancti Theofredi et conventui ejusdem loci, ut episcopali ecclesie Beati Johannis et canonicis ejus quinque solidos censualiter persolverent, quatenus eorum consilio atque subsidio predicta ecclesia Sancti Theofredi predictam ecclesiam de Monasterio Sancti Johannis et quinque alias sibi subpositas deinde pacifice possideret. Precepto igitur domni Villelmi abbatis Sancti

---

23. *10 (?) juin 1042.* — 24. Texte impr. dans *Monum. hist. patriæ,* Chart. II, 190-1 (149), d'ap. orig. arch. évêché Maur.; BILLIET et ALBRIEUX, *Chartes du dioc. de Maurienne (Docum.* p. p. l'Acad. de Savoie, II), 18-20 ; cf. RIVAZ, *Diplomat.*, II, 137. — 24*. B domini.

Theofredi et conventus ejusdem loci, ego Ugo prior monasterii Sancti Laurentii et Petrus prior Sancti Michaelis de Conissa, constituimus et confirmamus ut prescripta ecclesia de Monasterio Sancti Johannis censualiter quinque solidos Aquabellensis monete, vel alterius que capitaliter cucurrerit per totam terram illam, episcopali ecclesie Beati Johannis et canonicis ejus per singulos annos in festo beati Andree persolvat. Sunt autem ecclesie sex : ecclesia de Monasterio una, ecclesia de Cruce, ecclesia de Tabla, ecclesia de Bitumine, ecclesia de Burgeto, ecclesia de Ponteto ; cum omnibus rebus que ad eas pertinent. Duodecim etiam anguillas, quas canonici Maurianensis ecclesie habent censuales in festo beati Johannis pro ecclesia de Bitumine, laudamus et confirmamus sicut et predictum censum quinque solidorum. Hujus rei testes sunt Fulco prepositus Maurianensis, Petrus decanus, Artaldus prior Granariensis, Berardus monachus ejusdem loci, Sigismundus prior Sancti Innocentii, Poncius prior Sancti Laurentii, Petrus prior Sancti Michaelis de Conissa. Actum est hoc decimo sexto kalendas januarii, luna decima sexta, regnante Henrico rege[25].

CCCCXXXVII. (Testamentum Bernardi comitis Melgorii)[26].

In nomine Domini. Ego Bernardus, comes Melgorii, dono memetipsum pro monacho Deo, sancto Theofrido et abbati ejusdem Sancti Theofridi, et tibi Pontio priori ab eodem abbate monacho transmisso ; præsentibus aliis monachis, Guillelmo Gualone et Pontio priore Sancti Vincentii de Barbayranicis, et præsente comitissa avia mea et Po. de Montelauro. Et si hic mortuus fuero, volo me deferri ad monasterium Sancti Theofredi sepeliendum, et volo dari beato Theofredo quinque millia solid. Melgor(iensium), et ut decimæ ecclesiæ Sancti Vincentii redimantur. Et dono sancto Vincentio mansum quem Raynardi colunt, et ecclesiæ ejusdem Sancti Vincentii totum quod mei juris est. Et dono monasterio Sancti Theofredi annuatim C. solid. Melg(oriensis) monetæ, unde monachi per quatuor dies plenarie procurentur de piscibus ; et xx. solid., unde habeant oleum in Quadragesima[27].... Hoc testamentum jussi scribi et

---

25. *17 décem. (1103).* — 26. Texte impr. dans P. Gariel, *Series præs. Magalon.*, 2ᵃ, 172; *Hist. gén. de Lang.*, II, pr. 464 (437), d'ap. G. Cf. Bréquigny, II, 601. — 27. Cf. doc. ccccviii.

coram legi feci, et mea propria manu confirmavi hoc signo, adhibitis supradictis quinque testibus, anno ab Incarn(atione) Dom(ini) M.C.XXXII.

CCCCXXXVIII. (Concordia inter canonicos Maurianenses et monachos Sancti Theofredi)[28].

Omnibus recte viventibus per presentem paginam notificamus quod controversia, que erat inter canonicos Maurianenses et monacos Sancti Theofredi, per manum domni Petri Darentasiensis archiepiscopi et domni Bernardi ejusdem ecclesie episcopi, de ecclesia de Tabula et de Burgeto' et de Ponteto ita diffinita est, quod supradicti monachi persolvant in anno XIII. solidos canonicis : pro hac re debent habere ipsas ecclesias in pace, cum pertinentiis earum. Hujus rei testes sunt domnus Petrus abbas Tamisii, Petrus monacus Sancti Michaelis, Rupertus monacus, Amedeus canonicus, Petrus Sancti Mauricii[28*], Aimo de Cuina, Ainardus, Johannes, Ademarus, Nicolaus, magister Bernardus, Ugo, Gauterius, Martinus, canonici ejusdem ecclesie ; Petrus prior Sancti Laurentii, Atenulfus, Petrus Morardus, prior de Cruce. Hoc enim factum est anno ab Incarnatione Domini MCLIII, regnante Frederico imperatore.

CCCCXXXIX. Donum factum monasterio Sancti Petri de Podio ab abbate Sicureti[29].

Omnibus hominibus, tam præsentibus quam futuris, notum esse[30] voluimus[31] quod Arimandus Tondut, abbas de Secureto, donavit et laudavit in perpetuum possidendum[32] totum id quod de tertia parte campi, qui vocatur Abo, ex agricultura ad eum pertinebat, Pontio Beati Petri Podiensis monasterii priori et monachis modo et in futurum ibi manentibus : tali censu ut semodium vini puri ipsi abbati annuatim solvant; ipsa vero vinea monachi ad suam utilitatem utantur, idem[33] aliis ad censum[33*] donent vel vendant, jam dictus abbas vel

---

28. Texte impr. dans *Monum. hist. patriæ*, Chart. II, 280-1 (235), d'ap. orig. arch. év. Maur.; Billiet, *Chartes du dioc. de Maurienne (Docum.* p. p. l'Acad. de Sav., II), 26-7. — 28*. *M* P. canonicus de Amodanna. — 29. *C S.,* nunc de S. Michel, in libro *de reparatione chartarum*, fol. 39, *Ep* deest. — 30. *C* deest, fieri ? — 31. *Ep* v-umus. — 32. *C des.* Tond...... poss. — 33. *Leg.* item si. — 33*. *C* acess.

successores ejus pro laude et[34] vendis[35] inde exigant. Quod si illi per cessionem vel venditionem[36] datum fuerit aliis[37] præter monachos prædicti monasterii vendere voluerint, laudes et vendas exigat. Querimoniam quoque, quam faciebat super horto de Berleyras[38], omnino dimisit : ipse autem prior centum[39] solidos propter hoc prædicto abbati dedit. Hæc autem[40] omnia facta sunt consilio et laude Othonis archipresbiteri et Bertrandi Andreu[41] sacristæ ; hujus vero rei testes sunt : Stephanus frater abbatis, Peire Cabaslac, Peire Solatges[42], Stephanus Alsiaras[43], Franco, Petrus Podolicus, sacerdotes; Rotlandus præsbiter, Vuilhermus[44] Bozatz[45]. Factum est[46] istud anno ab Incarnatione Domini M.C.L.VIIII, Adriano[47] pontifice Romano, Petro Aniciensi episcopo existente; hæc autem charta[48] jussu et laude prædicti Arimanni[49] abbatis facta est, et[50] ut hoc pactum[51] firmum permaneat in perpetuum suo sigillo signavit.

CCCCXL[52]. — MEMORIÆ præsentium et futurorum tradere necessarium esse duximus, quod Guillelmus de Altaripa, dum esset prior monasterii Beati Petri de Podio, cum gravissima et importabili ingruente necessitate, cum fratribus ejusdem loci monitu et precatu dedit quidquid exit de fossis et cartulis nuptiarum, ad emenda ligna unde prædicti monachi a festo sancti Andreæ usque in cathedram sancti Petri ad majus prandium ignem sufficienter haberent. Statuit ipse Willelmus, cum communi fratrum consilio, ut hanc obedientiam capellanus de Cruce teneat semper et habeat ; et si illi super hoc monachi contrarii extiterint, prioris et sacristæ providentia discernatur. Hoc autem factum est sub domno Petro de Bello Monte, Sancti Theotfredi abbate, qui præcepit fieri et perpetuo teneri. Amen.

CCCCXLI. — Anno ab Incarnatione Domini MCLXX, Pontius Guinaberti vendidit VIII solidos, quos propter coquinam monasterii habebat censuales, mihi Petro abbati, pro quibus donavi ei C solidos. — Deinde, anno MCLXXIII, prædictus Pon-

---

34. *C* vel. — 35. *Ep* v-itione. — 36. *Ep* v. vel c. — 37. *Ep* a. qui. — 38. *C* B-ros. — 39. *Ep* C. — 40. *Ep deest.* — 41. *Ep* A-cæ. — 42. *Ep des.* Step..... Sol. — 43. *Ep* Absicraz. — 44. *Ep* Willelmus. — 45. *Ep* B-a et alii. — 46. *Ep* e. autem. — 47. *Ep* Ha-o. — 48. *Ep* et h. cartha. — 49. *C* A-ani. — 50. *C deest.* — 51. *Ep* placitum. — 52. *Ep*, ex ms. cod. Casæ-Densi.

tius vendidit quidquid habebat in coquina, scilicet dimidium bonorum, pro quibus dimidium servitium faciebat, unde Cvi solidos donavi ei; quæ ultima venditio facta est in domo Azonis de Bouzolz, teste Hugone Truc.

CCCCXLII. Privilegium concessum per summum pontificem Alexandrum, in quo sunt contenta omnia beneficia ab abbacia Sancti Theoffredi deppendencia [53].

Alexander episcopus, [servus] servorum dei, dilectis filiis Guilelmo abbati Sancti Theotfredi monasterii, ejusque fratribus tam presentibus quam futuris regularem vitam professis, in PPM (perpetuum). — Quociens a nobis aliquid petitur quod religioni et honestati convenire dinoscitur, animo nos decet libenti concedere et petendium desideriis congruum suffragium impertiri. Eapropter, dilecti in Domino filii, vestris justis postulationibus clementer annuimus et prefatum monasterium, in quo divinis estis mancipati obsequiis, ad exemplar predecessorum nostrorum felicis memorie Eugenii et Adriani, Romanorum pontificum, sub beati Petri et nostra protectione suscipimus et presentis scripti patrocinio communimus. In primis siquidem statuentes ut ordo monasticus, qui secundum Deum et beati Benedicti regulam in ipso monasterio noscitur institutus, perpetuis ibidem temporibus inviolabiliter observetur; preterea quascumque possessiones, quecumque bona idem monasterium in presentiarum juste et canonice possidet, aut in futurum concessione pontificum, larg(it)ione regum vel principum, oblatione fidelium seu aliis justis modis, prestante Domino, poterit adipisci, firma vobis vestrisque successoribus et illibata permaneant. In quibus hec propriis duximus exprimenda vocabulis : locum ipsum in quo predictum monasterium situm est, cum omni ambitu suo et cum omnibus adjacenciis et pertinentiis suis; ecclesiam Sancti Fortunati, ecclesiam Sancti Johannis Baptiste, capellam de Castro Novo, ecclesiam de Cubono, capellam de Bosolo, eccle-

---

53. Cabinet de M. le chan. Rouchier, original parch. (82 cent. sur 70) de 45 lig., coté *Arm. 3ᵉ, nº 2* ; au dos « Privilége accordé par le pape » Alexandre à l'abbaye du Monastier, dans laquelle sont énoncés tous » les bénéfices dépendants de l'abbaye de Saint-Théofrede du Monastier.» l'gmt. impr. dans *Tabl. hist. du Velay*, IV, 276-7.

siam Sancti Mauricii, ecclesiam de Cadro, ecclesiam de Lantriaco, ecclesiam de Lausonna, ecclesiam Sancti Frontonis, ecclesiam de Stabulis, ecclesiam de Fraiseneto, ecclesiam de Sollempniaco, ecclesiam de Cairis, ecclesiam de Senoiolo, ecclesiam de Camalariis, ecclesiam de Rosariis, ecclesiam Sancti Mauricii de Roca cum capella, ecclesiam de Campo, ecclesiam Sancti Agricole, ecclesias Calanconis, ecclesiam Sancti Johannis de Bracas, ecclesiam de Bausaco, ecclesiam Sancti Privati, ecclesiam de Cofolento; in Podio ecclesiam Sancti Petri, ecclesiam Sancti Hylarii, ecclesiam Insule, ecclesiam de Funs, ecclesiam Sancti Romani, ecclesiam Nai, ecclesiam de Caso, ecclesiam de Canalellis, capellam de Vilareto, ecclesiam Sancti Thome, ecclesiam Sellarii, ecclesiam Sancti Albani, ecclesiam Sancti Clementis, ecclesiam Sancti Stephani, ecclesiam Sancti Laurencii, ecclesiam de Monteselgio, ecclesiam de Faugeriis, ecclesiam de Paisaco, ecclesiam Sancti Genesii, ecclesiam de Rocolis, ecclesiam de Lausac, ecclesiam de Castanerio, ecclesiam de Conculis, ecclesiam de Lanoiolo, ecclesiam Sancte Elene, ecclesiam Sancti Genesii, ecclesiam Sancte Enimie, ecclesiam de Pratis cum capella, capellam de Monte Bruno, ecclesiam Sancti Ylari, capellam de Alta Ripa, ecclesiam de Ura, ecclesiam de Cannaco, ecclesiam de Bona Terra, ecclesiam de Stabulis, ecclesiam de Yebrone, ecclesiam Vallis Bornie cum capella, ecclesiam de Seveiraco, ecclesiam Sancti Dalmacii, ecclesiam Sancti Hilarii, ecclesiam Sancti Teothfredi de Gorda, cum capella de Castello, ecclesiam Sancte Cecilie, ecclesiam de Stello, ecclesiam de Balmis, ecclesiam Sancte Eufemie, ecclesiam de Barbarangis, ecclesiam de Rovoreto, ecclesiam de Basalangis, ecclesiam de Coira, ecclesiam de Ponteolis, ecclesiam de Pruneto, ecclesiam de Atoiis, ecclesiam de Capdenaco, ecclesiam de Bruco, ecclesiam de Prevencariis, ecclesiam de Gralioso, ecclesiam Sancte Eulalie, ecclesiam de Meseliaco, ecclesiam de Interaquis, ecclesiam de Cous, ecclesiam Sancti Cirici, ecclesiam de Aisaco, ecclesiam de Valle, ecclesiam de Uscello cum capella, ecclesiam de Seiro, ecclesiam Sancti Privati, ecclesiam de Obureia, ecclesiam de Arconcio, ecclesiam de Valle Amatis, ecclesiam Sancti Clementis, ecclesiam de Rovoiro, ecclesiam de Amello, ecclesiam de Manso Cavillano, cum capella de Mastra et capella de Retortorio, ecclesiam Sancti Basilii, ecclesiam de Columbario, ecclesiam de Monteliis, ecclesiam Sancti Bartholomei, ecclesiam Sancti Desiderii, ecclesiam de Brotza, ecclesiam de Mura, ecclesiam de Fortunariis, ecclesiam de Mairiaco, ecclesiam de Acontz, ecclesiam Sancti Gervasii, ecclesias de Cleu, ecclesiam de Mota, ecclesiam de Bancianis, ecclesiam de Calmo, ecclesiam Sancti Maurandi, ecclesiam de Espenello, ecclesiam de Ponte, ecclesiam Sancti Benedicti, ecclesiam de Cinissis, ecclesiam de Stella cum capella, ecclesiam de Finzeo, ecclesiam Sancti Victoris de Valentia, ecclesiam de Plazas, capellam Sancti Romani, ecclesiam de Clatzas, capellam de Alsone, ecclesiam de Marzonis, ecclesiam de Vitrinis, ecclesiam de Alaudisco, ecclesiam Sancti Machabei, ecclesiam Sancti Bartholomei, ecclesiam de Maernatz, ecclesiam Sancti Victoris, ecclesiam de Doenaio cum capella, ecclesiam de Vertz, ecclesiam de Fortareza, ecclesiam de Mos, ecclesiam Sancti Pauli, ecclesiam Sancte Marie de Scalis, ecclesiam Sancti Xpistofori, ecclesiam Sancti Petri, ecclesiam Sancti Johannis, ecclesiam de Monte Sancti Martini, ecclesiam Sancti Petri de Cartusia; Gratianopolis: ecclesiam Sancti Laurencii, ecclesiam de Valle Dentis, ecclesiam de Bairalis, ecclesiam de Grinione; quicquid habetis in capella de Avalone, ecclesiam de Grangiis, ecclesiam Sancti Marcelli, ecclesiam Sancti Innocencii, ecclesiam Brusonis, ecclesiam de Monte Falcone, ecclesias de Cruce, ecclesias de Tabula, ecclesiam de Bitumine, ecclesiam Sancti Nicecii, capellam de Auriaco, ecclesiam Sancti Martini, ecclesiam de Pineto, ecclesiam de Villa Nova, ecclesiam de Brinino cum capella, ecclesiam Sancti Nazarii, ecclesiam Sancti Mauricii, ecclesiam Sancti Michaelis, ecclesiam de Campis, ecclesiam Sancti Petri, ecclesiam Sancte Marie de Mesatico, capellam de Mota, ecclesiam Sancti Firmini, ecclesiam Sancti Laurencii, ecclesiam Sancte Marie de Capella, ecclesiam de Alba Sania, ecclesiam Sancti Jacobi, ecclesiam Sancti Viatoris, ecclesiam de Mota, ecclesiam Sancti Eusebii, ecclesiam Sancte Marie de Cabotis, ecclesiam Sancti Benedicti, ecclesiam Sancti Johannis, ecclesiam de Monte Urserio, ecclesiam de Broncinis, capellam de Mota Auterii, ecclesiam de Rivosicco, ecclesiam de Varsia cum capella, ecclesiam Sancti Pauli de Encotz, ecclesias de Vivo, ecclesiam Sancte

Marie de Costa, capellam de Auriolo, ecclesiam de Fontanibus, ecclesiam de Cabotis, ecclesiam de Genebrario, ecclesiam Sancti Bartholomei, ecclesiam de Encastris, capellam de Mirabel, ecclesiam Sancti Andeoli, capellam Deserti, ecclesiam Prati Lanfredi, capellam Vadi, ecclesiam de Roca, ecclesiam Sancti Laurencii de Ausennis, ecclesiam de Olla, ecclesiam de Vinosco, capellam de Pauta, ecclesiam Sancti Xpistofori, ecclesiam de Mollanes, ecclesiam de Berzes, tres ecclesias a Demons, ecclesiam Sancti Benedicti, tres ecclesias a Vimol, ecclesiam de Valle Grano, duas ecclesias de Cerveria, ecclesiam Sancti Stephani, ecclesiam Sancti Gregorii, ecclesiam de Rocha cum capella, ecclesiam de Marenis et ecclesiam de Vileto; cum decimis et oblationibus, et omnibus earundem ecclesiarum pertinenciis. In parrochialibus vero ecclesiis quas tenetis, presbiteros eligatis et episcopo presentetis, quibus si idonei fuerint episcopus animarum curam comittat, ut de plebis itidem cura ei rationem reddant; pro rebus vero temporalibus ad monasterium vestrum pertinentibus, dignam vobis subjectionem exhibeant. Prohibemus insuper ut nullus fratrum vestr(or)um post factam in eodem loco professionem, nisi obtentu artioris religionis, aliqua levitate sine prioris sui licentia fas sit de claustro discedere : discedentem vero absque comunium litterarum cautione, nullus audeat retinere. Preterea liceat vobis clericos vel laicos e seculo fugientes liberos et absolutos ad conversionem in ecclesia vestra recipere et eos sine contradictione aliqua retinere. Cum autem generale interdictum terre fuerit, liceat vobis clausis januis, exclusis excomunicatis et interdictis, non pulsatis campanis, suppressa voce divina officia celebrare. Sepulturam quoque loci illius liberam esse concedimus, ut eorum devotioni et extreme voluntati qui se illic sepeliri deliberaverint, nisi forte excomunicati sint vel interdicti, nullus obsistat : salva tamen justicia parrochialium ecclesiarum a quibus mortuorum corpora assumuntur. Decernimus ergo ut nulli omnino hominum liceat prefatum monasterium temere perturbare aut ejus possessiones auferre, vel ablata retinere aut aliquibus vexationibus fatigare, sed omnia integra conservantur tuis vel eorum pro quorum gubernatione et sustentatione concessa sunt usibus omnimodis profutura :

salva apostolice sedis auctoritate et diocesianorum episcoporum canonica justicia. Ad indicium autem hujus a sede apostolica percepte protectionis, nobis nostrisque successoribus quinque solidos Podiensis monete singulis annis census nomine persolvetis. Si qua igitur in futurum ecclesiastica secularisve persona hanc nostre constitutionis paginam sciens contra eam venire temptaverit, secundo terciove commonita si non satisfactione congrua emendaverit, potestatis honorisque sui dignitate careat reamque se divino judicio exsistere de perpetrata iniquitate cognoscat et a sacratissimo Corpore et Sanguine Dei et Domini nostri Jhesu Xpisti aliena fiat atque in extremo examine districte ultioni subjaceat. Cunctis autem eidem monasterio sua jura servantibus sit pax Domini nostri Jhesu Xpisti, quatinus et hic fructum bone operationis percipiant et apud districtum judicem premia eterne quietis inveniant. AMEN, ꝏ—G, AMEN.

⁵⁴ † Ego Alexander, catholice ecclesie episcopus, ⁵⁵ subscripsi (SS.).

† Ego Hvbaldus, Hostiensis episcopus, subscripsi.

† Ego Johannes, presbiter cardinalis Sanctorum Johannis et Pauli tituli (tt.) Pamachii, subscripsi.

† Ego Johannes, presbiter cardinalis tituli Sancte Anastasie, subscripsi.

† Ego Theod(inus), presbiter cardinalis Sancti Vitalis tituli Vestine, subscripsi.

† Ego Petrus, presbiter cardinalis tituli Sancti Grisogoni, subscripsi.

† Ego Vivianus, presbiter cardinalis tituli Sancti Stephani in S[elio Monte], subscripsi.

† Ego Hvgo, presbiter cardinalis tituli Sancti Clementis, subscripsi.

† Ego Jac(inthus), diaconus cardinalis Sancte Marie in Cosmidyn, subscripsi.

† Ego Ardicio, diaconus cardinalis Sancti Theodori, subscripsi.

54. *Signum* du pape, formé de deux cercles concentriques, renfermant la devise d'Alexandre III : « Vias tuas, Domine, demonstra michi (*Ps.* xxiv, 4) »; au milieu : « scs PETRUS, scs PAULUS, ALEXANDER pp III 9. — 55. Monogramme *Benevalete.*

† Ego Rainerius, diaconus cardinalis Sancti Georgii ad Velum Aureum, subscripsi.

† Ego Gratianus, diaconus cardinalis Sanctorum Cosme et Damiani, subscripsi.

† Ego Johannes, diaconus cardinalis Sancti Angeli, subscripsi.

† Ego Matheus, Sancte Marie Nove diaconus cardinalis, subscripsi.

Data Laterani, per manum Alberti, sancte Romane ecclesie [presbiteri cardinalis] et cancellarii, kalendis aprilis, indictione xii, Incarnationis Dominice anno M°C°LXX°VIIII°, pontificatus vero domni ALEXANDRI pape IIJ anno xx°56.

CCCCXLIII. (Concordia inter abbatem Sancti Theofredi et Geraldum Ademari super facto de Clivo)57.

A B C D E F G H I K L M N O P Q R S T

Quoniam ea que ab hominibus fiunt propter fragilitatem memorie negligi et oblivioni tradi ipsa negotiorum experientia cognovimus, necessarium duximus scripture commendare concordiam et transactionem factam inter abbatem F. Sancti Theotfredi et Geraldvm Ademari, de controversia de Cleu. Noverint igitur universi, tam presentes quam posteri, quod Ge. Ademari asserebat annuum albergum se (habere) debere in villa de Cleu, cum tot militibus et hominibus quot ipse inducere vellet, et quando albergum capiebat munitionem omnem se recipere et tenere debere affirmabat; abbas vero et monachi et homines de Cleu hec infitiabantur. Post multas tandem contentiones, mediantibus W(illelmi) de Peiteus et B. Bonelli, amicabili compositione sopitum et terminatum est sic: pro annuo albergo quod Ge. Ademari petebat, predicta villa de Cleu debet dare singulis annis in festo sancti Andree Ge. Ademari et successoribus suis iiii sextarios frumenti et xii sextarios civate et xx solidos Viennensium; Ge. vero Ademari, his contentus, nichil amplius potest vel debet exigere a pre-

---

56. 1er avril 1179. — 57. Arch. de l'Isère, origin. parch. parti en haut, avec traces de 4 sceaux, dont 2 lanières de cuir et 1 lemnisque; fragm. du 1er avec cette légende : † ODO·VALentinvs·episcoPVS (cf. *Cartul. de Léoncel*, ch. xii, n. *). Au dos : *Instrumentum super facto de Clivo*.

dicta villa de Cleu aut ab hominibus predicte ville. Ad hec prefatus Ge. Ademari et filius ejus Ge(raldetus) Ademari predictam concordiam et transactionem perpetuo se observaturos tactis sacrosanctis Evangeliis firmarunt, et uxores eorum laudaverunt; ad majorem autem firmitatem et perpetuam stabilitatem, predict. abbas et monachi et Ge. Ademari sigillo O(donis) Valentini episcopi et sigillis suis et sigillo capituli Sancti Theotfredi hoc laudantis presentem paginam muniri et insigniri fecerunt. Factum est autem hoc anno ab Incarnatione Domini nostri Jhesu Xpisti M° C. LXXXIIII, ultima die marcii[58], presentibus his quorum nomina subscripta sunt et multis aliis : Petro de Cleu, Guigone bajulo, Rotberto, Guichardo, Guione bajulo, Petro Mylonis, W. Guichardi, Martino Guichardi, Lanberto Chabreilla, Petro Chauchala, Petro Gauterii, Pontio Fabri, Armando de Mirmanda, Garbes, W. de Sancto Albano, P. d'Auriol, Rostagno Gylis, Guigone Andreus, Petro Martini, Eustachio, Petro Andreus, Pontio Andreus, Bertrando Guers, Raimundo Novetz.

CCCCXLIV. Atquisicio facti de Clivo a domino Montilii [59].

A   B   C   D   E   F

Anno ab Incar(natione) Domini M. CC. X. Noverint universi presentes pariter et futuri, quod ego Guiraldus Ademari, dominus Montilii, vicecomes Marssilie, vendo precio novem milium solidorum Viennensium, et venditionis titulo trado, cedo et desamparo per me et successores meos, vobis domino Ademaro Pictaviensi et successoribus vestris in perpetuum, omne jus et dominationem et censsum quem habeo nomine alberge in villa de Cleu seu hominibus seu monasterio ejusdem ville vel ejus territorio, videlicet iiii sextaria frumenti et xii^{cim} sextaria civate et xx^{ti} solidos Viennensis vel Valentinensis monete in festivitate sancti Andree singulis annis persolvendos; insuper ego G. predictus promito vobis A. Pictaviensi, comiti Valentino, et successoribus vestris quod... opus seu

---

58. *31 mars 1184*. — 59. Arch. de l'Isère, orig. parch. parti en haut; au bas pend, sur lacs de soie rouge, une bulle en plomb offrant d'un côté un guerrier à cheval avec cette exergue : MATEVS ME FECIT ; et de l'autre ces mots : SIGIL[L]UM GE[RALDI A[DEMARI.

edificium vel quamlibet fortiam aut munitionem, quam vos vel alius nomine vestro vel monasterii Sancti Theotfredi edificaverit vel edificare voluerit in predicta villa vel ejus territorio, verbo vel facto non inpediam... Ego A. Pictaviensis nomine predicte emptionis predict. pretium, scil. novem milium solidorum predict., solvo vobis G. predicto, ita scilicet quod ab omni obligatione novem milium solidorum, pro quibus erat michi oblligatum castrum de Rocha Maura et censsus predictus de Cleu, in perpetuum absolvo et quitium facio, et pignus castri de Rocha Maura vobis remitto et desamparo; insuper vobis promitto quod de predicta villa, quantum vivam, guerram nec dampnum vobis nec vestris faciam. Et ego G. Adem(ari) de predictis novem milium solidorum me pro pagato teneo, et exceptioni non numerate pecunie et omni alii juris auxilio renuntio, et recognosco me promisisse et jurasse omnia que supradicta sunt me servaturum in perpetuum et non moturum; et ego A. Pict(aviensis) recognosco vobis G. Adem(ari) promisisse et jurasse omnia que supradicta sunt me servaturum inperpetuum et non moturum; et omnia que supradicta sunt G(eraldetus) Adem(ari), filius G. Adem. et nepos dom¹ A., laudavit et concessit. Actum est apud Montilium, in fornello G. Adem., in presentia dom¹ comitis Thol(osani) et dom. Heustagii prepositi Valentini; testes alii interfuerunt: Bertrandus de Avinone, Arnaldus frater ejus, Pontius Sancti Prejecti, Pontius filius ejus, Gasento monachus, Raimundus Tarquerius, Rostagnus de Godoleto, Ademarus Niger, W(illelm)us Arnaldus de Grana, Wus Arnaldus de Montilio, Yzoardus, Petrus Guigo notarius dom¹ A.; et ad majorem firmitatem carta ista sigillis dom¹ comitis Thol. et dom¹ A. et dom¹ G. Adem. mandato eorum fuit munita.

CCCCXLV. Donatio Heustachii prepositi Valentini de Clivo [60].

Notum sit omnibus tam presentibus quam futuris, quod ego Eutachius, prepositus Valentinus, laudo et confirmo, et concedo et ratum habeo, et in perpetuum observaturum fide-

---

60. Arch. de l'Isère, orig. parch., avec deux fragments de sceaux sur lanières de cuir.

liter promitto donationem quam fecit W(illelm)us Valentinus prepositus, avunculus meus, Deo et pauperibus sancte domus Hospitalis Jerusalem, videl. Clivum cum mandamento; quam donationem similiter ratam et firmam postea habuerunt W(illelm)us Pictaviensis et frater suus. Preterea dono et concedo totam meliorationem quam feci post predict. donationem in predicta villa de Cleus, s(cil.) tam in fosatis quam in muris vel in aliis emendamentis, et quicquid mobile ibi expendidi, predict. pauperibus et domo Hospitalis dono et finio et in corporalem possessionem mitto, pro redemptione anime mee et omnium parentum meorum, in manu fratris S. prioris Sancti Egidii et aliorum fratrum qui tunc presentes erant ; et predict. prior et alii fratres caritative et sine conditione michi concesserunt, quod singulis annis ultra mare ad majorem capitulum et ad capitulum Sancti Egidii pro anniversario meo et parentum meorum quilibet frater unam candelam et nummum proferrent. Et hoc factum fuit al Crest Arnaut, presentibus et audientibus, s(cil.) P. Faber, P. Johannis, Chabertus donatus, W. Artalt, Imbertus Pelus, P. de Verona, Imbert. Itiers, W. Berenger, Liotaut, P. Silvestre.

Hoc idem ego A(demarus), comes Valentinus, annuo et anno Dominice Incarnationis $M^o\ CC^o\ XVII^o$ presentem cartam meo sigillo facio confirmari ; ac hoc idem filius meus laudavit. Hoc totum factum est tempore......... comendatoris de Manas.

CCCCXLVI. Donatio de Clivo facta per dom. A. de Pictavia seniorem [61].

Noverit universitas presentis etatis ac postere, quod anno Dominice Incarnationis $M^o\ CC^o\ X^o\ V^o\ IIII^o$, mense julii, F litera dominicali, ego Ademarus, comes Valentinensis, dono, laudo in perpetuum et concedo Deo et sancte domui Hospitalis Jherosolimitani quicquid juris habeo vel habere debeo vel predecessor meus, Heustachius Valentinensis prepositus, habuit in villa de Cliuvo vel mandamento, exceptis tamen quibusdam hominibus propriis quos ibidem habeo ; promitens bona fide per me et per successores meos, ut nullo deinceps

---

[61]. Arch. de l'Isère, orig. parch.

tempore, nulla de causa tolltam, talliam, quistam vel exactionem aliquam vel justiciam ibidem postulem vel sustineam postulari. Addo etiam castrum de Sopeira, quod dicte domui dono et contra quemlibet tueri promito; insuper et condaminas de Manacio libere tribuo ac concedo. Siquidem pro hujusmodi donacione MMM. solidos Viennensium a Poncio Fabri me confiteor recepisse; domina vero Ph(ilippa), uxor comitis, CC solidos et W(illelm)us, eorum filius, CCC solidos habuerunt. Et ad majorem rei firmitudinem hec omnia laudaverunt, et dom. comes ac filius ejus sigillorum suorum inpressione presentis scripti paginam roborarunt. Acta sunt hec apud Basium, in platea sub ulmo, presentibus et ad hoc vocatis testibus et rogatis : Geraldeto Ademari, Ugone de Balasta, Jarentone de Devajua, P. Guigonis, Ugone de Costa, P. Bajuli, W° Rebol, preceptore Montilii, W° de Rossas, Rotberto preceptore Saliceti. Ego Martinus, de mandato comitis, hanc cartam scripsi ac sigillavi.

CCCCXLVII. Donatio facta per dom. Ademarum de Pictavia senioris, de medietate castri Sancti Gervasii [62].

Ego A. de Pict(avia), comes Valentinus, pro redemptione anime mee et parentum meorum, et ut Dominus dignetur misereri anime patrui mei Heust(achii) et anime filii mei Willelmi, quia dampna gravia intulerunt domui Hospitalis, dono, laudo atque concedo Deo et domui predicti Hospitalis, fratri G. de Ulmis priori Sancti Egidii, fratribus Hospitalis tam presentibus quam futuris, quicquid retinueram in villa de Cleu infra ambitum murorum vel in mandamento, et medietatem castri Sancti Gervasii, scil. forciam et tenementum, et quicquid habebam in castro vel in mandamento que habebam ab eis : omnia ista supradicta libere et ab[sol]ute dono Deo et domui Hospitalis plenarie et absque diminutione et retentione, ut quicquid juris et requisitionis ego vel antecessores mei in prefatis habebamus vel videbamus habere, totum pleno jure domus Hospitalis habeat et possideat pacifice in perpetuum ; et si aliquis molestiam aliquam domui Hospitalis inferret in

---

62. Arch. de l'Isère, orig. parch. avec trace de sceau sur lacs de soie rouge.

prefatis rebus quas dono eis, semper heredes mei teneantur defendere et adjuvare domum Hospitalis ut predicta in pace habeat, nec occasione hujus donationis quam ego bona fide facio domui Hospitalis ob molem meorum peccaminum, neque ego neque aliquis pro me neque aliquis successorum meorum aliquid juris, aliquid rationis occasione servitii vel consuetudinis alicujus a prefata domo nullo modo quandoque petere valeamus. Hanc autem donationem promitto me observaturum et successores meos bona fide, cum dampna multa intulerim domui Hospitalis, et per sacramentum corporaliter a me prestitum confirmo, et promisi (in) manu dom. Johannis Viennensis archiepiscopi me hoc idem observaturum bona fide, prout melius et sanius potest intelligi. Facta est hec donatio in manu fratris G. dicti prioris Sancti Egidii, in castro de Bays, anno Domini M° CC° XX° VII°, mense febroarii, in presentia fratris Signoreti preceptoris in Burgundia, et fratris G. preceptoris Aurasice, et fratris R. preceptoris Valentie, et fratris R. preceptoris de Manas, et Ar. de Sollompnac militis et R. de Bavas. Insuper ad perhennem rei memoriam et ne presens factum processu temporis valeat deperire, hec presens carta in qua supradicta donatio continetur sigilli mei munimine roboratur.

CCCCXLVIII. Privilegium ne quis compellat dom. abbatem ad conferendum beneficia sue collationis [63].

Innocentius episcopus, servus servorum Dei, dilectis filiis·· abbati et conventui Sancti Theofredi, Aniciensis diocesis, salutem et apostolicam benedictionem. Et si deceat Romanam ecclesiam, ut cunctis qui Xpistiana professione censentur existat materne pietatis affectione propitia, hiis tamen qui sub habitu regulari Domino famulantur specialiter esse debet favorabilis et benigna. Cum igitur, potius eligentes in domo Domini esse quam in peccatorum tabernaculis habitare [64], serviatis eidem in habitu et ordine monachali ac apostolice sedi filiali sitis sinceritate devoti, propter quod dignum existit ut eadem

---

63. Arch. de l'Isère, orig. parch. de 15 lig., coté *Sicut gramen floridum*, avec trace de bulle sur lacs de soie rouge et jaune; cf. Potthast, *Reg. Pont. Rom.*, n° 14055. — 64. *Ps.* LXXXIII, 11.

sedes, que sibi devotos sincera complectitur caritate, speciali gratia foveat et favore; nos devotionis vestre supplicationibus annuentes, auctoritate vobis presentium indulgemus ut nullus ad conferendum alicui de prioratibus vestris aliquem prioratum seu de beneficiis in quibus jus patronatus habetis aliquod beneficium vos compellere valeat vel conferre aut de ipsorum aliquo providere, per apostolice sedis litteras jam obtentas speciales aut etiam generales, nisi per ipsas forsitan in vestro monasterio sit provisum, aut etiam obtinendas, nisi eedem littere de monasterio et prioratibus seu beneficiis memoratis expressam fecerint mentionem et totus tenor presentis indulgentie in ipsis litteris inseratur. Non obstantibus litteris sedis ejusdem sub quacumque forma quibuscumque concessis, de quibus oporteat plenam fieri vel expressam in presentibus mentionem, aut etiam concedendis, si etiam contineatur in ipsis quod eis aut impetratoribus earumdem aliqua indulgentia vel alique littere non obsistant a predicta sede concesse aut etiam concedende, per quas in ipsis indulgentia seu litteris non expressa provisiones eorum qui jam impetrarunt easdem aut impetraverint in futurum impediri valeant vel differri, seu quod prioratus cedentibus vel decedentibus prioribus eorumdem donationi nostre servaverimus alicui specialiter conferendos, et decreverimus irritum et inane si secus de ipsis contra mandati nostri tenorem contingeret attemptari. Nulli ergo... pag. nostre concessionis...; si quis... Datum Lugduni, iiij nonas septembris, pontificatus nostri anno octavo [65].

CCCCXLIX. (Promissio Jarentonis de Torno)[66].

Anno Domini M°CC°L. quinto, die veneris post octabbas Penthecosten[67].. Ego Jarento a Torno, domicellus, filius quondam Hugonis de Torno, .. promitto .. vobis dom° Guntardo, priori claustrali monasterii Sancti Theotfredi, .. stipulanti nomine ejusdem conventus.., infra v annos.. subsequentes.. reddere.. in terra mea.. L solidos Viennenses debitales pro uno convivio.. in die obitus dicti Hugonis de Torno.., pa-

---

65. *2 sept. 1250*. — 66. Arch. de la Haute-Loire, fds du Monastier n° 23, orig. parch. avec traces de 5 sceaux sur lacs de chanvre. — 76. *28 mai 1255*.

tris mei, qui quoniam in dicto monasterio in fine vite sue elegit sepulturam, ibidem corpus ejusdem requiescit.... Quos L solidos Viennenses.. infra.. v annos continuos levandos.. in terram meam mandamenti castri de Chaptol pono...; volo.. quod Andreas de Contaniet vel alius bajulus mee dicte terre... eosdem L solidos Viennenses.. quindecim dies ante festum sancti Michaelis.. integre reddat... Ego.. constituo:. fidejussores, juratores et obsides.. dom^m Pontium de Glavenas, thesaurarium Aniciensem, Willelmum Guacs, militem, Pontium de Castronovo de Boteria, Petrum de Sancto Prejecto, domicellos.... Actum anno et die quo supra, in parlatorio monasterii predicti, presentibus testibus Austorgio de Castronovo, priore Sancti Petri Aniciensis, Pontio infirmario, Hugone priore de Marjac, B. magistro scholarum, Ar. priore Sancti Frontonis, Pe. Maleti, W° Vigerii, S. de Strata, Bonifacio, Silvione de Torno, B. de Fraxino, monachis dicti monasterii, Raymundo Guasc, domicello, et Pe. Lautardi, laico...

CCCCL. (Venditio Pontii domini de Chaptoil)[68].

.... Ego Pontius, dominus de Chaptoil, Aniciensis diocesis,.. cum laude.. uxoris mee Marqueze,.. trado.. Johanni, priori claustrali Sancti Theotfredi, nomine ejusdem loci..., in manso meo qui vocatur lo Croset.., in parrochia ecclesie de Laussona, II sextaria siliginis et v cartonerias et I sextarium avene ad mensuram Podiensem et xv solidos Podienses debitalia.. : precio quinquaginta librarum Viennensium. Vendo, inquam, predicta et predictum mansum meum lo Croset, totum cum juribus.., cum quodam homine meo, heredibus et successoribus ejus....; confrontatur.. cum territoriis mansorum de la Torreta, del Montet, de Fraisse, de Cordazet, ... del Montet Conchiat...; constituo dom^m Gibertum, dominum de Guodeto, fidejussorem.. Actum in parlatorio Sancti Theotfredi.., die jovis ante cathedram Sancti Petri, anno Domini M. CC. L. VIII[69], presentibus testibus Johanne capellano de Laussona, Hugone Penthecosta, Dalmacio Ozil, Juvene Lasc,

---

68. Arch. de la Haute-Loire, fds du Monastier n° 8, orig. parch. avec traces de 2 sceaux sur lacs de fils. — 69. *21 févr. 1258.*

Pe. Crunias, Aymario..., Dalmatio operario, Pe. Maleti, Vuillelmo Vigerii, Bernardo de Trabe, Petro Yterii, Hugone de Beaune, Wº de Barges et Stephano cellarario, monachis Sancti Theotfredi....

CCCCLI. (Venditio Hugonis Pelos de la Bessayrola)[70].

Hugo Pelos de la Bessayrola, domicellus, ... vendo... vobis Armando de Arlempde, procuratori abbatis monasterii Sancti Theotfredi,... meam quartam partem mansi de la Torreta, quam habeo.. pro indiviso cum dicto monasterio, quod habet.. tres partes alias mansi predicti : qui mansûs predict.. circumquaque partitur.. cum terris de Moderiis, de Laude, de Croset, de Montet et de Fraysseneto..; vendo, inquam, ego.. predict. quartam partem meam... xx^{ti} et 1 libris Podiensibus.. Nos Vierna, uxor, Pelos et Experta, filii predicti Hugonis, in predicta venditione presentes.., eamdem.. laudamus.. Actum apud dicti Monasterii villam, in prato extra domos Stephani de Sancto Victore, anno Domini MºCCºLºIXº, presentibus testibus Guigone Saunerii, Wº de Rochabaro, Duranto Coyro et Paschali, monachis, Raymundo de Fraysse, Wº Lofer et pluribus aliis. — Preterea anno Domini quo supra, die lune post Assumptionem beate Marie[71], in castro de Bozo, en l'estble, coram testibus Wº de Servissas, Raymundo del Moli, Martino capellano ejusdem castri, Austachio de l'Olme, ego predictus Hugo Pelos ipsam predict. venditionem.. facio... laudare.. ipsis abbati et monasterio a Petro domino de Bozol, de cujus dominio predicta quarta pars mansi de la Torreta erat.. — Ad majorem firmitatem et testimonium predictorum et singulorum, nos predicti Petrus dominus de Bozol et Hugo Pelos presentem cartam vobis... tradimus sigillorum nostrorum munimine roboratam.

CCCCLII. Bulla Clementis IV papæ pro cœnobio Calmiliaci[72].

Clemens episcopus, servus servorum Dei, dilectis filiis abbati monasterii Sancti Theoffredi ejusque fratribus, tam præsen-

---
70. Arch. de la Haute-Loire, fds de Douc nº 30, orig. parch. avec traces de 2 sceaux sur lacs de fils. — 71. *18 août 1259.* — 72. Texte d'*Ep* (p. 141-59), ex ipsomet brevi apostolico transcripta.

tibus quam futuris, regularem vitam professis, in perpetuum.
— Religiosam vitam eligentibus apostolicum convenit adesse
præsidium, ne forte cujuslibet temeritatis[73] incursus aut eos
a proposito revocet aut robur, quod absit, sacræ religionis
infringat. Ea propter, dilecti in Domino filii, vestris justis
postulationibus clementer annuimus et monasterium Sancti
Theoffredi, Aniciensis diocesis, in quo divino estis obsequio
mancipati, sub beati Petri et nostra protectione suscipimus et
præsentis scripti privilegio communimus. Inprimis siquidem
statuentes ut ordo monasticus, qui secundum Deum et beati
Benedicti regulam in eodem monasterio institutus esse dignoscitur, perpetuis ibidem temporibus inviolabiliter observetur.
Præterea quascumque possessiones, quæcumque bona idem
monasterium in præsentiarum juste et canonice possidet, aut
in futurum concessione pontificum, largitione regum vel principum, oblatione fidelium seu aliis justis modis, præstante
Domino, poterit adipisci, firma vobis vestrisque successoribus
et illibata permaneant; in quibus hæc propriis duximus
exprimenda vocabulis: Locum ipsum in quo præfatum monasterium situm est, cum omnibus pertinentiis suis. In civitate
Aniciensi: Sancti Petri et Sancti Hilarii ecclesias, cum decimis
et pertinentiis. In diœcesi Aniciensi: ecclesiam Sancti Fortunati,
cum omnibus pertinentiis suis; Sancti Johannis Baptistæ de
Cobeno, Sancti Mauricii de Chadro et de Lantriaco ecclesias, cum decimis, terris, vineis, possessionibus et omnibus
pertinentiis earumdem; Sancti Frontonis, de Stabulis, de Frayxeneto, de Solemniaco, de Cayres et de Senciolo ecclesias, cum
decimis, terris, pratis, vineis, possessionibus et omnibus ipsarum pertinentiis; ecclesiam de Nay, cum decimis et omnibus
aliis pertinentiis; Sancti Romani, de Camaleriis et de Rosariis
ecclesias, cum decimis, terris, vineis et possessionibus et omnibus pertinentiis earumdem; ecclesiam Sancti Mauricii de
Rocha, cum capella, decimis et omnibus aliis pertinentiis; de
Campo, Sancti Agricolæ, Calanconis, Sancti Joannis de Bracoa,
de Bauzaco, Sancti Privati, de Cofolenco ecclesias, cum decimis, terris, pratis, vineis, possessionibus et omnibus aliis per-

---

73. *Ep* t-rii.

tinentiis earumdem; villam et grangiam de Montiliis, cum terris, possessionibus et omnibus pertinentiis earumdem; de Manderiis, de Fraiceneto, de Crusoli, de Faurios villas et grangias, cum terris, possessionibus, adjacentiis et omnibus aliis pertinentiis earumdem; villam de Courmarces et territorium de Salis, cum pratis, pascuis, nemoribus et omnibus pertinentiis earumdem. In diœcesi Claromontensi : ecclesiam de Chas. In diœcesi Sancti Flori : ecclesiam de Fix, cum decimis, terris, possessionibus, pratis, pascuis et aliis pertinentiis ipsarum. In diœcesi Mimatensi : ecclesiam Lingoniæ, cum decimis, cum omnibus pertinentiis suis; de Chanaleliis, de Pratis, de Montebruno, Sancti Hilarii et de Ura ecclesias, cum capellis dependentibus ab eisdem, decimis, terris, vineis, possessionibus, pratis, pascuis, sylvis et omnibus pertinentiis earumdem; ecclesiam de Rocolis, cum decimis et omnibus pertinentiis suis; de Nausa et de Lanaiolio, Sanctæ Helenæ, Sancti Genesii et Sanctæ Enimiæ ecclesias, cum decimis et omnibus pertinentiis earumdem; ecclesiam de Stabulis, cum decimis et omnibus pertinentiis suis; de Vebrone et de Greze ecclesias, cum decimis, terris, pratis, vineis, nemoribus et omnibus pertinentiis ipsarum. In diœcesi Ruthenensi : ecclesiam de Severiaco, cum decimis et omnibus pertinentiis suis; Sancti Dalmacii, Sancti Hilarii, de Bona Terra, de Galhaco ecclesias, cum decimis, terris, vineis, possessionibus, pascuis, sylvis et omnibus pertinentiis earumdem. In episcopatu Magalonensi : ecclesiam Sancti Vincentii de Barbarneis, cum decimis, terris, vineis, possessionibus et omnibus pertinentiis suis. In diœcesi Uticensi : ecclesiam de Pontiliis, cum decimis, terris, vineis, possessionibus et omnibus pertinentiis suis. In diœcesi Nemausensi : ecclesiam Sancti Andreæ Vallis Bonnæ, cum decimis et omnibus pertinentiis suis. In diœcesi Vivariensi : ecclesiam de Gralhosa, cum decimis et omnibus pertinentiis suis; de las Vastres, Sanctæ Eulaliæ, de Mezilhac, Sancti Genesii de la Cham, de Borer, de Marriac, de Acons, de Valle Ernatis, Sancti Clementis ecclesias, cum decimis, terris, vineis, possessionibus et omnibus pertinentiis earumdem; ecclesiam Sancti Juliani, cum decimis et omnibus pertinentiis suis; de Castro Novo, Sancti Genesii de Arnelo, Sancti Juliani de Brossa, Sancti

Andeoli, de Interaquis, de Ayzaco, Sancti Juliani del Serro, de Ucello, Sancti Martini de Valle, de Cous, de Sancto Claro, de Prunetto, de Rouretto ecclesias, cum decimis, terris, pratis, vineis, possessionibus et omnibus aliis pertinentiis earumdem; ecclesiam Sancti Genesii, cum omnibus pertinentiis suis; de Bruc et de Montepezato ecclesias, cum capellis dependentibus ab eisdem, cum decimis, terris, vineis, possessionibus et omnibus pertinentiis earumdem; capellam del Roux, cum decimis et omnibus pertinentiis suis; de Payzaco, de Falgeriis, de Monte Cœlico, de Tina, Sancti Laurentii de Borna, de la Veruna, de Cellario, de Conculis, Sancti Albani, Sancti Clementis, Sancti Stephani, de Athogiis (ecclesias), cum decimis, terris, vineis, possessionibus et omnibus pertinentiis earumdem. In diœcesi Cavallicensi : ecclesiam de Gordia, cum decimis et omnibus pertinentiis suis; de Listello, Sancti Fœlicis, Sancti Petri de Mozilhac, Sanctæ Ceciliæ, Sancti Clementis, Sancti Pontii, Sancti Erisii, Sancti Petri de Almicolas ecclesias, cum decimis, terris, vineis, possessionibus et omnibus pertinentiis earumdem. In diœcesi Aurasicenci : ecclesiam de Balmis, cum decimis et omnibus pertinentiis suis. In diœcesi Diensi : ecclesiam de Ponte, cum decimis et omnibus pertinentiis suis; de Saucis, de Charroil, Sanctæ Eufemiæ, Sancti Moderrandi et d'Espenella ecclesias, cum decimis, terris, vineis, possessionibus et omnibus pertinentiis earumdem. In diœcesi Valentinensi : ecclesiam Sancti Victoris extra muros, cum decimis et omnibus pertinentiis suis; Sancti Marcellini de Stella et de Menso Cavillano ecclesias, cum capellis dependentibus ab eisdem, cum decimis, terris, vineis, possessionibus et omnibus ipsarum pertinentiis; ecclesiam de Finscy, cum decimis et omnibus pertinentiis suis; Sancti Martini de la Cham, de Clivo, de Baria, Sancti Martini de Mota, de Fortuneriis, Sancti Basilii de Colombario, de Montiliis, Sancti Bartholomæi de Planis, Sancti Desiderii et de Mora ecclesias, cum decimis, terris, vineis, possessionibus et omnibus pertinentiis earumdem. In diœcesi Viennensi : ecclesiam de Vitrinis, cum decimis et omnibus pertinentiis suis ; d'Esclassas, Sancti Juliani et de Doenay ecclesias, cum capellis ab eisdem dependentibus, decimis, terris, vineis, possessionibus et omnibus pertinentiis ipsarum ; de Alauzeto, Sancti Bartholomæi de Plassac, Sancti Bartholomæi de Madernacio, Sancti Victoris et de Madernatio ecclesias, cum decimis, terris, vineis, possessionibus et aliis pertinentiis earumdem. In civitate Gratianopolitensi : ecclesiam Sancti Laurentii, cum decimis et omnibus pertinentiis suis. In diœcesi Gratianopolitensi : ecclesiam de Verst, cum decimis et omnibus pertinentiis suis ; de Fortaresse, de Scalis, Sancti Christophori de Mog, Sancti Petri, Sancti Pauli, Sancti Joannis de Monte, Sancti Martini, Sancti Petri de Cartusia ecclesias, cum decimis, terris, vineis, possessionibus et omnibus pertinentiis earumdem ; ecclesia(m) de Fayssia, cum decimis et pertinentiis suis ; Sancti Nazarii, Sancti Mauricii de Bremis et de Grangis ecclesias, cum capellis dependentibus ab eisdem, cum decimis, terris, vineis, possessionibus et omnibus pertinentiis ipsarum ; capellam de Auriaco, cum omnibus pertinentiis suis, et quidquid habetis juris in capella de Avalone ; de Barrah, Sancti Marcelli et de Grinione ecclesias, cum decimis, terris, vineis et possessionibus et omnibus pertinentiis earumdem ; ecclesiam de Seroccsii, cum decimis et omnibus pertinentiis suis ; de Ursia, de Costa, Sancti Andeoli, Prati Lanfredo, de Venosco, de Encastris ecclesias, cum capellis dependentibus ab eisdem, decimis, terris, vineis, possessionibus et omnibus pertinentiis earumdem ; ecclesiam Sancti Martini, cum decimis et omnibus pertinentiis suis ; de Villanova, de Pineto, Sancti Michaelis de Conessa, de Campis, Sanctæ Mariæ de Mesasico, Sancti Petri de Mota, de Ponte, de Jarria et de Rivo Sicco ecclesias, cum decimis, terris, vineis, possessionibus et omnibus pertinentiis earumdem ; ecclesiam Sancti Pauli, cum decimis et omnibus pertinentiis suis ; Sancti Angeli de Valdentis, de Fontalibus, de Chabotis, de Genebrario, Sancti Bartholomæi, Sancti Laurentii de Ausenciis, de Olla et Sancti Christophori ecclesias, cum decimis, terris, vineis et possessionibus et pertinentiis earumdem ; duas ecclesias de Vicco, cum decimis et omnibus pertinentiis suis. In Gebennensi diœcesi : ecclesiam Sancti Innocentii, cum decimis et omnibus pertinentiis suis ; Brusomi et de Monte Falcone ecclesias, cum decimis, terris, vineis, possessionibus et omnibus aliis pertinentiis. In diœcesi Maurinatensi : ecclesiam de

Sancta Cruce, cum decimis et omnibus pertinentiis suis; de Bitumine et de Tabula ecclesias, cum decimis, terris, vineis, possessionibus et omnibus pertinentiis ipsarum. In diœcesi Vapinensi : ecclesiam Sancti Firmini, cum decimis et omnibus pertinentiis suis; Sanctæ Mariæ de Capella, Sancti Jacobi de Costis, Sancti Eusebii de Ponte, de Aurascia, Sanctæ Mariæ de Chabotis, Sancti Benedicti, Sancti Joannis et de Monte Urserio ecclesias, cum decimis, terris, vineis, possessionibus et omnibus pertinentiis suis. In diœcesi Ebredunensi : ecclesiam de Molanes, cum decimis et omnibus pertinentiis suis. In diœcesi Taurinensi : ecclesiam de Berzesio, cum decimis et pertinentiis suis omnibus; Sancti Benedicti de Valle Granata, Sancti Stephani, Sancti Gregorii de Masonis et de Villeta ecclesias, cum decimis, terris, pratis, vineis, possessionibus et omnibus pertinentiis earumdem; tres ecclesias de Monas, cum decimis et omnibus pertinentiis earumdem; de Amnol tres et de Servaria duas ecclesias, cum decimis, terris, vineis, possessionibus et omnibus pertinentiis ipsarum; ecclesiam de Roc, cum capella, decimis et omnibus aliis pertinentiis suis. Cum terris, pratis, vineis, nemoribus, usagiis et pascuis in bosco et glanis, in aquis et molendinis, in viis et semitis, et omnibus aliis libertatibus et immunitatibus suis. Sane novalium vestrorum[74] quæ propriis manibus aut sumptibus colitis, de quibus aliquis[75] hactenus non percepit, sive de vestrorum animalium nutrimentis, nullus a vobis[76] decimas exigere (vel) extorquere præsumat. Liceat quoque vobis laicos liberos et absolutos, a sæculo fugientes, ad conversionem recipere et absque contradictione aliqua retinere. Prohibemus insuper ut nulli fratrum vestrorum, post factam in monasterio vestro professionem, fas sit absque abbatis sui licentia de eodem loco, nisi artioris[77] religionis obtentu[78], discedere; discedentem vero, absque litterarum vestrarum cautione, nullus audeat retinere. Cum autem generale interdictum fuerit, liceat vobis clausis januis, excommunicatis exclusis et interdictis, non pulsatis[79] campanis, suppressa voce[80] divina officia celebrare : dummodo causam non dederitis interdicto. Chrisma vero, olium sanctum, conse-

74. *Ep* nos-m. — 75. *Ep* a-id. — 76. *Ep* no-s. — 77. *Ep* hactenus. — 78. *Ep* o-ta. — 79. *Ep* prop-s. — 80. *Ep* nostra.

crationem altarium seu basilicarum, ordinationem clericorum qui ad ordines fuerint promovendi, a diocesano suscipietis episcopo: siquidem catholicus fuerit, et gratiam et communionem sacrosanctæ Romanæ sedis habuerit, et ea vobis[81] voluerit sine pravitate aliqua exhibere. Prohibemus insuper ne infra fines parrochiæ vestræ, si eam habetis, nullus sine assensu diocesani episcopi et vestro capellam seu oratorium de novo construere audeat: salvis privilegiis pontificum Romanorum. Ad hæc[82] novas et indebitas[83] exactiones ab archiepiscopis, episcopis, archidiaconis seu decanis, aliisque omnibus ecclesiasticis sæcularibusque personis a vobis[84] omnino fieri prohibemus. Sepulturam[85] quoque ipsius loci liberam esse decernimus, ut eorum devotioni et extremæ voluntati, qui se illic sepeliri deliberaverint, nisi forte excommunicati vel interdicti sint, aut etiam publice usurarii, nullus obsistat: salva tamen justitia illarum ecclesiarum a quibus mortuorum corpora assumuntur. Decimas præterea et possessiones, ad[86] jus ecclesiarum vestrarum spectantes, quæ a laicis detinentur, redimendi et legitime retinendi de manibus eorum, et ad ecclesias ad quas pertinent revocandi libera sit vobis de nostra auctoritate facultas. Obeunte vero te, nunc ejusdem loci abbate, vel tuorum quolibet successorum, nullus ibi qualibet subreptionis astutia seu malitia præponatur[87] nisi quem fratres communi consensu vel fratrum major pars consilii sanioris, secundum Deum et beati Benedicti regulam, providerint eligendum. Paci quoque et tranquillitati vestræ paterna[88] imposterum sollicitudine providere volentes, auctoritate apostolica prohibemus ut[89], infra clausuras locorum seu grangiarum vestrarum, nullus rapinam seu furtum facere, ignem apponere, sanguinem fundere, hominem temere capere vel interficere, seu violentiam audeat exercere. Præterea omnes libertates et immunitates a[90] prædecessoribus nostris Romanis pontificibus monasterio vestro concessas, necnon libertates et exemptiones sæcularium exactionum a regibus et principibus vel aliis fidelibus rationabiliter vobis indultas, auctoritate apostolica vobis confirmamus et

---

81. *Ep* execrabilis. — 82. *Ep* hoc. — 83. *Ep* etiam d-s. — 84. *Ep* no-s. — 85. *Ep* s-mque. — 86. *Ep* ac. — 87. *Ep* prop-r. — 88. *Ep* pietati. — 89. *Ep* a. a nobis concessa. — 90. *Ep* om.

præsentis scripti privilegio communimus 91. Decernimus ergo, ut nulli omnino hominum liceat præfatum monasterium temere perturbare, aut ejus possessiones aufferre vel ablatas retinere, minuere seu quibuslibet vexationibus fatigare; sed omnia integre 92 conserventur eorum, pro quorum gubernatione ac sustentatione concessa sunt, usibus omnimodis profutura: salva sedis apostolicæ auctoritate et diocesanorum episcoporum canonica justitia, et in prædictis decimis moderatione concilii generalis. Si qua igitur in futurum ecclesiastica sæcularisve persona hanc nostræ constitutionis paginam sciens contra eam temere venire tentaverit, secundo tertiove commonita nisi reatum suum congrua satisfactione correxerit 93, potestatis honorisque sui dignitate careat 94, reamque se divino judicio existere de perpetrata iniquitate cognoscat, et a sacratissimo Corpore ac Sanguine Dei et Domini Redemptoris nostri Jesu Christi aliena fiat, atque in extremo examine districtæ subjaceat ultioni; cunctis autem eidem loco sua jura servantibus, sit pax Domini nostri Jesu Christi, quathenus et hic fructum bonæ actionis percipiant et apud districtum judicem præmia æternæ pacis inveniant. Amen.
Amen 95

CCCCLIII. (CLEMENTIS IV PAPÆ COMMISSIO PRO ADEMARO DE PICTAVIA CIRCA PRIORATUM DE CLIVO) 96.

CLEMENS episcopus, servus servorum Dei, dilectis filiis ·· precentori et ·· sacriste Vivariensis, salutem et apostolicam benedictionem. Nobilis vir Ademarus de Pictavia, comes Valentinus, nobis significare curavit quod, ·· abbate et conventu monasterii Sancti Theofredi, ordinis Sancti Benedicti, Aniciensis diocesis, olim significantibus nobis quod idem nobilis prioratum de Clivo, Valentinensis diocesis, ad monasterium

---

91. *Ep* conferi-s. — 92. *Ep* i-ra. — 93. *Ep* non c. — 94. *Ep* c. d. — 95. *Ep. en n.* « Cætera desunt in ms. cod. quo utor; breve autem apostolicum esse videtur Clementis P.P. IV, olim Aniciensis episcopi et erga cœnobium Calmiliaci bene affecti, datum anno circiter MCCLXVI aut MCCLXVII. Extant vero in tabulario Aniciensi duæ ejusdem summi pontificis bullæ, quibus eodem modo enumerat et confirmat possessiones et ecclesias concessas basilicæ Sanctæ Mariæ ». — 96. Arch. de l'Isère, orig. parch., avec trace de bulle; au bas : « R'. N. S. Pud'. F. de »; au repli : « Ja. Ru. ». Cf. POTTHAST, *Reg. Pont. Rom.*, n° 19816.

ipsum de jure spectantem, per violentiam occupans ipsum, monachis in eo existentibus exinde temerario ausu ejectis, detinebat contra justitiam occupatum et eum predict. abbati et conventui restituere indebite denegabat, et id adeo erat notorium quod nulla poterat tergiversatione celari ;·· priori de Corinto nostris dedimus litteris in mandatis ut, si esset ita, pred. nobilem monere studeret ut infra quindecim dies post monitionem suam prefatum prioratum cum pertinentiis suis ac fructibus ex eo perceptis, nominatis abbati et conventui sine difficultate qualibet restituere procuraret, nobilem ipsum ad id per censuram ecclesiasticam appellatione postposita compellendo. Idem autem prior, dicto nobili non citato, non convento, nec cognito utrum narratis veritas suffragetur et verum esset notorium quod falso notorium dicebatur, sine cause cognitione aliqua, predict. nobilem monuit auctoritate hujusmodi litterarum ut, infra quindecim dies post monitionem huj^{di}, prioratum predict. cum pertinentiis predict. et fructibus ex eo perceptis abbati et conventui restitueret supradictis, alioquin in nobilem ipsum ex tunc excommunicationis sententiam promulgabat, et si dict. nobilis predict. sententiam per unum mensem indurato animo sustineret, terram ipsius ecclesiastico supposuit interdicto : propter quod dict. nobilis, sentiens indebite se gravari, infra huj^{di} terminum ad nostram audientiam appellavit. Quocirca discretioni vestre per apostolica scripta mandamus quatinus, vocatis qui fuerint evocandi et auditis hinc inde propositis, quod canonicum fuerit appellatione postposita statuatis, facientes quod decreveritis per censuram ecclesiasticam firmiter observari; testes autem *etc...* Quod si non omnes..., duo vestrum..... Datum Viterbii, XIII kal. octobris, pontificatus nostri anno secundo[97].

CCCCLIV. (Gregorii X papæ commissio)[98].

Gregorius, episcopus etc., dilectis filiis archidiacono Margaritarum in ecclesia Neumasensi, ·· de Sumina et ·· Sancti

---

[97]. *19 sept. 1266.* — [98]. Arch. de l'Isère, Vidimus orig. parch. délivré par « Barth(olomeus) archid(iaconus) Ambianensis, dom^i pape capellanus », qui mentionne « Raymundus de Camereto et Matheus de Anagnia, procuratores nobilis viri Ademari de Pictavia, comitis Valentinensis.... Dat. apud Urbem Veterem, x kalend. februarii, pontificatus dom. Gregorii pape X^i anno primo *(23 janv. 1273)* ». Cf. Potthast, *R. P. R.*, n° 20636.

Baudilii extra muros Neumasensis prioribus, salutem etc. Nobilis vir Ademarus de Pictavia, comes Valentinus, nobis significare curavit quod ven^les fratres nostri ·· Viennensis archiepiscopus, et ·· Vivariensis ac ·· Diensis episcopi, necnon dilectus filius ·· Valentinus electus, ejus suffraganei, confingentes quod castrum de Clivo Valentinensis diocesis, ad monasterium de Sancto Theofredo, ordinis Sancti Benedicti, Aniciensis dioc., pertinebat, quod idem comes illud contra justitiam occuparat et indebite detinebat, quodque auctoritate provincialis concilii Viennensis erat in omnes violentos occupatores bonorum ecclesiasticorum provincie Viennensis, de qua dict. nobilis existebat, generalis excommunicationis sententia promulgata[99], ipsum auctoritate propria monuerunt ut castrum ipsum abbati et conventui predicti monasterii infra certi temporis spatium restituere procuraret, alioquin eum facerent predicta sententia innodatum esse publice nunciari. Ex parte vero ipsius nobilis extitit propositum coram eis, quod pred. castrum de jure spectabat ad eum et super hoc erat juri stare paratus, propter quod ipse pare(re) monitioni huj^di, ex qua ex arrupto processerunt cum de tali occupatione ipsius non constitisset, minime tenebatur et, ne occasione huj^di procederet contra eum, pro parte sua fuit ad sedem apostolicam appellatum ; set ipsi, eadem appellatione contempta, eum publice nuntiari fecerunt ac faciunt ligatum sententia supradicta. Quocirca discretioni vestre *(ut supra, n° 473)*.... Datum Laterani, v nonas maii, pontificatus nostri anno primo[100].

CCCCLV. (Alia ejusdem commissio) [1].

Gregorius, episcopus etc., dilectis filiis ·· archidiacono Margaritarum in ecclesia Nemausensi, ·· de Sumina et ·· Sancti Baudilii juxta Nemausum prioribus, salutem .etc. Sua nobis dilecti filii ·· abbas et conventus monasterii Sancti Theofredi, ordinis sancti Benedicti, Aniciensis diocesis, petitione monstrarunt, quod nobilis vir Ademarus de Pictavia, Valentinensis

---

99. Charvet, *Hist. de la s. égl. de Vienne*, 706-7 ; ce concile provincial de Vienne, antérieur à celui d'oct. 1289, est encore inédit. — 100. *3 mai 1272.*

1. Arch. de l'Isère, copie du xiiie s., avec trace de sceau sur lemnisque.

diocesis, prioratum de Clivo, ipsius Valentin. diocesis, provincie Viennensis, dicto monasterio immediate subjectum per violentiam occupavit ac eum, eodem abbate et monachis ac personis dicti prioratus tunc ibidem existentibus exinde violenter ejectis, contra justitiam per duodecim annos detinuit et adhuc detinet occupatum, propter quod idem nobilis latam in occupatores ecclesiarum civitatis et diocesis ac provincie Viennensis per bone memorie Viennensem archiepiscopum in provinciali concilio Viennensi sententiam excommunicationis incurrit ; ac tandem dilectus filius ·· Valentinus electus eundem nobilem, pro eo quod ab ipso monitus diligenter prioratum predict. eisdem abbati et conventui restituere contumaciter non curavit, cum hoc esset ita notorium quod nulla poterat tergiversatione celari, auctoritate ordinaria excommunicationis promulgavit sententiam justitia exigente; quare dicti abbas et conventus humiliter petebant a nobis, ut sententiam ipsam robur faceremus firmitatis debitum obtinere. Quocirca discretioni vestre per apostolica scripta mandamus quatenus sententias ipsas, sicut rationabiliter sunt prolate, faciatis auctoritate nostra usque ad satisfactionem condignam appellatione remota inviolabiliter observari. Quod si non omnes etc., duo tamen etc. Datum apud Urbem Veterem, II idus januarii, pontificatus nostri anno primo 2.

CCCCLVI. (Alia ejusdem commissio) 3.

Gregorius, episcopus etc., dilectis filiis ·· de Sumina Nemausensis diocesis et ·· Sancti Baudilii extra muros Nemausens. prioribus ac ·· archidiacono Margaritarum in ecclesia Nemausensi, salutem etc. Sua nobis ·· abbas et conventus monasterii S¹ Theofredi ad Romanam ecclesiam nullo medio pertinentis, ordinis S. Benedicti, petitione monstrarunt quod, cum nobilis vir Ademarus de Pictavia, Valent. diocesis, prioratum de Clivo predicte diocesis, dicto monasterio immediate subjectum, per violentiam occupans ipsum, monachis in eo existentibus exinde temerario ausu ejectis, detineret contra justitiam

2. *12 janvier 1273*. — 3. Arch. de l'Isère, copie du xiii⁰ s., avec trace de sceau sur lemnisque ; au dos : « Copie quorumdam rescriptorum apostolicorum impetratorum per abbatem Sancti Theofredi pro facto de Clivo ». Cf. Potthast, *R. P. R.*, n⁰ 20697.

occupatum, abbas et conventus predicti super hoc contra eundem nobilem ad priorem de Corinto sedis apostolice sub certa forma litteras impetrarunt; sed idem nobilis, ab eodem priore ex sufficienti gravamine ad predict. sedem se asserens appellasse, appellationem huj^{di} ·· preposito, ·· precentori et ·· sacriste Vivariens. per ipsius sedis litteras obtinuit delegari. Sane dicto sacrista eidem preposito totaliter et eodem precentore ·· abbati monasterii Nantensis non in totum super hoc committentibus vices suas, ··abbas et conventus prefati ex eo sentientes ab eodem preposito, in cujus fuerunt citati presentia, indebite se gravari, quod ipse solus, dict. abbate et precentore contemptis et irrequisitis, qui cognitioni ejusdem cause ipsius appellationis volebant, debebant et comode poterant interesse, in causa huj^{di} contra justitiam procedebat, ad nostram audienciam appellarunt. Quocirca discretioni vestre per apostolica scripta mandamus quatinus, vocatis qui fuerint evocandi et auditis hinc inde propositis, quod justum fuerit appellatione postposita statuatis, facientes quod decreveritis etc. : proviso ne in terram dicti nobilis excommunicationis vel interdicti sententiam proferatis, nisi a nobis super hoc mandatum receperitis speciale. Testes autem etc. ; quod si non omnes etc., duo vestrum etc. Datum apud Urbem Veterem, x kalendas aprilis, pontificatus nostri anno primo [4].

CCCCLVII. (Alia ejusdem commissio) [5].

Gregorius, episcopus etc., dilectis filiis *(ut supra, n° 456)*....
Sua nobis... subjectum, eodem abbate et monachis ipsius prioratus tunc ibidem existentibus exinde violenter ejectis, contra justiciam occupasset illumque detineret indebite occupatum, ·· abbas monasterii Sancti Guillelmi de Desertis, Lodovensis diocesis, conservator privilegiorum suorum apostolicorum eisdem abbati et conventui a sede apostolica deputatus, in predict. nobilem, quia ab eo monitus diligenter prefatum prioratum memoratis abbati et conventui restituere contumaciter non curavit, cum nichil rationabile proponeret quare hoc facere non deberet et id esset ita notorium quod nulla poterat tergiversatione celari, excom-

4. *23 mars 1273.* — 5. Même copie; cf. Potthast, *R. P. R.*, n° 20698.

municationis promulgavit sententiam justicia exhigente,
ac tandem ejus crescente contumacia terram ipsius supposuit ecclesiastico interdicto; et licet idem nobilis propter
hoc ad sedem appellasset eandem, appellationem tamen suam
non extitit cum posset infra tempus legittimum prosecutus.
Quare dicti abbas et conventus humiliter petebant a nobis ut
sententias ipsas robur faceremus firmitatis debitum obtinere.
Quocirca discretioni vestre per apostolica scripta mandamus
quatinus, si est ita, huj^di sententias, sicut rationabiliter sunt
prolate, faciatis per censuram ecclesiasticam usque ad satisfactionem condignam appellatione remota inviolabiliter observari. Quod si non omnes etc., duo vestrum etc. Datum *ut
supra* [4].

CCCCLVIII. (Permutatio prioratus S. Mariæ de Scalis pro domo et oratorio de Fraxino) [6].

In nomine Domini nostri Jhesu Xpisti, anno Incarnationis ejusdem millesimo ducentesimo septuagesimo tertio, videl. v° idus julii [7],.... Guillelmo.. Aniciensi episcopo
existente.... Cum nos frater Jordanus, ...humilis abbas monasterii Sancti Theotfredi, Aniciensis dyocesis, habeamus .....
quendam prioratum in villa de Scalis, cum ecclesia, juribus et
pertinentiis quampluribus ejusdem; ac nos Hospitale Sancti
Johannis Jherusalem, nosque Rotbertus de Montepugozo,
prior predicti Hospitalis in Alvernia, et nos etiam frater Mayfredus, domus Hospitalis Sancti Johannis Aniciensis preceptor,
nomine predicti Hospitalis habeamus .. domum seu grangiam
cum oratorio et terris, juribus quampluribus, que domus cum
oratorio et terris scita est infra diocesim Aniciensem, que domus del Fraycet vulgariter appellatur; et confrontatur dicta
domus de Fraxino ... ex una parte cum aqua fluminis Ligeris
et ex alia parte cum aqua vocata de Linhio usque ad pontem
vocatum de la Saynta, et protenditur usque ad passum vocatum Dansa et passum vocatum Mayns et villam vocatam de
Roseriis, et revertitur .. in aquam fluvii Ligeris. Nosque dictus abbas pro nobis et aliis subditis nostris ex una parte, et nos

---

6. Arch. de la Haute-Loire, fds du Monastier n° 180, orig. parch.,
avec traces de 8 sceaux, dont 4 lacs de soie. — 7. *11 juill.* 1273.

frater Poncius de Ungula, procurator ad hec constitutus... a majori magistro Hospitalis Sancti Johannis Jherusalem de Achon et custode pauperum Jhesu Christi, et nos·· prior predicti Hospitalis in Alvernia, cui predicta domus del Fraycet subesse dinoscitur, nosque frater Mayfredus, rector predicte domus de Fraxino..., pro nobis et nomine ejusdem Hospitalis..., de consensu .. fratrum nostrorum et magistri majoris nostri Hospitalis de Achon .. ex altera.., volentes... facere permutationem de dicto prioratu de Scalis ad dict. domum del Fraicet, cum omnibus juribus et pertinentiis eorumdem, scientes pro certo quod prioratus de Scalis est longe utilior et comodior ac propinquior domui Hospitalis Sancti Johannis Jherusalem quam domus del Fraicet, et quod dicta domus del Fraycet est longe utilior et comodior monasterio Sancti Theotfredi et propinquior eidem ; nos, inquam, dict. prior Alvernie et frater Poncius de Ungula et frater Mayfredus ... permutamus.... ecclesiam et oratorium dicte domus del Fraycet, cum cimiterio, decimis, oblationibus et aliis juribus spiritualibus omnibus ad dict. oratorium et domum seu grangiam del Fraicet.... spectantibus, vobis fratri Jordano, abbati Sancti Theotfredi, presenti et recipienti.... Pro quibus..... nos dict. frater Jordanus, abbas Sancti Theotfredi..., cum consensu expresso conventuum nostrorum,.... concedimus in perpetuum.... vobis ·· priori in Alvernia et fratri Pon. et fratri Matfredo, nomine et ad opus dicti Hospitalis recipientibus, ecclesiam Beate Marie de Scalis et prioratum de Scalis...... cum cimiterio et jure parrochiali, decimis, oblationibus et aliis juribus spiritualibus .... Item alia permutatione permutamus nos supradict. prior Alvernie et frater Matfredus et frater Po..., nomine procuratorio dicti magistri de Achon,... omnes terras cultas et incultas, nemora, prata, vineas, pascua, aquas, piscationes, venationes, census, usagia diversa, homines, homagia, feuda, servicia et alia jura et bona temporalia ad domum seu grangiam del Fraycet... pertinentia...; pro quibus.... nos dict. abbas Sancti Theotfredi, cum consensu.. conventuum nostrorum.., tradimus.... omnes terras cultas et incultas, prata... et quidquid aliud temporalitatis nos... habemus... infra villam et parrochiam de Scalis.... Verum cum bona temporalia domus seu grangie del Fraycet majoris valoris existant quam bona temporalia dicti prioratus de Scalis,.. nos·· abbas Sancti Theotfredi.... refundimus .. vobis supradicto priori Alvernie... quadragentas libras Viennenses..... Item actum est inter nos partes pretextatas in predict. permutationibus, quod supradict. prioratus de Scalis et bona alia permutata, que in his permutationibus obvenerunt in partem Hospitalis Jherusalem,.... cedant in usus pauperum domus Dei quam dom^a B(eatrix), inclite recordationis Provincie comitissa, jussit et precepit construi expensis suis propriis in villa de Scalis superius memorata, ad recipiendum et procurandum pauperes, prout in ejusdem B. ultima voluntate plenius continetur... Ad hec nos abbas et prior Alvernie et preceptor Aniciensis et Poncius de Ungula et monasterii Sancti Theotfredi conventus, confitentes predicta omnia et singula esse vera..., impressiones sigillorum nostrorum appendimus huic carte... Ad hec etiam nos frater Raymundus de Grassa, Aurasice, et frater Fulco de Coardo, Alesti preceptores, procuratores ven[lis] fratris Guillelmi de Vilareto, prioris domorum Hospitalis predicti in prioratu Sancti Egidii,... supra dictis omnibus..., quibus presentes fuimus, expressum consensum nostrum prestamus.... et sigilla nostra.... duximus presentibus apponenda. Nosque Bert. Falconis, prior Sancti Laurentii Gratianopolitani, consentientes expresse supradictis et confitentes nobis factam fuisse ad opus prioratus nostri predicti condignam recompensationem in aliis, et equipollentem locum nomine quo supra a vobis dicto dom. abbate fuisse traditum pro dicto prioratu de Scalis, scil. domum Sancti Sucessi, Gratianopolitane diocesis, pro nobis et nostro conventu sigilli nostri munimine duximus presentem cartam roborandam... Actum Anicii, anno et idus predictis, presentibus Bernardo de Ferrana, rectore ecclesie de Foyssaco, Uticensis dyocesis, fratre Giraudo de Chasaleto, fratre Nycholao de Claromonte, capellano dicti prioris Alvernie, fratre Bert. d'Espinassa, preceptore de Monchalin, fratribus dicti Hospitalis, qui omnes supradictis .. concesserunt...; presentibus etiam Raymundo et Jancelmo de Marjac, Pe. de Cofores, Durant. Coyro, monachis monasterii Sancti Theotfredi....; presentibus etiam testibus magistris Pe. Blanc, clerico et procuratore dom⁰ regine Francorum, Po. Loros, Pe. et Matheo dictis Bertholomei, civibus Aniciensibus, Stephano de Roturas, Guillelmo de Rocha Moyra, Dur. Io Correter et Johanne Bauduini, clerico Aniciensi, auctoritate apostolica publico.... notario [8].

CCCCLIX. (Relaxatio ad cautelam excommunicationis Ademari de Pictavia) [9].

Nos frater Jordanus, divina permissione abbas humilis monasterii Sancti Theotfredi, Aniciensis dyocesis, et conventus ejusdem monasterii, notum facimus universis presentes literas inspecturis, quod cum questio seu questiones verterentur inter nos, ex una parte, et nobilem virum A. de Pict(avia), comitem Valentinensem, ex altera, super facto castri et prioratus de Clivo, dyocesis Valentinensis, ac pertinenciis eorumdem et quibusdam aliis, et diceremus eundem nobilem occasione hujusmodi pluribus excommunicationum sententiis innodatum et terram ejus suppositam ecclesiastico interdicto, licet idem nobilis quibusdam rationibus hoc negaret, et de predict. questionibus in discretum virum dom. R(aymu)ndum Marchi, domini pape cappellanum et auditorem sacri palacii ejusdem, plene extiterit compromissum et speremus easdem questiones per ipsum arbitrum fine laudabili terminari. Significamus universis et singulis per quos dicte possunt aut debent sententie removeri, quod nobis placet ac etiam volumus et rogamus, ut dict. nobilis ad ejus anime cautelam a pred. sententiis absolvatur et interdicti dicte sententie relaxentur : ita tamen quod, si dict. dom. arbiter non determinaret questionem illam de Clivo vel absolveret partes a compromisso, questione non determinata de Clivo, seu per eundem nobilem staret quominus dicta questio castri et prioratus de Clivo per ipsum arbitrum terminetur, dicte excommunicationum et interdicti sententie sint ipso facto in eo statu in quo nunc sunt et erant

---

8. L'acte spécial par lequel l'évêque du Puy consentit à cet échange est mentionné dans le *Gallia Christ.* nova (II, 767), ex instrum. arch. Anic. episc. : « ... probante Anic. episcopo, præsentibus Guillelmo de Monte-Revello præposito, Johanne Cardinali forisdecano, Jordano de Ceyssac et Armando de Bouzols, canonicis, etc. Actum Anicii M. CC. LXXIII, xvi calend. augusti *(17 juil. 1273)* ». — 9. Arch. de l'Isère, orig. parch., avec traces de 2 sceaux sur lemnisque.

tempore hujusmodi compromissi, et dict. nobilis et terra sua in pristinam sententiam relabatur. Datum in nostro monasterio, vij° kal. augusti, anno Domini M° CC° LXX quarto[10].

CCCCLX. Clausula testamenti Guillelmi Oliverii de villa Monasterii[11].

...Ego... Guillelmus Oliverii, de villa Monasterii,.. lego xv libras Podienses... conventui Sancti Theotfredi... Actum in orto dicti testatoris, anno Domini M. CC. octuagesimo, scil. xvii kalendas novembris[12]...., ven[li] patre in Christo dom. Jordano.. abbate monasterii Sancti Theotfredi...

CCCCLXI. Clausula testamenti W[i] Gast[13].

...Nobilis dnus Guillelmus Gast, miles.., testamentum.. fecit.. in quo.... continentur quedam clausule, quarum tenor talis est : — Deinde sepulturam meam eligo in cimiterio Sancti Petri dnorum monachorum Sancti Theotfredi, in sepultura filii mei; et lego conventui.. triginta libras Turonenses.., de quibus fiat in dicto monasterio.. convivium perpetuo annuatim... in die obitus mei. Exequtores.. testamenti facio religiosum virum dom. Pontium de Glavenatio, priorem de Marruco, Pontium de Valle et Guillelmum de Veyrassac..; volo.. quod Raymundus de Anduzia et Guillelmus de Veyrassac, heredes mei, faciant exequias et funera mea propriis expensis suis.... Acta fuerunt hec apud lo Boschet, in perrochia Beate Marie de Prazalis, anno Domini M°CC° octuagesimo octavo, scil. die martis in vigilia sancti Michaelis[14]...., Philippo.. rege Francorum; presentibus.. dicto. d. Pontio de Glavenas, dnis Bertrando de Trabe, priore claustrali, Raymundo de Petramala, sacrista, Raymundo de Valle, Hugone Falconis, monachis dicti monasterii, Petro Bonandi, capellano Sancti Johannis, Petro Sabbaterii, Austorgio de Monasterio, presbiteris, dom. Giraudo capellano de Prazalhis et Peloso de la Bessayrola, domicello...

CCCCLXII. (Donatio Petri de la Chassanea)[15].

Nos Guillelmus de Viridario, domicellus, serviens armorum domini nostri regis, baillivus Vallaviensis et Vivariensis

---

10. 26 juil. 1274. — 11. Arch. de la Hte-Loire, fds du Monastier, parch. — 12. 16 oct. 1280. — 13. Arch. de la Hte-Loire, fds de Doue 10, parch. — 14. 28 sept. 1288. — 15. Arch. de la Hte-Loire, orig. parch. avec trace de sceau sur cordons de fils.

pro ill^{mo} dom. Francorum rege, custosque sigilli regii in dicta baillivia constituti, notum facimus... quod anno Domini millesimo trecentesimo, die lune ante festum beati Luce evangeliste, que dies fuit xvi° kalendas novembris[16]..., in presencia ... notarii... et testium subscriptorum; cum Perrotus de la Chassanhea, habitator Villenove de Boreyo, donasset.... rev^{do} in Christo patri dom. Vilata, abbati monasterii Sancti Theotfredi,.. recipienti.., pratum et ouchiam sive campum contiguos.., qui sunt in territorio ville Monasterii.., prope dictam villam, subtus lo bachas in quo equi adaquantur, et juxta et subtus stratam sive viam publicam per quam itur a dicta villa ad civitatem Aniciensem..., prefatus dom. Vilata abbas predictus, pro se et successoribus suis.., et Johannes Boscharii, Guillelmus Robini, Petrus Clementis, Poncius Bonisan, maritus Poncie filie Guillelmi Robini, Bertrandus Evesque, Granetus Clementii lo Sabbater et Guillelmus lo Trobatz, de mandato dicti dom. abbatis et pro ipso ut principales paccatores et debitores, et quilibet ipsorum in solidum..... promiserunt sollempniter dicto Perroto.... solvere... vel ejus certo mandato ... ex causa donationis... predict..., scil. in instanti festo Assumptionis beate Marie decem libras Turonenses, et sic quolibet anno... quandiu vixerit dict. Perrotus seu ad vitam dicti Perroti tantum; et amplius supranominati promissores.... promiserunt ex causa predicta dicto Perroto.... solvere.. dicto conventui post mortem dicti Perroti viginti libras Turonenses semel tantum, pro emendis viginti solidis Turonen. annuis pro una pitantia dicto conventui pro anima dicti Perroti annis singulis facienda : ita tamen.. quod si dictus Perrotus illo anno quo ipsum decedere contingeret habuerit dictas decem libras.., dicti promissores... in festo Assumptionis... non teneantur solvere.... Et predicta omnia et singula dom. abbas et alii promissores... promiserunt dicto Perroto...... Actum apud dictum monasterium Sancti Theotfredi, in camera dicti dom. abbatis...., presentibus religiosis viris dnis Poncio de Glavenacio, operario dicti monasterii, Duranto Saunerii, priore de Sevayrac, Petro de Castro Novo, conreario dicti monasterii,

---

16. *17 oct. 1300.*

monachis, Poncio Bermundi, clerico, Perrino coquo dicti d. abbatis, Petro Irailh sive Bruni, bajulo dicti monasterii, Bartholomeo Bermundi et Guillelmo Chambo, testibus...... et me Guillelmo de Casalibus,.. publico notario... Nos dictus bayllivus... sigillum regium huic presenti instrumento duximus apponendum....

CCCCLXIII. — Hæc sunt ornamenta ecclesiæ Sancti Theofredi, quæ habebantur aliquando : LXXX albas paratas et duas sericas, XLIX cappas novas et XI veteres, XI dalmaticas, IX tunicas, torcas XXI, LIIII albas planas, casulas sericas XIX, stolas auratas X et X planas sericas, VII tunicas infantium, VII pectines eburneas, XIIII manuales, X mapulas altaris, XXXIII pallia.

CCCCLXIV. Transactio facta inter Franconem abbatem Sancti Theofredi et Jarentonem priorem Bonæ Fidei, super decimis ecclesiæ Stabulorum[17].

Amicus memoriæ est scriptura. Per præsentem itaque scripturam innotescat præsentibus et posteritati mandetur, quod dominus Franco, Sancti Theofredi abbas, consilio et authoritate sui capituli, et prior Jarento Bonæ Fidei, fratrum suorum communicato consilio, super decimis quæ ab ipso exigebantur transegerunt. Transactionis vero forma hæc est, de qua etiam cum dd. W(illelmo) bonæ memoriæ, ejusdem monasterii quondam abbate, prius tractatum est, sed quoniam (morte) præventus fuit, effectui non est mancipata. Domus itaque Bonæ Fidei tres eminas siliginis et totidem avenæ singulis annis persolvere tenetur ecclesiæ de Stabulis, (prout) posse facere videbatur jure parrochiatus sui : quarta vero pars prædictæ pensionis insoluta restabit, quoadusque domus Bonæ Fidei partem eorum de Contagnet de territorio dous Rubaux pleno jure possideat et quiete ; et si quid difficultatis et controversiæ emergeret, ad taxactionem Pontii sacerdotis de Fressenet et capellani de Fagino et aliorum in quos hinc inde compromittunt, sopiretur.

CCCCLXV. — Notum sit cunctis quod controversia quæ vertebatur inter sacristam monasterii Sancti Theofredi et

---

17. C, « libro de societatibus monasterii S. Theofredi cum aliis, fol 85».

ostiarium Aniciensem super hostias, fuit sic concordatum quod quæsta hostiarum parrochiæ Sancti Fortunati sit in perpetuum sacristæ et successoribus ejus, et sacrista debet dare annuatim hostiario ratione dictæ questæ tres cartonerias bladi, et dictus hostiarius tenetur in perpetuum dare et providere monasterium et ecclesiam Sancti Fortunati de hostiis sine aliqua conditione et tributo; et ita recepit notam concordiæ magister Mora anno (.....)

CCCCLXVI. Concordia facta inter abbatem P(etrum) de Mansiade et abbatem Sancti Theofredi, Pontium scilicet [18].

Notum sit omnibus tam præsentibus quam futuris, quod controversia quæ versabatur inter domum de Mansiade et domum Sancti Theofredi, de   Captelio cum assensu utriusque partis, scilicet Petri[19] abbatis de Mansiade et Pontii abbatis Sancti Theofredi, ita definivit: domus Mansiades debet persolvere annuatim in tempore messis, pro decimis dal Cros N'avifos, sacristiæ Sancti Theofredi ad opus luminis unum sextarium annonæ, medietatem siliginis, medietatem ordei vel avenæ. Hoc fuit factum in Aniciensi urbe, in domo episcopi; hujus rei testes sunt Faure pr. ac judicius, Guilhermus de Captelio, G. Gautens de Bellomonte, P. de Montelz et multi alii.

CCCCLXVII. — Notum sit omnibus monachis Beati Theofredi, tam præsentibus quam et futuris, quod monasterium Muræ solebat dare vinum nostro monasterio per unum mensem integrum, scilicet januarium, quantum ei necessarium erat; sed domnus Guilhermus abbas de Monte Claro subtraxit ab obedientia supra dicta v[20] dies et secum retinuit, consulens et compatiens obedientiæ infirmorum, quam semper dilexerat et auxerat. Hac de causa hoc præcepit fieri, ut obedientia Muræ in æternum persolveret obedientiæ infirmorum XL solidos Valentinensis monetæ in festo beati Theofredi : hac constitutione facta [21] sub excommunicatione, si quis eam violasset.

18. *C*, « lib. de Reparatione chartarum, fol. 35 ». — 19. *G* patris. — 20. *Ep* xv. — 21. *Ep* Hæc c-o f. est.

CCCCLXVIII. — Donum Sofredi Gratianopolitani episcopi, quondam hujus monasterii Sancti Theofredi abbatis 22.

Noverint universi præsentem paginam inspecturi, quod ego Sofredus 23, Dei gratia Gratianopolitanus episcopus, quondam 24 abbas Sancti Theofredi, dedi conventui Sancti Theofredi mille solidos Viennenses, quos recepit domnus abbas Raymundus de Barjac et assignavit in recoenmpsationem prædictorum mille solidorum in censu domus de Pruneto centum solidos Podienses, ut in die translationis beati Theofredi dicto conventui fiat plena refectio 25.

CCCCLXIX. — Anno Domini millesimo CCC. XVIII, die quo consuetum est teneri nostrum capitulum generale in nostro monasterio, fuit præceptum et causa cognita 26 per venerabiles viros dnos domnum Reymundum Jaucerandi, refecturarium Lingoniæ, et domnum Bernardum, priorem Sancti Petri Aniciensis, commissarios constitutos in et per capitulum generale ad diffiniendum quæstiones : prioratus seu prior de Douay consuevit dare et solvere et reddere annuatim camerario nostri monasterii, ratione et ex causa camerariæ, x solidos Viennenses, quos præcipimus et ordinamus et ex causa cognita quod dictus prioratus seu prior vel ejus locum tenens de cætero atque in futurum temporis teneatur annuatim eidem camerario et nomine camerariæ dictos x solidos Viennenses solvere, prout consuetum est penitus et integre.

CCCCLXX. — Unio officii operarii illi sacristæ Sancti Theofredi, authoritate Gregorii XI papæ Avenione sedentis et postulatione Jacobi abbatis Sⁱ Theofredi 27.

Gregorius episcopus, servus servorum Dei, ad perpetuam rei memoriam. Digna exauditione vota personarum humilium, maxime divinis laudibus sacræque religionis observantia dedicatarum 28, apostolico nos convenit favere prosequi. Siquidem nuper pro parte (dilecti) filii Guidonis Pellicerii, sacristæ (monasterii) Sancti Theofredi, ordinis Sancti Bene-

---

22. *C* « l(ib.) de Societatibus (monast.), fol. 93 », *Ep* « ex ms. Necrolog. Calmeliaci ». — 23. *Ep* Soff-s. — 24. *Ep* et q. — 25. *Ep. add.* Hæc circa annum MCCXXXVII contingere. — 26. *C* c-ti. — 27. *C* « Extracta ex libro societatum, fol. 130 ». — 28. *C* d-caretur.

dicti, Aniciensis diœcesis, petitio continebat quod propter mortalitatem, pestes et guerrarum discrimina ac malitiam temporum, quæ in illis partibus viguerunt et vigent, fructus, reditus et proventus sacristiæ dicti monasterii sunt adeo exigui, ut onera incumbentia nequeant æqualiter supportare, et [29] quod in dicto monasterio est aliquod officium, operaria nuncupatum, cujus possessiones æqualiter inter [30] sacristam et operarium monasterii ipsius existentes pro tempore sunt communes : propter quas inter dictos sacristam et operarium divisiones (et) quæstiones sunt hactenus subortæ; pro parte dicti Guidonis sacristæ fuit nobis humiliter supplicatum ut suis necessitatibus in hac parte consulentes, pro oneribus facilius supportandis præfatum officium operariæ[30*], cujus fructus, redditus et proventus viginti quinque librarum Turonensium præsentialiter, secundum taxationem decimæ, valorem annuum non excedunt, ut asseritur, eidem sacristiæ unire dignaremur. Nos igitur volentes eumdem sacristam prosequi favoribus opportunis, ejus supplicationibus inclinati prædictum officium operariæ cum omnibus pertinentiis suis eidem sacristæ, maxime cum dilecti filii Jacobi abbatis dicti monasterii ad id accedat assensio, autoritate apostolica sub modis et conditionibus infrascriptis in perpetuum incorporamus, annectinus et unimus, ita quod cedente vel decedente operario dicti monasterii qui nunc est aut officium ipsum quomodo(libet) dimittente [31], liceat eidem sacristæ vel successoribus suis sacristis monasterii qui erunt pro tempore, per se vel alium seu alios corporalem possessionem ejusdem officii authoritate propria apprehendere et nancisci ac etiam retinere, omnesque fructus, reditus et proventus in usus et onera sacristiæ convertere supradictæ : non obstantibus quibuscq. statutis, consuetudinibus monasterii et ordinis firmitate alia roboratis, *etc., etc.* Ordinamus insuper et volumus quod sacrista et successores prædicti de die noctuque duas coram Sanctæ Crucis et unam coram Beatæ Mariæ, aliam coram Sancti Petri et aliam coram Sancti Benedicti capellarum in dicto monasterio sitarum altaribus lampades oleo et aliis necessariis communitis[32] ardentes, et coram singulis aliis ecclesiæ dicti monasterii unam, et de nocte duas

---

29. *C* est. — 30. *C* et. — 30* *C* came-æ. — 31. *C* d-ttere. — 32. *C* c-tatis.

alias similes lampades ardentes coram dicto altari S⁂ Crucis, necnon de nocte in claustro duas et in dormitorio duas ac in camera latrinarum dicti monasterii unam aliam similes lampades, et quando officium de nocte dicitur illud luminare quod consuevit in ipsius ecclesiæ choro ardere teneant et illam etiam provideant : quæ quidem lampades quæ de nocte tantum ardebunt, accendentur immediate post occasum solis et circa solis ortum poterunt suffocari ; quodque idem sacrista et ejus successores in quolibet quatuordecim solemnium tredecim grossas et in qualibet quatuordecim aliarum novem et qualibet novem aliarum septem et in qualibet quadraginta unius aliarum festivitatum, in vesperis, matutinis et missa, et coram altari ejusdem Sancti Theofredi die noctuque continue unam grossam candelas cereas ardentes, ultra illam quæ de certis redditibus tenetur et teneri consuevit, teneant et eidem ecclesiæ provideant, et alias [33] abbati qui est et qui erit pro tempore et dilectis filiis conventus monasterii in lumine decenter provideant ; teneantque continue dict. ecclesiam ejusque campanas ac campanalia ac claustrum, quod claustrum Juvenum nuncupatur, cooperta ac reparata, ornamentaque ipsius ecclesiæ suppleant et reparent vel faciant reparari prout est hactenus fieri consuetum, et alia omnia et singula onera supportent quæ operarii et sacristæ dicti monasterii qui fuerunt pro tempore consueverunt hactenus supportare ; jurent præterea præfati sacristæ et successores, antequam ad ipsam sacristiam admittantur vel aliquid in dicto monasterio administrent, prædicta alia inviolabiliter complere et etiam observare : quare et si hoc facere et iterum moniti jurare recusaverint, libere per eumdem abbatem revocentur ad claustrum ; et ille qui vices geret dicti sacristæ in premissis simile præstet juramentum. Et nihilominus si abbas vel prior claustralis quicumque alius defectum sacristæ suppleverit in aliquo præmissorum, et qui suppleverit duplum ejus quod expenditur præfati sacrista et successores restaurare teneantur, ut si nullus defectum sacristæ suppleverit, hujusmodi duplum solvatur in corpore conventus utilitatibus convertendum, et donec duplum ipsum persolverit, omnia quæ sacrista et successores prædicti

---

33. *C* alios.

ab iisdem abbate et conventu etiam pro suo et familiæ victu recipere consueverunt et debent subtrahatur iisdem, et alias ad præmissa ad hoc per abbatem eumdem prout sibi videbitur compellantur. Nulli...n. incorporationis, annexionis, unionis, ordinationis et voluntatis....si quis.... Datum Avenione, VIII kalendas novembris, pontificatus nostri anno I° 34.

34. 25 octobre 1370.

INDEX ALPHABETICUS

PERSONARUM, LOCORUM, RERUM

[Les chiffres renvoient aux pages du texte; le signe (—) supplée à la répétition du mot principal de l'article et cet autre (-) à celle des lettres identiques d'une variante. Les localités non suivies de l'indication du département appartiennent à celui de la Haute-Loire ; les autres sont indiqués par leur première syllabe.

ABIRON, Abyron, 105, 141, 146, 157, 171-2-3-4.
ABO, dominus castri St Laurentii, 139.
Abo, campus, 176. —
Abrigas = Obrigas.
ACFREDUS Surdus, colonus, 100.
ACHIDÆUS, Arc-s, episcopus, præsul [Diensis, *960* ?], 109-10-1.
ACHILINUS, Arc-s, donator, 110.
ACHINUS, filius Leotgardæ, 120.
Achon (magister hospitalis St Joannis Jerusalem de), 204. — *Acre (Turquie)*.
Acons, A-ntz (ecclesia de), 180, 193. — *Accons (Ard.)*.
Actogiis = Athogis.
Aculca (lapis), 159 ; (rupis), 153. — *Aiguilhe.* — *Cf.* St Michaelis arch.
ADALAIDIS, Adelaida, comitissa [de Gévaudan], 152, 154, 158.
ADALALDUS, donator, 55.
ADALARDUS, donator, 62, 96, 103 ; — (magister), 100.
ADALBURGIS, abbatissa Severiacensis, 137.
ADALETDIS, uxor Guicardi, 65.
Adalgeriis, villa, 81-2. —
ADALGUDIS, Adelgaldis, uxor, 112.
ADALRADUS, commutans, 54.
ADAMUS, donator, 127.
ADDO, filius Bermundi, 135.
ADEBERTUS, donator, 113.
ADELARDUS, colonus, 100.
ADELSENDIS, uxor Wigonis comitis, 120.

ADEMARI (Geraldetus), 184, 185, 187 ; — (Geraldus), nobilis, 183-4 ; — (Guiraldus), dominus Montilii, 184-5. — *Voir* Cartul. de Montélimar.
ADEMARUS, abbas [St Evodii] et canon. Anicien. [*999*], 133, 158 ; —, canonicus Maurianen., 176 ; —, comes [de Valentinois, *1011-1037*], 106-7 ; *cf.* Pictavia ; —, donator, 77, 84, 96 ; —, episcopus Aniciensis [de Monteil, *1080*, † *à Antioche 1098 août 1*], 13-4, 17, 86, 88-9, 139-40-1, 161, 163-4, 166 ; —, episcopus Ruthenensis [*1099*, † *av. 1144*], 17, 137-8.
ADO, frater Sylvii, S-vionis, 82, 85.
ADRADUS, filius Arambergæ, 114.
ADRALDUS, canonicus Aniciensis, 72, 158-9 ; —, colonus, 170 ; —, donator, 59.
ADRIANUS, papa [*IV, 1154-59*], 177-8.
ADROILDA, soror Ansefredi, 127.
Advocatus monasterii, 24, 103.
ÆGIDII (b¹) reliquiæ Camalariis, 58.
Ængeolis = Engeolis.
AENRICUS = Henricus rex.
Æquales (ad), locus, 84. —
Æstivale, Æ-lis = Estivale.
AGAPITUS, papa [*II, 946-955*], 129-30.
Agareni, 163. — *Agaréniens (Arabie)*.
AGARINUS, canonicus Aniciensis, 158.
AGINA, matrona, 81.
AGITA, uxor Fritgisii, 78.
AGITON, canonicus Aniciensis, 158.

216 INDEX

Agnus, vice comes [993-6], 74, 158.
Agrinatis, villa, 102. —
Aialmodis, matrona, 96.
Aialmoldis, conjux Stephani, 130.
Aicardi, Ac-i (Guillelmus), 90.
Aicardus, abbas [S¹ Petri de Turre, 985], 69, 155; —, donator, 124, 126; —, vir, 135.
Aicis, 112, passim. — D., I, 154ᵃ.
Aimericus, vir Emegardæ, 79.
Aimo, comes [*I de Genevois, 1080-v. 1128*], 123; —, episcopus [Valentinensis, *ap. 962*], 109-10; —, episcopus [Sedunensis, *1037-1054*], 173; —, testis, 171; —, vir, 67.
Aimonius, pater Petri militis, 83.
Ainardus, canonicus Maurianensis, 176.
Aisaco (ecclesia de), 179, 194.—*Aiꝫac (Ard.)*.
Aisonus, Acto-s, Vezo-s, mons, 110. — *Mont-Aison, cᵒ de Pont-de-Barret (Dr.)*.
Alaicis, conjux Stephani, 70.
Alauda, cognomen, 44.
Alaudisco, A-uzeto (ecclesia de), 180, 195. —
Alba parata-plana-serica, 43, 209. — *Aube*.
Albanensis episcopus, 147.— *Albano (Ital.)*.
Albanensis villa, 102 = Albenas.
Alba Sania (ecclesia de), 180. — *Aubessagne (Htes-Alp.)*.
Albenas (prope), 103. — *Aubenas (Ard.)*.
Albenatis, villa, 102 = *précéd.*
Alberga, A-gum, 183-4. — D., I, 168.
Albericus, 60, 133; —, episcopus Ostiensis [*1138-48*], 147; — senator [*de Rome v. 930, † 954*].
Albertus, cardinalis presb. et cancellarius ecclesiæ Romanæ, 183.
Albepino, A-esp-o, mansus, 83. — *L'Aubepin, cᵒ de Laussonne*.
Alboinus, donator, 115.
Alcherius, filius Cononis, 172.
Aldabertus, venditor, 64.
Aldalbertus, sacerdos, 99.
Aldeardis, matrona nobilis, 73, 84.
Aldebaldus, venditor, 67.
Aldebertus, donator, 110, 138.
Aldegardis, matrona, 76.
Aldegerius, canonicus, 159; —, frater, 78; —, testis, 158.
Aldiardis, uxor Bernardi, 102.
Aldigerius, testis, 70; —, vir præpotens, 97.
Aldour (Pontius), 136.

Aldraldus = Adraldus.
Alesti præceptor, 205.— *Alais (Gard.)*.
Alexander, papa, III [*1159-1181*], 178, 182-3.
Alfredus, venditor, 64.
Aligerio, arcis, 91. — *Allègre*.
Alineus, donator, 123-4, 126.
Allemandorum rex, 136.—*Allemagne*.
Allendrada, uxor Arnulphi, 135.
Allimundus, sacerdos, 62.
Alliradi, Allerida, vallis, 131. —
Almaricus, donator, 136.
Almicolas (ecclesia S¹ Petri de), 194.—
Alpem (mansus ad), 84. —
Alsiaras (Stephanus), 177.
Alsone (capella de), 180. —
Alta Ripa (capella de), 179; — (Guillelmus de), 177. —
Altogiis = Athogis.
Alvernia (prior Hospitalis in), 203-4-5. — *Auvergne*.
Amaberga, Amalbersa, 127.
Amalbertus, testis, 52.
Amalfredus, donator, 52, 55.
Amaltrudis, conjux Willelmi, 126.
Amarantia, rivus, 110. —
Amatis, vallis, 93, 134-5. —
Ambianensis archidiaconus, 199.— *Amiens (Som.)*.
Amblanensis vallis, 75; — villa, 58. — *Vallée de l'Amblavès ou la Vallemblavès*.
Amblardus, filius Leogardæ, 120.
Amedeus, canonicus Maurianensis, 176; —, comes [*ap. 962*], 110; — comes [*de Maurienne, fils d'Humbert 1ᵉʳ de Savoie, 1042*], 173-4.
Ameeus, testis, 173.
Ameliis, A-llo, A-llo (de), 37, 93; — (ecclesia de), 179. —
Amica, conjux Unaldi, 70.
Amilhosco, Amih-o (villa S¹ Marcelli), 112. —
Amilia, rivulus, 116. —
Amnol = Vimol (a).
Amodanna (canonicus de), 176. — *Modane (Sav.)*.
Amonius = Aimo episc.
Anagnia (Matthæus de), 199. — *Anagni (Ital.)*.
Andeolus (sᵘˢ), martyr, 105.
Andreæ (s¹) festum, 175, 177, 183-4.
Andreas, decanus [*de Valence, 1011*], 106-7; —, donator, 102.
Andreu, A-us (Bertrandus), 177;— (Guigo, Petrus, Pontius), 184.
Andria, rivus, 110. — *Andrie, ruis. à Pont-de-Barret (Dr.)*.
Anduza, A-zia, castrum, 158; —

(Raymundus de), 207. *Anduze (Gard)*.

Aneria (arcis d'), 91. *A*{*anières, c*}*° de Blanzac*.

Angeolis = Engeolis.

Aniciense, A-sis aicis, arcis, 55, 58, 104; — canonicus, 133, 153-4, 204; — civis, 158, 164, 206; — civitas, 157, 192, 208; — clericus, 206; — decanus, 145; forisd-s, 206; diœcesis, 188, 190, 192, 198, 200, 203, 206, 212; — ecclesia, 69, 151, 153-4, 157, 160-1, 165; — episcopatus, 57, 149, 152; — e-pium, 158; — episcopus, 9, 13, 17, 19, 47, 55, 57, 69, 86, 89, 103, 130-1, 133, 139-40-1, 145, 147, 149, 159-60-1, 163, 188, 190, 192, 198, 200, 203, 206, 212; ejus domus, 210; — hostiarius, 210; — iter, 152; — oppidum, 70; — pagus, 45, 18; — pontificatus, 152; — præceptor, 203, 205; — præpositus, 206; — suburbanum, 154; s-bium, 69, 134, 161-2; — thesaurarius, 190; — urbs, 68, 160, 210. —Anicii (actum), 205-6.—*Le Puy*.

ANNA, Avena, uxor, 49, 64.

Annona, 26, 29, 30-1, 89, 100, 122.

ANSEFREDUS, donator, 127.

ANSELMUS, testis, 173.

ANSERIUS, canonicus Aniciensis, 158.

ANSTRUDIS, fœmina, 63.

Antiochiæ ecclesia, 164; — patriarcha, 165. — *Antioche (Syr.)*.

Apendaria, App-a, 27-8, 49, 58, 63-4, 66, 68, 70-1-2-3-4, 76, 78-9, 80, 82, 89, 96, 100, 121, 133-4-5, 155.

Aqua Pendente, locus, 127.—

AQUILEUS, AQUITIUS [= Eq-s], agens vicem cancellarii apost., 19.

AQUINUS, donator, 120.

Aquitaniæ consules, 152;— partes, 5; — regnum, 123, 125. — A-norum rex, 20, 56, 130. — *Aquitaine*.

AR., prior S¹ Frontonis, 190.

ARAMBERGA, A-eia, matrona, 114.

Arausica civitas, 6, 167. — A-cus pagus, 136. — *Orange (Vaucl.)*.

ARBERTUS, abbas [*de St-Pierre-la-Tour*], 161; —, canonicus Aniciensis, 159; —, donator, 95, 116, 133; —, filius, 116; —, testis, 160.

ARCALDUS [= Arta-s], filius Sylvii, 134.

Arceano (mansus de), 50. — *Arcens (Ard.)* ?

ARCHIBALDUS, A-imb-s, apocrisarius, archiclavus [Valentinen.], 106-7.

Arciaco = Arsiaco.

Arcis, 54, passim. = Aicis.

Arconcio (ecclesia de), 179. — *St-Arcons-de-Barges*.

ARDICIUS, cardinalis diac., 182.

Ardunus, rivus, 110. —

ARESTAGNUS, commutans, 60.

Argentaria, locus, 127. — *Argentera (Piém.)*.

ARIBERNUS, donator, 71, 75, 77.

ARIELDIS, conjux Ariberni, 75.

Aries, locus, 54. —

ARIMANDUS, A-NUS, 80, 90; —, abbas S¹ Theofredi, 9, 67-8, 96, 101, 103, 115; —, abbas Sicureti : *voy.* Tondut ;—, decanus S¹ Theofredi, 67; —, donator, 66, 104, 108, 111, 113; —, episcopus Vivariensis [*1015-1034 ?*], 134; —, frater episcopi Aniciensis [*de Mercœur*], 160; —, nobilis, 78, 91; —, vicecomes, 88, 160-1.

Arlempde (Armandus de), 191. — *Arlempdes*.

Arlenco (terra de), 72. —

Arlis, Arlitis, villa, 94-5, 100. —

ARMANDUS = Arimandus.

ARNALDUS, canonicus Aniciensis, 158; —, donator, 75; —, præpositus [Valentinen., *1011*];—, presbyter, 113; —, testis, 110, 161.

Arnelo = S¹ Genesii de A-o.

ARNULFUS, A-LPHUS, abbas S¹ Geraldi [*v. 936-8*], 48; —, colonus, 170; —, donator, 82, 133.

ARRICIUS, donator, 111.

ARRICUS, 79; —, canonicus Aniciensis, 158.

Arsiaco, villa, 56, 71. — *Arsac, c. de St-Pierre-du-Champ*.

ARSINDIS, genitrix Stephani, 95.

ARTALDUS, prior Granariensis, 175.

ARTALT (W.), testis, 186.

Artis, villa, 112. —

ARTO (-onus ?), testis, 159.

ARTULFUS, donator, 72.

Arvernense concilium, 20. — A-sis indigena, 160; — pagus, 166. — A-ium dux, 167. — A-nia, 139. — A-æ senator, 3; — urbs, 5. — A-icum territorium, 155. — A-us pagus, 49, 53, 135. — A-is (in), 30. — *Auvergne*.

Ascensio Dominica, 143.

Asclavania, 163. — *Esclavonie*.

ASPASIA, matrona, 79.

ASPASIUS, donator, 75, 83.

Assumptio B- Mariæ, 191, 208.
ASTERIUS, canonicus Aniciensis, 158-9; —, donator, 66; —, presbyter, 74; —, scriptor, 170.
Astorgis = Athogis.
ASTRUDIS, conjux, uxor, 74, 135-6.
ATENULFUS, testis, 176.
Athogiis, A-gis, Atoiis, Attogiis, A-gis (de) ecclesia S' Joannis, 99, 179, 194; — prior, 37; — vallis, 98-9; — villa, 94, 99. — *Thueyts (Ard.).*
ATRUPTUS, clericus, 107.
AUBERTUS, Autb-s, donator, 123-4, 126.
AUFREDA, Anf-a, uxor, 52.
Aurascia (ecclesia de), 196. —
Aurasicæ præceptor, 188, 205. — A-censis diœcesis, 194. — *Orange (Vaucl.).*
AURELIANUS, testis, 174.
Auriaco (capella de), 180, 195. — A-aticum castrum, 121. — *Uriage, c. de St-Martin-d'U. (Is.).*
Auriol (P. d'), testis, 184. —
Auriolo (capella de), 181. — *Uriol, c. de Vif (Is.).*
AUBUCIA, cognomen, 73.
Ausenciis, A-nnis (ecclesia S' Laurentii de), 181, 195; — (monasterium in), 122. — *Le Bourg-d'Oisans (Is.).*
Ausonia (de) decima, 37; — ecclesia, 36; — Pontius, 36; — rivulus, 19, 147. —
Ausoniæ rivulus, 19, 147. —
AUSTORGIUS, donator, 79; — venditor, 63.
AUSTORIA, uxor G. de Bouziol, 87.
AUTBERTUS, testis, 127.
AUTGERIUS, donator, 114.
AUXILIENDIS, mater vicecomitis, 86.
AVA, matrona, 64; —, uxor comitis, 116.
Avalone (capella de), 180, 195. — *Avalon, c° de St-Maximin (Is.).*
Avenione (datum), 211, 214. — *Avignon (Vaucl.).*
Avinone (Arnaldus, Bertrandus de), 185. —
AVITUS, donator, 56; —, testis, 105.
Avojaco, villa, 52, 78. — *Avouac, c° du Monastier.*
Avolatis, villa, 103. —
AYMARIUS......, testis, 191.
AYMERICUS, donator, 71.
AYMERUDIS, uxor Umberti, 116.
AYMO, dominus cast. Manduni,116-7.
Ayzaco = Aisaco.

B magister scholarum, 190.
BABO, nobilis donator, 61.
Baillivia, B-vus, Bayl-, 207-8-9.
Bairalis (ecclesia de), 180. = Barralis.
BAJULI (P.), testis, 187.
Bajulus, 27, 190, 209.
Balasta (Ugo de), 187. —
Balmas, locus, 136. = Balmis.
Balmis (ecclesia de), 179, 194. — *Baumes (Vaucl.).*
Balneis (ecclesia de), 94. —
Banaciense = Bonaciense.
Bancianis (ecclesia de), 180. — B-np, villa,107.—*Bance,c°de Saulce(Dr.).*
Barbarangis (ecclesia de), 179. —
Barbarneis, B-ayranicis (S'Vincentii de) ecclesia, 193; — prior, 175. —
Barges (W^us de), 191. — *Barges.*
Bargita, B-as, villa, 62. — *Barges, c° de Vastres.*
Baria (ecclesia de), 194. — *Barry, c° de Vercheny (Dr.)?*
Barietis (villa de), 88. —
Barjac (Raymondus de), abbas S' Theofredi, 211. — *Barjac (....)*
BARNARDUS, testis, 171.
BARO, scriptor papæ, 148.
Barrah (ecclesia S' Martini de), 195. = Barralis.
Barralis, locus, 122. — *Barraux (Is.).*
Barretis (villa de), 72.
BARTHOLOMÆUS, archidiaconus Ambianensis, 199.
Basalangis (ecclesia de), 179. —
Basium (actum apud), 187. —
Bassensis, B-sie-s arcis, 77, 79; - vicaria, 49, 74-5, 79, 81. — *Bas-en-Basset.*
BASTARGIUS (Petrus), 141.
Batarellis, villa, 71. —
BAUDUINI (Joannes), 206.
Bausaco, Bauzaco (ecclesia de), 179, 192. — *Beauzac.*
Bauzolet (Dalmatius de), 44. — *Le Boussoulet, c° de Champelause.*
Bauzonica vicaria, 131. —
Bavas (R. de), 188. —
Bays (castrum de), 188. = Basium.
Bazensis = Bassensis.
Beatæ, Beati = Sanctæ, Sancti.
BEATRIX, comitissa Provinciæ [1245- † 1266], 205.
Beaune (Augo de), 191. — *Beaune.*
Beceria (villa de), 43, 65. — *Besseyre-St-Mary.*
Beceto, locus, 133. — *Le Besset, c. Valprivas.*
Beciadellus, B-ate-s, locus, 75. —

Bego, episcopus [Arvernensis, 937], 49; —, miles, 78.
Boldinar (arcis de), 91. = Bello Disnare ?
Beliardis, conjux Ebrardi, 62.
Belieldis, uxor Gislaberti, 63.
Bello Dishare (Artaldus de), 150. — *Beaudiner, c° de St-André-des-Effengeas (Ard.).*
Bello Monte (G. Gautens de), 210; —, (Petrus de), 177. — *Beaumont.*
Bellus (Odilo), 134.
Belmonte, villa, 113. —
Benedictus, papa [¹, 574-8], 167; — (sanctus), 25-6-7, 29, 30-1-2, 35, 38, 41, 48, 128, 132, 154, 167, 197; ejus regula, 22-3-4, 26, 29. 35, 41, 80, 151, 156, 178, 192.
Benesco (lo), villa, 99. —
Benjamin, presbyter, 54.
Beraldus, abbas S¹ Theofredi, 146, 148-9; —, canonicus Aniciensis, 158; —, donator, 62, 82, 86; —, frater Stephani episcopi [*le Mercœu*], 160; —, monacus Granariensis, 175; — præpositus Aniciensis [*de Mercœur, 1001-1016*], 72, 134, 159-60; —, testis, 70.
Berengarius, comes [*le Toulouse, 818-83*¹], 20; —, præpositus Ruthenensis [1112], 138.
Berenger (W.), 186.
Berieldis, uxor Aviti, 56.
Berleriæ fons, 159. — *Barlière, moulin détruit près du Puy.*
Berleyras, B-ros (\ortus de), 177. —
Berlhensis = Bertlensis.
Bermundi (Barthol., Poncius), 209.
Bermun_us, donator, 78, 135.
Bernardu⁹, abbas [S¹ Petri de Turre?, 939], 49; —, canonicus Aniciensis, 158; —, colonus, 170; —, comes Melgorii, Merguriensis [*IV, † 1132*], 149, 175; —, donator, 66, 80, 91, 95, 102; — episcopus Maurianensis [1153-78], 176; —, frater, 54; —, laicus, 128; — (magister), 176; —, patriarcha Antiochenus [† 1134], 165; —, prior S¹ Petri Anicii, 211; —, testis, 133; —, venditor, 62; —, vicecomes [Mimatensis ?, 951], 128.
Bernatis (arcis de), 80. — *Les Bernaut, c° de Beauzac.*
Berniaco (capella S⁺ Mariæ de), 16. = Brinino.
Bertha, comitissa, 79; —, conjux, 65; —, matrona nobilis, 70, 96; —, uxor, 81, 99.

Berthana, fœmina, 132.
Bertholomæi (Matheus, Po.), 206.
Bertlensis locus, villa, 127. —
Bertrandi (Petrus), 141.
Bertrandus, B-nnus, abbas [1108], 90; —, canonicus Aniciensis, 158-9; —, clericus, 77; —, colonus, 71; —, donator, 55, 66, 68, 70, 73-4, 80, 86, 92, 95, 113, 128, 134; —, frater, 87; Odilonis abbatis, 154; Poncii comitis, 132; —, levita, 75; —, nepos Guidonis episcopi, 69, 152, 154-5, 158; —, nobilis, 59, 61, 75, 80; —, præpositus Aniciencis [1108], 162; —, prior de Solemniaco, 37; —, testis, 141, 158; —, venditor, 84; —, vir, 85.
Berzes, B-sio (ecclesia de), 181, 196. — *Berzesio (Piém.).*
Bessayrola (de la) domicellus, 191; — *Pelosus*, 207. —
Beterram (vuadium de), 27. —
Betho, Beto, filius, 120; —, pater, 121.
Betlcem (in), 34. — *Bethléem.*
Bintis, villa, 68. — *Bains.*
Bisatge (del), B-tico (de) castrum, 80; — Gerento, Jarento, 89, 146; — Stefanus, 169-70; — Vuilhermus, 89. — *Biɀac, c° du Monastier ?*
Bitumine (ecclesia de), 175, 180, 195. — *Betton-Bettonet (Sav.).*
Bituricensis archiepiscopus, 49; — ecclesia, 160. — *Bourges (Cher).*
Biziatico = Bisatico.
Blanc (P(trus]), 205.
Btatusago, B-uzago, villa, 63. —
Blicendis, matrona, 99.
Bliosinda, uxor vicecomitis, 62.
Blismodis, uxor Gaufredi, 65.
Blitgarda, uxor, 107, 114-5.
Boaria (villa de), 27. — *La Borie, c° du Monastier.*
Bodices, locus, 52. —
Bopo, abbas S¹ Theofredi, 21, 53-4, 168.
Bolonia (de), 43. —
Bolziol = Bouziol.
Bonacensis, B-cie-s arcis, 62, 66, 91-2. — [*St-Voy-de-*] *Bonas.*
Bonæ Fidei prior, 209. — *Bonnefay, c° des Estables.*
Bonafilia, mulier, 71.
Bonandi (Petrus), 207.
Bona Terra (de), 36; — ecclesia, 179, 193; e-a S¹ Amantii, 139; — locus, 139. —
Bonefos, nepotes, 103.
Bonelli (B.), mediator, 183.
Bonifacius, testis, 190.

Bonisan (Poncius), 208.
Borea, B-eia, Borrea (de), 36-7; — (ecclesia S⁹ᵉ Mariæ de), 93. — Borée (Ard.).
Borer (ecclesia de), 193. = Borea.
Borna (ecclesia S¹ Laurentii de), 194. — Borne (Ard.).
Borno, testis, 173-4.
Borrianum, castellum, 93. —
Bors (Reymundus), 89.
Boscharii (Joannes), 208.
Boschet (lo), 207. — B-to, B-hito (de) locus, 133; — villa, 65-6, 72, 80, —
Boschus, 61, 63, 77-8-9, 92, 123, 139.
Bosó, rex [879-† 11 janv. 887], 53.
Bosolo (capella de), 178. = Bouziol.
Boteria (in), 133. — *Boutières*.
Bouziol, B-zols (de) Armandus, 206; — Azo, 178; — castrum, 85; — Guigo, 87; — vicaria, 91. — *Bouzols, c. de Coubon*.
Bovariæ villa, 19, 147. = Boaria.
Bovozac, B-co, villa, 101. —
Bozats (Vuilhermus), 177.
Bozo (castrum de), 191. = Bouziol.
Bozol (Petrus dominus de), 191. = Bouziol.
Bracas, B-coa, B-onis, B-nos, B-ns = S¹ Joannis de B.
Brasco, villa, 108. —
Brega, ecclesia S⁹ᵉ Mariæ, 120. —
Breiza (villa de), 39. — *Breisaille, cⁿ de Queyrières*.
Bremis (ecclesia de), 193 = Brinino?
Brenniaco = Berniaco.
Brennicum, castellum et ecclesia S⁹ᵉ Mariæ, 122. = Brinino.
Brinino (ecclesia et capella de), 180. — *Bernin (Is.)*.
Brionis (castelli) capella, 93.
Brivate (a), 152. — B-ensis vicus, 152. — B-ti (datum), 144. — *Brioude*.
Brocardus, B-cha-s, archiepiscopus [III Lugdunensis, *1031-1046*], 118-9; [Viennensis, *v. 1000-1030*], 173-4.
Brochia, B-cia = Brossa.
Brolium, 76, 78, 80, 92, 122, 133; dominicatum, 61; d-cum, 155.
Broncinis (ecclesia de), 180. —
Broschia, Brossa, Brotza (ecclesia S¹ Juliani de), 28, 93, 180, 193. —
Brucco, Brucensis, B-co (de) ecclesia, 94, 97, 179, 194; — obedientia, 97; — villa, 96-7, 100. — *La Brue, c⁰ de Thueyts (Ard.)?*
Brugerias, B-gg-a, villa, 82, 91, 101. —
Brunechildis [† 613], 4, 167.

Brunenchus, testis, 70, 100.
Bruni (P. Irailh sive), 209.
Brusomi, B-onis ecclesia, 33, 180, 193. —
Bufetis, locus, 92. — *Les Buffets, c⁰ des Vastres*.
Bulorada, uxor Galterii, 123.
Burgada, fœmina, 113.
Burgeto (ecclesia de), 175-6. — *Le Bourget-en-l'Huile (Sav.)*.
Burgundia (præceptor in), 188. — *Bourgogne*.
Burlatis, locus, 129. —
Buxoni Mediano (subtus), 116. —

Cabanaria, C-nna-a, 61, 80, 120, 170.
Cabanas, C-nis (de) mansus, 39, 43; — villa, 43. — *Chabannes, c⁰ du Monastier*.
Cabanerias, villa, 133. — *Les Chabannes, c⁰ des Estables*.
Cabaslac (Peire), 177.
Cabotis (ecclesia de), 181, 195. — *Chabottes, c. de Vif (Is.)*.
Cabotis (ecclesia S⁹ᵉ Mariæ de), 180, 195. — *Chabottes (Htes-Alp.)*.
Cabriaco (villa de), 61, 169-70. — *Chabriac, c⁰ du Monastier*.
Cadergona, C-rnago, locus, 66. — *Chadernac, c⁰ de Céaux-d'Allègre*.
Cadirana, villa, 136. —
Cadro, C-one (de) ecclesia, 179, 192; e-a S¹ Amantii, 17, 77, 89; — villa, 77, 89, 121. — C-em (apud), 103. — *Chadron*.
Cairis (ecclesia de), 179, 192. — *Cayres*.
Calamus argenteus, 41.
Calanconensis, C-nis arcis, 101; ecclesiæ, 179, 182; — vicaria, 91. — *Chalançon, c. de St-André-de-C*.
Calbiana, C-no, villa, 124. —
Calcati (Petrus), 40; — (Stephanus), 40, 44.
Calco (Vuigotis?).
Caldeirobes, C-eyr-s, villa, 95. —
Calderiaco, villa, 71. — *Chauderac, c⁰ de St-Front*.
Calices argentei, 41.
Calixtus, papa [II, *1119-1124*], 144.
Calliario, Cerliano, villa, 112. —
Calme (mansus de), 122. —
Calme Ortigosa (ad), locus, 78-9. —
Calmelii, C-milii, C-liacense, C-sis, C-ci, C-liensis, C-lii abbas, 78, 115; — abbatia, 169; — cœnobium, 6, 20, 23, 47, 50, 52-3, 56, 72-3, 77, 81, 106, 119, 130-1-2, 191, 199; — ecclesia, 171, 173; — fratres, 78;

— locus, 5; — monasterium, 57-8-9, 70-1, 73, 75, 104, 106, 109, 111, 167, 172. — *Le Monastier.*
Calmelariensis = Camalariis.
Calmessuita (vineæ de), 139. —
Calmiliis, villa, 62. — *Chomelix* ?
CALMILIUS, C-MINIUS, conditor monasterii, 3, (5), 7, 44; dux Arvernensium, 167.
Calmo (ecclesia de), 180. — *La Chaudière, c° de Pontaix (Dr.) ?*
Calmo (villa de), 66. —
Camalariis, C-leriis (de), 36, 47-8. — C-lariensis, Camel-icensis ecclesia, 179, 192; — locus, 57-8, 133; — oratorium B® Mariæ, 57; — monasterium, 58; — prior, 37. — *Chamalières.*
Camberliaco, castrum, 77. —
Cambonanto, villa, 68. —
Camerarius papæ, 141-2.
Camereto (Raymundus de), 199. —
Campania, villa, 56-7. — *Champagne (Ard.).*
Campaniaco, villa, 66, 92. — *Champagne, c° de St-Voy.*
Campanias, locus, 135; — villa, 100-1.
Campaniola, locus, 127. —
Campis (ecclesia de), 180, 195. — *Champ-près-Vizille (Is.).*
Campo (ecclesia de), 179, 192. —
Campo Longo (costa de), 100. —
Campo Valarino (vicaria de), 67. —
Camprias (mansus de), 32. —
Campus Divisus, 114. —
Campus Dolens, ager, 160. —
Canaberias, villa, 67, 72, 122. — *Chanobeire, c° de Retournac.*
Canalellis, C-alilis (de), 37; — ecclesia, 179, 193. — *Chanaleilles.*
Canilis, villa, 115. —
Candelabra stagnea, 41.
Cannabarias, C-ber-s = Canaberias.
Cannaco (ecclesia de), 179. —
Cantaduco, villa, 72. — *Chanteduc, c° de Beauzac.*
Cantalupa, C-tus Lupæ, villa, 66. — *Chanteloube, c. de Nozeyrolles.*
Capdenaco (de) castrum, 97; — ecclesia, 146, 179. —
Capellam (ecclesia ad), 134.
Capitoliense castrum, 83. = *suiv.*
Capitolio (de) ardis, 91; — vicaria, 82. — *Chapteuil, c° de St-Julien-C-l.*
Capitulum, 14, 47, 50; generale, 211.
Caprariæ, C-as, villa, 19, 59, 147. — *Chabriac, c° du Monastier.*
Captelio (Guillelmus de), 210. = Capitolio.

Carabacciaco, C-aciago, villa, 65. —
Carbonosa, villa, 133. — *Charbounouze, c° de St-Frond.*
Cardazeto = Cordazet.
CARDINALIS (Joannes), 206.
Carnaciaco, villa, 133. —
CAROLUS, abbas de Seguret [c. 1096], 162; — Magnus [† 814], 9; —, rex imperator [le Chauve, 840-869, 875- † 877], 21-2, 24, 53-4, 56-7, 101, 114. 168-9; — Tudites [Martel, † 741], 7.
Carrovalis, C-volis, C-lo (de) castellum, 108; — ecclesia S¹ Joannis, 111; — locus, 109; — terra, 32. — *Charols (Dr.).*
Carta, 72; cessionis, 49; testimonialis, 113, 120.
Carthula, C-tula, 2, 9, 15, 57, 119, 157, 170; nuptiarum, 177.
Carturilago, locus, 62. —
Cartusia = S¹ Petri de C.
Casa, 52, 56, 100-1, 103, 110, 115, 124; Dei, 53.
Casæ Dei abbas, 164; — cœnobium, 165-6. — *La Chaise-Dieu.*
Casalcus (mansus de), 37. —
Casalibus (Guillelmus de), 209. —
Casb., mansus, 122. —
Caso (ecclesia de), 179. —
Cassanolias, villa, 107. —
Cassinum cœnobium, 167. — *Monte-Cassino (Ital.).*
Castanerio (ecclesia de), 179. —
Castanetus, sylva, 107. —
Castellarum locus, 80. — *Chatelard, c° de St-Maurice-de-Lignon.*
Castello (capella de), 179.
Castris, villa, 82. = Chartris.
Castro Novo (de), 37; — Austorgius, 190; — capella, 178; — ecclesia, 193; S¹ Juliani, 17, 92; — miles, 132; — Petrus, 208. — *St-Médard-de-Châteauneuf.*
Castronovo de Boteria (Pontius de), 190. —
Catusago, villa, 65. —
Caucino (in), 131. —
Cavallicensis diœcesis, 194. — Cavellicus pagus, 136. — *Cavaillon Vaucl.).*
Cayres = Cairis.
Cazalendis, C-ll-s, villa, 82. — *Chazalets, c° des Vastres.*
Cazales (mansus de), 32. —
Cazaletis, villa, 92, 135. —
Cazalos (ad), 122; —, locus, 133. — *Les Chazaux, c° des Vastres.*
Cazota (mansus de), 75. — *La Chazotte, c° de Retournac.*

Cedrirs, villa, 91. —
Cella, 14, 16, 18, 39, 43, 124-5, 143.
Cellario (de), 94; — ecclesia, 179, 194. —
Cellarium, C-ler-m, 14. — Cellier.
Cellarius, 27-8-9, 30. — Cellerier.
Centuria, villa, 107. —
Cerano, rivulus, 112. —
Ceresium castrum, 86. — *Sereys, c. de St-Jean-de-Nay.*
Cerlhosco, rivulus, 136. —
Cervaria, C-veria (de) abbas, 127; — ecclesiæ, 18, 181, 196; e-a St Theofredi, 126-7; — locus, 123-4-5-6-7; — villa, 127. — *Cervere (Piém.).*
Ceyssac, castrum, 162; — (Joannes de), 206. — *Ceyssac.*
CHABERTUS, donator, 71; — donatus, 186.
Chabotis = Cabotis.
CHABREILLA (Lambertus), 184.
Chadro, C-one, C-nis = Cadro.
Chaliano, villa, 111. — *Chalias, c. de de Montpezat (Ard.).*
Cham (ecclesia St Martini de la) 194. —
CHAMBO (Guillelmus), 209.
Chanalellis = Canalellis.
Chaptoil, C-ol (castrum, Pontius dnus de), 190. —
Charroil (ecclesia de), 194. = Carrovolis.
Charta, pas.; cessionis, 97, 111; eleemosynaria, 105; offertionis, 124; privilegii, 106; testimonialis, 97, 99, 111.
Chartris, villa, 82. —
Chartula, 1, 9, 45, 51, 60, 76, 90, 101, etc.
Chas (ecclesia de), 193. — *Chas (Puy-de-Dôme).*
Chasaleto (Giraudus de), 205. —
Chasnatis, villa, 107. —
Chassanhea (Perrotus de la), 208. —
CHAUCHALA (Petrus), 184.
Checrino, Chexc-o, villa, 87. —
Cheissac (nobiles de), 161. = Ceyssac.
Cheliano = Chaliano.
Chesa episcopi, 161. — Evêché.
CHONO, donator et filius, 172.
Chorus, 42; — ecclesiæ, 213.
CHRISTINA, uxor Placentii, 52.
Cimiterium, 171, 173-4, 204.
Cinissis (ecclesia de), 180. —
Clarei (Silvio de), 149. — *Clérieux (Dr.).*
CLARICIA, matrona, 135.
Claromonte (Nicolaus de), 205. — C-ensis civitas, 163; — diœcesis, 193; — episcopus, 141, 162. — Cla-rummontem (synodus apud), 139. — *Clermont-Ferrand (P.-de-D.)*
Clatzas (ecclesia de), 180. = Esclassas.
Clausicias, villa, 131. —
CLEMENS, papa [*IV, 1265- † 1268*], 191, 198.
CLEMENTII (Granetus), 208.
CLEMENTIS (Petrus), 208.
Clenchenenchum (ad), . —
Cleu, C-us, Clevo, Clivo, Cliuvo, Clovo (de), 36; — castrum, 200, 206; — controversia, 183; — ecclesiæ, 180, 194; — factum, 183-4; — mandamentum, 186-7; — monasterium, 149, 184; — Petrus, 184; — prior, 37; — p-ratus, 198, 201-2, 206; — terra, 32; — villa, 107, 109, 183-4-5-6-7. —
CLOTARIUS, rex [*II, † 628*], 7, 167.
Cloto (campus de), 77. —
Cluniacense, C-sis abbas, 9, 46, 134, 142, 160; — capitulum, 142; — fratres, 143; — prior, 144. — *Cluny (S.-et-L.).*
Coardo (Fulco de), 205. —
Cobeno, Cobone (ecclesia de), 192; (e-a St Georgii de), 17, 88. — *Coubon.*
Cocherias (ad illas), villa, 66-7. —
Cocoriano, villa, 107. —
Codeleto (al), mansus, 83. —
Cofolenco, C-nto (ecclesia de), 179, 192. — *Confolent, c. de Beauzac.*
Cofores (Pe[trus] de), 205. —
Cogogiaco, villa, 62. —
Coira (ecclesia de), 179. —
Colentia, rivulus, 19, 147; rivus, 4, 28, 64. — C-am (super), 103. — *Colanse ou Colence, riv.*
Colentia (de), 47; — villa, 48; tres v-æ, 122. — *Colence, c^e de Chadron.*
Colentiola, mansus, villa, 53. = *précédent.*
Colle (Pontius de), 146. — *Le Collet, c^e de Polignac.*
Colonicas, villa, 54, 112. —
Coltejolo (terra de), 63. —
Coltigulo, villa, 80. —
Columbario (de) ecclesia, 180, 194; — pagus, 60. — *Colombier-le-Jeune (Ard.).*
Columberio, locus, 124. —
Combres, villa, 115. — *Combres, c. de Chamalières.*
COMPORTUS (Geraldus), 100.
Comptal (mansus de), 122. — *Condal, c^e de Laussonne?*
Concolas, villa, 59. —
Conculas, C-lis (ecclesia de), 179,

194; (e-a S' Sebastiani de), 94. — *Concoules, c° de Lespéron (Ard.).*
Confolentis, locus, 49. = Cofolento.
Conissa, mons, 121. —
CONO, donator, 171; —, episcopus Maurianensis [c. *1088- c. 1108*], 174; —, filius Geilini com., 116; —, rex Teutonicorum [= Conradus], 121.
CONRADUS, episcopus Sabinensis [*1128-54*], 147; —, rex [*le Pacifique, 937-993*], 107-8, 110-1-2-3, 115-6, 136; —, rex-imperator [*Ml le Salique, 1024-1027-1039*], 120, 126-7.
CONSTANTIA, conjux Rainaldi, 68.
Constantinopolis, 163. — C-itana urbs, 167. – C-nus imperator, 163. *Constantinople.*
CONSTANTIUS, filius, 71, 100.
Consuetudo, 188; mala, 97, 104, 139, 140, 145.
Contagnet, C-aniet (de), 209; — Andreas, 190. —
Contis (ecclesia S¹ Petri a), 93. —
Cordaco (de) terra, 63; — villa, 81, 96. — *C° de Laussonne.*
Cordatis (villa de), 70. — *Cordes, c° de St-Julien-Chapteuil.*
Cordazet, C-to (de) mansus, 190; — villa, 37, 56. —
Cordensis, locus, 136. —
Corinthicum, C-ium metallum, 41.
Corinto (prior de), 198, 202. —
Cormariacum, C-icum cœnobium, 167. — *Cormery (Indre-et-Loire).*
Cornatis, villa, 112-3-4. — *Cornas (Ard.).*
Corniano, villa, 107. —
Corno, villa, 107. —
CORODELLI (Bertrandus, Willermus), 44.
Corpus Christi, 147; Dominicum, 41.
CORRETER (Dur[antus] lo), 206.
Costa (de) ecclesia, 195; e-a S* Mariæ, 181 ; — Hugo, 187. —
Costa Rubra (mansus de), 80. —
Costis (ecclesia de), 196.— *Les Costes (Htes-Alpes).*
Courmarces (villa de), 193. —
Cous (ecclesia de), 179, 194. — *Coux (Ard.).*
COYRO (Durantus), 191, 205.
Craponense vicaria, 76. — *Craponne.*
Crauchetis, villa, 67. — *Les Crochets, c° de Laussonne.*
Craxanciaco, villa, 54. —
Cressiliano, villa, 102. —
Crest Arnaut, C-to (Arnaldus de), 149;—(factum al), 186.— *Crest (Dr.).*

CRISPINA, conjux Pontii, 108.
Crojozole = Crozojole.
Cros N'avifos (decimæ dal), 210. —
Cros, Crozum Romaldi, villa, 74.— *Le Cros-de-Montroy, c°de St-Front.*
Croset (lo), mansus, 190; — (terra de), 191.— *Le Cros, c° de St-Martin-de-Fugères.*
Croso, Crozo (de) mansus, 121; — villa, 72, 100. —
Crozeto (de) locus, 63;—mansus, 73; — villa, 44, 63, 67, 82. = Croset.
Crozeto, villa, 79.— *Le Cros, c° de Bas.*
Crozojole, villa, 58-9. — *Crouziols, c° du Monastier.*
Cruce (de) capellanus, 177; — ecclesia, 175, 180; — prior, 176. — *La Croix-d'Aiguebelle (Sav.).*
Crucianorum villa, 133. —
Cruciolo (castellum de), 112. — *Crussol, c. de St-Péray (Ard.).*
CRUNIAS (Pe[trus]), 191.
Crusoli (villa de), 193. —
Cubono (ecclesia de), 178. = Cobeno.
Cuciacus, villa, 155. — *Cussac.*
Cuina (Aimo de), 176. —
Culeto (villa de), 66, 74-5, 79, 80. —
Cultigulo = Coltigulo.
Cultis (de) prior, 37; — villa, 94. —
CUNABERTUS, donator, 76.
Curtemarcis, C-timer-s (villa de), 60, 122. — *Courmarcès, c° de St-Martin-de-Fugères.*
Curtis, 56, 62-3, 65, 73, 79, 80, 91-2-3, 100-1, 103, 110, 112, 115, 125, 135.

DALMATIUS, abbas S¹ Theofredi, 8, 9, 45, 49, 51, 57-8-9, 60, 95-6-7, 99, 100-1-2, 111, 128-9, 130, 168; —, canonicus Aniciensis, 159; —, commutans, 60; —, operarius S¹ Theofredi, 191 ; —, prior de Clivo, 37, 139.
Dansa, passus, 203. —
Darentasiensis archiepiscopus, 176. *Moutiers (Sav.).*
DASASTRUDIS, uxor Ebonis, 67.
DATAN, DATHAN, 105, 141, 146, 157, 171-2-3-4.
DAVID, donator, 114.
DECANUS, abbas S¹ Theofredi, 9. = Dructanus.
Decima, 26, 28, 36-7, 40, 53, 69, 89, 102, 111, 116, 122, 131, 134-5, 145, 171, 173-4-5, 181, 192-3-4-5-6-7-8, 204, 209, 212.
DELMATIUS, filius Truberti, 81.

Demons (tres ecclesiæ a), 181. —
Denay, Donay (de), 36. = Doenay.
DEODATUS, dominus Severiaci et filius, 137-8.
Desbregatis (in), 27. = S¹ Joannis de Bracas.
Deserti capella, 181. — *Château-Bernard (Is.).*
DESIDERII, patrochiani, 149.
DESIDERIUS, 155; —, canonicus Aniciensis, 158; —, donator, 134; —, nobilis, 54, 64; —, subdiaconus, 69.
Deumas, villa, 55-6. —
Devajua (Jarento de), 187. — *Divajeu (Dr.).*
DIADOARA, uxor Bertrandi, 74.
DIDA, conjux Roberti, 99.
Diensis, D-ium comitatus, 53, 109; — diœcesis, 194; — ecclesia, 99; — episcopatus, 53, 60; — episcopus, 35, 45, 99, 143-4, 148, 200; — pagus, 108-9, 110-1. — *Die (Dr.).*
Diptica eburnea, 42.
Disculis, villa, 135. —
DISDERIUS, canonicus Aniciensis, 159; —, testis, 171.
Divo (Petrus de), 139. —
Doenaio, D-ay (ecclesia et capella de), 180, 194. — *Dionay (Is.).*
Doledo, fluvius, 159. — *Dolaison, torr.*
DOMFREDUS, colonus, 100.
DOMINICA, soror Adroildæ, 127.
DOMINICUS, filius, 114; —, servus, 126.
Dominium, 48, 106, 128, 155, 191.
Donay (prior de), 211. = Doenay.
Dora. ecclesia S⁰ Mariæ et villa, 135. — *Dorat (Puy-de-Dôme).*
Dormitorium, 14, 40, 47, 213.
Dravus, fluvius, 121. — *Le Drac (I⁰.).*
DROGO, donator, 170-1; —, filius, 132.
DROGOLENUS, filius Aspasiæ, 79.
DRUCTANUS, D-nnus, abbas S¹ Theofredi, 51-2-3-4, 168.
Duabus Rabbis (villa de), 28 (cf. 122). *Deux-Rabbes, c⁰ de Freycenet-la-Cuche.*
Duas Velias (ad), villa, 82. —
Ducialico, D-iliaco, villa, 101. —
DUDO, filius Cononis, 172.
DURANDUS, donator, 80.
DURANTIA, uxor Guinamandi, 41.

Ebde, villa, 74. —
EBO, donator, 67, 100; —, frater Odilonis abbatis, 134; —, venditor, 96.
EBRALDUS, canonicus Aniciensis, 159-60.

EBRARDUS, prior Camalariensis, 37; —, venditor, 62, 155.
Ebredunensis diœcesis, 196. — *Embrun (Htes-Alpes).*
Ebsoni, Els-i, castellum, 117. —
EGINA, uxor Desiderii, 53.
EINRICUS = HENRICUS.
ELDEBERTUS, episcopus Mimatensis [*1096*], 140-1.
ELDEGARDIS, fœmina, 67.
ELDEGERIUS = HELDEGERIUS.
ELDENUS, E-no, canonicus Aniciensis, 159; —, decanus Aniciensis, [*1001*], 72.
Eleemosynaria carta, 44, 171-2-3-4.
Eleemosynarius, 23, 27-8-9, 146.
ELELTRUDIS, matrona, 136.
ELEZO, Eloso, donator, 124.
EMENUS, filius Jersindis, 95.
EMMA, uxor Arricii, 111.
Encastris (ecclesia de), 181, 195. — [*Miribel-et-*]*l'Enchâtre (Is.).*
Encotz = S¹ Pauli de E.
Engeolis (de) arcis, 79; — pagus, 133; — villa, 56, 61, 67, 73, 78-9, 82. — *Enjolier, c⁰ du Monastier.*
ENIMIA (b⁰), virgo, 128-9.
Ennaco (de) ecclesia S¹ Juliani, monasterium, 117. — *St-Pierre-Eynac, c⁰ de St-Julien-Chapteuil ?*
EPISCOPUS (Petrus), 74.
ERACLIUS, frater Pontii, 162.
ERACREUS, venditor, 102.
Eredone, locus, 83. —
ERMEGARDA, uxor, 79, 138.
ERMEGARDIS, conjux, 60, 71; —, uxor, 64.
ERMENGARDA, regina [*épouse Rodolphe III 1011, † ap. 1057*], 118.
Erodone, aqua, 115. —
Erodonis, vallis, 94. —
ERUBERTUS, Umb-s, comes, 110.
Esclassas (ecclesia d'), 194. — *Eclassan (Ard.).*
Escolenco (villa de), 104-5. — *La Collange, c⁰ de Lautriac ?*
Espalede (d') nobiles, Odo, Pontius, 161; terra, 159. — *Espaly-St-Marcel.*
Espenella, E-lo (ecclesia d', de), 180, 194. — *Espenel (Dr.).*
Espinassa (Bert. d'), 205. — *Espinasse (Puy-de-Dôme).*
Estivale, locus, 64; —, villa, 72, 82. — *Estivareilles (Loire) ?*
EUDO (s⁰⁰), 1⁰⁰ abbas S¹ Theofredi, 4, 5, 6, 42, 45, 52, 55, 57-8, 64, 95, 104, 110, 167-8, 172.
EUGENIA (s⁰), virgo, 170.

ALPHABETICUS

Eugenius, papa [*III, 1145-† 1153*], 178.
Eustachius, Eut-s, præpositus Valentinus [*de Poitiers, 1171-1188*], 186-6-7; —, testis, 146, 184.
Evesque (Bertrandus), 208.
Exaerius, donator, 75.
Exævus = Exevus.
Exarto, villa, 91. —
Excolengo (ecclesia in valle), 94. = Escolenco.
Excommunicatio, 19, 33, 119, 130, 141, 199, 200-1-2, 205, 210.
Exevus, 56, 80, 92, 110, 112.
Experta, filia Hugonis, 191.
Eymerudis, conjux, 74; —, uxor, 92.

F., 183. = Franco.
Faber (P.), testis, 186.
Fabri (Pontius), 184, 187.
Fabricas, villa, 54-5-6, 58. — *Fabras (Ard.)*
Fageta (villa de), 44, 78, 80. — *La Fayette, c° d'Yssingeaux.*
Fageta Superior (villa de), 81. — *La Faye-Haute, c° de Boisset ?*
Fagia (villa de), 170. — *La Faye, c° de St-Julien-Chapteuil.*
Fagino (capellanus de), 209. —
Faia (ad illa), 61,79; —(de) locus, 133; — villa, 32, 115, 122. — *La Faye, c° de Boisset.*
Faidi (Petrus), 141.
Faino (consularis de), 88. = Fayno.
Fajeta = Fageta.
Falconis (Bert.), 205; — (Hugo), 207.
Falgerias, villa, 77, 80. — *St-Martin-de-Fugères.*
Falgeriis (de) ecclesia, 179, 194; e-a S¹ Theofredi, 94; — villa, 131. — *Faugères (Ard.).*
Fara (la), castrum, 160. — *La Farre (Ard.).*
Faramandus, prior de Valentia, 37.
Faugeriis = Falgeriis.
Faugerolas (de), 70. —
Faure, pr. et judicius, 210.
Faurias (villa de), 27. — *Faurie, c° de St-Front.*
Faurios (villa de), 193. — *Fauriettes, c° de St-Front.*
Fauritos (villa de), 27. = Faurios.
Fayno (mandamentum de), 122. — *Fay-le-Froid.*
Faypau (villa a), 63. — *Faypau, c° de Loutriac.*
Fayssia (ecclesia de), 193. —
Felgerias = Falgeriis.

Feliairolas, villa, 103. —
Felliarias, villa, 54. —
Fenc (mas au lo), 83. —
Ferrana (Bernardus de), 205. — *Les Ferrières ? (Gard).*
Ferraria (vallis), 127. —
Ferrerias, villa, 83. — *Ferrières, c. de St-Etienne-de-Fontbellon (Ard.)?*
Feudum, 73, 81, 83, 122, 134, 204.
Fimum Canis, villa, 68. —
Fines, villa, 155. —
Finscy, Finzeo (ecclesia de), 180, 194. — *Fiancey (Dr.).*
Fix (ecclesia de), 193. — [*Villeneuve de-*] *Fix.*
Flamiangas = Flumiangas.
Fledone, Flod-e, mura, 112. —
Florentia, fœmina, 113.
Floridus (campus), 163.
Flotbertus, frater Adalardi, 103.
Flumiangas (villa de), 79. —
Folcheradus, colonus, 100.
Fontalibus, F-anibus (ecclesia de), 181, 195. — *Fontanieu, c. d'Allières-et-Risset (Is.).*
Fontanis, locus, 124-5. —
Fontebellonensis, F-tis B-nis arcis, 54; — vicaria, 96, 101, 103. — *St-Etienne-de-Fontbellon (Ard.).*
Forael, terra, 160. —
Forensis fines, 32; — pagus, 60, 155. — *Forez.*
Fortaresse, F-reza (ecclesia de), 180, 195. — *La Forteresse (Is.).*
Fortunariis, F-neriis (ecclesia de), 180, 194. — *Fortunières, c° d'Etoile (Dr.).*
Fortunatus (sus), 104, 141-2.
Foyssaco (ecclesia de), 205. — *Foissac (Gard).*
Fracta, villa, 91. —
Fraderigus, F-icus, testis, 52.
Fraiceneto (villa de), 193. = Fraxineto 1°.
Fraicet = Fraycet.
Fraiseneto (ecclesia de), 179. = Fraxineto 1°.
Fraisse (mansus de), 190. — *Le Fraisse, c° du Monastier.*
Franchiel, mansus, 134. —
Francia (in), 24, 169. — F-æ, F-corum princeps, 7; — progenies, 151; — regina, 206; — regnum, 167; — rex, 1, 4, 5, 52, 56, 64, 75, 84-5-6, 91, 130, 134-5, 138, 141, 151, 158-9, 160-1, 165-6, 168, 207-8. — *France.*
Franco, abbas S¹ Theofredi, 183, 209; —, sacerdos, 177.

15

Fraxenelda, F-epe-a, locus, 126. —
Fraxineto (in), 28, 122; —, villa, 55, 87. — *Freycenet-la-Cuche* ou *la-Tour*.
Fraxineto, villa. — *Freycenet, c° de St-Jeure*.
Fraxino (de) B., 190; — domus, 203. — *Le Fraisse, c° de Beauzac*.
Fraycet (domus de), 203-4. = Fraxino.
Fraysse (Hugo de), 191. = Fraxino.
Fraysseneto (terra de), 191. = Frayxeneto.
Frayxeneto (ecclesia de), 192. — *Freycenet-la-Tour*.
FREDEBURGA, F-gis, mater episcopi Gratianopol., 118, 120.
FREDELO, donator, 128; —, episcopus Aniciensis [*1016*], 158-9.
FREDERA, matrona, 53.
FREDERICUS, imperator [*I, 1152-† 1190*], 176.
Fressenet (sacerdos de), 209. —
FREYSENDIS, matrona, 59.
FRITGISIUS, donator, 78.
FROMALDUS, monacus, 114.
FROTARIUS, archiepiscopus, e-s [*877*], 23-4.
FROTGERIUS, donator, 66; —, nobilis, 77.
FROTSENDA, matrona, 65.
FULCHO, monacus, 117.
FULCO, præpositus Maurianensis [*1103*], 175.
FULGERIUS, filius Leotgardæ, 120.
Funs (ecclesia de), 179. —
Furnos (mansus ad), 77. —

G., præceptor Aurasicæ, 188.
Gabalitanensium vicecomes, 130. — G-ano (in), 29, 86; — (nobilis de), 100. — G-nus comitatus, 131; — episcopatus, 60. — *Gévaudan*.
Gabiana, villa, 77. —
GAGO, filius Deodati, 138.
Galaurus, rivus, 116. — *La Galaure, riv. (Dr.)*
GALBERTUS, canonicus et levita Aniciensis, 62, 70, 133; —, donator, 101.
Galexiano, ecclesia S¹ Martini et villa, 112. —
GALFALDUS, abbas S¹ Theofredi, 65, 67.
Galhaco (ecclesia de), 193. — *Gailhac (Aveyr.)*.
Gallia, G-iæ, 4, 7, 20, 102, 118, 162-3. — *France*.

GALO, monacus, 94.
GALTERIUS, abbas S¹ Theofredi, 90-1-2, 53-4, 168; —, nobilis, 123.
GANILO, obedientialis vallis Erodonis, 50.
GARANGARDA, uxor Grimaldi, 102.
GARBES, testis, 184.
GARENTO, canonicus Aniciensis, 159; —, testis, 170.
Gargarida, boscus, 92. —
Garnosa, ecclesia, 142. —
GASC (Petrus), 89.
GASENTO, monacus, 185.
GASPASIA, uxor Gualteri, 56.
GAST (Guillelmus), 207.
GAUCELINUS, laicus, 128; —, sacerdos, 91.
GAUCELMUS, Gauze-s, canonicus Aniciensis, 158-9.
GAUCERANDUS, abbas [*1001*], 72; —, episcopus Vivariensis [*1136-46*], 50-1, 148.
GAUFREDUS, 138; —, donator, 65.
GAUFRIDUS, cognom. Grisogonella, comes [*d'Anjou, 958-† 987*], 152.
GAUSBERTUS, testis, 138.
GAUSNA, GAUZNA, matrona, 49.
GAUTERII (Petrus), 184.
GAUTERIUS, canonicus Maurianensis, 176.
GAVILO, prior Mansi Cavillani, 37.
Gebennensis diœcesis, 195. — *Genève (Suis.)*.
GEILA, uxor Sulpicii, 101.
GEILINUS, comes, marchio [*de Valentinois, I, 937-962*], 48, 109-10, 112, 115; [*II, 1039-1077*], 116.
GEIMBERGIA, matrona, 82.
Geira, villa, 113. —
Gemadello, Gemed-o, locus, 80. —
Genebrario (ecclesia de), 181, 195. — *Genevrey, c. de Vif (Is.)*.
Genebret, G-to (de) mansus, 32; — villa, 27. — *Genebret, c° de Bessamorel*.
Genevensis comes, 123; — episcopatus, e-pus, 123. = Gebennensis.
Genoliaco (villa de), 66, 75. —
GEOBERTUS, testis, 161.
GEOFREDUS, canonicus Aniciensis, 159.
GEOSBERTUS, donator, 81.
GERALDUS, 90; —, donator, 58, 71-2, 76, 84, 96, 135; —, eleemosynarius, 26; —, episcopus Vivariensis [*1079-1092*], 99, 134-5; —, miles, 44, 89; —, præpositus Aniciensis [= Beraldus], 159; —, prior Lingoniæ, 37; —, testis, 70, 161, 170-1.

GERCTRUDIS, uxor Geraldi, 72.
GERINUS, filius Arimandi, 108.
GERONTIUS, archiepiscopus Bituricensis [v. 908-948], 49.
GERVASIUS, miles de Castro Novo, 132-3.
GIBERGA, colona, 100.
GIBO, Giba, donator, 49.
GILBERGA, uxor Bertrandi, 113.
GILBERNUS, donator, 107.
GILBERTUS, nobilis, 71.
GIMBERGA, matrona, 81.
GIMELLIS, villa, 185. —
GIRALDUS, donator, 80, 101.
Girana, villa, 112. —
GIRAUDUS, capell. de Prazalhis, 207.
GIRBERGA, uxor Adeberti, 113.
GIRBERGIA, conjux Bernardi, 62.
GIRBERNUS, 100; —, canonicus Aniciensis, 158-9; — donator, 66, 75-6, 99; —, miles, 82; —, testis, 161.
GIRBERTUS, 90; —, frater vicecomitis, 138.
GIRBONUS, colonus, 74.
GIRINUS, filius, 81; —, frater, 92.
GISLABERTUS, donator, 65; —, venditor, 63, 73.
GISLASSUS, canonicus Aniciensis, 158.
GITBERGA, conjux Bernardi, 66.
Glandinensis episcopatus, 45; — episcopus, 31. — Glandève, c. d'Entrevaux (Bses-Alp.).
GLAUDIUS, donator, 54.
Glavenacio, G-as (Pontius de), 190, 207-8. — Glavenas, c° de St-Julien-du-Pinet.
Gloiracio (Stephanus de), 50. — Gluiras (Ard.).
GOBERGA, uxor Rostagni, 91.
Goblario, locus, 96. —
Godeto (Balduinus, castrum, Girbertus, Stephanus de), 145; — (Gibertus dominus de), 190. — Goudet.
GODILA, conjux Austorgii, 63.
GODO, donator, 55.
Godoleto (Rostagnus de), 185. —
GODRANNUS, donator, 114.
GOLFALDUS, abbas S¹ Theofredi, 45, 61-2, 64-5, 91, 95-6-7, 99, 100, 102-3, 112.
GOLPHULDUS, abbas S¹ Theof., 103.
Gomia, rivus, 53. —
Gorda, Gordia (de), 35; — ecclesia, 194; e-a S¹ Theofredi, 179; —, prior, 37. — Gordes (Vaucl.).
GOSCALCHUS, donator, 77.
GOTESCALCHUS, GOTIS-S, G-CUS, episcopus Aniciensis [936-†962], 47, 49, 57, 101-2, 130.
GOTHELINA, conjux Geilini comitis, 114.
GOTISCALCHUS, canonicus Aniciensis, 162.
GOTISCALCUS, donator, 83.
Graculosa (Capella), 36; — (ecclesia S⁺ Mariæ de), 17. — Graillouse, c° de la Chapelle-G-e (Ard.).
Gradiniano, castellum, 136. —
Gralhosa, G-lioso (ecclesia de), 179, 193. = Graculosa.
Grana (de), 185. — Grane (Dr.).
Granariensis prior, 175. — Granier (Sav.),
Grangia, 34, 193, 197, 203-4-5.
Grangiis, G-gis (ecclesia de), 180, 193. —
Grassa (Raymundus de), 205. — Grasse (Alp.-Mar.).
Gratianopolensis, G-litanus-a-um canonicus, 119; — civitas, 195; — diœcesis, 170, 205; — ecclesia, 143, 170; — episcopatus, 16, 117-8, 170-1-2-3; — episcopus, 14, 118, 120, 142-3-4, 211; — urbs, 142. — G-is, 180. — Grenoble (Is.).
GRATIANUS, cardinalis diac., 183.
Gredenensis vicaria, 131. —
GREGORIUS, cardinalis diac., 147; — (sus) papa [I, 590-604], 6, 25, 38, 167; — [V, 996-9], 132; — [VII, 1073-85], 86, 123; — [X, 1271-6], 199, 200-1-2; — [XI, 1370-8], 211; —, scriniarius region. s. palatii, 17.
Greis, G-iz (Petrus de), 50. — Grèzes.
Greze (ecclesia de), 193. — Grèzes (Lot.)
Grifo (Pontius de), 50. —
GRIMALDUS, canonicus Aniciensis, 158; —, donator, 102; —, frater, 104.
GRIMANDUS, prior de Langobardia, 37.
Grinione (ecclesia de), 180, 196. — Grignon, c. de Pontcharra (Is.).
GRISOGONELLA, G-sag-a, cognomen, 152.
Grosologus, villa, 68. —
GUACS (Willelmus), miles, 190.
GUALBERTUS, cleric. et levita, 68-9.
GUALO (Guillelmus), 175.
GUALTERIUS, abbas S¹ Theofredi, 9, 54.
GUALTERUS, donator, 56.
GUARENTO, abbas [1016], 159.
GUASC (Raymundus de), 190.

GUERS (Bertrandus), 184.
GUIBERGA, matrona, 63.
GUICARDUS, donator, 65.
GUICHARDI (Martinus, W.), 184.
GUICHARDUS, donator, 75; —, testis, 184.
GUIDO, abbas Cormarici [965-976], 151; —, archiepiscopus [Viennensis, 1080-1119], 117; —, cardinalis diac., 147; presb., 147; —, colonus, 100; —, dominus Severiaci, 137; —, donator, 75, 81-2, 91; —, episcopus [937] 49; —, — Aniciensis, Vallavensis, V-ium [I, 875-6], 23, 57, 169; [II d'Anjou, 976-993], 64, 69, 103, 151, 153-4-5-6-7-8, 160-1; —, episcopus Valentinus [990-5], 154, 157; —, filius, 138; —, minister, 147; —, præpositus Aniciensis [985-93], 69, 133, 154-5, 157; —, presbyter, 171; —, prior S' Laurentii, 121; — S' Theofredi, 40-1; —, sacerdos, 79; —, sacrista S' T', 39; —, testis, 105; —, venditor, 67, 138; —, vir, 58. — Voy. Guigo.
GUIGO, abbas [S' Felicis Valentiæ, 997-1014], 106; —, — S' Theofredi [I], 9, 31, 33, 45, 68-9, 70-1-2-3-4-5-6, 91, 95, 103, 108, 114, 115, 148-9, 152-3, 155; [II], 9, 33, 76, 78-9, 80-1, 91-2, 96, 105; [III], 10, 33, 84, 102; —, bajulus, 184; —, canonicus Aniciencis, 159; —, capellanus Ruthenensis, 138; —, clericus, 172; —, comes [de Graisivaudan], Senior [le Vieux], 117, 120, 122; —, decanus Aniciensis, [1016], 159; —, donator, 66, 84, 116; —, episcopus Glandinensis [975-1012], 9, 31, 33, 45, 68, 74-5-6, 95, 103, 133, 135; —, filius, 80; Wigonis comitis, 118, 120; —, frater, 78, 88; —, nobilis, 85; —, prior Ruthenen., 138; —, — de Ussello, 37; —, sacrista S' Theofredi, 74; —, testis, 173. — Voy. Guido.
GUIGO, G-ONIS (Petrus), 185, 187.
GUILELMUS, G-LHERMUS, G-LLELMUS, G-ERMUS, abbas de S° Evodio [v. 1096], 162; —, — S' Theofredi [I], 9, 33, 50, 81-2-3-4, 91, 97-8, 102-3, 127, 134; [II], 9, 33, 91, 111; [III], 10, 12, 33, 35, 44, 46, 84-5-6-7, 93, 123; [IV], 12-3-4-5, 33, 87, 8-9, 90, 92, 97-8-9, 116, 133, 137-8, 140-1-2; [V], 145-6; [VI], 209; —, decanus Aniciensis [de Goudet, 1108-1132], 90, 145, 162; —, dominus Ebsoni, 117; —, donator, 79, 83-4, 91, 95, 104, 124, 139, 126; —, episcopus Aniciensis [1263-83], 203; —, — Claromontensis [1096], 141, 162; —, filius, 70, 79, 132; —, frater, 88; —, monacus, 116, 121-2; —, præpositus Valentinus [v. 1154], 186; —, sacrista S' Theofredi, 43-4; —, testis, 105, 138, 158, 160; —, venditor, 78; —, vicecomes, 87.
GUILHERMA, filia, 88; —, uxor, 134.
GUINABERTI (Pontius), 177-8.
GUINAMANDUS, donator, 41.
GUIO, bajulus, 184.
Guirpitio, Gurpicio, 81, 87, 97, 169, 170.
GUITARDUS, abbas [993], 158; —, archidiaconus Aniciensis, 154; —, donator, 136.
GULFADDUS, abbas S' Theofredi, 115.
GUNTARDUS, prior claustralis S' Theofredi, 189.
Guodeto = Godeto.
Gutta (molendinum de), 107. — La Goule, ruiss, c° de Châteaubourg (Ard.).
Guttula volvens, 55.
GYLIS (Rostagnus), 184.

HANNO, canonicus Aniciensis, 158.
HECTOR, donator, 63; —, laicus, 128.
HELDEBERTUS, abbas [v 033-], 160-1.
HELDEGARIUS, H-GER-S, præpositus Aniciensis [1033-], 160-1.
HELENA, uxor Sylvii, 91.
HENRICUS, imperator [II, 1002-1424], 123; —, —rex Teutonicorum [IV, 1056-84-1106], 123, 139, 175; —, rex Franciæ, F-corum [I, 1031-1060], 51, 82, 84, 91, 95, 102, 116, 123, 126, 134, 136, 160, 174.
HERACLIUS, frater vicecomitis, 86.
HERMEBERGA, uxor Babonis, 61.
HERMEGARDIS, foemina, 58.
HERMETO (villa de), 89. — L'Herm, c° de Salettes ou Laussonne.
Hermum (ad), H-us, locus, 77; —, villa, 56, 78, 89. — L'Herm, c° du Monastier.
HEUSTACHIUS, H-AGIUS = Eustachius.
Hierosolyma, 88, 162. — H-mitana expeditio, 89, 140. — Jérusalem.
HIMARUS, episcopus Tusculanus [1144], 147.
Hispinacia (ad), locus, 135. —
Horologium, 42. — Horloge.

ALPHABETICUS 229

Hospitalis pauperum, 27.
Hospitalis S¹ Johannis Jerusalem, 186-7-8, 203-4-5. — *Hospitaliers.*
Hostiensis episcopus, 147, 182. — *Ostie (Ital.).*
HUBALDUS, cardinalis presb.,147 ;—, episcopus card.Hostiensis [*1179*], 182.
HUGO, abbas Cluniacensis [*1048-1109*], 46, 142 ; —, — S¹ Theofredi [= Guigo], 70, 74, 116 ; —, canonicus Aniciencis, 158-9 ; —, — Maurianensis, 176 ; —, cardinalis presb., 182 ; —, dominus de Mezengo, 84 ; —, donator, 73, 91 ; —, episcopus Diensis [*I, 1074-92*], 35, 143 ; [*II, 1144-58*], 148 ; —, — Gratianopolitanus [*I, 1080-1132*], 14, 142-3-4 ; —, filius Geilini com., 116 ; —, frater episcopi Mimatensis, 123 ; —, nepos abbatis, 153 ; —, nobilis 68 ; —, prior de Marjac, 190 ; —, — S¹ Laurentii, 37, 175 ; —, rex Francorum [*987-996*], 50, 70-1-2, 74-5-6, 95, 158, 161 ; —, venditor, 63.
HUMBERTUS, comes [*de Savoie, 1042*], 172-3-4 ; —, donator, 78-9, 116 ;—, episcopus Aniciensis [*v. 1128-1144*], 145-6, 149 ; —, — Diensis [= Hugo], 148 ; —, — Gratianopolensis [*990-1030*], 118-9 ; —, filius, 79 ; Wigonis com., 118, 120 ; —, presbyter, 156.

I beriolis, villa, 115. = Jeorolis.
ICTERIUS, 97 ; —, canonicus Aniciensis, 158 ; —, donator, 98 ; —, genitor, 95 ; —, testis, 90.
ILERIUS, ecclesia S¹ Clementis et fluvius, 94. —
Incarnatio Domini 11, 30, 69, 70, 74, 89, 90, 95, 97-8, 104, 114, 117, 120, 134, 138, 141, 146, 148, 157, 167, 172-3-4, 176-7, 183 ; D-ica, 17, 19, 70, 86, 177, 184, 186 ; D-i nostri Jesu Christi, 6, 7, 34, 99, 106, 127, 133, 184, 203.
INGALIARDIS, uxor Aspasii, 73.
INGELBERGA, uxor Artulfi, 72.
INGELBERTUS, donator, 100.
INGELBURGIS, uxor Stephani, 77.
INGELMODIS, uxor Glaudii, 54.
INGELRADA, conjux Godonis, 55.
INGELRANUS, donator, 66.
INGELRICUS, vir Raiangardis, 78.
INGELTRICUS, canonicus Aniciensis, 159.

INGELVINUS, decanus Mimatensis [*951*], 128-9.
INGERARDUS, donator, 71.
Ingomias, locus, 55. —
INNOCENTES (duo sancti), 42, 45, 55, 58, 104, 172.
INNOCENTIUS, papa [*IV, 1243-54*], 188.
Insula, locus, 124. —
Insulæ ecclesia, 179. — *Au Puy.*
Interaquis (de), 36 ; — ecclesia, 179, 194 ; — prior, 37. — *Antraigues-sur-Volane (Ard.).*
Interdictum, 181, 196, 199, 202-3, 206.
IRAILH (Petrus), 209.
Isaræ fluvius, 118. — *Isère, riv.*
ISARNUS, archidiaconus Valentinensis, 106-7.
ISIMBARDUS, canonicus Aniciensis, 158 ; —, donator, 66 ; —, præpositus, 95 ; —, presbyter, 63.
ISINGARDA, uxor Leutardi, 101.
Isla, capella B¹ Cypriani et villa, 154. —
ISMIDO, filius Cononis, 172.
ISNARDUS, donator, 64, 77, 83 ; —, testis, 105.
Issartellensis vicaria, 95. — *Issarlès (Ard.).*
Issingaudensis arcis, 78. — I-do (vicaria de), 80. — *Yssingeaux.*
ISTIMBURGIS, conjux Roberti, 63.
Italia, 7, 162. — *Italie.*
ITEODALDUS, colonus, 100.
ITERII (Petrus), 88, 141, 191.
ITERIUS, abbas Cervariæ [*av. 1032*], 127 ; —, armarius Aniciensis, 69 ; —, donator, 59, 107 ; —, sacerdos, 135.
ITIERS (Imbertus), 186.
Izara = Isara.
Izellis, I-los (ad), 170.— *Izeaux (Is.).*

JACINTHUS, cardinalis diac., 182.
JACOBUS, abbas S¹ Theofredi, 211-2.
Jaconatis, villa, 107. —
JARENTO, ædituus Aniciensis, 162 ; —, canonicus Aniciensis, 158 ; —, prior Bonæ Fidei, 209 ; —, — Podiensis, 37 ; —, — Sᵃ Enimiæ, 37.
Jarria (ecclesia de),195.—*Jarrie (Is.).*
JAUCERANDI (Reymundus), 211.
JAUCERANDUS = GAUCERANDUS.
JAUVELDUS, donator, 101.
Jeorolis, villa, 115.—*St-Jeure...(Ard.).*
Jerosolyma, Jerusalem, 42, 161, 164-5.—Jherosolymitana peregrinatio,

15*

13-4. — J-num iter, 140. — J-nus rex, 166. — *Jérusalem.*
JERSINDIS, matrona, 95.
JESUS Christus, 72, 74, 123, 131-2, 146, 164, 182, 198, 203-4.
JOANNES, JOHA-S, 126 ; —, archiepiscopus Viennensis [*1218-66*], 188 ; —, canonicus Maurianensis, 176 ; —, capellanus de Laussona, 190 ; —, cardinalis diac., 17, 148, 183 ; —, — presb., 182; —, donator, 127 ; —, episcopus Valentinensis [*1141-6*], 149 ; —, monacus S¹ T¹, 118 ; —, prior de S° Romano, 37 ; —, — claustralis S¹ Theofredi, 190 ; —, sacerdos, 68-9 ; —, scriniarius region. et notar. s. pal., 19.
JOANNIS (S¹) festivitas, 34 ; festum, 175.
JOHANNIS (P.), testis, 186.
JORDANIS (Guilhermus), 148.
JORDANUS, abbas S¹ Theofredi, 203-4, 206-7 ; —, cognomen, 102.
JUDAS, 105, 141, 157, 170-1-2-3-4.
JULIANI (S¹) festivitas, 144.
JULIANUS, apostata, 171-2-3-4.
JUSTINUS, cæsar-imperator [*565-78*], 4, 167.
Juvenum (claustrum), 213. —

K almiliense = Calmelii.
KALMILIUS = Calmilius.
Kalmilius = Calmelii.
Kariloci monachi, 142. — *Charlieu (Loire).*
KAROLUS = Carolus.

L acus, villa, 95. — *Le Lac, c. d'Issarlès (Ard.).*
Lagrathola, ecclesia, 160. —
Lamberticus (mansus), 63. —
LAMBERTUS, canonicus Aniciensis, 159 ; —, colonus, 67 ; —, comes [*de Valentinois, 960*], 110 ; —, episcopus Valentinensis [*997-1011*], 105-6-7.
Lambreto (a), villa, 27. —
Lanaiolio = Lanoiolo.
Lanciacus, villa, 155. — *Langeac.*
Lanoiolo (ecclesia de), 179, 193. = Noiolo.
LANTELMUS, nobilis, 121 ; —, testis, 171.
Lantriaco (de), 36-7 ; — ecclesia, 179, 192 ; e-a S¹ Vincentii, 86. — *Lantriac.*
LAODEGARIUS, testis, 105.

Lapsonna (terra de), 56. = Lausona.
LASC (Juvenis), 190.
Lasenatis, villa, 107. —
Lateranense palatium, 16, 19. — L-ani (datum), 19, 148-9, 150, 183, 200. — *Latran, à Rome.*
LATO DORSO (Pontius), 40.
Laudare, 37, 97, 103, 106, 129, 133, 145, 154, 156, 175-6, 184-5-6-7, 191.
Laude (terra de), 191. —
LAUGERIUS = Leodegarius.
LAURENTIUS (s⁵), martyr, 143, 170-1, 173.
Lausac (ecclesia de), 179. —
Lausona, L-nna, Laussona, L-ne (de) capellanus, 190 ; — ecclesia, 179 ; e-a S¹ Petri, 86 ; — parrochia, 190 ; — villa, 28. — *Laussonne.*
LAUTARDI (Pe.), laicus, 190.
Lavastris, villa, 77. = Vastris.
Lavastrone, locus, 172-3. —
Legatus sedis apostolicæ, 145.
Legernaco, villa, 95. —
Lenconiam (ad), locus, 83. —
LEODEGARIA, uxor Steph. Calcati, 43.
LEODEGARIUS, episcopus Vivariensis [*1096-1119*], 17, 92, 141.
LEODIARDA, uxor Ebonis, 100.
LEOFREDUS, pater S¹ Theofredi, 6, 167.
LEOGERIUS = Leodegarius.
Leotaldo, pratum, 80. —
LEOTARDUS, nobilis, 113.
LEOTFREDUS = Leofredus.
LEOTGARDA, conjux, 77 ; —, mater, 121 ; —, matrona, 120 ; —, uxor, 96.
LEOTGARDIS, uxor Alfredi, 64.
LEOTGERIUS, donator, 116 ; = Leodegarius.
LEOTHALDUS, donator, 91.
LEOTHARDUS, donator, 114.
LEOTRUDIS, uxor Girberni, 75.
LEUCIOARA, conjux Armandi, 66.
LEUGARDA, uxor Teutebrandi, 59.
Leumas, villa, 114. —
LEUTARDUS, donator, 101.
LEUTOINUS, donator, 136.
LEUTRADA, matrona, 57.
Libra, 40, 104 ; — auri, 172-3-4 ; — incensi, 117.
Libratensis arcis, 53. = Livratensis.
Ligeris, fluvius, 4, 50, 203 ; — ripa, 88. — *Loire, fleuve.*
Lignionis aqua, 78 ; — rivus, 72, 75. — *Lignon-du-Sud, riv.*
Lingoniæ ecclesia, 193 ; — locus, 130 ; — monasterium S¹ Gervasii, 35, 94 ; — prior, 37 ; — refecturarius, 211 ; — villa, 131. — *Langogne (Loz.).*

Linhio (aqua de), 203. = Lignionis.
Liotaut, testis, 186.
Lirinensis (insulæ) abbas, 167 ; — monasterium, 4. — *Lérins (Alp.-Mar.).*
Listello (ecclesia de), 194. —
Livratensis vicaria, 49, 135. — *Le Livradois, au N. du Velay, E. de l'Auvergne et S. O. du Forez.*
Lodoicus = Ludovicus.
Lodovensis diœcesis, 202. — *Lodève (Hér.).*
Lofer (W[illelm]us), 191.
Longobardia (de), 35.; — prior, 37. — *Lombardie.*
Longobardorum rex, 52. — *Lombards.*
Longobardus (Petrus), 122.,
Loros (Po[ntius]), 206.
Lotharius, rex[Franciæ, 954-985], 59, 60-1-2, 64-5-6-7-8, 74-5, 95, 101-2-3. 105. 114-5, 133.
Lucæ (b') evangel. festum, 208.
Luceidoni, villa, 135. —
Lucianus, presbyter, 33.
Lucius, papa [*II, 1144-5*], 146-7-8-9.
Ludoicus = Ludovicus.
Ludovicus, imperator-rex Francorum et Longobardorum [*I, 781-814-840*], 9, 21, 52-3-4, 168 ; —, rex [Franciæ, *III, 879-882*], 135 ; — Francorum et Aquitanorum [*IV, 936-954*], 47, 49, 58-3, 65-6, 99, 100. 102, 111, 128, 130 ; — [*V, 979-87*], 96 ; — Francorum [*VI, 1108-37*], 103, 138, 165-6.
Lugdunensis comitatus, 135 ; — episcopatus. 60 ; — pagus, 65, 115, 133. — L-ni (datum), 189. — *Lyon (Rh.).*

M adernacio, M-atis, Maernatz (de), 36 ; — ecclesia, 116, 180, 193 ; — prior, 37. — *Marnas, c. de St-Barthélemy-de-Vals (Dr.).*
Magalonensis diœcesis, 193 ; — episcopus, 144, 148. — [*Villeneuve-lès-*] *Maguelonne (Hér.).*
Maganfredus, præpositus Mimatensis [951], 128-9 ; —, testis, 105.
Magrana, villa, 124-5. —
Maiesendis, uxor Radulfi, 160-1.
Mainardus, donator, 123-4, 126.
Mainfredus, pater Redempti, 103.
Mairiaco (ecclesia de), 189. = Marriaco.
Malafossa, appendaria, 63 ; —, villa, 55. —

Malarta (Hugo) et Bernardus frater, 146.
Maleti (Pe[trus]), 190-1.
Mallenus, episcopus Gratianopolitanus [*1030-5*], 120 ; —, nepos episc. Gratianopol., 118, 120.
Malus Boschus, villa, 78. — *Malbost, c° de St-Pal-de-Chalancon.*
Mamemone, rivulus, 112. —
Manacio, M-as (de) comendator, 186 ; — condaminæ, 186 ; — præceptor, 188. — *Manas (Dr.).*
Manderiis (villa de), 193. —
Mandorosum (mansus ad), 76. — *Mandaroux, c° de St-Jeure.*
Manduni castellum, 116. —
Mannal (territorium de), 110. —
Mannis (de), M-nos, villa, 67. —
Mansiade (de) abbas, domus, 210. — *Mazan [-et-Mazeyrac] (Ard.).*
Mansio, 24, 62-3, 65-6, 69, 80, 87, 91, 99, 100-1, 103, 112, 135-6, 159.
Mansiones (ad), villa, 28. — *Maisons, c° du Monastier.*
Mansionetis (villa de), 84. — *Les Maisonnettes, c° des Vastres.*
Manso Calviliano, Cav-o, C-llano (de), 28, 35 ; — ecclesia, 179, 194 ; e-a D. Salvatoris, locus, 115 ; — monasterium, 93 ; — prior, 37. — *Mackeville, c° de La Mastre (Ard.).*
Manso Ferriolo. mansus, 74. —
Mansus Ricardi, villa, 131. —
Mansus Sic Brandi, villa, 55, 65-6. — *Brandi, c° de St-Pal-de-Chalancon.*
Mantilio = Montilio.
Maranus, servus, 126.
Marchi (Raymundus), 206.
Marenas, M-nis (de) ecclesia, 181 ; — locus, 124-5. — *Marene (Piém.).*
Margaritarum archidiaconus, 199, 200-1-2. — *Margueritles (Gard).*
Maria (s°), 50, 128-9, 137, 172-3-4.
Mariac (de) Jancelmus, 205 ; — prior, 190 ; — Raymundus, 205. = Marriaco.
Mariatense monasterium, 134. — M-sis arcis, 54, 57 ; — vicaria, 95. = Marriaco.
Marniaco (de), 94 ; — villa, 114. — *Marnhiac, c. d'Yssingeaux.*
Marqueza, uxor Pontii, 190.
Marriac, M-co (de), 36 ; — ecclesia. 193 ; e-a S' Stephani et monasterium, 93, 134 ; — prior, 37. — *Mariac (Ard.).*
Marruco (prior de), 207. — *Marus, c° de St-Jean d'Aubrigoux.*

MARTINI (Petrus), 184.
MARTINUS, canonicus Maurianensis, 176; —, capellanus de Bozo, 191; —, donator, 127; — (sus), 45, 58, 68, 104, 167; —, scriptor, 187.
Marzonis, Maso-s (de) ecclesia, 180, 196. — *Masone (Ital.)*.
Mas Cavillano = Manso C-o.
Massiliæ vicecomes, 184. — *Marseille (B.-du-R.)*.
Massolus, ecclesia S¹ Michaelis et villa, 102. —
Mastra (capella de), 179. — *La Mastre (Ard.)*.
MATFREDUS, MATHF-S, MATPHR-S, episcopus Mimatensis [998], 131-2; —, filius, 171; —, præceptor Aniciensis, 203-4.
MATHÆUS, cardinalis diac., 183.
Matisconensis canonicus S¹ Petri et pagus, 142. — *Mâcon (S.-et-L.)*.
Mauduni castellum, 117. —
Maurianensis, M-ien-s, M-inatensis canonicus, 174-5-6; — diœcesis, 195; — ecclesia, 175; — episcopatus, 121; — episcopus, 174, 176; — præpositus, 175. — *St-Jean-de-Maurienne (Sav.)*.
MAURITIUS, cognomen, 165; — imperator [† 602], 167.
Mauziacum, monasterium, 5. — *Mauzac (Puy-de-Dôme)*.
MAXIMUS (sus), abbas Lirinensis et episcopus Regensis, 4, 167.
MAYFREDUS = Matfredus.
Mayns, passus, 203. —
Mazeidareto, M-eyd-o, villa, 75. —
Mazellum, villa, 63; — (ad), 133. — *Le Mazel, c⁰ du Monastier*.
Mazeras (villa de), 77. —
Meiradensis vicaria, 100. — *Meyras (Ard.)*.
Mejeratis = Mezeras.
Melgorii comes, comitissa, 175. — *Mauguio (Hér.)*.
MENELÆUS (sus), 5, 167-8.
Menglone, villa, 61, 115. —
Menso Cavillano = Manso C-o.
Mensura Podiensis, 190.
Mercadilo (ecclesia S¹ Joannis de), 32. —
Mercorio, villa, 66, 91. — *Mercuer (Ard.)*.
Mercurio, castrum, 160. — *Mercœur*.
Mercuris (de), 37. = Mercorio.
Merdantia, aqua, 77. — *Merdary, ruis*.
Merena, M-as, villa, 126. = Marenas.
Merguriensis comes, 149. = Melgorii.

Mesatico : voy. S⁰ Mariæ de M-o.
Meseliaco = Meziliaco.
MESENC (Bertrandus), 134.
Meteratis, villa, 108. = Mezeras.
Mezenc, M-co (de) castrum, 64, 88, 139-40; — domini, 84, 141; — Gerento, 148; — Jarento, 146; — mandamentum, 141; — Rolannus, 87. — *Mézenc, c⁰ des Vastres*.
Mezeras (villa de), 108. — *Mézères*.
Mezeretas (a), locus, 83. — *Meyzerolles, c⁰ d'Yssingeaux?*
Mezilhaco, M-liaco (de), 36-7; — ecclesia, 179, 193; e-a S¹ Benigni, 86, 93; — vicaria S¹ B¹, 103. — *Mézilhac (Ard.)*.
MICHAEL (sus), 172, 174; — ejus festum, 190; vigilia, 207.
Miliacensis vicaria, 131. —
MILO, nobilis, 63.
Mimate, 155. — M-ensis diœcesis, 193; — episcopus, 60, 128, 131-2, 140-1, 166. — *Mende (Loz.)*.
Minatensis abbas, 5. — M-se, M-tes, monasterium, 167-8. — *Menat (Puy-de-Dôme)*.
Mirabel (capella de), 181. — *Miribel [-et-l'Enchâtre] (Is.)*.
Mircorio (ecclesia S¹ Lupi de), 89, 93. = Mercorio.
Mirmanda, (Armandus de), 184. — *Mirmande (Dr.)*.
Misenco, M-ngo = Mezenc.
Missa, 213; — defunctorum, 113, 119, 145; — major, 33; — matutinalis, 33, 41.
Mizenco = Mezenc.
Miziliaco, M-llac = Mezilhaco.
MODEARDUS, donator, 82.
Moderiis (terra de), 191. — *Moudeyres*.
Mog (ecclesia de), 195. = Mos.
Mola (la), villa, 83. —
Molanes = Mollanes.
Molencherias, Molin-s, villa, 59, 75, 82. —
Molendinum, 68, 79, 83, 92-3, 96, 131, 135-6, 139, 155, 159, 196.
Molerias, locus, 99. —
Moli (Raymundus de), 191. — *Le Moulin, c⁰ de Laussonne*.
Molini veteres, 110. —
Mollanes (ecclesia de), 181, 196. — *Molines-en-Queyras (Htes-Alp.)*.
Mollinearias, mansus, 54. — *Molines, c⁰ du Monastier*.
Molnerias, M-iis (villa de), 32, 122, 133. —
Monas (ecclesiæ de), 196. —

ALPHABETICUS

Monasterio (de) arcis, 74; — Austorgius, 207; — ecclesia, 134; — villa, 73, 121, 191, 207-8. — *Le Monastier*.
Monasterio (ecclesia S¹ Joannis de), 174-5. —
Monchalin (præceptor de), 203. —
Moneta Aniciensis, 35; — Aquabellensis, 175; — Melgoires, 35; M-oriensis, 175; — Pictaviensis, 35; — Podiensis, 35, 43, 162, 163, 182, 190-1, 207, 211; — probata, 73; — Turonensis, 207-8, 212; — Valentinensis, 28, 36, 50, 102, 139, 184, 210; V-iniana, 44; — Viennensis, 35 (Vireais!), 183-4, 187, 189-90, 205, 211.
Moneta, locus, 127. —
MONETARII, milites, 163.
Moneto, Monito (villa de), 43, 59, 61, 65. *Les Mounets, c⁰ de Lantriac*.
Montanigo Rurio (de), 66. —
Monte (villa de), 27, 65, 75, 77-8. — *Le Mont, c⁰ du Monastier*.
Monte Acuto (Guigo, Guillelmus de), 50. — *[St-Sauveur-de-] Montagut (Ard.)*.
Monte Aureo (in), 96. — *Mont-d'Or (Ard.)* ?
Monte Bracho, B-co (villa de), 73, 91. — *Montbrac, c⁰ de St-Front*.
Monte Bruno (de) capella, 179; — ecclesia, 193. — *Montbrun (Loz.)*.
[Monte Buxerio (castrum de), 166.] — *Montboissier, c. de Brousse (Puy-de-Dôme)*.
Monte Calvo (villa de), 91. — [*Montchauvet*].
Monte Carbonerio (arcis de), 75. —
Monte Cheyros (in), 122. —
Monte Claro (Guillelmus de), abbas S¹ Theofredi, 210. — *Montclard*.
Monte Cœlico (de) ecclesia, 194; e-a S¹ Martini, 94. = Monteselgio.
Monte Falcone, F-nis (de) capella, castrum, 123; — ecclesia, 180, 195. — *Montfalcon (Suis.)*.
Monte Geraldi, villa, 92. — *Montgiraud, c⁰ de St-Voy*.
Monte Lauro (Po[ntius] de), 175. — *Montlaur (...)*.
Monte Mejano, villa, 78. — *Montméa, c⁰ de Mézères*.
Monte Pezato (ecclesia de), 194. — *Montpezat (Ard.)*.
Monte Pugozo (Robertus de), 203. —
Monte Revello (Guillelmus de), 206. — *Montrevel (...)*.

Monte Sancti Martini (ecclesia de), 180, 195. — *Mont-St-Martin (Is.)*.
Monte Urserio (ecclesia de), 180, 196. — [*St-Jean-St-Nicolas-de-] Montorcier (Htes-Alpes)*.
Monte Usclato (villa de), 65, 112. — *Montusclat*.
Montegenesteso (sylva de), 61. —
Montelhiti (villa), 79. —
Monteliagus pagus, 60. — *Le Montelliet, c. de St-Voy*.
Monteliis = Montiliis 2°.
Montelz (P. de), 210. —
Monteniacus, villa, 135. —
Monteselgio (ecclesia de), 179. — *Montselgues (Ard.)*.
Montet (mansus de]), 190; — (terra de), 191. — *Le Monteil, c⁰ de Champclause*.
Montet Conchiat (mansus de]), 190. —
Montiliis, M-lio (de) mansus, 99; — villa, 61, 63-4-5, 67, 71, 74, 91; v-a et grangia, 193; — Wilhermus, 122, 139; — (in), 27, 131; — Subter, villa, 37. — M-ium, locus, 99; — (ad), 61; — (ad illum), villa, 79. — M-us, locus, 54, 63. — *Le Monteil*.
Montiliis (ecclesia de), 180, 194. — *Monteil, c⁰ du Crestet (Ard.)*.
Montilio (de), 185; — dominus, 184; — præceptor, 187. — M-ium (act, apud), 185. — *Montélimar (Dr.)*.
Montivallo, villa, 76. —
MORA (magister), 210.
Mora (ecclesia de), 194. —
MORARDUS (Petrus), 176.
Morena, locus, 127. = Marenas.
Morto Sania, locus, 61. — *Mortesagne*.
Mortonius (mons), 110. — *Mont Mouton, c⁰ de Pont-de-Barret (Dr.)*.
Mos (ecclesia de), 180. —
Mota (de) capella, 180; — ecclesia, 195. — *La Motte-d'Aveillans (Is.)* ?
Mota (de) ecclesia, 180. — *La Motte (Htes-Alp.)*.
Mota, Motta (de) ecclesia S¹ Martini, 122, 194; — terra, 32; — villa, 108, 122. — M. Subteriore (villa de), 109. —
Mota Auterii (capella de), 180. —
Motilio = Montilio.
Mozilhac (ecclesia S¹ Petri de), 194. —
Muneriis, locus, 127. —
Mura (de), 28; — ecclesia, 180; — Jencho, 94; — monasterium, obedientia, 210; — villa, 150. —
Musso, pagus, villa, 171.
MYLONIS (Petrus), 184.

15**

Nai, Nay (ecclesia de), 179, 192.— *St-Jean-de-Nay*.
Naisaco (de) mansus, 81 ; villa, 91. — *Neyzac, c° de St-Julien-Chapteuil*.
Nant, villa, 133. — *Nant, c. de Monistrol*.
Nantensis monasterii abbas, 202. — *Nantz (Aveyr.)*.
NATALIS, donator, 114.
Nausa (ecclesia de), 193. — *Naussac, (Loz.)*.
Neizaco = Naisaco.
Nemausensis diœcesis, 193, 201-2 ; — ecclesia, 199, 200-1-2 ; — muri, 200-1-2 ; — pagus, 158. — *Nîmes (Gard)*.
Nerpold (mandamentum de), 171.— *Nerpoll-et-Serre] (Is.)*.
Neumasensis = Nemausensis.
Nicæa, 163. — *Nicée (Asie)*.
NICETIUS, 100 ; —, donator, 111.
NICOLAUS, canonicus Maurianensis, 176 ; —, cardinalis presb., 147.
Nido Aquilino (villa de), 155. — *Nieigles (Ard.)*.
Nidorlino, locus, 133. —
NIGER (Ademarus), 185.
Noiolo, Noyolo (de), 36-7. —
NORBERTUS, episcopus Aniciensis [880-915], 54, 101.
NOVETZ (Raymundus), 184.

OADALRICUS = Odalricus.
Obedientia, 1, 25-6-7-8-9, 32, 34-5-6-7-8-9, 40, 43, 51, 94, 113, 121, 125, 177, 210.
OBERTUS = AUBERTUS.
Oblatio, 171, 173-4, 181, 204 ; altaris, 35, 85 ; ecclesiæ, 85.
Obrigas, villa, 75. —
Obureia (ecclesia de), 179. —
ODALRICHUS, O-cus, archidiaconus Ruthenensis, 137-8 ; —, canonicus; Aniciensis, 158 ; —, —Podiensis, 76.
ODDO = Odo.
ODILA, mater Willelmi, 126.
ODILO, abbas Cluniacensis [994-1048], 9, 134, 160 ; —, canonicus Aniciensis, 160 ; —, clericus, 80 ; —, comes [Diensis, *IX° s.*], 52, 109 ; —, filius, 81, 136 ; —, testis, 161.
Odo, canonicus Aniciensis, 158-9 ; —, diaconus, 69 ; —, episcopus [Valentinensis *I*, *1058*], 116 ; [V-s *II*, *1184*], 184 ; —, filius Humberti com., 173-4 ; —, rex [888-98], 56 ; —, testis, 173.

ODOLARICUS = Odalricus.
Offerenda, 36, 89, 116, 135.
Officium defunctorum, 113.
OLIVARII (Vuilhermus), 36.
OLIVERII (Guillelmus), 207.
Olla (ecclesia de), 181, 195. — *Oulles (Is.)*.
Olme (Eustachius de l'), 191. —
Omnium Sanctorum festivitas, 30, 34 ; natale, 170.
Oratorium, 197, 203-4.
Orciliaco, villa, 76. — *Orsiliac, c° de Coubon*.
ORDONIUS, donator, 102.
ORLINUS, testis, 173.
Orsiliaco = Orciliaco.
OTHO, archipresbyter, 177.
OZII (Dalmatius, 190.

PAISACO (de) ecclesia, 179, 194 ; e-a S¹ Petri, 94.— *Payzac (Ard.)*.
Palatii (s¹) auditor, 206.
Pallium, 39, 42-3, 209.
Parlatorium monasterii S¹ T¹, 190.
Pascha (dominica post), 86 ;
PASCHALIS, monacus, 191 ; —, papa [*II*, *1099-1118*], 17-8-9, 138, 146, 163.
Pauta (ecclesia de), 181.— *La Paute, c. du Bourg-d'Oisans (Is.)*.
Payco (villa a), 63. = Faypau ?
Payzaco = Paisaco.
Pecia, 55, 102, 112-3, 126-7.
Peiteus (de) = Pictaviensis.
PELESTORE, invasor, 148.
PELLICERII (Guido), 211-2.
PELOS (Hugo), — filius, 191.
PELUS (Imbertus), 186.
PENTHECOSTA (Hugo), 190.
Penthecosten octabæ, 189.
Perralios, villa, 96. — *Peyreloup, c° de Freycenet-la-Cuche* ??
PERRINUS, coquus abbatis, 209.
Pervencheriis (de) 36 ; — ecclesia S⁺ Mariæ, 86, 93 ; — prior, 37 ; — villa, 99, 100. —
Petrafocus, locus, 136. —
Petramela (Raymundus de), 207.—
PETRONILLA, conjux Bertrandi, 73.
PETRONIUS (sus),[episcopus Diensis], 110.
Petrosa, villa, 63. — *La Peyre, c° de St-Front*.
PETRUS, abbas [*ap. 1033*], 160-1 ; —, — de Mansiade [*II,-1202*], 210 ; —, — [S¹ Petri de Turre, *985-993*], 69, 154, 157 ; —, —S¹ Theofredi, 177 ; —, — Tamisii [*1153*], 176 ;

— (sus), apostolus, 4, 8, 15, 20, 38, 50, 53, 55-6, 58, 64, 68, 104, 112, 119, 129-30-1-2, 134-5, 143, 146, 164, 171-2-3-4, 178, 192; ejus cathedra, 177, 190; —, archidiaconus Mimatensis, 128-9; —, archiepiscopus Darentasiensis [1141-71], 176; —, — Viennensis [1121-5], 145; — Bastard, 88; —, camerarius papæ, 141-2; —, canonicus Aniciensis, 158-9; —, cardinalis presb. 182; —, decanus Aniciensis [104], 160-1; —, —Maurianensis [1103], 175; —, dominus de Mezenge, 84; —, donator, 73, 75-6, 79, 86, 97-8, 116; —, eleemosynarius, 146; —, episcopus Albanensis [1142-4], 147; —, — Aniciensis [II, 1053-73], 161; [IV, 1159-89], 177; —, — Diensis [II, 1116-9], 144; —, — Vivariensis [985-998], 131-2-3, 154, 157, —, frater Stephani episc., 128; —, miles, 83; —, monacus, 143; —, — St Michaelis, 176; —, prior St Laurentii, 175-6; —, testis, 138, 160; —, venditor, 88, 155.

PHILIPPA, uxor comitis Valentini, 187.

PHILIPPI (Guigo), 44.

PHILIPPUS, rex Francorum [I, 1060-1108], 84-5-6, 89, 90, 98-9, 117, 134-5, 138, 141; [IV, 1285-1314], 207.

Pictavia (de), P-iensis (Ademarus) [II, 1189-1230], 184-5-6-7; [III, 1230-77], 198-9, 200-1-2, 206; — (Willelmus) [I, 1158-89], 183, 186. — Poitiers.

PILANS CONTOREM (Geraldus), 141.

PILOSUS (Petrus), 122.

Pilulos (molendinum ad), 159. —

Pineta, P-to (villa de), 70, 77, 81. —

Pineto (ecclesia de), 180, 195. — Pinet, c. de St-Martin-d'Uriage (Is.).

PIPINUS, PIPP-S, rex Aquitanorum [II, 838-48], 20, 22, 53, 168.

Placentiis (de), 37. = Plazas.

PLACENTIUS, donator, 52.

Planciaco, villa, 75. —

Planis, villa, 113. = St Bartholomæi de P.

Plassac, Plazas (de) ecclesia, 180; c-a St Bartholomæi, 195. — Plats (Ard.).

Podiensis, 70; — canonicus, 76; convicancus (?), 41; — episcopus, 161, 164; — prior, 37. — Podii domus, 90. — Podio (in), 68-9, 91.

— P-ium (ad), 152, 166. — Le Puy.

PODOLICUS (Petrus), 177.

Podomniacenses proconsules, 162. — P-sis vicecomes, 165. — Polignac.

Pogio, villa, 71. — Le Pouzat, c° du Monastier ??

Pollentis, villa, 123. —

Ponte (de), 36; — ecclesia, 180, 194-5-6; — prior, 37; — terra, 32; — villa, 122. — P-em (ad), locus, 109-10. — Pont-de-Barret (Dr.).

Ponteolis (ecclesia de), 179. —

Ponteto (ecclesia de), 175-6. — Le Pontet (Sav.).

PONTIA, filia, 114; —, matrona, 81, 83; —, uxor, 96, 122.

Ponticulum, villa, 83. — Ponteils, c° de St-Martin-de-Fugères.

Pontiliis (ecclesia de), 193. — Ponteils (Gard).

Pontilium, villa, 77. — Le Ponteil, c° de Boisset.

PONTIUS, abbas [1108], 90; —, — Casæ Dei [1094-1102], 164-5; —, — St Theofredi, 210; —, ædituus, 161; — cognom. Calcati, 36; —, comes [993-8], 69, 132, 152, 154-5, 158; [1016], 159; —, dominus de Boreia, 93; —, donator, 70, 77, 83, 86, 88, 108, 111, 134; —, episcopus Aniciensis [I, 1102-1128], 19, 90, 147, 165; — cognom. Mauritius [II], 165; —, filius, 81, 96, 185; —, frater, 92, 141, 162; —, infirmarius, 190; —, nepos episcopi Diensis, 99; —, prior St Laurentii, 175; —, — Bi Petri Podiensis, 176; —, — St Theofredi, 146, 175; —, — St Vincentii de Barbayranicis, 175; —, sacerdos de Fressenet, 209; —, testis, 127, 160; —, vicecomes, 86, 89; Podemniacensis, 165.

Porcellerias, villa, 95. — Pourchères (Ard.).

Pozolis, villa, 91. — Pouzols, c° de St-Jeure.

Praeles, Pratellas (de) Landric, 122. — P-liensis vicaria, 104, 133. — Pradelles.

Prata Saxadasca, locus, 124. —

Pratis (ecclesia de), 179, 193. —

Prato Lanfredo (ecclesia de), 181, 195. — Palanfrey ou Prél-y, c. du Gua (Is.).

Prazalhis, P-lis (capellanus, parrochia Bæ Mariæ de), 207. — Présailles.

Prævencariis (ecclesia de), 179. = Pervencheriis.
Primitiæ, 111, 116, 134-5, 171, 173-4.
Privilegium, 15-6-7-8, 20, 118, 128-9-30, 132, 146, 197-8.
Provincia (in), 45, 136. — P-æ comitissa, 205. — *Provence.*
Pruneto, P-tto (de) domus, 211; — ecclesia, 179, 194; e-a S¹ Gregorii, 94; — villa, 94, 96. — *Prunet (Ard.).*
Publeum (mansus ad), 120. —
Pungens Folia (Vuilhermus), 138.
Purificatio s⁺ Mariæ, 56.

Quadragesima, 175.
Quadrallo, locus, 124-5.—
Quadreria, castellum, 83. — *Queyrières.*
Quaires (ecclesia de), 146. = Cairis.
Quaranta, Q-renta, locus, 124-5. —

R., præceptor de Manas, 188; —, — Valentiæ, 188.
Radentus, donator, 134.
Radicias, locus, 95. —
Radigatias = Ragatias.
Radulfus, R-lphus, burgensis, 160-1; —, rex [*III, 993-1032*], 103, 105-6, 113, 118-9, 127, 135.
Ragafredus, testis, 52.
Ragatias, villa, 64. — *Les Raches, cᵉ de Freycenet-la-Tour.*
Raiangardis, fœmina, 78.
Raigusa, conjux Rainaldi, 62.
Raimundus, conjux Geilini com., 115.
Raimundus = Raymundus.
Rainaldus, donator, 62, 68, 108;—, venditor, 63.
Rainerius, cardinalis diac., 183.
Rainildis, filia Adalardi, 62.
Rairaco, villa, 87. — *Reyrac, cᵉ de Freycenet-la-Cuche.*
Rama (ecclesia S¹ Genesii de), 94.—
Ramburgis, conjux Galteri, 64.
Raphael (de) Armandus, Guillelmus, 161; — Iltinus, 162. — *Au Puy ?*
Raschas (villa de), 122. = Ragatias.
Rascoso (mansus de), 34. — *Rascourt, cᵉ du Monastier.*
Ratbodisca, R-osd-a, locus, 63. —
Raymondus, R-mun-s, canonicus Aniciensis, 159; —, donator, 95, 134; —, episcopus Magalonensis [*1129-58*], 148; —, marchio [*d'Auvergne, 951*], 129; —, testis, 138.
Raynardi, coloni, 175.

Raynerius, testis, 158.
Rebol (W[illelmus]), 187.
Redemptus, donator, 74, 77-8, 82-3; —, filius Mainfredi, 103.
Redentis signum, 158.
Refectorarius, 28, 30, 34.
Refectorium, 25-6, 113.
Regensis episcopus, 4, 167. — *Riez (B.-A.).*
Reinerius, cardinalis presb., 147.
Reliquiæ sanctorum, 42, 166.
Reparatione chartarum (liber de), 1, 23, 39, 50, 90, 92, 102-3, 105, 116.
Resurrectio Dominica, 81.
Retortorio (capella de), 180. — *Retourtour, c. de La Mastre (Ard.).*
Reverendus [= Raymundus?], 102.
Reymundus = Raymundus.
Reynardus, donator, 136.
Rhodanus, fluvius, 112.— *Rhône, fl.*
Ricardus = Richardus.
Ricardus, R-rius, colonus, 101.
Richard (Bertrandus), 162.
Richardi mansus 98.
Richardus, donator, 96; —, sacerdos, 70-1; —, vicecomes [*1104*], 138.
Richelmus, testis, 127.
Ricorveria (molendinum de), 27. — *Recoumène, cᵉ du Monastier ?*
Rigaldus, testis, 128; —, frater vicecom. Gabalitanens., 132.
Rimunda, locus, 126. —
Rivo Sicco (de) ecclesia, 180, 195; e-a S¹ Petri, 16; — locus, 122. — [*Allières-et-*] *Risset (Is.).*
Roberti (Hugo), 43.
Robertus, abbas [*993-1016*], 72, 154, 158-9; —, æditurus, 72; —, canonicus Aniciensis, 158-9; —, colonus, 100; —, custos ecclesiæ, 158;—, donator, 82-3, 99, 111; —, præceptor Saliceti, 187; —, rex Francorum [*II, 996-1031*], 70-1, 74-5-6, 80-1-2-3-4, 91-2, 96-7, 102-3-4, 108, 134-5, 159; —, testis, 184; —, venditor, 63.
Robini (Guillelmus), 208.
Robore (de Sᵒ Joanne de), 36. —
Roc, Roca (ecclesia de), 181, 196. — *Rocca de Raldi (Piém.).*
Rocha (ecclesia et capella de), 181; —, locus, 77; —, villa, 78.— *Roche-en-Régnier.*
Rochabaro (W[illelmus] de), 191. — *Rochebaron, c. de Bas.*
Rocha Catb. (villa de), 27. —
Rocha Maura, Moyra (de) castrum,

185; — Guillelmus, 206. — *Ro-chemaure (Ard.).*
Rocha Paula, monasterium, 165. — *Rochepaule (Ard.).*
Rocolas, villa, 83. — R-lis (ecclesia de), 179, 193. — *Rocles (Loz.).*
Rodacus, donator, 71.
Rodefredus, canonicus Aniciensis, 159.
Rodulphus = Radulphus.
Roffredus, canonicus Aniciensis, 155, 158.
Roiatis, villa, 107. —
Rolandus, donator, 136.
Roma, 4, 17, 50, 112, 129, 131, 160, 162, 165. — *Rome.*
Romaldus, testis, 52.
Romana ecclesia, 4, 16, 18-9, 65, 147, 167, 183, 188, 201-2; ejus legatus, 35; — lex, 171; — sedes, 8, 86, 197. — R-num imperium, 167; — regnum, 4. — R-us papa, 60, 141; — pontifex, 1, 2. 5, 51, 197; — vicarius, 143. — *Rome.*
Romania, 163. — *Romanie.*
Rorbertus = Robertus.
Rorheta, villa, 91. — *Rauret.*
Rosariis (de), 47; — ecclesia. 179, 192; e-a S¹ Martini, 58; — villa, 48, 58, 203. — *Rosières.*
Roserias = Rosariis.
Rossas (W[illelm]us de), 187. — *Roussas (Dr.).*
Rostagnus, abbas S¹ Theofredi, 9, 23, 55-6-7, 100-1-2, 104, 168; —, donator, 77, 83-4, 91, 111, 136; —, filius Geilini, 116; —, levita, 61; —, testis, 138, 173-4.
Rotbaldus, nobilis, 123-4-5-6.
Rotberga, uxor Ingelberti, 100.
Rotbertus = Robertus.
Rotdandus (Wuilhermus), 146.
Rotlandus, presbyter, 177.
Rotrudis, 100; —, uxor Volgerii, 99.
Roturas (Stephanus de), 206. —
Rougul (mansus de), 134. —
Rouretto (ecclesia de), 194. = Rovereto.
Roux (capella del), 194. — *Le Roux (Ard.).*
Rovereto (de), 36; — ecclesia, 103, 179; e-a et monasterium S¹ Theofredi, 94; — prior, 37. —
Rovoiro (ecclesia de), 179. —
Rovor. (de), 37. = Robore.
Rovoreto = Rovereto.
Rua (Geraldus, — cognom.), 58, 81.
Rubaux (territorium dous), 209. —

Rubione, aqua, 110. — *Roubion, riv. (Dr.).*
Rucis (vicaria de), 133. —
Rufiaco, villa, 73. — *Rouffiac, c° de St-Front.*
Rufus (Aspasius), 73; — (Raiembaldus), 136.
Ruga (Geraldus cognom.), 98-9.
Rupertus, monacus, 176.
Ruthenensis, R-ium, R-henicus-ca dioecesis, 193; — ecclesia, 138; — episcopatus, 17; — episcopus, 18, 138; — pagus, 136, 139; — pontifex, 137. — *Rodez (Aveyr.).*

S., prior S¹ Ægidii, 186.
Sabbater (Gran. Clem. Io), 208.
Sabbaterii (Petrus), 207.
Sabbatum sanctum, 81.
Sabinensis episcopus, 147. — *Sabine (Ital.).*
Sablonarias, locus, 61. — *Sablières (Ard.).*
Sacrista, 30, 35, 38-9, 41, 43-4, 77.
Salas, villa, 60. — *Les Salles, c° de Bas.*
Salica lex, 124.
Saliceti præceptor, 187. —
Salis (territorium de), 193. = Salas?
Sallellas, villa, 92. — *Les Salles, c° de St-Martin-de-Fugères.*
Salos (villa de), 43. — *Salier, c° du Monastier.*
Salsa, locus, 127. —
Salsas (villa de), 55, 62. — *Saussac, c° d'Yssingeaux.*
Salvaticis, S-co (ad), villa, 66. — *Sauvetat.*
Samuel, 38; —, donator, 112.
Sancti Agricolæ ecclesia, 179, 192. — *St-Georges-l'Agricol.*
S¹ Agripani, A-pp-i ecclesia, 83; — terra, 69. — *St-Agrève, au Puy.*
S¹ Albani ecclesia, 94, 179, 194. — *St-Alban-d'Ay (Ard.).*
S° Albano (W[illelmus] de), 184. —
S¹ Amantii ecclesia, 139. —
S¹ᵉ Anastasiæ cardinalis presb., 182.
S¹ Andeoli, 50; — ecclesia, 104-5 (mart.), 194. — *St-Andéol-de Bourlenc (Ard.).*
S¹ Andeoli ecclesia, 181, 195. — *St-Andéol, c. du Monastier-de-Clermont (Is.).*
S¹ Andreæ Vallis Bonnæ, Borniæ (ecclesia, 179, 193). — *St-André-de Valborgne (Gard).*
S¹ Andriani cardinalis diac., 148.

Sᵢ Angeli cardinalis diac., 183.
Sᵢ Bartholomæi ecclesia, 180 ; de Planis, 194. — *St-Barthélemy-le-Plein (Ard.)*.
Sᵢ Bartholomæi ecclesia, 181, 195. — *St-Barthélemy-du-Groin, c. du Gua (Is.)*.
Sᵢ Bartholomæi ecclesia, 180, 195 (de Madernacio) ; — locus, 116. — *St-Barthélemy-de-Vals (Dr.)*.
Sᵢ Basilli ecclesia, 180, 194. — *St-Basile (Ard.)*.
Sᵢ Baudilii prior, 200-1-2. — *St-Bauzile, c. de Nîmes (Gard)*.
Sᵢ Baudilii vicaria, 95. — *St-Bauzile (Ard.)*.
Sᵢ Benedicti capella, 212. — *Au Monastier*.
Sᵢ Benedicti ecclesia, 180. — *St-Benoît (Dr.)*.
Sᵢ Benedicti ecclesia, 181. — *San-Benedetto (Piém.)* ?
Sᵢ Benedicti ecclesia, 180, 196. —
Sᵢ Benedicti in Podio (monasterium, 69. = Sᵢ Petri Calmilien.
Sᵢ Benedicti ordo, 198, 200-1-2, 211.
Sᵢ Benigni : *voy*. Mezilhaco.
Sanctæ Ceciliæ ecclesia, 179, 194. — *Ste-Cécile (Vaucl.)*.
Sᵢ Chrisogoni cardinalis presb., 147, 182.
Sᵢ Christophori ecclesia, 180. — *St-Christophe-entre-deux-Guiers (Is.)*.
Sᵢ Christophori ecclesia, 195. — *St-Christophe-en-Oisans (Is.)*.
Sᵢ Cirici ecclesia, 179. — *St-Cyr (Ard.)*.
Sᵉ Claro (ecclesia de), 194. — *St-Clair (Ard.)*.
Sᵢ Clementis cardinalis presb., 182.
Sᵢ Clementis ecclesia, 133, 179, 193. — *St-Clément (Ard.)*.
Sᵢ Clementis ecclesia, 194. —
Sᵢ Clementis ecclesia, 179, 194. — *St-Clément (Ard.)*.
SS. Cosmæ et Damiani cardinalis diac., 147, 183.
Sᵉ Cruce (ecclesia de), 196. —
Sᵉ Crucis capella, 212-3. — *Au Monastier*.
Sᵢ Cypriani : *voy*. Isla.
Sᵢ Cyriaci cardinalis presb., 147.
Sancti Dalmatii ecclesia, 179, 193. — *St-Dalmazi, c. de Sévérac-le-Château (Aveyr.)*.
Sᵢ Desiderii ecclesia, 180, 194. — *St-Didier-de-Crussol (Ard.)*.
Sᵢ Dionysii monasterium, 169. — *St-Denis (Seine)*.

Sancti Egidii capitulum, 186 ; — prior, 186-7-8, 205. — *St-Gilles (Gard)*.
Sᵉ Elenæ = Sᵉ Helenæ.
Sᵢ Eligii ecclesia, 138. —
Sᵉ Enimiæ, Enymiæ virg. (decanus, 10 ; — ecclesia, 179, 193 ; — (Guilhermus), 34 ; — monasterium, 10, 35, 60, 127, 139 ; — prior, 37. — *Ste-Enimie (Loz.)*.
Sᵢ Ericii ecclesia, 194. —
Sᵉ Eufemiæ = Sᵉ Euphemiæ.
Sᵉ Eulalia (de), 37. — Sᵉ E-æ ecclesia, 93, 134, 179, 193. — *Ste-Eulalie (Ard.)*.
Sᵉ Euphemiæ ecclesia, 136, 179, 194. — *Ste-Euphémie (Dr.)*.
Sᵢ Eusebii (ecclesia), 180, 196. — *St-Eusèbe (Htes-Alp.)*.
Sᵛ Evodio (abbas de), 162. — *St-Voy*.
Sancti Felicis ecclesia, 194. —
Sᵢ Firmini ecclesia, 180, 196. — *St-Firmin (Htes-Alpes)*.
Sᵢ Flori diœcesis, 193. — *St-Flour (Cant.)*.
Sᵢ Fortunati ecclesia, 39, 178, 192 ; — locus, 107 ; — monasterium, 210 ; — oratorium, 46 ; — parrochia, 210. — *St-Fortunat, au Monastier*.
Sᵢ Frontonis arcis, 73 ; — ecclesia, 17, 84, 88, 179, 192 ; — prior, 190. — *St-Front*.
Sancti Genesii ecclesia, 179, 193. —
Sᵢ Genesii ecclesia, 179 ; de la Cham e-a, 193. — Sᵉ G-sio (de), 36. — *St-Genest-Lachamp (Ard.)*.
Sᵢ Genesii ecclesia, 194. —
Sᵢ Genesii de Arnelo (ecclesia, 193. — *St-Geneys-en-Coirou (Ard.)* ?
Sᵢ Georgii ad Velum Aureum (cardinalis diac., 183.
Sᵢ Georgii (brachium), mare, 163. —
Sᵢ Geraldi abbas, 48. — [*St-Géraud-d'*] *Aurillac (Cant.)*.
Sᵢ Germani prata, 152 ; — villa, 155. — *St-Germain-la-Prade*.
Sᵢ Gervasii castrum, 187. — *St-Gervais (Dr.)*.
SS. Gervasii et Protasii (ecclesia, 131, 180 ; — monasterium, 94. — Sᵉ Gervasio Lingoniæ (de), 35. — *A Langogne (Loz.)*.
Sᵢ Gregorii ecclesia, 181, 196. —
Sᵢ Grisogoni = Sᵢ Chrisogoni.
Sᵢ Guilielmi de Desertis (abbas, 202. — *St-Guilhelm-le-Désert (Hér.)*.
Sanctæ Helenæ ecclesia, 179, 193. — *Ste-Hélène (Loz.)*

ALPHABETICUS 239

S¹ Hilarii ecclesia, 179, 193. — *St-Hilaire.*
S¹ Hilarii ecclesia, 179. 193. —
S¹ Hilarii ecclesia, 69, 162, 179, 192. — Sᵘᵐ H-rium (juxta), 134. — *St-Hilaire, au Puy.*
Sancti Innocentii ecclesia, 123, 180, 195; — prior, 37, 178. — S° I-tio (de), 36. — *St-Innocent (Suis.).*
Sancti Jacobi (ecclesia), 180, 196. — *St-Jacques (Htes-Alp.).*
Sant Jeurz, mandamentum, 170. — *St-Geoirs (Is.).*
S¹ Joannis capellanus, 207; — ecclesia, 22, 34. — *St-Jean, au Monastier.*
S¹ Joannis ecclesia, 180, 196. — *St-Jean-St-Nicolas (Htes-Alp.).*
S¹ Joannis ecclesia, 180, 195. — *St-Jean-de-Moirans (Is.).*
S¹ Joannis Baptistæ ecclesia, 178, 192. —
S¹ Joannis de Bracas, B-coa, B-onis, ad B-nos, B-ns (ecclesia, 49, 179, 192 ; — villa, 49. — *St-Jean-d'Aubrigoux.*
SS. Joannis et Pauli tit. Pamachii cardinalis presb., 182.
S¹ Juliani ecclesia, 155. —
S¹ Juliani ecclesia, 195. —
S¹ Juliani ecclesia, 194. — *St-Julien, c. de Dionay (Is.).*
S¹ Juliani locus 124. —
S¹ Juliani de, del Serre, S-ro (ecclesia, 86, 93, 194. — *St-Julien-de-Serre (Ard.).*
Sancti Laurentii castellum, 139. —
S¹ Laurentii ecclesia, 179. — *St-Laurent-sous-Coyron (Ard.).*
S¹ Laurentii ecclesia, 180. — *St-Laurent-du-Cros (Htes-Alp.).*
B¹ Laurentii mart. Gratianopolitani (ecclesia, 180, 195 ; — locus, 121 ; monasterium, 117-8-9, 142-3, 171, 173 ; — prior, 37, 121, 175-6, 205. — S° L-tio (de), 36. — *St-Laurent, à Grenoble.*
S¹ Laurentii secus lacum (ecclesia, 122. = Ausennis.
S° Lupo (de), 37. = Mircorio.
Sancti Machabæi ecclesia, 180, 195. — *St-Pierre-des-Machabées (Ard.).*
S¹ Marcelli ecclesia, 180, 195. — *St-Marcel (Is.).*
S¹ Marcellini : voy. Stella.
Sanctæ Mariæ Aniciensis (altare, 14, 69, 153 ; — basilica, 198 ; — canonici, 56, 161 ; — castella, 152 ; — ecclesia, 13, 72. 155, 158, 161-2 ; — terra, 56-7-8-9, 80. 154-5 ; — vicaria, 61. — *Notre-Dame, au Puy.*
Sᵗᵉ Mariæ capella, 212. — *Au Monastier.*
Sᵗᵉ Mariæ de Capella (ecclesia, 180, 196. —
Sᵗᵉ Mariæ in Cosmidyn (cardinalis diac., 182.
Sᵗᵉ Mariæ de Mesatico (ecclesia, 180, 195. — *Notre-Dame-de-Mésage (Is.).*
Sᵗᵉ Mariæ Novæ cardinalis diac., 183.
S¹ Martini ecclesia, 136, 180, 195. — *St-Martin* . . .
S¹ Martini ecclesia, 195. — *St-Martin-d'Uriage (Is.)*
S¹ Martini ecclesia, 194. = S¹ M¹ in V. Amatis.
S¹ Martini oratorium, 45. — *Au Monastier.*
S¹ Martini in Valle Amatis (ecclesia, 93, 135. — *St-Martin-de-Valamas (Ard.).*
S¹ Martini de Vallo (ecclesia, 93. —
S¹ Maurandi ecclesia, 180, 194. — *St-Moirand, c. de Châstel-Arnaud (Dr.).*
S¹ Mauritii ecclesia, 179, 192. — *St-Maurice, c° de Coubon.*
S¹ Mauritii ecclesia, 180, 195. — *St-Mury-Monteymont (Is.).*
S¹ Mauritii de Roca, Rocha (ecclesia, 179, 192. — *St-Maurice-de-Roche, c. de Roche-en-Régnier.*
S¹ Mauritii (Petrus), 176. —
S¹ Michaelis archangeli (ecclesia, 153. = Aculea.
S¹ Michaelis de Conessa, Conissa ecclesia, 180, 195 ; — monacus, 176 ; — monasterium, 121 ; — prior, 175. — *St-Michel-de-Connexe, c. de St-Jean-de-Vaulx (Is.).*
S¹ Moderrandi = S¹ Maurandi.
Sancti Nazarii ecclesia, 122, 180, 195. — *St-Nazaire (Is.).*
S¹ Nicetii ecclesia, 16, 180 ; — locus, 121. — *St-Nizier-d'Uriage Is.).*
Sancti Pantaleonis vallis, 136. — *St-Pantaléon (Vaucl.).*
S¹ Pauli ecclesia, 117. —
S¹ Pauli ecclesia, 180, 195. —
S¹ Pauli ecclesia 195 ; de Encotz, 180. — *St-Paul-de-Varces (Is.).*
S¹ Petri ecclesia, 180, 195. — *St-Pierre-de-Mésage (Is.).*
S¹ Petri ecclesia, 195. — *St-Pierre-d'Entremont (Is.) ?*

Sᵗ Petri Aniciensis, de - in Podio, 36 ; — cœnobium, 75, 118 ; — ecclesia, 69, 90, 179, 192 ; — monasterium, 69, 134, 161-2, 176 ; — prior, 176-7, 190, 211 ; —terra, 56, 116. — *St-Pierre-la-Tour, au Puy*.

Sᵗ Petri Calmiliensis capella, 212 ; — cimiterium, 207 ; — ecclesia, 4,65 ; — fons, 121 ; — monasterium, 49, 52, 54-5-6, 60-1, 71-2, 76-7, 83, 92, 95, 101, 112, 123, 136, 140 ; — oratorium, 44-5. — *St-Pierre-le-Monastier, au Puy*.

Sᵗ Petri de Cartusia (ecclesia, 122, 180, 195. — *St-Pierre-de-Chartreuse (Is.)*.

Sᵗ Petri de Roma (basilica, 49, 130. — *St-Pierre, à Rome*.

SS. Petri et Pauli apostt. (ecclesia, 168. = Sᵗ Petri Calmiliensis.

Sᵗ Philiberti : *voy*. Stabulis.

Sᵗ Pontii ecclesia, 194. — *St-Pons. (Ard.)*.

Sᵗᵃ Praxedis cardinalis presb., 147.

Sᵒ Prejecto (de) Petrus, 190 ; — Pontius, 185. — *St-Priest (Ard.)*.

Sᵗ Privati ecclesia, 93, 179, 192. — *St-Privat (Ard.)*.

Sᵗ Privati ecclesia, 179.— *St-Privat-d'Allier*.

Sancti Romani capella, 180. — *St-Romain-d'Ay (Ard.)*.

Sᵒ Romano (de), 36 ; — ecclesia, 86 (inter montes), 179, 192 ; — prior, 37. — *St-Romain-la-Monge*.

Sancti Salvatoris : *voy*. Seveiraco.

Sᵗ Sebastiani : *voy*. Conculas.

SS. Sergii et Bachi cardinalis diac., 147.

Sᵗ Stephani ecclesia, 179, 194 ; — terra, 91.— *St-Etienne-du-Vigan* ?

Sᵗ Stephani ecclesia, 181, 196. —

Sᵗ Stephani in Cœlio monte cardinalis presb., 147, 182.

Sancti Teofredi, Teothf-i = Sᵗ Theofredi.

Sᵗ Theodori cardinalis diac., 182.

Bᵗ, Sᵗ Theoffredi, T-ofr-i, T-ridi, T-ophredi, T-otfr-i abbas, passim ; abbatia, 145, 178 ; — altare, 213 ; — camerarius, 28, 36, 211 ; — capitulum, 184, 209 ; — claustrum, 47, 181, 213 ; — cœnobium, 47, 75, 90, 97, 102, 128 ; — conrearius, 208 ; — conventus, 174-5, 188, 200-1-2, 204-5-6-7, 211 ; — domus, 71, 141 ; — ecclesia, 65, 90, 174, 209 ; — foris decanus, 23, 28 ; — hæreditas, 97 ; — infirmarius, 27 ;

— jus, 97 ; — monacus, monasterium, pas. ; — operaria, 212 ; — o-ius, 208, 211-2-3 ; — pars, 122 ; — possessio, 87 ; — prior claustralis, 189-90, 207, 213 ; — rectores, 115 ; — res, 48 ; — sacrista, 207, 209, 210-1, 213 ; — s-tia, 210, 212-3 ; — terra, 56, 63, 75, 79, 83, 97, 104, 110, 114, 122 ; — villa, 133.— *Le Monastier*.

Sᵗ Thomæ ecclesia, 179. —

Sancti Valerii clerici, 117 ; — ecclesiastici, 145. — *St-Vallier (Dr.)*.

Sᵗ Verani ecclesia, 136. —

Sᵗ Viatoris ecclesia, 180. —

Sᵒ Victore (Stephanus de), 191. — *St-Victor, c. du Monastier*.

Sᵗ Victoris ecclesia, 116, 180, 195 ; — villa, 32, 102. —

Sᵗ Victoris villa, 70. —

Sᵗ Victoris de Valentia, 28, 36 ; — ecclesia (extra muros), 180, 194 ; — locus, 107. — *St-Victor, près Valence*.

Sᵗ Vincentii ecclesia, 175.— *St-Vincent (Hér.)*.

Sᵗ Vincentii de Barbarneis, B-ayranicis (ecclesia, 193 ; — prior, 175. — *St - Vincent-de-Barbeyrargues (Hér.)*.

Sᵗ Vitalis tit. Vestinæ cardinalis presb., 182.

Sᵗ Xpistofori = Sᵗ Christophori.

Sancti Ylari = Sᵗ Hilarii.

Sania Rotunda (ad), 56-7 ; — locus, 79 ; — mansus, 56. —

Sᴀɴᴛɪᴜs, donator, 100. —

Sapsonita, rivus, 79. —

Sarliangas, villa, 81. — *Sarlanges, cᵉ de Retournac*.

Sarraceni, 162. — *Sarrasins*.

Saucis (ecclesia de), 194. —

Sᴀᴜɴᴇʀɪɪ (Durantus), 208 ; — (Guigo), 191.

Savenna (ecclesia Sᵗ Stephani in), 53, 109 ; —, locus, 109 ; —, villa, 53.—

Savinianus (sᵘˢ), 6, 167-8.

Saxeto, villa, 124. —

Saynta (pons de la), 203. — *Pont sur le Lignon, entre Montfaucon et Yssingeaux*.

Scalas (ad), S-arum, S-lis (de) castrum, 173 ; — ecclesia, 122, 195 ; c-a Sᵗᵃ Mariæ, 180, 204 ; — locus, mandamentum, 172 ; — parrochia, 204 ; — prioratus, 203-4-5 ; — villa, 205.— *Les Echelles (Sav.)*.

Sclacianis (ecclesia Sᵗ Mauritii, villa de), 117. = Esclassas,

Scolenco (ecclesia et villa de), 50. = Escolenco.
Secureto, Segu-t de) abbas, 162, 176; — terra, 160. = Aculea.
Seiro (ecclesia de) 179. —
Sellarii = Cellario.
Seneiolo, Senoi-o (ecclesia de), 179, 192. — *Séneujols.*
Sepulcrum Domini, 162-3-4.
Sepultura, 34, 39, 69, 71-2, 76, 78, 80, 82, 91, 95, 121, 135, 155, 160-1, 181, 190, 197, 207.
Serocesii (ecclesia de), 195. —
Serre, Serro (prior de), 37. = S¹ Juliani de S.
Servaria = Cervaria.
Servissas (W[illelm]us de), 191. — *Servissac, c. de St-Germain-la-Prade.*
Seveiraco, S-eriaco, S-eyrac (de), 36; — capella S¹ Joannis, 138; — castrum, 17-8, 136, 138; — ecclesia, 179, 193; — monasterium D. Salvatoris, 17-8, 137; — prior, 208. —*Sévérac-le-Château (Aveyr.).*
SICARDUS, testis, 85.
Sicureti = Secureto.
SIGEBALDUS, donator, 56.
SIGIBODUS, filius Leotgardæ, 120.
SIGISMUNDUS, monacus, 123; —, prior S¹ Innocentii, 175.
SIGNORETUS, præceptor in Burgundia, 188.
Silo, rivulus, 116. —
SILVESTRE (P.), testis, 186.
Silvinis, villa, 113. —
SILVIO, S-ius = Sylvio, S-ius.
Sincana, Simeana, villa, 110. —
SIRUS, canonicus Aniciensis, 158.
Sistericensis pagus, 136. — *Sisteron (Bses-Alp.).*
SOFITIA, uxor Guidonis, 67.
SOFREDUS, Soff-s, abbas S¹ Theofredi, episcopus Gratianopolitanus [*1223-30*], 211.
Soilz, villa, 82. — *Les Souils, cᵉ d'Arlempde.*
Soionensis arcis, 113; — vicaria, 65, 112-3. — *Soyons (Ard.).*
SOLATGES (Peire), 177.
Solatico, villa, 77. — *Soulages, c. de Craponne.*
Solemniacensis, S-co, Sollempn-o (de), 35; — castrum, 9; — ecclesia, 85, 179, 182; e-a S¹ Vincentii, 86; — prior, 37; — vicaria, 70. — *Solignac-sur-Loire.*
Solios, villa, 59. — *Soleilhac, cᵉ de St-Front.*

Sollompnac (Ar. de), 188. = Solemniaco.
Solo (ecclesia de), 117. —
Soltronensis arcis, 56, 77; — vicaria, 61, 77. —
Sopeira (castrum de), 187. — *Souspierre (Dr.).*
Soyonensis = Soionensis.
Stabulis (de), 36-7; — ecclesia, 179, 192, 209; e-a S¹ Philiberti, 86. — *Les Estables.*
Stabulis (ecclesia de), 179, 193. — *Estables (Loz.).*
STEFANUS, testis, 170.
Stella, S-lo (de) capella, 180; — ecclesia, 144; e-a S. Marcellini, 194. — *Etoile (Dr.).*
Stella (ecclesia de), 179. —
STEPFREDUS, donator, 126.
STEPHANUS, abbas [S¹ Felicis Valentiæ, *1011*], 107; —, — de S° Stephano de Vizac [*v. 1096*], 162; —, archiepiscopus Viennensis [*1129-45*], 145; —, canonicus Aniciensis, 158-9; —, cardinalis, 146; —, cellararius, 191; —, cognatus, 154; —, colonus, 170; —, dominus de Mezengo, 84; — donator, 60, 65, 74, 77, 92; —, episcopus Aniciensis [*de Mercœur, 1031-53*], 160-1; —, — Mimatensis [*951*], 60, 128-9-30; —, filius, 76, 79, 81, 85, 96; —, frater abbatis Sicureti, 177; —, — Odilonis abb., 144; —, laicus, 128; —, miles, 80; —, nobilis, 64, 67, 70, 95; —, prior S¹ Salvatoris, 138; — (sus), protomartyr, 38; —, sacrista, 146; —, testis, 158-9; —, vicecomes, 62; Gabalitanensium [*998*], 130.
Strata (S. de), 190. — *L'Estrade, c. de Beaune.*
Stura, fluvius, 123-4-5. — *Stura, fl. (Piém.).*
Subdionensis vicaria, 111-2. = Soionensis.
Subterianum molendinum, 29. —
SUFICIA, conjux Milonis, 65.
Sui la Fam, Fan, villa, 82. —
SULPICIUS, donator, 101; —, nobilis, 115.
Sumina (prior de), 199, 200-1-2. — *Sumène (Gard).*
Sylva Lugdunensis, locus, 60. —
SYLVIO, filius, 85, 120.
SYLVIUS, donator, 134; —, levita, 91; —, nobilis, 78, 82-3, 86, 91, 103, 108-9.

16

Tabla, Tabula (ecclesiæ de), 175-6, 180, 196. — *La Table (Sav.)*.
Tamisii abbas, 176. — *Tamié, c. de Plancherine (Sav.)*.
Tansianensis vicaria, 78. = Tencianensis.
TANTA FILIA, uxor, 91, 134.
TARQUERIUS (Raymundus), 185.
TATHBURGIS, conjux Cunaberti, 76.
Taulau = Toulau.
Tauliaco (villa de), 155. — *Taulhac*.
Taurinensis diœcesis, 196; — episcopatus, 18, 123. — *Turin (Piém.)*.
TEHOTFREDUS (sus), 171.
Tencianensis, vicaria, 62. — *Tence*.
TEOTHTFREDUS, T-TF-S, T-THF-S = Theoffredus.
Ternins (villa des), 122.
Testamentum, 106, 149, 157, 170, 175, 207.
TEUTBURGA, T-gis, uxor, 169-70.
TEUTEBRANDUS, donator, 59.
Teutonicorum rex, 121, 123. — *Allemagne*.
TEZA, uxor Cononis, 171-2.
Thebæorum legio, 123.
THEOBALDUS, canonicus Aniciensis, 158.
THEOBERGA, fœmina, 82.
THEOCINDA, conjux Guitardi, 136.
THEODARDUS = Theotardus.
THEODEBERTUS, rex [*II, 595-612*], 4.
THEODERICUS, colonus, 100.
THEODINUS, cardinalis presb., 182; —, donator, 55.
THEOFFREDUS, T-OFR-S, T-OFRIDUS (sus), passim; ejus festivitas, 37, 39, 101, 104-5, 210; imago, reliquiæ, 103; sepulcrum, 97, 104; translationis festum, 211.
THEOTARDUS, canonicus Aniciensis, 158, 160; — episcopus — [*998*], 72; 131-2.
THEOTBERGA, uxor Ingerardi, 71.
THEOTBURGIS, matrona, 82; —, uxor, 75, 111.
THEOTFREDUS = Theoffredus.
Theuciliaco, locus, 133. —
Tholosanus comes, 185. — *Toulouse (H.-G.)*.
THOMAS (sus), apostolus, 135; ejus festivitas, 13; —, cardinalis presb., 147.
TIBERIUS, imperator [*578-82*], 167.
Tignolos, locus, 92. —
Tina (de) ecclesia, 194; e-a S‡ Laurentii, 94. — *Thines (Ard.)*.
Todilia (molendinum della), 159. —
TONDUT (Arimandus, A-nnus), abbas de Securcto [*1159-62*], 176-7.

Torno (de) Hugo, Jarento, 189; — Silvio, 190. —
Torreta (mansus de la), 190-1. —
Torta (ad illa), villa, 62. — *Les Torts, c. de Laussonne*.
TOTBALDUS, testis, 127.
Toulau, villa, 133.— *Toulaud (Ard.)*.
Trabe (de) Bernardus, 191; — Bertrandus, 207. —
Tribus Rubis (villa de), 68. —
Trinico, locus, 133. —
TROBATZ (Guillelmus lo), 208.
TRUANNUS, T-ANUS, decanus Aniciensis [*985-993*], 69, 153-4, 157; —, donator, 76.
TRUBERCTUS, canonicus Aniciensis, 158.
TRUBERTUS, nobilis, 109; —, vir, 81.
TRUC, cognomen, 44; — (Hugo), 178.
Turci, 163. — *Turcs*.
Turta (campus de), 77. = Torta.
Tusculanus episcopus, 147.— *Frascati (Ital.)*.

UBO, laicus, 128.
Ucello (ecclesia de), 194. = Uscello.
UGO = Hugo.
UGOLENUS, testis, 138.
Ulmis (G. de), 187-8. —
UMBERTUS = Humbertus.
UNALDUS [Vualdus?], nobilis, 70.
Ungeolis (terra de), 56. = Engeolis.
Ungula (Pontius de), 204-5. —
UPERTUS = Humbertus.
Ura (ecclesia de), 179, 193. —
URBANUS, papa [*II, 1088-99*], 15, 17, 20, 99, 139, 141, 143, 162.
Urbem Veterem (datum apud), 199, 201-2-3. — *Orvieto (Ital.)*.
Urciliaco, villa, 76. = Orciliaco.
Urnis (villa de), 96. —
Ursia (ecclesia de), 195. —
Uscello, Ussc-o (de), 36; — castrum, 93; — ecclesia, 179; — monasterium S‡ Petri, 93; — prior, 37. — *Usel, c° d'Aubenas (Ard.)*.
Uterinis (monasterium S⁰⁰ Mariæ de), 116-7. = Viterinis.
Uticensis diœcesis, 193, 205. — *Uzès (Gard)*.
Utrinas, locus, 60. = Viterinis.

Vadi capella, 181. — *Le Gua (Is.)*.
Valdentis (ecclesia S‡ Angeli de), 195. = Valle Dentis.
Valentia (de), V-æ, V-inensis, V-inus

comes, 184, 186-7, 198-9, 200, 206;
— comitatus, 109; — diœcesis,
194, 198, 200-1-2, 206; — ecclesia,
105; — electus, 200-1; — episcopatus, 105, 115, 122; — episcopus
149, 154, 157, 184; — pagus, 107-
8-9, 112, 144; — præceptor, 188;
— præpositus, 185-6; — prior,
37; — provinciæ consul, 161; —
urbs, 105. — V-iam (dat. ap.), 19.
— *Valence (Dr.).*
VALERIANUS, donator, 127.
Vallaicus, V-avensis, V-ium, V-vien-
sis baillivus, 207; — comitatus,
53, 123; — ecclesia, 153, 168-9;
e-æ præsul, 48; — episcopatus,
23; — episcopus, 23, 132, 153,
169; — pagus, 52, 55-6, 62, 68,
104, 115. — *Velay.*
Valle (de) ecclesia, 179, 194; — Pon-
tius, Raymundus, 207. —
Valle Amatis (de), 37; — ecclesia,
179. —
Valle Dentis (ecclesia de), 180. —
Lavaldens (Is.).
Valle Ernatis (ecclesia de), 193. =
V. Amatis.
Valle Erodone (de), 50. —
Valle Granata, Grano (de) ecclesia,
181; e-â S¹ Benedicti, 196. —
Vallis (vicaria de), 113. —
Vallis Bonnæ, Borniæ = S¹ Andreæ
V. B.
Vallis Privata, villa, 74. — *Valpri-
vas.*
Vallis Viridis (ecclesia S¹ Clemen-
tis, 117. — *Vauvert (Ard.).*
Vallo (ecclesia S¹ Martini de), 93. —
Valnavensis vicaria, 102. —
Vapincensis episcopatus, 121, 196.
— *Gap (Htes-Alpes).*
Vara (ultra), locus, 135. —
Varenas (de) locus, 92; — mansus,
74; — villa, 64, 78-9. — *Varennes-
St-Honorat.*
Varsia (ecclesia et capella de), 180,
— *Varces (Is.).*
Vastres, V-ris (ecclesia de las, la),
84, 193; S¹ Theofredi, 17, 92. —
Les Vastres.
Vaxia, villa, 99. —
Vebrone (ecclesia de), 193. — *Vé-
bron (Loz.).*
Vecialdis (terra de), 32. —
Vecialensis vicaria, 102. —
VEGEIS (Petrus), 50.
Veirarac (Guillelmus et Humbertus
de), 50. = Veyrassac.
VEJUFO Pontius), 50.

Velaunicus, Vellaicus pagus, 1, 20,
23, 50, 52, 54-5-6-7-8-9, 60-1-2-3-
4-5-6-7-8, 70-1-2-3-4-5-6-7-8-9, 80-
1-2-3-4, 86, 90-1, 96, 112, 133, 136,
167. — V-um territorium, 4, 155.
— V-co (in), 68, 82. — *Velay.*
Venosco (ecclesia de), 193. — *Ve-
nosc-(Is.).*
Ventreciacum, V-esaco, V-ssac, lo-
cus, 47-8. — *Ventressac, c. de
Chamalières.*
Veracio, Verocio, villa, 77. — *Le
Vert, c⁰ de Bas ?*
Vernetis, V-to (villa de), 76, 81. —
Le Vernet, c⁰ de Craponne.
Vernumensis arcis, 61. —
Verona (P. de), 186. — *Véronne
(Dr.).*
Verst, Vertz (ecclesia de), 180, 193.
— *Le Vert, c. de Vinay (Is.).*
Veruna (ecclesia de la), 194. — *La
Veyrune (Ard.).*
Vessaauge (prope), 103. — *Vesseaux
(Ard.).*
Vessialica vallis, 102. —
Vestinæ (tit.) cardinalis presb., 147.
Vetula Civitate (vicaria de), 66, 68,
75, 80. — *St-Paulien.*
Veyrassac (Guillelmus de), 207. —
Vicco, Vico (de) ecclesia S¹ Joannis,
120-1; —, — Sæ Mariæ, 120; —,
S¹ Stephani, 120; — c-æ, 195. =
Vivo.
VICTOR (bus), martyr, 105.
Viennensis archiepiscopus, 116, 145.
188, 200-1; — concilium provinc.,
200; — diœcesis, 145, 194; — epi-
scopatus, 60, 115, 117; — pagus,
60, 115; — provincia, 200-1. —
Vienne (Is.).
VIERNA, uxor Hugonis, 191.
VIGERII (Willelmus), 190-1.
Vigiliensis = Visiliensis.
Vilareto (de), 61; — Guillelmus, 205;
— locus, 68; — villa, 70. — *Le
Villaret, c⁰ de Coubon.*
Vilareto (capella de), 179. —
Vilario, villa, 72. —
VILATA, abbas S¹ Theofredi, 208.
Vileto (ecclesia de), 181. —
Viliano [Jul-o ?], villa, 108. —
Villa Nova (ecclesia de), 180, 193.
— *Villeneuve, c. de St-Martin-d'U-
riage (Is.).*
Villænovæ de Boreyo habitator,
208. — *Boree (Ard.) ?*
Villare, villa, 27. — *Villard, c⁰ du
Monastier.*
Villareto = Vilareto.

Villario = Vilario.
VILLELMUS = Guillelmus.
Villeta (de) ecclesia, 196. = Vileto.
Villeta (villa de), 78. — *La Villette, c⁰ de Dunières.*
Vimol (tres ecclesiæ a), 181, 196. —
VINCENTIUS (sᵘˢ), 175.
Vindicatis, V-ctis, villa, 99. —
Vineatis, villa, 107. —
Vinosco (ecclesia de), 181.— *Venosc (Is.).*
Vinovolis, V-onis, villa, 107. —
Viridario (Guillelmus de), 207. —
Visiliæ, V-iensis (ecclesia Bᵉ Mariæ, prioratus, 143-4. — *Vizille (Is.).*
Viterbii (datum), 199. — *Viterbe (Ital.).*
Viterinis, Vitr-s (de), 36; — ecclesia, 180, 194; — monasterium Sᵗᵉ Mariæ, 116-7; — prior, 37. —
Vivariensis baillivus, 207; — comitatus, 131; — diœcesis, 193; — episcopatus, 60, 92, 135, 148, 200; — episcopus, 17, 50-1, 92, 94, 99, 131-2, 134-5, 141, 148; — pagus, 1, 53-4, 56-7, 60, 64, 66, 74, 77, 83, 86, 100-1-2-3-4-5, 133-4, 154, 157; — præcentor, 198, 202; — præpositus, 202; — sacrista, 198, 202. — *Viviers (Ard.).*
VIVIANUS, cardinalis presb., 182.
Vivo (ecclesiæ de), 180. — *Vif (Is.).*
Vizac (de Sᵗᵒ Stephano de) abbas, 162. — *Vissac.*
Vobregio, villa, 101. — *Vorey?*

VOLFALDUS, V-ardus, filius, 120.
VOLGERIUS, donator, 99, 100.
Voliac (a), V-cus, locus, 88, 121. — *Volhac, c. de Coubon.*
Volta, cœnobium, 160-1. — *La Voute-Chilhac.*
Vragiensis pagus, 136. —
VUALDUS = Waldus.
VUALE, testis, 172.
VUIDO = Guido, Guigo.
VUIGO = Guigo.
VUILISUS, testis, 172.
VUILLERMUS, V-elmus = Guillelmus.
VULFADUS, V-ALDUS, abbas Sᵗ Theofredi, 9, 45, 60-1-2, 64-5-6-7, 75, 104, 109, 111, 114-5; —, episcopus Diensis [*v. 977-*], 45.
VULGERIUS, donator, 95.
VULHERMUS, Vullie-s = Guillelmus.

WALDUS, abbas Sᵗ Theofredi, 107-8, 112, 114.
WARMUNDUS, archiepiscopus Viennensis [*v. 1076-81*], 116.
WIDO = Guido.
WIGO = Guido, Guigo.
WILHERMUS, WILLELMUS, W-LIERMUS, WL-S, WUL-S = Guillelmus.

Yebrone (ecclesia de), 179. —
YSOARDUS, testis, 185.
YTERII = Iterii.

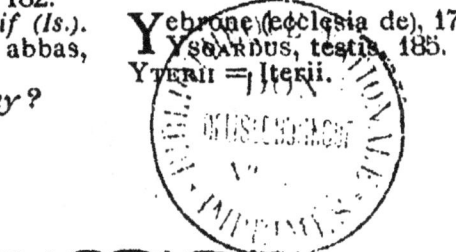

Achevé d'imprimer

à Montbéliard,

le xvii avril MDCCCLXXIX,

par P. HOFFMANN.

CARTULAIRE

DU PRIEURÉ

DE PARAY-LE-MONIAL

Ordre de Saint-Benoît

SUIVI D'UN

APPENDICE DE CHARTES

ET DE

VISITES DE L'ORDRE DE CLUNY

PUBLIÉS PAR

le chanoine Ulysse CHEVALIER

Correspondant de l'Institut

PARIS

LIBRAIRIE ALPH. PICARD

—

1890

INTRODUCTION

On ne compte plus les Cartulaires originaux qui ont disparu en France, par des causes diverses, depuis le XVIIIe siècle : celui de Paray-le-Monial *est du nombre. Il en est peu dont la reconstitution matérielle ait présenté moins de difficultés et offre plus de chances d'exactitude : la plupart des érudits qui en prirent des extraits eurent le soin de noter le feuillet de chaque pièce.*

Les sources mises à contribution pour la présente édition sont au nombre de six. Les voici, rangées d'après leur rang d'ancienneté et précédées de la lettre qui les désigne dans les notes, C *réservé pour le Cartulaire primitif.*

S. *Copie partielle, de la main du généalogiste* du Bouchet ; *j'ai décrit ailleurs*[1] *ce manuscrit de la bibliothèque de M.* Giraud, *qui a fait partie successivement des cabinets de* Le Febvre de Caumartin, *de* Secousse *et de* Valbonnais. F° 41ª : Extraict d'vn ancien Cartulaire du Prieuré de Pared, dont le commancement est presque consumé par le temps et par

---

1. Cartulaire de St-André-le-Bas, *p. xij-iij.*

lambeaux. *Renferme la transcription de 36 chartes, terminée au f° 45ʰ.*

B. *Le tome LXXV des copies de* Baluze *à la Bibliothèque Nationale* (Arm. III, pag. 2, n° 1), *auquel j'ai fait déjà maints emprunts, contient (du f° 1 au folio 15) le texte ou l'analyse de soixante pièces du* Cartulaire de Paray.

MB. *Le recueil de pièces sur l'histoire des divers monastères de l'ordre de Saint-Benoît, formé aux XVIIe et XVIIIe siècles et intitulé* Monasticon Benedictinum, *offre dans son 32e vol. (auj. ms. lat. 12689 de la Bibl. Nat.) une série d'extraits du* Cartulaire de Paray *(f°ˢ 15-31ᵗᵉʳ).*

R. *Aux archives de la préfecture du Rhône, à Lyon, se trouve la transcription en forme de 17 chartes tirées des* Cartulaires de Paray *et* de Marcigny. *En tête* : Ex veteri Cartulario manuscripto monasterii Paredi, sub initio sæculi duodecimi descripto, cui tamen posteriore quædam cartæ adjectæ sunt recentiore manu. *Les n°ˢ* 1, 2, 4, 6, 7, 8, 9, 10, 11, 14 *et* 17¹ *sont dits extraits* ex Cartulario Paredi *et correspondent ici aux n°ˢ* 96, 97, 114, 86, 26, 138, 136, 20, 88, 28 *et* 203 ; *les n°ˢ* 3, 5, 12, 13, 15 *et* 16 *sont tirés* ex veteri Cartulario manu scripto monasterii Marciniaci, descripto circa annum 1140 : *ils ont été reproduits dans l'*Appendice *sous les n°ˢ* 215 à 220. *A la fin cette attestation :*

Extrait pris, vidimé et collationné par moy, notaire royal soubsigné, sur deux cahiers en parchemin, dont l'un est intitulé : Cartularium monasterii Paredi, et l'autre : Cartularium monasterii Marciniaci, représentés et à l'instant retirés par le révérend père dom Henry Hugonnet, prêtre, religieux profès de l'abbaye de Cluny, qui avait entre les mains les deux

---

1. La source de ce dernier est accompagnée de cette indication : Carta precedens inscripta fuit recentiori manu.

susdits cahiers ou Cartulaires et s'est soubsigné avec moy dit notaire royal. Fait en ladite abbaye de Cluny, le dixneuvième jour du mois d'octobre mille sept cent vingt cinq. Lequel présent extrait est pour servir à M. le comte de Busseuil ou autres à qui il appartiendra ce que de raison.

(Signé) D. Henri Hugonet.

Contrôlé au bureau de Cluny, le 19 octobre 1725. R. six sols.

(Signé) Jandet, not^e royal.

(Signé) Guillet [1].

M. *La collection de* Chartes et Diplômes *connue sous le nom de l'historiographe* Moreau *enfermait dans ses* 284 *volumes* [2] *beaucoup de copies (parfois à double) tirées du* Cartulaire de Paray. *On rencontre la première dans le t. XI* (971-6, II), f° 99, *avec ce préambule* :

Du Cartulaire du prieuré des Bénédictins de Paray, ordre de Cluny, composé de 114 feuillets in-quarto, en parchemin, brochés et couverts de carton.

N^a. Quoique les premiers feuillets soient lacérés et emportés en grande partie, on a cru devoir donner ce qui en reste, à raison de ce qu'on y trouve des dates et des faits qui ont paru mériter d'être connus. Il ne paroit pas, par le Catalogue des chartes imprimées, que ce qui va suivre ait été donné.

La 1re page, dont il n'existe presque rien, contenoit un préambule où l'auteur rendoit compte des motifs de son entreprise ; on peut lire à la fin ce qui suit :...... Litterarum *etc.*

Pour ne pas répéter la chose indéfiniment, le copiste a noté au n° 8 que tous les titres sont écrits en lettres rouges.

Les volumes de la collection Moreau qui m'ont fourni des

---

1. *Je suis redevable d'une copie de ce cahier à l'obligeance du regretté archiviste du Rhône*, M.-C. Guigue.

2. *Voir sur cette collection* : Léop. Delisle, Cabinet des mss. de la biblioth. impér., *t. II, p.* 557-66 ; Xav. Charmes, Le comité des travaux historiques, *t. I, p.* iv *et suiv.*

chartes de Paray portent les n°s 11, 12, 13, 14, 16, 18, 19, 20, 21, 23, 26, 30, 31, 32, 36, 38, 40, 45, 50, 54, 63, 64, 65 *et* 276.

L. *C'est l'avocat* Lambert de Barive *qui avait été chargé, dans la vaste enquête historique dirigée par Moreau, d'explorer les archives de Cluny, où se trouvait, on l'a vu, dès 1725 le* Cartulaire de Paray-le-Monial. *Une partie de sa copie n'est entrée à la Biblioth. Nation. qu'en* 1855[1], *où elle prit le n°* 215 *des* Cartulaires : *c'est aujourd'hui le n°* 9884 *du fonds latin, comprenant* 46 *feuillets. Au* 1er :

Notes prises sur le Cartulaire des prieur et religieux du prieuré de Paray, ordre de Cluny, janv^r 1782.

Ce Cartulaire, grand in-4° en parchemin, couvert de même, contient cent quatorze feuillets cottés en chiffres romains, dont plusieurs, surtout au commencement et vers la fin, sont lacérés et morcelés. L'écriture est d'environ l'an 1200, époque aprochant des plus anciens cartulaires.

Ailleurs, (f°s 5, 32), *Lambert écrira* : Ce Cartulaire est du 12e siècle, sa fin est un peu postérieure.

Ses attestations sont conçues sous une forme qui subit quelques variantes ; je reproduis la plus ample :

Transcrite de mot à autre, suivant l'ortographe et la ponctuation dud. Cartulaire, par moi soussigné, commissaire du Roi pour la recherche des anciennes chartes et des monumens concernant l'histoire, le droit public, etc. sous les ordres de monseigneur le garde des sceaux, la présente copie par duplicata pour la maison de Busseul, conforme à celle que j'ai cy devant envoyée à Paris au dépôt prescrit par Sa Majesté, aux archives du prieuré de Paray, au mois de novembre 1786.

Lambert de Barive.

---

1. Delisle, *ouv. cité, tome II, p. 584* ; Charmes, *ouvr. cité, t. I. p. 143.*

A l'investigation de ces recueils mss. il aurait fallu joindre le dépouillement d'un dictionnaire imprimé, qui les devance par le temps et les égale en exactitude : je veux parler de l'immortel Glossarium mediæ latinitatis *de* Du Cange. *Dans la liste des* Tabularia seu Chartularia ecclesiarum, monasteriorum, etc., *au nombre de 328, qu'il a compulsés, figure :* Tabularium Prior. S. Petri de Paredo in Burgundia[1]. *Puisse le regret que j'éprouve de m'en être aperçu trop tard rendre plus avisés les érudits qui auraient à restituer un cartulaire dans des conditions analogues*[2] *!*

Dans sa préface (n° 1) le compilateur anonyme du Cartulaire de Paray *nous renseigne sur les motifs qui lui ont fait entreprendre ce travail; plus loin (12) il précisera l'époque. Comme ailleurs, celle-ci dut correspondre au point culminant de la prospérité matérielle de l'établissement : on sentit le besoin de tenir ses parchemins en règle, pour se défendre contre les revendications des uns et les convoitises des autres. Il faut savoir gré au rédacteur d'avoir soigneusement recueilli les souvenirs de son monastère; ils fournissent pour l'histoire de la contrée aux* X^e, XIe *et* XIIe *siècles des éléments précieux : ils seraient plus complets si les premiers feuillets du* Cartulaire *n'avaient un peu souffert; c'étaient les plus intéressants.*

Le textus *qui suit la préface est coupé en chapitres : une première division va de* 1 (2) *à* CXVII (64), *avec des lacunes dans notre édition qui ne doivent porter que sur des chartes de médiocre intérêt, puisqu'elles ont été délaissées par tous ceux qui ont*

---

1. Ed. Didot, *t. VI, p.* 457 b.
2. *Ne serait-il pas à désirer qu'on fît une table des passages tirés par Du Cange de ces divers* Cartulaires *? Le travail (long et fastidieux, je l'avoue) d'un seul profiterait à tous : on pourrait d'ailleurs le restreindre aux documents irrémédiablement perdus.*

eu le Cartulaire *entre les mains. Une nouvelle division prend au chap.* LXXIX (67) *et se termine avec* CXV (87) *: on pourrait croire à une simple interversion des quaternions de l'original, si les mêmes numéros ne se retrouvaient dans les deux partitions. Du n° 88 (qui commence par ces mots significatifs :* In præcedenti narratione hujus operis) *au n° 95 on sent une addition postérieure. Avec le n° 96 commence une nouvelle division par chapitres : elle ne figure que d'une manière intermittente. On constate le commencement d'une quatrième partie au n° 165 (*Incipiunt cartæ Baronenses).

Outre le Cartulaire, *cette édition comprend un* Appendice *de chartes relatives à Paray, au nombre de 18 : elles ont été puisées à des sources diverses, indiquées au bas de chacune d'elles.*

Plusieurs auteurs ont parlé, avec des mérites divers, de l'ancien prieuré de Paray[1]. M. Canat de Chizy *a profité des bonnes feuilles de la présente publication : il est juste de dire qu'il en avait, le premier, réuni les principaux éléments. On peut seulement regretter qu'il n'en ait pas eu la totalité sous les yeux, qu'il n'ait pas non plus donné assez d'ampleur à son cadre ; son travail aurait été définitif. Ce n'est pas le lieu de réaliser ici ce desideratum. Je vais seulement tracer les grandes lignes, fixer les*

---

1. MABILLON, Annales ordinis S. Benedicti, *lib.* XLVIII, *n° 51 édit. 1739, t. III, p. 597-8). lib.* L, *n° 101 (t. IV, p. 122-3)* ; Gallia Christiana *nova, 1728, t. IV, c. 444-5* ; Paray-le-Monial, le pèlerinage du Sacré-Cœur...., *Moulins, 1873, gr. in-18, p. 22-9;* CUCHERAT (F.), Histoire abrégée de Paray-le-Monial, *dans ses* Saints Pèlerinages de Paray-le-Monial et de Verosvres, 3e *édit., Chalon-sur-Saône. 1874, in-12, p. 115-78* ; CANAT de Chizy (M^r), Origines du prieuré de Notre-Dame de Paray-le-Monial, *Chalon-sur-Saône, août 1876, pet. in-8° de 2 f.-138 p.* ; CUCHERAT (F.), Premières origines de Paray-le-Monial, *dans* Le pèlerin de Paray-le-Monial*: à part, Paray-le-Monial, 1877;* LEFÈVRE-PONTALIS (Eug.), Etude historique et archéologique sur l'église de Paray-le-Monial. *dans les* Mémoires de la Société Eduenne, *1885, nouv. sér., t. XIV, p. 333-59 : à part, Autun, 1886, gr. in-8° de 31 p.*

points saillants de l'existence du monastère, de sa fondation au milieu du XIVe siècle ; ce sera le moyen de dater approximativement un bon nombre de chartes, les autres étant dépourvues de tout synchronisme autre que la présence de personnages secondaires. Chose étonnante : sur 212 *chartes, sept seulement sont pourvues de notes chronologiques* (2, 176, 187, 189, 192, 202, 206) ; *en réalité cinq au maximum peuvent être datées avec certitude.*

Fils de Robert, vicomte d'Autun (2), *et d'Ingeltrude* (2, 134, 195 ?), Lambert *devint premier comte héréditaire de Chalon-sur-Saône* (2) *par son alliance avec Adélaïde* (5, 165, 180, 193, 195-6, 213), *fille de Robert de Vermandois ; son frère Robert fut aussi vicomte de Chalon* (8, 165, 185, 213). *Reconnaissant des bienfaits de Dieu, il songea à perpétuer sa gratitude par une fondation pieuse : c'était vers* 971 [1]. *Il s'entendit avec l'abbé de Cluny, saint* Maïeul (2, 14, 213-4). *Celui-ci jeta les yeux, dans le diocèse d'Autun* (213-4), *sur une vallée couverte de broussailles* (dumosa), *à laquelle on donna le nom d'Orval* (Aurea Vallis). *Les travaux de construction commencèrent en* 973 (2). *L'église, bâtie sur la colline* (colliculum), *fut consacrée en grande pompe* (cum magna gloria), *sous le vocable du St-Sauveur, de la vierge Marie et de s*[t] *Jean-Baptiste* (2, 187, 213-4)[2], *en présence du fondateur et de sa famille, de trois évêques*[3] *et d'une multitude de clercs, moines et laïques* (2). Lambert *dota princièrement le monastère* (3, 7, 165) ; *les seigneurs*

---

1. *D'après l'achèvement en* 977, septimo anno (2).
2. Radulph. Glaber, Histor. lib. III, c. 2 (D. Bouquet, t. X. p. 27), Raynaldus Sinemur., Vita s. Hugonis Cluniac., cap. 3. n. 21 :... vener. patrem, qui tunc forte in altera ecclesia, Dei scilicet Genitricis, divino operi insistebat (Acta ss. Bolland., april. t. III, p. 652, édit. Palmé, p. 660).
3. *Rodolphe de Chalon, Jean (de Mâcon) et Isard* (165).

des environs l'imitèrent plus tard à l'envi[1]. *Le comte mourut, loin des siens, le 22 févr. 988/9, après avoir ordonné de rapporter ses restes à Orval* (4), *qui devint le tombeau de sa famille.*

Son fils Hugues I*er*, *déjà chanoine d'Autun*[2], *lui succéda* (5), *au préjudice d'un autre, nommé Maurice* (5, 180, 193), *resté inconnu aux historiens*[3]. *Orval avait ressenti les bienfaits du nouveau comte avant son avènement* (195); *il les multiplia* (6, 140, 180, 182-3-4-5-6, 193-4, 199), *mais il n'est pas facile de préciser ceux qui sont antérieurs à son élévation sur le siège épiscopal d'Auxerre, où il fut sacré le 5 mars 999. Peu de jours après* (mai), *il unit le* cœnobium *de fondation encore récente à l'abbaye de Cluny, qui avait alors à sa tête s*[t] *Odilon* (213)[4]. *On ne saurait hésiter sur le motif qui amena cette grave décision, confirmée par diplôme du roi de France, le pieux Robert* (214)[5]; *elle est indiquée en termes laconiques, mais formels : un certain relâchement s'était introduit dans la communauté* (refrigescente caritate, supercrescens iniquitas).

1. *Notons, entre autres, ceux* d'Anglure (*108, 157-8*), de Bourbon-Lancy (*107, 115-6-7, 130-1, 154, 157-8, 200-1, 211*), Busseuil (*20, 28, 49, 86, 88, 96-7, 203*), Chassagnes (*25*), Chaumont (*206*), Chevenizet (*22*), Cypierre (*59, 204*), Digoin (*52, 64, 66, 76-7, 152, 159, 167, 175-6, 179*), Fautrières (*169-70*), la Guiche (*17*), Le Blanc (*24, 79*), Perrigny (*38, 53, 119*), Saligny (*127, 153*), Semur (*69*) *et* Varennes (*55, 104-5-6, 112, 156, 161*); *on trouve encore deux vicomtes* d'Auvergne (*15, 148*) *et un seigneur du Forez* (*91*).

2. Gallia Christiana *nova*, t. XII, c. 284.

3. Radulph. Glaber, op. cit.: Præter cum pater non habuit sobolem sexus masculini (l. c.); Historia episcop. Autissiodor., c. 49 : Huic non par erat affinitate germanus frater, qui videlicet hæreditario jure res paternas regere potuisset (Bouquet, *t. X, p. 171*). — *Le n° 184 mentionne leur sœur Mathilde, mariée à Geoffroy de Semur, et leur neveu Otto ou Otte-Guillaume, qui devint comte de Nevers, puis de Bourgogne.*

4. Bernard et Bruel, Recueil des chartes de Cluny, *1884, t. III, p. 562-6 (n° 2484).*

5. *Ibid., p. 566-8 (n° 2485).*

Ce fut comme une nouvelle fondation. Quittant la colline, les moines s'établirent sur les bords de la Bourbince et construisirent une nouvelle église. Le comte-évêque l'enrichit des reliques de saint Grat, dont ses officiers dépouillèrent le prieuré de St-Laurent de Chalon. Un grand concours de populations éloignées participa à cette translation, le 13 mai[1]*; la consécration eut lieu le 9 décemb. 1004*[2]*, en l'honneur de saint Gervais et de saint Grat (1, 76, 86) : on estime que de cette église du XIe siècle il subsiste encore le narthex. Il faut rapporter à ce temps la multiplication du vin opérée à Orval par s^t Odilon, au témoignage de son biographe, s^t Pierre Damien*[3].

Hugues ne prit jamais le titre de supérieur de la communauté. On trouve de son vivant les prieurs Andrald *(12, 96, 145), qu'on pourrait, avec quelque hésitation, identifier avec le doyen* Adrald *(82), et* Gontier *(12, 111, 142), vers 1036, qui le devint de Cluny. Il eut pour successeur (en 1039) dans le comté de Chalon son neveu* Thibaud de Semur *(7, 96, 101, 111, 140, 184, 194), qui continua de favoriser l'établissement fondé par son aïeul (9, 107). Trois prieurs semblent correspondre à son époque :* Séguald *(12), le même peut-être qui succéda comme prieur de Cluny à s^t Hugues (1049),* Girbert *(12, 43, 179) et* Aymard *(133, 135). Vers 1065, Thibaud se rendit en Espagne, sans doute à Saint-Jacques en Galice : il tomba malade et mourut à Tolosa en Biscaye (10). Suivant ses dernières volontés, son corps fut rapporté, non sans peine* (cum multo labore), *à Paray*[4].

---

1. S. Grati episc. Cabilon. Vita, auct. anonymo, *dans* PERRY, Hist. de Châlon-sur-Saône, *1659, pr., p. 24* ; Acta ss. Bolland., *octob. t. IV, p. 286-8.*
2. COURTÉPÉE, Description du duché de Bourgogne, *réimpr., t. III, p. 53.*
3. Acta ss. Bolland., *jan. t. I, p. 76.*
4. *C'est la première fois que ce nom paraît dans le Cartulaire : on trouve*

Il laissait pour héritier un jeune fils, Hugues II. *Devenu grand* (egressus metas infantiæ), *il voulut se rendre en pèlerinage au tombeau de saint Jacques, peut-être pour réaliser le pieux dessein de son père. Lui aussi décéda en chemin (vers 1078) et ses dispositions en faveur de Paray ne furent pas exécutées par ses successeurs* (11, 40, 45, 209). *Il avait marié sa sœur Ermengarde à Humbert de Bourbon*[1], præpotentem virum (107)[2]. *C'est de son temps que fut rédigée la partie primitive et principale du Cartulaire* (12), *qui devint nécessaire sous la longue et prospère administration du prieur Hugues*[3] (21, 24-5, 27, 34, 46, 48, 49, 53, 58, 60-1, 66, 76, 87-8, 91-2-3 4, 107-8, 115, 123, 130, 132, 154-5, 157-8-9, 160-1-2-3, 167-8, 170, 192, 208, 210, 216, 218[4]), *contemporain de l'abbé de Cluny du même nom. On contracta avec l'évêque Aganon et le chapitre d'Autun une association spirituelle* (16).

Le comté de Chalon tombait en quenouille : les additions au Cartulaire n'en poursuivent pas l'histoire. On y constate cependant que la sœur aînée de Hugues II, Adélaïde, *le gouverna*

---

encore Orval dans un accord, qui ne saurait être postérieur à 1066, avec l'évêque de Nevers Hugues (145). Dès 877 (?) Paredus est mentionné dans une charte de Charles-le-Chauve en faveur de St-Andoche ; mais l'éditeur a justement hésité sur son authenticité Biblioth. de l'école des chartes, *1839, t. I, p. 210*).

1. *Le* Cartulaire de Paray *a permis à M.* Canat de Chizy de dresser *pour la première fois la généalogie de cette illustre famille à partir d'Anceau* (Ansedeus), *de la fin du X*e *siècle au milieu du XII*e.

2. *Une précieuse épave du chartrier de Cluny nous apprend que la jeune Ermengarde résidait à Busseuil quand Humbert de Bourbon la demanda en mariage ; elle confirma, en novemb. 1083 (1084), la donation de Digoin faite par son mari (107) à Paray* (Bernard et Bruel, Recueil des chartes de Cluny, *1888, t. IV, p. 760-2, n° 3602*).

3. *Le nom de sa mère, Aya, et les circonstances de son entrée en religion nous sont révélés par un extrait du* Cartul. de Marcigny *(215)*.

4. *Hugues figure en outre dans les n°s 3067 et 3607 des* Chartes de Cluny *(t. IV, pp. 253 et 769) : la dernière pièce est de l'année 1085.*

(87, 152, 192) *pendant l'interrègne causé par les divisions de* Guy de Thiers (87, 152, 208) *et de* Geoffroy de Donzy (87); *tous deux partirent pour la croisade de* 1096. *On construisit à cette époque la tour de gauche du clocher; il se produisit un accident, qui donna l'occasion à saint Hugues de rendre à la vie un jeune novice, grièvement blessé par la chûte d'une pièce de bois*[1]. *A une fête de saint Jean-Baptiste, le même abbé de Cluny guérit miraculeusement une femme à Paray*[2]. Bernard *en était prieur sous l'abbé Ponce* (190), *soit après l'an* 1109[3]: *il le fut ensuite de Cluny* (207, 209). *Il eut pour successeur à Paray* Artaud[4], *qui participa, probablement à la fin de janv.* 1119, *à la levée de l'excommunication encourue par un certain* Charles *et ses complices* (207); *la disparition (peut-être volontaire) d'un feuillet nous prive des causes de cette mystérieuse affaire.* Guillaume Ier *était déjà comte de Chalon, mais on ne le rencontre* (201, 204, 209) *que sous les prieurs* Burchard (200-1) *et* Girard de Cypierre (95, 202, 204, 206, 210). *C'est sous ce dernier* (1147-51), *du temps de Pierre le Véné-*

---

1. Vita s. Hugonis Cluniac., auct. Raynaldo Vezeliac., *dans* Acta ss. Bolland., april. t. III, p. 652 (éd. Palmé, p. 660); Alia, auct. Hildeberto Cenoman., *dans rec. cité*, p. 641 (649) = Lefèvre-Pontalis, *ouvr. cité*, p. 335 (t. à p., 7).
2. Vita s. Hugonis Clun., auct. Hugone monacho, *dans rec. cit.*, p. 659 (667).
3. *Cette année ou la suivante (à cause du style de l'Incarnation), eut lieu à Nevers un accord entre l'évêque d'Autun et les moines de Cluny, sous la médiation du légat Richard, évêque d'Albano* (189). *Deux ans après, on retrouve ce cardinal apud Paredum, confirmant par sa présence une convention analogue entre les évêques de Mâcon et de Nevers, au sujet de l'église de Champvert (Nièvre): l'éditeur du* Cartul. de St-Vincent de Mâcon (n° 559) *a hésité* (p. 568) *entre Paray-le-Monial et Paray-le-Frézy (Allier); ajoutons que dans cet acte figure le même évêque d'Autun.*
4. *Il est qualifié* prior Cluniacensis et Paredc *dans une charte* (176) *expressément datée de* 1149, *sous l'abbé Hugues, laquelle doit être, d'après M.* Canat de Chizy, *de l'an* 1123 (*ouvr. cité*, p. 126).

rable (et non au XIIIe siècle), que fut reconstruite l'église qui subsiste encore[1].

Au prieur Achard[2] *succéda (peut-être avec un intermédiaire)* Jean, *sous l'abbé Thibaud. Ceux-ci obtinrent à Lourdon, en* 1180, *du comte de Chalon,* Guillaume II, *qu'il renoncerait pour l'avenir à toute exaction : ce fut la charte de franchises de la commune de Paray* (221), *approuvée la même année par le roi Philippe-Auguste* (222). *La comtesse* Béatrix *la confirma en* 1205 (225-6) *et son fils* Jean *en* 1228[3]. *Le duc de Bourgogne* Hugues IV *en fit de même en* 1243 (227); *il acquit en outre de Perrin de Semur, en* 1271, *le tiers du péage de Paray-le-Monial,* Moinali (231). *Dans l'intervalle le prieuré, avec toutes ses dépendances, avait été uni à la mense abbatiale de Cluny, par le pape Alexandre IV* (228); *Clément VI se prononça dans le même sens* (245). *Mentionnons encore le doyen* Jean *en* 1296[4] *et le prieur* Henri *en* 1315 (242), *et finissons par quelques mots sur*[a] *les* Visites Clunisiennes de la province de Lyon, *dont le texte termine le volume.*

Les originaux me furent confiés en 1876 *par M. le maire de Cluny; ils font aujourd'hui partie des collections de la Bibliothèque Nationale*[5] *et sont reliés dans les vol.* 2270-1 *du fonds latin des nouvelles acquisitions*[6]. *Les visites publiées sont au*

---

1. Canat de Chizy, *p. 12* ; Lefèvre-Pontalis, *pp. 8 et 11.*
2. *Connu seulement par le Cartul. du chap. de St-Vincent de Châlon-sur-Saône, n° 152* (Canat, *p. 128-9*).
3. Courtépée, Description du duché de Bourgogne, *t. III, p. 55.*
4. Faucon et Thomas, Registres de Boniface VIII, *1885, t. I, c. 322, n° 919.*
5. Delisle (Léop.), Invent. des mss. de la Biblioth. Nation., fonds de Cluni, *1884, p. 325-8.*
6. *Sur ce sujet on a publié successivement :* Visite par les prieurs de Barbezieux et de Saint-Sauveur de Nevers des monastères de la congrégation de Cluny situés dans la province de Poitou en 1292, *fragment aux archives*

nombre de quinze (229-46), échelonnées de 1262 (v. st.) à 1342. Dans toutes, à une exception près, il est question de Paray. Le nombre des moines formant la communauté était de 20 en 1262 (229), de 31 en 1292 (236), de 25 en 1304 (241); mais on fait remarquer en 1294 (237) que le chiffre traditionnel était 25 (anticus numerus monachorum erat viginti quinque). L'impression des visiteurs est généralement excellente, tant pour le spirituel que pour le temporel, sauf en 1269 (230) que l'aumônier se plaignait du prieur; dans la dernière visite (246), l'ensemble n'était pas parfait : on se ressentait déjà de la guerre de Cent ans.

Il n'appartient pas à l'éditeur d'insister sur l'importance de tous ces documents. Par les détails nouveaux et précis qu'ils ont fourni sur les comtes de Chalon-sur-Saône, on peut conjecturer tout ce qu'ils projetteront de lumière sur les petits faits qui constituent la vie de province, surtout en ce qui concerne l'état des personnes et des terres.

Romans, 9 avril 1890.

---

départem. des Deux-Sèvres *publié par* Sim. Luce, *dans la* Biblioth. de l'école des Chartes, *1859, 4ᵉ sér., t. V, p. 237-46*; Visites des monastères de l'ordre de Cluny situés dans la province de Poitou, 1330 et 1343, *publiés par* Rédet *dans les* Archives historiques du Poitou, *1875*, Mémoires *t. IV, p. 407-24*; Visites des monastères de l'ordre de Cluny de la province d'Auvergne en 1286 et 1310, publiés d'après les originaux *des archives de Cluny* par Alex. Bruel, *dans la* Biblioth. de l'école des Chartes, *1877, t. XXXVIII, p. 114-27 : à part, Paris, 1877, gr. in-8° de 16 p.*; Etat des monastères Francs-Comtois de l'ordre de Cluny aux XIIIᵉ-XVᵉ siècles, *par* Ulysse Robert, *dans* Mémoires de la Société d'émulation du Jura, *1881/2, 3ᵉ sér., t. II*; Visites faites dans les prieurés de l'ordre de Cluny du Dauphiné de 1280 à 1303, publiées *d'après les mss. 2270-1* par Jos. Roman *dans* Bulletin d'histoire et d'archéologie du dioc. de Valence, *1883, t. IV, pp. 45-54, 85-94; à part, Montbéliard, 1883, gr. in-8° de 19 p.*

INDEX ONOMASTICUS

[*Les chiffres renvoient aux numéros; les mots et les formes en italique manquent au* Glossarium *de* Du Cange].

Absolutio, 56, 128; Accensare, 240.18, 243.10; Adventus, 239.9; Ædituus, 22; Alba, 235.1, 246.7; Aleccium, 230.31; *Alimaunia*, 48; Allecium, 243.5; *Amidala*, 243.5; Ammonire, 130; Anathematizare, 10; Aniversarium, 22; Annata, 238.24; Annualiter, 27; Annulus, 214; Appendere, 85; Arca, 161; Aria, 41; Ascensare, 241.10; Assalire, 130; Assignatio, 145; Auca, 41. — Bacco, 174; Baculus, 130; Baptismum, 111; Barahu, 25; Besenagium, 221-2; Bichetus, 230.2; Blialdus, 95; Blidalis, 157; Bonitas, 189; Boscus, 156, 161, 184; Botelarius, 207. — Caliga, 95, 201, 238.11; Calumnia, 7; C-are, 24, 32, 48, 211; C-ri, 95; Cambo, 74, 141; Camera, 229.5, 243.2-15; Camerula, 229.28; Caminata, 229.6; Camium, 80; Campanile, 235.19; *Capitaliter*, 207; Captio, 207; Carrata, 103; Carredum, 221-2; Carrobium, 189; Carta, 143; *Cartelada*, 20; Cartha rasa, 51; Cartula, 1,167; Casamentum, 152; Castanea, C-tenea, 184; Casula, 235.1; Chaucia, 243.3; Cheminus, 193; *Cilicia*, 229.17; Cingulum, 246.7; Cirografum, 226; Clausio, 45,99; Claustralis, 229.4; C-rum, 235.15; Clausura, 240.14, 246.14; Coclear, 221-2; Codicellus, 1; Communicari, 241.12; Conciliare, 107; Concisia, 148; Conquestare, 173; Consortes, 99; Conversus, 233.18; Coquina, 246.14; Corveia, 230.19; Coxa vaccæ, 85, 98; Crescentia, 115; Cultrum, 230.29; Cura animarum, 189; Curialiter, 238.22. — Deliberare, 187; Denarata, 124; Discalciare, 207; Dominatio, 204; Donjo, 246.14; Dotalitium, 2,165. — Ebdomada, 235.8; Edd-a, 238.22; Elevare, 209; Elemosinatim, 217; *Equitare*, 241.12; Eukaristia, 246.7; Evectio, 128; Exarteria, 98. — Familiares, 229.6; Farinarium, 148, 213; Feodum, 237.6; Fidelitas, 27; *Finive*, 212; Forest, 59, 184; Francus, 134; Fraternitas, 56; Frocus, 238.7; Fustanea, 157; F-nium, 95. — *Gadimonium*, 188; Gageria, 239.29; Garcio, 230.13; Garderius, 240.21; Granetarius, 239.22; Gratanter, 111; Gratifice, 88; Gutta currens, 92. — *Hystria*, 161. — Illatio, 117; Illicenciatus, 241.22; Indulgentia, 232.20; Ingenius, 20; Investitura, 210. — Jocalia, 243.17; Jornalis, 50; Justitia, 204. — Laudamentum, 189; Laudatio, 16, 207-8; L-tor, 27, 44, 151; Lavatorium, 243.5; Liardus (equus), 157; Libertas, 208; Linteamen, 235. — Mandatum, 240.21; *Maneglarius*, 230.2; *Mantenere*, 239.1; Manut-e, 226, 238.1; Masnilus, 191; Masoerius, 98; Melioratio, 97; Mensa, 246.10;

Mesplea, 184; Ministerium, 148; Minutio, 240.9; *Monstrator*, 215; Mundialis lex, 213; Munifica, 107; Mutatio, 91. — *Oblatrare*, 243.11; Officialis, 9; Olchia, 81, 167; Ostagium, 226. — Pagare, 231; *Pagea*, 184; Parata, 189; Particula, 167; Pastorale, 29; Pedules, 238.11; Pastio, 90; P-onare, 184; Perpetualiter, 194; Petiola, 74; Pittacium, 1; *Planamentum*, 159; Pontonarius, 123; Porcellagium, 221-2; Portagium, 204; Potagium, 243.5; Pratellum, 141; Precaria, 145; Primitiæ, 128; Privilegium, 10.15; *Proventio*, 15; Pulsare, 238.6-21. — Quadrigata, 243.5; Quæsitum, 73; Quartallus, 229.3; *Querquea*, 184; Questus, 189; Quietus, 95; *Quoquina*, 243.5. — *Rammatio*, 184; *Reappetere*, 24; Recooperire, 229.1-5; Recuperatio, 190; Redditualis, 239.9; Redemptio, 179; Refectio, 127; Responsor, 204; Retentio, 210; Retinementum, 158; Rotulus, 239.7. — Sacramentum, 207; Saugmarius, 221; Seqestrare, 159; Serra, 32; Servicialis; Sexterada, 34; Sigilum, 108, 174; Solidata, 230.8; Somarius, 222; Spiritualitas, 246.12; *Spsalmus*, 192; Stangnum, 240.24; Summarius, 222; Suprapositum, 125. — Tapetum, 73; *Teclum* [tectum?]. 235.2; Tencia, 184; Tercia, 35; Terminatio, 72; Thachia, 184; *Tintura*, 243.5; Tirocinium, 176; Tonsura, 230.27; Tortum. 91, 212; Transvadere. 123; Tricenarium, 243.5; Tumulatio, 4. — Uncia auri, 53. — Vana, 25, 70; Verpire, 159; Verreria, 230.13; Verseria, 24; Vesperæ, 239.12-17, 240.13; Vestitura, 112; Vicaria, 204; Victualia, 145; Viculus, 193; *Vilare*, 81; Vilarus, 134; Virgultum, 210. — Wadimonium, 46; Wadium, 158.

ADDITIONS ET CORRECTIONS

Page 1, *ligne 13* : . . . . Aurea]
P. 5, *l.* 7 : Raculf[us dedit ei] et alterum....
P. 13, *l.* 22 : Est autem h[æc cart]a de hoc quod....
P. 16, *l.* 9 : [monachus....... obtul]it Deo in hoc....
P. 22, l. 24 : in villa de Priscey [1]
P. 23 : **33**. — 1. C'10,...
P. 217, *c, 1*, transporter les cinq premières lignes à la p. 216, c. 2, l. 20.

CHARTVLARIVM
PRIORATVS
BEATAE MARIAE
DE
PAREDO MONACHORVM

1[1]

[INCIPIT PRÆFATIUNCULA].

ACTA pro [..]
temporibus præcedentibus avu[ls..................]
tam nobilibus quam pauperi[bus ....]
Domino Deo et beatæ Mariæ a[....................]
sanctisque Gervasio martyri et Grato p[ontifici,..........]
in quorum honore et nomine lo[cus ....]
Vallis est consecratus spe[cialiter................]
lata [..........] salute in [..........................]
ait : [« Facite vobis amicos] de man[mona iniquitatis, ut cum]
defece[ritis, reci]piant vos in [æterna tabernacula 2 »........]
ea nempe scripta quæ a prioribus [............... reperire]
libuit in veteribus pittaciis ac membranis [.......... vera-]
cibusque cartulis, ad adnotationem seu [................]
hominumque cupidorum sæpius emergentium [............]
versutiam et calliditatem, litterarum noticiam [3] [............]

1. *Texte dans Cart., f° 1, MB, f° '26, et MXI, f° 99 « litterarum — ». —*
2. Luc. XVI, 9. — 3. *MB noti.....*

quoquo modo traditum, in unius codicelli [4] tenorem [5] [....]
studiose colligere, prout nostra valuit parvitas; v [6] [........]
non, ut quidam vesani garrulo ore submurmurant, [........]
nos aliqua dempsisse vel augmentasse, sed ob' hoc potius
ut lucidius veritas de cætero [7] pateat.

2[1]

Incipit textus. — Caput I'.

Igitur postquam per dispositionem Dei, ante sæcula præscientis omnia et qui « vocat ea quæ non sunt tanquam ea quæ sunt [2] », nobilissimus strenuissimusque Lambertus, filius Rotberti [3] vicecomitis, Ingeltrude matre ortus, obtinuit comitatum Cabilonensem primus, assentante [4] rege primoribusque Franciæ; cogitans erga se Dei cara beneficia, acto colloquio [5] cum fi-[6]
[delibus...... ....]riis[7] et quodam suo conse-
[ntaneo............, communica]vit[7] eis votum sui cordis
[............................]endi[7] effectum. Quod ipsi grati
[animi affectu audientes, accersi]vit[7] patrem laudatum Cluni-
[acensem abbatem nomine Mai]olum [8], eique declaravit suum
[propositum............, ut d]ie[7] certo ad se properaret
[..........................] ejus audiens, libenter accepit
[......................a]tque[9] occurrerunt sibi et simul
[....................qui]a[7] non sedebat animis, qualitas
[.......................]tes vero supra colliculum, qui
[.......................] orbes, providus pater huc illucque
[.........................]rius subjacentem vallem rubis
[......................]sam, quæque Aurea Vallis hac ex oc-
[casione..................]nens, pater Maiolus videtur[10] in
[.........................]es, hic profecto locus adeo tibi[11]
[..........................]aratus: nempe ut tibi primam[12]
[..........................ec]ce aqua, ecce nemora empta[13]

4. *MB* c-illi. — 5. *MB*. om. — 6. *M* om. — 7. *MB* detectio.

2. — 1. *C* 1-'2, *MB* 26 (a) et 21 (b), *S* 41, *MXI* 99; cf. *L* '1. — 2. Rom. iv, 17. — 3. *MBb* Rob-i. — 4. *S* corr. a-tiente. — 5. *S* colo-o. — 6. *S* suis, *M* su... — 7. *M* om. — 8. *M* ...plum. — 9. *M* add. libenter. — 10. *MBa* ..detur. — 11. *M* atque ibi. — 12. *M* n. si quis calumpniam. — 13. *M* om. cc....ta.

[..........................] congrua ; nec ultra, o[7] vir sapiens
[...........]ei[7] a Deo collatum in dies prorsus prolonges [7],
[................]nte[7] celerius ducat effectum. Assensit ergo
[............]comes, et advocatis suis ministris[14], injunxit eis
[..........]omnia ut volebat ; erogans[15] pecuniæ aliarumque
[.........] maximam quantitatem. Alacriter ergo incœpta est
[con]structio monasterii in valle illa dumosa[16], in nomine Domini, anno ab Incarnatione Domini nongentesimo[17] LXX[mo]
III[tio][18] ; et ut certius[19] crederetur Deo esse placitum, magnum
calcis lapidumque supplementum repertum est[20] ibi defos‑
sum[21], eatenus vicinis incognitum, quod plenius provexit opus
ad cumulum. Ne ergo generent verba fastidium, pluriora sunt
brevianda[22] et ad lucem deducenda. Deo volente, bonorum
auctore, operis perfectio attollebatur, paulatimque die in
diem augmentabatur, ita ut[23] in septimo anno tres invitati
antistites, cum ingenti[24] clericorum, monachorum laicorumque sexus[25] utriusque numerosa plebe, ipso domno[26] comite
magnifice[27] omnia providente[28] [............................]
honestate, in sancti Salvatoris [............................]
ac sancti Johannis Babtistæ[29] omni jure[30] [...................]
comes ampla dona obtu[lit............................]
larga munera dedit, mag[............................]
amplum contulit ex suis re[bus [7]............................]
dotalitium. Sed antequam ea ta[........................vil‑]
larum diversarum scripta quæ[31] ni[mis [7]....................]
unus, adnotandæ sunt multiplic[es [7]...........]un [7][........]
lum [7] minus utiles brevientur [..................]a datores [7],
nomina eorum, terrarumque situs, test[es[32] ve]l[33] si qua sunt
commoda describantur, cetera om[ittantur[34]]. Acta est hæc
consecratio anno ab Incarnatione Domini D.CCCC[mo]LXX.VII[35]
cum magna gloria.

14. *M* m‑sque. — 15. *M* e‑atis. — 16. *M* Duniosa. — 17. *M* nog‑o.
— 18. *MBb S* septuagesimo tertio. — 19. *S. corr. opus.* — 20. *M* esse. —
21. *M* d‑se, *S* deff‑sum. — 22. *M* b‑ienda. — 23. *S om.* — 24. *S* viginti.
— 25. *MB* vulgi, *M*...... — 26. *MBb* domino. — 27. *MBb om.* — 28. *MBa*
p‑ti, *MBb* prud‑er. — 29. *MBa* Bapt‑æ. — 30. *M* omnium. — 31. *MBa*
qua. — 32. *M* testi. — 33. *MBa* ..t. — 34. *M* ocu....... — 35. *MBb* nongentesimo septuagesimo septimo.

3[1]

CAPUT II. — QUÆ[2] ET QUANTA CONTULIT[3] IN SACRATIONE[4] HUJUS ECCLESIÆ.

Ipsa vero die, ob[tulit][5] domnus Lambertus comes magnificus vel munificus xenia[6] multa, ornamentaque[7] quamplura in diversis speciebus; præter[8] hæc ampla terrarum spatia, multis in locis conjacentia : æcclesiam Sanctæ Mariæ dictam ad Capellam, omniaque ad se pertinentia, terris, utriusque sexus mancipiis, totum ad inquirendum; æcclesiam Sancti Martini in villa Tolon sitam, cum omni potestate [9], mancipiis, terris[10], servitiis cunctisque ad se pertinentiis; æcclesiam Sancti Simphoriani in Marliaco dictam[11], cum cunctis[12] ejus appenditiis, consuetudinibus, mancipiis et terris; castrum de Monte, non procul ab eadem æcclesia[13] situm, (cum) mancipiis, franchisiis, terris, consuetudinibus, debitis omnibusque[14] pertinentiis; æcclesiam Sancti Nicetii[15], sitam in villa Baronensi, cum omni potestate, terris, franchisiis, mancipiis, servitiis, omnibusque ad se pertinentiis; ex æcclesia Sanctæ Mariæ, quæ dicitur ad Boscum, totam medietatem, omniaque appenditia cunctaque pertinentia; mansum unum in Mota dictum, cum ejus franchisiis et omnibus pertinentiis; alium mansum in Baolio[17] situm, cum mancipiis et omnibus pertinentiis; item alium mansum in Fracto Puteo situm, cum servis[18] et omni[19] integritate; item, in eadem villa, franchisiam[20] de manso Bernardi, cum omni consuetudine; item mansum alterius[21] Bernardi, [cum......................fran]chisia et consuetudinibus; [..............................] in villa nuncupata Plumb' [............................] mansum in villa Frasnis, cum [......................clau]sum vineæ in villa Moncellis, [..........................] mansum in villa Marnant,

3. — 1. *C* 2, *MB* 27 (a) et 21' (b), *S* 41, *MXI* 99'; cf. *L* '1. — 2. *MBb* QUID. — 3. *MBb* CONTULERIT. — 4. *MBa* CONSEC-E. — 5. *S*...., *MBb* obiit. — 6. *S MBb* ....., *M* quia. — 7. *M* om. que. — 8. *M* p-rea, *S* post. — 9. *M* pertinente. — 10. *S* om. — 11. *M* ed-m. — 12. *S* servitiis. — 13. *S* e-am. — 14. *S MBb M* om. que. — 15. *MBb* Mc-i. — 16. *S MBb* Mom. — 17. *M* Baro-o. — 18. *S* s-itiis. — 19. *MBb* corum. — 20. *S* f-a. — 21. *S MBb* alius.

[..................] omnem terram Sancti Johannis, quæ sita
[est........................] ut singulis annis persolvant
[..................] monasterii Sancti Johannis; item villam
[..................pertine]ntiis; omnem etiam terram quam
habere[22] vi[debatur[22]......]ca Cluniacensi, cum mancipiis,
vineis, consuetudinibus [........; i]te(m)[23] duos mansos in villa
Biciaco, unum quem Raculf[us excolit] et alterum qui adhæret
ecclæsiæ Sancti Martini superius præ[dictæ[22], cum] omnibus
illorum appenditiis; item largitus est vineas, non ej[usdem[24]]
quantitatis, in villa dicta Roserias, cum omni earum integritate, et mansum in quo residet cultor earum, cunctisque pertinentiis. His aliisque multis a karissimo Lamberto, hujus loci post Deum[25] fundatore, concessis, quia non queunt[26] omnia fari[27], corde mœsto venimus ad finem, qua migravit a sæculo.

4[1]

Caput III. — Quod longius a propriis obiit suumque corpus huc deferri jussit.

Anno ab Incarnatione Domini DCCCC.LXXXVIII, quia non est in hominis potestate ejus [2] vita [3], decessit e mundo isdem egregius comes, octavo kalendas martii; suisque ante suum obitum testificavit ut, quia longe discesserant [4] a propriis, tumulatio ejus corporis non[5] alibi, sed potius esset [6] in loco a se constructo. Nos ergo, his præmissis, ut ad cœpta redeamus, tam pro jam dictis quam etiam pro subsecuturis, ea quæ videntur innectamus [7]. Sit elemosinis [8] his assensum præbentibus gratia, pax et misericordia a Deo Patre et Domino Jesu Christo, Spiritu quoque Sancto, prosperitas, salubritas et vitæ utriusque fœlicitas; violatori vero et [9] desertori, raptori, pro-

22. *M* om. — 23. *M* ct. — 24. *M* c... — 25. *S M* Dominum. — 26. *S MBa* ncq-t. — 27. *S* factæ.

¶ 4. — 1. *C* 2'-'3, *MB* 27' (a) et 22 (b), *S* 41', *MXI* 100. — 2. *S corr.* LXXVII, in cujus p. h. — 3. *MB* via. — 4. *MBb* dic-rent. — 5. *S* ne. — 6. *S M* om. — 7. *M* inve-s, *S* vineæ ra-s. — 8. *MBa* clee-s. — 9. *M* om.

fanatori[10] rerum Christi servorum hoc in loco commanentium anathema, maledictio, dampnatio[11], pars cum Dathan[12], Chore et Abiron[13], societas cum Pilato et Juda et Caipha, et cum Judeis qui dixerunt Domino Deo : « Recede a nobis[14] », nisi resipuerit et satisfecerit, denasque libras auri coactus exsolvat[15] judici. Amen.

5[1]

CAPUT IIII. — QUOD POST EJUS FINEM IN EJUS LOCO SURREXIT FILIUS EJUS HUGO.

[..]
[..]
[..Aureæ]
Vallis a patre suo const[........................]
tare et voluit crescere. I[....................in]
suburbio Cabilonensi, ecc[lesiam.........in hono-]
re sancti Johannis Baptistæ, cum omnibus [.... quæ]
ibidem videbantur aspicere, id est [............]
bus, villis, viculis, mancipiis, [........terris cultis]
et incultis, vineis, pratis, pas[cuis, ...aquis aqua-]
rumve decursibus, piscariis, [..................]
gressibus, omnibus in locis quæsitum[2] [vel inquisitum, totum]
ad integrum; dedit etiam curti [los ....]
sitos, omnem etiam terram quæ ibi asp[icit, scilicet a via]
qua itur in civitatem usque in locum qui dicitur [......]
S' Hugonis comitis et episcopi. S' Adelaidis com[itissæ].
S' Mauricii. S' Henrici ducis. S' multorum n......

6[1]

CAPUT V. — QUAM LARGUS .... IN HUNC LOCUM....

Dedit etiam ex quadam piscaria, in fluvio Harari [2] posita et ad Ulmos dicta, omnem medietatem, cum ipsius pisca--

---

10. *MBb* propha-i. — 11. *MB* damn-o. — 12. *S* D-am. — 13. *S* A-om. — 14. JOB. XXI, 14. — 15. *MBb* pers-t.

5. — 1. *C* '3, *MB* 28', *MXI* 100'. — 2. *MB* quæ situm.

6. — 1. *C* 3, *MB* 22', *S* 41', *MXI* 100'. — 2. *S* A-i.

toribus; cunctam etiam terram Willelmi [3] quondam Judæi,
in villa Theconerias positam et in aliis [4] quam plurimis locis,
cum domo ejus in civitate Cabilonis [5] posita; dedit etiam uni-
versam terram quam antiquitus tenuerunt Judæi in villa dicta
Curte Judæa, cum vineis cunctisque pertinentiis; mansum [6]
quendam in Biciaco situm, cum vineis, terris cultis et incultis,
et omnibus ubi ubi[7] appenditiis, campis, pratis, vineis, omnia
usque ad inquirendum; mansum alium ad [8] Avariaco dictum,
et quidquid ad ipsum mansum aspicit omnibus in locis: hoc sunt
vineis, pratis, silvis, terris aquarumve decursibus, quæsitum
ad inquirendum, totum ad integrum, servis atque [9] ancillis;
item æcclesiam quandam, in Monte Sancti Vincentii sitam,
cum omnibus appendiciis, simul et mercatum ipsius villæ et
omnia quæ ad ipsum mercatum pertinere videntur, sicut tenuerat ipse; dedit etiam in ipsa villa tertiam[...............]
[..]
[...]
[...]u
[..........................] omnibus appenditiis suis;
[........................., aqu]is aquarumve decursibus
[................totum ad] integrum, sicut Evraldus tenuit;
[....................]gias dictum, cum mancipiis pluribus
[........................] vineas quasdam, in villa Paion
[................ quos] tenuerat a comite Lamberto in be-
[neficium............ u]num in Saviniaco dictum, alterum
[...................] mancipiis utriusque sexus, cunctisque
[..... unum] juxta æcclesiam Sancti Justi situm, aliumque
[.....................] mancipiis utriusque sexus cunctisque
[.........] et quandam colonicam Sancti Pauli : post mortem
[......;] item dedit mansum unum a Laval dictum, cum villa
[....]dicta, mancipiisque et omnibus adjacentiis; item alium
[....]um dictum, cum mancipiis utriusque sexus et omnibus
sibi pertinentibus [.....; it]em dedit quasdam franchisias de
illis hominibus qui circa illum degunt; item dedit aliam[10] capellam, in villa Digontio residentem, ad Sanctum Victorem
dictam[11], cum manso Sancti Martini et omnibus ejus appendi-

---

3. *MB* Wile-i. -- 4. *S corr.* et multa. -- 5. *M* C-nensi. -- 6. *M* alen-m. --
7. *S corr.* o. ibi. --8. *S corr.* ab, *M* de. -- 9. *S* et. -- 10. *MB S* quandam.
11. *MB S* d-a.

tiis; et[11*]item quandam piscariam in fluvio Ligeris. Dedit etiam omnem terram Sancti Cirici, ultra eundem Ligeris fluvium sitam, cum villa quæ vulgo dicitur Vivent et cunctis franchisiis, mancipiis utriusque sexus seu et omnibus pertinentiis. Largitus est necne ex[12] silva Marciniacensi vel Baronensi omnem tertiam[13] partem, cum omni earum consuetudine et integritate; item dedit quandam æcclesiam in pago Cabilonensi, dictam Chassingiacum, cum omnibus suis appendiciis, id est villis, mansis, servis et ancillis, franchisiis, vineis, pratis, silvis, pascuis, molendinis, aquis aquarumque cursibus : totum ad integrum usque ad inquirendum.

7[1]

CAPITULUM VI'. — QUOD POST EJUS DECESSUM EXSURREXIT [2] IN LOCO EJUS DONNUS THEOBALDUS, NEPOS EJUS, COMES CABILONENSIS.

IGITUR quia omnes morimur et sicu[t ....]
nulla alia huic loco concessa [................. comite]
et episcopo, elabente eo atque di[....................]
domnus Tedbaldus, nepos ejus, vi[r .... se-]
cularibus valde obtimus. Qui quan[................]
ab antecessoribus suis fundatum [................]
multis ejus profectibus utilitatique consulunt [....... mul-]
ta terrarum [3] dona concessit, tam priu[............ ante-]
cessoribus agnoverat loco dedicata [...................]
te corroboravit et stabilivit. Unde [...................]
ut, si quis ex illius fidelibus benefitium [..............]
pro anima sua voluerit dare, firmum [........et stabile ha-]
beatur; et item, si [4] quislibet [.....................]
rem sumpserit vel in terram Sancti [...................]
rit, inmunis et liber ab omni ca[lumpnia ....]
tis perpetuo maneat. Inter misera[.............. quæ]
Lambertus comes huic loco contulit [...................]
qui est situs in pago Cabilonensi, in s[................]

11*. *M B* om. — 12. *S M* et. — 13. *M* etiam.

7. — 1. *C* 3'-'4, *M B* 23', *S* 41' (titre), *MXI* 101'. — 2. *MB* E-XERIT, *S* RES-XIT, *M* S-T. — 3. *M* t-anum. — 4. *M* i. et si.

det, in villa Biciaco, cum omnibus suis ap[pendiciis; item man-]
sum unum in comitatu Cabilonensi, in agro [..............]
liacensi ; terminat supradicta vinea de uno latere et uno fronte
terra Sancti Nazarii, de alio terra Dodolini, de alio terra Sancti
Ferioli.

8[1]

Carta [2] Rodberti [3] vicecomitis.

Rodbertus [4] igitur vicecomes [5] Cabilonensis, frater domni
Lamberti comitis, vir inlustris [6], obtulit quendam mansum, in Vallis dictum, cum franchisiis, servis et ancillis, vineis,
pratis, pascuis et omnibus appenditiis.

Itaque pro gratia senioris sui dederunt et alii quam plurimi,
pro animabus suis, ut dictum est, sumptibus ex propriis : —
Witbertus [7] miles, unum mansum in Corcellis, cum vinea et
rebus adjacentiis ; — Wido [8], alium mansum in Bierias, cum
cunctis sibi pertinentiis ; — Girardus, in Marriaco mansum,
cum vinea et appenditiis.

9[1]

Cap. VII'. — De mala consuetudine in vineis de Rosers.

[............................] quoddam quod fecit huic
[loco........................]us Teudbaldus [2] erat nempe
[.......................qu]as suprataxavimus, quædam
[....................in domin]io ab antecessoribus retenta
[............................] officiales comitis accipiebant
[....................vin]demiæ tempore in torculari mo-
[dios..................] dolus eorum ; tres modios vini meri
[........................] fratribus molestum. Rogatus ergo
[.....................]no Girberto sæpius, simulque auditis
[......................]ditus aspiratus, fecit donum Deo ex
[....................]. Testes fuerunt Gaufredus de Bonant,

8. — 1. *C* '4, *MB* 19, *S* '42, *MXI* 101 ; cf. *L* '1. — 2. *MB* C-tha. —
3. *S* Rob-i. — 4. *S* Rob-s. — 5. *MB* comes. — 6. *M* in litteris. — 7. *M* Vui-s.
— 8. *M* Vuido.

9. — 1. *C* 4, *S* '42, *MXI* 101'. — 2. *S* Theob-s.

[....................]ze, Wichardus Chavachole, Evrar-
[dus,.............] fratres de Chopetra.

10[1]

Cap. VIII. — Quod Tolosæ [2] obiit.

[...................] præfatus comes domnus Teudbaldus [3]
[...........................i]spaniæ detentus infirmate
[.......................mi]litare, et convocatis suis famulis
[..............................] conscribi fecit testamentum
[....................]minem [4] Hugonem puerum, rerum suarum
[.....................]ut hæredem. Inter hæc monuit suos
[................] superno numine [5], ut corpus ejus deferrent [6] in loco a majoribus suis constructo; denominavitque ex suis rebus [7] loco concedenda, videlicet sellam argenteam, candelabra argentea, sciphos quatuor argenteos et quædam alia; et qua potuit auctoritate [8] anathematizando [9] interdixit filium ac post hæc successores, ut omnes [10] pernitiosas noxiasque consuetudines, quas sui ministri et apparitores in tota terra Sancti [11] percipiebant vel exigebant, ultra nunquam perciperent; privilegia vero et dona, quæ ipse vel sui parentes loco concesserant [12], rata et inconvulsa perpetuo fideliter servaret. Testes hujus rationis fuerunt Girardus [13] de Busol, Willelmus [14] de Monthermente [15], Dalmatius Centarben [16], Bernardus Bers; qui etiam corpus ejusdem comitis cum multo labore ad tumulandum deportaverunt in loco jam dicto Paredo.

11[1]

Cap. VIIII. — Quod in ejus locum infans filius ejus Hugo successit.

Domno comite Teudbald[o [2].....................fili-]
us ejus [3] Hugo surrexit, pati[3][............................]

10. — 1. C 4', MB 23', S '42, MXI 101'. — 2. MB Tho-æ. — 3. S MB Theob-s. — 4. S domnum. — 5. M nom-e. — 6. MB d-retur. — 7. MB r.s. — 8. S auto-e. — 9. S a-da. — 10. S omnis. — 11. MB en m. S. Grati. — 12. MB c-runt. — 13. S Evr-s. — 14. MB W-lemus, M Wilelmus. — 15. MB M-teh e. — 16. MB C-bug, M Eent.

11. — 1. C 4', S 42', MXI '102. — 2. S Theobal. — 3. S om.

et [4] bene roboratus suorum ag[min ....]
strenue, locumque hunc multo[rum ....]
Egressus metas infantiæ, sancti Jacobi [sepulcrum voluit ....]
invisere : in ipsa nempe via preventus [fuit.....] præmatura [5]
morte ; quædam, quæ delegavit dari huic loco, pro suæ salute
animæque, successores recusavere [6].

12[1]

CAP. X. — NOMINA ET UTILITAS QUORUMDAM PRÆPOSITORUM HUJUS LOCI PARTIM NOTATA.

INTER hæc libet memorari de quibusdam præpositis sive procuratoribus hujus loci, qui in præcedentibus temporibus solliciti exsecutores, ædificatores et in melioratione loci pervigiles fuerunt, strenuique sive utiles. Quorum aliquos nominari placet : Andraldum videlicet, virum sapientem et eruditum, qui in multis interius exteriusque loco fuit utilis ; post hunc fuit domnus Gunterius [2], vir bonus, castus et rectus, qui similiter ut prior multis locum ditavit necessariis, id est in ædificiis, in adquirendis terris diversisque commodis ; huic successit domnus Segualdus, qui et ipse interius exteriusque locum in omnibus studuit per omnia meliorare; non dispar etiam fuit alius domnus Girbertus, qui in multis et quampluribus hunc locum exornavit decentius. Post hos vero quem nominari competit nimium, quia et hoc exigit ipsa operis materies, devenit domnus Hugo hoc tempore moderno ; qui, secutus exempla priorum, in omnibus affabilis [3] et benivolus cunctis, plenissime intus extraque locum adornavit dignissime: id est in ædificiis, in ornamentis, in ecclesiarum terrarumque multiplicium locis in diversis emptione, redemptione, novarumque [4] consuetudinum ademptione [5], quarum quædam hic erunt inserendæ [6].

4. *M* er. — 5. *M om.* — 6. *S* r-uns-e.

12. — 1. *C* '5, *MB* 24, *MXI* '102. — 2. *MB* Amile-s. — 3. *M* asta-s. — 4. *M* nona-e. — 5. *MB* a-mt-e. — 6. *M* i-a.

13[1]

Cap. XI. — De domnis abbatibus Cluniacensibus [2] qui hunc locum provexerunt.

....
....

14[1]

Cap. XII. — ....

[......................nomina]ndi sunt venerandi patres [....... Cluniacenses ab]bates. Sanctus pater Maiolus, hujusce [....................: ip]sius enim salubri consilio statuti [................ ecclesi]asticus ordo a comite Lamberto ; dehinc [............. p]ater Odilo, cui isdem locus concessus post aptin[.......] fuerat concessus a domno Hugone comite et episcopo, quique ornamentis auxit locum et terris ; cui successit amantissimus pater Hugo, dignus actione et merito, qui prelibatum locum ampliavit terris et ornamentis, semperque assensit multis commodis.

15[1]

Cap. XIII. — De præsulibus Æduensibus qui hunc locum adcreverunt et de Bertranno vicecomite Arvernensi.

Nunc properandum est ad ecclesiarum proventionem sive conquisitionem [2], quibus temporibus, locis præsulibusve coemptæ sunt. — In pago Claromontensi, Bertrannus vicecomes Arvernensis, pro suis peccatis expiandis [3] obtulit Deo et huic loco quandam æcclesiam Dei genitricis Mariæ Virginis [4]

---

13. — 1. *C '5, MB 24', MXI '102.* — 2. *MB* C-nie-s.

14. — 1. *C 5', MXI 102.*

15. — 1. *C 5', MB 24', S 42', B 1, MXI 102'.* — 2. *M* c-uest-m. — 3. *M* c-ien-s. — 4. *MB om.*

in Monte Combroso dictam, cum omni ⁵ sua integritate et consuetudinibus, terrisque omnibus sibi pertinentibus.

Domnus Walterius, quondam Æduensis episcopus, ex assensu suorum canonicorum fecit privilegium hujus loci fratribus ex quibusdam eorum æcclesiis, videlicet Tolonensi, Marliacensi, Baronensi et ex ea quæ dicitur ad Capellam Sanctæ Mariæ, et ex omni earum integritate: ut, reddito sinodali ⁶ censu, reliqua possideantur a fratribus in pace. Amen.

Item domnus Hermuinus⁷ episcopus ⁴, successor ejus, simili modo fecit, ex consensu et laude suorum canonicorum, ex quadam æcclesia ad⁸ Digontio dicta ⁹, quam domnus Hugo comes et episcopus huic loco jam concesserat, cum terris et decimis,· et omnibus appenditiis. Testes fuerunt Teudbaldus¹⁰ nepos ejusdem domni Hugonis comitis, Dalmatius de Sinemuro¹¹, Roclenus, Ansedeus¹² Borbon¹³, Ansedeus¹².

16¹

Cap. XIIII. — Privilegium domni Aganonis episcopi huic loco, canonicorumque ejus.

Cunctis æcclesiæ filiis notif[ica.........................] huic cartæ, de quibusdam rebus ad locum [.......] inserta ² videtur, ut quicumque de his rebus quæ [.........] taverint ², veritati testimonium ferant. Est autem h[......]a de hoc quod tempore domni Aganonis, Æduensis æcclesiæ præsulis, domnus Hugo, Paredi prior, ipsum præsulem cunctorumque canonicorum conventum adierit pro terris, æcclesiis, hominibus et feminis prædicto loco pertinentibus, quæ ipse aut antecessores sui de episcopatu adquisierant; rogans ut ipse episcopus cunctorumque canonicorum congregatio auctoritate sua juberent loco sibi subdito concedi omnia. Quæ domnus pontifex omnesque canonici libentissime annuentes, laudaverunt in capitulo, sicut

---

5. *S* o-ia. — 6. *MB B* syn-i. — 7. *S* E-s. — 8. *MB S* ab. — 9. *M* d-am. — 10. *MB* The-s, *S* T-deb-s. — 11. *MB* Sæm-o, *B* Setm-o. — 12. *MB* A-etlcus. — 13. *S* B-nensis.

16. — 1. *C 5'-6', B 1, MXI 102'*. — 2. *M* om.

tunc temporis habebat et possidebat prædictus locus, terras, homines, feminas et æcclesias, tam adquisitas quam de militibus adquisituras, præter suum debitum.

In hac vero laudatione sumpserunt inter se talem societatem ut, cum aliquis ex canonicis illius ³ æcclesiæ obierit, fratres de Paredo tantum faciant quantum de monachis ; similiter canonici de monachis faciant sicut de se ² ipsis, et in omnibus eorum tribulationibus pro posse suo eis² subveniant, et velut proprias res omnia quæ ad ipsos pertinent tueantur et defendant. Testes hujus rei : Agano episcopus, Walterius decanus, Wido archidiaconus, Noviodus⁴ cantor et archidiaconus, Ansericus præpositus, Hugo sacristes ⁵, Seguinus archidiaconus, Hugo archidiaconus, Rainerius archipresbiter, Durannus capellanus, domnus Admarus Sancti Stephani abbas, Stephanus abbas Sancti Quintini.

17[1]

Cap. XV. — De æcclesiis conquisitis recapitulatio.

I. De ecclesia Ragi. conquisita noticia.

Noticia de ecclesia Ragiacensi. Erat quidam miles nomine Petrus, pronomen habens de Cachiaco, qui ab inimicis suis quadam ² die ² crudeliter est gladio interfectus ³ ; pro cujus animæ salute, uxor ejus Adelais ⁴ nomine filiusque ejus Willelmus, parentesque⁴' et amici obtulerunt Deo in jam⁵ dicto loco omnia quæ præfatus Petrus in æcclesia Raginiaco⁶ vocata possidebat, in cimiterio et æcclesia vel presbiteratu, extra domo sua et alia domo quam grangiam vocant in cimiterio ; et exceptis his quæ milites quidam in beneficio retinebant ab eo. Fuitque talis racio ut, si in cetero fratres loci ab his beneficiariis conquirere aliquid potuerint ex his [.......]at et superiora habeatur. Necne [..............] ipsius æcclesiæ cimiterio de omnibus [..............] ilatis nemo alius rectum exigat, nisi

---

3. *M* illis. — 4. *M* Narj-s. — 5. *B* s-ta.

17. — 1. *C* 6, *MXI* 103, *L* 5 (a) et 6 (b); cf. *L* 1'. — 2. *M* om. — 3. *M* i-remptus. — 4. *Lb* Adal-s. — 4* *M* p-s. — 5. *M* D. ac etiam. — 6. *M* Ragn-o, *Lb* Ra-gign-o.

prior a [.........] ipse jusserit. Pro hac vero helemosinæ 7 racione, sponderunt fratres unum ex filiis ipsius Petri monachum facere et cotidie unum pauperem pascere, unique filiarum ejus ad sanctimonialem abitum intranti CL. solidos præbere, et in anniversaria die ejus obitus in missis aliisque divinis officiis memoriam ejus recolere, ipsaque die prior vel procurator præbeant optimam refectionem in piscibus aliisque rebus. Auctores et testes fuerunt hujus doni hii : Adelais, uxor ipsius[8] Petri, Willelmus filius ejus, itemque filiæ ejus, Bertrannus et Hugo, fratres ejusdem Petri, Artaldus de Buxol, Jotcerannus [9] de Vilers, Willelmus, Jotcerannus[9] de Copetra.

18[1]

CAP. XVI. — NOTITIA DE ÆCCLESIA VITRIACENSI[2].

Hugo miles, de[3] Castro Petri agnomine, et uxor ejus Stephana[4] filiique eorum Petrus et Rainerius, dederunt Deo huicque loco, pro animabus suis et anima Wichardis[5] fratris sui, occisi in æcclesia Vitriaco, medietatem cimiterii et ex decimis omnium redituum in parrochia medietatem, et presbiteratum [6] medium et altaris medietatem, et deforis unam vercheriam cum grangia et prato adjacente sub æcclesia, et foris extra villam duos campos incultos qui dicuntur[7] condeminæ [8], similiter medietatem; et CL. solidos acceperunt. Testes fuerunt Hugo Larr'[9], Wichardus[10] Cavachola[11], Willelmus Fortescut.

19[1]

CAP. XVII. — CARTA EX[2] ECCLESIA CURDIN [2*].

Idem domnus Hugo, in obitu suo, dedit Deo et huic loco, ut eum Christus[3] sociaret in regno suo et pro sepultura sua,

7. *M* el-e. — 8. *M* ejusdem. — 9. *M* Joc-s.

18. — 1. *C* 6', *S* 42', *B* 1, *MXI* 103'. — 2. *S M* om. Not...si. — 3. *B* c. — 4. *S* S-nia. — 5. *M* Wica-i. — 6. *M* p-rium. — 7. *S M* dicitur. — 8. *S* c-dom-e. — 9. *S* Lars, *M* Larrus. — 10. *M* Wica-s. — 11. *B* C-azola, *M* C-ahola.

19. — 1. *C* 6', *S* 42', *B* 1, *MXI* 103'. — 2. *M* DE. — 2*. *S M* om. CA.....DIN. — 3. *S* Xp's.

omnem rectitudinem quam habebat in ecclesia quæ[4] vocatur [5] Curdins, id est[6] cartam partem, ex omnibus altaris, presbiteratus, cimiterii [7], decimarum omniumque æcclesiæ redituum quartam partem. Testes Petrus, Rainerius filii[8] ejus, Stephana[9] uxor ejus, Archimbaldus[10] Blancus[11].

20[1]

Cap. XVIII. — Carta Attonis Buxol monachi de æcclesia Poisson[2] aliisque rebus.

Domnus Atto de Buxol [monachus .... ded]it Deo in hoc loco, ubi devenit [................] medietatem presbiteratus et po[........................] sanctimonialis Eduensis, duos solidos et dimidium [............] in terra de [......] quicquid sui juris est; item in villa Faya, quartam partem per omnia, et hominem nomine Gualdum et filios ejus ingenios, et totum suum tenementum, sicut ipse cum suo avunculo Artaldo pro ratione conquisivit; et in villa Poissons, tres carteladas terre, cum prato quod reddit omni anno sextarium avene et IIII^{or} denarios. Testes hujus doni : mater ejus Helisabeth, fratresque Hugo et Bernardus, Artaldus avunculus ejus, Ansedeus Parriniaco et uxor ejus, Ansedeus Monthermente, Hugo de Saliniaco, Jocerannus Vilers.

21[1]

Cap. XVIIII. — Carta domni Antelmi de æcclesia Sancti Leodegarii et aliis rebus.

Domnus Antelmus, volens seculum relinquere, dedit Deo et huic loco medietatem æcclesiæ Sancti Leodegarii, scilicet oblationum medietatem, sepulturæ, decimi et cimiterii similiter, et quicquid ad medietatem æcclesiæ pertinet; super hoc [2]

---

4. *M* qui. — 5. *S* voccata. — 6. *S* idem. — 7. *S* cimet-i. — 8. *M* filius. — 9. *S* S-nia. — 10. *S* et A. — 11. *B* Blamcus, *M* Blanchus.

20. — 1. *C* 6'-'7, *MXI 103'*; cf. *L '1*. — 2. *MC*. de æ. P.A. B. m.

21. — 1. *C* 7, *B* 2, *L* 7 (a) et 8 (b), *MXXIII 36*; cf. *L '1*. — 2. *B* hæc.

et mansum Letbaldi[3] Marriglerii[18] cum appenditiis, et franchisiam Stephani de Maringis, et silvam de Cutiaco totam, et quemdam servum nomine Maimbertum[4] fabrum cum filiis suis, et terram quam in monte Lugo habebat, et quicquid sui juris in parrochia[5] Sancti Leodegarii continebatur, præter mansum Aviti, et bordelariam[19] Eschacherii; et pro hoc dono accepit a domno Hugone priore unum mulum et C. solidos, et filius ejus Hugo unum palefredum [6]. Hujus rei testes sunt: Letbaldus Digonia [7], Artaldus Buxol[8] et Rimaldus[9] de Monticima[20]. Postea Gaufridus[10] de Corcon[11] et filii[21] ejus, et ipsius Antelmi sorores, Adaltrudis et Aremburgis, Ascherius[12] Marmanio, Rodulfus de Sancto Bonito omnia laudaverunt.

Hoc donum laudavit domnus Hugo de Castel et uxor ejus Stephana[13], et filii Petrus et Rainerius ; estque conventus, ut si quid ex hac parte Ligeris fratres loci emere ex illorum possessione vel adquirere potuerint, firmum sit et stabile; et pro hoc accepit domnus Hugo L[22] solidos de rege, uxorque[14] ejus et fi[lii[23] . . . .][24], Wichardus Cavanhol[15], Rotbertus [. . . . .] Flers[16], Hugo Menciot[17], Wichardus. . . . . .

22 [1]

(Cap. XX.)— Carta domni Ylionis de ecclesia Novas Casas.

Noscant omnes quod nobilissimus miles domnus Ylius de Chavasiget, pro anima sua et Rotrudis uxoris ejus, filiorumque suorum Achardi, Artaldi et Wigonis, omniumque antecessorum, dedit Deo et huic loco æcclesiam quam vocant Novas Casas, et cimiterium cum presbiteratu, ac omnia quæ presbiter vel æedituus in ipsa æcclesia de eo tenebat, sive in decimis vel in offerendis: eo tenore ut omni anno in aniversario ejusdem Rotrudis, fratres loci in missis et in aliis officiis

---

3. *La* Ledb-i. — 4. *La* Mainb-m, *Lb* Lamb-m. — 5. *M* p-oquia. — 6. *B* palaf-m. — 7. *M* de D. — 8. *M* de B. — 9. *Lb* Raina-s. — 10. *La* G-red⋂s. — 11. *M* Coreon. — 12. *M* Anc-s. — 13. *L* om. — 14. *L* u-r. — 15. *M* C-lus. — 16. *M* Floit. — 17. *Lb* Man-t. — 18. *M* Mari-i. — 19. *M* b-lerciam. — 20. *M* Monc-a. — 21. *M* filius. — 22. *M* quinquaginta. — 23. *M* fr. . . . — 24. *M* sts, W.

22. — 1. *C 7', MXXVI 217.*

ejus plenam habeant memoriam, et refectionem habeant caritativam; de domibus vero quæ in cimiterio sunt vel inante fuerunt, præceptum est ut seniores loci plene censum habeant. Super hæc dedit mansum de Villeret et mansum de Villena, cum vercheria quæ debet duos sextarios avenæ, et duos panes et duos capones et unum denarium, et 1. mussal de canavo, et duos servos Martinum et Marinum, et filium ejus et filiam, omnique progenie quæ de eis egressura est.

Testes hujus rationis fuerunt Artaldus et Wigo fratres, Jocerannus Marcile, Atto Marcilie, Archimbaldus Blanc, Letbaldus Digonia, Bernardus de Chatgie, Hugo de Salcine, Hugo de Laval, Achardus Villon.

23[1]

Cap. XXI. — *Donation de l'église de Caseneuve,* Casasnovas, *Liebaud de Digoine, etc*ª *(sans date).*

24[1]

(Cap.) XX.II. — Carta domni Artaldi Blanchi, de ecclesia Sanctæ Mariæ de Bosco.

Domnus Artaldus Blanchus dedit Deo et huic loco quartam partem æcclesiæ Sanctæ Mariæ de Bosco, et terram [2] ipsi æcclesiæ pertinentem, quam presbiter de eo tenebat, reddente Bernardo capellano æcclesiæ [3] quicquid in æcclesia habebat : tali pacto, ut non reappetat sine jussu prioris vel seniorum loci. Hugo autem de Montmalats [4], præpositus domni Artaldi, qui in ea terra calumpniabat unam verseriam [5] et si quid suum erat aliud, dedit Deo et huic loco, et accepit a priore v. solidos; et si quid denuo adquirere potuerit prior vel seniores hujus loci de his quæ [6] in æcclesia vel in terra æcclesiæ pertinerat [7], quiddam ab ipso Artaldo habent, laudavit ipse similiter. Habuit domnus Artaldus pro hoc dono et uxor ejus a domno Hugone

---

23. — 1. *C* 7', *L* '1.

24. — 1. *C* 7'-'8, *L* 9 *(a) et* 10 *(b), MCCLXXVI* '168*; cf. L* '1. — 2. *Lb* terciam. — 3. *M* æ. c. — 4. *Lb* M-melas, *M* M-tcmalats. — 5. *M* vercheriam. — 6. *M* qui. — 7. *Lb* p-nuerat, *M* p-nente.

priore CL. solidos. Testes fuerunt hujus rei Artaldus de Buxol, Gaufridus[8] de Cassagnias, Girbaldus Valestinas, Hugo Montmalast [9], Jocelinus[10] Mercator.

25[1]

(Cap.) XXIII. — Carta donni Gaufredi, ex ecclesia Curbiniaco et aliis rebus.

Domnus Gaufredus de Cassagnias dedit Deo et huic loco, in villa Corbiniaco, æcclesiam Sancti Petri cum cimiterio ac presbiteratu, et mansum secretarii æcclesiæ cum capella Sancti Martini ac omnibus sibi pertinentibus : cum ratione ut, si castrum defecerit, manentes denuo in cimiterio censum reddant debitum. Item in silvis suis dedit monachis inibi commanentibus omnia necessaria ad utendum, ad mansiones, ad calefaciendum, ad porcos saginandos. Adauxit item Sancti Petri æcclesiam quæ dicitur Oredors, cum presbiteratu, sed et decimas de condeminis suis quæ sunt sitæ in villa Cassanias ; itemque adjunxit ut, si aliquis ex suis fidelibus ex beneficio suo quod tenet de eo in jam dicto loco pro anima sua devolverit offerre, salvum permaneat et stabile. Sed et hoc perfinitum est ut neque ipse neque ullus ex suis aliquando ibi manentibus vim inferat. Acta sunt hæc publice in villa Corbiniaco, domno Hugone priore cum aliquibus fratribus præsente, coram multis testibus : Hugone de Giverze, Gaufrido nepote ejus, Bertranno de Vilorbane, Girardo Valestines, Duranno præposito, qui hoc donum laudavit et ea quæ de sua præpositura erant Deo obtulit, ac xxx^{ta} solidos accepit. Artaldus filius ejus laudavit, Gaufredus et uxor ejus D. lx^{ta} solidos a domno Hugone priore perceperunt. Durannus presbiter laudavit jam dictarum æcclesiarum donationem, eo tenere ut in vita sua medietatem ecclesiarum Oretors et Corbignie detineat, et illam Sancti Martini in dominio, et post mortem suam vel monacatum ad locum Sancti redeat in dominium. Domnus Agano, præsul Eduensis, et domnus Wido archidiaconus, Durannus Merolus, Hugo

---

8. *M* G-redus. — 9. *Lb* M-art, *M* M-tem-ast. — 10. *M* J-crannus.

25. — 1. *C 8, MCCLXXVI 149*.

Spiriaco hæc omnia supradicta laudaverunt. Donum ejus ecclesiæ quæ Oretors dicitur, quod domnus Gaufredus dedit huic loco, laudavit domnus Tetardus de Roena et Bonuspar ejus filius, et concesserunt ut si quis ex fidelibus eorum, de benefitio suo in fidelitate eorum manens, huic loco aliquid dare voluerit, stabile fiat; accepitque unum equum et xxx^{ta} solidos et unam vanam et unum barahu. Testes fuerunt Hugo de Bonefont, Wigo Meschins, Benedictus Bernardus.

26[1]

Cap. XXIIII. — Carta Girardi militis, de ecclesia Prisiaco et aliis rebus.

Quidam nobilissimus miles nomine Girardus, pro anima sua et animabus antecessorum suorum, dedit Deo et huic loco quandam ecclesiam quæ vocatur Prisciacus, et omnia quæ ad ipsam æcclesiam pertinent; et illam vineam quam tenet Josbertus presbiter, cum omni sua integritate. S' domni Girardi, qui hoc donum fecit, et Artaldi filii ejus; item Artaldi fratris Girardi, Hugonis Gaufredi.

27[1]

Cap. XXV. — Adquisitio domni Hugonis prioris [2] de quibusdam ecclesiis.

In nomine Domini, notum sit omnibus futuris et præsentibus, quod quidam strenui homines, Bernardus et Stephanus presbiteri, Girardus et Rotbertus laici, qui conquisierant sibi æcclesias, eam quæ dicitur Dio et illam dictam Columbariensem, itemque Sancti Simphoriani, divinitus inspirati dederunt Deo et huic loco omnia quæ possidebant in præfatis æcclesiis; præsentibus et consentientibus domni abbatis nepotibus, Gaufrido[3] et Hugone Dalmatio, Pontio Rufo et Joceranno Valestinas mediatoribus. Igitur domnus Hugo, prior loci, qui hæc

---

26. — 1. *C 8', MCCLXXVI '163.*

27. — 1. *C 8'-'9, L 11 (a) et 13 (b), MCCLXXVI 150; cf. L '1.* — 2. *M om.* — 3. *L G-redo.*

omnia procurabat, adiit domnum abbatem Hugonem Marciniaco [4], dixitque ei omnem rei gestæ rationem ; ibi ergo præfati viri datores[5] et laudatores quamplures fuerunt præsentes, et obtulerunt in manu domni abbatis donum superius dictum [6]; ibique interfuit domnus Gaufredus et frater[7] ejus Hugo Dalmatius, Tetardus[8] Roenensis et alii quamplures. Uldricus de Sancto Prejecto habebat in ecclesia Dio x^{cem} [9] solidos annualiter, jamque eos Hugoni de Laval itidem beneficiaverat ; post multa ergo verborum luctamina, ipse domnus Uldricus, salva fidelitate suorum dominorum, accepit LX^{ta} solidos et Hugo de Laval C^{tum} xx^{ti}, feceruntque donum Deo et huic loco, in manu domni Hugonis abbatis et prioris loci, publice coram cunctis : ex supra dictis x. solidis Hugo Dalmatius habuit CC^{tos} solidos, et cum fratre suo domno Gaufredo per omnia laudavit[10]. Tetardus Roenes et Girardus Perrius[11], Hugo Bochars, Gotardus[12] Bargi, Jocerannus Vendenessi[13]. Wilelmus de[14] Valestinas dedit Deo et huic loco v. solidos, quos percipiebat in æcclesia Sancti Simphoriani, accepitque a suo fratre domno Fulcone[15] quindecim solidos et dimidium. Testes hujus rei Rotbertus[16] Dio, Mainfredus Ainardus, Wigo de Cunziaco[17]. — Est præfixum[18] certa et[2] vera ratione coram [2] testibus [2], inter domnum Hugonem priorem et domnum Stephanum presbiterum[2] fratresque ejus, ut[19] ecclesiam Dio et medietatem ecclesiæ Sancti Simphoriani in vita sua habeat, et post ejus finem si monachatum induat[20] habitum ad fratres loci præfati[21] ; testes Stephanus, Martinus, Mareschus [2], Taraldus [2].

28[1]

DOMNUS Artaldus de Buxol et uxor ejus Jartrudis, filiique eorum Hugo et Artaldus laudaverunt presbiteratum æcclesiarum Columbers et Sancti Simphoriani, et acceperunt CL. solidos [2] ; testes hujus rei fuerunt Agano præpositus, Rotber-

---

4. *L* Marti-o. — 5. *La* doct-s. — 6. *M* datum. — 7. *La* f-tres. — 8. *M* Le-s. — 9. *M* v^{ce}. — 10. *La* l. p. o. — 11. *M* Petrus. — 12. *M* Gera-s. — 13. *M* V-se. — 14. *La* om. — 15. *La* Fal-e. — 16. *M* Rob-s. — 17. *L* Emz-o. — 18. *M* p-xendum. — 19. *M* quod. — 20. *Lb* i-ucat. — 21. *M* p. mortem suam vel m-ca-m ad f. l. deveniat.

28. — 1. *C* 9, *L* '12 (a) et 13' (b), MCCLXXVI 150' ; cf. *L* '1. — 2. *M* om.

tus Aureævallis [3], Hugo de Olsola, domnus Atto de Buxol [4]. Hæc supradicta laudavit et mater ejus Helisabeth, fratresque ejus Hugo et Bernardus, et accepit ipse Atto et mater ejus CL. solidos; testes hujus rei Jocerannus de Copetra, Gaufridus [5] Vilorbana, Agano præpositus, Giraldus Giverze. Doni[6] Hugonis et Bernardi, fratrum Attonis, fuerunt testes Boso Aureævallis[7], Albertus Mals et Bonus, Bladinus de Mulins. Domnus Agano, Eduensis præsul, audiens hæc acta a domno Hugone priore, laudavit et corroboravit sua auctoritate hæc omnia [8], non solum hæc præsentia, sed etiam quæcumque potuerunt fratres loci in his æcclesiis conquirere in ante; testes hujus rei Durannus Merolus et Rotbertus capellanus.

29[1]

Cap. XXVI. — Carta[2] domnæ Stephanæ.

Quædam domna Stephana, uxor domni Tetardi Róénés [3], dedit Deo et huic loco, in villa Prisciaco unum pratum al [4] Moncel; et terminat ex una parte via publica, ex alia rivus currens, ex tertia terra Sancti Grati, ex quarta exitus sive pastoralis[5] omnium communale [6]. S' Stephanæ [7], Bernardi Meschins, Walterii [8], Duranni vicarii.

30[1]

Cap. XXVII. — Item ejusdem.

Ipsa eadem domna Stephana dedit Deo et huic loco campum unum [2], quem vocant[3] unam teliam, in villa de Priscey [4] al[5] Moncel; et terminat[6] de uno latere et uno fronte terra Sancti Salvatoris, de alio latere et alio fronte[7] terra Ratmaldi et terra Artaldi Gros. S' Stephanæ et Tetardi viri ejus [8], Hugonis de Solman, Girardi[9] Donzel, Artaldi Buxol[10].

3. *La* A-cav-s. — 4. *L* Buxel. — 5 *M* G-redus. — 6. *M* donum. — 7. *M* avunculus. — 8. *La* h. o. s. a. — 9. *La* Merulus, *M* Incrolus.

29. — 1. *C* 9', *L* '15 (a) et '16 (b), MCCLXXVI '158. — 2. *La* Cha-a. — 3. *La* R-nis. — 4. *M* ad. — 5. *M* p-tur-s. — 6. *M* c-lis. — 7. *La* S-ni. — 8. *La* Wilelmi.

30. — *C* 9', *L* 15 (a) et '16 (b), MCCLXXVI 158; cf. *L* 1'. — 2. *Lb* vin-. — 3. *La* appellant. — 4. *La* Pricey. — 5. *Lb M* ad. — 6. *La* t-ant. — 7. *Lb M* f-t. — 8. *La* sui. — 9. *La* Gita-i. — 10. *Lb M* Buxel.

31[1]

Cap. XXVIII. — Carta Artaldi.

Quidam nobilis miles, Artaldus Grossus dictus, dedit Deo et huic loco mansum situm in villa quæ dicitur Prisciacus, non longe ab ecclesia Sancti Andreæ apostoli ; cum omnibus appenditiis suis, campis, pratis, pascuis, aquis, vineis, silvis, terris cultis et incultis, exitibus et regressibus : totum ad integrum et ad inquirendum. S' Artaldi, qui hoc donum fecit. S' Gelini, Acelini.

32[1]

(Cap.) XXVIIII. — Carta Evæ.

Quædam domna nomine Eva, pro anima sua filiique sui Petri, dedit Deo in hoc loco, de hereditate sua in villa Tolociaco, quinque vercherias ; in villa etiam supradicta dedit unum magnum campum, qui terminat ex uno latere gutta currente, et per medium est via publica ; dedit etiam servum nomine Lotaldum tisserium. S' Evæ. S' Petri viri ejus. S' Willelmi. S' Adraldi. S' Girardi, fratrum.

Sed post modum quidam milites, Artaldus de Granval et frater ejus Rotbertus, calumpniaverunt campum qui residet in serram, reddideruntque illis ; deditque alium campum jam dicta femina domna Eva in Veura senioribus loci.

33[1]

(Cap.) XXXI. — Carta Girbergi.

Quædam domina Girberga dedit Deo et ad locum Cluniacum, in villa Sancti Juliani duos mansos : unum quem tenebat in dominio et alium quem colebat servus nomine Fulchardus ; cum omnibus appendiciis, campis, pratis, pascuis, aquis. sil-

---

31. — 1. C 9', MCCLXXVI 161.

32. — 1. C '10, MCCLXXVI '170.

33. — 1. '10, MCCLXXVI '165.

vis, vineis, terris cultis et incultis, omnia ad inquirendum. Et dedit etiam ipsum servum Fulchardum et uxorem ejus. S' Girbergæ et Archimbaldi fratris ejus.

Post modum vero pius pater domnus Odilo abbas dedit ad luminaria altaris hujus æcclesiæ hos mansos, cum sua integritate.

34[1]

(Cap.) XXXIII. — Carta Rainerii de Villon.

Quidam nobilissimus miles, Rainerius de Villon, et uxor ejus Atala, filiusque eorum Girbaldus, et alii multi nobiles viri convenerunt ad locum Aureæ Vallis [2], obtuleruntque ibi filium suum Deo ad serviendum. Et in oblatione ejus reddiderunt mansum quem tulerant, quem etiam supradicta Raimodis [3] Deo et huic loco obtulerat, cum omnibus appenditiis suis, totum usque ad inquirendum, et servum jam dictum Aimoenum et medietatem filiorum ejus; et in augmento dederunt unam sexteradam [4] terræ juxta prædictum mansum [5]. S' Rainerii et Atalæ uxoris ejus, filiorumque eorum. S' Girbaldi Vert, Ylionis Jhavagist [6], Girardi Vinzæ, Bernardi Morel.

Post hæc denuo commoverunt litem filii domni Rainerii inter se et monachos, iterumque domnus Hugo prior dedit triginta solidos ipsis tribus fratribus et matri; iterumque fecerunt finem et pacem, coram testibus Duranno Merulo, Hugone de Olsola, Lamberto Montboon.

35[1]

(Cap.) XXXVI. — Carta Golferii.

Quidam miles nomine Gulferius dedit Deo et hujus loci fratribus, servitium debitum quod retinebat a domno Artardo Buxel [2], in manso qui est in parrochia Sancti Juliani, quem colit homo nomine Popins, id est omnes tercias fructuum

---

34. — 1. *C 10', B '2, MCCLXXVI '171.* — 2. *M* A. V. ad l. — 3. *B* Raym-s. — 4. *M* s-tar-m. — 5. *B om.* j. p. m. — 6. *M* Chavasiget.

35. — 1. *C '11, L '17, MCCLXXVI '164; cf. L 1'.* — 2. *M* A. de Buxol.

terræ; et duos panes et unam coxam vaccæ, duos sextarios vini et duos sextarios avenæ; et pro hoc accepit C^{nnn} xx^{ll} solidos. Superque 3, in villa Lucina, unam vercheriam cum prato. S' Gulferi et uxoris ejus Evæ. S' Stephani et Deodati præpositi.

36¹

(Cap.) XXXVII. — Carta Bertranni de Chasuit.

Quidam miles, nomine Bertrannus, dedit Deo et hujus loci fratribus clausum vineæ, in villa Prisciaco, qui appellatur Francor 2, et pratum qui est juxta ac omnem terram quæ ibi residet, usque ad inquirendum; et pro hoc dono accepit L. solidos. Domnus Girardus frater ejus et Bernardus de Civignon 3 laudaverunt; testes fuerunt Anselmus Valestines, Jocerannus 4 Valestines 4, Hugo de Olsola. Girbertus de Parriniaco rectum quod habebat in hac terra dedit Deo et huic loco, et accepit iiii^{or} solidos et unum capellum cati. — Girardus miles de Chasuit dedit Deo et huic loco servum nomine Girardum Batel, et filios ejus ac filias, et totum tenementum ejus ac tenementum Raimberti, quod debet tale servitium et unum sextarium vini, et unum caponem et unum arietem, et duos sextarios avenæ et in festum sancti Martini iiii^{or} denarios; testes Girardus de 4 Cahic 6, Artaldus Buxel, Hugo de Olsola. Bernardus Civinion 7 et Petrus frater ejus.

37¹

Cap. XXXVIII. — Carta Roberti Mala Testa, qui dedit curtilum unum in Parriniaco.

38¹

Cap. XLII. — Carta Hugonis de Parriniaco.

Quidam miles nomine² Hugo dedit Deo et huic loco, pro anima sua, in parrochia³ Sancti Laurentii, in villa quæ

3. *L* S. quod.

36. — 1. *C* 11, *L* 18, MCCLXXVI '162; cf. *L* 1'. — 2. *M* F-rum. — 3. *M* Civinum. — 4. *M* om. — 5. *L* Os-a. — 6. *M* C-ie. — 7. *M* C-nun.

37. — 1. *C* 11', MB '28.

38. — 1. *C* '12, *L* '19, MCCLXXVI '160; cf. *L* 1'. — 2. *L* domnus. — 3. *L* baro-a.

appellatur Laingiacus 4, duos mansos: unum qui illi ex paterna hereditate venerat 5, alium qui progenitoribus suis ex beneficio domni Archimbaldi Blanchi obvenit; hos vero mansos dedit cum omnibus suis appenditiis, terris cultis et incultis, silvis, pratis, pascuis, exitibus et regressibus, omnia usque ad inquirendum. Laudatores fuerunt Artaldus frater ejus et Hugo Piscis, Artaldus de Buxel, Letbaldus 6 de Copetra, Hugo de Olsola, Petrus præpositus et Archimbaldus li Blans, cum uxore sua ; et viginti v. solidos accepit.

39¹

(Cap.) XLV. — Donum Humberti de Scotia.

Quidam miles, Humbertus nomine, dedit Deo et huic loco omnem terram quam habebat in Scotia villa, suæ hereditatis et rectitudinis; item uxor ejus fecit similiter ex omni terra quam habebat in villa Cassanias, suæ hereditatis, hoc est unam vercheriam et vineam, cum prato ac terram arabilem.

40¹

(Cap.) XLVII. — Carta Lamberti militis.

Quidam miles Lambertus nomine dedit Deo et hujus loci fratribus, ex hereditate sua quam habebat in Neusiaco, mansum unum cum omnibus appendiciis suis, omnia ad inquirendum, et unam ancillam et infantes ejus; et in alio loco, qui vocatur Longuavilla, alium mansum et servum Anselinum, et uxorem ejus et infantes ; et item, in loco qui dicitur Fons Benedictus, alium mansum et Raionardum servum, et uxorem ejus et infantes, et vineam suam. S' Lamberti, qui hoc donum fecit. S' Lamberti militis, Ansedei, Lamberti, Rotberti.

41¹

(Cap.) XLVIII. — Carta Walterii de Mardialgo.

Quidam miles nomine Walterius dedit Deo et fratribus manentibus in hoc loco, pro susceptione sua, in villa de Mar—

---

4. *L* Lien-s. — 5. *L* v-rit. — 6. *M* Leta-s.

39. — 1. *C '12, MB '28, MCCLXXVI '160.*

40. — 1. *C 12', MCCLXXVI '160.*

41. — 1. *C 12'-'3, MCCLXXVI '155.*

diago sex arias de vinea, et in ipsa villa unam vercheriam dictam al Pererium, et reddit ipsa terra viii^{to} denarios et unum caponem ; item in ipsa villa unam franchisiam appellatam mansum a les Placis, et reddit duos sextarios de avena, et Natale Domini duos sextarios de vino et quatuor panes et viii^{to} denarios pro carne, et Pascha unum caponem, et per messiones duos panes et dimidium sextarium vini et iiii^{or} aucas ; in villa Moncellis unam franchisiam quam vocant ad Vinam, et reddit in censum ii^{os} denarios ; et in villa Vallis unam vercheriam quam dicunt ad Pinum, et reddit in festum sancti Leodegarii iiii^{or} denarios; item servum Audoardum et infantes ejus. S' Walterii et Rotrudis uxoris ejus. S' filiorum ejus, Enrici et Wilelmi. S' Bernardi et Enrici de Angl'.

42[1]

(Cap). L. — Item carta Rotrudis uxoris ejusdem Walterii et filiorum ejus.

Quidam miles nomine Willelmus [2], disponens semetipsum offerre Deo, dedit Deo et huic loco, ipse et mater ejus Rotrudis et frater ejus Enricus, mansum quem appellant ad Montem, cum omnibus appendiciis suis, id est silvis, pratis, vineis, pascuis, aquis, terris cultis et incultis, omnia usque ad inquirendum ; et in ultra tenementum cujusdam hominis, qui dicitur Willelmus de Laval. Item præfata domina dedit Deo in jam dicto loco, in villa quam appellant Algerius, in parrochia Jhalamo [3], mansum quem dicunt ad Mansum, id est vineam quam clausum vocant et terram pertinentem. Obtulit etiam Deo servum nomine Bernardum, cum filiis ejus et filiabus. S' Gaufredi de Varenens et Enrici, Hugonis Fuier, Walterii Florinzangis. Aimo. Stephanus. Durannus Galdial.

43[1]

Cap. LXII. — Carta Rotlanni Glorious, acta tempore domni Girberti prioris, Duranni decani et Stephani præpositi.

42. — 1. C *13, MB '28, B 2, MCCLXXVI 155.* — 2. B Wile-s. — 3. MB Ih-o.

43. — 1. C *'15, MB '28.*

44[1]

(Cap.) LXV. — Carta Ansedei præpositi Quadrilensis.

Quidam miles, nomine Ansedeus, dedit Deo et hujus loci fratribus unum mansum in barrochia[2] Sancti Justi situm, quem colebat Constantinus de Vinario, cum sua integritate; et debet tale servitium : 1. porcum precio duorum solidorum et multonem vestitum, duos sextarios vini et duos sextarios avenæ ad mensuram Paredi, et quatuor panes, et carrum cum duobus bobus ad Rosers, alium carrum vestitum a villa Sancti Justi usque ad monasterium. Testes et laudatores hii sunt : domna Clara uxor ejus et filius ejus Wichardus, Hugo, Agano fratres, Letaldus de Catgiaco, Gelinus Martel, Wilelmus de la Porta, Artaldus de Seimeriaco, Girbertus archipresbiter.

45[1]

(Cap.) LXVI. — Carta Wichardi filii Ansedei[2] præpositi.

Quidam nobilis miles nomine Wichardus, mundum abitiens et habitum sanctæ religionis accipiens, dedit Deo et huic loco, in villa Sancti Justi, 1.[3] pratum et 1.[4] vineam, 1.[5] clausum contiguum ipsi prato et bordeleriam[6] Chassoer [7], ubi manebat quidam homo nomine Goulbertus; dedit etiam servum nomine Constantinum et suam partem de infantibus ejus, et item alium servum nomine Ansoænum. Item, in villa Corouro [8], dedit omnem terram quam de beneficio comitis possidebat; item, juxta castrum Quadrile, molendinum et tenementum mulnerii [9], et pratum quod de comite ibi habebat. Testes huius rei sunt hii : ipse Wichardus, Hugo et Agano fratres ejus, Jocerannus de Copetra, Wilelmus[10] de la Porta, Ansedeus Sancti Desiderii.

Hæc omnia domnus Hugo comes postmodum, publice ad portam Quadrilensem, in conspectu omnium laudavit et insu-

44. — 1. *C'15, MB'28, MCCLXXVI 166'.* — 2. *MB* pa-a.

45. — 1. *C 15, MB '28, B 2', L 20, MXXXI 100, MCCLXXVI 166*; *cf. L 1'.* — 2. *L* Anselmi. — 3. *L* unum. — 4. *L* unam. — 5. *M* ct, *L* unum. — 6. *L* b-lar-m. — 7. *M* C-ocrs. — 8. *L* C-ovra, *M* Ronco. — 9. *M* mulcic-i. — 10. *L* Vui-s. — 11. *M* Vica-s. — 12. *L* communis, *M om.*

per in silva de Fai, ad mansum Constantini cursum dedit ad omnes matherias, et ad calefaciendum similiter et ad molendinum, omnes matherias ad clausionem prati, et insuper ad omnia quæ præfatus Wichardus[11] huic loco concessit in eadem silva ; et CCC[tos] solidos accepit. Hujus doni comitis[12] testes fuerunt : Humbertus Borbon, Girardus Buxol, Letbaldus Digoni, Jocerannus Copetra.

46[1]

(Cap.) LXVII. — Carta Aganonis fratris ejus.

Quidam miles nomine Agano, præpositus, dedit Deo et huic loco unum mansum in villa de Corouro [2], laudante fratre suo Hugone, ad helemosinam istius loci ; et accepit a fratre suo Wichardo elemosinario li. solidos Pictavenses, et Hugoni de Chialoet, qui habebat mansum in wadimonio [3], dedit etiam xl. solidos.

47[1]

Cap. LXVIII. — Domnus Hugo, prior hujus loci, dedit fratri Wichardo, ad opus heleemosynæ, molinum a la Planchi dictum, *etc*.

48[1]

(Parrochia Sancti Leodegarii.)

Homo quidam Benedictus nomine de Cutiaco, Dei amore compulsus, dedit in helemosina, pro anima sua omniumque parentorum suorum animabus, aliquid de hereditate sua, quæ sita est in barrochia Sancti Leodegarii, totum videlicet quod ibi videbatur habere : hoc sunt quatuor terræ divisiones, quantum in longum vel latum determinant. Testes hujus doni sunt : Deodatus præpositus, Bernocus Moncels, Durannus Peredet.

46. — 1. *C 15', MB 28', B 2'*. — 2. *MB* Coroero ? — 3. *Ms.* ga-o.
47. — 1. *C '16, MB 28'*.
48. — 1. *C 16, MB '29, MCCLXXVI 167*.

Item uxor cujusdam hominis, Duranni Ceci, de Sancto Luciano obtulit Deo, in helemosina, totum alodium suum, quem videbatur habere in villa Basifranc, in barrochia de Vitri. Dati hujus sunt testes : Bernardus cementarius, Durannus Peredet, Ansoenus.

Ipse jam dictus frater Wichardus [2] extruxit [3] molendinum super fluvium Bizon, cui calumpniabantur quidam homines, I[nus] Rainerius Moncel et Andreas Contat ; et ipsi ergo finierunt et Deo obtulerunt si quid recti erat eis, eo tenore ut in alimaunia pauperum proficeret. Hujus rationis testes sunt : Hugo de Larr', Constans Boeri, Lethaldus de Capella. Omnes isti supradicti calumpniatores pro hoc dono unusquisque IIII[or] solidos acceperunt. Adalis de Fracto Puteo et filii ejus, Letardus et Rotbertus, et filia ejus Deodata laudaverunt donum molendini supradicti, quam in eo partem ipsi habebant; et acceperunt pro hoc III. solidos et sex denarios. Testes : Girardus de Fracto Puteo et Durannus filius Constabuli. Folcherius de Corouro fecit fidem supradictæ Adelais, ut si malum de molino evenerit, ipse emendet. Benedictus de Rimannes fecit fidem Eldrico fratri suo de filio ejus Rotberto ; de simili causa Thetærals laudavit, et xx[ti] denarios accepit. Sig. Bet. Duranni, Hugo de Un...., Rotbertus presbiter, Rodulfus Meschinus.

Quidam miles e castro Sancti Johannis, nomine Ansedeus de Angleduris, dedit Deo in helemosina et domno Wichardo hel(emosinario) [4] quemdam suum servum nomine Stephanum, et pro hoc dono VII. solidos accepit. Bernardus Caval, Stephanus Gunzze, Petrus Guntar, Bernardus Guntar, Girardus Benedictus, Rainardus Winebald, Bernardus : isti omnes erant calumniatores molendini, et guerpierunt Deo et ad locum Paredi. Testes ex hoc : Rainaudus et Durannus monachi, et Morestenus Faitaldus; testes fuerunt Wilelmus Luurciaco, Walterius Florenzang.

Hugo de Saliniaco dedit Deo in helemosina [5], pro salute animæ suæ, servulum suum nomine Teudbaldum [6]. Hugo et Wichardus filii ejus laudaverunt; testes Ansedeus et Rotbertus fratres fuerunt, Hugo et Agano similiter fratres. Donnus [7]

---

2. *MB* W. elcemosynarius. — 3. *MB* dest-t? — 4. *Ms*. Het? — 5. *MB* elec-syn.. — 6. *MB* Tcubt-m. — 7. *MB* domn-.

Hugo Cluniensis abbas, ex consensu donni 7 Hugonis prioris et Wichardi helemosinarii 7, stabilivit et jussit ut molina quæ in stagno Tolon 8 construxit vel construxerit, pisces ex stagno in generali fratrum deveniant, reditus annonarum molini ad helemosinam 5 monasterii perveniant 9 præcepit.

49¹

(Cap.) LXXVIIII. — Carta Hugonis et Bernardi de Buxol.

Quidam milites, duo fratres Hugo et Bernardus, sæpius calumpniabant erga hunc locum quasdam terras et æcclesias, videlicet Columbers et Sancti Simphoriani. Tandem 2 fecerunt concordiæ pacem litisque finem, vuerpitionem facientes ex omnibus datis terris et helemosinis quæ antecessores prædicto loco condonaverunt, et de præfatis æcclesiis ac de illa de Possons, et de terra Sancti Justi et ex illo dato quod frater eorum domnus Atto loco sancti³ obtulit; acceperunt que ob hoc Hugo xxx^{ta}, Bernardus xx. solidos : tali conventu ut domnus prior pacem eis gratuito faceret⁴ cum quodam presbitero Oredors, nomine Giraldo 5, cui quatuor boves tulerant. Testes hujus rei : Hugo prior, Antelmus monachus, Artaldus Buxol, Bernardus Vernol, Atto filius ejus.

50¹

(Cap.) XCI. — Carta Wilelmi de Maringis.

Quidam miles nomine Wilelmus dedit Deo et huic loco omnem allodum in barrochia de Altofont, in villa quæ dicitur Vallis, cum omnibus appenditiis suis, id est terris cultis et incultis, silvis, pratis, aquis aquarumque decursibus, exitibus et regressibus, totum ad inquirendum; itemque in villa de Villeret dedit quemdam vercheriam et totum alodium quod de capite suo in ipsa villa habebat, id est terris cultis et incultis, silvis,

---

8. *MB* Co-n. — 9. *MB* om.

49. — 1. *C 17'-'8, L '21, MCCLXXVI '147; cf. MB 28', L 1'.* — 2 *L* T. ergo. — 3. *L* s-to. — 4. *L* faciet. — 5. *M* Gua-o.

50. — *C '18, MCCLXXVI '146.*

pratis, aquis, exitibus et regressibus, totum ad inquirendum : in ipsa terra I. (sextarium) de annona et II. denarios et I. jornalem. S. Wilehmi de Maringis, Artaldi de Castel, Deodati de Vileret et Girardi fratris Deodati.

51[1]

(Cap. XC...) — Carta Letbaldi mulieris.

Quædam mulier nomine Vimberga dedit Deo et huic loco, in parrochia Sancti Leodegarii, totam partem terræ suæ, ubi seminari potest cartha rasa annonæ, *etc.*

52[1]

Cap. XCVII. — (.....) villa Mons Liergue et pratum in ipso curtili, qui tenet usque in fluvium Voldrach, ex alio latere terra Sancti Grati (......)

53[1]

(Cap.) XCVIIII. — Carta Ansedei de Parriniaco.

Quidam miles nomine Ansedeus dedit Deo et huic loco uxorem Bernardi Chanlucie et infantes ejus, itemque dedit Letaldum et Bonet laudavit, quem Walterius frater ejus ante sancto dedit et filios Constancii detulit; et pro hoc accepit L. solidos. Testes Hugo Menciad, Deodatus præpositus. Item præfatus prior domnus Hugo dedit Walterio de Parriniaco II^{as} uncias auri, pro Bonet jam dicto filio Constantii de Tilve. Testes fuerunt Heldricus præpositus, Heldinus Valdet, Wido Matischial.

54[1]

Cap. CI. — Carta Dalmacii de Centarbent.

Quidam miles, nomine Dalmatius, dedit Deo et huic loco unum mansum qui vocatur Johannis Dulcros, in villa Chia-

51. — 1. *C 18, B '3.*
52. — 1. *C 18', MB '29.*
53. — 1. *C '19, MCCLXXVI '146.*
54. — 1. *C 19', L '22, MCCLXXVI 146; cf. L 1'.*

vaniset, et est situs in barrochia Noschisis : totum ex integro
usque ad inquirendum, cum servo et ancilla et filiis eorum,
silvis, pratis, pascuis, exitibus et regressibus, vineis, campis
et omni consuetudine. S' Dalmatii. S' Jodceranni. S' Hugonis,
fratris ejus. S' Girardi Buxol. S' Gaufridi de Velorbain. S'
Deodati præpositi.

55[1]

Cap. C.II. — Carta Jodceranni de Varennis.

Quidam miles, nomine Jodcerannus, dedit Deo et huic loco
mansum unum et totam consuetudinem, quam habet in
silva quæ Maosta vocatur et in aliis suis silvis per circuitum,
et quicquid ad ipsum mansum pertinet in omnibus silvis,
campis, pratis, terris, rispis, pascuis, aquis aquarumve decursibus, exitibus et regressibus : totum ad integrum usque ad
inquirendum, sicut pater suus tenuit nomine Girardus, et ipse
usque ad præsens. Itemque dedit, pro fratribus suis jam defunctis, quandam franchisiam quæ residet in supradicta
villa, et omne servitium quod debet ipsa terra. S. Jodceranni.
S. Girardi, filii ejus, et Petri. S. Ledbaldi militis de Copetra.

56[1]

Cap. CIIII. — Carta Girberti.

Girbertus et uxor sua Raingardis dederunt Deo et huic loco
alodium suum, quod habebant in Villeret, sive in agris,
sive in pratis vel pascuis ac silvis ; quod donum laudavit ac
corroboravit avunculus eorum, Bernardus de Monliergue, et
cognati sui, Martinus Rex, de Villeret, et Bernardus Tosinus,
frater ejus, et Bernardus Frumentinus, alter frater. S. donni
Hugonis prioris et Antelmi monachi. C' Petri presbiteri de
Campo Lucio, Deodati præpositi, Bonetti Burgensis. Sciendum
quoque quod in hac terra, de cujus donatione facta est hæc carta,

55. — 1. *C 19', MCCLXXVI 146'.*
56. — 1. *C' 20, MCCLXXVI 151.*

ut quædam inde auferentur calumpniæ et sopirentur controversiæ, Martinus supradictus et frater ejus, Bernardus Tosinus, L. solidos erogaverunt, nullo adjuvante, exceptis Geraldo et Bernardo Frumentino, qui de eadem fraternitate fuerunt: quoniam quatuor fratres erant qui hoc precium dederunt pro absolutione terræ præfatæ, et Campum Rotundum retinuerunt pro signo et memoria pecuniæ prædictæ, ut eam reddat antequam campum recipiat, si quis suorum coheredum calumpniator surrexerit.

57[1]

Cap. CV. — Carta Hugonis de Giverzi [2].

Quidam miles, nomine Hugo, dedit Deo in hoc loco omnem illam terram, quam habebat in villa dicta Ende et item in villa de Corcellas, quæ sibi ex progenitoribus suis evenit, et illam quam postea conquisivit: excepta parte fratrum suorum; videlicet in silvis, sive in pratis et pascuis, vineis, terris cultis et incultis, omnibusque appenditiis et consuetudinibus, et omnibus ad se pertinentibus, ex toto dedit usque ad inquirendum. S. Hugonis de Giverzi, Girardi et Bernardi, fratrum ejus; Ledbaldi de Copetra, Seguini de la Tor; Girberti, archipresbiteri; Grimaldi, Seguini, presbiterorum.

58[1]

Cap. CVI. — Carta Raimodis.

Quædam domina [2], nomine Raymodis, dedit Deo et huic loco unum mansum in barroquia Marciliaco, in villa Vernol, quem colebat Stephanus de la Palut, cum omnibus appendiciis suis, omni servitio omnique integritate, usque ad inquirendum, sicut pater suus tenuit eum domnus Hugo; et hoc fecit consensu viri sui, domni Widonis de la Rochi [3], et filiorum suorum. S. Widonis, Ademari, Widonis, fratrum. S. Girardi et Artaldi de Buxol.

57. — 1. *C* '20, *MCCLXXVI* 151; cf. *MB* 28'. — 2. *MB* G-zy.

58. — 1. *C* 20', *MCCLXXVI* 151', *L* 23. — 2. *L* d. mulier. — 3. *L* Rocha.

59[1]

(Cap.) CVII. — Carta Rainaldi de Copetra.

Quidam miles, nomine Girardus, dedit Deo et huic loco unum mansum in villa quæ dicitur Moncellis, quem Bernoenus servus suus tenebat, cum omni sua integritate et omnibus appenditiis et consuetudinibus, usque ad inquirendum. Itemque dedit ipsum servum Bernoenum, omnemque successionem illius; et concessit ad jam dictum locum consuetudinem et rectum, quem habebat in bosco qui appellatur Forest Teton. Item finivit et remisit calumpniam, quam faciebat in terra quæ dicitur a la Varena, et item in terra quæ est in villa de Scotia. Dedit etiam prope æcclesiam Volauro, ubi fecit plantari vineam, quæ ex una parte est rectitudinis monachorum jam dicti loci : ea convenientia ut fructus ipsius vineæ in helemosina ad opus pauperum proprie veniat. S' Girardi et uxoris ejus, Wichardi Cavazola, Gaufridi Visuntiole, Aimon Joel, Bertasiæ, Ermenjart, sororum ejus.

60[1]

(Cap.) CVIII. — Carta Dalmatii [2] de Centarbent [3].

Quidam miles nomine Dalmatius et uxor ejus nomine Ada, obtulerunt Deo in hoc loco quendam filium suum nomine Antelmum, et cum eo in barrochia quæ dicitur Novas Casas, et in villa Jhavagniset [4] tenementum Duranni de Moncel, consobrini Bernardi, qui ambo detinebant unum mansum singuli per medietatem ; medietatem ergo totam [5] suæ partis, quam dictus tenebat Durannus, cum omni sua integritate, videlicet terris cultis et incultis, silvis, vineis, pratis, pascuis, aquis aquarumque decursibus, totum ad inquirendum dedit. Et dederunt fidejussores Hugoni priori Jodcerannum et Hugonem fratres, ut taschiam hujus terræ et illam de manso Johan-

---

59. — 1. *C 20', MCCLXXVI '148.*

60. — 1. *C 20'-'1, MB 28', B '3, L 24, MCCLXXVI '152 ; cf. L 1'.* — 2. *M D-acii.* — 3. *M C-ne, MB B C-rpent.* — 4. *M Ja-t, L Chavg-t.* — 5. *M om.*

nis, quam detinebant illi de Valestinas, prædicto loco facerent[6] habere; iterum dederunt illam terram quam vocant ad Longum Peretum, in barrochia[7] de Granval, totam ad integrum. Dedit in villa Baron medietatem servorum, quos calumpniabat loco Armarum, fratresque ejus et sorores. Testes hujus rei fuerunt Giraldus[8] de Buxol, Hugo et Jocerannus fratres, Hugo Parriniaco[9], Deodatus præpositus.

61[1]

(Cap.) CXIIII. — Carta Widonis de Fracto Puteo.

Quidam homo, nomine Wido præpositus, fratresque ipsius Girardus et Bonet dederunt Deo et huic loco quicquid terræ, vinearum, silvarum, pratorum et si quid aliud apud Tablenas habebant, vel si quid illi loco de suis appendebat. Donnus Hugo prior dedit pro hoc dono IIII. libras et uxori Widonis per se X. solidos; et fecit eis conventionem, ut cum de hac vita migraverint, honeste sepeliantur si se deportare fecerint cum uxoribus suis, laudante eorum presbitero. Hujus rei testes sunt Girbaldus presbiter, Thomas clericus, Giraldus Chivrol, Martinus Marescals, Stephanus Parriciacus.

62[1]

(Cap.) CXV. — *Charte de Liebaud de Digoine, confirmée par sa f[emme] et ses fils, (sans date).*

63[1]

(Cap.) CXVI. — Carta Widonis de Pinet.

Unus miles, nomine Guido de Pinet, dedit Deo et huic loco, in villa de Bor, medietatem ex hoc quod mater sua Acelina habuit in molendino ibi sito, similiter et de silva et de pratis,

---

6. *L* fecerunt. — 7. *L* pa-a. — 8. *L* Ger-s. — 9. *L* P-ricin-o.

61. — 1. *C* 21', *MCCLXXVI* '169.

62. — 1. *C* '22, *L* 1'.

63. — 1. *C* '22, *MCCLXXVI* '169.

t terris cultis et incultis ; et annuerunt Adelina uxor sua et
ilii sui Berengerius, Waldo, Wido. Taliter dedit Seguinus,
vidente Bertranno, Alcherio, Seguino.

64[1]

(Cap.) CXVII. — Carta Letbaldi Digonia.

Quidam miles, nomine Letbaldus, post multas calumpnias finivit et dimisit Deo et fratribus hujus loci quandam silvam vocatam Bornet, cum terra pertinente, omnemque usuariam pascuarum, sicut modo habent et tenent homines Sancti, e(t) tempore Jodceranni patris ejus et comitis Teudbaldi tenuerunt. Simili modo laudavit quandam terram sitam ad Sanctum Lucianum, quam Jodcerannus tenebat de eo, et Jodcerannus dederat ad locum Sancti. Itemque dimisit et finivit omnem querelam quam faciebat de quibusdam, tam de viris quam de mulieribus, qui exierant de terra Sanctæ Mariæ et Sancti Filiberti ; et insuper omnes servos et ancillas, sint ubique, extra fabrum unum qui ab eo recesserat. Hæc omnia supradicta laudavit uxor ejus et filius ejus Letbaldus. Testes fuerunt Jodcerannus de Coperia, Hugo de Ozola, Richardus præpositus. Accepit pro hoc unam mulam, et uxor ejus et filius xxx. solidos.

65[1]

Carta pro sepultura Rodulfi.

Quædam mulier nomine Æva, cum filiis suis Letbaldo et Artaldo, dederunt Deo et huic loco, pro sepultura patris sui Rodulfi, res quas adquisivit ipse de Rotbalt et de infantibus suis, id est I. mansum totum et ad integrum usque ad inquirendum. S' Eva, cum filiis suis, Anselmi, Huberti, Rotberti, Bernardi.

64. — 1. *C '22, MXXXII '242; cf. L 1'.*

65. — 1. *C 22, B '3.*

66[1]

Carta Letbaldi [2] Bilon.

Quidam miles, nòmine Letbaldus de Digonia, ingerebat calumpniam servitutis cuidam homini monachorum, Letbaldo Bilon [3], de villa Belfestu, propter uxorem ejus. Quapropter domnus Hugo prior loci et Antelmus monachus expetierunt eundem Letbaldum, suadentes ei ut jam dictum hominem, filiosque ejus ac filias, totamque deinceps eorum progeniem in pace loco sancto [4] dimitteret, vuerpitionem coram omnibus faciens. Assensit ergo idem miles verbis eorum ut petierant, faciens vuerpitionem ipse et filius ejus Letbaldus Deo et monachis, de prædicto homine ejusque successione, ut superius notatum est. Accepitque in munere C. solidos, filiusque ejus xx. solidos, uxor ejus x., uxor filii v., Richardus præpositus x. Testes sunt Petrus de Civinon [5], Hugo de la Tor, fraterque ejus Seguinus, Richardus præpositus.

67[1]

Cap. LXXIX. — Carta Wlberti de Fracto Puteo, *Puisrompu.*

68[1]

(Cap.) LXXXII. — Carta Gelini Meschins.

Quidam miles, nomine Gelinus, fecit werpitionem Deo et huic loco, de terra quam ex parte uxoris suæ calumpniabat; et pro hoc dederunt ei monachi societatem suam, et insuper quindecim solidos. S' Gelini Meschins, Adelaidis uxoris ejus.

Werpitio qua werpuit Jarento miles medietatem terræ, quam pro anima sua dedit Hugo, frater Seguini monachi, sancto Petro et sancto Grato ad locum Paredi. Testes autem hii fue-

---

66. — 1. *C 22', B 3, MB 28', MXXXVIII* '55; *cf. L 1'.* — 2. *M* Ledb-1. — 3. *MB* Billon. — 4. *M* sui. — 5. *M* Ciion.

67. — 1. *C 23, MB 28'.*

68. — 1. *C 23', MCCLXXVI* '157.

runt, qui et subfirmaverunt : Ildinus frater ejus, Wilelmus de
Centa(r)bent, Hugo Clericus miles, Marinus miles.

69[1]

(Cap.) LXXXIII. — Carta Artaldi de Simirie.

Quidam miles nomine Artaldus, spreto seculo, seipsum decrevit offerre Deo in hoc loco. In primis dedit in villa Bretchis medietatem clausi, id est vineæ arborumque per totam vineam nemus, quæ ex jure paterno illi devenerat, cum mansione vel tenemento ruricolæ. Item in villa Saviniaco viridiarium[2] cum terra sibi pertinente, servumque Girardum et infantes ejus, cum omni sua integritate cunctisque sibi pertinenciis, ut ille pro x^{cem} libris a comite pignus possidebat. Item in barrochia Campiluci campum maximum terræ, cum vinea adjacente; terminat una pars vinea Petri præpositi, de alia via publica. Dedit etiam servum unum nomine Cassoer, prolemque ejus totam. Testes fuerunt Letbaldus Calvus de Copetra, Acelinus de Pigneria [3], Durannus de Crais, Walburga uxor domni Artaldi.

70[1]

(Cap.) LXXXV. — Carta Lamberti, fratris Duranni de Gurbiniaco.

Quidam homo, nomine Lambertus, dedit Deo et huic loco viii. denarios et ii. panes et i. sextarium vini, et taschiam in manso de la Chassanii, sicut habebat et recipiebat; uxor ejus et filius Durannus, et item frater ejus Durannus et filius ejus Artaldus hæc omnia laudaverunt; et pro hoc accepit a domno Fulcone viii^{to} solidos. Hujus rei sunt testes Gaufridus de Cassannis, Girardus de Valestinas, Humbertus frater ejus.

Alterius doni hæc carta testis, de vinea scilicet quam Artaldus de Parriniaco et Hugo frater ejus dederunt Deo et huic

---

69. — 1. C 23', MB 28', B 3', MCCLXXVI '157. — 2. M virichariam. — 3. MB Pyg-a.

70. — 1. C '24, MCCLXXVI '153.

loco, unam vineam quæ est in obedientia de Prisciaco ad Moncel; et pro hoc acceperunt v. solidos et unam vanam. Cujus rei sunt testes Arnaldus presbiter, Bernardus famulus, Petrus Parriniacus, Bernardus Buriandes.

71[1]

(Cap.) LXXXVIII. — Carta Ansedei de Avingo.

Quidam miles nomine Eldierius et Eva, quæ fuit uxor Ansedei, dederunt Deo et huic loco pariter mansos qui in villa Avinga resident: in primis unum mansum indominicatum, ubi Andreas et Jotsuinus manebant, et alium mansum ubi Jotsaldus manebat, et alium mansum ubi Eldevertus stabat, et IIII^{tum}[2] mansum ubi Engelbertus manebat, et v^{tum}[3] mansum ubi Amalricus stabat; et simul concesserunt[4] omnes res quæ ad ipsos mansos pertinent, campis, pratis, silvis, vineis, omnia ad integrum usque ad inquirendum. Et de mancipiis his nominibus: Jotsuinum et Andream fratres, et sororem illorum Emmeltrudem[5], Aydeum, Jotselinum, Raimbert[6], Winebalt, Lambert, et sororem illorum nomine Osanna, Amalricum cum uxore sua et infantibus eorum, itemque i. nomine Durannum, Engelbert cum uxore sua et infantibus eorum, Eldevertum et uxorem suam cum infantibus illorum vii^{tem}. S' Eldierii et Evæ, Ainardi, Teudberti, Stephani, Gerardi, Rodulfi.

72[1]

(Cap.) LXXXVIIII. — Carta Dodanæ.

Quædam mulier, Doda nomine, dedit Deo et huic loco unam vercheriam, quæ terminatur de una parte aqua currente, de altera terra Sancti Petri, de tercia via publica, de quarta terra Duranni filii sui clerici: infra istas terminationes, totum ad integrum huic loco concessit; et est sita in fine Marciliacensi. S' Dodæ. S' Duranni. S' Lamberti. S' Jotceranni fratris ejus.

---

71. — 1. *C 24', B 3', MCCLXXVI '156*. — 2. *B quartum*. — 3. *B quintum*. — 4. *M c-sit*. — 5. *M co-m Me-m*. — 6. *Rainb-tum*.

72. — 1. *C 24', MCCLXXVI '156*.

73[1]

(Cap.) XCIIII. — Carta Girbaldi et Uncbergiæ.

Quidam miles nomine Girbaldus et Uncbergia, uxor sua, dederunt Deo et fratribus degentibus in hoc loco mansos duos, in villa quæ dicitur Varnutias, cum servis et ancillis, pratis, campis, silvis et molendinis, aquarumque decursibus, et omnia quæ ad ipsos mansos pertinere videntur, quæsitum ad inquirendum, totum ad integrum, ex ipsa hereditate patris sui, quæ illi legitime obvenit. Itemque dedit in alio loco mansum unum, quem Almarus tenuit ad æcclesiam de Lainaco, cum pratis et campis, et omnibus quæ ad ipsum mansum pertinent, sine ullo contradicente. S' Girbaldi. S' Rotberti. S' Gaufredi. S' Uncbergiæ uxoris ejus. Propter hanc donationem habuit Girbaldus et uxor ejus xxx. solidos, et unum equum pro solidis xl. et alium pro xx. solidis, et unum tapetum pro solidis x.

74[1]

(Cap.) XCV. — Carta Landrici.

Quidam miles, nomine[2] Landricus, tradidit Deo in hoc loco filium suum nomine Ansedeum, et pro illo[3] dedit ad jam dictum locum quasdam petiolas de vineis, in villa de Rosers, quas ibidem tenebat ex parte matris hujus pueri Ansedei, vel quantum in ipsa villa videbatur habere, totum ad integrum usque ad inquirendum. Dedit etiam in alio loco, in pago Augustodunensi, in villa quæ vocatur Mota, I.[4] campum de terra arabili[5] supra et infra via publica; itemque in alio loco I.[4] curtilum, in quo Jotsaldus manebat; et in alio loco cambonem unum juxta fluvium Borbentiæ[6], in quo situm est molendinum unum, de quo molendino duæ partes erant suæ et concessit prædicto loco; et de alia ripa ejusdem fluminis habebat alium

---

73. — 1. *C* 25', *MCCLXXVI* '154.

74. — 1. *C* 25', *MB* '29, *MCCLXXVI* 154. — 2. *M* om. Q. m. n. — 3. *MB* co. — 4. *MB* unum. — 5. *MB* a-le. — 6. *MB* B-bon-æ.

cambonem 7, quem similiter dedit, et omnia quæ in illis locis nominatis videbatur habere, totum usque ad integrum. S' Landrici, Wilelmi, Walterii filii ejus.

75[1]

Cap. XCVI. — Quidam homo nomine Dominicus vendidit monachis degentibus....

76[1]

(Cap). XCVII. — Carta Detcendæ filiorumque ejus.

Quidam miles, nomine Letbaldus de Digonia, vuerpivit Tetcendam filiosque[2] ejus, Deo sanctoque[3] Benedicto et sancto Grato, annuente Joceranno de Faltrierias, qui ipsos de beneficio ejusdem Letbaldi se tenere fatebatur. Apud castrum Sine Vinea veniens prior hujus loci Hugo et monachi Sancti Benedicti de Parriciaco, questi sunt in placito[4] generali injuste sibi eosdem servos[5] auferri : quod quique prudentes qui aderant audientes, stabilierunt ipsos Deo et sancto Benedicto et sancto Gervasio et Grato ad integrum debere refundi, quod ita factum est ; et ne quis alius inposterum calumpniare præsumeret, dederunt Letbaldo de Digonia xx. solidos, faventibus Artaldo fratre ejusdem, Joceranno et Guidone de Sancto Privato, sororio eorum. Signum Letbaldi Digoni. S' Joceranni. S' Artaldi fratris ejus. S' Guidonis. S' Antelmi. S' Rotberti Rungifer. S' Stephani archipresbiteri.

77[1]

(Cap. XCIX). — Carta Joceranni de Digonio.

Quidam miles, nomine Jocerannus, dedit Deo et huic loco quandam vineam, quæ est sita in villa quæ vocatur Paion ;

---

7. *MB* c-num.

75. — 1. *C 26, MB '29 (cancellé).*

76. — 1. *C 26', MB '29, MXXX 85; cf. L '1 (ch. 147).* — 2. *MB* Tetce-m et f-s. — 3. *MB* et s-o. — 4. *M* capitulo. — 5. *MB* g.e. se. si.

77. — 1. *C '27, MXIX '223; cf. L 1' (ch. 149).*

et terminat de duabus partibus via publica, de aliis duabus partibus terra ejusdem loci suprascripti. Signum Jodceranni. S' Girardi filii ejus. S' Letbaldi, Bernardi clerici, Walonis, Ansels, Walterii.

78[1]

(Cap.) C.I.

Quædam domina nomine Rotrudis et duo filii ejus, Seguinus et Hugo, pro remedio senioris sui Fulconis, dederunt Deo et huic loco aliquid de rebus suis, quæ sunt sitæ in villa quæ vocatur Mota : quantum ibi visi sunt habere, totum ad integrum, sicut idem senior eorum Fulco actenus tenuit. S' Rotrudis, Seguini, Hugonis, fratrum; Gotceranni, Gerardi, Landrici.

79[1]

(Cap.) C.II. — Carta Hugonis monachi, fratris Humberti[2] Blanchi.

Quidam miles, relinquens seculum et accipiens monachicum[3] habitum, dedit Deo et huic loco unam vercheriam in villa de Prisiaco, quæ est sita juxta domum monachorum, et de duabus[4] partibus terminat terra dominæ Stephanæ, de tercia terra Sancti Petri, de alia terra Sancti Grati. Dedit etiam ad ipsum locum omnem suam partem de terra quam habebat, cum fratre suo Humberto, in villa de Montet et in Chaloer : tali convenientia ut a natale sancti Martini in tres annos, si voluerit frater suus Humbertus, redimat ipse Cxx. solidos; si vero C. solidos in hoc tempore reddiderit, iterum monachi terram teneant, donec xx.[5] solidos reddat. Quod si in istis tribus annis eam non redimerit, post hoc etiam in perpetuo eam teneant monachi et possideant, cum omni integritate sua, sive in silvis, pratis, vineis, aquis aquarumque decursibus, totum ad integrum usque ad inquirendum. S' Hugonis, Humberti.

78. — 1. *C '27, MCCLXXVI '159.*

79. — 1. *C '27, MB '29, MCCLXXVI '159.* — 2. *MB* Hub-i. — 3. *M* m-hatum. — 4. *M* duobus. — 5. *M* viginti.

S' Hugonis de Saleniaco. S' Seguini de Colmines. S' Ansedei præpositi, Artaldi Ruil.

80¹

(Cap.) C.III. — Carta Humberti de Domziaco villa.

Quidam miles, nomine Humbertus, et uxor sua Eva dederunt Deo et huic loco vineam unam, (quæ) in villa Domziaco residet; etiam aliam vineam in ipso tenemento, quod ex camio de sorore sua habebat, et unum campum in eodem loco, et unum servum nomine Adoardum cum uxore sua, nomine Archinsinda, cum infantibus eorum. Terminat autem ipsa hereditas de una parte terra Livonæ, de alia parte via publica, de tercia et de quarta ex ipsa hereditate. S' Gumberti et Evæ uxoris ejus. S' Rudolfi, Gonterii, Tegrini.

81¹

(Cap.) C.IIII. — Beraldi carta.

In nomine Domini nostri Jesu Christi. Quidam homo, nomine Beraldus, et uxor sua Eldesendis dederunt Deo et huic loco vilare cum orto et olchia, et vinea et prato, ex sua parte, quæ sunt sitæ in villa de Moncello, in vicaria Volobrensi; itemque se ipsum et uxorem suam, et filium suum nomine Eldebertum, cum ipsa terra obtulit præfato loco. S' Beraldi et uxoris ejus. S' Mainbaldi, Constancii, Girberti.

82¹

(Cap.) C.VI. — Bernardi carta Uriul.

Innotescat agnitioni fidelium Christi quod quidam nobilis miles, nomine Bernardus Uruils, cum matre sua et fratribus, fecit donum et vuerpitionem Deo et huic loco de quodam servo nomine Theoderico; item ex quadam ancilla, uxore

---

80. — 1. *C '27, MCCLXXVI 159.*

81. — 1. *C '27, MCCLXXVI 159'.*

82. — 1. *C '28, MCCLXXVI '172.*

unius hominis nostri Arnaldi de Albigi, quos suos esse pro‑
clamabat. Hæc omnia finivit et xx^{ti} solidos a domno decano
Adraldo accepit. S' Bernardi. S' Gaufredi, Geraldi, Arembur‑
giæ matris eorum, Ayrardi Tornuli.

83[1]

(Cap.) C. VII. — Hugonis Rufi carta.

Quidam miles, nomine Hugo Rufus de Castello, querelam
quam habebat erga quandam mulierem quæ vocatur Gros‑
sa, quæ fuit uxor Beraldi, finivit Deo et monachis hujus loci,
ut amplius per secula sit abolita hæc omni modo calumpnia.
S' Hugonis Rufi, qui xx. solidos et unum equum bonum acce‑
pit. S' Stephanæ uxoris ejus, quæ xx. solidos pro hoc accepit.
S' Petri. S' Rainerii. S' Wichardi Cavazole, Rotberti.

84[1]

(Cap. CIX.) — Undradæ carta.

Notum sit filiis æcclesiæ quod convenerunt simul monachi
Paredi, videlicet Odylo et Bernardus Quadrelle, et infantes
Leottaldi Jargensis, scilicet Humbertus presbyter et alii, prop‑
ter querimoniam quam habebant contra hos monachos ex una
ancilla nomine Undrada; ibique fecerunt hii fratres, Humber‑
tus, Bladinus, Petrus, et soror eorum Wandalmuda donationem
hujus ancillæ Deo et monachis hujus loci, necnon et infantum
illius, ad habendum et possidendum hereditario jure. Et pro
hoc acceperunt x. solidos.

85[1]

(Cap.) C. X. — Carta Eldigerii[2] pro filio suo.

Quidam nobilis miles, nomine Eldigerius, tradidit Deo in hoc
loco filium suum quendam puerulum nomine Odylonem,
pro amore Dei, et cum eo aliquid de possessione sua, quæ est
sita[3] in villa quæ dicitur Baronensis : hoc est omnem terram

---

83. — 1. *C '28, MCCLXXVI '172*.

84. — 1. *C 28, B '4*.

85. — 1. *C 28', MB '29, B '4, MCCLXXVI '172*. — 2. *M E-ir-i*. — 3. *M s.c.*

quam Lancendus tenuit, et totam illam quæ ibi appendit, excepta vinea et curtilum simul tenente; totum ad integrum usque ad inquirendum 4, videlicet terris cultis et incultis, pratis, pascuis, silvis, aquis aquarumque decursibus, exitibus et regressibus. S' Eldigerii. S' Walterii. S' Antelmi. S' Jotcelini⁵ præpositi ejus.

86¹

(Cap.) C.XIIII. — Carta Girardi de Buxol.

Quidam miles, nomine Girardus de Buxol, dedit Deo in hoc loco omnem rectitudinem de manso qui est in barrochia Sancti Juliani, quem incolebat homo nomine Popins et per textum sancti Euvangelii obtulit super altare Domini, ita dicens : « Ego Girardus offero Christo, et sancto Gervasio
» martiri et Grato præsuli, ac omnibus sanctis omnem recti-
» tudinem quam in manso Popin ego vel ex me et pro me alii
» accipiebant; requisitiones et munerum perceptiones non
» justas dimitto, voloque ut præfatus miles Wlferius² ex
» monachis suum beneficium tenens bene deserviat, et si inter
» eos complacuerit ex toto offerat Christo. Spondeo uxorem
» filiosque meos hæc omnia per fidem laudaturos; si ergo post
» hæc aliquis ex meis sive ex extraneis hæc acta convellere,
» diripere vel perturbare conatus fuerit, Herodis vel Judæ
» proditoris in inferno habebit hereditatem sortis ». Signum Girardi de Buxolio, qui firmavit, equumque optimum pretii 1. D. solidorum³ in munere accepit. S' Jodceranni Villæ Orbanæ. S' Odilonis monachi et sacerdotis.

87¹

Cap. C.XV. — Carta Adeleydis comitissæ ², Teudbaldi ³ comitis filia.

Domna ⁴ comitissa Adheleidis ⁵ dedit Deo et ad locum Paredi ⁶ aliquid de rebus suis, quæ sunt sitæ in barrochia ⁷

4. *M* i-uer-m. — 5. *M* Joc-i.

86. — 1. *C 29', MB '29, B 4, L 25; cf. L 1'.* — 2. *L* Wul-s. — 3. *B* obtimi 1. D. sol. precii.

87. — 1. *C 29'-'30, MB '29, S 42', MXXXII '194, L 26 (a) et 27 (b); cf. L 1'.* — 2. *M* comm-e. — 3. *S* Thεob-i. — 4. *M* Quædam domina. — 5. *MB* A-lheydis, *S* Helcidis, *MA.* c. — 6. *La* Parr-i, *S M* et huic loco. —7.*S* pa-a

Martiniacensi : hoc est villam quæ vocatur [8] Leschirolles [9], terramque appellatam Belfestu, cum omni [10] sua integritate, consuetudinibus et omnibus ad se pertinenciis, servis et ancillis, excepto quodam homine nomine Rodulfo, terris cultis et incultis, silvis, pratis, pascuis, aquis aquarumque [11] cursibus, omnia et per omnia, totum usque ad inquirendum; et super hoc [12] prati medietatem, quod est secus æcclesiam Sanctæ Euphemiæ [13]. Domnus Wido [14] de Tier, filius ejus, laudavit et L. solidos accepit ; domnus Hugo Dalmatius laudavit et denuo ante domnum abbatem Martiniaco [15], tacto ejus baculo in frequentia multorum, itidem laudavit ; domnus Gaufredus Donzi [16] laudavit. Hoc donum fecit et laudavit domna Adalaidis [17], ac D^{tos} solidos accepit. S' Letbaldi Digonia [16], Artaldi Buxol, Atto Buxol. — Hoc donum suprascriptum [18] laudaverunt Helgodus Bers [19] et duo filii ejus, Eldinus et Enricus [20], coram domna Adalaide et domno Gaufredo [21] de Donzi et domno Widone de Tier [22], Lamberto Descal [23], Falcone, Wichardo Monert [24]; et denuo ivit domnus Anthelmus [25] monachus Mariniaco, et ibi laudavit Rotrudis uxor ejus, et filius ejus Rotbertus et filia ejus Agnes, coram omni familia ejus.

Post hæc [26] domnus Bernardus de Cachiaco [27] faciebat calumpniam apud priorem et seniores hujus loci, de quadam villa [28] dicta Belfestu : asserens sibi eam datam a comitissa Adalaide in prœmium. Tandem ad hoc ventum est, ut domnus Hugo, prior hujus loci, ad eam properaret ad castrum ejus Calmunt, cum fratre Anthelmo [25]; ibique adfuerunt legati domni abbatis, Hugo cellerarius et Stephanus decanus. Itaque, ex precatu eorum, domnus Bernardus finivit et vuerpivit omnem querimoniam quam ante aiebat, et quod recti habebat in ipsa villa Belfestu [29] et in Leschiroles, omnia Deo obtulit et jam dictis senioribus ; Girberga uxor ejus et filius ejus Hugo laudaverunt, et acceperunt pro hoc C^{tum} x^{cem} [30] solidos. Testes fuerunt Gaufredus [31] de Esars, Hugo de Vals, et Hugo de Olsola et filius ejus Jocerannus, Stephanus de Parriniaco [32].

8. *S* vocc-r. — 9. *MB* L-oles, *S* L-hcr-s, *M* Lechirolles. — 10. *S* o-ia. — 11. *S* a-mve. — 12. *M* hcc. — 13. *L* E-is. — 14. *Lb* Hugo. — 15. *S* Marci-ci. — 16. *S* de D. — 17. *S* Hadel-s. — 18. *La* s-adictum. — 19. *S* B-siaci. — 20. *S* He-s. — 21. *Lb* G-rido. — 22. *S* Thier, *Lb* Ver. — 23. *Lb* D-chal. — 24. *Lb* M-ete. — 25. *Lb* Ante-. — 26. *Lb* hoc. — 27. *MB* Cah-o. — 28. *MB* terra. — 29. *La* B-etu. — 30. *La* CC. xx. — 31. *La* G-ridus. — 32. *La* P-rici-o.

88[1]

Carta domni Artaldi de Buxol.

In præcedenti narratione hujus operis, memoriam fecimus inter alia ex ecclesia Possions[2], qualiter domnus Atto de Buxol, respuens mundum et suo collo leve Christi imponens[3] jugum, suam partem altaris et presbiteratus ex ecclesia Poissons[4] secum huic obtulit loco, cum suorum fratrum matrisque arbitrio[5]. Nunc placet inseri huic iterum operi, quod domnus Artaldus ejus patruus, pro Dei amore suæque ac conjugis filiorumque et omnium antecessorum salute animarum et venia peccatorum, obtulit Deo et jam dicto[6] loco ipsiusque loci fratribus, et ipse ut nepos suus partem suam altaris et presbiteratus, et iterum illud quod soror ejus sanctimonialis Æduensis domna[7] Agnes in ipsa æcclesia habet; post ejus vitæ finem, II^{os}[8] solidos et dimidium suæ partis. Hoc donum gratifice cum suo viro obtulit uxor ejus Jartrudis, filiique Hugo et Artaldus, ammonente et præeunte[9] loci priore domno Hugone, cum sociis fratribus Antelmo et Ermenaldo. Auctor horum et testis veridicus domnus Durannus Merolus, sacerdos Eduensisque canonicus, et Stephanus presbiter Dio, Letbaldus Digonia, Bernardus juvenis de la Porta, Hugo Jhaloet[10] et Stephanus Parriciacus[11].

89[1]

Carta Petri de Castel.

Quidam miles, Petrus de Castel, corde et corpore[2] Deo se cupiens monachum offerre, dedit Deo et huic loco ea quæ habebat in villa Fargias dicta, id est vercheriam, pratum cum vinea insimul tenente : cuncta ad inquirendum ; et in alio loco, ubi dicunt ad Querelam, campum et pratum : omnia sicut homo quondam Durannus Ferranz tenuit ; item illo ubi vocant ad Frumentale, clausum vineæ cum omni sua integritate.

88. — 1. *C 30', B 4', L 29.* — 2. *L P-nis.* — 3. *B inp-s.* — 4. *L Possionis.* — 5. *Cf. ch. 20.* — 6. *L d. j.* — 7. *B domina.* — 8. *B duos.* — 9. *L pere-e.* — 10. *L Ihalo.* — 11. *B Patri-s.*

89. — 1. *C 30', MB 29', B '5.* — 2. *B cordore.*

90[1]

Carta Bernardi de Vals.

Castri Sinemurensis quidam miles, nomine Bernardus de Vals, cupiens se Deo offerre ex toto in ordine monachico, dedit Deo huicque loco, pro susceptione sua filiique sui Petri aetatis adhuc puerilis, in villa Giverziaco dicta, duas bordelerias, cum omnibus ad se pertinenciis et debitis servitiis; itemque, in villa dicta ad Castel, campum frugiferum, a la Tasneria dictum : totum ad integrum. Auditores et testes hujus doni : Albuinus Grossus, Artaldus Jhavasiset, Girardus la Bargi, Fulcaldus, Hugo de Laval, Hugo filius ipsius Bernardi.

91[1]

Carta Arici militis Forensis.

Quidam miles alti generis territorii Forensis, nomine Aricus, rumorem calumpniarum et minarum agebat erga priorem hujus loci, domnum H(ugonem), pro emptione æcclesiæ Dio, ubi suæ portionis x. solidos annuatim et mutaciones presbiteri esse proclamabat. Obtulit ergo Deo rectum vuerpivitque tortum [2], et xxx. solidos percepit in præmium ; ipse Aricus spopondit, tam pro se quam etiam pro filiis suis. Testes et mediatores hi fuerunt : Humbertus prior Marciniaco, Artaldus Jhavasiset, Girardus Bargi, Pontius de Columbeta.

92[1]

Carta Boni Par.

Quidam miles nobilis, Bonus Par nomine, filius Tetardi Roenensis, commovebat et agebat calumpnias erga hunc locum; et tandem a Deo inspiratus, cum suis amicis consiliatus, venit cum suis die condicta ad rationem placiti cum domno Hugone

90. — 1. *C '31, MB 29', B '5.*
91. — 1. *C '31, B '5, MXXXII '205.* — 2. *B totum.*
92. — 1. *C 31', L 28; cf. L 1'.*

loci priore. Ibique post multa venit ad pacis concordiam ex omnibus causis fratrum loci, rectum quod quærebat dans Deo, injustitiam finiens, æcclesias, terras, mancipia utriusque sexus, silvas, prata, vineas, omnes possessiones eorum eis per fidem in pace concedens. Auctores testesque, mediatores hujus pacti fuerunt : inprimis loci prior domnus Hugo, Humbertus prior Marciniaci ; laici : Bonuspar, Artaldus Jhavigiset, Heldinus Tisions, Folcaldus, Artaldus Buxol, Letbaldus de Digonia, Hugo Saliniaco, Hugo Ogedia, aliique multi.

93[1]

Carta Hugonis juvenis de Larris.

Quidam miles, nomine Hugo de Larris, jam ante cum patre suo dederat Deo huicque loco quasdam terras, quas itidem denuo cum aliis malefactis repetebat. Tandem ergo resipiscens, iterum spontaneo animo reobtulit Deo, id est mansum Verreriis, mulnarium aliaque omnia, cum suis appendiciis, bordelariis ultra aquam : cuncta usque ad inquirendum ; condaminam dictam ad Moteri, cum exarteriis subadditis, viridiarium nemoris Campoburtins, cum duabus bordeleriis, pratum dictum Grossa Noa ; item pratum Vetulæ Fontis medium, querelam consuetudinis in vercheriam de la Font, quam dedit monachus Rodbertus. Et ut firme stabiliterque custodiat in ante, fidejussores dedit domno Hugoni priori loci Gaufridum Bonant, Hugonem Scabellis, Wichardum Luurci, Bernardum Loel, et XL. solidos accepit ; Eldeardis uxor ejus laudavit, Eldinus filius ejus. Testes et auctores hujus placiti : Hugo prior, Antelmus monachus, Hugo Blanchus, Gaufredus Bonant, Hugo Scabellus, Wichardus Luurci, Rodulfus archipresbiter, Wichardus, Stephanus de Parriciaco, Popez.

94[1]

Item alia carta de eodem.

Quidam miles, nomine Hugo de Larris, jam ante cum patre dederat Deo et huic loco æcclesiam de Murciaco, scilicet

93. — 1. *C 31', MXXXII 196.*

94. — 1. *C 31'-'2, B 5', MXXXII 196'.*

illam quam ibi videbatur habere partem; quam itidem repetens, cum aliis malefactis et innumeris querimoniis, quas contra priorem istius loci habebat. Tandem vero resipiscens, coegit ad hoc ipsemet Hugo domnum Hugonem priorem, ut cum bono animo iterum susciperet partem 2 prædictæ æcclesiæ : quod et fecit. Deditque ipse Hugo de Larris Deo et huic loco omnia quæ ibi habebat, scilicet presbiteratum, cimiterium, decimum et offerendam : totum usque ad inquirendum. Fecitque laudari hoc Ornado presbitero, qui ipsam æcclesiam tenebat de illo, et uxori suæ Hildeardæ; accepit autem pro hoc a domno Hugone priore unum equum, pro centum solidis. Misitque fidejussorem, in manu prioris, Hugonem Scabellis3 : tali conveniencia ut usque ad festivitatem sancti Johannis Babtistæ4 alium fidejussorem mittat valentem illum, ut ipse Hugo sit ex medietate fidejussor et alius ex alia medietate, ut si forte aliquod 5 malum de ipsa æcclesia ipse Hugo vel aliquis pro eo fratribus hujus loci intulerit, fidejussores emendent. Testes: Antelmus monachus, Hugo Scabellis 6, Wichardus Cavazola 7, Popez.

95[1]

(Carta Widonis de Corte militis).

Quidam miles de Corte, nomine Wido, calumpniabatur Amicum Coraldum et infantes ejus pro servis suis; sed Amicus Coraldus dedit ipsi Widoni xx^{ti} solidos, et uxori ejus caligas et filio ejus unum blialdum de fustanio. Et hoc tenore ipse Wido dimisit omnem calumpniam quam habebat in eum, et concessit eum solutum et quietum Deo et sanctis quorum memoria in Paredo habetur, posito libro super altare Crucis, et deosculato altari in concessione hujus paccionis; et hoc fecit laudare et concedere uxorem suam Amilum et omnes infantes suos. Testes sunt Girardus prior, Arnaldus Cella monachus, Rodulfus de Vitriaco, Ragan famulus, Bertrannus sartor, Bonit famulus, Girardus pistor, Meschinus presbyter, Petrus Caput Jolus.

2. *M* et p. — 3. *B* scabinum. — 4. *M* Bapt-te. — 5. *M* a-uid. — 6. *B* scabinus. — 7. *B* Cha-a.

95. — 1. *C 32, B 5'.*

96[1]

Cap. I. — Scammium cum Girardo et Hugone de Buxolio, de manso ad Sanctum Justum cum fratribus Aureæ Vallis.

Inter quosdam nobiles viros Gerardum et generum ejus Ugonem de Buxol convenit, ut quiddam prædiorum cum monachis Aureæ Vallis, id est Paredi, vicissim mutuarentur. Dederunt igitur fratres prædicti loci Gerardo et Hugoni militibus jam fatis unum mansum, cum appendiciis suis, vineis, aquis, pratis, campis, terris cultis et incultis : omnia ad inquirendum ; et unum servum nomine Bernardum, et conjugem ac liberos ejus. Et acceperunt ab eis alium mansum Chalcingis [2] dictum, cum omnibus appendiciis suis, id est terris cultis et incultis, pratis, aquis, pascuis, silvis : omnia ad integrum usque ad inquirendum ; et unum servum nomine Bernardum, cum duobus fratribus ejus et conjuge ac liberis. Mediatores hujus rei fuit Andraldus prior cum fratribus loci, præcepto donni Odilonis abbatis et Ugoni comiti et episcopi. Testes fuerunt hi : Tetbaldus comes, Gerardus, Atto, Ugo, uxor eius Aya, Seguinus et Artaldus, filii Gerardi.

97[1]

Cap. II. — Carta Hugonis de Buxol.

Hunc mansum supradictum, cum omnibus appendiciis suis, dederunt Domino Deo post hæc et ad locum supradictum, cum omni sua integritate et melioratione, post obitum suum Hugo supradictus et Aya uxor ejus ; illam etiam terram quæ fuit Eldigerii, quæ etiam pro sepultura ejusdem[2] mulieris fuit data ad jam dictum locum, in villa Scotia et in aliis villis in circuitu ubicumque ex illa terra quippiam residet, totum ad integrum dederunt Deo usque ad inquirendum. Pro filio vero suo Attone, quem obtulerunt Deo in eodem loco, dederunt omnem terram

---

96. — 1. *C 33, L 30 (a) et 32 (b) ; cf. L 1'*. — 2. *Lb* Ca-s.

97. — 1. *C 33', L 30' (a) et 32' (b) ; cf. L '2*. — 2. *La* cuj-dam.

quam in villa Scotia habebant, allodum et franchisiam, silvas, campos, pratos, aquas, terras cultas et incultas, et omnes consuetudines et servitia omnia usque ad inquirendum. Testes fuerunt Letbaldus Villa Urbana, Petrus de Vetula Curia, Letbaldus de Copetra, Vuilelmus de Vetula Curia, Bernardus Vernul. Ugo et Aya [3] laudaverunt, filii horum Gerardus, Artaldus et alii. Post hæc omnia, jam dicta domna Aya prælibatum mansum reddidit Deo et loco supradicto, cum omni sua integritate, in dominium fratrum, et accepit pro munere CL. solidos; hoc donum laudaverunt filii ejus similiter.

98[1]

Cap. IIII. — Carta Lamberti de Marciliaco.

Donnus Lambertus de Marciliaco dedit Deo in hoc loco, pro anima sua et antecessorum suorum, mansum qui dicitur a la Gurci, cum omni sua integritate usque ad inquirendum, et consuetudinem in silvis, et servum nomine Petrum cum filiis et filiabus; et reddidit ipse masoerius porcum bonum, et multonem vestitum, et coxam de vacca, et per messiones sextarium vini et unum panem, sancti Martini alium sextarium vini et II[os] de avena, et taschiam de fructibus et I. caponem, et mussal de canabo. Signum Joceranni fratris ejus. S' Gerart Buxol. S' Dalmatii Centarbent. S' Letbaldi Copetra. S' Hugo Olsola.

99[1]

(Cap. V. —) Carta Ilionis et uxoris ejus Rotrudis.

Domnus [2] Ilius et uxor ejus Rotrudis obtulerunt Deo, in hoc loco, filium suum Achardum ad ejus servitium; et dederunt, tam pro eo quam pro se, mansum unum in villa quæ dicitur Villena, quem Alardus tenuit, cum omnibus appenditiis suis, terris cultis et incultis, campis, vineis, pratis, pascuis, aquis, vercheriam: totum ad integrum usque ad inquirendum;

---

3. *La* Aia.

98. — 1. *C 33'-'4, L 34; cf. L '2.*

99. — 1. *C 34, MB 29', B '6, MXXVI 210.* — 2. *B* Donnus.

et in alio loco, omnem terram quæ ad mansum Deodati pertinebat, id est campos, pratos, consortibus, exitibus et regressibus : totum ad inquirendum, extra vercheriam ubi est domus ejus ; et pro illa dederunt alias duas positas juxta primam in una clausione, et terminant de uno fronte via ubi sunt duo quercus, de alio via publica, tercio silva, quarto vercheria Evraldi ; in silvis vero suis proximis, unum usum dederunt hominibus in eis manentibus, excepto ausu dandi vel vendendi ; pastionem porcorum quos habuerunt homines in his mansis duobus, dederunt in silvis suis. Testes hujus doni fuerunt Lambertus Marciliaco, Artardus et Wigo filii Ilionis, Letaldus Maringis, Golferius, Durannus præpositus.

100[1]

(Cap. VI). — Item eorumdem.

Idem ipse domnus[2] Ilio et uxor ejus Rotrudis dederunt Deo, pro suis animabus[3] et antecessorum suorum et pro sepultura ejusdem domnæ[4] Rotrudis, mansum unum qui residet in villa de Villerel[5], in hoc loco, cum omnibus appendiciis suis, campis, pratis, pascuis, aquis, silvis, terris cultis et incultis, exitibus et regressibus : totum ad inquirendum ; dederunt etiam servum nomine Grimaldum et infantes ejus. Signum[6] Ilionis et Rotrudis. S' Artaldi et Wigonis. S' Lamberti, Jodceranni[7], Gerardi, Ugonis, Letbaldi de Copetra.

101[1]

Carta Bertranni de Parriniaco[2].

Quidam nobilissimus miles, domnus Bertrannus, dedit Deo in hoc loco de rebus suis, quæ sunt in villa de Paion, mansum unum cum omnibus appendiciis suis, vineis, campis, pratis, pascuis, acquis, terris cultis et incultis : totum ad integrum usque ad inquirendum ; et duos servos qui sunt in ipso manso,

100. — 1. *C 34', B '6, MXXVI 210'.* — 2. *B* donnus. — 3. *M* ambabus. — 4. *B* donnæ. — 5. *B* Vilerel. — 6. *B* S'. — 7. *B* Jodze-i.

101. — 1. *C 35'-'6, S '43, MXXI '106; cf. L '2.* — 2. *S* Per-o.

cum uxoribus eorum et infantibus; et in silvis ejus accipiant ligna sicca et viridia ad usus suos, sicut et alii qui in villa manent. S' Bertranni, S' Anselmi, S' Ildini, fratrum. S' Ugonis[3] comitis. S' Tetbaldi[4] comitis. S' Rotberti de Saliniaco et Ugonis fratris ejus.

102[1]
Item ejusdem.

Idem ipse domnus Bertrannus dedit, pro anima et sepultura fratris sui Ildini, mansum unum non longe ab ecclesia Sancti Albini situm, cum omnibus appenditiis suis, silvis, pratis, pascuis, aquis, terris cultis et incultis, exitibus et regressibus: totum ad inquirendum. S' Bertranni. S' Dodoni. S' domni Ugonis comitis et episcopi. S' Ansedei, Seguini.

103[1]
Item ejusdem.

Item domnus Bertrannus ad mortem veniens, pro anima sua, et domnus Walterius de Parreniaco et Ansedeus fratres, dederunt Deo in hoc loco campum unum, Vetulas Milerias dictum : terminat ex uno latere foresta Paion, ex alio via publica; et omni anno unam carratam feni in prato Otelmi, et terram illam quæ dicitur Campus Spinosus; dederunt etiam servum Girardum nomine. Hoc vero donum fecerunt pro sepultura patris sui Heldini et pro salute animarum suarum. S' Gaufredi de Varenas, Heldradi de Chàstel, Asgini de Gentes, Ugonis Mencioda, Bernardi Gondeli.

104[1]

Charte de M. Josserand de Varennes et ses frères Hugues et Bernard, qui font donation du bois de Corde (Cordensis), *du temps de s[t] Odille.*

---

3. *M* U-i. — 4. *S* Theob-i.

102. — 1. *C '36, MXXI 106.*

103. — 1. *C 36', MXXI 106'.*

104. — 1. *C 36', L '2.*

105[1]

Carta de servis.

Idem ipse donnus Jodzerannus (de Varenas) et filii ejus jam dicti (Gerardus, Petrus, Gaufredus, Wilelmus, Wigo) agebant calumnias de quibusdam servis ex familia Sancti, quos antecessores jam dicto loco obtulerant; quos omnes, pro Dei amore, diversis temporibus fratribus loci concesserunt. Nomina servorum fuerunt hi: Archimbertus præpositus et infantes ejus, Rainaldus pistor filiique ejus et filiæ, Gerardus filiique ejus et filiæ, Bertran Borbon fratremque ejus Bernardum et omnem successionem illorum, filios et filias cujusdam mulieris nomine Heldeardis et omnem successionem eorum, Stephanum de Capella fratresque ejus et sorores et omnem posteritatem eorum. Et pro hoc acceperunt Gaufredus xv. solidos, Wilelmus xxx, Wigo xxx, Durannus Rufus presbyter v. solidos. Testes hujus doni fuerunt hi: Gaufredus et fratres ejus, Ansedeus Angledeus, Einricus de Mardelgio, Heldinus de Castel.

106[1]

Autre (charte) desd(its) de Varennes, qui suit.

107[1]

(Cap.) LVII. — Carta donni Unberti Borbon [2].

Clarissimus [3] comes domnus Tetbaldus [4] migrans a seculo, inter alia munifica [5] quæ obtulit Deo in hoc loco, omnem terram ad integrum quam sui homines de Digontio tenebant ex eo, tam ultra Ligerim quam ex hac ripa, cum vineis et mansionibus in castro Sancti Johannis, omnibusque [6] consuetudinibus, concessit huic loco. Post mortem vero ejus, filius ejus

---

105. — 1. *C 36', B '6; cf. L '2.*

106. — 1. *C 36', L '2.*

107. — 1. *C '41, S '43, B 6', L 35; cf. L '2.* — 2. S domni Humb-i B-nensis. — 3. S Ca-s. — 4. S Theob-s. — 5. B m-cia. — 6. L et o-s.

domnus Hugo inter alios conciliavit? sibi domnum Unbertum [8], præpotentem virum, et dedit ei suam sororem Hermengardam [9] in conjugium ; deditque ei prælibatam terram de Digontio, contradicentibus fratribus loci. Igitur post nonnulla, monente domno Hugone loci priore, prædicta Hermengardis sentiens sibi mortem vicinam, ex consensu domni Unberti [10] viri sui, obtulit Deo in hoc [11] loco suum filium [12] Unbertum [10] puerulum, simul cum supradicta terra ; et hoc donum dedit domnus Unbertus [10,13], pro anima ejusdem uxoris suæ et sepultura et filio, suaque et suorum antecessorum animabus. Laudantibus suis magnatibus, quorum nomina hæc sunt : Gaufredus de Varenas [14] et Vuilelmus [15], fratres, Artaldus de Buxol, Ansedeus Montermenter et Ansedeus de Maringis [16], et Jocerannus [17] de Vilers [18] et Archimbaldus [19] de la Graveri [20], Jodcerannus [21] de Copetra, Ilius Paganus, Seguinus Vitrie [22]. Deditque pro hoc domnus Hugo prior ipsi Unberto [10] equum de CC. solidis et CCL. solidos. In hoc dono [23] est omnis terra supra scripta ; insuper et domus qui [24] est in castro Sancti Johannis sita, et est immunis ab omnibus debitis omnium hominum : tantum domnis Unberto [10] et Dalmatio, unum porcum et unum multonem propter pascua.

108 [1]

(Cap.) LVIII. — Carta Bernardi senis de Angleduris.

Quidam miles, Bernardus nomine, retinebat ex hujus loci beneficio omni anno, ii. modios de sigilo et iii. de vino, ac v. solidos et unum pratum quod vocatur Predbonant. Tandem inspiratus divinitus et a domno Hugone priore ammonitus, accepit ab eo C. solidos et unam mulam ; et conduxit eum et filium ejus Cluniaco, dederuntque eis seniores loci societatem in benefactis suis, et fecit donum et vuerpitionem Deo in hoc

---

7. S consi-t. — 8. S L Humb-m. — 9. L Hering-m. — 10. S Humb-. — 11. S D. et huic. — 12. B f. s. — 13. L Ub-s. — 14. S V-nis. — 15. L Vi-s. — 16. L Angluris. — 17. S Jotse-s. — 18. L Vill-s. — 19. S A-ham-s. — 20. S G-ie, L Graneri. — 21. S Jotse-s, B Jodze-s. — 22. B Virrie. — 23. L hac domc. — 24. S corr. quæ.

108. — 1. C 41', L 36 ; cf. L '2.

loco de supradicto beneficio. Sign' Bernardi. S' Bernardi, Jodceranni, Ansedei, filiorum ejus ; Artaldi de Buxol, Guichardi Cavazol', Vuilelmus de Vetul'.

109[1]

Carta Wicardi de Vilers.

Quidam miles, Wicardus nomine de Vilers, dedit Deo et huic loco, pro anima et sepultura sua, tenementum cujusdam hominis sui, qui appellabatur Hugo Morsals de Altaripa, omne servitium quod debebat et consuetudinem. Et uxor ejus Cecilia et filii ejus laudaverunt hæc omnia; Hugo Morelion laudavit.

110[1]

(Cap.) LXIII. — Carta Fulconis de Medens.

Quidam miles, Fulco de Medens, et uxor ejus Raingardis dederunt Deo et huic loco, in villa Moncellis, medietatem mansi quem ibi habebant, pro animabus suis et sepultura sua. Signum Fulconis et uxoris ejus Raingardis, et Gaufredi de Buxol. S' Jodceranni de Donzi.

111[1]

Carta domni Rodberti [2] de Montermenter [3].

Patris Odilonis et egregii comitis Hugonis et episcopi ac prioris domni Gonterii[4] tempore, fuit quidam miles nomine Heldinus ex castro Montis Sancti Vincentii, qui ab ipso comite et a quodam ejus famulo nomine Bernardo mansum, qui dicitur Belmont [5], suæ[6] opibus substantiæ[7] gratanter comparavit.

---

109. — 1. *C '42, B 6' ; cf. L '2.*

110. — 1. *C '42, L 37 : cf. L '2.*

111. — 1. *C 42'-'3, MB 29', S '43, B 7, MXIX 47.* — 2. *B M* Rob-i. — 3. *S* Rotb-i M-ti. — 4. *B* Gun-i. — 5. *M* Bal-t. — 6. *S* de s. — 7. *S* sus-æ.

Procedente vero tempore, cum comes Hugo profectionem pararet Hierosolimis.[8], multi ad eum undique convenerunt; inter quos prior hujus loci domnus Gonterius [9], cum quibusdam fratribus ferentibus munera, advenit, suggerens jam dicto comiti de manso Belmont, quia sibi vicinus, utilis esset et congruus. Quapropter prædictus comes, advocans præfatum Heldinum, quia sciebat[10] se ab eo diligi, suasit ei ut, quia audierat suum quendam filium Deo vovisse, ipsum puerum ad baptismum in monasterio ferre[11] faceret, litteris traderet et Deo in prædicto loco offerret: assensit his rationibus præfatus Heldinus, et ita in[12] dominium Sancti devenit isdem mansus. Post mortem vero domni Hugonis comitis, nepos ejus Tedbaldus[13] surrexit in loco illius, et ex hoc manso beneficiavit quemdam militem nomine Rodbertum de Montermenter: ea apposita conditione ut, si non ante, saltim[14] in suo fine eumdem mansum loco Sancti redderet. Unde isdem[15] Rodbertus, post multos annos infirmitate corporis Cluniaco detentus, Deo et sanctis ejus et domno Ugoni[16] abbati hunc mansum reddidit ad prælibatum Aureæ Vallis locum; et in augmentum obtulit quandam forestam sui juris, in villa Breterias sitam, juxta castrum Montermenter[17]. Hoc donum filii ejus, Wilelmus[18], Dalmatius, Ansedeus, Stephanus, audierunt et laudaverunt; sed denuo C. solidos pro hoc acceperunt. Signum Wilelmi[19] de Varenas. S' Bernardi senis Angleduris[20], Wilelmi de Vetulis[21], Stephani Seschal[22].

112[1]

Carta Wigonis de Varena.

Domnus Wigo de Varena dedit Deo et hujus loci fratribus mansum Thetmanni, in ipsa villa de Varena; et item donavit Bernardum Cocum et tenementum ejus, et mansum Aalaldi de la Capella, et ipsum et filios ejus, et mansum Vualberti de Laval: hæc omnia dedit post obitum suum, et in vestitura xɪᴠ.

8. *S* H-mas. — 9. *MB* Gun-s. — 10. *M* si-t. — 11. *S* om. — 12. *S* ad. — 13. *S* Theob-s. — 14. *S* corr. salten. — 15. *S* iste. — 16. *S* Hu-i. — 17. *MB* M-minter. — 18. *S* Will-s. — 19. *M* Will-i. — 20. *MB* A-d., *B* A-dci. — 21. *M* V-l'. — 22. *M* S-cal.

112. — 1. *C 43', L 38; cf. L '2.*

denarios omni anno in unoquoque manso. In barrochia autem de Vitri, in Charneto, dedit Petrum cum suo tenemento, et Ingelbertum ex toto ibidem similiter. Testes hujus rei: Rainerius archipresbiter, Durannus Rufus presbiter, Artaldus Buxol, Jodcerannus Olsola, Gelinus de Munda. Et I. mulam pro hoc accepit.

113[1]

Donat(ion) de Girard de Saint-Germain, chevalier, présens Etiennette sa femme, Guillaume leur fils, Régnier de Castel, Guillaume Velicourt, Geoffroi Pilfols et son frère Artaud, (sans date).

114[1]

Carta Gaufredi canonici.

Gauffredus canonicus, de Buxol, dedit Deo et hujus loci fratribus servum suum, Girardum de Beluz, uxoremque ejus et filios ac filias, in servitium; et mansum quem ex eo tenebat, cum omnibus appenditiis, usque ad inquirendum, et si quid alibi ex eo tenebat. Signum Ayæ matris ejus. S' Aganonis episcopi, Walterii Floienxani, Duranni Meruli.

115[1]

Carta domni Dalmatii de Borbon.

Nobilissimus miles, domnus Dalmatius, agebat querelam contra locum Aureæ Vallis fratresque ipsius loci. Tandem ergo celitus inspiratus, præsente domno Hugone priore loci et causæ instanti oportune, fecit werpitionem ex injusticia, simulque donum ex sua juris causa; erat autem hæc calumpnia ex foresta quæ supra monasterium est sita, ex antiqua videlicet et ex novella silva, in circuitu suæ crescentiæ juxta. Hoc autem

---

113. — 1. *C 43', L '2.*

114. — 1. *C '44, L 39; cf. L '2.*

115. — 1. *C 44'-'5, MXXXVI 107.*

donum vel werpitionem fecit Agnes uxor ejus cum eo, filiique
Falco et Wichardus, pro animabus suis et antecessorum suo—
rum; acceperuntque in munere, Dalmatius unam mulam et
L. solidos, uxor ejus xx, filii xx, Bernardus Angleduris xx.
S' Symonis ducis. S' Bernardi Angleduris. S' Rodberti Angle-
duris, Widonis de la Curt, Stephani Bezon ; item Stephani
Florenz', Vilelmi Vetulai', Stephani de Gent'.

116[1]
Carta Dalmatii Borbon [2].

Quidam milites, Dalmatius et Umbertus[3] de Borbon [4], dederunt Deo et huic loco, ipsi et uxores eorum, quandam mulierem, uxorem cujusdam Walterii, quam calumpniabant,
filiosque ejus et filias. S' Ansedei Angleduris [5], Rodberti fratris
ejus. S' Wilelmi Vetulac' [6]. S' Seguini de la Cort [7].

117[1]
Carta Umberti Borbon uxorisque ejus Ermengardis.

Domnus Humbertus de Borbon et uxor ejus remiserunt
finieruntque, Deo hujusque loci fratribus, omnem illam
illationem vel exactionem quam annualiter perquirebant, in
manso Belmont, ab incolis ipsius terræ; itemque dederunt
prædicto loco vercheriam in villa Bellaspina, quam Seguinus
præpositus ante retinebat : acceperuntque pro hoc xL. solidos,
Seguinus II^{os} solidos. S' Rodulfi Filai. S' Walonis fratris ejus.
S' Ansedei Maringis. S' Galterii Florenz'.

118[1]
Charta Widonis Florenzang'.

Quidam miles, Wido nomine, respuens mundum et induens
in hoc loco monachicum habitum, dedit in parochia Vitri
mansum unum, *etc.*

116. — 1. *C 45, S 43', B 7', MXL '6 ; cf. L '2.* — 2. *S* B-nensis. —
3. *B* Unb-s, *M* Humb-s. — 4. *S* B-nio. — 5. *B* A-dei. — 6. *B* V-cii. — 7. *M*
Curt.

117. — 1. *C 45', MXL 6.*

118. — 1. *C 45', MB '30.*

119[1]

Donation de M. Anseau de Parriniaco, présens Jocerand Vilers, *Guillaume de Velicourt, Geoffroy* Digontii.

120[1]
Carta Emmonis militis et monachi de foresta.

Quidam miles, nomine Emmo de Lurciaco, ad vitæ suæ exitum veniens et monachicum habitum induens, dedit Deo et hujus loci fratribus, in parrochia Victriacensi, medietatem forestæ quæ vocatur Monenchia. S. Emmonis. S. Iterii, Wilelmi, Iterii, Albuini, fratrum. S. Hugonis, Ildini. S. Ainæ, matris ejus. S. Bernardi.

121[1]
Charta Ansedei de la Fin.

Quidam miles, nomine Ansedeus, dedit Deo, tradens se in ejus servitio in hoc loco, omnem illam terram quam habebat in villa de Jhaloeth, quæ ex matre sua Gontrude ei obvenerat, *etc.; présens Richard* de Vilers, *etc.*

122[1]
Charta Stephani Goy.

Quidam miles, nomine Stephanus, ad monachatum veniens, dedit quidquid possidebat in villa Pauliaco, *etc.*

123[1]
Carta de pontonariis de Graverias.

Quidam nautæ, id est pontonarii, portus que dicitur Graverias, quod olim a quodam illustri milite, nomine Rainerio Vetulo,

119. — 1. *C 45'-'6, L '2.*
120. — 1. *C 46, B 7'.*
121. — 1. *C 46' (al. 48'), MB '30; cf. L 2'.*
122. — 1. *C 47, MB '30.*
123. — 1. *C 48, MXXXII 188.*

loco erat condonatum jam dicto, ut debitum omni anno redderet censum, quodque jam ex toto erat amissum; venientes ante præsentiam tunc temporis jam præfati loci prioris, domni Hugonis et ab eo diligentius exquisiti, tandem post multa ad hoc perventum est ut, tam pro absolutione jamdudum census retenti quam pro ipso censu, persolverent omni anno, sua evectione perducentes ad monasterium, mensuram probatam in circuitu suo ii° sextaria mellis obtimi, perficiantque hoc a sancti Michaelis usque sancti Martini festa, sine ulla sibi debita omnino consuetudine; et ut fratres ejusdem loci et homines eorum, quotiesconque usus fuerit, transvadere ad eundem portum sine omni lucro festinent. Hac igitur pactione ex omnibus querelis et conventionibus inter se monachi et homines supradicti ex toto, coram multis testibus, ad finem venerunt. Appellantur homines isti : Letaldus et Wido, qui a se et a suis successoribus hunc censum esse reddendum ultro spoponderunt.

124[1]

Carta Arnulfi Dulzoles.

Quidam miles, Arnulfus nomine, dedit Deo et hujus loci fratribus, in villa quæ dicitur Acriri, juxta villam Querre, unum mansum qui debet tale servitium : per messiones i. sextarium vini, et ii. panes et unam denaratam carnis; sancti Martini, i. sextarium vini et ii. panes, et v. denaratas de carne, ii. sextarios avenæ. S. Hugonis consobrini ejus.

125[1]

Carta Maimbaldi.

Quidam homo, Maimbaldus nomine, et uxor ejus Belucia dederunt Deo et huic loco, de rebus suis quæ in agro Volabrense, in villa Moncello resident, curtilum et vinea et omne suprapositum ; terminat de uno latus terra Sancti Johannis, de alio terra Ermenast cum heredibus suis, de tertio

124. — 1. *C 49, B 7'*.

125. — 1. *C 49, B 7'*.

Eldebert et eris, de quarto via publica ; infra istas terminationes medietatem dederunt prædicto loco, in tali tenore ut annis singulis, festivitate sancti Martini, iiii. denarios reddat. S. Maimbalt et uxor ejus Belucia. S. Raimbalt. S. Petroni. S. Bernart, Artalt, Gausbert, Albert.

126[1]

Donation par M. Hugues Damas, de choses scises à Orval ; cite son oncle Odilon, etc., (sans date).

127[1]

Carta donni Hugonis de Saleniaco.

Donnus[2] Hugo de Saleniaco [3], ad obitum suum effectus monachus in hoc[4] loco, dedit Deo mansum unum[5] in villa Fracto Puteo valde optimum, al Moncello dictum, cum omni sua integritate, campis, vineis, silvis, pratis, pascuis, aquis, terris cultis et incultis, exitibus et regressibus, omnibusque serviciis et consuetudinibus : universa ad inquirendum. Testes hujus doni : Ugo [6], Wichardus et Aroldus, filii ejus, Lebaldus[7] de Digonia, Artaldus de Buxol, Anselmus de Valestinis, Bardes, Rodbertus præpositus. Reddit tale servitus : sancti Martini, porcum de sex solidis, iiii^{or} sextarios vini iiii^{or}que sextarios avenæ, vi. panes et taschiam ipsius terræ, et i. caponem et i. mussal canabi ; et per vendemias, plenam refectionem.

128[1]

Carta Wilelmi monachi de Chanfeliz.

Quidam homo, nomine Wilelmus, ad monachatum veniens, dedit Deo et huic loco de hereditate sua, in æcclesia quæ dicitur Jus, omnia quæ in altare interius et exterius, in decimis et primiciis, in terris, omnibus quibuslibet rebus, visus est habere, *etc.*

126. — 1. *C* 49', *L* 2'.

127. — 1. *C* 51', *MB* '30, *S* 43', *MXXX* 75 ; *cf. L* 2'. — 2. *S* Domnus. — 3. *S* Salin-o. — 4. *S* m. et huic. — 5. *M* u. m. — 6. *S* domni Hugo. — 7. *S* Letb-s.

128. — 1. *C* 52, *B* '8.

129[1]

Charta Bernardi monachi de Florenzangis.

Quidam miles, nomine Bernardus, veniens ad monachatum, dedit in villa Pauliaco unam vercheriam.

130[1]

Carta Dalmatii de Borbon.

Domnus Dalmatius de Borbon[2] agebat multas insidias erga hunc locum et circa priorem hujus loci domnum Hugonem, ita[3] ut publice eum assalierit; tandem, a suis ammonitus[4], misit obsides in manus prioris, ut pacem et concordiam faciat cum illo. Postea venit Marciniaco ipse Dalmatius cum filio suo Falcone, in præsentia domni Hugonis abbatis, et fecit pacem et concordiam cum domno Hugone priore, per manum domni[5] abbatis, ut deinceps sint fideles et amici ; et ipse Dalmatius dimisit omnes[6] querimonias quas habebat contra hunc locum, et dedit hoc quod ipse habebat in Walterio pontonario et hoc quod injuste quærebat in eo dimisit, laudante filio suo Falcone. Fecit autem hoc donum coram domno[7] abbate in manus[8] domni Hugonis prioris, cum baculo domni abbatis; testes : idem Dalmatius, filius ejus Falco, Jocerannus[9] de Maringis, Seguinus monachus, Lambertus monachus.

131[1]

Carta domni Wichardi de Borbonio.

Domnus Wichardus de Borbonio dedit Deo et beatæ Mariæ, et sancto Grato et ad locum Paredi, sub castro Sancti Johannis, locum qui vocatur Pulchra[2] Spina et montem Agglerium[3], sicut terminat via publica et aqua Arrodi usque ad

129. — 1. *C 52, MB '30.*

130. — 1. *C 53', MB '30, S 43', B '8, MXL 1.* — 2. *S Bourbon.* — 3. *S om.* — 4. *S corr.* admo-s. — 5. *M* d. Hugonis. — 6. *S* omnis. — 7. *M* d. Hugone. — 8. *B* m-u. — 9. *S Josse-s.*

131. — 1. *C '54, S 43', MXXX '69.* — 2. *S* voce-r P-cra. — 3. *S Agl-m.*

domum Milonis telonarii : tali pacto, ut seniores supradicti loci monachos Deo servientes ibi mitterent et ecclesiam construerent. Hoc donum fecit in infirmitate de qua obiit, apud Ambersum castrum, pro requie animæ suæ; testes : Ansedeus de Angleduris, Constantinus presbiter, Willelmus Brunus, Berengerius[4] suus armiger. Hoc donum laudaverunt[5] postea Dalmatius, filius ipsius Wichardi, et Umbertus[6] nepos ejus.

132[1]

Carta Ærderadi et Bernardi filii ejus.

Quidam miles, Ærderadus nomine, dedit Deo et huic loco quartam partem æcclesiæ Sancti Leodegarii martyris, scilicet presbyteratum, offerendam, cimiterium et decimum, simulque omnia quod in prædicta æcclesia videbatur habere, perpetualiter ex toto usque ad inquirendum ; laudante et consentiente uxore ejus, necnon filii eorum Bernardus et Jocerannus. Fécit autem hoc donum pro salute animæ suæ et uxoris, et filiorum suorum et omnium antecessorum suorum : quando vero ex hac vita migraverint, ipse vel uxor aut filii ejus, si asportari se fecerint in hoc loco, honestissime sepeliantur. Pro hoc acceperunt autem[1] in munere, Ærderadus et Bernardus filius ejus, a domno Hugone priore, quatuor libras denariorum. Testes : Antelmus monachus, Petrus monachus, Durannus Merolus, Rodulfus archipresbiter, Letaldus de Chaloe, Hugo del Paschet, Stephanus de Patriciaco.

133[1]

Donat(ion) de Gui de la Curt, de choses à Mardanges, présent Guillaume de Spinacia, Guichard de Sau, Huldris de Sancto Prejecto ; (sans date), du tems du prieur Hémard, fait en chapitre à Paray.

4. *S* Berin-s. — 5. *S* l-vit. — 6. *S* Hu-ti.

132. — 1. *C* 54, *B* 8.

133. — 1. *C* 54', *L* 2'.

134[1]

Carta Ingeltrudis.

Quædam nobilis mulier, nomine Ingeltrudis, dedit Deo et fratribus manentibus in hoc loco mansos, qui sunt in villa quæ diciturMonteth, hoc sunt vilari, vineæ, campi, prata, silvæ, pascua, aquæ aquarumque decursus : totum quæsitum ad inquirendum; deditque molendinum unum super fluvium Arrodi, et capellam quæ in eadem villa est atque consecrata in honore Sancti Nazarii. Dedit etiam servos et ancillas et francos, qui in ipsa villa manebant, omnemque successionem eorum in posterum, totumque servitium sicuti reddebant vel debebant ipsi; nomina autem servorum sunt hæc : Mainfredus et infantes sui, Malfredus et Martinus et Richardus, et soror eorum Eldearz. S' Ingeltrudis. S' Hugonis comitis. S. Girardi. S' Anselmi. S. Eldigerii. S. Walonis. S. Widonis. S. Girardi.

135[1]

Domnus Aymardus, bonæ memoriæ prior Paredi, comparavit de Petro de Parreney medietatem molendini, *etc*.

136[1]

Quidam clari milites, Hugo et Bernardus de Buxol, obtulerunt Deo in hoc loco, pro suæ matris Helisabeth anima vel sepultura, in villa Avingo dicta, unam bordelariam, quæ annualiter reddit natale sancti Martini sextarios duos avenæ et duos vini, et viii[o] denarios. Testes et auctores : ipsi fratres Hugo et Bernardus, Hugo de Olsola, Bernardus Vitalis præpositus.

137[1]

Carta Rainerii et Gaufridi de Poli.

etc[a]. Testes..... Iterius Digon.

---

134. — 1. *C 55, B 8'*.
135. — 1. *C 56, MB 30'* « recent(iori) manu ».
136. — 1. *C 58', L 40; cf. L 2'*.
137. — 1. *C 58', L 2'*.

138[1]

DONUM GIRARDI ET ITEM UXORIS EJUS HELISABET.

Domnus Girardus de Buxol dedit Deo huicque loco, in villa Poisson, tenementum Letbaldi carpentarii et item unam teliam, quæ reddit I. sextarium avenæ et IIII^{or} denarios. Testes: Helisabet uxor ejus, Atto, Hugo, Bernardus et Artaldus, filii ejus, Artaldus Buxol.

139[1]

Hugo et Bernardus, fratres, de Buxol dederunt Deo huicque loco, pro anima et sepultura matris suæ Helizabet, in villa Avingo, omnem tenementum Martini servitiumque quod reddit. Testes: Artaldus Giverzi, Hugo Chaloeht, Bernardus Mulinis.

140[1]

CARTA DONNI HUGONIS COMITIS.

Donnus[2] Hugo, comes ac præsul, dedit Deo et hujus loci fratribus æcclesiam Digontii, in honore Sancti Georgii[3] sacratam, cum omnibus terris ac decimis et appenditiis, quæ ad altare pertinere videntur. Et domnus[2] Hermuinus, Æduæ civitatis episcopus, cum canonicis æcclesiæ laudavit. S' Hugonis comitis et episcopi. S' Tedbaldi[4] nepotis ejus. S' Dalmatii. S' Rocleni. S' Ansedei de Burbon[5]. S' Ansedei filii ejus. S' Wichardi filii ejus. S. Richardi. S. Seguini filii ejus. S. Ansedei de Brion. S. Walterii. S. Gaufredi. S. Ansedei. S. Bernardi filii ejus. S. Duranni. S. Stephani, Bertranni. Ildini, Rainerii, Rotberti, Rainerii.

138. — 1. *C '59, L '41; cf. L 2'*.

139. — 1. *C 59, L '41; cf. L 2'*.

140. — 1. *C 59', MB 30', S 43', B 8', MXIX '216; cf. L 2'*. — 2. *MB* Domnus. — 3. *M* Gregorii. — 4. *B* Tetb-i, *S* Theob-i. — 5. *S* Bourbon.

141[1]

Carta Wilelmi de Campo Felici.

Quidam miles, nomine Wilelmus, dedit Deo in hoc loco, in villa Angleduris, terram arabilem quam rustici cambonem vocant; residetque ipsa terra juxta fluvium Ligeris. Dedit autem totum quod ibi visus fuerat habere, usque ad inquirendum, excepto unam sextariam, quam dedit sancto Martino, et pratellum quod ibi situm est.

142[1]

Charta Rainerii de Biirat.

Quidam miles, Rainerius nomine, venit ante præsentiam donni Gunterii prioris aliorumque fratrum, werpivitque terram quam antecessor ejus Hugo huic loco dederat. Hoc ipsum, *etc*.

143[1]

Carta Rainerii Rufi.

Quidam miles, Rainerius nomine, infirmitate gravi detentus, dedit Deo et hujus loci fratribus, in villa quæ dicitur Villa Tiangis, mansum integrum, ubi stabat homo vocatus Richardus, *etc.;* servitium vero tale debet : in maio, arietem cum lana aut xii. denarios; per messiones, iiii. cartas de sigilo et xii. de avena; missa sancti Michahelis, porcum de xii. denariis et pro oblatione viiii[vem] denarios, *etc*.

144[1]

Carta Rainerii de Bonant.

Mes[re] Régnier de Bonant fait donation d'un meix et dépendances, situé in villa Lavardu'. Sign' Tetardi de Vichiaco, *etc*.

141. — 1. *C* 59', *B* '9.
142. — 1. *C* 60, *MB* 30'.
143. — 1. *C* 64, *B* '9.
144. — 1. *C* 64, *L* 2'.

145[1]

Carta de Vivent [2].

Ex consilio domni Odilonis abbatis et Hugonis comitis, fratres hujus [3] loci, Andraldus prior cum aliis, adierunt præsulem Nevernensem[4] vocatum domnum Hugonem, in canonicorum ejus præsentia expetierunt clementiam eorum, ut quandam terram almi martiris Christi Cyrici, quæ juxta fluvium Ligeris sita est et vocatur ipsa terra Viventz [5], Deo et hujus loci fratribus per precariam concederent. Quorum petitionem præfatus præsul, per consilium clericorum suorum suscipiens, prædictam terram cum omnibus rebus quæ ad eam aspiciunt vel aspicere videntur, omnibus in locis, id est agris, silvis, pratis, pascuis, aquis aquarumve[6] decursibus, exitibus et [7] regressibus, totum ad [8] integrum usque ad inquirendum, necnon et mancipiis utriusque sexus, ea ratione concessit ut annis singulis rectores jamdicti loci, qui Aurea Vallis vocatur, in festivitate beati Martini solidos duos ad victualia fratrum in censum persolvant ; et si de ipso negligentes in aliquo extiterint, in duplo restituant. Simili modo in aliis locis concessit, id est in villa Neusiaco, et in Moncello seu Senviniaco, et in Villeretum[9] et in circuitu Sancti Johannis, et in Mulneto et in campo Aalbaldi, et in monte Benedicti et ad Sanctum Dionisium, et in Temponiaco et in Digonptiaco[10] : quantum in eisdem villis vel locis beatus martir[11] Ciricus videtur habere, id est terris, silvis, pratis, pascuis, vineis, aquis aquarumve decursibus, exitibus et regressibus, atque mancipiis utriusque sexus, totum ad integrum usque ad inquirendum ; eo tenore ut omni anno rectores ejusdem cœnobii solidos III[12] persolvant. Ut enim hæc precaria omni tempore majorem firmitatis vigorem obtineat, prædicti episcopi manu et ejus clericorum assignationibus roborata est. Hugo, nutu Dei humilis episcopus, roboravit et signavit. Wido archidiaconus signavit[13]. S' Bertelonis[14] abbatis. S' Evrardi præpositi. S' Raiembaldi decani. S' Umberti[15]

---

145. — 1. C 65-'6, MB 30', S' 44 B 9, MXVIII 164. — 2. S Vivant. — 3. MB ejusdem. — 4. S M Niv-m. — 5. S V-t, B V-nz. — 6. B a-mque. — 7. S om. — 8. S corr. ab. — 9. S V-to. — 10. S D-nt-o, M D-ompt-o. — 11. S b-tæ Mariæ, s. — 12. B tres. — 13. S W-onis a-nis s-num. — 14. S B-the-s. — 15. B Unb-i.

abbatis. S' Gozfridi[16] archiclavi[17]. S. Tetbaldi[18], Odonis, Ragenaldi, Rodulfi[19], Gozfridi[20], Girberti[21], presbiterorum. S. Bertelonis, Rodulfi, Umberti[15], levitarum[22]. S. Rocleni subdiaconi. S. Heliranni[23], Bernardi, puerorum.

146[1]

Carta Artaldi de Faltreriis.

Dominus Artaldus de Faltreriis dedit Deo et huic loco servum suum, nomine Amaldricum, et infantes ejus. Sign' Artaldi et Antelmi filii ejus. *(Sans date)*.

147[1]

Carta Heldigerii Regis.

Quidam homo, nomine Heldigerius Rex, dedit, *etc*[a]. *(Sans date)*.

148[1]

Carta de Monte Combroso.

Quidam nobilis [2] miles, nomine Petrus Clericus, Arvernicæ territoriæ [3], vicem comitis [4] gerens, dedit Deo et fratribus in hoc loco degentibus, apud æcclesiam Sanctæ Mariæ de Monte Combroso, in circuitu ejusdem æcclesiæ et parrochiæ ipsius, quantum in ministerio Bernardi vicarii sui videbatur cum fidelibus suis possidere, terras scilicet suo usui [5] retentas et in beneficio fidelibus suis distributas, id est villam Exartellem [6] vulgo vocatam et quæcumque sibi videntur aspicere, et III. [7] mansos juxta eandem villam sitos, super Rodonem fluvium, villamque Brugulinas [8] vocatam, cum suis appenditiis; et in

---

16. *S* Godefredi, *M* Gausfridi. — 17. *S corr.* archidiaconi. — 18. *S* Theob-i, *M* Teotb-i. — 19. *B om.* — 20. *S M* G-redi. — 21. *B* Gisb-i. — 22. *S* l-ter. — 23. *S* H-amni.

146. — 1. *C 66', L 2'.*
147. — 1. *C '67, L 2'.*
148. — 1. *C 68'-9, S '49, B 9'.* — 2. *M om.* — 3. *S en surcharge* telluris. — 4. *S* v-ec-s partes. — 5. *S* ad suum usum. — 6. *B* E-elem. — 7. *M* in. — 8. *S* B-gil-s.

alio loco, villam Podium nominatam, cum sibi pertinentibus rebus; et in alio loco, villam Ruam Merdosam, cum suis appendiciis, et terram de Calfurno; et in alio loco, terram quæ vocatur Mansus, et prope eum alius mansus ad Fraxinum; et in alio loco, quendam mansum vocatum Cassan Berfredi[9] : hæc omnia supradicta ad locum prænominatum[10] perpetualiter concessit possidenda, totum et ad[11] integrum perquirendum, tam in villis et villulis quam in mansis et appenditiis et bordelariis, in franchisiis, farinariis[12], in agris, in vineis, in silvis, in rispis, in terris cultis et incultis, in pascuis, in aquis aquarumque[13] decursibus, in exitibus et regressibus et in pratis. Et in pago Augustodunensi[14], in parrochia Sancti Desiderii, in ministerio[15] Stephani vicarii, (.......) cum appendiciis suis[16], et silvam indominicatam quam ibidem tenebat; villam Cancellas, cum appenditiis suis; villam Balgeiacum, cum appenditiis suis; villam Vauram, cum appenditiis suis; villam a la Culturam, cum appenditiis suis; villam a la Finem, cum appenditiis suis; villam Positellem, cum appenditiis suis; villam Mont[17], cum appenditiis suis; villam Camp Aldoeni, cum appenditiis suis; villam Moncels[18], cum appenditiis suis : hæc omnia supradicta, quæque videbatur proprio jure possidere, et fidelibus suis in beneficio a se et ab antecessoribus suis data esse, dedit Deo et supradicto loco, tam in villis et villulis quam in mansis et appendiciis, et arboribus et silvis suprapositis, in franchisiis, in bordelariis, in campis, in vineis, in silvis, rispis, in concisiis, in terris cultis et incultis, in pratis, in pascuis, in molendinis, in aquis aquarumve[13] decursibus, in exitibus et regressibus, quæsita et ad[11] inquirenda. Tali tenore, quatinus post obitum, scilicet suum, rectores jamdicti jure hereditario cuncta teneant, habeant et absque ulla contradictione perpetualiter possideant, et quicquid ex eisdem villis et[19] terris facere voluerint faciant. S. domni Petri Clerici.

---

9. *S* C-amb-i. — 10. *M* supradictum. — 11. *S om.* — 12. *S* farma-s. — 13. *M* a-mque. — 14. *S* A-tud-i. — 15. *M* monas-o. — 16. *M* s. a. — 17. *S* M-tcom. — 18. *S* Montcels. — 19. *S* vel.

149[1]

CARTA WILLELMI DE CASTELLO.

Quidam miles, nomine Willelmus, dedit Deo et huic loco aliquid de rebus suis, quæ sunt sitæ in pago Claromonte et in villa quæ dicitur Exartella resident; hoc est mansum unum a la Belosi, cum omnibus apenditiis suis, id est campis, pratis, pascuis, silvis, rispis [2], terris cultis et incultis, aquis aquarumve decursibus, exitibus et regressibus: totum ad integrum vusque ad inquirendum. S. Willelmi et uxoris suæ Emeldinæ, *etc*.

150[1]

CARTA WILELMI DE LUURCIACO.

Quidam miles, nomine Wilelmus[2] de Luurci, post innumera dampna huic loco illata, gravi incommodo constrictus, a viris [3] quibusdam nobilibus nimium monitus, tandem resipiscens, fideliter coram omnibus se obtulit Deo, abiciens mundum ex toto, uxorem et utramque prolem ; asportatusque in hoc loco, filiis, uxore, parentibus et amicis præsentibus, dedit Deo in hoc loco ea quæ in ecclesia Luurciaco vocata possidebat, id est medietatem æcclesiæ, omnium oblacionum, introitum presbiteri ex toto, presbiterium, medietatem omnium decimarum [4] et cimiterii: omnia, ut diximus, sicut ipse habebat, ea ratione ut uxorem ejus post finem sepeliant. Addidit etiam ad augendam helemosinam loci, loco [5] qui dicitur Verreris, situm molini, quem mulnarem vocant, ad construendum molendinum. Hoc datum laudaverunt uxor ejus Ingelberga, Jodzerannus et Painus, filii ejus, sororesque eorum et viri earum, Iterius et Hugo, Bertrannus, Hugo de la Sulvusi [6], Rotbertus [7] de Luurci, Artaldus Malereti, Aimo Jhavazola [8], Hugo de Scabellis, Girbertus capellanus.

Pax et gratia servantibus, pœna direptoribus.

---

149. — 1. *C 70, S '44.* — 2. *S corr.* ripis.

150. — 1. *C 70, MB 30', B 9', MXXVI 248.* — 2. *MB* Will-s. — 3. *M* auris. — 4. *M* d. o. — 5. *MB* locum. — 6. *B* Sulunsi. — 7. *MB* Rodb-s. — 8. *M* Ja-a.

151[1]

Carta domni Artaldi de Malerẹto.

Domnus Artaldus de Malereto, renuntians seculo vovensque se Deo, dedit fratribus in hoc loco manentibus, pro susceptione sua, in villa Vivent, campum pergrandem[2] et bonum, suam partem ; et frater ejus Gaufredus, pro Dei et ejus amore, similiter suam portionem. Dedit in ipsa villa 1. servum nomine Rotbertum, unumque ex filiis ejus ac deinceps alios, itemque alium servum Walterium dictum. Calumpniam quam agebat ex terra, quam Gaufredus, Hugo fraterque ejus Wilelmus Vesontiola, pro animabus suis, Deo et huic loco dederant, remisit ; Gaufredus frater ejus similiter. Ad æcclesiam Belaspina dictam delegavit vineas, quas Ungren appellant. Hæc omnia suprafatus ejus frater G., pro se simulque filiis suis, per fidem laudavit, coram testibus simulque laudatoribus: Gaufredo Bonant, Rainerio fratre ejus, Hugone de Scabellis, Rainerio de Poli, Gaufredo fratre ejus, Aimone Jhavazole.

152[1]

Carta donni Lebaudi[2] de Digonia.

Domnus Lebaudus[3] de Digonia faciebat multas querimonias et molestias contra locum et fratres Aureæ Vallis, de quadam silva quæ vocatur Rasneria [4], quam silvam dederat Adelaidis[5] comitissa, filia Teobaldi[6] comitis, Deo et ad luminariam hujus loci, et quandam capellam [7], dictam ad Sanctam Ecclesiam, justa eamdem silvam : dicebat enim dictus Lebaudus [3] dictam silvam de suo esse casamento. Tandem vero in fine cœlitus inspiratus, sentiens sibi [8] mortem vicinam, misit [9] et vocavit priorem hujus[10] loci, et dedit et quictavit[11] quicquit[12] ipse et sui in dicta silva cum[13] terra pertinente habebat vel

151. — 1. *C 70', MB '31, B 10.* — 2. *MB* præg-m.

152. — 1. *C 71', S 44', MXXXII '241, L 42; cf. L 2'.* — 2. *S* domni Letbaldi. — 3. *S* Letbaldus. — 4. *S* Tasnetia. — 5. *S* dna A. — 6. *S* The-i. — 7. *L* c-laniam. — 8. *S* sui. — 9. *S* et m. — 10. *S* ejusdem. — 11. *S* quit-t, *M* q-tt-t. — 12. *S* q-id. — 13. *L* et in, habere debuerat, ad luminariam ecclesiæ de Paredo, pro remedio animæ suæ[14], et[15] laudavit donum quod de eadem silva domina Adalaidis[16] fecerat. Dedit etiam idem Lebaudus[3] quemdam hominem justa[17] eamdem silvam manentem, nomine Alardum Fadi, et heredes ejus, sicut ipse et sui antecessores tenuerunt, in perpetuum[18] pacifice possidenda. Testes et laudatores : domina Adalaidis et Wido de Tier, filius ejus; uxor domni Lebaudi[19] et filius[20] ejus, Jocerannus[21] de Copetre[22], Atto Buxul, H. de Ozoles, P. de Civin', H. de la Tor et alii multi.

153[1]

Filii domni Hugonis de Saliniaco [2], Hugo et Wichardus [3], erga hunc locum agebant querimonias; et tandem post nonnulla redierunt in amore erga locum, et omnia quæ calumniabant omittentes, donum etiam quod pater eorum fecerat, laudaverunt et quique ex eis XL solidos acceperunt. Testes : Josserannus, *etc.*

154[1]

Carta donni Dalmatii de Borbon.

Donnus Dalmatius de Borbon erga hunc locum et incolas ejus agebat multas calumpnias, clamans se ex terris et servis multa pati. Ergo post multas verborum luctas, a suis magnatibus commonitus, mandavit domnum Hugonem priorem, ut ad eum veniret in loco constituto, et ex objectis in ratione placiti responderet ; jam dictus ergo prior, cicius pergens ad eum, cognita ejus intentione, pacis federa cum eo inivit. Isdem vero domnus Dalmatius, pro sua suorumque antecessorum animarum salute, dimisit ei omnes querimonias quas querebat in ecclesia de Sposion, scilicet presbiteratum,

---

14. *M* dedit. — 15. *S* dedit et. — 16. *L* Adel-s. — 17. *S* juxta. — 18. *S* imp-m. — 19. *S* Letbaldi. — 20. *L* filii. — 21. *S* Josse-s. — 22. *M L* Copere.

153. — 1. *C* 72', *S* 44', *L* 2'. — 2. *L* Lalen-o. — 3. *S* W-do.

154. — 1. *C* 73'-'4, *MXXXVI* 122.

cimyterium, offerendam et decimam, et quicquid ibi calumpniabatur, totum usque ad inquirendum; concessit etiam Deo et huic loco, in villa Vivenz, terras quas milites tenebant de eo, scilicet Artaldus de Malareto et Gaufredus frater ejus, necnon Gaufredus de Vosensola, et Hugo et Wilelmus fratres, quas jam diu ipsi milites dederant huic loco, pro salute animarum suarum et omnium antecessorum suorum; omne quod suæ rectitudinis erat, Deo et huic loco donavit; hoc quod injuste querebat, finivit. Accepitque pro hoc in munere, a domno Hugone priore, centum solidos, equum etiam optimi precii; uxor ejus et filii, mediatores qui interfuerunt, quinquaginta solidos. Testes hujus placiti: uxor ejus Agnes, filius ejus Falco, et pro alio qui defuit Wicardo sponderunt Dalmatius pater et Falco filius ejus, Bernardus Catgiaco, Helgodus Bers, filii ejus Hilelmus et Henricus, Bernardus Angleduris, Rotbertus Angleduris, Durannus Fuirs.

155[1]

Carta Joceranni de Centarben.

Quidam miles, Jocerannus de Centarben, dedit Deo et huic loco, pro salute animæ suæ et omnium parentum suorum, quandam feminam nomine Letbergam, uxorem scilicet Bonet, cum filiis et filiabus ejus, simulque totam progeniem quæ de illis exitura est perpetualiter; accepitque pro hoc munere xxx[ta] solidos, a domno Hugone[2] priore. Testes: Artaldus de Buxol, Wichardus de Saliniaco, Hugo de Vals, Hugo del Pasche [3], Stephanus de Cavo [4]. Post hæc Rotbertus Dalmatius, nepos ejus, hoc donum laudavit; testes: Letbaldus de Digonia, Artaldus de[5] Buxol. Iterum frater ejus Hugo de Bue[6] laudavit; testes: Artaldus de Buxol[7] juvenis, Hugo de Olsola. Item laudavit Girardus de Centarben; testes: Hugo de Lavals [8], Hugo de Busol, filius Artaldi. Iterum Jocerannus, frater Girardi de Centarben, laudavit supradictum donum; testes: Hugo de Vals, item Hugo de Lavals, Wido Forestarius, Hugo Blancus[10], filius Humberti.

155. — 1. *C '74, MXXXII '248, L 43; cf. L 2'.* — 2. *M* Huguone. — 3. *M* Pache. — 4. *M* Elvo. — 5. *L* om. — 6. *M* Bite. — 7. *M* B-o. — 8. *M* Vals. — 9. *L* C-em. — 10. *M* B-chus.

156[1]

Carta Gaufredi de Varennas.

Domnus Gaufredus de Varennas, relinquens habitum secularem et accipiens spiritalem, dedit Deo et huic loco, pro salute animæ suæ, unum clausum vineæ in villa Tolfol, et in bosco suo quicquid necesse fuerit ad ipsam vineam faciendam omni tempore. Si vero rusticus, qui eam incoluerit, in eam domum suam voluerit construere, accipiet in eadem silva quod sibi opus fuerit ad domum ædificandam ; sed non valebit dare vel vendere ex toto, *etc. Présens Guillaume de Varennes, Pierre son fils, Régnier de Poli.*

157[1]

Carta Bernardi de Angleduris.

Domnus Bernardus de Angleduris, filius Bernardi senioris et uxoris ejus domnæ Fulcredæ, dedit Deo et ad locum Paredi illam condeminam, quæ est juxta condeminam monachorum in Viventio villa, in qua duplam taschiam habebant monachi : omnia quæ ibi habebat dedit, et filium suum Stephanum obtulit Deo in monasterio, ad servandum Christo in perpetuum, pro redemptione animæ suæ et uxoris, et patris ac matris atque omnium antecessorum suorum. Pro hoc ergo dono spoponderunt ei domnus Hugo prior et alii seniores, et[2] si monachus fieri voluerit, ac obitus suus ei evenerit et se fecerit portare in monasterio, gratis recipiatur, etiam si nichil aliud eis dederit. Per istud donum accepit a priore unum equum liardum et xxx^{ta} v. solidos ; et unusquisque de filiis suis habuit unam bonam tunicam blidalem de fustanea, necnon et filia ejus similiter ; et omnes hoc donum laudaverunt. Hoc ergo donum fecit in villa de Digonz, in manu prioris domni Hugonis ; et frater ejus Ansedeus laudavit, atque domnus Falco de Borbon ac mater ejus Agnes. Testes ex hoc dono

---

156. — 1. *C 74', B 10', L '3.*

157. — 1. *C 75, MXXXII 191.* — 2. ut ?

sunt hi : Rotbertus de Angleduris et Bernardus frater ejus, Durannus Galdelas, Stephanus Angleduris, Rainerius de Moriniaco, Oddo Digonz, Gaufredus, Stephanus Digonz.

³ Post hæc donnus Dalmatius (de Borbon), de Hierusalem veniens coram domno Hugone in villa de Digonz, hoc donum laudavit, sicut prius laudaverant uxor ejus Agnes et filius ejus Falco. Testes sunt : Falcho filius ejus, Bernardus Grossus, Bernardus Angleduris, Galegellus, Ansedeus, Durannus.

158[1]

Carta donni Ansedei Angleduris.

Domnus Ansedeus de Angluris, de illa condemina quæ est in Viventio villa, quæ partitur cum fratre suo Bernardo, in qua monachi duplam taschiam habebant, totam illam partem quam habebat monachis de Paredo misit in pignore[2] per centum[3] quinquaginta solidos, omnibus diebus usque denarii sint redditi in manu prioris loci et seniorum de Paredo; fructum vero qui exierit infra hoc, dedit Deo et ad locum Paredi, pro anima sua et uxoris, patris, matris et omnium antecessorum suorum. Et si obitus ejus evenerit ac monachus fieri voluerit, dedit Deo et ad locum Paredi, absque ulla calumpnia et retinemento; et pro hoc dono est conveniens, si aliud non dederit, ut honorifice recipiatur. Hoc donum laudavit domnus Bernardus de Angluris, frater ejus, et Willelmus filius Ansedei ac filia ejus. Domnus Humbertus de Borbon et filius ejus Ansedeus, et uxor domni Humberti hoc donum laudaverunt apud Borbonem, et affuerunt hii testes : Artaldus Buxol, Jocerannus de Vilers, Antelmus monachus, Gauffredus Digons. Donnus Ansedeus fecit hoc donum, in manu domni Hugonis prioris, juxta Regniacum. Testes ex hoc dono : Durannus Galdels, Heynricus de Maldelgo, Oddo de Moriniaco, Durannus presbiter, Aalbaldus famulus, Petit Marescals.

3. *En marge.*

158. — 1. *C 75', L 44 ; cf. L '3.* — 2. *En surcharge* « t. wadio ». — 3. *En surcharge* « CCC ».

159[1]

(Carta domni Letbaldi de Digonia).

Notum sit omnibus tam præsentibus quam futuris, quod donnus Letbaldus de Digonia calumpniabat matrem Brunoni de Belfestu et filios et filias ejus, et venit ad placitum cum domno Hugone priore; et laudavit Deo et ad locum Paredi matrem, filios ac filias ejus, et ipsos qui nati erant ex eis ac in posterum erant nascituri. Pro hoc ergo accepit sexaginta solidos et uxor ejus decem, Letbaldus filius ejus decem et uxor ejus quinque, et Richardus præpositus alios quinque solidos ac duos sextarios de frumento. Ex hoc autem testes fuerunt Letbaldus de Copetra, Petrus de Civignon ac uxor domni Letbaldi, coram domno Hugone priore et Anthelmo monacho.

De bosco de Bornat, sicut locus habebat et homines Sancti tenebant silvam et planamentum, laudavit Deo et ad locum Paredi, ut ipse non quereret nec calumpniaret in posterum (.....) homines et feminas calumpniabat, quos locus Paredi habebat et tenebat. Et venit domnus Hugo prior ad placitum cum eo; et dedit Deo et ad locum Paredi rectum quod habebat, et quod injuste calumpniabat verpivit, excepto quemdam fabrum qui stabat apud Monte Villa. Pro hoc accepit unam mulam bonam et alia munera; uxor ejus et filius ejus, Ledbaldus, laudaverunt per omnia quod ipse habebat datum. Ad hoc donum fuerunt donnus Hugo prior et Antelmus monachus, et Jocerannus de Coperia ac Ledbaldus de Coperia, Rotbertus d'Orvals, Richardus præpositus.

Hoc ergo placitum, sicut ibi in ista carta continetur, negavit donnus Letbaldus ita se non fecisse; et adprehendit placitum cum domno Hugone priore ad Frasnem a Paion, et narravit donnus Anthelmus monachus quod hunc placitum, sicut in ista carta continebatur, ipse habebat factum et laudatum. Domnus Artaldus de Buxol et Letbaldus de Copetra, et Petrus de Civin' ac mulier, uxor donni Letbaldi, seqestraverunt se ad unam partem et dixerunt se esse testes veraces, quia sicut Anthelmus monachus narravit et in ista carta continebatur, ita erat.

159. — 1. C 76. MXXX 79 ; cf. L '3.

Donnus Letbaldus de Digonia, sicut isti quatuor testes quos supra nominavimus dixerunt, ita laudavit per omnia, et dedit Deo et ad locum Paredi ; uxor ejus et filius ejus Letbaldus laudaverunt. Hoc autem factum est ad Frasnem a Paion. Testes : Gauffredus de Cassaneis, Jozerannus de Marzili, Artaldus Buxol, Letbaldus de Coperia, Petrus de Civin'.

Quædam femina erat, quæ vocabatur Susanna et tenebat terram ad Bonofont : totam illam terram, sicut illa tenebat, donnus Letbaldus de Digonia dedit Deo et ad locum Paredi, in manu Antelmi monachi ; et accepit a priore donno Hu(gone) xx. quinque solidos. Testes ex hoc fuerunt uxor ejus et filii ejus, Artaldus de Buxol, Letbaldus de Coperia, Petrus de Civinun, Letbaldus Velobarnia.

160[1]

(Carta domni Hugonis Dalmatii).

In Dei nomine. Sciant præsentes et futuri, quod domnus Hugo Dalmatius calumpniabat homines et feminas, qui erant de potestate Dioci castri et Lugiaco, et stabant in terra Sancti Grati et monachorum de Paredo ; fecitque placitum cum domno Hugone priore, et dedit Deo et sancto Petro et ad locum Paredi, pro anima sua et omnium antecessorum suorum, omnes homines et feminas ac infantes, ubicunque fuissent in terra ad monachos de Paredo : rectum quod habebat dedit, quod injuste quærebat finivit ; servos dedit pro servis, liberos pro liberis. Accepit ergo domnus Hugo Dalmatius et uxor ejus, pro hoc dono, centum quinquaginta solidos apud Vercelgum. Testes ex hoc placito : Artaldus de Chiavaniset, Zacharias de Cosan. Hoc ergo donum fecit domnus Hugo Dalmatius in manu Hugonis prioris ; fuitque ibi Antelmus monachus et Wichardus de Marciniaco, Letbaldus de Copetra, Durannus de Bosco presbyter, Aalbaldus et Jocerannus, famuli.

160. — 1. C 77', B 10'; cf. L '3.

161[1]

(CARTA WILLELMI DE VARENAS).

MILES quidam nobilis, Willelmus de Varenas, habebat apud Paredum unum cellarium, subtus hystrias de hospitale monachorum, ubi mittebat arcas suas, et faciebat querimoniam cum priore Hugone, de malo quod evenit eo pro molendino; calumniabat parum de bosco qui erat supra condeminam de Montet; habebamus inter nos et illum terras quæ non erant partitæ, et spopondit se partiturum et nolebat facere. Ad posterum ergo fecit placitum cum domno Hugone priore, et dedit Deo et sancto Petro atque loco Paredi cellarium, et dampnum quod evenit ei pro molendino finivit ac boscum laudavit, et terras promisit se partiturum; pro hoc ergo placito accepit a domno Hugone priore unum equum obtimum et xx^{ti} solidos. Uxor ejus hoc donum laudavit, et habuit x. solidos; Petrus filius ejus laudavit, accepitque v. solidos; Jocerannus et Willelmus fratres ejus hoc donum laudaverunt, et accepit unusquisque III. solidos. Ad hoc ergo donum fuerunt : cum domno Willelmo, Raynerius de Poli, qui habuit quinque solidos, et Stephanus Angleduris, qui habuit III. solidos; cum priore fuerunt Artaldus de Buxol, Letbaldus de Copetra, Durannus presbiter de Bosco et Petrus frater ejus, Aalbaldus, Bernardus de Sancto Juliano.

162[1]

CARTA DE LUURCIACO ECCLESIA.

QUIDAM serenissimi milites, Rodulfus de Turiaco et alius Rodulfus, frater ejus, dederunt Deo et beato Petro, ac donno abbati Hugoni et ad locum Paredi ecclesiam de Luurciaco, cimiterium, decimum et presbiteratum : hoc quod ipsi habebant et alii tenebant ex eis in beneficio, omnia ex integro dederunt et laudaverunt ad locum Paredi, absque ulla calumnia,

---

161. — 1. *C* 77'-'8, *L* 45; cf. *L* '3.

162. — 1. *C* '78, *MXXX* '83.

pro redemptione animarum suarum et omnium antecessorum suorum. Pro hoc vero acqeperunt in denariis, de domno Hugone priore, centum decem solidos. Testes ex hoc dono : Petrus de Castello, Hugo de Scabellis, Gaufredus de Digonz, Bernardus de Braniaco et Richardus filius ejus, Bernardus de Sancto Juliano, Jocerannus famulus.

163[1]

Charte de Richard de Lurcy, chevalier, souscrite par Hugues de Sarron, son beau-frère.

164[1]

Quidam miles, nomine Ildinus de Castello, veniens ad monachatum, dedit Deo et beato Petro ac domno Hugoni abbati, ad locum Paredi, mansum de Blandigiaco, qui residet in parrochia de Colonicas, *etc*. Filius quoque Hildini, Rodbertus nomine, et Beatrix mater sua dederunt hoc donum, quod factum est in manu prioris domni Hugonis in Graverias, ad rivam Ligeris.

165[1]

Incipiunt cartæ de Tolon et Montis. — Cap. I.

Clarissimus[2] comes domnus Lambertus, in die sacrationis hujus loci, ut jam ex parte prælibatum est, obtulit Deo in hoc loco in dotalitio locum qui vocatur Mont[3], cum servis et ancillis et omnibus pertinenciis; æcclesiamque Sancti Simphoriani, quæ vocatur Marliacus, cum omnibus pertinenciis; ecclesiam Sancti Martini, in villa de Tolon, cum mancipiis et omnibus appendiciis. In nonnullis etiam locis, qui supra notati sunt, obtulit multiplicia dona terrarum et servorum, sicut ipse

163. — 1. *C* 78, *L* '3.

164. — 1. *C* 79', *MB* '31.

165. — 1. *C* '83, *MB* '31, *S* 44', *B* 10', *MXII* '149 ; cf. Gallia Christ. nova, *IV*, 881. — 2. *S* Ca-s. — 3. *MB* Monz, *S* Mons.

ante retinebat. S' Adalaidis [4], uxoris ejus, et Hugonis, filii ejus. S' Rodulfi episcopi Cabilonensis [5]. S' Johannis episcopi. S' Ysardi episcopi. S' Rotberti[6] vice comitis. S' Leotaldi.

166[1]

Cap. II. — (Placitum cum Walterio Vaslet).

Noticia placiti quam habuit domnus Artaldus decanus cum quodam milite, nomine Walterio Vaslet, qui calumpniabat quosdam incolas in villa Tolon, videlicet Hugonem Ratbal [2], fratresque ejus et heredes. Tandem, decreto judicum vel militum, devenit Hugo Ratbal[2] supradictus in dominium sancti, aliusque frater nomine Girbertus[3] Medius; alii vero heredes nondum[4] sunt[5] divisi, sed tres partes sunt ad sanctum, quarta Walterii. Hoc placitum est actum in castro Hychiun, in curia domni Gaufredi de Setmur; judices fuerunt Wido de Colchis, Antelmus de Faltrieris, Girardus Uriols, Gaufredus Stagni, Seguinus Rungifers. Confirmatio hujus placiti facta est in villa Bas; testes sunt Walterius Ansel, Gaufredus[6] Stagni, Rotbertus Marischal, Constancius presbiter, Durannus præpositus.

Qui bene tenuerit habebit benedictionem, qui removerit maledictus erit.

167[1]

Carta de Sancto Benigno.

Domni Hugonis prioris tempore et Artaldi decani de Tolon, erat quædam æcclesia, ad Sanctum Benignum dicta, quam ex comite detinebat Letbaldus de Digonia, et ex eo Hugo Letbals [2], et ex eo Seguinus filius Olgodi[3] Rungifer, ac de eo Jocerannus[4] de Faltrieris, quampluresque alii, quorum vocabula dicere non occurrit [5], partes habebant. His igitur prædictis militibus aliisque nonnullis præfatæ æcclesiæ res inter se pro

---

4. S A-li-s. — 5. B C-i. — 6. MB Rodb-i.

166. — 1. C '83, B '11, MXXXII 181. — 2. M Rathal. — 3. M Vitb-s. — 4. M nun-m. — 5. M om. — 6. M G-ridus.

167. — 1. C 83'-4, B 11, MXXXVI 114; cf. L '3. — 2. M Be-s. — 3. M Colcodi. — 4. B Joze-s. — 5. B o-i.

libitu partientibus, Deo volente, ut credimus, prælibati seniores adierunt jam dictos milites, ut præfatam æcclesiam cum sibi pertinenciis Deo Omnipotenti ac sanctis ejus locoque Aureæ Vallis, pro animabus suis, concederent; tandemque post multa colloquia, jam fati milites dederunt assensum. Primusque Letbaldus, ad quem maxime pertinebat ipsa æcclesia, huic loco concessit ipsam æcclesiam, et cimiterium et presbiteratum, et sepulturam et offerendam, ac decimas et baptisterium, et quicquid ex decimis ad æcclesiam pertinenciis vel rebus aliis in ante conquirere seniores loci a quocunque potuerint; et ut nec ipse nec sui in prænominata æcclesia nec in cimiterio aliquid accipere, nec etiam suis propriis servis aliquam vim ibi inferat, neque si ejus servus, qui res suas in cimiterio habet, obierit, aliqua ex ejus rebus tangere præsumat, nisi per licentiam præsentis monachi decani loci. Similiter post eum Hugo Letbals[2] obtulit Deo et huic loco, eodem tenore quo supra diximus, præfatam ecclesiam cum omnibus ad se pertinenciis [6], sicut domnus Letbaldus fecit; et ætiam addidit ut, quæquæ deinceps decanus loci de terris æcclesiæ pertinentibus et consuetudinibus ubique et a quocunque conquirere potuerit, libere agat. Item præfatus Hugo obtulit Deo et huic loco pratum, quod est in barrochia æcclesiæ Uldri [7], qui erat inter monachos et ipsum, ut ultra nec ipse nec alii pro eo aliquid ibi accipiant; item in potestate de Tolon omnes malas consuetudines, quas ipse vel sui percipiebant, finiendo vuerpivit[8] et dedit; set et servos et liberos, quos communes ipse et monachi in ipsa potestate habebant ante, monachorum dominio omnes obtulit ex toto, excepto Ingelberto Techit et una sorore ejus, et medietate Otberti Pulzet; item mansum dictum a Buxumma, in barrochia æcclesiæ Marliacensis [9], cum omni sua integritate et omnibus ad se pertinenciis[6] et hominibus ibi manentibus omnibus, excepto quodam fabro nomine Bernardo : hæc omnia obtulit præfatus Hugo Deo et huic loco, pro se et pro fratre suo domno Aymone[10], qui hic effectus est monachus. Simili ergo modo et donnus Seguinus suprafatus[11] concessit Deo et sæpedicto[12] loco omnia quæ ipse vel

---

6. *M* p-ntibus. — 7. *B* Yl-i. — — 8. *M* ve-t. — 9. *M* M-i. — 10. *B* Aynone. — 11. *M* pref-s. — 12. *M* suprad-o.

de eo alii in jam dicta æcclesia tenebant; sed et mansum in barrochia Sancti Benigni, Chiasal Unal dictum, obtulit Deo, quem tenebant illi de Poliaco. Et unus ex eis, domnus Ysiliardus[13], pro his et aliis rebus, in isto loco effectus est monachus; sed et Letbaldus de Polie dedit Deo et huic loco, pro fratre suo Ysiliardo, unam olchiam juxta jam fatam Sancti Benigni æcclesiam. Supra nominatus vero Jocerannus[4] de Faltrieris simili voto dedit Deo et huic loco cuncta quæ ex suo seniore habebat in supradicta æcclesia. Et item domnus Odilo Mieroz filiique[14] ejus, qui quandam partem habebant in ipsa æcclesia, secundum aliorum exemplum obtulerunt Deo et huic loco. Domnus Gaufredus de Setmur[15] mansum, quem domnus Seguinus dedit, qui ex suo jure erat, laudavit Deo. Domnus Dalmatius de Borbon ea quæ domnus Hugo dedit, quæ ex suo jure erant, laudavit Deo et præscripto loco. Domnus Letbaldus de Digonia voce et manu propria laudavit et confirmavit has rationes et dona, ac super altare Domini cum textu sancti Euvangelii posuit, et ob inditium[16] C[tum] solidos accepit; uxorque ejus et filius eorum Letbaldus[17], qui laudaverunt, L. solidos acceperunt. Domnus Seguinus accepit unum mulum bonum, Jozerannus de Faltrieris IIII[or] libras in denariis, Odilo Mieroz X. solidos. Osbertus[18] quidam, ex familia domni Letbaldi, qui quandam particulam in æcclesia habebat, cum filiis suis laudavit et VII. solidos accepit. Domnus ergo Artaldus, frater supradicti Joceranni, similiter laudavit omnia. Testes hujus cartulæ sunt hii: Durandus Merlous presbiter, Jocerannus Coperia, Hugo Bosrount, Deodatus præpositus, Richardus, Aalgrinus.

168[1]

YSILIARDUS miles, ad ordinem monachicum veniens, dedit mansum cum omni sua integritate, usque ad inquirendum, qui appellatur Chisal Unal : erant nempe quidam viri fratres,

---

13. *M* Y-dis. — 14. *M* M-ot filiusque. — 15. *M* Semur. — 16. *M* indui-m. — 17. *M* donnus L. — 18. *M* Otb-s.

168. — 1. *C 84', MB '31*.

Aymo, Gaufredus et Artaldus, qui in hoc manso querelam agebant, *etc*. Sub Hugone priore.

169[1]

Charte de Hugues de Fautrières, chevalier.

170[1]

Carta Artaldi de Faltrieris.

Quidam miles, nomine Artaldus de Faltrieris, agebat calumpniam contra quandam mulierem, nomine Teuzam ; et ammonitus a domno Hugone priore hujus loci et fratribus Antelmo et Artaldo decano, remisit hanc calumpniam rectumque obtulit Deo, id est ipsam mulierem Tezam et infantes ejus Walterium et Durannum, aliosque infantes ejus ac omnem successionem deinceps ex eis procedentem. Hoc donum laudavit domnus Jocerannus frater ejus, qui interfuit et xx. solidos accepit, et prædictus Artaldus CL. solidos, et societatem [2] in omne benefacto loci.

171[1]

Quidam miles, nomine Gaufridus, ex cujus benefitio post nonnullos ad hunc domnum Widonem hæc vinea devenerat, exoratus a domno Wichardo tunc obedientiario, tandem ejus cessit consiliis et omnium creatori Deo sanctisque ejus suum rectum obtulit.

172[1]

Charta Artaldi monachi de Olsola.

Miles nomine Artaldus, veniens ad monachicum habitum, obtulit terram quæ ex jure matris suæ venerat illi, in villa quæ dicitur Merculie, *etc*. S' Artaldi, Hugonis fratris ejus.

169. — 1. *C* '8 5, *L* '3.

170. — 1. *C 86', B* '*12 ; cf. L* '3. — 2. *En surcharge* « partem ».

171. — 1. *C 87, B* '*12*.

172. — 1. *C 77'* (87'?), *MB* '31 « in titulo : C. A. M. DE O., de qua nulla mentio in textu ».

173[1]

Carta Agyæ.

Quædam mulier, nomine Agia, dedit Deo et huic loco mansum unum ad Belfestu et quicquid ad ipsum pertinet, scilicet omnia quæ Letbaldus conquestavit de Gunterio et uxore ejus Rotilde, et ipse postmodum Letbaldus dedit in emendationem cuidam militi nomine Bernardo, pro morte patris ejus: hæc omnia dedit ad supradictum monasterium jam nominata mulier, pro remedio sui viri animæ. Signum Agiæ. Signum Bautfredi, Bernardi et Girardi. Signum Hugonis comitis, Jozeranni.

174[1]

Carta Alveræ.

Quidam homo, nomine Alvera, vendidit monachis hujus loci aliquid de rebus suis, quæ sunt sitæ in villa Monz, hoc est vineam cum supraposita domo, et aliam terram cum prato quæ ibidem pertinet; et accepit a senioribus partem in beneficio loci, et precium solidos v., de sigilo II[os] modios et unum bacconem. Ex ipsa terra terminat vinea de una parte terra Mainberti, de alia terra Raingart, de aliis partibus via publica. Signum Alveræ, Tebranni, Simonis, Alberti, Ansaldi.

175[1]

Donum Letbaldi de Digonia.

Notum sit omnibus fidelibus tam præsentibus quam futuris, quod domnus Letbaldus dedit Deo et ad locum Paredi quandam feminam, quæ manebat in villa de Tolon, cujus maritus vocabatur Wido Lesjans: ipsam et filios ac filias ejus dedit in perpetuum, sine ulla retenta querela; et accepit pro hoc de domno Wichardo [2] monacho, qui tunc obedientiam tene-

---

173. — 1. *C 88, B 12'*.

174. — 1. *C 88, B 12'*.

175. — 1. *C 90', B 12', MXL '54*; *cf. L '3*. — 2. *M* Ri-o.

bat, quinquaginta tres solidos. Testes ex hoc dono sunt hi :
Artaldus Buxul, Hugo Buxul, Bernardus de Catgiaco, Letbaldus Calvus de Copetra, Hugo de Olzola.

176[1]

(Donum domni Guichardi de Digonia).

Domnus Guichardus de Digonia, quadam die apud Trenorchium[2] in quodam tirocinio percussus, apud Cluniacum se deportari fecit et coram fratribus suis, Letbaldo[3] et Joceranno[4], et aliis amicis suis fecit testamentum. Et inter cetera dedit Deo et loco Cluniacensi[5], pro sepultura[6] et pro remedio animæ suæ, duos homines, Humbertum et Bernardum Closers, fratres, in villa quæ Vetus Vinea dicitur, sicut ipse et antecessores sui tenuerunt, liberos et inmunes. Et hoc[7] fratres ejus, Letbaldus[8] et Jocerannus[4], in præsentia ejusdem et[9] donni Hugonis abbatis et Artaldi prioris Cluniacensis, laudaverunt et concesserunt. Domnus vero Artaudus[10], prior Cluniacensis et Parede[11], dictos homines, de consensu et voluntate fratrum et abbatis Cluniacensis, dedit ad luminariam de Paredo et heredes eorum, sicut dictus G.[12] dederat ad locum Cluniacensem[13], sine retentione aliqua. Testes ex hoc dono : Lebaudus[14] et Jocerannus[i] de Digonia, B. de Calvomonte[15], Jocerannus[i] de Copere[16], Hugo Buxul[17], Jocerannus[i] de Marcili, G.[18] de Chasanes[19], Petrus de Civignun[20]. Actum anno gratiæ Mº. Cº. XLº. Vº. IIIIº.

177[1]

(Carta d. Aymæ, uxoris Gulferii de Jaliniaco).

Quædam domina nomine Ayma, uxor domni Gulferii de Jaliniaco, in villa de Giverduno, in parrochia de Moreste,

176. — 1. *C 90, S 48', B' 13, MLXIV 113; cf. L '3.* — 2. *S* Tern-m, *B* Trin-m. — 3. *B M* Leb-o. — 4. *S* Josse-. — 5. *S* C-ci. — 6. *M* s. sua. — 7. *S* hæc. — 8. *B* Leb-s. — 9. *B* c. G. et. — 10. *M* A-aldus. — 11. *M* P-di. — 12. *S* Guichardus. — 13. *S* C-a, *M* C-acum. — 14. *S* T. ad h. donum : Letbaldus. — 15. *B* C-munte. — 16. *M* C-ria, *S* Copetra. — 17. *S* de Buxeul. — 18. *S* B. — 19. *S* C-ss-s, *M* Chaza-s. — 20. *B* C-gun.

177. — 1. *C '91 (?), S 48'*.

dedit Deo et beato Petro et domno Hugoni abbati et ad locum Paredi, pro redemptione animæ suæ necnon patris sui Hugonis de Castel, atque viri sui Gulferii et omnium antecessorum suorum, mansum Johannis et hoc quod ad mansum pertinet. Hoc ergo quod Eldebertus habebat per viriadium scannium, illi dedit ; et ipse Eldebertus werpivit omnia quæ ibi habebat, et dedit Deo et ad locum Paredi. Domnus Falco, filius ejus, hoc donum dedit et laudavit. Testes ex hoc : Petrus de Castello, Falco Chios, Eldebertus, *etc.*

178

Artaut, frère d'Ayma, donne à s. Hugues, abbé de Cluny, et au lieu de Pared le cimetiere de l'esglise de Possun, *et plusieurs cens et rentes.*

179[1]

(Werpitio domni Letbaldi de Digonia).

Notum sit omnibus fidelibus Christianis[2], quod domnus Letbaldus de Digonia fecit werpitionem[3] et donum Deo et monachis hujus loci, de quibusdam hominibus quos ex consuetudine debita sibi servire cogebat redemptionemque dare ; sunt autem hii homines ex stirpe cujusdam dicti Letbranni, cujus fuit filius Adalardus, pater supra dictorum hominum qui ita nominantur : Constancius. Finivit ergo hanc calumpniam jam dictus miles ex fide, sine malo ingenio, coram omnibus, præsente domno Girberto priore : ita dumtaxat, ut ipse prior et ipsi ruricolæ eum absolverent a culpa violentiæ vel mali quod eis inflixerat. Simili modo fecit et de aliis hominibus vicinis supradictis, manentibus juxta salvamentum quod dicitur Grantmont, id est Girberto, Girardo et sorore eorum Jotza [4]. Et accepit pro primis xx^{ti} v^e solidos, et pro sequentibus medium modium avenæ. Hæc removentibus maledictio, fideliter servantibus gratia et[5] pax a Deo. Signum

178. — 1. *C '91 (?). S 48'.*

179. — 1. *C 91', B 13, ML 71 ; cf. L '3.* — 2. *M Xpi-s.* — 3. *B ve-m.* — 4. *M Iotra.* — 5. *M om.*

Letbaldi de Digonia, Letbaldi de Copetra 6. S' Bernardi Dolmont. S' Jodzeranni Rubest.

180[1]
Incipiunt cartæ Baronenses.

Clarissimus et strenuissimus Cabilonensium comes, domnus Hugo, et mater ejus nomine Adeleidis [2], et domnus Mauricius, frater ejus [3], dederunt Deo et huic loco unam vineam, quæ residet[4] in villa Paion; et terminat[5] de duabus partibus via publica, et de tercia terra Sanctæ Mariæ et de quarta terra Sancti Georgii : infra istas[6] fines, totum ad[7] integrum usque ad inquirendum. Itemque in campo Luciaco, omnia quæ Constancius tenuit, et in Laviniaco [8], in beneficio de comite Lamberto et uxore ejus Adeleide[9] et filio eorum Hugone. Signum domni Hugonis comitis. S' Letbaldi[10]. S' Girardi[11]. Signum Achardi, Rainerii, Rotgerii, Bernardi.

181[1]
Belini carta.

Quidam homo, nomine Belinus, dedit Deo et senioribus hujus loci, in villa Camelgias, videlicet salices quos plantavit, qui sunt ab exclusa molini sui usque ad vadum rivuli semitamque viæ euntis ad castrum Quadrilense. Hoc vero donum fecit pro redemptione animæ suæ et in emendatione culpæ latrocinii quod fecit filius suus. S. Belini, Petri, Deodati, Duranni, Rotberti, filiorum ejus.

182[1]
Hugonis comitis carta de Chamelgias.

Inlustrissimus domnus Hugo comes dedit Deo et huic loco unum mansum, in villa de Chamelgias, et quicquid ad ipsum

6. *M* C-eria.

180. — 1. *C 91', MB 31, S '48, MXVI 224; cf. L '3.* — 2. *S* A-lai-s. 3. *S* suus. — 4. *S* r-tur. — 5. *S* t-tur. — 6. *S* istos. — 7. *S* ct. — 8. *MB* om., *S eff.* et in L-o. — 9. *MB* A-layde, *S* A-aide. — 10. *S* Letha-i. — 11. *S* Euvr-i.

181. — 1. *C 92, B 13'.*

182. — 1. *C 92', MXVIII '172.*

mansum pertinet vel aspicere videtur, vineis, campis, pratis, silvis, terris, aquis aquarumve decursibus, exitibus et regressibus, cultum et incultum, quesitum ad inquirendum, totum ad integrum, servos et ancillas, omnia quæ ad supradictum mansum aspiciunt. S' domni Hugonis comitis. S' Rainerii, Letbaldi, Girardi, Bernardi, Achardi, Rotgerii.

183[1]

Carta Hugonis (comitis et episcopi).

Quidam nobilis episcopus, nomine Hugo comes, dedit Deo et huic loco 1. mansum indominicatum, qui vulgo dicitur ad Casam, non longe ab ecclesia Sancti Justi situs, et quicquid ad ipsum mansum aspicit vel aspicere videtur in omnibus locis.

184[1]

(Carta Hugonis comitis Cabilonensium).

Quidam nobilis miles, domnus Hugo comes Cabilonensium, dedit Deo et huic loco aliquid de rebus suis, quæ sunt sitæ 2 in pago Augustudunensi 3, in villa Martiniacensi, non longe ab ecclesia Sanctæ Eufemiæ 4, hoc est de silva quæ ibidem sita est omnem tertiam 5 partem, et de omnibus rebus quæ videntur ad ipsam silvam vel ad Baronensem aspicere similiter, tam de hospitibus qui in ipsa silva manent vel laborant, quam de porcis qui ibidem incrassati 6 fuerint et pastionati 7, necnon et de tenciis et thachiis quæ exierunt ex eisdem silvis et rammatio. Est enim silva Martiniaca, ex una parte castanea vel mesplea : ex ea ergo parte qua mesplea est vel castenea, omnem medietatem dedit ad jam dictum locum ; ex aliis vero partibus quibus querquea vel pagea esse videtur, omnem tertiam 5 partem de omni bosco quem in manu sua tenebat, sicut supra dictum est, ad jam dictum locum concessit, tam in longitudine quam in latitudine, et de Martiniacensi et de Baro-

---

183. — 1. *C 92', MXVI '216.*

184. — 1. *C 94, MB 31', S '48 ; cf. L '3.* — 2. *S om.* — 3. *S corr. A-tod-i.* — 4. *S Euphe-æ.* — 5. *S terram.* — 6. *S i-ta.* — 7. *S p-asti.*

nensi usque ad boscum Francorum, qui habetur contra villam quæ dicitur Vallis, unam forest quæ Algeria dicitur 8, et mansum unum indominicatum, cum servis qui in ipso manso manebant et jam dictam forest prævident. Nomina autem servorum illorum hæc sunt : Gilbardus, Rodulfus, Richardus, Ulgerius ; omne id 9 servitium quod debebant ipsi servi et mater eorum Ingelberga, et ipsos servos et mansum quod tenebant, et prædictam forest Algeriam et quicquid ad ipsam vel ad dictum mansum aspicit vel aspicere videtur, pascuis, aquis aquarumve decursibus, pratis, terris cultis et incultis, exitibus et regressibus : totum ad integrum usque ad inquirendum. S. Hugonis comitis. S. Ottonis nepotis ejus. S. Teudbaldi 10 nepotis ejus. S. Maltidis 11 sororis ejus. S. Ansedei, Rodeni, Willelmi, Antonii clerici, Eldrici, Bernardi, Rocelini.

185[1]

Carta episcopi Hugonis, de Nova Villa.

Nobilis comes, domnus Hugo, dedit Deo et huic loco unum mansum cum appenditiis suis, qui est situs in villa quæ vocatur Nova Villa, cum servis et ancillis, cum terra illa 2 ad ipsum 3 mansum pertinentem 4, cum vineis, pratis, campis, silvis, aquis aquarumve decursibus, cum exitibus et regressibus : totum ad integrum. Est autem supradictus mansus in villa nuncupata 5, ubi Evraldus stare visus est cum filiis suis. S' Hugonis comitis et 6 episcopi 6. S. 6 Vuilelmi 7 comitis. S. 6 Rotberti vicecomitis, Deodati 8, Hugonis 9, Aganonis, Landrici, Rotgerii, Ornadi.

186[1]

Carta Hugonis comitis, de manso qui vocatur li Chaux.

Domnus Hugo, episcopus et comes Cabilonensis, dedit Deo et huic loco 1. mansum 2, in pago Augustodunensi 3 situm,

---

8. *MB* vocatur. — 9. *S d'abord* o-em cum. — 10. *S* Thcob-i. — 10. *S* Mathildis.

185. — 1. *C 94'-'5, S '48, MXVI 216 ; cf. L '3.* — 2. *S eff.* — 3. *S illum.* — 4. *S p-c.* — 5. *S non-a.* — 6. *M om.* — 7. *S* Will-i. — 8. *S* Odonis. — 9. *S* H-s, Igniaci.

186. — 1. *C '95, MXIX '59 ; cf. MB 31', L '3.* — 2. *MB* m. unum. — 3. *MB* A-tud-i.

vocabulo a la Chaz, cum omnibus appendiciis suis, silvis, campis, pratis, vineis, aquis aquarumque decursibus, terris, quesitum et ad inquirendum. Signum domni Hugonis comitis. S' Artardi, Letbaldi, Rainerii, Rodulfi, Bernardi, Teudini, Iterii, Aitardi.

187[1]

Carta Vetus Milerias.

Ego, in Dei nomine, Deodatus, advertens illud terribile examen quod pro meritis cujuscumque hominis agitabitur, simulque ad mentem[2] reducens mea scelerum flagicia, prævenire cupiens illud tremendum judicium nimiumque amarum, nisi divina clementia adfuerit super me, jam in extrema positus hora et ultimum anhelans [3] spiritum, cum consensu meæ conjugis necne filiorum meorum et parentum, delibero et trado ad locum qui dicitur Aurea Vallis, sub nomine sancti Salvatoris dicatus necne Genitricis Dei Mariæ sanctique Johannis Baptistæ, pro sepultura mei corporis fragilis seu expiatione meorum quam multorum delictorum, quendam mansum, in pago Augustodunensi[4] situm et in villa quæ dicitur in Vetulas Milerias constitutum; ad integrum ergo [5] trado Deo et sanctis ejus et ad locum jamdictum hunc mansum, cum omnibus suis appenditiis, videlicet silvis, pratis, pascuis, aquis aquarumve decursibus, cultis terris et incultis, exitibus et regressibus, usque ad inquirendum. Quod si quis hoc donum contradixerit, auri libras v. componat, et hæc carta stabilis et firma permaneat. S' Deodati, qui fieri et firmare rogavit. S' Letburgæ[6] uxoris ejus [7]. S' Duranni filii eorum. S' Joceranni. S' Frotmundi. S' Ansedei. S' Deport. Actum Paredo [8], in dominica die, anno xxviii. regni Rodberti regis [9].

188[1]

Carta de quibusdam terris, quas adquisivit domnus Artaldus decanus in Monte Sancti Vincencii.

In primis quidam strenuissimus miles, nomine Artaldus de Berziaco, qui quamvis dudum sancto Vincentio injuriam

---

187. — 1. *C* 95', *MB* 31', *B* 13', *MXX* 67. — 2. *B* m-e. — 3. *B* anc-s. — 4. *MB B* A-slitu-i. — 5. *M* ego. — 6. *MB* Ledb-æ. — 7. *M* et u. suæ. — 8. *M* Parr-o. — 9. *1023-4*.

188. — 1. *C* 97, *B* '14.

fecerit, tamen ante vitæ finem inde pœnituit et ipsi sancto pro posse suo emendationem devotus obtulit : nam ornamenta ad illius æcclesiæ honorem dedit, insuper ad luminaria mansum de Muruels, qui vocatur Faidla, adjunxit. Richardus, ejusdem villæ homo, terram quam de sancto Vincentio tenebat et ædificium quod fecerat, eidem sancto pro suæ animæ salute donavit : ob quam rem in ipsius cimiterio se sepelire jussit filiosque suos, quod postea actum est; idemque cujusdam terræ, in villa altera, quartam partem quam habuerat dedit. Mansi Montelan teri Bladinus, Ampiliaco, quartam partem tali pacto Artaldo monacho in gadimonio dedit, ut si sine uxore ac filiis moreretur, sancto Vincentio sua pars deveniret; qui fratrem quendam dictum Gaufredum habebat, cum quo sine filiis occisus est uno die : pro quorum animabus, majoris occisi uxor et filii ejus dederunt quod supererat. Inde testes hos habemus : Seguinum Burziaco, Gaufredum ejus filium, Rotbertum Berguliaco, cognatos ejus, Walonem, Letbaldum, Amedeum, Bernardum Salvamento.

189[1]

(Carta domni Narjodi episcopi Æduensis).

Notum sit amantibus veritatem et pacem, quod molesta controversia, quæ inter Æduensem episcopum domnum Narjodum [2] et monachos Cluniacenses duraverat, sic tandem per manum domni Ri(chardi) Albanensis [3] episcopi, apostolicæ sedis legati, et domni Ervei [4] Nivernensis episcopi, et domni Humbaldi Autisiodorensis[23] episcopi, et Willelmi Nivernensis comitis, sopita est. Episcopus quidem carrobium [5], quod apud villam Melleduni [6] et apud Monasteriolum de more reposcebat, ex integro vuerpivit [7]; æcclesiam Sancti Gengulfi laudavit et donavit, ecclesiam Sancti Romani similiter, ecclesiam de Gestiis, æcclesiam Sancti Albani de Ulmo; judicio[8] peracto, decimas de Luziaco castro recuperandas jure promisit adjuvare; de paratis Cluniacensium æcclesiarum in sua diœcesi positarum, quales monetas per xx.[9] annos, in vita domni Aganonis[10] Ædu-

---

189. — 1. *C 98, MB 17 (a) et 31' (b), B 14'. Impr. par* Petit *dans son Theodori archiepisc. Canturien. Pœnitentiale (1677), II, 666.* — 2. *B Navio-m.* — 3. *MBa A-anl.* — 4. *MB Erii', Erv', T Fru.* — 5. *MBa caro-m.* — 6. *MB Melled'.* — 7. *MB T we-t.* — 8. *MB et j.* — 9. *MBa viginti.* — 10. *MBa Agan'.*

ensis episcopi et domni Hugonis abbatis, canonici Æduenses se recepisse probare potuerint, tales deinceps in pace recipiant: retentum est quod, ad curiam apostolici vel ad curiam regis iturus episcopus, a presbyteris Cluniacensium[11] æcclesiarum questum si fecerit, non tamen violentum. De capella Burbonensi[12] condictum[13] est ut, a Pascha obitum domni Hugonis abbatis[14] sequente usque ad v.[15] annos, Cluniacenses[11] fratres prædicti episcopi bonitatem expectent : sin autem bonitas ejus non arriserit, jam tunc de ipsa capella judicium et æquitatem eis exequatur[16] in loco ex utraque parte conveniente[17], concessi[18] episcopi[24] presbyteros fratres Cluniacenses in suis æcclesiis constituent, et sic vel ipsi episcopo vel ejus archipresbyteris constitutos præsentabunt ad commendandam curam animarum. Episcopus ipse promisit prædicto legato Ric(hardo) et prædictis episcopis atque comiti hoc laudamentum perpetuo se servaturum : sin autem promissum infregerit, legatus inde justiciam faciat, et episcopi atque comes relicto episcopo cum Cluniacensibus[11] se teneant. Huic pacto interfuerunt idque laudaverunt Æduenses canonici, scilicet Walterius archidiaconus, Stephanus cantor, Ansericus præpositus, Seguinus[19] archidiaconus, Humbaldus archidiaconus, Lambertus de Spirii, Gaufridus diaconus. Factum Nivernis, mense februario, anno M. C. VIIII. Incarnationis Dominicæ, sub domno Paschale[20] papa II°, regnante Ludovico rege Francorum, in præsentia domni Pontii abbatis Cluniacensis, cum quo affuit[21] Hugo abbas Sancti Germani, Bernardus camerarius[25], Jarento[22] et alius Jarento[22], Engelbaldus archidiaconus, et alii multi clerici et laici.

190[1]

(Carta de scamnio de terris de Bosco et de Langiaco).

Notum sit omnibus quod domnus Bernardus, prior de Paredo, et Gauscerannus decanus de Prisiaco, convenerunt cum

---

11. *MBb* Clun'. — 12. *MB* Burbon'. — 13. *MB* cd-m. — 14. *MB* om. — 15. *MBa* quinque. — 16. *MBb* e-uctur. — 17. *MB* c-ti. — 18. *MB en m.* consensu, *B en m.* concessu. — 19. *MB* Segi-s. — 20. *MB* P-li. — 21. *MBb T* adfuit. — 22. *B* La-o. — 23. *T* Ant-a. — 24. *T* c-sos ab e-po. — 25. *T* om.

190. — 1. *C* 98', *MB* '31[bis].

domno Hugone Xartines, qui tunc tenebat obedientiam Sancti Laurentii, coram domno Pontio abbate et domno B(ernardo) priore de Cluniaco, et domno Wicardo camarario et aliis multis monachis, ibique inter se concordaverunt ut totam terram, quam sanctus Petrus habebat apud Sanctam Mariam de Bosco, videlicet quartam partem ipsius ecclesiæ et totam terram quæ erat apud Columbers, *etc.*, nobis commutarint pro illa terra, quam nos habebamus apud Langiacum. Hoc scamnium laudavit nobis domnus Pontius abbas, sine recuperatione. Testes ex hoc : domnus Bernardus, prior de Cluniaco, et Wicardus camararius et multi alii seniores.

191[1]

Quidam miles, nomine Willelmus Jacob, reddidit semetipsum Omnipotenti Deo et huic loco, et secum quamdam vineam et masnilum sive vercheriam, quæ simul conjacet ipsi vineæ ; et sita sunt hæc in villa Talmeriaco, in barrochia ecclesiæ Colongis, *etc*.

192[1]

Notitia placiti quod fecit domnus Hugo prior cum Fulcone et fratribus ejus de castro Buxit. — XI.

Agnoscant cuncti fideles æcclesiæ Christi, quod tempore domni Hugonis abbatis Cluniacensis, domnus Hugo prior hujus loci concordiæ placitique fœdera sua efficatia perfecit industriæ, cum quibusdam hominibus juris valde idoneis, Cabilonensis pagi, germanitate fratribus, his vocabulis: Gausleno [2], æcclesiæ Cabilonensis decano, Falcone, Rotberto [3]. Hii nempe querelam acriter agebant, et non solum manus sed etiam factis noxia quæque et contraria, tam per se quam suorum seniorum amicorumque suffragia, infligere damna moliebantur loco superius dicto, pro aliquibus terris monachorum ; quarum terrarum decimas fructuum, panis vinique, suæ ecclesiæ ex debito vel consueto jure antiquitus censebant esse reddendum.

191. — 1. *C 100, MB '31 bis*.

192. — 1. *C 100'-1, MB 31 bis', MXXXII 211*. — 2. *MB* Gauzl-o. — 3. *MB* et Rodb-o.

Tandem ergo ab hoc rancone resipiscentes, pro animabus suorum genitorum omniumque suorum antecessorum, et pro suis abolendis peccatis et ut socii essent in omni benefacto loci, id est missis, spsalmis, precum officiis, helemosinis, certo et condicto die occurrerunt sibi præfatus prior Hugo et ipsi fratres suprascripti cum suis sodalibus; interfuit etiam domna Adalaidis, ad hoc audiendum adscita. Distincta ergo et brevi causa ratione terminata et stabilita, proinde fideliterque, ut dictum est, remiserunt ac finierunt ordine præscripto omnes querimonias; et audientibus cunctis testibus, suam rectitudinem obtulerunt, injustitiam vero reliquerunt, et hujus cartæ oblatu in manu prioris posuerunt vel dederunt, videlicet ut ex omnibus vineis monachorum, quas nunc habent vel in reliquo plantaverint vel conquisierint, hac integritate vel immunitate eis maneat, mansu Davarier simili modo concesso. Auctores, testes, auditores hujus rationis post domnum priorem fuerunt hii : Odilo, Artaldus monachus, Gauzbertus decanus, Falco, Rotbertus, comitissa Adalaidis, Durannus Deli, Rotbertus et Bernardus Milici, Bernardus canonicus, Constancius Rosels fratres. Actum villa Avariaco publice, dominica die, in junio mense, in Frantia Philippo regnante. Qui tam improbus temerariusque præsumpserit ut hæc pacis rata convellere audeat, pars erit eorum qui crucifixerunt Dei filium.

193[1]

CARTA HUGONIS COMITIS ET ALAIDIS MATRIS SUÆ.

In Dei nomine. Domnus Hugo comes atque [2] mater sua, nomine Adeleidis, dederunt Deo et huic loco aliquid de rebus suis, quæ sunt sitæ in pago Cabilonensi, videlicet in suburbio ejusdem civitatis, hoc est cœnobium quod ibi est constructum [3] in honore sancti Johannis Baptistæ, cum omnibus rebus quæ ibidem visæ sunt antiquitus pertinere vel nunc aspicere videntur; item[4] æcclesias, cum omnibus rebus eisdem pertinentibus, videlicet villis et viculis, mancipiis utriusque sexus,

193. — 1. *C 101'-'2, MB 31bis', S 45', MXII 188; cf. L '3.* — 2. *MB et.* — 3. *MB c. e.* — 4. *S idem, M ct.*

terris cultis et incultis, vineis, pratis, pascuis, silvis, rispis [5], aquis aquarumve decursibus, piscariis, molendinis, exitibus et regressibus omnibus in locis, quæsitis et inquirendis, totum ad integrum : in tali tenore ut, quod possidere tunc cernebantur [7], ad præsens redderent, et quod in beneficium fidelibus suis dederant, tam ipsi quam antecessores sui, dum ad illos redierit, et ipsi quoque Domino Deo et beato Johanni Baptistæ et ad locum cui tunc donum fecerunt[8] cum omni sua integritate redderent. Reddiderunt itaque ad præsens quod in suo dominio possidere cernebantur, scilicet aliquid ex burgo supradicti cœnobii et curtilos quosdam in circuitu ejusdem cœnobii sitos [9], qui terminantur ab orientali sui parte via : derivatur[10] autem eadem semita a chemino quo intratur Cabilon(em) usque ad Ararim[11] fluvium; omnem etiam terram quæ ibi aspicere videtur, hoc est ab ipsa jam dicta via usque quo perveniatur in locum qui dicitur ad Bracman. Testes sunt domnus Hugo comes. S' Adeleidis, matris suæ. S' Mauritii, filii ejus. S' Enrici[12] ducis, Garlindis[13] uxoris ejus, Dodonis clerici, Beraldi, Alberici. S. Gemonis, Arlebaldi, Rotberti[15], Achardi, Alberici, Anselmi, Enrici[15], Arlegii, Eldigerii[16], Odonis, Winebaldi, Landrici, Rolenci.

194[1]

CARTA HUGONIS COMITIS DE MERCATO SANCTI VINCENTII.

Domnus Hugo comes dedit Deo et huic loco mercatum de Monte Sancti Vincentii, et omnia quæ ad ipsum mercatum pertinere videntur, sicut ipse tenuit ac possedit; dedit etiam tertiam partem de omnibus placitis, qui ad illum pertinebant et ad præpositum suum supradicto loco. Dedit quoque salvamentum quod in ipso monte est, in circuitu ejusdem ecclesiæ; et concessit atque constituit liberum eum et salvum esse perpetualiter, ita ut nec ipse præfatus comes neque nepos suus Teudbaldus [2], nec ullus homo ex successoribus suis ultra jam

---

5. *S corr.* ripis. — 6. *S* et. — 7. *M* c-cren-r. — 8. *M* f-rint. — 9. *S* et s. — 10. *S* dir-r. — 11. *M* Arr-m. — 12. *S* He-i. — 13. *MB* Garlen-s, *S* Gersin-s. — 14. *S* Rob-i. — 15. *S* Eyn-i. — 16. *S* Ideg-i.

194. — 1. *C 102', MB 31bis', S 45', MXIV '182.* — 2. *S* Theob-s.

infringere audeat, neque panem et vinum vel aliquam substantiam diripere audeat.

195[1]

Item, ejusdem comitis.

Iterum domnus Hugo comes dedit Deo et huic loco clausum unum, in comitatu Cabilonensi, in agro Saviliacense[2] ; terminat supradictum clausum, de uno latere et una fronte terra Sancti Nazarii, de alio latere terra Dodolini [3], ex alia fronte terra Sancti Ferrioli [4]. S' Lamberti comitis et Adalaidis [5] comitissæ. S' Hugolini [6]. S' Ingeltrudis, Attonis, Lamberti.

196[1]

(Carta) Lamberti comitis.

Domnus Lambertus comes, pater præfati Hugonis, et uxor ejus Adalaidis, dederunt Deo et huic loco, in villa Biziaco, mansum quem Raculfus [2] dedit ei, cum omnibus appenditiis suis : omnia ad inquirendum. S' Lamberti comitis et Adalaidis uxoris ejus. Oddo[3] miles, Beraldus, Ymarus.

197[1]

Carta Widonis de Rocca.

Quidam nobilis miles, nomine Wido de la Rochia, relinquens sæculum, obtulit seipsum Omnip(otenti)[2] Deo in hoc loco et secum aliquid de rebus sui juris, in villa quæ dicitur Santena [3], id est molendinum situmque in circuitu, hoc est tres mulnares, *etc.* Testes hujus rei sunt uxor domni Widonis.........., filii ejus Wido, Willelmus, Bernardus.

195. — 1. *C 102', MB 31bis', S 45', MXIV 182.* — 2. *S* Sani-c, *M* Savi-si. — 3. *S* Dol-i. — 4. *S* F-reoli. — 5. *MB* c. *S'* A-lui-s. — 6. *S* H-oni.

196. — 1. *C 102', MB 31bis', S 45', MXIII '126.* — 2. *S* Radu-s. — 3. *S* Odo.

197. — 1. *C '103, MB 31bis', L 3'.* — 2. *MB* om. — 3. *L* Sentona.

198[1]

Quidam nobilis miles, nomine Bernardus de la Porta, relinquens mundum et accipiens monachicum habitum, obtulit Deo et huic loco clausum vineæ, qui est in barrochia ecclesia Biziacensis.

199[1]

Carta de Curte Judea.

Domnus Hugo comes, inter multa bona quæ huic loco concessit, dedit vineas quas nominant in Curte Judæa, cum mansionibus et curtilis, in quibus coloni habitant qui excolunt terram vel vineas, et omnibus appenditiis : quicquid ibidem Judæi ante tenuerunt ac possederunt quolibet modo, usque ad inquirendum, totum ad integrum. Sign' Hugonis comitis. S.[2] Rocleni præpositi, Landrici, Salicherii. Sig' Lamberti, Seguini, Helderici, Walterii, Rotberti.

200[1]

(Placitum cum domno Hugone de Borbon).

Sciant præsentes et futuri, quod domnus Hugo de Borbon [2] habuit querimoniam cum monachis de Paredo, propter terram et vineam, quæ dicuntur[3] a Balmont [4], quas[5] habebat in beneficio de præfatis monachis Bernardus Seschas[6] et fratres ejus ; set supra dictus Hugo, tandem pacificatus, in capitulo Paredi venit, ibique quicquid juste aut injuste in supradicta terra et vinea querebat, totum dimisit, in præsencia domni Burchardi prioris et fratrum qui aderant. Hoc laudavit[7] ipse et[8] uxor sua et filii ejus ; et pro hoc autem placito habuit xxv.

---

198. — 1. *C 103', MB 3 bis', L 3'*.

199. — 1. *C '106, S 45', MXVI '223*. — 2. *M om.*

200. — 1. *C '107, S 48', MXXXII '207*. — 2. *S B-nio*. — 3. *S dicitur*. — 4. *M ab A-t*. — 5. *S quam*. — 6. *S Sec-s*. — 7. *S l-verunt*. — 8. *S om*.

solidos, et uxor ejus quinque. Hujus rei testes sunt Hugo ipse de Borbon, Walterius miles de Vinal, Johannes Fins, præpositus ejus, Oleschinus presbiter, Bernardus presbiter, Bonitus Farens, Gervasius præpositus, Rodulfus de Vitriaco.

201[1]

(Placitum cum Dalmatio et Wichardo de Borbone).

Notificamus nescientibus quod domnus Burchardus[2], prior hujus loci, habuit placitum cum Dalmacio atque Wichardo, fratre suo, de Borbone, de vineis de Casania[3] et aliis terris; qui tandem pacificati, reliquerunt quicquid in vineis jure habebant, et in condeminia quæ est ultra pontem et in quocumque loco aliquid calumpniabant de terris Paredi, Deo et monachis Paredi donaverunt : pro hoc placito habuerunt XL. solidos et unas caligas. Hoc autem placitum, ut supra diximus, per manum W(illelmi) comitis fecerunt atque laudaverunt; testes : idem W. comes, Gauceramus de Copetra, Petrus de Varenis, Robertus de Moneta, Bernardus des Angles, Wichardus Filiaster, Hugo Monegra, Petrus de Bosco, Rodulfus atque Wido Beraldus.

202[1]

(Carta episcopi Æduensis de ecclesia Reniaci).

Cum ad mensam potentis regis velut mendicantes essemus et Illius gloria[2] quia peccavimus indigeamus, necessitatibus pauperum propter Ipsum egentium subvenire debemus[3]. Igitur ego He(nricus), Dei gratia Æduensis episcopus, compatiens paupertati monachorum ecclesiæ Paredi, precibus Girardi[4] filii nostri dilectissimi, ejusdem loci prioris, medietatem ecclesiæ de Reniaco[5] præfatæ ecclesiæ monachis, excepto episcopali jure, concessimus, et alteram partem, quam prius in pace possidebant, auctoritate qua fungimur confirmavimus.

201. — 1. C '*107*, S *48*', MXL '*34*. — 2. M[B. — 3. S Cass-a.

202. — 1. C *107*', MB *31*bis', B '*15*, MLXV *206*. — 2. B eu m. gratia. — 3. MB d-camus. — 4. M Ger-i. — 5. MB Renn-o.

Prior tamen Paredi, cum sacerdotem in ea⁶ posuerit, ad curam animarum recipiendam ipsum Æduensi (episcopo debet præsentare ut confirmet). Actum est anno M°. C°. LI. ab Incarnatione Domini, luna VII, Eugenio residente in cathedra Sancti Petri, Ludovico rege Francorum, Odone duce Burgundiæ. Hujus donationis testes sunt : Otbertus abbas Sanctæ Margaritæ, Johannes prior Sancti Simphoriani, Gauterius Eduensis archidiaconus, Bertrannus cantor, magister Otbertus [7], Gauterius archipresbiter Eduensis, magister Audebertus, Stephanus archipresbiter Sancti Johannis, Bernardus de Digonz, Petrus de Frigido Puteo, Petrus de Vitriaco, Guido de Curia et Aimardus filius ejus, Bernardus Marescaldus, Petrus Pochet, Petrus cocus, Galterius famulus, Holdricus, Petrus de Vitre, Hugo de Sancto Laurentio.

203[1]

Carta Guidonis de Bussul [2].

Certum teneant tam præsentes quam futuri, quod Guigundus[3] de Busol[4], pro remedio animæ suæ, dedit Deo et fratribus Deo servientibus Lagaschetum[5], filios suos et filiam; laudantibus istis[6]: filio suo majore, uxore sua, G. de Sancto Albino. Testes sunt isti: B. de Cumines, H. de Puteres[7], Salemon[8] de Bussel.

204[1]

(Carta Gauceranni de Copetra).

Priscorum patrum sanctitum[2] constat institucionibus, ut quisquis cupit et præoptat per longiora[3] temporis curricula aliqua illibata et inconvulsa existere, necessario faciat ad multorum noticiam et agnitionem devenire : non enim ea debent contegi et supprimi silencio, quæ multorum necesse est confirmari et approbari judicio. Unde non opinor alicui officere, immo multorum utilitati proficere, si summatim[4] dicatur

---

6. *M* ipsa. — 7. *M* Ob-s.

203. — 1. *C '108, L '46, Arch. du Rhône, copie de 1725, n° 17.* — 2. *L des.* — 3. *R* Guido. — 4. *R* Bussul. — 5. *R* la Galtreta. — 6. *R* istius. 7. *R* Buters. — 8. *R* Salomon.

204. — 1. *C 108', MB '31ter, S '45, B 15', MXLV 91.* — 2. *M* sanci-m. — 3. *M* pero-t prol-a. — 4. *M* sic som-m.

qualiter domnus Girardus[5] de Copetra, prior hujus loci, hanc domum in adquirendis terris et aliis necessariis dilataverit[3], et ob memoriam sui in ævo hoc in loco habendam, quanta de fratre suo Gausceranno[7] de Copetra emerit et adquisierit.

Dedi itaque ego Gauscerannus[7] de Copetra [8], suasione et amore fratris mei Girardi prioris tunc Paredi, Deo et monachis ejusdem loci quicquid in villa Paredi habebam vel quærebam juris, dominationis et possessionis, scilicet panem et vinum quod de domo monachorum accipiebam, et domum meam de Vico, et omnes homines et feminas, liberos et servos et ancillas, præter duos tantum, Amicum et Piscem[9], quos ad serviendum mihi viventi retinui, tali scilicet pacto, ut post mortem meam monachis sint ipsi et omnis progenies eorum; et præter [10] hoc, quod de vino meo proprio et annona portagium[11] non accipietur; cetera omnia sine aliqua retentione dedi Deo. Similiter quicquid in villis de Moncellis, de Lavarenis, de Zucdebulda[12] habebam, cum omnibus appendiciis et usuariis, homines et feminas, liberos et servos et ancillas, terras, prata, nemora, et omnem justiciam et dominationem, præter terram Gausceranni[13] de Moregne et vicariam[14] de terra Bernardi de Anglars [15]; homines quoque qui de his terris exierunt, ubicumque sint, sive liberi sive servi, postquam ad terras supradictorum monachorum redierint, huic dono concedo. Simili modo quicquid in campo Bertem et in Rumanues habebam, prata, terras et nemora, et justitiam cum omnibus appendiciis et usuariis suis, dedi: præter decimum quod est de Volabro et servum unum Bernardum[16]; sunt autem nemora hujus doni denominata Garenio, Beci, duæ silvæ juxta forestam monachorum, et vauram Caninam et vauram Bertas, similiter terram de Tronce, quam tenet Dulcet et heredes ejus, quæ debet vi. denarios. Aucta[17] sunt autem hæc per manus domni Willelmi comitis Cabilonensis, qui responsor ex parte Gausceranni[7].[18] est de pace. Testes vero sunt hujus doni[19] ipse Willelmus comes, Girardus[20] de Digonia[21], Wido de Curte, Atto de Copetra, Jotcerannus[22] de Petra Campi, Petrus de Fracto Puteo.

5. *S* Girad. — 6. *M* d-vit. — 7. *M* Gauc-. — 8. *M* Caup-a. — 9. *M* P-cum. — 10. *M* propter. — 11. *B* post m. — 12. *M* Zuc de Bulba. — 13. *M* Gauze-i. — 14. *M* vire-m. — 15. *B* A-r's. — 16. *B* B-dini. — 17. *MB* Acta. — 18. *S* Gauc-i. — 19. *S* domnus. — 20. *S* Ger-s. — 21. *M* D-ns. — 22. *S* Josse-s, *M* Joce-s.

205[1]

Artaldus Gaudellus, ad monachatum veniens, multa dat Deo et sancto Grato; laudantibus Ildino fratre ejus et Ildino filio ejus, et Galvano.

206[1]

Hæc est carta de Fine.

In nomine sanctæ et individuæ Trinitatis, ego G(irardus) humilis monachus, prior de Paredo, [....................,] juxta possibilitatem virium mearum studium gerens hujus loci, possessiones semper ampliare, conveni Guiccardum[2] de Calvo Monte et fratres ejus, Letaldum et Bernardum, ut aliquod beneficium ecclesiæ nostræ conferrent. Qui precibus nostris, Domno antea inspirante, annuentes, dederunt Deo et beato Johanni Baptistæ et sancto Grato in helemosinam, pro animabus suis et parentum suorum, villam nomine Finem et omnia omnino quæ ad ipsam pertinent, sicut in præsentem diem obtinent, in terris, in pratis, in aquis, in silvis, in hominibus ibidem manentibus vel ubicumque in terra Sancti Grati manserint, vel alibi manentes reversi fuerint. Est autem et alia terra, quæ dicitur Sancti Vincentii, quam ipsi homines ibidem manentes ex consuetudine exercent : hanc tenebunt semper, dicta tamen consuetudine quam debebant [..........ve]l quæ ad taschiam, ad taschiam quæ ad III^{am} partem, ad III^{am} partem quæ d[...... legi]timos ad nummos, nullum alium servitium alicui reddentes; consuetudines vero habent, scilicet pascua pecoribus suis, silvas ad usus suos, ubicumque necessarium eis fuerit, ibi scilicet ad ignem, ad domos ædificandas vel restaurandas, et ad ustensilia earumdem : vendere autem vel dare non possunt. Denique quicquid de earum potestate alias manens redire voluerit, hanc quam supra diximus consuetudinem nichilominus habebit; quod si nemus vel terras

---

205. — 1. *C 109, MB '31ter*.

206. — 1. *C 110', MB '18 (a) et '31ter (b), MLXIII 17, L 3'*. — 2. *M Gira-m.*

suas circumadjacentes vendiderint, homines nostri semper supradictas consuetudines habebunt, et eas vendere non possunt. Hoc donum, sicut supra dictum est, super altare Sancti Johannis fecerunt et sacramento confirmaverunt, quod neque per se neque per quemcumque proximorum suorum calumpniam vel dampnum eidem ecclesiæ vel ipsis hominibus eveniat; quod si ipsis insciis contigerit, audita querimonia a priore, infra XIIII. dies dampnum restituent et de cetero pacem facient. De fratre autem suo parvulo dictum est et sacramento confirmatum ab ipsis, quod ad præsens totum facient concedere et, postquam ad legitimos annos venerit, sacramento firmare ; hæc omnia, sicut supra diximus, juraverunt et se pro puero nepote suo duo avunculi eorum, Gauscerannus de Digonia et Girardus, responsuros firmaverunt. Hujus rei testes sunt isti: Gauscerannus de Digonia, et Letbaldus et Girardus, Atto de Copetra, Robertus Dalmacii, Anselmus de Sancto Albino, Gaufridus de Marchisut. Nos autem pro hoc dono dedimus, de substantia ecclesiæ, duo millia solidorum et trecentos. Actum est hoc anno Incarnationis Dominicæ M. C. XL. VII, regnante Ludovico rege, anno profectionis suæ in Hierusalem [3], II.[4] nonas maii [5], imperante Domino nostro Jesu Christo, domno Petro abbate Cluniacensis ecclesiæ.

207[1]

(SACRAMENTUM KAROLI IN MANU CARDINALIUM).

....

et beatis apostolis Petro et Paulo et beato Grato, et proprie loco de Paredo et omnibus ibidem habitantibus, tam præsentibus quam futuris, in præsentia et in manu domni Poncii [2] abbatis Cluniacensis; præsentibus monachis : domno Bernardo priore, domno Adalelmo camarario [3], domno Petro decano, domno Hugone constabulario, domno Helia hospitalario, ipsoque priore de Paredo domno Artaldo et pluribus aliis, huic

---

3. *MB L* Je-m. — 4. *MB* pridie. — 5. *M* mai. *6 mai 1147.*

207. — 1. *C I I I, MB 18 (a) et 31 ter (b).* — 2. *MBa* om. — 3. *MBa* camer-o.

laudationi et dono unde cartam fieri⁴ mandavi. Interfuerunt quidam clerici et laici, quos hic pro testimonio adscribimus: Meschinus presbyter, Lancbertus⁵ presbyter, Berardus Jodselmi filius, Petrus de Bello Monte, constabularius, botelarius. Facta sunt hæc Cluniaci, ubi erant duo cardinales Romani, domnus Conradus et domnus Comes, ante quos ductus, et omnia suprascripta in præsentia et in manu eorum confirmavi, et observanda promisi; audientibus etiam duobus clericis eorum, Sergio atque Johanne ⁶, et plurima Cluniacensium familia, Hugone Mitte Focum et Duranno Scurula ⁷, et Joculatore Vadepet et pluribus aliis. Qui et prædicti cardinales me, discalciatum et de præteritis delictis pœnitentem, ab excommunicatione solverunt et in ecclesia introduxerunt; deinde manu propria jusjurandum ibidem⁸ feci, quod si aliquando aliquid eorum quæ supradicta sunt per me aut per meos frangeretur, ammonitus a priore de Paredo per se vel per suum nuncium, infra unum mensem tamdiu in⁹ Monte Sancti Vincentii captus maneam, donec vel capitaliter emendem vel ad voluntatem prioris. Pro tenendo hoc sacramento posui obsides Bernardum de Lermont, qui omnibus istis interfuit; et decem libras accepi, et hanc cartam¹⁰ super altare Sancti Johannis Baptistæ posui, assistente omni conventu cum priore Artaldo, Gaufredo camarario ³, Bernardo helemosinario¹¹, Stephano armario, Petro archipresbytero, Meschino presbytero. Testes: Hugo de Borbone, Hugo de Sancto Præjecto, Gauscerannus de Copetra, Gaufredus Pilfol, Hisdrahel, Durannus Managona, Rotbertus de Vigiaco, Oddo Jacob, Rotbertus de Juliaco, Gaufredus de Cassanias, Senebrunus et Artaldus de Aurea Valle, Hugo Betal, Gauscerannus Alodi et Wido fratres, Durannus cocus, Bertrannus sartor. Hoc pacto juravit Karolus et omnes alii idem sacramentum fecerunt, ut in octavis beatæ Mariæ Nativitatis Cluniaci se in captionem mittant et in ea sicut fideles obsides tamdiu fideliter maneant, donec domnus abbas vel prior vel cui ipsi jusserint licentiam dent abeundi: et hoc vel in Cluniaco omnes vel in Paredo omnes, aut alii in Cluniaco et alii in Paredo, secundum voluntatem domni abbatis aut prioris,

---

4. *MBa* f. cha-m. — 5. *MBa* Lamb-s. — 6. *MBb* J-es. — 7. *MBa* Scu-a. — 8. *MBb* ibi. — 9. *MBa* ex. — 10. *MBa* cha-m. — 11. *MBb* eleemosyn-o.

teneant et fideliter conservent; et quotiens eos sub aliqua conditione relaxaverint, secundum prædictum pactum, in captionem totiens fideliter et sine aliqua occasione redeant, et tamdiu ibi maneant donec placito et pace facta ad voluntatem domni abbatis aut prioris libere et absolute emittantur. Hi sunt qui juraverunt : Karolus, cujus sacramentum omnes fecerunt, Laurencius frater ejus, Girardus Perers, Gaulterius li Blans, Briccius Pellicus Puisant, Bancelinus, Petrus Blainus, Dodo Campanus, Andreas coriarius, Berardus filius Jodcelini[12], Hugo Beral, Clarembaldus Popet, Vaguliers, Rainaldus de la Gueri, Airoardus, Adalardus Dolcanbert, Archimbaldus sutor, Salomon faber, Letaldus li Baz, Huns de Corcellis, Constantinus Girardus sutor, Thomas pasturals, Petrus faber, Rotbertus Roleti, Eldricus, Rotbertus Mignelus coriarius, Johannes de la Planchi, Durannus de la Gaveri, Petit de Corcellas, Rotbertus Constantinus, Petrus Rufus, Eldricus salnerius, Rotbertus Garnat, Willelmus Septimana, Durannus Mancel, Bonnet salnerius, Durannus Stephani, Alardus sutor, Girardus, Petrus, Guido Deportet, Dulcedus, Ornatus, Simon Dolbos et Zacharias frater ejus, Queciuns, Bernardus Bolet, Girardus Campa, Bernardus de Ponsi, Petrus Gascum, Amicus Eng', Segnoret, Burdinus Malarein, Richirs, Bernardus Faustinus, Ermenaldus Gandal, Petrus Capreolus, Bardet, Duchaz, Amiet Escot, Archimbaldus filius Girardi Alodi, Bernardus sutor, Galterius Menial, Adzonet, Bernardus Loirs, Gineat, Girardus li pictor, Hugo de Vaura, Bernardus Uldeirs, Petrus et Durannus filii Rotberti Bolet, Bernardus Gascum, Rotbertus li Gras, Johannes sutor, Barinus sutor, Saddec, Letbaldus Tisirs, Denioret Pellitus, Petrus de Itulet, Bernardus filius Baldet, Petrus filius Bernardi, Petrus de Fai.

208[1]

Carta domni Widonis[2] de Tierno atque comitis Cabilonensis.

Quia rerum gestarum memoriam oblivio per temporum successiones intercipere solet, ne de mea id concessione contin-

---

12. *MBa* J-lmi.

208. — 1. *C 112, MB 3 rter', S '45, MXXXVI 121 ; cf. L 3'.* — 2. *S* W-1.

gat, scripto volui annotari, per quod posteris omnibus possit perpetuum patefieri. Notum igitur sit succedentibus et modernis, quod ego Wido de Tierno, comes Cabilonensis, volens Hierosolimam[3] proficisci, Paredum veni, ubi in manu venerabilis Hugonis, ejusdem loci prioris, quicquid libertatis, quicquid immunitatis antecessores mei prædicto loco et habitatoribus ejus contulerant, et bonas consuetudines quas habebant[4] confirmavi, laudavi, corroboravi. Si quæ vero malæ consuetudines vel mali usus aut exactiones prædicto loco vel habitatoribus ejus contulerant, ab aliquo impositæ fuerant, pro remissione peccatorum[5] meorum et omnium prædecessorum meorum et omnium de genere meo in perpetuum procreandorum, werpivi, dereliqui, dimisi; et in signum veræ guerpitionis[6] et perhenniter[7] ab omnibus posteris meis tenendum, librum Euvangeliorum[8] super altare manu propria posui. Et tamen domnus Hugo prior, pro prædictarum rerum confirmatione, laudatione, obtimam mulam, pretio desem librarum bene valentem, mihi voluntarie impertivit [9]. Sane hujus confirmationis seu obtimæ laudationis adsunt hii testes fideles : Hugo prior, Antelmus de Faltreriis, Girardus de Copetra, Martinus decanus, Ozeschinus[10] presbiter, Jocelinus[11] de Bosco, Stephanus de Parriciaco, et nonnulli alii tam monachi quam laici.

209[1]

(Carta domni Willelmi comitis).

Notum sit omnibus præsentibus et futuris, quod domnus Willelmus comes, post multa incommoda huic loco illata, veniens ad præsentiam domni Petri, abbatis Cluniacensis [2], et domni Bernardi, prioris Clunia.[3] , finivit[4] ex toto malas consuetudines quas ipse vel sui elevaverant[5] vel accipiebant in terra Sancti [6], et forisfacta quæ[7] prior Artaldus et alii seniores hujus loci requirebant ab[8] eo [9], sicut ab illis[10] obtinere[11] potuerit, reddat; istum autem locum et res ad eum pertinentes, in illis

---

3. *S* H-an, *MB* Je-lymam. — 4. *S* h-at. — 5. *S* peca-m. — 6. *S* we-s. — 7. p-tum. — 8. *S* Ev-m. — 9. *S* inp-t. — 10. *S* Ozec-s. — 11. *S* Josse-s.

209. — 1. *C* '*112*, *MB 31*ter', *S* '*45*, *MLIV* '*192*; cf. *L 3*'. — 2. *MB* Clun', *S* C-nia. — 3. *M* om. — 4. *S corr.* finiens. — 5. *M* elevevar-t. — 6. *S* inter ascin. — 7. *S M* quem. — 8. *S* om (corr.) — 9. *S corr.* ille, *M* ipso. — 10. *S* ille (corr. eo). — 11. *S corr.* o-ri.

consuetudinibus quas ipse vel sui elevaverant, teneat in quibus comes Theodbaldus[12] et filius ejus Hugo tenuerunt, propter[13] hoc quod pro animabus suis probantur dedisse. Hoc autem fecit per manum domni Letbaldi de Digonia et Ademari Morelli ; et ita se promisit teneri[14] in manu domni abbatis, audientibus et multis astantibus testibus.

210[1]

Carta de dono Curdiaci.

Legis autenticæ ita percipiunt[2], ut quicumque jus suum in alium transfundere voluerit, si satis acurate patiare voluerit, per paginæ scripturam asserere atque testificari procuret. Quapropter ego Witburgis, mater Petri de Nucibus, ob remedium animæ meæ atque parentum meorum, tribuo summo Deo et beatæ perpetuæ Dei Genitrici Mariæ, et altari beati Johannis Baptistæ de Paredo et domno Hugoni priori, necnon cunctis fratribus inibi Deo servientibus tam præsentibus quam futuris, quicquid in duabus festivitatibus beati Petri apostolorum principis in ecclesia quæ est sita Curdiaco ; deinde præfato loco quicquid habeo, quicquid possideo in prædicta villa, tali tenore tribuo et concedo, si duo filii mei absque heredibus ex uxore legali moriuntur. Post multum vero temporis, ego Petrus de Nucibus, filius præfatæ dominæ, peccatis meis exigentibus concedi in infirmitate ; quapropter vocare feci domnum Gerardum, priorem de Paredo, et pro animæ meæ salute meorumque parentum, in vita mea tradidi Deo æterno et beatæ Dei Genitrici virgini Mariæ, atque præfato priori omnique conventui fratrum de Paredo, tam præsentium quam futurorum ibidem Deo jugiter servientium, in investitura quicquid in ecclesia Curdiaci habebam et tenebam, cum cimiterio ejusdem ecclesiæ, necnon et domum meam cum virgulto ; post mortem vero meam, quicquid habendo possideo in villa Curdiaci, tam in hominibus quam in domibus, tam in pratis quam in nemoribus, quam in terris cultis quam incultis, cum omnibus appen-

---

12. *S* Theob-s. — 13. *M* præter. — 14. *S* corr.t -re.

210. — 1. *C 112', MXL 58*. — 2. præc-t ?

diciis suis, absque ulla retentione; et ex hoc accepi palefredum quendam et centum solidos. Sane horum donationum adsunt hii testes : Hugo Beraldus, Hugo Rodulfus, Joceramus de Vilers, Duramnus presbiter, Stephanus de Janthals, Belinus famulus, Wilelmus et duo nepotes ejus.

211[1]

(Carta domni Hugonis de Borbon).

Notum sit omnibus hominibus, quod domnus[2] Hugo de Borbono[3] ex integro laudavit atque concessit illas terras, quæ a patre suo vel a suis[4] hominibus exciderant loco Paredi vel locis pertinentibus ad illum locum, apud Pulcram[5] Spinam, in manu domni Artaldi prioris; necnon illam terram de Digontio nominatim, quam calumpniabat, in pace dimisit. Propter hoc donum[6] X[cc][7] solidos accepit, et Gaufredus Palfol[8] unam libram piperis habuit. Testes : Bernardus, Aimo et Gaufredus Palfol, Stephanus præpositus, Milo Pevrari, Pipinus et Josbertus fratres, Durannus Canal, Hugo de Maniaco, Andreas Cotta, Bernardus Faramundus et alii multi.

212[1]

Carta Petri de Roccha.

Petrus infans de la Rochia calumniabat homines a Teli et a Albiniaco, fecitque placitum cum donno Wichardo monacho, in domo monachi de Jhavanes, accepitque ab eo xv. solidos, finivitque et guerpivit Domino Deo et omnibus sanctis ejus, et ad monachos de Paredo, hoc quod querebat in ominibus sive in feminis, qui in supradictis villulis manent; sicut pater ejus et mater reliquerunt et dimiserunt, rectum quod abebat dedit, tortum quod querebat guerpivit, pro animabus omnium antecessorum suorum; si defuit aliquid quod ejus pater non dedisset vel guerpiisset, ipse finive dedit et guerpivit omnia Deo.

---

211. — 1. *C '114, S '49, MXL '72.* — 2. *S om.* — 3. *S* B-ne. — 4. *S* aliis. — 5. *S corr.* P-chram. — 6. *S* bo-m. — 7. *S* decem. — 8. *S* Pil-l.

212. — 1. *C '114, ML 113.*

De hoc placito sunt testes : Petrus infans, Stephanus de Til, Wilelmus de Sancto Desiderio, Wichardus monachus, Ingerbertus de Patagni, Seguinus de Bussiris, Petrus Clissi, Durannus præpositus, Amicus de Recondis, Richerandus dul Furnet, Durannus dul Jambum, Durannus de Chesals, Ainaldus de Larveta, Tetbaldus Lubersi, Aymericus. Hoc donum postea laudavit Walterius, frater ejus, a Til retro ecclesiam ; et inde sunt testes Ylerannus de Gubirs, Arnulfus de Patagni, Wido presbiter, Durannus de Chasals.

APPENDIX

213[1]

Hugo præsul Paredum cum appendiciis [2].

Omnibus [3] in unitate fidei viventibus Christique misericordiam præstolantibus et Verbi Dei pabulo mentis suæ archana alentibus sermo intonat divinus, quod ita dispensacio Redemptoris quibusque consulit ditibus, ut ex propriis rebus quas transitorie possident, centuplicatum valeant acquirere fœnus ; si modo eisdem bene utendo rebus, ea quæ habent studeant erogare pauperibus. Quod videlicet esse possibile ostendens atque ad hoc omnino suadens, dicit : « Divitiæ viri, redemptio animæ ejus [4] » ; et juxta egregii prædicatoris vocem, dum adhuc vacat dumque tempus acceptabile, et dies salutis [5] instare videntur et donec hodie cognominatur, currendum et agendum est summopere quod inperpetuum nobis expediat. Qua [6] scilicet causa

---

213. — 1. Cartul. de Cluny A (St Maïeul), f° *306*, n° *834* ; Cart. de Cluny B (St Odilon), f° *9'*, n° *27* (abrégée). Imprim. dans Chifflet, Béatrix (*1656*), pr. *194*, n° *168* ; Perry, Châlon-sur-Saône (*1659*), pr. *37* ; [Bertaud], Ill. Orbandale (*1662*), II, pr. *94* ; Perard, Recueil (*1664*), *455* (analyse). — 2. B seul ; dans Perard : Fundatio Paredi anno nogentesimo nonagesimo nono. — 3. A Omnium. — 4. Proverb., xiii, 8.— 5. II Cor., vi, 2. — 6 A. Que.

nulla specie vel modo perfectius geri a quolibet creditur, nisi ab his qui postpositis sæculi impedimentis, abrutisque omnibus retinaculis, sub monachico scemate, sponso qui in cœlis est perhenni abitu, gestu atque actu applicare sese maluerint, quibus tantum vivere Christus est et mori lucrum. Igitur cunctis sanctæ matris Ecclesiæ filiis, tam præsentibus quam futuris, notum esse volumus quod beatæ memoriæ comes Lanbertus, per cuncta laudandus nullique suis temporibus sub clamide terreni imperii in christiana religione secundus, ob amorem Dei Omnipotentis, cooperante in hoc ipsum domno Maiolo abbate, quoddam cœnobium, quod Vallis Aurea dicitur, in proprio construxit solo in Augustudunensi [7] pago, in honore Dei Omnipotentis et gloriosæ Mariæ Virginis, ac beati Johannis præcursoris Christi [8] : ea siquidem fide, ea spe atque devocione ut, quamvis ipse cuncta contemnere nequivisset, tamen dum mundi contemptores, quos justos [9] pro certo credebat, susciperet, mercedem justorum reciperet. Decrevit etiam eundem locum liberum esse ab omni cujuspiam loci subjectione ac sæculari dominacione, ita ut liceret monachis inibi degentibus Deo servire sub proprio pastore, ac pro statu tocius Ecclesiæ Deo infatigabiles preces effundere; qui etiam, quamdiu [10] rebus humanis interfuit, ipsum locum decenter in omnibus adornare curavit, quem quasi quodam amoris privilegio præ [11] omnibus dilexit. Sed cum [12] refrigescente caritate, supercrescens iniquitas jam jamque in quorumdam cordibus principatum sibi vindicat, venerabilis Hugo filius ejus, gratia Dei se præveniente, quæ eum segregavit ac prædestinavit præsulem fore suæ sanctæ Ecclesiæ, alto mentis intuitu perspiciens mundanos casus semper in deterius ruituros, simulque considerans supradictum locum in eodem statu quo pater suus decreverat omnino per se stare non posse, cum consilio gloriosi regis Rodberti [13] atque eorum qui simul aderant episcoporum, necnon Aeinrici [14] ducis, jamdictum cœnobium cum omni integritate tradit beatis apostolis Petro et Paulo et Cluniacensi monasterio, cui præest [15] domnus Odilo : ita ut habeat, tam ipse quam etiam sui successores, firmam auctoritatem eundem locum re-

7. *A* A-din-i. — 8. *B* C. p. — 9. *A* j-o. — 10. *B* quandiu. — 11. *A* pro. — 12. *B* quum. — 13. *B* Rotb-i. — 14. *B* Aeyr-i. — 15. *A* prest.

gere, gubernare ac secundum Dei voluntatem disponere, cum omnibus inibi pertinentibus æcclesiis, villis, mansis, farinariis, servis et ancillis utriusque sexus atque ætatis, vineis, campis, exitibus et regressibus, totum ad integrum[16]. Facit autem hanc donacionem jamdictus præsul Hugo Deo devotus, primum pro amore Dei, inde pro anima patris sui Lanberti, ac matris suæ Adeleydis, ac gloriosi Rodberti regis atque Aeynrici ducis, necnon pro animabus fratrum ac sororum, nepotumque ac omnium utriusque sexus propinquorum, pro statu [17] etiam et incolomitate catholicæ religionis, postremo, sicut omnes christiani unius compage caritatis ac fidei tenemur, ita pro cunctis præteritorum scilicet ac futurorum seu præsentium orthodoxis hæc donacio fiat. Eodem etiam voto et desiderio, consilio et auctoritate supramemoratorum principum et episcoporum roboratus, tradit jam dictis apostolis ac præfato abbati fratribusque sibi commissis prælibatum Cluniacense cœnobium incolentibus, necnon successoribus illorum in perpetuum locum Sancti Marcelli in suburbio Cabilonensi positum, scilicet ubi idem ipse sanctus martir requiescit corpore, cum omnibus ad se pertinentibus, sicuti olim a Gausfredo comite, matris ejusdem præsulis conjuge, sancto Maiolo suisque successoribus fuit commissum ad possidendum et ordinandum atque disponendum jure perpetuo, sine alicujus contradictione. Placuit etiam huic testamento inseri, ut ab hac die nec nostro nec parentum nostrorum, nec cujuslibet terrenæ potestatis jugo subiciatur idem locus[18], sed habeat[19] rectorem ac gubernatorem dominum nostrum Jesum Christum, simulque domnum Odilonem abbatem Cluniensium, ejusque successores in futura tempora et generaciones generacionum. Si quis vero, quod minime per Dei misericordiam evenire credimus, vel ex propinquis vel extraneis, vel ex qualibet conditione vel potestate, qualicumque calliditate contra hoc testamentum aliquam concussionem inferre temptaverit, primum quidem iram Dei Omnipotentis incurrat, auferatque Deus partem illius de terra vivencium, et deleat nomen ejus de libro vitæ, sitque pars illius cum Juda traditore Domini, æternis cruciatibus cum eo in inferno retru-

---

16. *B* i., pro redemptione omnium fidelium Christianorum. Placuit... — 17. *A* stratu. — 18. *A* eadem loca. — 19. *A* h-ant.

sus; secundum mundialem vero legem, his quibus litem intulerit centum auri libras exolvat et conatus ipsius nullum vigorem obtineat, sed hæc donacio omni auctoritate fulta in perpetuum firma permaneat. Actum suburbio Cabilonensi, cœnobio Beati Marcelli, in præsentia regis Rodberti[13]. Signum Hugonis episcopi, qui hanc donationem fieri et firmare rogavit. Signum Aynrici ducis. Signum Ottonis comitis. Signum Widonis comitis. Signum Mauricii comitis. Signum Rodberti vicecomitis. Signum Gaufredi. Signum Richardi comitis. Signum Rodgerii episcopi. Signum Rainaldi episcopi. Signum Gisleberti. Signum Hugonis. Signum Odulgarii. Signum Remigii. Signum Walterii episcopi. Signum Anserici. Signum Giraldi. Signum Wilengi. Signum Bernardi. Signum Widonis abbatis [20].

Data mense maio[21], indictione duodecima, anno Incarnationis dominicæ DCCCC^{mo}.XC°.VIIII°, Rodberto rege, anno quarto[22] regni ejus. Aldebaldus, licet indignus sacerdos et monachus, scripsit.

214[1]

PRÆCEPTUM ROTBERTI REGIS DE PAREDO, AUGUSTUDUNENSI IN PAGO [2].

IN NOMINE SANCTAE ET INDIVIDUAE TRINITATIS, RODBERTUS, DIVINA PROPITIANTE CLEMENTIA, serenissimus rex. Sicut certum indubitanter est nullam potestatem nisi a Deo prorsus existere, sic consequens itaque est ut, quisquis ejus dispositione in terrenæ potestatis culmine, sublimatur, sub potenti ejusdem largitoris manu sese humiliet, eique de suis donis placere studeat. Quapropter notum sit omnibus per temporum curricula sibi succedentibus, tam regibus videlicet quam

---

20. *B* Hactum... Rotb-i. Testes : H-o e-pus, A-cus dux, O-o comes, Vuido comes, M-cius comes, Rotb-tus c-s vicarius, Gausf-dus, R-dus comes, Rotg-rius e-pus, R-dus e-pus, G-tus, Vua-rius e-pus, Vuido abbas, B-dus. — 21. *Mai 999*. — 22. *B* IIII.

214. — 1. Cartul. de Cluny C, f° *xxxj (p. 60)*, n° *65*. Impr. (*XVII° s., 4°*), Bibl. nation., coll. de Bourgogne, LXXXVI, n° *28, p. 1-2*. — 2. *Impr.* CARTA SEU PRÆCEPTUM ROBERTI REGIS FRANCORUM, PRO CONFIRMATIONE DONATIONIS FACTÆ MONASTERIO CLUNIACENSI DE CŒNOBIO QUOD DICEBATUR VALLIS AUREA, NUNC PAREDUM SEU PARODIUM.

comitibus, cunctisque magistratuum gradibus vel rei publicæ ministratoribus, quod ad deprecationem Hugonis præsulis, nostri imperii fidelissimi, nostra regali auctoritate concedimus Cluniensi monasterio quoddam cœnobium quod Vallis Aurea dicitur, situm in Augustudunensi [3] pago, consecratum in honore Dei Omnipotentis et gloriosae Mariae Virginis ac beati Johannis Xpisti præcursoris. Quod coenobium beatæ memoriae comes Lantbertus, per cuncta laudandus nullique in suis temporibus in Xpistiana religione secundus, ob amorem Dei Omnipotentis in proprio construxerat solo, cooperante in hoc ipso opere domno Maiolo abbate ; qui etiam quam diu rebus humanis interfuit, ipsum locum decenter in omnibus adornare curavit, quem quasi quodam amoris privilegio præ omnibus dilexit. Decreverat siquidem jam dictus comes eundem locum liberum esse ab omni cujuspiam loci subjectione ac seculari dominatione, ita ut liceret monachis inibi degentibus Deo servire sub proprio pastore, ac pro statu totius aecclesiae Deo infatigabiliter preces effundere ; sed quoniam, refrigescente caritate, jamjamque in quorumdam cordibus venerabilis Hugo, filius ejus, alto mentis intuitu perspiciens mundanos casus semper ruituros in deterius, simulque considerans supradictum locum in eodem statu, quo pater suus decreverat, omnino per se stare non posse, humiliter adiens nostram excellentiam obnixe deprecatus est, ut per preceptum regale regali nihilominus auctoritate jamdictum coenobium Cluniensi monasterio cum omni integritate concederemus. Cujus petitionibus faventes, cum consilio episco(po)rum et principum regni nostri, auctoritate regali jam dictum coenobium Cluniensi monasterio subdimus, cui preest domnus Odilo pastor venerandus, et quicquid ad jamdictum locum pertinet, precepto regali firmamus et ratum ducimus cum om(n)ibus ad se pertinentibus, aecclesiis scilicet, villulis, vineis, campis, terris, pratis, silvis, aquis aquarumque decursibus majoribus et rivis minoribus, cum exitibus et regressibus, cum pascuis et omnibus adjacentiis, seu omnibus servis et ancillis vel colonis, cum infantibus suis et omni cognatione eorum, totum ad integrum

---

3. *En m. (XIVe s.)* Eduensi.

cedimus atque transfundimus, beatis apostolis Petro et Paulo et Cluniensi monasterio, pro statu et incolumitate regni nostri, simul et principum nostrorum atque omnium Xpisti fidelium, vivorum scilicet et defunctorum. Præcipientes ergo jubemus ut deinceps per hanc nostræ sublimitatis auctoritatem jure firmissimo predicti seculi judices, beati videlicet Petrus et Paulus et domnus abba Odilo. suique successores seu jam prefati cœnobii rectores vel monachi inibi Deo servientes teneant, ordinent et possideant, et liberum in omnibus potiantur arbitrium ordinandi quicquid elegerint secundum regulam sancti Benedicti.

Et ut haec nostræ celsitudinis auctoritas firmior habeatur et per ventura tempora melius conservetur, de annulo nostro subtus sigillari jussimus.

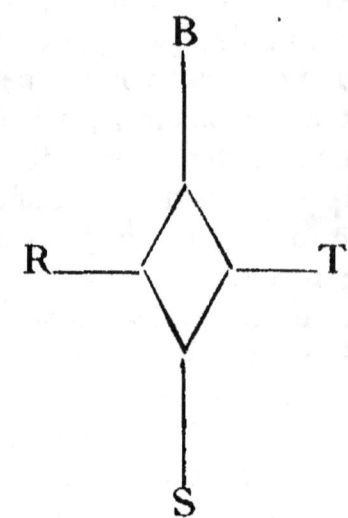

215[1]

CARTA DE MANSO HUGONIS, PRIORIS DE PAREDO, AD AVENGUM.

Sacrosanctæ Dei ecclesiæ, in honore Sanctæ Trinitatis constructæ, in loco qui dicitur Marciniacus, ego in Dei nomine Hugo, sæculo renuncians, dedi mansum unum ad Avengum, qui mihi ex paterno jure contingebat, et cum omnibus appendiciis suis, sicut Albericus et pater ejus tenuerunt et excoluerunt, et ostenderunt mihi et fratribus nostris monachis, domno Renchoni et Duranno, præsente Aya, matre mea. Testes autem et monstratores hujus mansi sunt Albericus, qui exolit mansum, et Durannus et Rotbertus, fratres ejus, Adalbertus quoque vicarius. Hoc autem donum factum fuit in manu domni Duranni prioris. Testes et laudatores sunt hujus doni : Gerardus, Hartaldus atque Gofredus.

---

215. — 1. *Arch. du Rhône, copie de 1725, n° 3* : « Ex veteri cartulario manu scripto monasterii Marciniaci, descripto circa annum 1140 ».

216[1]

(CARTA ADALEIDÆ, UXORIS PETRI DE CHUCY).

Notum sit omnibus, tam præsentibus quam futuri ævi hominibus, quod ego Adaleida, uxor Petri de Chucy, audiens viros diligi ab uxoribus debere et teneri, dono Deo et beato Petro ac Marciniacensi monasterio, ubi me ipsam mitto, pro anima viri mei viam universæ carnis ingressi et pro animæ meæ remedio, laudantibus filiis meis Galterio et Guillelmo, et fratribus meis Artaldo de Buxolio et Hugone, priore de Paredo, mansum de Marciliaco et servos et burdalarias tres apud Varennis, quas tenent Durannus Boirel et Hebradus de Paret, atque Constantinus de Varennis. Hoc donum feci, facio et confirmo, coram testibus : Guillelmus archipresbiter e[t] Bernardus de Perres.

217[1]

Carta Mariæ (, filiæ Albuini Grossi).

Noverint tam præsentes quam futuri, quod Maria, filia Albuini Grossi, veniens Marciniaci ad conversionem, elemosinatim donavi sanctæ Trinitati et sanctæ Mariæ, et sanctis apostolis Petro et Paulo et Marciniacensi monasterio, quidquid ex hereditate patris mei michi successerat, a rivo Tenego usque ad villam de Campis, tam in silvis quam in campis, laudante et conceddente fratre meo Albuino et sorore mea Adalmoda. Testes hujus doni sunt : Bernardus de Buxolio, maritus sororis meæ, Hugo, Leodegarius, *etc.*

218[1]

Carta Hugonis de Buxolio.

Notum sit omnibus, tam præsentibus quam futuris, quoniam de piscatura quadam querela erat inter Hugonem de Bu-

216. — 1. *Arch. du Rhône, copie de 1725*, n° 5 : « Ex cartulario Marciniaci ».

217. — 1. *Arch. du Rhône, copie de 1725*, n° 12 : « Ex cartulario Marciniacensi ».

218. — 1. *Arch. du Rhône, copie de 1725*, n° 13 : « Ex cartulario Marciniaci ».

xolio et monachos de Marciniaco ; tandem per hujusmodi querela coram domino Æduensi episcopo Stephano, judicatum est in curia ejus, ut monachi suam deinceps possiderint piscaturam, quam ille conabatur lis auferre, *etc*. Testes fuerunt : ipse d. Stephanus Eduensis episcopus, d. Hugo prior Paredi et alii.

219[1]

Carta Hugonis de Sivignon.

Notum sit omnibus, tam præsentibus quam futuris, quod domna Elisabeth, mater Petri et Hugonis de Sivignon, concedentibus et laudantibus filiis suis omnibus, dedit sanctæ Trinitati et Marciniacensibus sanctimonialibus, dum soror et monaca fieret ejusdem loci, alodum suum quem habebat in parochia de Olsola, *etc*. Testes sunt : Bernardus de Buxol, Hugo de Buxol, filius Artaldi, *etc*.

220[1]

Carta Petri de Sivignon.

Salus est animarum benefacere illis qui die ac nocte Omnipotenti Deo deserviunt ; ideoque ego Petrus de Sivignon, pro redemptione animæ meæ parentumque meorum, tribuo, laudo et dono servis et ancillis Dei sanctimonialibus in loco de Marciniaco, in manu domni Seguini, ejusdem loci prioris, mansos de Valle et de Chazeto, *etc*. Fidejussores sunt mecum isti : Ildricus Hisperons, Artaldus de Bussul, Robertus Dalmatius, Hugo de Bussul, filius Girardi, Artaldus de Bussul, junior, *etc*.

---

219. — 1. *Arch. du Rhône, copie de 1725, n° 15* : « Ex cartulario Marciniaci ».

220. — 1. *Arch. du Rhône, copie de 1725, n° 16* : « Ex cartulario Marciniaci ».

221 [1]

Comes Cabilonensis, de Paredo.

Quoniam ea quæ a fidelibus geruntur, ad conservandam memoriam, litterarum solent apicibus commendari, idcirco [2] ego Willelmus, Dei miseratione comes Cabilonensis, præsenti paginæ præcepi inserendum, qualiter inter me et ecclesiam Cluniacensem ad bonum pacis et concordiæ convenerimus, super querelis quas eadem ecclesia Cluniacensis et domus de Paredo adversum me diu habuerant. Noverint igitur universi præsentes et futuri, quod ecclesia Cluniacensis frequenter conquesta fuerat de pressuris vehementibus et exactionibus pessimis quibus ego et pater meus, peccatis nostris exigentibus, domum de Paredo et pertinentias [3] ejus, ac terram ecclesiæ vehementer afflixeramus. Cum autem, tempore patris mei et meo, ab abbatibus Cluniacensibus et prioribus Paredi super hoc esset frustra sœpe numero laboratum, novissime convenimus apud Lordonum [4], domnus videlicet Theobaldus [5], venerabilis abbas Cluniacensis, et Johannes prior Paredi, cum quibusdam senioribus Cluniaci, et ego cum quibusdam militibus et hominibus meis; tandem [6] victus ratione et saluberrimis monitis et precibus memorati abbatis adquiescens, simulque peccatorum meorum inmensitatem considerans, ob remedium animæ meæ et antecessorum meorum, guerpivi penitus et quitavi omnes consuetudines et exactiones, quas ego et pater meus in terra ecclesiæ contra justiciam et æquitatem, in periculum animarum nostrarum acceperamus. Recognovi igitur et confessus sum, quod in villa Paredi et pertinentiis ejus et in [7] universa terra ejus, non habeo talliam vel porcellagium, vel besenagium vel messionagium, seu annonagium vel carredum :

---

221. — 1. *Bibl. nation., coll. de Bourgogne*, LXXXI, Cluni n° 267, *origin. parch. de 23 lig. avec trace de sceau*, coté B = O ; confirmation de 1205 [n° 225] = V ; Cartul. de Cluny D, p. 151-3, n° 298 ; Cart. de Cluny E, f° 152-'3, n° IXxx xvij. Impr. dans Marrier, *Bibl. Cluniac.* (1614), 1441-3 ; Duchesne, *Vergy* (1625), pr. 119 ; Chifflet, *Béatrix* (1656), pr. 39, n° 1 ; [Bertaud], *Ill. Orbandale* (1662), II, pr. 158. — 2. *V* icc-o. — 3. *V* p-ncias. — 4. *V* n. a. L. c. — 5. *O* Te-. — 6. *O* et t. — 7. *V deest*.

quæ omnia ego et ministri mei plerumque violenter accipiebamus ; præterea homines ecclesiæ quandoque in expeditiones meas ire cogebam et opera mea facere compellebam, videlicet in fossatis meis erigendis et castellis construendis vel destruendis : quæ omnia penitus guerpivi et remisi, ita quod hæc omnia, quæ prædixi, a me vel ab heredibus [8] aut ministris meis deinceps nullatenus requirantur. Et, ut breviter conprehendam, in villa Paredi vel terra ecclesiæ, nullam mihi jurisdictionem vel consuetudinem, exclusa omni concertacione, retinui, præter illa quæ subjecta sunt : quasdam siquidem consuetudines mihi de jure deberi asserebam, quas monachi negabant, quoniam in cartis nobilium virorum Hugonis et Theobaldi[5], comitum Cabilonensium[9], non continebantur ; dicebam enim mihi a priore Paredi deberi saugmarium [10] et custodem ejus, cum in exercitum[11] regis perrexero, et sciphum[12] corneum cum duabus cocleariis corneis, prædictum saugmarium in reditu meo redditurus nec aliter deinceps alterum recepturus. Porro dum per terram meam simpliciter deambulavero, procurationem semel aut bis in anno in hospicio Paredi mihi deberi asserebam, ita quod in multitudine sociorum domum non gravarem ; receptionem quoque plenariam apud Tolonum semel in anno quærebam. Siquando ad clamorem prioris et æcclesiæ Paredi, pro damnis[13] ecclesiæ illatis, cum armata manu super aliquem vicinorum pergere me oportuerit, de singulis domibus Paredi singulos homines cum armis mecum ituros dicebam : ita tamen quod ad domos suas possint ipsa die reverti. Super his [14] quatuor [15] consuetudinibus, quas ego quærebam et monachi negabant, ne bonum pacis inter nos impediretur, ita dictum est quod, si eas habere voluero, non statim violenter extorquebo, set[16] appellabo super his[14] abbatem Cluniacensem et priorem Paredi, quod justicia dictaverit inde accepturus. Licebit quoque abbati et priori Paredi me de guerpicione consuetudinum istarum appellare quando voluerint, et ego eis de jure respondebo, quod ratio dixerit servaturus. Dictum et præterea quod in carredo prioris, quo vinum de vineis suis aut

---

8. *V* h. meis. — 9. *O* C-ll-m. — 10. *V* sag-m. — 11. *V* e-u. — 12. *V* c-m. 13. *V* dampnis. — 14. *V* hiis. — 15. *O* q-tt-r. — 16. *V* sed.

alienis ad usum monachorum de partibus Cabilonensibus adducere solet, non debeo pedagium accipere : si vero prior ad hoc vinum comparatum adduxerit, ut illud denuo vendat, licebit mihi inde accipere pedagium[17]. Procurationem quoque, quam apud Digonz[18] semel in anno quærebam, in manu memorati abbatis Cluniacensis guerpivi et remisi. De hominibus salvamenti diffinitum est, quod homines ecclesiæ, qui terram meam non tenent, nullum omnino servicium mihi vel ministris meis debent per consuetudinem ; homines vero ecclesiæ, qui terram meam tenent, servitium quod tenemento inpositum est, mihi persolvent. Decætero, quoniam gratiam et amorem Cluniacensis ecclesiæ mihi plurimum adquirere cupio, statui firmiter et concessi, ut nullus de villa Cluniacensi per terram meam futuris umquam[19] temporibus pedagium solvat, set[16] de me et hominibus meis vadat securus. Ut autem hujus pacis bonum omni tempore inviolabiliter observetur, præsentem paginam sigilli mei impressione[20] muniri præcepi, et ad testimonium hujus mutuæ compositionis rogavi Æduensem et Cabilonensem episcopos, ut et ipsi ad hoc sigillorum suorum firmitatem apponerent. Testes sunt ex parte monachorum : Beraldus prior Cluniacensis, Rainaldus et Nicholaus, custodes ordinis, Petrus de Marciaco[21] et Sofredus[22], camerarii, Guillelmus[23] Colongarius, helemosinarius, Aimo prior de Sancto Salvio, Girardus decanus de Bellomonte, Berardus decanus de Lordono, Robertus et Seguinus, socii abbatis. Ex parte mea : Girardus de Reun[24], Letaldus[25] de Calvo Monte, Hugo filius ejus, Hugo de Sancto Albino, Hugo de Petra Campi, Pascherius Avengunz, joculator. De familia abbatis : Durannus de Varennis, Hugo caprarius, Bellus Mons. Actum apud Lordonum, anno ab Incarnatione Domini M'. C.[26] octogesimo[27], Philippo rege Francorum regnante in Francia, anno regni ejus secundo.

17. *V* p. a. — 18. *V* Digunz. — 19. *V* unq-m. — 20. *O* inp-em. — 21. *O* Marziaco. — 22. *V* Soff-s. — 23. *V* Wi-s. — 24. *V* Riun. — 25. *V* L-audus. — 26. *V* millesimo centesimo. — 27. *1180.*

222[1]

Carta Philippi regis, de domo Paredi.

In [no]mine sancte et individue Trinitatis, amen. Philippus, Dei gratia Francorum rex. Noverint universi, presentes pariter et futuri, quod ecclesia Cluniacensis frequenter conquesta fuerat de pressuris vehementibus et exactionibus pessimis, quibus comes Cabilonensis Willelmus[2] et pater suus domum de Paredo et pertinentias ejus, ac terram ecclesie vehementer afflixerant. Cum itaque, tempore patris sui et suo, ab abbatibus Cluniacensibus et prioribus Paredi super hoc sepe frustra laboratum fuisset, novissime convenerunt apud Lordonum[3] Theobaldus abbas Cluniacensis et Johannes prior Paredi, cum quibusdam monachis Cluniacensibus, et comes Cabilonensis cum quibusdam militibus et hominibus suis ; et tandem victus ratione, simulque peccatorum suorum immensitatem considerans, ob remedium anime sue et antecessorum suorum, guerpivit[4] penitus et quitavit omnes consuetudines et exactiones, quas ipse et pater suus in terra ecclesie contra justiciam et equitatem, in periculum animarum suarum, acceperant. Recognovit igitur et confessus est, quod in villa Paredi et pertinentiis ejus et in universa terra ejus, non habet talliam vel porcellagium, vel besenagium vel messionagium, seu annonagium vel carredum : que omnia ipse et ministri ejus plerumque violenter accipiebant ; preterea homines ecclesie quandoque in expeditiones suas ire cogebat et opera sua facere compellebat, videlicet in fossatis suis erigendis et castellis[5] construendis vel destruendis : que omnia penitus guerpivit[4] et remisit, ita quod hec omnia ab ipso vel ab heredibus

---

222. — 1. *Bibl. nation., coll. de Bourgogne, LXXXI, Cluni n° 268, copie contempor. parch. de 35 lig., au dos :* « Copia cujusdam lictere regie pro decanatu de Paredo, et originale est intus, — Lictera regis Philipi, per quam apparet quod comes Cabilonensis nichil habet in tota terra de Paredo=O ; *Cart. de Cluny D, p. 100, n° 212* = C ; *Chartes et Diplômes, LXXXIV, 92-3 ; ms. lat. 11892, 118-20. Impr. dans* Perard, *Recueil (1664), 243. Cff.* Labbe, *Alliance chronol. (1651), II, 193 ;* Delisle, *Actes de Philippe-Aug. (1856), n° 16.* — 2. *C* W-ermus. — 3. *C* L-dunum. — 4. *C* gur-t. — 5. *C* e. suis.

aut ministris suis deinceps nullatenus requirentur. Et ut breviter comprehendam, in villa Paredi vel terra ecclesie, ubicumque sita, nullam sibi jurisdictionem vel consuetudinem, exclusa omni concertatione, retinuit preter illa que supposita sunt : quasdam siquidem consuetudines sibi de jure deberi asserebat, quas monachi negabant, quoniam in cartis predecessorum suorum, Hugonis et Theobaldi, comitum Cabilonensium, non continebantur ; asserebat enim sibi a priore Paredi deberi summarium et custodem ejus, cum in exercitum nostrum pergeret, et ciphum corneum cum duobus cocleariis corneis, predictum somarium[6] in reditu suo redditurus nec aliter deinceps alterum recepturus. Porro dum terram suam simpliciter deambulaverit, procurationem semel aut bis in anno in hospicio Paredi sibi deberi asserebat, ita quod in multitudine sociorum domum non gravaret ; refectionem quoque plenariam apud Tolonum semel in anno querebat. Si quando ad clamorem prioris et ecclesie Paredi, pro dampnis ecclesie illatis, cum armata manu super aliquem vicinorum hostium ipsum pergere oportuerit, de singulis domibus Paredi singulos homines cum armis secum ituros dicebat : ita tamen quod ad domos suas possent ipsa die reverti. Super his quatuor consuetudinibus, quas prefatus comes querebat et monachi negabant, ne bonum pacis inter ipsos impediretur, ita dictum est quod, si eas habere voluerit, non statim violenter extorquebit, set appellabit super his abbatem Cluniacensem et priorem Paredi, quod justicia dictaverit inde accepturus. Licebit quoque abbati et priori Paredi memoratum comitem de guerpitione consuetudinum istarum appellare quando voluerint, et ipse eis de jure respondebit, quod ratio dixerit servaturus. Dictum est preterea quod in carredo prioris, quo vinum de vincis suis aut alienis ad usum monachorum de partibus Cabilonensibus adduci solet, non debet comes pedagium accipere: Si vero prior ad hoc vinum comparatum adduxerit, ut illud denuo vendat, licebit comiti inde pedagium accipere. Procurationem quoque, quam apud Digunz semel in anno querebat, in manum memorati abbatis Cluniacensis guerpivit et

---

6. C sum-m.

remisit. De hominibus salvamenti ita diffinitum est, quod homines ecclesie, qui terram comitis non tenent, nullum omnino servitium ipsi vel ministris suis debent per consuetudinem ; homines vero ecclesie, qui terram comitis tenent, servitium quod tenemento impositum est sibi persolvent. De cetero, quoniam gratiam et amorem Cluniacensis ecclesie sibi plurimum adquirere cupiebat, statuit firmiter et concessit, ut nullus de villa Cluniacensi per terram ipsius comitis umquam temporibus pedagium solvat, set de ipso et de hominibus ejus vadat securus. Has itaque conventiones sigillo comitis Cabilonensis confirmatas et sigillis episcoporum Eduensis et Cabilonensis, ipse comes in presentia nostra et baronum nobis assistentium tenendas promisit et super sancta (Evangelia) juravit, et ut sigilli nostri auctoritate communiremus rogavit. Que omnia ut perpetuum et inviolabile robur optineant et ne a posteris quoquomodo valeant retractari, presentem cartam sigilli nostri inpressione ac regii nominis karactere inferius annotato corroborari precepimus. Actum Senonis publice, anno ab Incarnatione Domini M° C° LXXX°, regni nostri anno secundo[7], astantibus in palatio nostro, quorum nomina supposita sunt et signa. Signum comitis Teobaldi, dapiferi nostri, S' Guidonis buticularii, S' Mathei camerarii, S' Radulfi constabularii.

Data per manum $\begin{smallmatrix}P\\\vdash\\H\end{smallmatrix}$ S $\begin{smallmatrix}P\\\dashv\\L\end{smallmatrix}$ Hugonis cancellarii.

223[1]

Réglement fait par l'abbé de Cluny, en 1197, contenant les émolumens et les charges de la prévosté de Paray.

7. *1180 (nov. 1-1181 avr. 4).*

222. — 1. *Arch. de Saône-et-Loire,* Invent. de Cluny, *I,* '*126* : « Coppie en papier d'un Réglement..., Paray, sans signature, cotté 782 ».

224[1]

C(arta Philippi) regis pro Paredo.

PH(ilippus), Dei gratia Fran(corum) rex, universis ad quos littere presentes pervenerint, salutem. Noveritis quod nos Paredum, Bellummontem, Reigniacum, Villareium et omnes alias villas et res in Burgundia, in quibus eorum domini nos voluerint colligere et assotiare per jus, in custodia nostra suscepimus: salvo alterius jure et ita quod quantum debuerint parati sint per nos juri stare. Actum Parisius, anno Domini M° ducentesimo quarto, mense octobri[2].

225[1]

Carta comitissæ Cabilonensis, de Paredo.

NOVERINT universi præsentem paginam inspecturi, quod ego Beatrix, comitissa Cabilonensis, cartam de Paredo et de Tolono et de appendiciis eorum, quam pater meus fecit et sigillo suo munivit, laudavi et concessi, meque eam inviolabiliter observaturam, tactis sacrosanctis Evangeliis juravi; et istam præsentem cartam meo nomine feci ad formam prædictæ cartæ patris mei, quæ talis est: « Quoniam ea quæ *(ch. 221)*... regni ejus secundo ». Ut autem hæc rata et inconcussa perpetuis temporibus permaneant, ego Beatrix, comitissa Cabilonensis, præsentem cartam sigilli mei appositione confirmavi. Actum est hoc anno Incarnationis Dominicæ millesimo ducentesimo quinto [2], coram hiis testibus : domno Hugone Autisiodorensi episcopo, Himbaldo, Eustachio, Zacaria, Milone, canonicis Autisiodorensibus; Stephano de Castello

---

224. — 1. *Bibl. nation., coll. de Bourgogne, LXXXI, Cluni n° 291, origin. parch. de 6 lig. 1/6, coté A. Cf.* Delisle, *Actes de Philippe-Aug.* (1856), n° 865. — 2. Oct. 1204.

225. — 1. *Bibl. nation., coll. de Bourgogne, LXXXI, Cluni n° 293, origin. parch. de 35 lig. 1/3, avec trace d'un sceau;* Cartul. de Cluny D, p. 185, n° 350; Cart. de Cluny E. f° 159, n° 177. *Impr. dans* Chifflet, Béatrix (1656), pr. 39, n° 2. — 2. 1205.

de Montana, Bernardo de Calvo Monte et Guicardo filio ejus, Rainaldo Dalmacio, Hugone de Digonia et Guicardo fratre ejus, Hugone de Petra Campi et Guicardo filio ejus, Guicardo de Sancto Albano, Willelmo de Sancto Albino, Radulfo de Marniaco, Hugone de Puleio, Bernardo Gerini, magistro Stephano de Bosco, Roberto capellano de Martiniaco.

226[1]

Carta et compositio pacis facte inter ecclesiam Cluniacensem et comitissam Cabilonensem, de Paredo, per manus G. Eduensis et R. Cabil(onensis) et P. Masticonensis episcoporum.

Ego G(alterus) Eduensis, ego Rober(tus) Cabil(onensis) et ego Poncius, Masticonensis episcopi, universis notum facimus quod ad preces, quas per litteras suas patentes nobis fecerunt dilecti nostri ·· abbas et conventus Cluniacensis et illustris ·· comitissa Cabil(onensis), presenti scripture, in qua modus pacis continetur de querelis et controversia que vertebatur inter jamdictos abbatem et ecclesias de Cluniaco et de Paredo, ex una parte, et comitissam, ex alia, apposuimus sigilla nostra, ne processu temporis labatur a memoria quod pro bono pacis ab utraque parte noscitur esse factum. Est autem hec forma pacis et verba que in carta comitisse continentur:

Notum sit omnibus presentibus et futuris, quod orta discordia inter abbatem et ecclesiam Cluniacensem et ecclesiam Paredi, ex una parte, et me Beatricem comitissam Cabilonensem, ex alia, tali compositione per manus venerabilis Hug(onis) Autissiodorensis episcopi taliter conquievit: videlicet quod ego cartam patris mei de Paredo et Tolono et appendiciis concessi, laudavi et meo sigillo confirmavi, et me inviolabiliter observaturam juravi; item juravi salvamentum et tuitionem ville Paredi et Toloni et appendiciorum, et me nullam

---

226. — 1. *Bibl. nation., coll. de Bourgogne, LXXXI, Cluni n° 292, origin. parch. de 22 lig., avec trace de 3 sceaux, coté nostro. Cf. Invent. de Cluny, I, 60' (coté 14).*

injuriam vel violentiam vel gravamen illaturam hominibus vel rebus predictarum villarum : et si forte per interceptionem hominibus earum vel terre ceterioris aliquid contra tenorem carte patris mei commisero, infra xx^{ti} dies postquam constiterit et super hoc requisita fuero, me juravi emendaturam et satisfacturam ; item juravi quod villam de Paredo vel Tolono contra ecclesiam Cluniaci vel Paredi non muniam vel retinebo, nec homines Paredi vel Toloni contra ecclesiam Cluniaci vel Paredi manutenebo ; elemosinam patris mei restitui integre et quietam clamavi. Ad majorem securitatem predictarum villarum, de mandato meo juraverunt hii homines mei : Bernardus de Calvo Monte, Reinaudus Dalmatius, Stephanus de Castello de Montana, Hugo de Digonia, Guichardus de Calvo Monte, Radulfus de Marci, Hugo de Petra Campi, Guichardus filius ejus, Bernardus Gelini, Guichardus de Digonia, Guichardus de Sancto Albano, Hugo de Pueleto, Willelmus de Sancto Albano : quod si ego contra prescriptam pactionem, que de Paredo vel Tolono et hominibus vel rebus eorum facta est, in aliquo venero submon(i)ta ab abbate Cluniacensi vel mandato suo Cluniacum venient ibique ostagium tenebunt, inde non exituri donec condigna injuriarum emendatio fuerit facta. Pro bono vero pacis remisit mihi ecclesia Cluniacensis cunctas injurias quas ei vel menbris ejus irrogavi, et ego similiter injurias et dampna mihi et hominibus meis illata remisi, et super hoc litteras dom[i] abbatis et ecclesie Cluniacensis recepi. Ego autem Cluniacensem ecclesiam et omnia ad eam pertinentia de cetero diligere teneor et fovere, et per me et per meos amicos manutenere, et omnia impedimenta submovere et bona promovere ; ecclesia similiter Cluniacensis mihi comitisse tenetur. Ut hec compositio in perpetuum firma permaneat, presenti cirografo apposita sunt sigilla meum et episcopi Autissiodorensis, in cujus presentia facta est confirmatio. Actum apud Paredum, anno gratie millesimo ducentesimo quinto[2].

---

2. 1205.

227[1]

CARTA DUCIS BURGUNDIE, DE PAREDO ET DE TOLUN[2].

Ego Hugo, dux Burgundie et comes Cabilonensis, in præsentia venerabilis patris Hugonis, Dei gratia abbatis Cluniacensis, constitutus, notum facio universis præsentibus et futuris, quod ego juro super sancta Dei Euvangelia[3] me servare et tenere cartas antecessorum meorum comitum Cabilonensium, concessas ecclesiæ Cluniacensi de Paredo et de Tolun[4] ecclesiis et pertinenciis suis, et bona usagia dictarum ecclesiarum, per tenorem eorundem[5] cartarum. Sic me Deus adjuvet et ejus sancta Evangelia ; et ad hoc me et successores meos obligo et constringo[6], et teneor defendere dictas ecclesias de Paredo et de Tolun[2] cum pertinenciis suis et custodire bona fide. In cujus rei testimonium præsenti scripto sigillum meum apposui. Actum et datum anno Incarnationis Dominicæ M°CC°XLIII°, mense decembris, die martis ante Nativitatem Domini[7].

228[1]

Bulle d'union du prieuré de Paray avec le chasteau de Tholon et de toutes leurs deppendances, à la mense abbatiale de l'abbaye de Cluny, par le pape Alexandre IV, l'an 2 de son pontificat, environ 1255[2] ; *laditte bulle scellé du plomb de ce pape.*

229[1]

HEC EST VISITACIO FACTA IN PROVINCIA LUGDUN(ENSI) PER DONNUM STEPHANUM (SOCIUM) IN ORDINE.

Anno Domini M° CC° LXIJ°, die mercurii post dominicam qua cantatur *Reminiscere*[2], fuimus apud Sanctum Marti-

---

227. — 1. Cartul. de Cluny D, *p. 15, n° 32* ; Cart. de Cluny E, *f° 219', n° cclxxxxv*. Impr. dans MARRIER, Bibl. Cluniac. *(1614)*, *1511-2* ; DUCHESNE, Bourgogne *(1628)*, pr. *75-6* ; [BERTAUD], Ill. Orbandale *(1662)*, *II, pr. 127* ; PERARD, Recueil *(1664)*, *454*. — 2. *E* Tolon. — 3. *D* Ev-a. — 4. *E* Tolom. — 5. *E* e. secundum eor-m. — 6. *E* as-o. — 7. *22 déc. 1243*.

228. — 1. Arch. de Saône-et-Loire, Invent. de Cluny, *I, '60* (coté 4) ; *en marge :* « Le double est parmi les bulles ». — 2. *1255-56*.

229. — 1. *Arch. de la ville de Cluny, original parchemin, bande de 77 cent. sur 155 mill. écrite des deux côtés, coté n° 77 ; au bas du revers (XIV° s.)* : Visitatio in provincia Lugdun. facta anno Dni M° CC° LXIJ°. — 2. *28 févr. 1263.*

num Matisconensem, ubi erat tantum unus monachus cum priore et ambo honeste vite ; prior in temporalibus bene administrat : de novo enim ecclesiam et omnes domus recooperiri fecerat ; victualia usque ad novos fructus habet. XIJ centum libras Matisconenses debebat dicta domus, pro precio iiij° boum quos recenter emerat prior qui erat in ipsa domo.

§ 2. Die jovis subsequenti [3] fuimus apud Treffort, ubi erant duo monachi cum priore, et tam prior quam monachi honeste et laudabilis vite ; prior autem bene in temporalibus administrat, quia, ut a monachis asseritur, ex quo fuit prior institutus, auxit redditus et proventus dicte domus plusquam in duplo ; victualia sufficienter habet usque ad fructus novos, ac a duobus et dimidio anno citra expendit in enpcione reddituum CC° et L. libras Viennenses, et debebat IX^{xx} libras Viennen.

[4] § 3. Die veneris subsequenti[4] fuimus apud Giniacum, ubi dicebant prior et suprior esse xxvi. monachos ; divinum officium bene et laudabiliter fiebat, fratres honeste se habent in omnibus, excep(to) quod de missa Beate Virginis in capella fiebat aliquando negligencia, quam districte prec(e)pimus emendari, ita ne ullo modo infuturum defeciat. In temporalibus deficiebat usque ad L. libras xvii so(l.) : cetera dicebat prior se sufficienter habere. Debebat autem dicta domus CC. libras Viennen., set quibus vel quare noluit dicere dictus prior ; dederat autem dictus prior x libras Viennen. de pensione magistro Guillelmo, clerico comitis Cabilonensis, et pro dictis x libris assignavit dicto magistro xL. quartallos bladi ; inquisivimus autem ab obendiciariis, videl. celerario, camerario, sacrista, si sciebant statum temporalem dicte (domus) : dixerunt quod non nec unquam, ut dictum fuit, nobis computavit coram aliquo de fratribus ; item, ut dictum fuit nobis, magna pars hominum ecclesie, quia non deffenduntur ut consueverunt deffendi, fecerunt concordiam quod, ut dictum fuit nobis, est maximum ecclesie detrimentum. Item 5* elemosina bene fit ibidem.

4. Die sabbati et dominico [6] fuimus apud Nantuacum, ubi sunt xx monachi, inter quos sunt tantum vi sacerdotes ; item

---

3. 1er mars. — 4. *En interligne* : Proclametur prior de Giniaco. — 5. 2 mars. — 5*. *Huit mots grattés*. — 6. *3-4 mars*.

ex predicto numero xx, duos expulerat dom. Lugdunensis electus [7]. Officium divinum bene et competenter celebrabatur ; fratres honeste se habent, excepto quod claustrales in lectis non habent pannos regulares : dicebant enim quod si haberent vel possint habere pannos regulares, libenter in eis jacerent. Hospitalitas male fit ibi, set qui est loco electi promisit emendare ; de te(m)porali statu intus vel extra vel nomine potuimus scire, quia nullus monachorum sciebat ; nec (de) temporali statu aliquid potuimus percipere, quia non obediretur nobis, electus fecerat de novo post inibicionem dom' abbatis vi monachos. In virtute obbediencie injunximus claustralibus quod, quicumque posset habere pannos regulares, faceret posse suum quod infra Pasca haberet vel quam primum comode posset. Dicitur ibidem quod dom' electus satis tepide deffendit jura ecclesie, et specialiter quia dom' Pet(r)us occupavit a duobus annis citra quedam magna nemora predicte ecclesie. De duobus monachis quos expulerat electus Lugdunensis fuimus cum ipso locuti, et assignavit eisdem mansionem in aliis domibus pertinentibus ad Na(n)tuacum.

5. Die martis [8] subsequenti fuimus (apud) Chandiacum, ubi moratur unus monachus solus, honeste vite et conversacionis, pro ut intelleximus, Amedeus nomine. Domus omnes recooperte sunt hoc anno, excepta unica camera, quam promisit nobis Guichardus, canonicus Lugdunensis, actare omnino modo et latrinas claudere, ita quod totus prioratus et clausus reparatus erit competenter. Hospitalitas non fit vicinis nobilibus, quia non ex causa caritatis videntur petere, set ex causa debiti vel subjectionis ; extraneis et transseuntibus fit. Temporalia bene administrantur, pro ut ista fuerunt ibidem nobis relata ; elemosina non fit ibi, set, ut procurator dicti canonici, qui tenet domum predictam, dixit nobis, quod occasione dicti prioratus ampliat dominus elemosinam suam apud Lugdunum, set ibi nulla fit.

6. Die jovis [9] fuimus apud Taluiers, ubi morantur tres monachi et prior, honeste vite et conversacionis. Servicium divinum bene et seplenniter fiebat ibi, excepto quod familiaris salpmos non dicebant nisi sicut consueverunt dici in diebus

---

[7]. *Philippe de Savoie.* — [8]. *6 mars.* — [9]. *8 mars.*

xii lectionum ; nos autem injunximus in virtute obbediencie, sub pena excomunicacionis, ut et xxx salpmos cum tribus orationibus et *verba mea* et alios familiares omnium orarum, pro ut dicuntur Cluniaci, dicerent : quod promiserunt omnes bono corde inplere. In temporalibus prior bene administrat : pulcherrimam caminatam fecit hoc anno et obtimum celarium sub camera, et non debet domus nisi xxiiij libras Viennen., et omnia necessaria habet usque ad fructus novos. Elemosina bene fit ibidem.

§ 7. Die veneris subsequenti [10] fuimus apud Montem Bertodi, ubi moratur prior cum duobus monachis, qui sibi ad invicem bonum perhibebant testimonium : servicium divinum bene fiebat ibidem et complete secundum consuetudinem Cluniaci. In temporalibus (bene) administrabat prior, quia domus nichil debebat et habet neccessaria usque ad fructus novos ; redditus et jurisdictiones sunt bene per ipsum priorem admentate seu augtmentati ; elemosina bene fit ibidem.

8. Die sabbati subsequenti [11] fuimus apud Gravilongam, ubi sunt xviiij sanctimoniales velate et quatuor aut quinque alie recepte : divinum officium bene, sollempniter et complete fit ibi secundum consuetudinem Cluniaci ; domine sunt honeste vite. Laudant se de priore, et bonum testimonium peribent de vita et honestate sua. Duo monachi sunt ibi cum priore, honeste vite, quorum unus morat apud Terniacum : nesciebatur si causa tractandi de habenda ibidem mansione. De temporalibus non fuit qui sciret certum statum dicere nobis, set certum est quod ibi deficit vinum usque ad l. libras Viennen., sicut asserunt domine et illi qui sunt pro priore ibidem. Elemosina bene fit ibi, secundum loci paupertatem, et hospitalitas ; debebat autem dicta domus xxx libras Viennen.

9. Die dominica subsequenti [12] fuimus apud Sales, ubi morabantur duo monachi honeste vite : servicium divinum bene fiebat, et elemosina diebus dominicis sollempnibus omnibus venientibus, pro ut fuit nobis relatum ; de hospitalitate dictum fuit, quos vult clericus, procurator loci, recipit et quos vult repellit. Status temporalium, secundum dicti procuratoris narracionem, bonus erat.

10. *9 mars.* — 11. *10 mars.* — 12. *11 mars.*

10. Die lune [13] subsequenti fuimus apud Sanctum Nicecium, ubi invenimus iiij⁰ʳ monachos : duos quorum neuter videbatur xij annos habere, alter eorum nesciebat in salterio unicum ve(r)bum legere; duo monachi etatis perfecte honeste vite dicebantur esse. Duo molendina tradidit in manu laicali obbedienciarius qui tenet domum et illa molendina destruuntur, quia non est qui faciat quod expedit ad conservacionem ipsorum ; in fenestris circa altaria non sunt vitree et multa alia minora deficiunt ibi, que mandavimus obedienciario quod emendaret. Hospitalitas et elemosina non fit, nec ad voluntatem clerici procuratoris obedientiarii ; totalem omnino jurisdictionem exercet dominus Belli Joci : monachi vero ibidem commorantes dixerunt quod parve emende solebant pertinere ad priorem. Illius loci domus non erat obbligata debitis nec alia multa alienata.

11. Die martis subsequenti [14] fuimus apud Altum Jugum, ubi sunt duo monachi, qui dicuntur esse honeste vite ; unus eorum est sacerdos, alter non ; bene faciunt servicium Dei. Domus fere omnes ruerunt nec reparantur, nec elemosina nec hospitalitas fit ibi ; monachi pro victu habent certum precium.

12. Die mercurii subsequenti [15] fuimus apud Cysiacum, ubi sunt tres monachi ; duo sacerdotes, alter parum aut nichil scit et est juvenis. Nichil debet domus ; jura domus bene deffenduntur ; nec hospitalitas fit ibi, nec fere elemosina nisi reliquie fratrum. Monachi dicuntur honeste vite et bene faciunt servicium Dei.

13. Eodem die fuimus apud Sanctum Victorem, ubi sunt duo monachi presbiteri, honeste vite ; servicium secundum posse suum bene fit ; unus monachorum inabilis ad celebracionem misse propter senectutem : nos insuper consuluimus ne celebraret ; et hospitalitas et elemosina competenter fiunt ibi, secundum quod fuit nobis dictum.

§*14.* Die jovis sequenti [16] fuimus apud Rigniacum, quem locum tenet hospitalarius Savigniaci : ibi sunt tres monachi, quorum duo sunt presbiteri, bene et honeste viventes. Hos-

---

13. *12 mars.* — 14. *13 mars.* — 15. *14 mars.* — 16. *15 mars.*

pitalitas et elemosina quasi pro nichilo est in dicto loco ; item sunt in illo loco tres turres, que destruuntur pro defectu cooperture ; terram dicti loci, ubicumque sit, pro ut intelleximus, bene gubernat dictus hostalarius.

§ *15*. Die veneris sequenti [17] fuimus apud Saltum de Cosant : ibi invenimus duos monachos presbiteros cum priore, bone vite et honeste conversationis. De hospitalitate et elemosina bene est, et de divino officio bene sufficit nobis, pro ut invenimus ; in dicto loco non habent monachi regulares pannos, sed precipimus priori ut provideret ita quod haberent. Domus est in bono statu in omnibus et maxime in debitis, quia nichil debet. De edificiis ita invenimus quod prior dicti loci non est ausus edificare, tali ratione quia, si dictus locus edifica(tu)rus erat, dominus dicti loci semper cum priore vel in prioratu ipse et sui vellent esse.

§ *16*. Die sabbati post [18] fuimus apud Pomerias : ibi erant decem monachi, qui bene et honorabiliter in omnibus et per omnia, Deo auxiliante, se habent ; divinum officium, pro ut invenimus, ad laudem et gloriam Dei et honorem nostri ordinis ibi est celebratum. Hospitalitas et elemosina semper omnibus parata est ; in dormitorio non erant panni regulares : precipimus omnibus obedienciariis ut emerent et providerent sibi super isto defectu, postea precipimus priori dicti loci ut monachis claustralibus super hoc provideret. De temporalibus dixit nobis prior quia non debet in manu nostra respondere, sed in manu prioris de Nantoais, quia sic consuevit semper, tali vero racione quia prioratus de Pomeriis pertinet ad prioratum de Nantoais. Est in prioratu de Pomeriis quidam monachus, Guillelmus nomine, diffamatus super hoc : extra muros inventus fuit nocte et crudeliter verberatus.

17. Dominica in Passione et die lune sequenti [19] fuimus apud Ambertam : ibi invenimus xiii. monachos ; de officio divino bene sufficit nobis et de omnibus horis aliis. Dormitorium invenimus non regularem in pannis et lectis : quare precipimus in virtute obedientie ut illi, qui proprietates habent, emerent pannos regulares et proprietatem redderent ; de illis qui proprietatem non habent, precipimus priori quod provideret in

---

17. *16 mars*. — 18. *17 mars*. — 19. *18-9 mars*.

brevi super defectu isto dictis fratribus, et quod in dormitorio provideret cilicias in brevi. In claustro non est hostium neque aliqua clausura seu firmitas; in ecclesia ad crucem non est firmitas : precipimus priori in virtute obedientie ut infra octo dies post nostrum recessum hec omnino emendaret et firmaret : quod facere promisit. Invenimus quod supprior dicti loci non est sufficiens in officio suo, non facit tenere silencium in ecclesia neque in claustro, neque in dormitorio neque in refectorio, sed in presencia sua plures de fratribus locuntur ex consuetudine in ecclesia communiter, et ipsemet supprior in ecclesia ita se habet sicuti predicti locutores; item invenimus ibidem quod sacrista dicti loci non est sufficiens, tali ratione quia juvenis est etate et juvenis in ordine, propter quod diversas negligencias facit de officio suo; item de priore invenimus quod parum ad matutinas venit : excusat se ratione infirmitatis sue[20]; item aspere se habet erga fratres suos; non dedit in anno isto fratribus tunicam neque pelliciam [21]. Item in temporalibus, pro ut intelleximus, bene se habet dictus prior. De debitis ita dixit nobis prior quod intendit solvere apud Lugdunum VJ[xx] libras Turonen. et ita se habere super aliis debitis quod erit ad honorem sue persone et ad profectum ecclesie, et quod residuum de supradictis debitis in fine istius anni erit CC. libre Viennen. et bene implere factum suum in omnibus et per omnia.

§ *18*. Die martis [22] fuimus apud Villam Novam : ibi morantur duo monachi, honeste vite et honeste conversationis.; servicium divinum bene reddunt die ac nocte. De hospitalitate secundum posse domus bene et sufficienter est ; elemosina datur communiter omnibus tantummodo in die dominica : debet dicta domus de Villa Nova vii. libras Viennen., nonde tempore novi prioris, sed mortui.

19. Die mercurii et die jovis et die veneris sequenti [23] fuimus

---

20. *D'abord* : venit. nec in ecclesia legit vel cantat, et quod nunquam missam cantavit postquam venit apud Ambertam ; item parum curat de spiritualibus, ut nobis dictum fuit, et non vadit in capitulo. — 21. *Effacé* : non item computat coram fratribus de statu domus, licet in constitucione generalis capituli et in constitucione dom¹ pape statutum est ; item largus est cum famulis suis, quibus dedit in anno isto vestem duplicem, cum monachi nichil haberent. — 22. *20 mars.* — 23. *21-3 mars.*

apud Karum Locum, occasione [24] infirmitatis fratris Petri : ibi invenimus xx[ti] et vi. monachos, bene et integre se habentes in officio divino et per omnia. Dormitorium invenimus male ordinatum : quare precipimus omnibus obedienciariis ut pannos regulares emerent et providerent; priori vero precipimus ut illis qui proprietates non habent neque obediencias in pannis regularibus provideret in brevi, quod facere promisit. De debitis dixit nobis prior, coram toto conventu, quod est in bono statu : non debet domus Kari Loci nisi vij[ti] libras Viennen., et bene habent pro anno isto victui necessaria sufficienter. Et ibi ordinavimus et statuimus socium supprioris, scilicet domnum Petrum armarium dicti loci, bonum virum, honestum et religiosum. In elemosina et hospitalitate bene se habent.

§ 20. Die sabbati sequenti et die dominica in Ramis Palmarum [25] fuimus apud Marcigniacum : ibi invenimus xviii[to] monachos, bene et honorabiliter se habentes et in ecclesia Deum servientes. Hospitalitas et elemosina bene se habent in dicto loco ; in dormitorio sunt lecti regulares. De debitis dixit nobis prior coram fratribus : debet dictus prior CCC. libras Viennen. ; sed bene habet de quo potest fieri solutio et plus, et pro anno isto habent sufficienter victui necessaria.

21. Die lune subsequenti [26] fuimus apud Paredum, ubi sunt xx monachi, honeste et laudabiliter se habentes ; servicium divinum bene et integraliter secundum modum Cluniaci fit ibidem : si qua fuerunt corrigenda regulariter fuerunt correcta. In temporalibus in bono statu dicitur, quia jura et jurisdictiones bene deffenduntur, ampliantur redditus et non debet ultra XL. libras Viennen., pro ut prior in presencia tocius conventus dixit nobis.

22. Die martis subsequenti [27] fuimus apud Borbonium, ubi erant tres monachi, excepto priore : divinum officium, pro ut dicebant, fiebat ibidem secundum modum Cluniaci ; honeste, pro ut dixerunt nobis, vivebant. In temporalibus dixit prior in presencia fratrum bene administrasse, quia sufficienter habet necessaria usque ad novos fructus : tantummodo obligata erat domus in octo xx[ti] libris, in quibus cumputabat etiam expensas donni abbatis, qui istis diebus erat ibi venturus. Die

24. *D'abord* ratione. — 25. *24-5 mars.* — 26. *26 mars.* — 27. *27 mars.*

dominico dabatur omnibus elemosina, omnibus aliis diebus omnibus forinsecus venientibus hospitalitas, licet donnus abbas tempore date domus propter honera debitorum eidem priori inibuisset : tamen omnibus petentibus fiebat, ut dicebat. Quia domus omni clausura et latrinis carebat, injunximus ut infra capitulum faceret latrinas et disponeret de clausura ; item, ut cum fratribus jaceret, injunximus: quod et omnibus prioribus non conventualibus injunximus.

23. Die veneris subsequenti [28] fuimus apud Simuliacum, ubi moratur unus monachus cum priore : honeste, ut dixerunt nobis, vivebant et integre faciebant divinum officium; injunximus priori ut in eadem domo cum monacho jaceret. Die dominico et per totam XLmam data fuit omnibus elemosina ; item omnibus transeuntibus sinper datur, ut dictus prior dixit nobis. Jura, jurisdictiones bene deffenduntur ; obligata est domus in x libris Nivernen.; victualia habet usque ad fructus novos sufficienter ; item hospitalitas fit omnibus fratribus Cluniaci, ut dixit prior, et injunximus ut liberalius fieret, propter quedam que intelleximus.

24. Die sabati [29] fuimus apud Luçiacum, ubi est tantum unus monachus cum priore : non fit ibi divinum officium, nec hospitalitas nec elemosina ut deberet, et omnino elemosina non fit. Nimis aspere tractat prior subditos ecclesie; multos clamantes audivimus, item multos defectus et facta, que non sunt scribenda, pro ut intelleximus: non potuimus plura facere, propter infirmitatem prioris. — Apud Blançiacum, quod tenet idem prior, non est monachus : decessit enim circa catuis primum apud Luçiacum ; in eodem statu se habet utraque domus, ut dixit nobis prior [30] : tantum unicus serviens moratur ibidem sicut apud Luiçacum, dixit nobis idem prior : necessaria dicit idem prior sufficienter habere usque ad fructus novos. Obligate sunt due dicte domus in xL. libris forcium Nivernensium.

25. Die dominica qua cantatur *Misericordia Domini* [31], fuimus apud Maçobrium, ubi morantur iiiJ monachi, honeste vite et conversacionis, prout et ipsi et dom⁵ Boninus, procurator dicte domus, dixerunt nobis: servicium divinum,

---

28. *3o mars.* — 29. *31 mars.* — 30. *Douze mots grattés.* — 31. *D'abord* : D. d. subsequenti. *8 avril.*

hospitalitas, elemosina bene et sollempniter fiunt ibidem, prout predicti asseruerunt coram nobis. Temporalia bene administrantur, quia domus parum aut nichil debet; sufficienter sunt ibi necessaria usque ad fructus novos.

26. Die lune subsequenti [32] fuimus apud Montem Sancti Vincentii: ibi est prior cum unico monacho, honeste vite et conversacionis, ut fuit nobis relatum; divinum officium, hospitalitas et elemosina secundum facultates ipsius loci, pro ut prior cum monacho asseruit, bene fiunt.

27. Die martis et mercurii subsequentibus [33] fuimus apud Sanctum Marcellum Cabilonensem, ubi sunt xv monachi, honeste vite et honeste conversacionis; divinum officium bene complete fit ibidem; item elemosina et hospitalitas bene fiunt. Domus, ut dixit nobis prior in capitulo coram toto conventu, est in bono statu, quia bene habet unde potest solvere omnia debita, et sufficiencia usque ad fructus novos habet.

28. In vigilia Purificacionis [34] fuimus, nos frater St(ephanus), socius in ordine, cum fratre Hugone, decano de Maleyo, apud Montem Sancti Johannis: ibi sunt iiij monachi com priore; et, prout ipsi dixerunt, divinum officium bene et complete faciebant. Dormitorium ita turpe et male mundatum ac discoopertum erat, quod porci non deberent inhabitare; item in ipso dormitorio quilibet fratrum habebat camerulam cum clavi, in qua jacebat: quas precepimus amoveri, ita quod fratres ita jacerent ut se viderent; latrine nulle erant, quas precepimus fieri infra brevem terminum. Elemosina, ut dixit idem prior, bene fiebat; de hospitalitate dixit quod plures veniebant quam vellet. Monachis inibuimus ne per villam discurrerent, item ne aliquo modo alias quam suam domum intrarent, nec secum haberent honestas personas et cuc' domum ex necessitate. Ecclesia discooperta est, vitree non sunt ut expedit ibi; grangia putrefit propter discoopertionem et ruit propter antiquitatem. Domus erat obligata in CC. libris Viennen. vel Parisien. Plus victualia habet usque ad fructus novos; multa dicebat se adquisivisse. Dicebatur suspectus de quadam muliere que morabatur prope portam ipsius prioratus.

32. 9 avril. — 33. 10-1 avril. — 34. 1ᵉʳ févr. 1262-3.

230[1]

VISITATIO PROVIN[CIE LUG]D(UNENSIS) FACTA PER DONNUM STEPHANUM ELEMOSINARIUM CLUNIACI ET PER PRIOREM DE K[ADR]E[LLA].

Anno Domini M° CC° LX° octavo, §*1*. die sabbati ante Foc[...] [2] fu[imus] apud Kadrellam: ibi morantur duo monachi, quorum unus parum videt nec [potest] adjuvare socium suum; cetera sunt in bono statu, tam in spiritualibus [quam in t]emporalibus.

§ *2*. Die lune post [dominicam [3] fuim]us apud Paredum : ibi morantur decem et septem monachi. Bene se [habet] dom[us in spiritu]alibus, hoc excepto quod ecclesia discoperta est in parte, propter contempcionem que est [inter pri]orem et sacristam, quis debeat eam cooperire; item..... sti sunt elemo[sinario e]x bichetis siliginis, quos solebat percipere in molendino de T..... ; item conq[uerit] elemosinarius quod prior extorquet talliam de hominibus qui de novo hospitantur in terris [elem]osine, licet in aliis qui antiquitus hospitati sunt non accipiat; item sustrahitur defunctis panis et vinum, qui solebat dari tringinta diebus, pro quolibet monacho defuncto, cu[ilibet] capellano qui celebrabat pro eo; item est negligencia et defectus parandi ecclesiam de debitis, quia sustraitur maneglario panis et vinum, quod solebat percipere quando paraba[t] et [r]eparabat, secundum quod apparet per litteras quas inde habet. In temporalibus bene se habet do[mus et n]ichil debet, et habundat victualibus.

§ *3*. Die mercurii sequenti [4] fuimus apud Marcigniacum : ibi morantur sexdecim monachi. In spiritualibus bene et laudabiliter se habet domus : conqueruntur tamen moniales quod non habent sufficienter panem, et alias conqueste sunt donno abbati. De temporalibus non potuimus esse certi, donec prior loqutus fuisset cum predecessore suo super debitis que debebat domus

---

230.—1. *Arch. de la ville de Cluny, origin. parchem. avec trace de sceau sur lemnisque, 2 bandes de 93 cent. sur 145 mill., la 1° rongée à gauche; au dos XIV° s.)*: Visitatio in provincia Lu[gdun. facta] anno CC° LXVIIJ°. — 2. *9 févr. 1269.* — 3. *11 févr.* — 4. *13 févr.*

quando recepit eam; habundat siquidem domus omnibus necessariis usque ad novos fructus.

§ 4. Die jovis ⁵ fuimus apud Karum Locum : ibi morantur XXVII. monachi; in spiritualibus bene se habet domus. In temporalibus obligata est in CCC. libris Viennen., et erat obligata quando prior recepit eam, tres anni erunt circa Penth(ecosten), in sepcies centum libris Viennen.; et habet necessaria usque ad novos fructus.

§ 5. Die sabbati sequenti ⁶ fuimus apud Tysiacum : ibi morantur tres monachi et prior; bene et honeste se habent. Ad festum beati Johannis Baptiste nuper preteritum recepit domum prior, et [tradi]dit ei prior Kari Loci domum honeratam in CC. libris Viennen., que converse sunt in so[lutionem] debitorum domus Kari Loci, et habet domus necessaria usque ad nova.

§ 6. Die d[ominica qua] cantatur *Reminiscere* ⁷ fuimus apud Raigniacum : ibi morantur [......monachi et prior]; in spiritualibus bene et honeste se habet domus. Obligata est [in... . libris Viennen., que converse sunt] in solutionem debitorum domus Kari Loci; et tam domus [................Raigni]aco sunt decime domus grangie, et quidam prioratus et quedam [.................per] quindecim annos illicite, sicut dicunt priores : que ipsi possunt [........ redimere ab e]mptoribus, si super hoc habent mandatum. Ad capitulum [............. ....] donno abbate et diffinitoribus tractatum habere.

[§ 7. Die lune sequenti ⁸] fuimus apud Sanctum Victorem : ibi sunt duo monachi. In spiritualibus et [temporalibus bene et lau]dabiliter se habet domus; nichil debet, et habet habundanter necessaria omnia usque ad [novos fructus].

§ 8. Die [martis sequenti ⁹] fuimus apud Poilliacum : ibi morantur duo monachi, quorum unus est inutilis, [alter propter senectut]em non potest audire confessionem socii sui nec juvare ad divinum [officium fa]ciendum. Cetera, tam in spiritualibus quam in temporalibus, sunt in bono statu, preter [......]im, de qua gentes comitis Forensis injuriantur aliquando priori et domui Poilli[aci]; item intelleximus ibidem quod dominus de Cosam abstulit domui de Poilli, in quadam villa que vocatur

5. *14 févr.* — 6. *16 févr.* — 7. *17 févr.* — 8. *18 févr.* — 9. *19 févr.*

Asteron, centum solidatas terre et plus, in quibus recuperandis obedienciarius Sancti Justi Lugdunensis, qui tenet domum de Poilliaco, non apponit consilium.

§ 9. Die mercurii post [10] fuimus apud Saltum de Cosant : ibi morantur duo monachi; in spiritualibus et temporalibus bene se habet domus, hoc excepto quod dominus de Cosam gravat eam multum.

§ 10. Die jovis sequenti [11] fuimus apud Pomers : ibi morantur decem monachi. In spiritualibus et temporalibus bene se habet domus; obligata est debitis in ducentis et LX libris Viennen., propter libertates quas acquisivit a comite Forensi; in aliis temporalibus bene se habet domus.

§ 11. Die [sa]bbati [sequenti [12]] fuimus apud Villam Novam, quam tenet abbas Sancti Rigaudi : ibi sunt [........ monachi. In spiritu]alibus et temporalibus bene et honeste se habet domus; nichil debet [et habet necessaria u]sque ad novos fructus.

[§ 12. Die dominica qua canta]tur *Oculi mei* [13] fuimus apud Ambertam : ibi morantur xx. monachi sine p[resbitero, nec est] ibi sufficiens subprior. In spiritualibus bene se habet domus, hoc excepto quod elemosina non datur ibi nisi per duos dies in edomada; obligata est domus in quingentis libris Viennen.: sed prior, qui nunc est, invenit eam obligatam in IX. libris. [Dorm]itorium non est regulare; in aliis temporalibus bene se habet domus, et multum posuit [in servi]ciis necessariis et bonis, et habet necessaria usque ad novos fructus.

[§ 13. Die.......] ante mediam Quadragesimam [14] fuimus apud Borbonium : ibi morantur sex monachi et [prior; n]on est ibi celerarius monacus, sed quidem garcio de quo monachi conqueruntur. Non datur ibi elemosina nisi die dominica in edomada; nichil debet, et habet necessaria usque ad novos fructus et residuum. Deficit ibi verreria.

§ 14. Die lune post mediam Quadragesimam [15] fuimus apud Simelay : ibi moratur solus monacus, quia prior est in scolis, et ille solus non potest facere divinum officium ; non est

---

10. *20 févr.* — 11. *21 févr.* — 12. *23 févr.* — 13. *24 févr.* — 14. *... mars.* — 15. *4 mars.*

ibi velum ante altare, quod debet poni in Quadragesima. Nichil debet et est in bono statu.

§ 15. Die martis post[16] fuimus apud Luziacum : ibi moratur solus monacus, quia prior moratur apud Cluniacum pro generali faciendo; nichil debet et est in bono statu.

§ 16. Die mercurii sequenti[17] fuimus apud Magobrium : ibi sunt quatuor monachi. Negligenter faciunt divinum officium per omnia : in vigilia Purificationis beate Marie luserunt f[ere] per totam noctem, et lucratus fuit Galterius ab Aberto quatuor [....................] summam pecunie. Domus est obligata in C. libris Viennen. [... ....]e est contencio inter dominum de Luziaco et priorem.

[§ 17. Die.......... post] mediam Quadragesimam[18] fuimus apud Montem Sancti Johannis : ibi sunt tres mon[achi et prior]; unus eorum, Humbertus nomine, missus est apud Cluniacum, quia leviter et dissolute se habuerat. Quando donnus abbas visitavit, duo anni sunt elapsi, debebat domus CCC. et L. et IX. libras : modo debet CCC. libras et L. sol. Viennen.; et renovavit bis boves omnes carruce sue, qui mortui fuerunt. Habet necessaria usque ad novos fructus : cetera sunt in bono statu.

§ 18. Die dominica in Passione Domini[19] fuimus apud Troaz : ibi sunt duo monachi; in spiritualibus et temporalibus bene se habet domus.

§ 19. Die martis sequenti[20] fuimus apud Floriacum : ibi morantur duo monachi; bene et honeste se habent, et faciunt divinum officium, sed non possunt habere ea que debentur eis a dom° duce, qui tenet domum, pro vi(c)tu et vestitu. Domus sunt discoperte et duo torcularia omnino dissipata, nec possent omnia reparari pro centum libris et, si diu remanxerit sine emendatione, maximum dapnum subsequetur; nemora destruuntur et homines ville, propter nimias exactiones et corveias, destructi sunt et, quod pejus est, libertas prioratus poterit deperire, quia omnes homines qui capiuntur in villa pro forefacto et sine forefacto ducuntur apud Lentenay, contra libertatem et dominium prioris, cum super hiis fuerit aliquando maxima contencio inter gentes ducis et priorem.

16. *5 mars.* — 17. *6 mars.* — 18. *... mars.* — 19. *10 mars.* — 20. *12 mars.*

§ 20. Die mercurii sequenti[21] fuimus apud Vergeyum : ibi morantur xix. monachi. Domus est in bono statu spiritualiter et temporaliter, hoc excepto quod dom⁎ dux facit multas injurias domui de Ladona et dom⁎ Henricus de Paigne domui de Charri ; nichil debet nisi donno abbati et priori de Kar(itate), et priori Sancti Martini in Campis; et habet necessaria usque ad novos fructus et ultra.

§ 21. Die jovis[22] fuimus apud Sanctum Romanum : ibi morantur duo monachi et prior; bene se habet domus in spiritualibus et in temporalibus, hoc excepto quod dominus ville fecit grangiam suam in propria terra prioratus.

§ 22. Domus Sancti Cosme, quam tenet abbas Sancti Petri Cabilonis, est in bono statu.

§ 23. Dominica in Ramis Palmarum[23] fuimus apud Sanctum Marcellum Cab(ilonensem): ibi morantur decem et septem monachi, tam scolares, quibus ministrat prior, quam residentes. In spiritualibus et in temporalibus bene se habet ; nichil debet, et habet necessaria usque ad novos fructus et residuum : oportebit tamen obligari dictam domum hoc anno in centum libris, pro edificiis et torcularibus apud Mercure dissipatis.

§ 24. In die Pasche[24] fuimus apud Gygne : ibi morantur xxx. et tres monachi. In spiritualibus bene se habet domus, excepto quod dormitorium non est regulare; de debitis non potuimus esse certi propter absenciam prioris, qui requirebat res suas in terra domini de Turre, quibus quidam predo injuste eum spoliaverat[25], nec erat aliquis in conventu qui sciret certitudinem debitorum nisi de auditu.

§ 25. Apud Nantoacum non ausi fuimus venire propter guerras, set mandavimus priori quod veniret ad presens capitulum cum aliquibus bonis viris de eadem domo, qui de statu ejusdem domus possent vobis certitudinem reportare.

§ 26. Die martis post Pascha[26] fuimus apud Treffort : cum priore non est ibi nisi quidam juvenis, qui nullos habet ordines nec est ibi necessarius. Prior bene aministrat ibi et diminuit debitum quod invenit quando recepit prioratum, et fecit

---

21. *13 mars.* — 22. *14 mars.* — 23. *17 mars.* — 24. *24 mars.* — 25. *D'abord* predaverat. — 26. *26 mars.*

edificia necessaria et bona. Domus ista subjecta est priori de Nantoaco.

§ 27. Die mercurii[27] fuimus apud Vilate, quam tenet archipresbiter de Ambronay, cui vendidit comes Burgondie pos(t)quam fuit uxoratus : ibi sunt duo monachi, quorum unus est quasi laicus, non habet nisi tonsuram et nihil scit. Locus ille destruitur et libertates pereunt pro deffectu deffensoris ; dominus de Loies destruit homines et compellit ire ad opera sua. quod numquam fecerunt usque ad modernum tempus, et ille archipresbiter nullum vult apponere consilium. Dictum fuit nobis quod apud Nantoacum sunt quidam monachi, quod si daretur domus alicui eorum, eriperet eam de manu archipresbiteri et deffenderet eam bene.

§ 28. Die jovis[28] vocavimus priorem Sancti Petri de Chandeyo apud Lugdunum et socium suum, quia non ausi fuimus ire propter guerras ; et licet posita sit domus in medio nationis prave et perverse[29], intelleximus quod prior bene deffendit eam per se et amicos suos, preterquam de domino, qui facit hominibus aliqua gravamina. Obligata est domus, propter tempestates que fuerunt hoc anno in terra illa, que destruxerunt omnes fructus terrarum, in xx. libris vel circa Viennen.; et habet necessaria usque ad novos fructus. Cetera sunt in bono statu.

§ 29. Die veneris[30] fuimus apud Taloiers : ibi morantur tres monachi et prior ; unus eorum, Radulphus nomine, indiciplinate vivit, nec ausus est prior nec sacrista eum corripere, quia minatur hominibus et percutit, et magnum cultrum quod portat trait super eos, et intrat domos eorum ipsis invictis : quare timendum est ne majus scandalum eveniat. Cetera sunt, tam spiritualiter quam temporaliter, in bono statu.

§ 30. In domo de Monbertout, quam tenet decanus Lugdunensis, morantur duo monachi ; bene et honeste se habent[31], et domus est in bono statu.

§ 31. Die dominica in octabis Pasche[32] fuimus apud Grelonges : ibi sunt duo monachi et prior et xxiii. moniales. In spiritualibus et temporalibus bene se habet domus, excepto

---

27. 27 mars. — 28. 28 mars. — 29. Deuter., xxxii, 5. — 30. 29 mars. — 31. D'abord h. vivunt. — 32. 31 mars.

quod aqua consumit insulam, et necesse fuit exire moniales hoc anno de insula propter inundanciam aquarum ; pauperes sunt et paciuntur penuriam tam domorum quam victualium, et specialiter hoc anno quia sustractum est de aleceiis que solebant eis dari in XL. Nichil debet, et habet necessaria secundum consuetudinem loci usque ad novos fructus.

§ 32. Die lune sequenti[33] fuimus apud Saules : ibi morantur duo monachi et prior. In spiritualibus et temporalibus bene et laudabiliter se habet domus ; nichil debet et habet necessaria usque ad novos fructus.

§ 33. Die martis[34] fuimus apud Altum Jugum : ibi morantur duo monachi et prior. In spiritualibus et temporalibus bene se habet domus ; nichil debet et habet necessaria usque ad novos fructus.

§ 34. Die mercurii sequenti[35] fuimus apud Sanctum Nicecium de Strata, quam tenet obedienciarius Sancti Justi Lugdunensis : ibi sunt quatuor monachi, tres eorum removendi, videlicet Humbertus, Petrus et Gerinus sacrista ; Petrus et Humbertus, quia juvenes sunt nec habent aliquos ordines, et discurrunt huc et illuc[35*], nec faciunt divinum officium sicut deceret ; Gerinus, quia leviter se gerit et diffamatus est de incontinencia. Quedam edificia corruerunt ibi et alia sunt discoperta. Ista domus subjecta est priori de Kari Loco.

§ 35. Die jovis[36] fuimus apud Sanctum Martinum Masticonensem : ibi moratur unus monacus et prior ; et est domus in bono statu, tam in spiritualibus quam in temporalibus.

§ 36. Domus de Blanziaco est in pessimo statu spiritualiter et temporaliter : non est qui faciat ibi divinum officium ; jura, libertates et redditus domus depereunt, et quiconque occupat ea, quasi si in nullius bonis essent, eis conceduntur.

231[1]

Nos Girardus, Dei gratia Eduensis episcopus, notum facimus universis præsentibus, quod in nostra præsentia constituti

---

33. 1ᵉʳ avril. — 34. 2 avr. — 35. 3 avr. — 35*. D'abord i. et nolunt serprout. Deo vire — 36. 4 avr.

231. — 1. Impr. dans PERARD, Recueil de pièces Bourgogne (1664), 521.

Perrinus de Semuro Briennensi, filius quondam dom¹ Girardi de Semuro, militis, ex una parte, et illustris vir Hugo dux Burgundiæ, ex altera : dictus Perrinus vendit et, titulo puræ et perfectæ venditionis, tradit prædicto Hugoni duci Burgundiæ, tertiam partem quam habet in pedagio de Paredo Moinali et omnem actionem, quod et quam habet et habere potest in prædicto pedagio aliqua ratione; in ipsum Hugonem suosque liberos vel heredes dictam tertiam partem pedagii et omne jus et actionem totaliter transferendo, et hoc pro pretio quater viginti librarum Viennensium, de quo pretio idem Perrinus se tenet plenarie pro pagato; promittens idem Perrinus, per juramentum suum et sub obligatione bonorum suorum, prædicto domᵒ duci, stipulanti pro se et hæredibus suis, quod contra dictam venditionem non veniet nec alicui contraire volenti consentiet, et faciet et præstabit, si contigerit dictam tertiam partem pedagii(...), quicquid in casu evictionis debet fieri vel præstari, et quod pro dicto duce se opponet et si opus fuerit ad justiciam respondebit; renuntians idem venditor, *etc.* In cujus rei testimonium, *etc.* Actum et datum anno Domini millesimo ducentesimo septuagesimo primo, die martis post festum sancti Dionysii 2.

232¹

Hec est visitacio provincie Lugdunensis facta per de Gravilonga et de Taluyes priores, anno Domini
Mᵒ. CCᵒ. LXX. primo ².

Apud Gravemlongam est prior, cum duobus sociis et viginti tribus monialibus; domus est in bono statu spiritualiter et temporaliter. — 2. Domum Sancti Nicetii juxta Bellum Jocum, que pertinet ad prioratum de Caro Loco, tenet obedienciarius Sancti Justi; ibi sunt tres monachi, et deficit unus:

---

2. *13 oct. 1271.*

232. — 1. *Arch. de la ville de Cluny, origin. parchem., bande de 60 cent. sur 10/3; au dos (XIVᵉ s.):* Visitacio facta anno Dni Millᵒ CCᵉ LXX primo. — 2. *1271-2.* — *Effacé:* set petuntur ab eo plura debita de tempore Gaufridi, condam prioris illius loci.

alia sunt in bono statu. — *3.* In domo de Alto Jugo est prior cum duobus sociis; nichil debet, et est in bono statu spiritualiter et temporaliter. — *4.* In domo de Tyse est prior cum tribus sociis; debet pro debito Cari Loci : quantum ad alia est in bono statu. — *5.* In domo de Rigniaco, que pertinet ad Carum Locum, sunt iiij^{or} monachi; ibi non est prior, et ideo de debitis non potuimus scire veritatem : quantum ad alia est in bono statu. — *6.* Domum Sancti Victoris tenet abbas Sancti Rigaudi; ibi sunt duo monachi. — *7.* Domum de Poliaco tenet obedienciarius Sancti Justi; ibi sunt duo monachi, et cetera sunt in bono statu. — *8.* In domo de Saltu de Quosant est prior cum duobus monachis; ipse prior debet centum libras Viennen.: cetera sunt in bono statu. — *9.* In domo de Pomers, que pertinet ad prioratum de Nantoays, est prior cum decem monachis; ibi omnia bene se habent. — *10.* Domum de Nova Villa tenet abbas Sancti Rigaudi, et sunt ibi duo monachi; omnia ibi bene se habent, et multa bona facit ibi. — *11.* In domo de Amberta est prior cum xvii monachis; domus debet circa CCCC. libras Viennen.; de aliis est in bono statu. — *12.* Apud Carum Locum sunt xxv. monachi: bene se habent in spiritualibus; de temporalibus non potuimus scire, quia non erat ibi prior. — *13.* Apud Marciniacum sunt xiiij^{cim} monachi et moniales consuete, bene se habentes in spiritualibus; moniales conqueruntur de aliquibus defectibus, quos precepimus emendari. — *14.* Apud Paredum sunt xx. monachi, et sunt in bono statu. — *15.* Apud Borbonium est prior cum quinque monachis; debet circa xx. libras et debentur ei plura : quantum ad alia sunt in bono statu. — *16.* Apud Symulay est prior cum uno monacho; sine debito est et in bono statu. — *17.* Domum de Luziaco tenet custos generalis Cluniaci : est ibi unus monachus; nichil debet. — *18.* Apud Meure est prior cum quinque monachis : nichil debet [3]. — *19.* Apud Montem Sancti Johannis est prior cum duobus monachis; debet circa VIJ^{xx} libras Viennen., quia quando recepit domum debebat circa XIIII^{xx} libras Viennen. — *20.* Apud Dueme est prior solus et non moratur ibi, set apud Vergeium : dicit quod dom^s abbas dedit ei indulgenciam de socio usque ad novos fructus; debet vi. libras. — *21.* Apud Troant sunt duo monachi, et bene se habent. —

22. Apud Floriacum, qui pertinet ad domum Sancti Marcelli Cabilonensis, sunt duo monachi, honeste se habentes. — 23. Apud Vergeium est prior cum xx. monachis, et bene se habent spiritualiter et temporaliter. — 24. Sanctum Romanum tenet magister Oddo de Salon, et est ibi unus monachus. — 25. Apud Sanctum Marcellum Cabilonis est prior cum xx. monachis: spiritualiter bene se habent. In temporalibus prior habet tantum in mobilibus quantum debet, excepto archidiacono Flavignaci, cui debet C. et L. libras Viennen., et dictus archidiaconus tenetur expendere in edificiis Sancti Marcelli CC. et xxx libras Viennen. — 26. Apud Sanctum Martinum Masticonensem est prior cum uno monacho; nichil debet, debet tamen placita cum capitulo Sancti Vincencii de justicia domus. — 27. Apud Sales est prior cum duobus monachis; nichil debet, excepta pensione; in spiritualibus bene se habet. — 28. Apud Taluyers est prior cum tribus monachis: bene se habent; per priorem qui fuit exigitur quoddam fl'm debitum, unde posset gravari domus, quam debuit reddere quictam. — 29. Apud Gyniacum sunt xxv. monachi cum priore; debet CCC. libras Viennen.: multa perdiderunt propter guerram, scilicet ad valorem quingentarum librarum; in spiritualibus bene se habent. — 30. Apud Nantoas sunt xvi. monachi cum priore; non est ibi subprior; quando prior recepit domum, debebat tria milia librarum et LXI. libras propter guerram et defectus: de hoc solv(i)t duo milia libr. et XI. libras et VIJ. sol. — 31. Domum de Villeta, que pertinet ad prioratum de Nantoas, tenet archipresbiter de Ambronay; domus corruunt et jura domus pereunt, nec qui apponat consilium. — 3. Apud Chanziacum est unus monachus cum priore; debet xx. libras; in aliis bene se habet.

233[1]

VISITACIO FACTA IN PROVINCIA LUGDUNENSI PER DE GRAVILONGA ET DE CHANZIACO PRIORES, ANNO DOMINI M°.CC°.LXXVII [2].

In domo de Monte Bertoudi sunt duo monachi: decanus non erat presens, ideo nichil potuimus scire de statu domus. —

---

233. — 1. *Arch. de la ville de Cluny, origin. parchem. avec fragment de sceau sur lemnisque († S......... GRAVI......... ES), bande de 48 cent. sur 15/7; au dos (XIV⁰ s.): Visitatio in provincia Lugdun. anno Dni M• IJ⁰ LXX⁰ septimo.* — 2. *1277-8.*

2. In domo de Villata, quam tenet archipresbiter de Ambronay et que est subjecta domui de Namtuaco, sunt duo monachi; aliquid erat corrigendum, quod precepimus per procuratorem et subpriorem de Namtuaco emendari. — *3.* In domo de Namtuaco, quam tenet abbas Sancti Secani, sunt xviij. monachi; domus non multum debet, nisi dicto abbati vel priori. Ibi intelleximus quod, si dictus prior sepius visitaret dictam domum suam, melius se haberent negocia intus et extra. — *4.* In domo de Strafort nullus est monachus nisi prior, quia superior suus, scilicet prior de Namtuaco, fecit sibi hanc gratiam propter debita, ut dicit. — *5.* In domo de Gigniaco sunt xxv. monachi; prior debet, ut dicit, circa mille et ducentas libras Viennen.; victualia habet usque ad novos fructus.— *6.* Domus de Chavariaco est in bono statu. — *7.* In domo Sancti Marcelli Cabilonensis sunt xviij. monachi et duo scolares.— *8.* Domum de Sancto Romano tenet quidam clericus, frater domini illius ville, et [sa]tis bene regit illam ; ibi est unus monachus. — *9.* [Apud Vergeium] sunt xxv. monachi regulariter viventes, et prior benefacit domui et ampliat redditus. — *10.* Apud Floriacum sunt quatuor monachi, et sunt in bono statu. — *11.* Apud Troandum sunt duo monachi maturi : omnia sunt ibi in bono statu. — *12.* Apud Montem Sancti Johannis sunt tres monachi bene se habentes; prior debet, ut dicit, circa centum libras Parisien. propter quoddam nemus quod emit et defectum vini. — *13.* Apud Meuram sunt quatuor monachi, et ipsi et cetera sunt in bono statu. — *14.* Apud Symulay et apud Luziacum, in quolibet est unus monachus. — *15.* Apud Borbonium sunt quatuor monachi et unus scolaris : bene se habent; prior debet, ut dicit, quater viginti libras Turonen. — *16.* Apud Paredum sunt viginti monachi, bene se habentes; cetera sunt in bono statu. — *17.* Apud Marciniacum sunt xv. monachi, preter moniales; prior debet VIJ^c libras Turonen.—*18.* Apud Carum Locum sunt xxiiii. monachi et unus conversus: conversus ille est diffamatus de incontinencia, et portam prioratus custodivit male et inhoneste ; prior debet sexcentas libras Turonen., ut dicit, preter quasdam emendas regis. — *19.* Apud Villam Novam sunt duo monachi, et sunt in bono statu. — *20.* Apud Ambertam sunt xviij monachi in bono statu. — *21.* In domo

de Pomers, que subest prioratui de Nantuaco, sunt decem monachi ; et ibi omnia sunt in bono statu. — 22. In domo de Poliaco sunt duo monachi et decanus, bene se habentes. — 23. In domo de Rigniaco, que subest prioratui de Caro Loco, sunt tres monachi et prior, qui dicit se et domum suam esse in bono statu. — 24. In domo de Tyseio, que similiter subest prioratui de Caro Loco, sunt tres monachi et prior, bene se habentes : prior tamen debet circa C. libras propter malas annatas. — 25. [Apud] Sanctum Victorem sunt duo monachi et decanus, in bono statu. — 26. [Domus Saltus] de Cosant est in malo statu, non propter culpam prioris qui modo est, set propter maliciam domini de Cosant et ignoranciam aliquorum aliorum; prior debet C. libras Viennen. — 27. In domo de Taluiers, quam tenet archiepiscopus Lugdunensis, sunt duo monachi. — 28. Domus Sancti Petri de Chanziaco, ubi est prior cum uno monacho, est in bono statu. — 29. In domo de Gravilonga sunt duo monachi et prior, et xxix. moniales honeste Deo servientes, set pauperes ; debent C. et L. libras Viennen., preter gageriam quamdam et pensionem. — 30. Domus de Sales, in qua sunt duo monachi et prior, est in bono statu. — 31. In domo Sancti Nicetii sunt quatuor monachi et prior, qui debet LX. libras Viennen. — 32. Domus de Alto Jugo, in qua sunt duo monachi et prior, est (in) bono statu.

234[1]

Anno Domini M° CC° LXXX°[2],
Visitacio provincie Lugdunensis
facta per de Borbonio et de Sancto Victore priores.

Apud Borbonium sunt quinque monachi cum priore ; divinum officium ibidem bene celebratur ; domus debet sexvinginti libras Turonen., et habet bladum et vinum usque ad novos fructus. — 2. Item, domus de Luziaco et de Simulay sunt in bono statu, pro ut prior dicit. — 3. Item, domus de

---

234. — 1. *Arch. de la ville de Cluny, origin. parchem. avec trace de sceau sur lemnisque, bande de 55 cent. sur 18/21 ; au dos (XIIIe s.)* : Domus de Mongobrio ; *(XIVe s.)* : Visitatio provincie Lugdun. facta anno Dni mill·CC·. LXXX·. — 2. *1281-2.*

Meuvray debet ducentas libras Turonen., et sunt ibi tres monachi et unus parvus monacus; et habet bladum et vinum usque ad novos fructus. — *4*. Item, in prioratu Montis Sancti Johannis sunt ibi tres monachi, et habent bladum et vinum usque ad novos fructus; et de debito est in bono statu, ut dixit nobis prior de Paredo. — *5*. Item, in domo de Vergerio sunt vinginti et tres monachi; ibi divinum officium bene et sollenniter celebratur, et ordo et religio inviolabiliter et fermiter observatur; de temporalitate domus, abbas respondeat. — *6*. Item, domus Sancti Romani est in bono statu. — *7*. Item, in prioratu Sancti Marcelli Chabilonensis sunt vinginti quatuor monachi; et ibidem divinum officium o bene celebratur, et est in spiritualibus in bono statu; et est bladum et vinum usque ad novos fructus; de debito respondeat prior.—*8*. Item, domus Sancti Martini Masticonensis est in bono statu. — *9*. Item, domus Sancti Nicecii subtus Belijocum est in bono statu, et sunt ibi tres monachi cum priore; et habent bladum et vinum usque ad novos fructus.—*10*. Item, domus de Arthoingo est in bono statu, et sunt ibi duo monachi; et habent bladum et vinum usque ad novos fructus. — *11*. Item, domus de Salles est in bono statu, et sunt ibi duo monachi; et habent bladum et vinum usque ad novos fructus. — *12*. Item, in domo de Gravilonga sunt tringinta et quatuor moniales, que bene divinum officium celebrant; et est in spiritualibus in bono statu; de tenporalitate autem senper conqueruntur. —*13*. Item, domus Montis Bertodi est in bono statu, et sunt ibi duo monachi. — *14*. Item, domus Sancti Petri de Chandie est in bono statu, et sunt ibi duo monachi cum priore; et habent bladum et vinum usque ad novos. — *15*. Item, domus de Thaluiers est obligata in ducentis libris Viennen.; et sunt ibi tres monachi cum priore, qui divinum officium bene celebrant; et habent bladum et vinum usque ad novos fructus. — *16*. Item, domus de Polliaco est, in spiritualibus et temporalibus, in bono statu; et sunt ibi duo monachi, et habent bladum et vinum usque ad novos fructus.—*17*. Item, domus de Saltu subtus Cossam est in bono statu et nichil debet.—*18*. Item, in domo de Pomeriis in[3] Forisio sunt

---

3. *D'abord* de.

undecim monachi cum priore; et est in spiritualibus in bono statu, et est obligata in septem viginti libris Viennen.; et habent bladum et vinum usque ad novos fructus, ut dicit prior. — *19*. Item, domus de Villanova est (in) bono statu, et sunt ibi duo monachi cum priore; et habent bladum et vinum usque ad novos fructus. — *20*. Item, domus de Riniaco est in bono statu, et sunt ibi quatuor monachi cum priore. — *21*. Item, domus de Sancto Victore est in bono statu, et sunt ibi duo monachi cum priore. — *22*. Item, domus de burgo Tissiaci est in bono statu, et sunt ibi quatuor monachi cum priore. — *23*. Item, domus Kariloci debet V^o libras Viennen., et sunt ibi xxx et duo monachi; et habent bladum et vinum usque ad novos fructus : cetera sunt in bono statu. — *24*. Item, domus de Hamberta debet quatuor viginti et decem libras Viennen. et sunt ibi xx monachi; habent bladum et vinum usque ad novos fructus : cetera sunt in bono statu. — *25*. Item, in domo de Marciniaco sunt decem et octo monachi, qui divinum officium bene celebrant; domine conqueste fuerunt nobis de quibusdam sibi necessariis, sed procuratores prioris promisserunt emendare. — *26*. Item, domus de Charellam debet VI^{xx} libras Turonen., et sunt ibi duo monachi cum priore; et habent bladum et vinum usque ad novos fructus, ut dicit prior. — *27*. In domo de Paredo sunt viginti et quatuor monachi; et est in spiritualibus et temporalibus in bono statu. — *28*. Domus de Arpaiam, licet sit in bono statu in edificiis, tamen de temporalitate male se habet, quia dom^s Stephanus di(c)tus Salvaions et dom^s Jocerannus de Tanneio inponunt servitutem in hominibus liberis eclesie, et clericus episcopi noluit nobis obedire et alias fuit diffinitum ut emendaretur.

235[1]

Hec est visitatio facta in provintia Lugdulensi per decanum Cluniaci et per priorem de Podialano, anno Domini M°. CC°. octogesimo nono [2].

Apud Sanctum Romanum est unus monachus : domus torcularis ejusdem loci ruinam minatur; altare etiam ecclesie

---

235. — 1. *Arch. de la ville de Cluny, origin. parchem. avec fragments de 2 sceaux sur lemnisques, 3 bandes de 94 cent. sur 15; au dos (XIIIe s.)* : Visitatio provintie Lugdun. anno LXXXIX°; *autre titre du XIVe s.* — 2. *1289-90.*

dicti loci defectum patitur de albis et casulis. Magister Theobaldus de Camera tenet dictam domum.

§ 2. Apud Vergeyum sunt XXIII. monachi cum priore, quorum decem sunt sacerdotes, alii duodecim pueri sunt et juvenes. Offitium divinum non fit ibi ita bene sicut alias consuetum est, propter multitudinem juvenum; silentium non tenetur in clastro nec in aliis locis; conventus utitur stratis lineis in dormitorio. A tempore quo fuit iste prior non fuit ibi supprior usque ad adventum visitatorum; remanserunt aliquando et adhuc remanent misse propter defectum sacerdotum, ut sunt misse tercennariorum et missa matutinalis. Prior est negligens circa divinum officium, non celebrando missam suam ex quo fuit prior ibidem; raro aut numquam intravit capitulum; removet mutando dictus prior sacerdotes et antiquos de dicta domo sine causa rationabili. Clastrum dicte domus ruinam minatur, et pluit ibidem et in dormitorio; teclum, quod est super capitulum, minatur ruinam; conventus non comedit in refectorio. Domus debet septingintas libras Turonensium et plus.

§ 3. Apud Duismum est unus monachus; prior non facit ibidem residentiam; offitium divinum raro ibidem celebratur. Non est ibi nec[2*] vinum nec cetera; domus debet XXXVI. libras Turonen. vel circa.

[§ 4. Apud] Montem Sancti Johannis sunt tre[s mona]chi cum priore; officium divinum bene celebratur ibidem; [monachi jac]ent in stra[tis lineis. Domu]s debet CCC. libras Viennen.: alia temporalia sunt [in bono statu].

[§ 5. Apud Magobrium sunt sex monachi, quorum] tres sunt sacerdotes et tres pueri. [Officium divinum ibidem celebratur honeste sicut] consuevit; sacrista tenet [ecclesiam inhoneste : precepimus priori quod] facer[et emend]ari, quod et promisit. Domus [debet.....] libras Turonen.

[§ 6. A]pud Luziacum sunt duo monachi cum priore, honeste divina celebrantes sicut ibidem consuetum est; prior nichil debet. —§ De Similac fiat mentio.

§ 7. Apud Borbonium sunt quinque monachi cum priore,

2*. *D'abord* n. panis, bladum nec.

honeste divina celebrantes : omnes sunt sacerdotes. Sacrista tenet ecclesiam inhoneste, set prior promisit nobis quod faceret emendari. Domus debet centum libras Turonen.

§ 8. Apud Paredum sunt xxiiii monachi, quorum xii. sunt sacerdotes, set tres non faciunt ebdomadam suam, et duodecim qui non sunt sacerdotes, quorum duo sunt Parisius studentes, alii sunt in clastro. Vitree de ecclesia dissipate sunt : sacrista promisit quod infra festum beati Johannis faciet dictas vitreas reparari; officium divinum honeste celebratur ibidem, sicut antiquitus consuetum est. Monachi jacent in stratis lineis, exceptis aliquibus antiquis. Domus debet trecentas libras Turonen.

§ 9. Apud Kadrellas sunt duo monachi sacerdotes cum priore: ecclesia minus honeste tenetur propter deffectum vitrearum, set propter loci paupertatem prior non potest emendare. Domus debet centum libras Turonen.

§ 10. Apud Marciniacum sunt xviii monachi cum priore. Offitium divinum ibidem honeste celebratur sicut consuetum est. Libra panis monialium est nimis parva nec potest eis sufficere ad victum cotidianum †. Predecessores istius prioris alienaverunt 3 anniversarium dom^i Johannis episcopi Masticonensis in manu seculari, nec fit ibidem officium dicti episcopi; nec refectio datur monialibus diebus statutis, unde moniales non minime conqueruntur. Beneficia et redditus dicte domus alienata sunt in manu secularium usque ad valorem octingentarum librarum Turonen. Monachi jacent in linteaminibus. Prior habet blada et vina ad maximam habundantiam. Correximus alia que ibidem repperimus corrigenda. Domus debet mille ducentas libras Turonen.

§ 11. Apud Karumlocum sunt tringinta monachi cum priore; officium divinum ibidem valde bene et honeste celebratur. Domus est in bono statu secundum spiritualitatem, excepto quod monachi jacent in linteaminibus. Domus debet VI^c libras Turonen. vel circa.

§ 12. Apud Sanctum Victorem sunt duo monachi cum priore, sacerdotes, et unus juvenis ; officium divinum ibidem fit competenter. Domus nichil debet.

3. *En surcharge* redditus.

§ *13*. Apud Villam Novam sunt duo monachi sacerdotes cum priore; officium divinum competenter celebratur ibidem. Domus nichil debet.

§ *14*. Apud Ambertam sunt decem et octo monachi cum priore, novem sunt sacerdotes; prior gravi infirmitate percussus est. Conventus non habet panem sufficientem, quia due partes sunt siliginis, nec habent vestiarium sufflitiens; et propter istos defectus et alios officium divinum minus sollempniter ibidem celebratur, et rigor ordinis in aliqua parte dissolvitur; monachi jacent in linteaminibus. Domus debet IX^{xx} libras Viennen., item C. et III. libras Turonen. in quibus prior tenebatur cuidam servienti, dicto Oriralit, defuncto, qui in testamento suo legavit dicto conventui de Amberta dictas centum libras et LX sol. Turonen. ad augmentationem vestiarii conventus. Ecclesia tenebatur inhoneste : precepinus quod emendaretur.

§ *15*. Apud Pomerios sunt novem monachi cum priore; officium divinum ibidem celebratur honeste; correximus aliqua que ibidem corrigenda repperimus. Domus debet centum libras Viennen.[4]

§ *16*. Apud Saltum de Cosan sunt duo monachi sacerdotes cum priore; officium divinum ibidem celebratur honeste sicut consuevit. Domus nichil debet, sicut prior dicit.

§ *17*. Apud Poliacum in Forisio[5] sunt duo monachi sacerdotes; decanus Montis Brisonis tenet domum. Decanum predictum ibidem non invenimus; monachi ibidem conversantes non faciunt officium divinum sicut decet, propter defectum rectoris, et discurrunt nimis huc atque illuc. Correximus alia que fuerunt corrigenda,

§ *18*. Apud Taluers sunt tres monachi cum priore, sacrista, sacerdos et duo juvenes : unus post visitationem factam promotus est in sacerdotem. Domus debet quatuor centum libras Turonen.

§ *19*. Apud Chandiacum sunt duo monachi sacerdotes cum priore; campanile est reedificatum. Domus nichil debet.

§ *20*. Apud Montem Beltodi sunt duo monachi : prior de

---

4. *D'abord* Turon. — 5. *D'abord* P. en Foreis.

Gravilonga tenet domum de novo; domus pro majori parte indigent reparatione.

§ 21. Apud Gravilongam sunt duo monachi cum priore et xxxiiii. moniales; non habent refectorium nec clastrum nec capitulum nec dormitorium sufficiens; moniales bene faciunt officium divinum. Domus debet xl^a libras Viennen.

§ 22. Apud Saules sunt duo monachi cum priore, sacerdotes; offitium divinum celebratur honeste ibidem sicut consuevit. Domus nichil debet.

§ 23. Apud Altum Jugum sunt duo monachi sacerdotes cum priore; officium divinum ibidem celebratur sicut consuevit. Domus nichil debet[6] .

§ 24. Apud Sanctum Marcellum de Cabilone sunt xx monachi : dormitorium indiget reparatione; monachi jacent in linteaminibus. Correximus alia que fuerunt ibi corrigenda; officium divinum ibidem celebratur honeste. Domus debet

§ 25. Apud Gigniacum sunt xxx^a monachi : xiii. sunt sacerdotes; officium divinum minus sollempniter ibidem agitur, propter deffectum obedientiariorum et maxime propter deffectum camerarii et celerarii; monachi exeunt portas domus sine licentia supprioris. †[7] Dom^s Henricus de Paigneyo multum gravat dictam domum; domus debet IX^c libras Viennen.

§ 26. Apud Nantoais ire non potuimus propter inundationem aquarum. — § 27. Apud Sanctum Martinum Masticonensem est unus monachus cum priore; domus nichil debet.

In tota provintia Lugdunensi quasi omnes ecclesie inmunde tenentur et inhoneste.

§ 28. Domum de Belna tenet magister Johannes de Landona cum appenditiis suis.

§ 29. Domum de Troando tenet dux Burgundie; est ibi unus monachus solus; clastrum minatur ruinam.

6. *Dans un cartouche*: De Sancto Cosma. — 7. *En surcharge* De aqua.

236[1]

Visitatio pro(v)incie Ludun(ensis) fauta per de Runs et de Nigro Stabulo priores, anno Domini M° CC° nonag'o II° et incepta die jovis post *Invocavit me* [2]

Apud Ambertam et ibi, facta inquisicione diligenti de statu ecclesie et personarum, de statu tepporalium invenimus quod prior bene administrat et servet jura ecclesie; invenimus eciam per juramentum prioris et testimonium conventus quod temppore quo primo habuit domum, computatis defectibus debitis quater viginti libris v. sol., pro quibus erat obligata domus de Mable, quas postea solvit, debebat domus sexdecies viginti vel circa libras Turonen., modo non debet sex viginti; alia, si qua erant, precipimus corrigi que poterant de facto corrigi. Sunt ibbi decem et novem monachi.

2. Item, apud Villam Novam sunt duo monachi; prior bene aministrat in tempporalibus et spiritualibus, nec debet ultra l. solidos; et correximus ea que erant corrigenda, et est dictus locus bene munitus.

3. Item, apud Pomerium in Foresio sunt undecim monachi; domus debet ducentas et viginti libras vel circa Turon., et quando prior cepit eam, computatis defectibus usque ad fructus novos, bene debebat septigentas libras, ut dixit nobis prior per juramentum suum; et quia monachi illius loci nimis vacabant veneationi, proibuimus eis in virtute obediencie corrigi, et alia que poterant corrigi per priorem : cetera sunt in bono statu.

4. Item, apud Saltum sunt duo monachi com priore; domus nichil debet, exepto debito domⁱ abbatis, ut dixit nobis (prior) per juramentum.

5. Item, apud Poliacum sunt duo monachi com priore; prior non erat presens : dixerunt nobis socii sui quod domus nichil debebat ; gentes comitis multas molestias inferunt domui.

6. Item, apud Taluers sunt duo monachi : non aparet ibbi

---

236. — 1. *Arch. de la ville de Cluny, origin. parch. avec fragment et trace de 2 sceaux sur lemnisques, bande de 57 cent. sur 12/3 ; au dos :* Visitatio provincie Lugdun. facta anno Dni mill° CC° LXXXX° IJ°. — 2. *1292-3 févr. 19.*

prior ; hospitalitas male servatur, ut vulgaliter dicitur, turris est discoperta, muri indigent reparatione ; nec invenimus ibi aliquem cui possemus precipere corectionem talium, quia dicebant se non habere potestatem.

7. Item, apud Gravam Longam sunt triginta et [qua]tuor moniales : bene faciunt divinum officium et sunt bone fame ; d[ebet domus] qu(a)ter viginti libras v (sol.) ; [de defect]u vero proprietatis, ecusant se pretestu paupertatis, quia non ad[ministr]antur eis necessar[ia] : dicunt tamen quod prior eis bene administrat secundum reditus ecclesie. [De aliis] vero, de quibus dicebantur inobedientes priori, eis rependimus [......]rant nobis corretionem. Item est ibi defectus dormitorii, refectorii et capi[tuli], ita quod non possunt dormire nec comedere simul, et reditus domus non supficiunt de talia facienda sine auxilio et consilio ordinis.

8. Item, apud Montem Bertoti sunt duo monachi et patitur multas molestias a vicinis injuste : prior tamen, in quantum potest, defendit jura eclesie ; de debito nichil pot(u)imus scire, quia prior non erat presens.

9. Item, apud Saules sunt duo monachi cum priore ; domus nichil debet ; de hospitalitate, que male servabatur, ipsum redarguimus pro posse nostro et promisit nobis emendare

10. Item, apud Altum Jugum sunt duo monachi et domus est in bono statu.

11. Item, apud Sanctum Romanum sunt duo monachi ; ille qui credebatur prior, dicit se non esse priorem : alias domus est in bono statu.

12. Item, apud Bernam non est prior nec monachus, nec hospitalitas servatur ; sprebiter qui custodit domum, noluit nos recipere, dicens se non hab[ere] potestatem.

13. Item, apud Vergeyum sunt triginta monachi cum priore ; prior bene ad[ministrat] ; domus debet CCCC libras et debeb[at .... libra]s q(u)ando cepit eam, [computatis] defectibus usque ad fructus [novos : alias domus est in bono stat]u.

14. Item, apud Floriacum sunt [....... monachi........].

15. Item, apud Truandum est [..........................] in pessimo statu, nam claust[rum.....................] minantur ruinam.

16. Item, apud Glonez sunt tres monachi sine priore, quorum unus puer est, qui recepit habitum de licencia dom¦ abbatis Yvonis, sicut dicunt.

17. Item, apud Mangobrium sunt sex monachi cum sine priore; debet ducentas libras et sex Turon.; multa dampna passus fuit propter incendium, ita quod oportuit ponere novies viginti libras in edificiis, et recepit domum obligatam in quadriginti libris, computatis defectibus usque ad novos (fructus).

18. Item, apud Luziacum sunt duo monachi et prior; et debet domus quater viginti libras et cepit eam sine debito, set excusat se propter causas; item dixit nobis quod habet de residuo bladi usque ad valorem quinquagita librarum Turon.

19. Item apud Borbonium sunt sex monachi, computato priore; debet domus LX libras Turon.; divinum officium bene faciunt; hospitalitas servatur, nov' reditus ecclesie.

20. Item, apud Paredum sunt triginta monachi et unus, computato priore; et debet domus trecentas libras Turonen.; monuimus ipsum de diligenciori custodia nemorum; in numero autem monacorum, computatis decano de Bemote et priore Montis Sancti Vincencii et decano.

21. Item, apud Marciniacum sunt xvii[tem] monachi, computato priore; et debet domus vicecies centum libras Turon.: excusat se propter defectum vini,...... dicit se posuisse usque ad valorem quingentarum librarum, et invenit domum obligatam in mille quadrigentis et sexaginta libris et multos reditus obligatos, tam ad vitam, tam ad tempus: injusimus sibi de revocatione quod faceret posse suo.

22. Item, apud Karolocum sunt triginta et tres monachi, computato priore.

23. Item, apud Kadralas sunt duo monachi: divinum officium celebratur bene, et hospitalitas bene servatur et helemosina; debet domus octo viginti libras Turonen., computatis defectibus usque ad novos (fructus): tamen invenit ecclesiam obligatam, quando acepit eam, in CCC. libris Tu(ron.); alia sunt in bono statu, et amentavit ecclesiam suam in reditidibus centum solid.

237[1]

[Anno Domini M° CC° no]nag° quarto [2],
Visitatio provincie Lugd(unensis) [facta per archidiaconum]
Cluniaci, et de Sancto Victore et Villa Nova priorem.

Apud Karilocum sunt triginta monachi cum priore. Domus est in spiritualibus et temporalibus in hotimo statu et nichil debet, et posuit prior dicte domus in edificiis hoc anno, tam in clautro reparando quam in aliis edificiis, usque ad valorem IIJ° librarum Turonen. De numero antico monacorum non potuimus habere plenam fidem, quia aliquando fuerunt plures et aliquando pauciores.

§ 2. Apud Ambertam sunt decem et novem monachi : anticus numerus erat minor, ut antiqui dicebant ; domus est (in) spiritualibus et temporalibus in bono statu.

§ 3. Apud Pomerios, qui mediate subest prioratui de Nantuaco, sunt decem monachi cum priore. Prior et monachi dicte domus dixerunt nobis quod dom° episcopus Valetinensis, qui tenet prioratum de Nantoaco, visitaverat ipsos et locum predictum..

§ 4. Apud Palliacum sunt duo monachi cum priore ; domus est in bono statu et nichil debet, excepta querela quam habet cum comite.

§ 5. Apud Saltum subtus Cosam sunt duo monachi cum priore ; domus debet viginti libras Viennen., et habet bladum et vinum usque ad novos fructus, ut dixit nobis prior.

§ 6. Apud Taluier sunt duo monachi cum sacripta, nec aparet ibi prior ; turis est discoperta, set procurator dicte domus nobis dixit quod in brevi faciet cooperire et meliorare ; procurator dicte domus emit quoddam feodum et quoddam pratum hoc anno usque ad valorem LXIIII librarum Viennen.

§ 7. Apud Chandiacum sunt duo monachi cum priore : prior non erat in domo, et sic non potuimus habere certitudinem de

---

237. — 1. *Arch. de la ville de Cluny, origin. parchem. avec trace de sceau sur lemnisque, 3 bandes de 116 cent. sur 12/3 ; au dos (XIII° s.)* : Visitacio provincie Lugdun. facta per archidiaconum Clun. et per Ville Nove priorem anno Dni M° CC° nonag' quinto ; *autre titre du XIV° s.* — 2. *1294-5.*

statu dicte domus, tamen dicitur quod est in bono statu et nichil debet, ut postea dixit nobis prior.

§ 8. Apud Vilete, qui mediate subest prioratui de Nantuaco, domus est in peximo statu in spiritualibus et temporalibus, quia moverterunt clautrum et edifficia totaliter cor(ru)unt; et ibidem solebant esse prior et monachi, modo ibidem nullus inhabitat, nec ibidem in dicta domo divinum officium celebratur.

§ 9. Apud Nantuacum sunt viginti et tres monachi. Divinum officium in eodem loco bene celebratur, et ordo et religio satis competenter observatur. Domus debet mille libras Viennen. Comes Gebernensis debet reddere triginta libratas terre domui de Nantuaco pro excambio de la Corbere; dom' episcopus Valetinensis est in prosecutione dicti excambii, prout procurator Nantuaci nobis dixit. Quidam sacerdos, qui vocatur Aymo de Taluxiaco, tenet domum de Chantriac en Choutayne, que subest prioratui de Nantuaco; vinee dicte domus inculte remenxerunt et edifficia corru(u)nt; juridictio et possessiones pereunt et per vicinos occupentur.

§ 10. Apud Gigniacum sunt triginta tres monachi. Divinum officium satis competenter celebratur. Quidam prioratus et quedam possessiones prioratus de Gigniaco sunt obligate, non de novo: prior, ut nobis dixit, non potest aliquod consilium apponere; tres pueri induti fuerunt hoc anno. Aliqua erant corrigenda, que precipimus corrigi et emandari. Domus debet VIJ° libras Turonen.; habet bladum et vinum usque ad novos fructus.

§ 11. Apud Sanctum Marcellinum sunt viginti unum monachi cum priore. Divinum officium ibidem bene celebratur; ordo et religio satis competenter observatur. Domus est obligata duobus mille VJ° LXV. libris XIJ. sol. X. den. Viennen.; item prior pro se debet pro negociis celsium, pro ut dictus prior nobis dixit, circa M. libras Viennen. Clautrum et edifficia corru(u)nt et minantur ruinam, et maneria que tenet prior ad manum suam sunt corrute pro majori parte, prout dixit nobis prior; quedam posessiones et prioratus ejusdem domus sunt alienate ad vitam tenencium usque ad valorem mille ducentarum librarum annui redditus vel circa. Prioratus de Artariis male tratatur, quia prior non est ausus intrare prioratum predictum. Cause de talia et justicia de Sancto Marcello, de Floriaco et de Urcinis pendent coram dom° duce Burgondie.

§ 12. Apud Sanctum Romanum sunt duo monachi; domus est in bono statu.

§ 13. Apud Vergeyum sunt triginta unum monachi cum priore : anticus numerus erat decem et octo monachorum, pro ut dicunt. Divinum officium ibidem bene celebratur ; ordo et religio satis competenter observatur. Domus debet V° libras Toronen.: excusat se pretestu tanpestatis.

§ 14. Apud Montem Sancti Johannis sunt tres monachi cum priore ; domus est in bono statu, et habet bladum et vinum usque ad novos fructus ; debet IJ° libras Toronen.

§ 15. Apud Magobrium sunt sex monachi cum priore ; domus est in bono statu, et dixit nobis prior quod habet bladum et vinum usque ad novos fructus ; et debet IJ° libras Toronen.

§ 16. Apud Luziacum sunt duo monachi cum priore. Habet bladum usque ad novos fructus ; habet defectum vini usque ad valorem decem librarum Turon. Domus debet IIIJ^{xx} libras Turonen. ; juridictio predicti prioratus est in manu comitis Nivernensis bene sunt viginti anni elapsi. Domus de Similayo est in malo statu, in edifficiis et spiritualitate ; quidam ibidem solebant esse monachi et non sunt.

§ 17. Apud Borbonium sunt sex monachi cum priore ; domus est in bono statu, in spiritualibus et temporalibus, et debet predictus prior sexsaginta libras Turon.

§ 18. Apud Paredum sunt viginti et septem monachi ; divinum officium ibidem satis competenter celebratur ; domus debet IIIJ° libras Turon. ; non habet bladum neque vinum ad sufficienciam usque ad novos fructus. Anticus numerus monachorum erat viginti quinque.

§ 19. Apud Marcign(iacum) sunt viginti monachi cum priore : anticus numerus monachorum erat quatuordecem sacerdotum vel circa ; et debet IIIJ^{or}decem° libras Toron.: prior dicti loci excusat se de dicto debito pretextu tampestatis et quia cemsas sibi debitas in Yspanie et Anglie non habuit, tres anni sunt exlapsi.

§ 20. Apud Kadrellem sunt duo monachi cum priore :

domus debet quatuor viginti libras Toron. : prior excusat se pretestu tampestatis et quia invenit dictam domum, quando fuit sibi colata, magnis debitis obligatam.

§ 21. Apud Sanctum Victorem sunt duo monachi cum priore; prior bene administrat in spiritualibus et temporalibus, et habet bladum et vinum satis usque ad novos fructus.

§ 22. Apud Villam Novam sunt duo monachi cum priore; et est domus in peroptimo statu.

§ 23. Prioratum de Regniaco, de Tissiaco et de Sancto Nycetio, qui mediate subsunt prioratui Kariloci, visitavit prior de Kariloco et fuimus in predictis locis et invenimus dictas domos im bono statu.

§ 24. Apud Sales sunt duo monachi cum priore; domus est in bono statu, et habet bladum et vinum usque ad novos fructus et amplius.

§ 25. Apud Gravenlongam sunt tringinta et tres moniales : anticus numerus monialium salebat esse sexdecem, tempore Hugonis de Jaloniaco, quo(n)dam prioris ejusdem loci, et ante ipsum ; prior debet sexsaginta libras Viennen. Defectus est ibidem dormitorii, refertorii et capituli, ita quod non possunt dormire nec comedere in simul, pro ut decet. Prior clautralis Cluniaci visitavit predictum locum : ordinant diffinitores quod visitatores anni futuri inquirant et refferant de antiquo numero monialium apud Gravem Longam.

§ 26. Apud Sanctum Martinum Mast(iconensem) est prior cum uno monacho. Domus S^i Martini Masticon. non fuit visitata.

§ 27. Apud Altumjungum sunt duo monachi cum priore ; domus est in bono statu, in spiritualibus et temporalibus.

238[1]

Anno Domini M° CC° nonag' optavo [2],
Visitatio provintie Lugd(unensis) facta per de Paredo et M[agobrio ? priores].

Apud Paredum sunt xxvii monachi, quamvis antiquus numerus soleret esse minor : [.........cele]brantur ibi

---

238. — 1. *Arch. de la ville de Cluny*, origin. parchem. avec traces de 2 sceaux sur lemnisques, 3 bandes de 144 cent. sur 19 ; au dos (XIIIe s.) : De provincia Lugdugni ; (XIVe s.) : Visitacio anni IJ^e nonagesimi septimi facta est ; Visitacio provincie Lugdun. anno Dni mill^{mo} CC^{mo} nonage^{mo} octavo. — 2. *D'abord* septimo.

qualibet die in conventu tres misse cum nota ; divinum officium fit ibi laudabiliter et d[evote; bene] se habent in aliis regularibus observantiis, ut dicunt; hospitalitas et elemosina fiunt etiam ibidem competenter, ut dicitur. Domus debet, ut dicit prior, VJ⁰ libras tam dno abbati quam conventui Cluni(acensi), quam aliis creditoribus et nichil est ibi cum usura; jurisdictio bene manutenetur et etiam custoditur, ut dicebant; habet domus blada et vinum usque ad fructus novos.

2. Die martis post *Invocabit me*³ fuimus apud Quadrellam, ubi sunt duo monachi cum priore : divinum officium fit ibi secundum loci decentiam ; hospitalitas et elemosina fiunt etiam ibi secundum loci facultatem. Domus debet, ut dicit prior, Cx. libras vel circa, nichil tamen debet cum usura : dixit nobis prior quod recepit domum obligatam in VIJˣˣ libris, quando fuit prior institutus ; habet domus victualia usque ad fructus novos.

3. Die jovis sequenti⁴ fuimus apud Borbonium, ubi sunt viij. monachi cum priore : divinum officium ibi cum hospitalitate et elemosina, ut dicitur, fiunt conpetenter. Domus debet, ut dicebat prior, lx. libras Turonen. et nichil debet cum usuris; et habet victum usque ad fructus novos.

4. Die veneris sequenti⁵ fuimus apud Luziacum : duo sunt ibi monachi cum priore ; celebrantur ibi divina secundum loci decentiam ; hospitalitas servatur ibidem et facit elemosinam prior, ut dicit, qualibet die. Domus debet, ut dicebat prior, CC. libras Turon.: tamen, ut dicebat idem prior, bene debebat CCC. libras quando fuit prior institutus ; nichil tamen debet cum usuris et habet victualia usque ad fructus novos.

5. Die sabbati⁶ fuimus apud Magobrium, ubi sunt vi. monachi cum priore; bone sunt vite et honeste conversat[ionis, ut] dicebat procurator; prior enim erat apud Montempessalanum in scolis, ut dicebat idem procurator ; divinum officium devote fit ibidem : celebrantur enim in loco qualibet die due misse, una cum nota et alia sine nota, ut nobis dixerunt. Domus debet CC. libras, ut dixit prefatus procurator, sine usuris tamen; hospitalitas et elemosina custodiuntur in loco et servantur : domus habet blada et vinum usque ad fructuum novitatem.

3. *25 févr. 1298.* — 4. *27 févr.* — 5. *28 févr.* — 6. *1ᵉʳ mars.*

6. Die lune post *Reminiscere*[7] fuimus apud Montem Sancti Johannis : tres sunt ibi monachi cum priore; divina celebrantur in loco secundum congruentiam loci bene et devote, ut dicitur, nisi quod non cantabant cum nota sextam et nonam, nec etiam in predictis horis pulsabatur : precepimus autem priori et sociis suis quod decetero horas omnes cum nota dicerent et quod pulsaretur in predictis horis, pro ut est moris in ordine nostro et maxime quia prioratus situs est juxta castrum ; hospitalitas et elemosina fiunt ibi bene, ut dicitur, secundum loci facultatem. Domus debet, secundum relationem prioris, VJ^{xx} libras Turon. sine usuris, et habet victualia usque ad novos fructus.

7. Die martis[8] fuimus apud Floriacum, ubi sunt duo monachi residentes ; divinum officium fit ibi et satis tenuiter ; hospitalitas non consuevit ibidem fieri nec elemosina, ut nobis dixerunt monachi qui habitabant ibi, quia domus pertinet ad prioratum Sancti Marcelli prope Cabilonem ; invenimus quod non portabant frocos in monasterio ad horas, unde super hoc eos increpavinus et promiserunt quod decetero corrigerent hoc valde bene.

8. Die mercurii et jovis sequenti[9] fuimus apud Vergiacum, ubi sunt xxx monachi commorantes : divinum officium celebratur ibi lauda(bi)liter et devote, et cantantur in loco illo qualibet die tres misse in conventu cum nota ; bene se habent in r[egulari]bus observantiis, ut dicitur, excepto dormitorio quod invenimus partim inordinatum, ut pote sine laneis et cum pellibus silvaticis et pannis rubeis seu coloratis : precepimus autem decano seu priori ista corrigi ac etiam emendari, qui promisit ista corrigere et etiam emendare. Domus est obligata in M. libris vel circa : predecessor enim suus tradidit ei domum obligatam in VJ^c libris : tamen bene invenit postea CC. libras, ut dicit ; dom^s dux Burgundie querit ab eo pro subventione C. libris, pro duplici decima petuntur ab eo VIIJ^{xx} libre. Habet tamen victualia usque ad fructuum novitatem.

9. Apud Duismam non fuimus nec visitavimus, quia prior erat in Francia cum priore de Sancta Margarita in Helincuria.

10. Die sequenti[10] fuimus apud Belnam et visitavimus ibi

---

7. *3 mars.* — 8. *4 mars.* — 9. *5-6 mars.* — 10. *6 mars.*

priorem Sancti Romani juxta Belnam, qui dixit nobis quod tenebat unum monachum bone vite et bone fame : faciebant enim servitium divinum secundum possibilitatem et loci facultatem. Domus nichil debet nisi xii. libras pro duplici (deci)ma regis et habet victualia usque ad fructus novos.

11. Die veneris et sabbati[11] fuimus apud Sanctum Marcellum juxta Cabilonem : xx. monachi sunt ibi, computatis tribus scolaribus ; bene vivunt et honeste conversantur, ut dicitur : prior non erat presens ; divinum officium fit ibidem bene et devote ; hospitalitas et elemosina fiunt ibi sicut decet, ut dicunt ; dormitorium erat inordinatum, ut dicebant : precepimus autem procuratoribus quod dicerent priori quod faceret dormitorium regulare de stratis laneis et caperet lintheamina ; de vestiario deficiebant conventui pellicie, pedules et calige que debebant solvi eis in nondinis Cabilonis transactis. Domus, secundum relationem procuratorum, debebat IJ^m VJ^c LX. libras V(ien.) vel circa : plura sunt ibi alienata a temporibus retroactis per magistrum Petrum de Bello Forti, tunc priorem dicti loci, secundum quod plenius per relationem predecessorum visitatorum potest intueri ; domus habet blada et vinum pro victu usque ad fructus novos.

12. Die lune post *Oculi mei*[12] fuimus apud Sanctum Martinum de Vineis prope Masticonem, ubit venit nobis obviam quidam monachus, qui morabatur ibidem et dixit nobis quod non habebamus ibi visitationem, quia non erat prioratus set decanatus : attamen vidimus aliquos defectus et aliqua corrigenda ; divinum officium non fit ibi secundum quod decet talem locum, qui est situs juxta civitatem ; monasterium non est bene coopertum, immo pluit ibi ; claustrum etiam et alia edificia non erant bene cooperta, et maxime quedam grangia ubi pluebat. Prior non erant presens.

13. Die martis et mercurii sequenti[13] fuimus apud Gravilongam, ubi sunt xxvij moniales et duo monachi cum priore : divinum officium faciunt laudabiliter et honeste, ut dicebatur in loco; bene se habent et religiose tam monachi quam moniales, ut nobis retulerunt ; hospitalitas et elemosina fiunt in loco prout est actenus consuetum. Domus debet C. libras, ut nobis dixit

---

11. *7-8 mars.* — 12. *10 mars.* — 13. *11-2 mars.*

procurator, quia prior non erat presens : est autem in Lonbardia, ut dicunt, de precepto rev^dl in Xpisto patris dom^i abbatis. Domus habet victualia usque ad fructuum novitatem.

14. Die eodem[14] misimus pro monachis Montisbertodi apud Gravilongam : apud Montem Bertodi sunt duo monachi, qui celebrant divina et faciunt hospitalitatem et elemosinam prout est ibi consuetum. Domus nichil debet et habet victualia usque ad fructuum novitatem.

15. Die jovis sequenti[15] fuimus apud Sanctum Nicetium subtus Bellijocum, qui subest immediate priori Kariloci : non visitavimus ibi, quia dom^s abbas fuerat hoc anno et visitaverat; item prior Kariloci visitat ibi quodlibet anno, ut dicunt, quia domus est subjecta eidem, ut est dictum.

16. Apud Altum Jugum[16] sunt duo monachi cum priore : celebrant divina secundum loci qualitatem ; hospitalitas servatur ibidem una cum elemosina prout est consuetum. Inter autem illos duos monachos, qui morantur ibi, fuit contentio, rancor et discordia diu, quamvis alias sint boni et bene se habeant, ut dicit prior, nec possunt concordari nec pacificari, ut dicitur et est quasi fama in partibus illis : unde propter scandalum precepimus priori ut unus removeretur de loco et alibi pro mansione mitteretur, et hoc quantitius posset procuraret. Domus nichil debet, ut dicit prior, nisi censam consuetam.

17. Die sabbati[17] fuimus apud Sales, ubi sunt duo monachi cum priore ; celebrantur ibi divina, ut dicunt. Domus, ut dicit prior, debet xx. libras vel circa, et habet victualia usque ad fructus novos.

18. Dominica qua cantatur *Letare Jherusalem*[18] fuimus apud Lugdunum, ubi misimus pro priore de Chandiaco et monachis dicti loci, quia non poteramus transire secure apud illum locum propter guerras que erant ultra Sagonam : prior autem non venit ad nos apud Lugdunum, set sacrista solum ; quesivimus a dicto sacrista quare non venerat prior et ubi erat : respondit nobis quod erat in Provintia pro domno abbate, secundum quod dixerat sibi in recessu, nec fuit apud Chandiacum a Natali Domini citra, quamvis anno pret(er)ito precepissent eidem visitatores ne ita frequenter se a suo loco absentaret. Divinum

---

14. *12 mars*.— 15. *13 mars*.— 16. *14 mars*.— 17. *15 mars*.— 18. *16 mars*.

officium, hospitalitas et elemosina fiunt ibi secundum loci facultatem et sicut est consuetum, prout dict. sacrista nobis referebat ; de debitis non potuimus scire veritatem, quia prior non erat presens, ut est dictum.

19. Die lune sequenti[19] fuimus apud Taluers, ubi sunt iij monachi residentes : non invenimus ibi priorem. Celebrantur ibi divina secundum loci decentiam, ut dicunt monachi ; hospitalitas et elemosina servabantur ibidem, ut dixit nobis sacrista qui regebat ibi spiritualiter ; quedam grangia, que est sita extra muros, indiget reparatione et diu est quod fuit reportatum ad capitulum generale, ut dictum fuit nobis in loco ; item quedam turris est ibi supra portam monasterii dicti loci, que etiam indiget reparatione ; non sunt bene cooperte alie domus dicti loci, ut dicitur ; camera etiam in qua jacebamus erat perforata in fundamento. Domus nichil debet : dixit nobis sacrista quod jurisdictiones bene regebantur et jura ecclesie bene custodiebantur.

20. Die martis[20] fuimus apud Polliacum in Foresio, ubi sunt ii monachi cum priore, honeste vite et bone conversationis, ut dicitur ; divinum servitium, hospitalitatem et elemosinam faciunt pro(ut) est consuetum, ut dicunt. Domus nichil debet, ut dicit prior, quin habeat unde solvat et habet victum usque ad fructus.

21. Die mercurii[21] fuimus apud Saltum subtus Cosant, ubi est unus monachus cum priore, quanvis consuev(e)rint esse duo : unus autem abiit post Natale Domini ; et quia erat ibi solus monachus, divinum officium fiebat minus bene, et quia ille monachus non poterat convenienter cantare omnes horas cum nota, ideo priori predicto (precepimus) ut procuraret unum monachum quantocius posset, ita quod decetero divinum officium cum nota posset celebrari, prout erat consuetum in loco illo ; et quia non pulsabatur ibi ad omnes horas nec tempore Quadragesime, precepimus etiam priori quod decetero pulsaretur ad omnes horas canonicas, prout est moris in ordine nostro ; hospitalitas et elemosina fiebant ibi secundum loci facultatem, ut dicebant prior. Domus debet, ut dicit idem prior, IIIJ[xx] libras V(iennen.).

19. *17 mars.* — 20. *18 mars.* — 21. *19 mars.*

22. Die jovis[22] fuimus apud Pomers, qui subest immediate prioratui de Nantuaco ; xij monachi sunt ibi cum priore : prior tamen non erat presens. Divinum officium non fuit ibi hoc anno transacto ita bene factum sicut deceret talem locum, propter defectum aliquorum monachorum, qui tunc ibi residebant, eddomadas suas facere non volentes; prior autem, qui venit ad locum illum circa Natale Domini, procuravit mansionem predict. monachorum alibi, ita quod illi qui sunt modo ibi residentes promiserunt nobis quod celebrarent divina decenter, congrue et devote; item, cum anno preterito precepissent eisdem visitatores quod qualibet die missam matutinalem dicerent, secundum quod alias fuerat diffinitum in capitulo generali, et ipsi super hoc fuerint negligentes, precepimus eisdem quod nullo modo predict. missam obmitterent, set amodo celebrarent aut alias gravius punirentur ; item precepimus eis quod sacriste dicti loci obedirent secundum quod alias fuerat eis inju(n)ctum per visitatores precedentes; hospitalitas et elemosina fit ibi, ut dicebant, satis bene. Dompnus Oddo, quondam prior illius loci, conquestus fuit coram nobis quod procurator non faciebat ei necessitates suas in infirmitate sua, immo paciebatur multos deffectus, ut pote quia non habebat de pane et vino sufficienter secundum quod decebat eum, nec pictantiam congruam infirmitati sue : precepimus procuratori quod circa illum infirmum bene et curialiter se haberet et predict. defectus corrigeret : qui omnia predicta bona fide promisit corrigere ac etiam emendare. De debitis non potuimus scire veritatem ad plenum, propter absentiam prioris : procurator tamen dixit nobis quod prior veniret ad capitulum et tunc super hoc diceret veritatem.

23. Dominica in Passione[23] fuimus apud Ambertam, ubi sunt xix monachi : divina celebrantur ibidem congruenter et sunt ibi qualibet die due misse cum nota ; hospitalitas et elemosina fiunt ibi competenter. Domus debet circa CC. libras Turon., et habet satis in victualibus usque ad fructus novos.

24. Die lune in vigilia Annunciationis beate Virginis et in festo sequenti[24] fuimus apud Marcigniacum, ubi sunt xv monachi cum priore et sanctimoniales secundum antiquum nume-

22. 20 mars. — 23. 23 mars. — 24. 24-5 mars.

rum ; sunt ibi omni die due misse cum nota, et alia divina ibi bene celebrantur : bene se habent tam monachi quam moniales, ut dicunt. Domus debet IJ^m V^c libras Turon. vel circa; habet domus predicta victualia usque ad fructus novos[25].

25. Die mercurii[26] fuimus apud Villam Novam, quam tenet sacrista Cluniacensis: sunt ibi duo monachi; divinum officium fit ibi cum elemosina et hospitalitate, ut dicunt monachi ibidem residentes. Domus nichil debet, et habet victualia usque ad fructuum novitatem.

26. Die jovis[27] fuimus apud Rigniacum, qui subest immediate prioratui Kariloci : sunt ibi v. monachi cum priore; divinum officium bene fit in loco et devote secundum loci facultatem, et celebrant qualibet (die) duas missas, unam cum nota et aliam sine nota; dormitorium partim erat inordinatum, ut dicebatur; hospitalitas et elemosina fiunt ibi competenter. Domus debet L. libras vel circa, ut dicebat prior; habet domus victualia usque ad fructus novos.

27. Die supradicta[27] fecimus transitum apud Sanctum Victorem, quem tenet sacrista Cluniacensis una cum dicto prioratu de Villa Nova : duo monachi resident in loco, qui faciunt divinum officium, ut dicunt, cum hospitalitate et elemosina. Habent victum usque ad fructus novos.

28. Die veneris[28] fuimus apud Tisiacum, qui subest immediate prioratui Kariloci : non visitavimus ibi, quia dict. prior cui subest visitaverat ibidem non erat diu, ut dicebant.

29. Die sabbati et dominica in Ramis Palmarum[29] fuimus apud Carilocum : ibi sunt xxx monachi cum priore; celebrantur ibi qualibet die iiij^{or} misse, tres cum nota et quarta sine nota pro defunctis, et alia divina fiunt ibi laudabiliter et devote : bene se habent in aliis observantiis regularibus, tam in claustro, refectorio quam dormitorio; quod quidem dormitorium est regulare et bene ordinatum ; hospitalitas et elemosina servantur in loco competenter. Domus debet....... libras Parisien. vel circa, non tamen plus sine usuris; habet victualia usque ad fructuum novitatem.

Non potuimus transire ultra Sagonam propter guerras.

25. *Effacé* excepto frumento. — 26. *26 mars.* — 27. *27 mars.* — 28. *28 mars.* — 29. *29-30 mars.*

Quasi per totam provintiam Lugd(unensem) erant dormitoria minus bene ordinata, tam in majoribus locis quam in parvis, excepto Kariloco ut dictum est immediate; set tamen priores et loca eorum tenentes promiserunt communiter hoc corrigere ac etiam emendare. Visitatio suprascripta reddita fuit apud Cluniacum anno Domini M° CC° nonag° octavo.

239[1]

Visitatio provincie Lugd(unensis)
facta per de Grasaco et de Pomeriis prioratuum priores, anno Domini M°. CC° nonag' nono.

Die jovis post *Cineres*[2] fuimus apud Carum Locum, ubi sunt xxxiii. monachi : celebrantur ibidem singulis diebus quatuor misse, tres cum nota et una pro mortuis sine nota; divinum officium devote et oris competentibus celebratur ibidem; helemosina et hospitalitas laudabiliter fiunt ibi ; in aliis regularibus observanciis religiose se habent. Juridictio loci bene mantenetur; debet prior, ut dixit, CCC. libras Vianenses vel circa.

2. Die sabati sequenti[3] fuimus apud Villam Novam, ubi sunt duo monachi bone vite et conversationis honeste : celebratur ibidem qualibet die una missa cum nota, et plus qualibet edomada in die lune alia pro mortuis sine nota ; matutinum et alie ore canonice per dictos monachos cum nota cantantur. Nichil debet domus, ut dixit procurator.

3. Die lune post *Invocavit me*[4] fuimus apud Poliacum, ubi sunt duo monachi cum priore : cantatur ibi diebus singulis una missa cum nota ; fit ibidem helemosina in die domini[ca. Plus] debetur priori quam ipse debeat, preter censam quam de[bet] tantum.

4. Die martis sequenti[5] fuimus apud Taluers, ubi sunt tres monachi; et ibidem celebratur qualibet die una missa cum nota, et omnes alie ore cum nota cantantur ibidem ; et fit ibi

---

239. — 1. *Arch. de la ville de Cluny, origin. parchem. avec trace de sceau sur lemnisque, 5 bandes de 141 cent. sur 15/4 ; au dos (XIX*° s.)*: Visitatio provincie Lugd' anni M'. CCC'; V-o Lugd. facta anno M° CC*° nonag. nono. — 2. *25 févr. 1300.* — 3. *27 févr.* — 4. *29 févr.* — 5. *1*° mars.*

helemosina bis in edomada; et est ibi quedam turris quasi tota decohoperta nec grangia est reparata, licet pluries fuerit preceptum.

5. Apud Chandiacum non fuimus, quia prior non erat ibi, set vocavimus sacristam loci apud Lugdunum, qui diceret nobis statum : ubi sunt duo monachi et celebratur ibidem qualibet die una missa cum nota, et alie ore similiter omnes [6], ut intelleximus per dict. sacristam; tamen de debito domus nos certificare non potuit, quia hec ignorabat.

6. Die veneris sequenti[7] fuimus apud Nantuacum, ubi sunt XXVI. monachi; et cantantur ibi tres misse diebus singulis cum nota; matutinum, vespere et alie ore diei oris competentibus similiter et cum nota cantantur; in aliis regularibus observanciis bene et devote se habent; helemosina et hospitalitas observantur in loco. De summa debitorum, que debebat domus tempore quo ipsam recepit domnus Guido, prior modernus, que erat IIII^m et IIII^c et LXI librarum, solvit prior modernus XI^c IIII^{xx} et II. libras : tamen de ista solutione accepit ab amicis suis mutuo III^c L. libras sine usuris et sine lucro, et ita solvit de predicta summa VIII^c et XXXII libras; super qua solutione ipsum priorem juverunt quidam amici sui et ecclesie, quia de bonis ecclesie non potuisset solvisse, ut dixit dict. prior.

7. Dominica qua cantatur *Reminiscere*[8] fuimus apud Ginhiacum, ubi sunt XXXI. monachi et ad requisitionem prioris quesimus de numero antiquo, et invenimus per quinque monachos antiquos quod antiqus numerus erat XXV. monachorum; celebrantur ibidem tres misse singulis diebus cum nota; dormitorium non est regulare : tamen promisit nobis prior quod faceret emendari. Et nobis ibidem in capitulo existentibus, quidam monachus loci, qui vocatur dom^s Odo de Balma, coram toto conventu tradidit nobis quemdam rotulum et ipsum legit ibidem, nobis denunciando[9] illa que in dicto rotulo continentur, et recepto a dicto monacho primitus juramento, quod predicta non animo calumpniandi set bono zelo et animo denunciabat, a dicto priore recepimus juramentum quod super singulis articulis in ipso rotulo contentis nobis responderet et diceret veritatem : qui predict. articulis per juramentum suum

6. *Effacé* et fit ibi. — 7. *4 mars.* — 8. *6 mars.* — 9. *Ms.* d-câado.

respondit prout sub quolibet articulo continetur; recepto eciam juramento a singulis loci monachis in presencia prioris, quod super dict. articulis per dict. priorem negatis, in rotulo predicto contentis, plenam quam scirent nobis dicerent veritatem ; et cum vellemus ad examinationem c(u)juslibet secreto et sigillatim procedere, dict. prior a nobis ad rev^{dum} patrem in Xpisto dom. abbatem Cluniacen. seu ad diffinitores in scriptis appellavit, prout in appellatione sua continetur : cujus appellationi ob reverenciam prefati dom^i abbatis et ordinis detulimus, prout de jure debebamus et poteramus defferre. Post hec subprior loci cum majori parte conventus venit ad nos, qui nobis dixerunt quod dict. monachus predicta non denunciaverat de consensu et voluntate ipsorum, et[10] dicebant quod dict. prior bene spiritualiter et temporaliter ministrabat. Post ea vero dom^s Guido de Cusello, dom^s Guido de Sernay et dom^s Richardus de Donfai, monachi, nobis conquesti fuerunt quod prior Ginhiaci procuraverat erga priorem claustralem Cluniacen. ipsos de prioratu sine causa expelli, petentes cum instancia se restitui ad suam pristinam mansionem ; a quo priore causam expulsionis dict. monachorum quesivimus, quam nobis noluit explicare, set dixit nobis quod dict. causam exponeret coram dom^o abbate Cluniaci[11]. Debet domus Ginhiaci mille et CCC. libras vel circa.

8. Die jovis sequenti[12] fuimus apud Montem Bertoldi, ubi sunt duo monachi bone vite ; celebratur ibidem qualibet die una missa cum nota, alie ore nocturne pariter et diurne per dict. monachos cum nota cantantur ; hospitalitas servatur in loco ; helemosina bis in edomada fit ibidem.

9. Die veneris ante *Occuli mei*[13] fuimus apud Gravem Longam, ubi sunt XXXVII moniales velate, bone vite et conversationis honeste, et tres non velate recipientes prebendam, et duo monachi cum priore ; celebratur ibidem in conventu diebus singulis una missa cum nota, et in diebus sollemnibus, Adventu et in Quadragesima due misse cum nota ce(le)brantur ibidem ; hospitalitas et helemosina fiunt ibi prout est in loco ab antiquis temporibus consuetum ; in dormitorio non jacent nisi XVI moniales, quia plures ibidem recipi non possunt : de quo tam prior quam

---

10. *D'abord* immo. — 11. *Effacé* vel coram d(iffinitoribus). — 12. *10 mars.* — 13. *11 mars.*

conventus multum condolent et tristantur. Posuit ibi prior a tempore quo domum recepit C. et XL. libras Vianen., tam in solutione debitorum quam in meliorationibus domus, et augmentavit redditus ipsius domus in x. libris reddituatibus, et tam prior quam conventus nobis dixerunt quod redditus loci non sufficiunt ad complenda facta domus, quare humiliter supplicabant quod dom⁸ abbas Cluniacen. misericorditer compaciatur eisdem. Debet domus circa xxx. libras.

10. Dominica qua cantatur *Occuli mei*[14] fuimus apud Salas, ubi sunt duo monachi cum priore; celebratur ibidem diebus singulis una missa cum nota; semel in edomada fit ibi helemosina; hospitalitas servatur, ut dicit prior. Debet domus circa VI^{xx} libras.

11. Die jovis (lune) sequenti[15] fuimus apud Altum Jugum, ubi sunt duo monachi cum priore; qualibet die una missa ibi celebratur cum nota; hospitalitas et helemosina servantur ibidem. Nichil debet domus, ut dixit prior.

12. Die martis sequenti[16] fuimus apud Quadrellam, ubi sunt duo monachi cum priore; celebratur ibidem diebus singulis una missa cum nota; matutinum et vespere cum nota cantantur, et eisdem precepimus quod alias oras similiter cum nota cantarent; hospitalitas servatur ibidem et cotidie helemosina fit in loco. Debet domus VII^{xx} libras, nichil tamen debet sub usuris.

13. Die jovis sequenti[17] fuimus apud Sanctum Marcellum Scabilonis, ubi sunt XXI. monachi : celebrantur ibidem qualibet die cum nota tres misse, et omnes alie ore cum nota cantantur; dormitorium non est regulare omnino; hospitalitas servatur ibidem et fit ibi helemosina semel in edomada tantum omnibus pauperibus ibidem venientibus, et diebus singulis stranseuntibus. Debet domus XII^c libras, ut dixit procurator; prior loci multum laborat et nititur pro reparatione et emendatione domus, que multum indigebat.

14. Die sabati sequenti[18] fuimus apud Sanctum Romanum, ubi est unus monachus cum priore : celebratur ibidem una missa cum nota diebus singulis, et alie ore diebus dominicis et festivis cum nota cantantur; hospitalitas servatur in loco;

14. *13 mars.* — 15. *14 mars.* — 16. *15 mars.* — 17. *17 mars.* — 18. *19 mars.*

helemosina datur diebus singulis advenientibus ibidem. Nichil debet domus, ut dicit prior.

15. Dominica qua cantatur *Letare Jherusalem*[19] fuimus apud Vergiacum, ubi sunt xxxiii monachi : celebrantur ibidem diebus singulis tres misse cum nota, et alie ore omnes cum nota cantantur; dormitorium non est omnino regulare ; hospitalitas servatur et helemosina fit ibi qualibet die. Debet domus V^e libras, preter censam dom^i abbatis, nichil tamen debet sub usuris ; et dixit nobis decanus quod nimis erat onerata domus de monachis.

16. Apud Duime non fuimus, quia prior non erat ibi et intelleximus quod dom^s abbas visitaverat locum.

17. Die mercurii sequenti[20] fuimus apud Montem Sancti Johannis, ubi sunt tres monachi cum priore : celebratur ibidem qualibet die una missa cum nota ; matutinum et vespere tantum cum nota cantantur, set eisdem monachis precepimus ut alias oras omnes cum nota cantarent; hospitalitas servatur et elemosina semel in edomada fit ibi, et aliis diebus datur stranseuntibus. Debet domus C. libras, ut dixerunt nobis monachi, quia prior non era(t) presens.

18. Die veneris sequenti[21] fuimus apud Magobrium, ubi sunt sex monachi cum priore : ibidem celebratur diebus singulis una missa cum nota et alie ore cum nota cantantur ; hospitalitas ibidem servatur et fit hemosina in edomada semel. Debet domus CCC. et xx. libras Turonen.

19. Die sabati sequenti[22] fuimus apud Lusiacum : ibidem non visitavimus, quia dom^s abbas visitaverat, ut dixit nobis prior.

20. Dominica in Passione[23] fuimus apud Borbonium, ubi sunt sex monachi cum priore : ibi qualibet die una missa celebratur cum nota et alia per presbiterum parrochialem ; servatur hospitalitas ibidem et fit helemosina ter in septimana. Debet prior VI^{xx} libras.

21[24]. Die lune sequenti[25] fuimus apud Paredum, ubi sunt xxvii. monachi : celebrantur ibidem diebus singulis tres misse

---

19. *20 mars.* — 20. *23 mars.* — 21. *25 mars.* — 22. *26 mars.* — 23. *27 mars.* — 24. *Ce § avait été primitivement écrit au revers du parchemin.* 25. *28 mars.*

cum nota; helemosina fit ibi ter in edomada et hospitalitas observatur; in aliis regularibus observanciis bene et honeste se habent. Bene debetur tantum priori quantum ipse debet alii, ut dixit nobis, excepta censa domⁱ abbatis.

22[24]. Die mercurii sequenti[26] fuimus apud Marcinhiacum, ubi sunt[27] moniales secundum antiquam numerum et xviii. monachi: ibidem celebrantur cotidie[28] due misse cum nota; helemosina et hospitalitas fiunt ibi pro ut est actenus consuetum. Debet dicta domus II^mV^c xvii libras Turonen. et est defectus v(i)ni et frumenti ad valorem II^c librarum Turon. vel circa usque ad frutus novos, prout extimaverunt granetarius et cellerarius et plures alii dicti loci[29].

23[24]. Die veneris ante Ramos Palmarum[30] fuimus apud Ambertam, ubi sunt xviii monachi: due misse cotidie ibidem cum nota cantantur; dormitorium non est[31] totaliter regulare, set promisit nobis prior quod faceret emendari; in aliis regularibus observanciis bene et honeste se habent; hospitalitas servatur ibi et fit helemosina ter in edomada[32]. Debet domus xl. libras, ut dicit prior.

24. Apud Saltum de Cosant sunt duo monachi cum priore: ibidem celebratur diebus singulis una missa cum nota, alie ore omnes sine nota dicuntur; fit ibi hemosina in die dominico et diebus aliis transeuntibus. Debet domus VI^{xx} et x. libras, preter censam domⁱ abbatis; acquisivit prior modernus, ut dixit, dicte domui tempore suo unum nemus et quoddam pratum.

240[1]

Visitacio provincie Lugdunensis
facta per de Sales et de Quadrellis priores,
anno M^o CCC^o primo [2].

Domus de Borbonio debet centum libras, sed habet unde solvat; et sunt ibi sex monachi. — § 2. Domus de Luziaco

---

26. *30 mars.* — 27. *Effacé* nonaginta novem. 28.— *A* diebus singulis. 29. *A* De debitis certificari non potuimus, quia prior non erat ibi. — 30. *1er avril.* — 31. *A* erat. — 32. *A* septimana.

240. — 1. *Arch. de la ville de Cluny*, origin. parchem. de 31 cent. sur 13/4; au dos (XIVe s.): Visitatio provincie Lugdunen. anno M^o CCC^o primo. — 2. *1301/2.*

debet C. libras, sed debentur priori xL. libre, ut dicit prior. — §3. Domus de Maeura vel Mandopera debet duodecim xx^{ti} libras, ut dicit prior, et nichil est innovatum post aliam visitacionem ; et sunt ibi v. monachi cum priore. — § 4. Domus de Monte Sancti Johannis debet sex xx^{ti} libras Turonen. — § 5. Domus de Deuma debet LX. libras ; et dux Burgundie vult partiri quoddam nemus quod est commune sibi et priori, quod redundaret in dampnum domus, eo quod aliqui habent usagium in illo nemore et eo partito usagium suum totum verterent in partem prioris. — § 6. Domus de Vergeio debet CCC. libras Turon. et sunt ibi xxvi. monachi. — § 7. Domus Sancti Romani est in bono statu et est ibi unus monachus cum priore. — § 8. Domus de Paredo est in bono statu et sunt ibi xxvi. monachi, computato monacho qui moratur apud Montem Sancti Vincencii et illo qui moratur apud Motam Sancti Johannis.

§ 9. Domus de Marcigniaco debet M' et CCC. et L. libras, et sunt ibi xviii. monachi ; dicunt moniales quod consuetudo solebat esse quod tempore minucionis sue habebant per tres dies vinum bonum, non limphatum, et amota est a x. annis : supplicant quod restauretur et iterum servetur consuetudo illa ; item de parva quantitate panis conqueruntur, non contra priorem qui nunc est, quia non diminuit tempore suo sed pocius augmentavit, sed tamen augmentum illud non sufficit, ut dicunt.

§ 10. Domus de Amberta est in bono statu et ducunt quod sunt ibi tres monachi ultra numerum antiqum, videl. xviii. monachi : sunt enim ibi modo xxi. monachi. — § 11. Domus de Kariloco debet CCC. et xxx. libras Turon., et sunt ibi xxviii^{to} monachi. — § 12. Domus de Villa Nova est in bono statu, quam tenet sacrista et sunt ibi duo monachi honeste vite, et qualibet die celebrant cum nota missam et omnes horas. — § 13. Domus de Saltu de Cosanzt debet C. libras Paris. et sunt ibi duo monachi honeste vite, celebrantes qualibet die missam cum nota et eciam matutinas et vesperas.

§ 14. In domo de Pomers, quia prior Nanfuaci non visitaverat, inquisivimus et invenimus quod domus est satis gravata debitis, sed prior qui nunc est laborat bene ut remedium apponatur ; et sunt ibi quinque monachi solum, licet ix solerent esse. Dixerunt nobis et prior et monachi quod occasione domni

Oddonis, quondam prioris illius loci, veniunt ibi aliqui monachi et jacent in villa, et plura scandala inde oriuntur, cum ipse Oddo moretur extra clausuram prioratus et nimis liberaliter recipiat dictos monachos, licet bona ipsius consumant; item dixerunt quod quidam monachus nomine Jacobus, frater dom[i] Joffredi, quondam prioris illius loci, habet licteras de composicione vel jure domus et non vult eas reddere.

§ 15. Domus de Poliaco est in bono statu et sunt ibi duo monachi cum priore. — § 16. Domus de Alto Jugo est in bono statu et sunt ibi duo monachi cum priore. — § 17. In domo de Taluers sunt tres monachi : quedam turris minatur ibi ruinam propter defectum cooperture ; item gentes domini de Rossolione occupant jurisdictionem quam habere solebat domus in quadam villa.

§ 18. Domum Sancti Petri de Chandeuz accensavit per tres annos a procuratoribus prioris quidam domicellus et moratur ibi cum uxore sua, et tradidit CCCC. libras Viennen. priori mutuo, ea condicione quod post tres annos reddantur sibi predicte quadringinte libre, et nichil diminuitur de debito, immo periculum est quod plus teneatur solvere dicto domicello dicta domus propter mutacionem et melioracionem monete ; ibi sunt duo monachi, celebrantes quando volunt : dicunt quod quilibet celebrat semel vel bis in eddomada, tamen curatus loci supplet defectum ipsorum in missa ; unus illorum non est utilis in loco, quia inde natus est et leviter se habet, et non vult recipere correctionem, unde esset bonum quod moraretur cum tali priore quem timeret et qui ipsum corrigeret : nomen ejus est Petrus de Chandiaco [2]. — § 19. Domus de Monte Bertoudi est in bono statu et sunt ibi duo monachi honeste vite.

§ 20. Apud Nantuacum sunt xxv. monachi ; domus debet duo milia et novies centum, sed habet quingentas (libras) de quibus vult satisfeci comiti Gebennensi pro utilitate ecclesie, quando viderit tempus esse.

§ 21. Apud Gigniacum sunt xxviii[to] monachi, qui vivunt honeste et bene serviunt Deo ; prior debet, ut dicit, septingentas libras Turon.; quidam malefactores apposuerunt ignem in

---

2. *Effacé* Prior est in scolis.

grangia prioris et nituntur, ut fama est, comburere villam et monasterium de Gigniaco, pro eo quia prior et garderius loci persequntur eos pro jure domus; quedam prebenda, que solebat dari pauperibus, quando fit mandatum, data est cuidam presbitero et elemosina in hoc defraudatur; dixerunt nobis subprior et monachi quod duo vel tres prioratus subsunt priori predicto, et non sunt ibi monachi.

§ 22. In domo Sancti Marcelli Cabilonen. sunt xxiiii^{or} monachi: debet prior quingentas libras Turon., ut dicit.

§ 23. In domo Sancti Martini Masticonen. moratur unus solus monachus, quia prior est in scolis; et domus et ecclesia male est cooperta, ut dicit monachus; et nemora destruuntur et jura domus pessime custodiuntur, maxime jura sepulture.

§ 24. In domo de Quadrellis sunt duo monachi cum priore, et cotidie est ibi missa cum nota, et matutine et vespere cum cantu; debet prior lx libras Turon.; domus illa decepta est et multum gravata in quadam permutacione quam fecit prior cum conventu Clugniaci de quodam stangno et quodam molendino, et illud gravamen est bene usque ad valorem xx^{ti} libr. Turon. annuatim, ut dixerunt monachi ibi morantes, dicentes quod expediret multum quod rescinderetur permutacio vel quod suppleretur defectus.

§ 25. In domo de Salis sunt xlviii^{to} moniales; prior invenit domum obligatam in CC et xx^{ti} libris; plura edificia ibi fecit et pro monialibus et pro monachis, et victualia cara fuerunt, unde propter predicta debet prior sexcentas libras Viennen.; disciplina autem non fit in capitulo.

241[1]

Anno Domini M° CCC° IIII°,
Visitacio in provincia Lugdun(ensi) [facta per de.........] et de Borbonio priores.

Primo, apud Sanctum Martinum de Vineis prope Masticonem [sunt:..... monachi] cum priore: officium divinum et

---

241. — 1. *Arch. de la ville de Cluny, origin. parchem. avec trace de sceau sur lemnisque, 4 bandes de 78 cent. sur 13, au dos (XIVe s.)*: Visitacio provincie Lugd. anni M° IIJ^c IIIJ^{to} facta est.

cetera que ad cultum Dei pertinent fiunt ibi com[petenter], prout dicit procurator dicti loci; de redditibus ultra Sagonam non bene gaudet.

§ 2. Apud Altum Jugum sunt duo monachi cum priore; officium divinum, elemosina, hospitalitas et c^a que ad cultum Dei pertinent bene ibi fiunt, prout dicit prior; nichil debet.

§ 3. Apud Sales sunt XLVIII moniales, prior cum suppriore et uno monaco: officium divinum ibi fit competenter; invenimus aliqua corrigenda, que prior nobis promisit emendare; invenit dict. prior domum obligatam in II^m libris et C, de quibus solvit octies centum, prout dicit.

§ 4. Apud Montem Bertoudi sunt duo monachi cum priore: prior non erat presens; officium divinum, elemosina, hospitalitas et c^a que ad cultum Dei pertinent fiunt ibi competenter, prout dicunt monachi.

§ 5. Apud Sanctum Petrum de Chandiaco edificia domus minantur ruinam, tecta sunt discooperta; non erat ibi prior neque sacrista, nisi solus monacus qui de novo venerat, qui statum spiritualem et temporalem dicere nescivit; procurator prioris, curatus dicti loci dicunt quod domus debet et certi sunt ducentas libras; duo molendina ibi amittuntur; jura ecclesie male defenduntur.

§ 6. Apud Taluers sunt tres[2] monachi cum priore: officium divinum, elemosina, hospitalitas et c^a que ad cultum Dei pertinent ibi fiunt competenter, prout dicunt; jura et juridictiones ecclesie bene defenduntur, prout dicunt; verumtamen aliqua inconveniencia nobis dicta fuerunt de sacrista dicti loci, de quibus non[3] potuimus inquirere propter temporis importunitatem: sicut audivimus, ita vobis referimus. Domus de T-s nichil debet.

§ 7. Apud Poliacum sunt duo monachi cum priore: officium divinum, elemosina, hospitalitas et ea que ad cultum Dei pertinent ibi fiunt competenter; prior debet

§ 8. Apud Saltum de Cosant sunt duo monachi cum priore; officium divinum, helemosina, hospitalitas et c^a que ad cultum Dei pertinent ibi fiunt competenter, prout d[icit] prior; debet quatuor viginti libras Turon., prout dicit.

2. *D'abord* duo. — 3. *Les mots* v-n... non *ont été cancellés.*

§ 9. Apud Ambertam sunt xxii monachi cum priore ; officium [divinum], helemosina, hospitalitas et c⁂ que ad cultum Dei pertinent ibi fi[unt com]petenter ; prior nichil debet.

§ 10. Apud Villam Novam sunt duo monachi : unus ascensavit domum ; helemosina, hospitalitas et cᵃ que ad cultum Dei pertinent ibi fiunt competenter, prout dicunt : verumtamen ob defectu librorum servicium divinum non ibi potest fieri sicut decet.

§ 11. Apud Carum Locum sunt xxxii monachi : officium divinum, elemosina, hospitalitas et cᵃ que ad cultum Dei pertinent ibi fiunt conpetenter ; domus debet octies xx libras.

§ 12. Apud Marciniagcum sunt xxii monachi : officium divinum, helemosina, hospitalitas et cᵃ que ad cultum Dei pertinent fiunt ibi competenter ; verumtamen dissensio est inter sanctimoniales ; inquisiverunt visitatores cujus culpa esset : invenerunt priorem absque culpa. Conqueruntur de pictancia et de vestiario : fuit eis de his plenarie satisfactum, hoc excepto quod per quatuor viginti dies vel circa pictanciam non habuerunt ; causa fuit quia dominus de Luziaco tenebat in manu sua bona prioratus omnia ; manu domini predicti amota, paratus fuit prior predict. pictanciam restituere, quam recipere predicte moniale renuerunt. Domus debet xiiiᵒʳ libras vel circa : prior equitavit eam de sexcentis libris. Memoriale : recusavit priorissa et sui sequaces communicari a priore qui mannam missam celebravit in die Natalis Domini, cum debeant illa die communicari ab illo qui celebrat mannam missam de antiqua consuetudine ; item memoriale : turbaverunt officium divinum, scilicet priorisse sequaces, frexerunt scabella chori, tantum tumultum ibi facientes quod laici de villa ad dict. locum conve[ne]runt, quos socii monachi propter confusionem tumultus de templo ejecerunt ; item in refectorio tintinabula, mappas abstulerunt et de capitulo librum, ut in [ullo] istorum locorum non posset conventus convenire ; in camerariam quedam manus temere [4].

§ 13. Apud Q(ua)drellam sunt duo monachi cum priore ; unus non est sacerdos : precepimus priori ut ipsum quantitius pote-

---

4. *Suit une ligne grattée.*

rit faciat ordinari; officium divinum, helemosina, hospitalitas ibi fiunt competenter, prout dicunt; unus calix est ibi perditus propter negligenciam custodis, prout dicit prior. Domus debet circa xxx. libras.

§ 14. Apud Paredum sunt xxv. monachi cum priore; officium divinum, elemosina, hospitalitas et c^a que ad cultum Dei pertinent ibi fiunt competenter, pro ut dicunt. Domus nichil debet.

§ 15. Apud Borbonium sunt sex monachi cum priore: officium divinum, helemosina, hospitalitas et c^a que ad cultum Dei pertinent ibi fiunt competenter. Domus debet VII^{xx} libras vel circa; domus habet bladum et vinum usque ad novos fructus ^{5}.

§ 16. Apud Luziacum sunt duo monachi: officium divinum, elemosina, hospitalitas [et c^a] que ad cultum Dei pertinent ibi fiunt competenter; tecta sunt discooperta et pluit per to[tum].

§ 17. Apud Magobrium sunt quinque monachi cum priore: unus mortuus est anno isto; officium divinum, elemosina, hospitalitas fiunt ibi competenter, pro ut dicunt. Prior habet neccessaria usque ad fructus novos; domus debet circa VII^{xx} libras.

§ 18. Apud Montem Sancti Johannis sunt tres monachi cum priore: officium divinum, helemosina, hospitalitas et c^a que ad cultum Dei pertinent fiunt ibi competenter. Domus nichil debet; prior^6 debita solvit, acquisivit, edificavit.

§ 19. Apud Duismum est unus monachus cum priore: officium divinum, elemosina, hospitalitas et c^a que ad cultum Dei pertinent fiunt ibi competenter. Domus debet circa xxx. libras: habet neccessaria usque ad fructus novos.

§ 20. Apud Vergeium sunt xxvi monachi cum priore: officium divinum, elemosina, hospitalitas et c^a que ad cultum Dei pertinent fiunt ibi competenter, pro ut dicunt; aliqua erant ibi corrigenda, de quibus non potuimus scire veritatem propter absenciam prioris, nec etiam de temporalitate.

§ 21. Apud Sanctum Romanum est unus monachus cum priore: officium divinum, elemosina, hospitalitas et c^a que ad cultum Dei pertinent ibi fiunt competenter; habet fructus usque ad novos; nichil debet. Tenet dict. prior domum de Berna: tecta dicte domus male cooperta sunt, nescimus cujus culpa.

5. *D'abord* h. necessaria u. ad novorum fructuum percepcionem. — 6. *Effacé* equitavit.

§ 22. Apud Sanctum Marcellum de Cabilone sunt xxiiii monachi : officium divinum, elemosina, hospitalitas et c^a que ad cultum Dei pertinent ibi fiunt competenter ; prior debita solvit, edificavit, acquisivit et plura alia bona dicte domui fecit. Prior et conventus retulerunt nobis de fratre Guidone de Colchis, qui recessit de monasterio illicenciatus, correctionem ordinis vilipendens et suis superioribus inobediens.

§ 23. Apud Gigniacum sunt xxx et duo monachi : officium divinum, elemosina, hospitalitas et c^a que ad cultum Dei pertinent fiunt ibi competenter, pro ut dicunt ; verumtamen aliqua invenimus corrigenda, que per priorem dicti loci emendari precepimus. Domus debet viii libras.

§ 24. Apud Nantuacum sunt xxii monachi : officium divinum, hospitalitas et c^a que ad cultum Dei pertinent fiunt ibi competenter. Prior invenit domum obligatam in V^m et CC et lxii libris : modo debet II^m et V^c libras vel circa.

242[1]

Littera acquestus pro conventu de Paredo,
qua dicti li Popier debent ij. solid. et i. gallinam in censum.

Nos frater Henricus, humilis prior de Paredo, notum facimus universis presentes litteras inspecturis, quod Bernardus Chauvacon et Ysabellis ejus uxor, filia deffuncti Galtoni Gauffridi de Paredo, de mandato et auctoritate ipsius Bernardi mariti sui..., coram Petro Forestarii de Paredo, clerico jurato..., non vi..., sed scientes... vendunt, tradunt, deliberant penitus atque quictant, pro se et suis, conventui nostro de Paredo imperpetuum duos solidos Turonen. et unam gallinam serviciales seu reddituales, in quibus ipsis conjugibus... Popperii de Cambonio tenebantur annuatim in quolibet hiemali festo beati Martini persolvendos, videl. precio xxxvii solid. et vi denar. Turon. parvorum, solutorum, traditorum et deliberatorum eisdem conjugibus... a dicto conventu per manum fratris Johannis d'Essartines, sacriste de Paredo, in pecunia bene et legitime numerata ; quare dicti conjuges se et suos devestierunt...,

---

242. — 1. *Arch. de l'évêché d'Autun, origin. parchem. de 17 lig., sans trace de sceau.* — 2. *5 avr. 1315.*

nichil juris... retinentes, dict. sacristam... in possessionem corporalem totaliter inducendo; promicerunt siquidem..., renunciantes... In cujus rei testimonium... sigillum nostrum presentibus licteris duximus apponendum, salvo tamen jure nostro et quolibet alieno. Datum die sabbati post octabas Pasche, anno Domini mill'io CCC° quintodecimo.

243[1]

VISITACIO PROVINCIE LUGDUNENSIS FACTA
PER RELIGIOSOS VIROS DE MAGOBRIO ET DE TROANDO PRIORATUUM
PRIORES, ANNO DOMINI M° CCC° TRICESIMO TERCIO.

Primo, apud Luziacum mandavimus pro priore et monachis et non venerunt, propter quod non potuimus scire statum: ut apparet, domus indiget reparacione; monachi dimiserunt locum de Luziaco et morantur de toto apud Semelayum.

2. Apud Borbonium sunt v monachi cum priore: habent duas missas cothidie; elemosina fit ibidem laudabiliter consueta; monachi se tenent pro contentis de priore et prior de monachis; in dormitorio sociorum defficiunt camere private. Prior debet circa IIIJ^{xx} libras; habet neccessaria usque ad fructus novos.

3. Domus de Paredo est in bono statu spiritualiter et temporaliter: circa molendina, exclusias et circa chaucias stagnorum, et circa cohoperturas domorum in aliquibus locis sunt aliqui deffectus, quos promiserunt emendare. Nichil debent, preter censam dom$^{i..}$ abbatis quam habent paratam.

4. Apud Kadrellas: prior nititur quantum potest super reparacione domorum suarum combustarum, et jam reparavit timpanille cum campanis. Nichil debet et habet neccessaria usque ad fructus novos; curatus de villa semper est sibi infestus, ut facere consuevit.

5. Apud Marcigniacum, prout interleximus, solent esse in numero XVIII monachi tantum, priore computato: modo sunt plusquam XXVI; in tota domo non sunt nisi VI monachi sacer-

---

243. — 1. *Arch. de la ville de Cluny, origin. parchem., 2 bandes de 112 cent. sur 30; au dos (XIV° s.)*: Visitacio provincie Lugdunensis anni CCC XXXIIJ facta est.

dotes, qui multum conqueruntur quia alii non mutantur ad ordines; dicunt eciam quod ob deffectum sacerdotum et tricenaria et quelibet alie misse consuete multociens defficiunt. Circa conventum monachorum dicti loci aliqui sunt deffectus, quia conqueruntur de vestiario, quod non solvitur eis nec ministrantur eisdem neccessaria ut est moris, quia solent habere in cena tria ova qualibet die, in quibus defecerunt per longum tempus isto anno continue; item de tota Quadragesima usque ad mediam Quadragesimam qua fuimus ibidem ad visitandum, non habuerunt pictenciam² preterquam allecia cum potagio, quam quidem pictenciam solebant habere ter in ebdomada cum alleciis. Circa conventum dominarum sunt aliqui deffectus in reparacione domorum, in claustro, in dormitorio et in lavatorio et in quoquina infirmarum, qui de levi possent corrigi et emendari, et si in brevi non emendentur generabunt majus detrimentum. Conqueruntur moniales de M VI° libris, que debentur eis de tempore predecessoris prioris qui nunc est, tam pro vestiario, pictanciis suis et aliis neccessariis eis debitis annuatim; item et de LX libris quas debet eis prior qui nunc est pro tempore suo ex causis consimilibus, quas promisit pluries se redditurum et non reddivit; item de quadam summa olei que eis debetur annuatim a quodam priore subdito dicti prioratus de Marcigniaco et quem prior debet compellere ad solvendum, quia dict. oleum non habuerunt jam sunt duo anni elapsi; item et de XII libris amidalarum, que debentur eis a quodam subdito dicti prioris, quem eciam debet compellere ad solvendum idem prior, in quibus deffecerunt per duos annos; item cameraria dicti conventus conqueritur quia habebat quandam (domum) spectantem ad officium suum, in qua solebat tingere et preparare vela dominarum, ex quibus tingendis et preparandis prior debebat neccessaria ad opus illius ministrare ³; item debebat idem prior dicte camerarie duas quadrigatas lignorum quolibet anno, quas non solvit sunt octo anni elapsi, ut asserit dicta domina: de quibus omnibus fecit dicta domina coram dom° ·· abbate querimoniam et precepit dict. dom··· abbas dicto priori dict.

2. *Var.* pittanciam. — 3. *Effacé*: quam promiserat idem prior reparare et, licet dom··· abbas preceperit eidem, ut dicitur, nichil fecit.

domum reffice(re), dict. tinturam cum neccessariis mi(ni)strare et de dict. quadrigatis lignorum satisface(re), ut dicitur, quod non fecit. De statu debitorum non potuimus scire veritatem, quia prior non erat ad locum.

6. Apud Carilocum, laudabilis conventus et devotus : omnia sunt in prospero statu per Dei graciam.

7. Apud Sanctum Victorem et Villam Novam, domus subjacentes sacristie Cluniaci, sunt aliqua edificia corrupta, aliqua que minantur ruinam ; super jam corruptis respondit sacrista quod non erant utiles nec neccessarie, et credimus quod dicit veritatem, eciam si haberet pecuniam non ea reficeret, dictis de causis ; super aliis que minantur ruinam, promisit in brevi reparare. Habet neccessaria usque ad fructus novos : cetera sunt in bono statu.

8. Apud Ambertam est numerus consuetus monachorum, laudabiliter de die et de nocte Domino servientes ; super diffinicione anni preteriti facta, videl. quod monachi aprebendati de pane et vino comederent in simul, quia aprebendacio erat contra statuta ordinis et regularia instituta, propter quod eciam elemosina pauperum deffraudabatur, respondit conventus quod parati erant insimul come(de)re quocienscumque priori dicte domus placuerit in pane et vino neccessaria ministrare. Super attenuacione debiti IIIJ^o xxxv libr. non potuimus scire veritatem, quia prior erat absens : cetera sunt in bono statu.

9. Domus de Poilliaco spiritualiter et in edificiis est in bono statu ; habet neccessaria usque ad fructus novos. Non potuit tamen attenuare debitum C libr. propter tempestates maximas quas habuit anno isto, et propter aliquam questionem magnam et arguam quam habuit cum quibusdam hominibus dom^i comitis Forensis, super quibusdam decimis sibi et ecclesie sue debitis et de jure deberi, ut credebat.

10. Domus de Salis spiritualiter est in bono statu : hospitalitas servatur ibidem et elemosina consueta. Gentes dom^{ni} archiepiscopi Lugdunensis et plures alii nobiles de Imperio plura gravamina dicto prioratui intulerunt et de die in diem inferunt : prior autem obviat quantum potest, supplicat tamen quod, sicut anno nuper preterito extitit diffinitum, quod dom^{nus} abbas juvet eum in predictis. Debet adhuc IIIJ^c libr. : prout

anno nuper preterito faciebat, excusat se de hoc quod dict. debitum non attenuavit, quia guerre que sunt in Imperio, ubi est major pars reddituum dicti prioratus, ipsum valde gravaverunt, necnon propter expensas non modicas quas ipsum oportuit facere et de die in diem facere oportet in prosecucione jurium dicti prioratus. Domus predicta accensata fuit patri dicti prioris, qui multa bona fecit in dicto prioratu tempore quo vivebat, ut asserit dict. prior, et licet secundum formam cense deberet solvere debita dicti prioratus, supplicat prior quod cum ipse de suo posuerit proprio valorem IJ^m libr., quod sibi compaciatur in predictis. Aliqua edificia reparare indigent, que prior promisit breviter reparare et jam reparare incepit: cetera sunt in bono statu ; deficit ibi unus monachus.

11. Domus de Alto Jugo est in bono statu spiritualiter et temporaliter ; prior facit quod potest ad reparacionem edificiorum suorum, que remanserunt sibi quasi desolata post mortem dom^l Bell'i. Audivimus multos oblatrantes contra ordinem super homicidio quodam perpetrato, ut dicitur, per fratrem Johannem de Monte Berthodi, qui non fuit per ordinem correptus nec punitus, de quo multum mirantur omnes de partibus et incidit per patriam vagabundus.

12. Apud Gigniacum : divinum officium, elemosina consueta et hospitalitas laudabiliter fiunt ibidem. Prior dicti loci invenit domum multis creditoribus obligatam ; tempore suo monasterium corruit : nunc autem per Dei graciam et sui industriam et laborem ecclesia nichil debet ; monasterium est totaliter rehedificatum et omnia sunt in prospero statu.

13. Apud Sanctum Marcellum : divinum officium, elemosina prout moris est laudabiliter et devote fiunt ibidem ; prior nichil debet : cetera sunt in bono statu.

14. Apud Sanctum Romanum domus est in bono statu spiritualiter et temporaliter.

15. Apud Vergeyum consuevit esse subprior cum uno socio in ordine, nunc autem nec est nec fuit a duobus annis citra nec supprior nec socius, ob cujus deffectum multa fiunt ibidem qui remanent impunita, quia non est qui arguat aut quis corrigat, sed quasi pro libito voluntatis se habent et gubernant in conventu dicti loci, nec tenetur ibi capitulum per ebdomadam nec per mensem : si socii habent equitare vel ire per villam, dicunt quod ob deffectum dicti supprioris habent de consuetudine petere licenciam ab ebdomadario dicti loci; minus plene fit ibidem divinum officium propter horum deffectum ; elemosina solet ibi fieri qualibet die, modo non fit nisi die dominica. Vitree capelle et ecclesie disrupte et maletractate sunt : dicit prior quod sacrista tenetur ad reparandum ; sacrista dicit in contrarium quod prior tenetur istud idem de ecclesia que patitur lesionem in cohopertura et in pluribus aliis. Aliqua sunt ibidem edificia neccessaria quo ad conventum, sicut camere private, que totaliter minantur ruinam et oportet socios exire dormitorium quando habent neccessitatem, quia hostium dict. camerarum est extra dormitorium contra consuetudinis ordinem : alia quam plurima edificia sita in maneriis dicti loci corruerunt et aliqua minantur ruinam et propinquant. Prior nichil debet ; habet neccessaria usque ad fructus novos.

16. Prior de Magobrio non potuit attenuare debitum C libr. quas debebat anno preterito, propter tempestates sevissimas et propter reparacionem grangie sue combuste.

17. Apud Troandum est quidam monachus, Johannes de Belna nomine, quamplurimum de crimine furti diffamatus, et ita habetur suspectus in dicto prioratu quod gentes dicti prioris non sunt ause ire ad negocia domus huc et illuc, quia dicunt quod per artem vel alio quovis modo aperit archas et hostia dicte domus : cognovit enim se dict. prior, ut dicit, et gentes sue ex quo fuit in dicto loco tam in pecunia quam rebus aliis quamplurimum amisisse, et maxime reliquias et jocalia dicte ecclesie ; fuit eciam aliquando deprehensus de apercione hostiorum per gentes dicti prioris, ut dicunt : quem monachum dictis de causis citavimus ad capitulum, quare supplicat prior quod mittatur alibi moraturus. Cetera sunt in bono statu [4].

18. Apud Montem Sancti Johannis omnia sunt in bono et prospero statu ; aliqui sunt libri antiqui et vetustate corrupti : propter hujusmodi corrupcionem socii non possunt ita plene facere divinum officium et regulare servicium sicut decet.

19. Domus de Chandiaco et de Nantouaco non fuerunt visitate propter guerras que sunt in partibus.

4. *Ce § a été cancellé et une autre main a écrit :* Domus de Tronado est in bono statu spiritualiter et temporaliter et proficit prior.

244[1]

(Fragmentum visitationis provintiæ Lugdunensis sæc. XIV).

. . . .

1. Die sabbati ante dominicam qua cantatur *Judica me*, fuimus apud Montem Berthodi et invenimus ibidem decanum cum II monachis, qui veluti hospites nos recepit; requisitus per nos de statu domus, respondit nobis quod non est in usu visitatoribus respondere domorum tam de spirituali quàm temporali, quoniam dom^s abbas seu prior major penes se visitationem habebant, et quod prior major Cluniaci nos precesserat : domus per nos remansit invisitata, secundum quod nobis decanus retulit per priorem majorem fuisse visitatam ; tamen vidimus ibidem sacristam dicti loci in decani portantem capucium cornutum.

2. Dominica qua cantatur *Judica me* fuimus apud Saules, ubi sunt duo monachi cum priore et XL moniales : divinum officium ibidem celebratur competenter ; elemosina non fit ; ibi hospitalitas debiliter fit. Moniales multipli(ci)ter conqueruntur de priore, quia non ministrat eis panem nec vinum, nec alia in quibus eisdem tenetur : quare non comedunt in reffectorio nec jacent in dormitorio ; reffectorium, dormitorium cetereque domus indigent reparatione, et secundum relationem dominarum possesiones dicte domus per priorem male gubernantur; item, secundum relationem prioris, domus prefata est diversis creditoribus in IIJ^c libris obligata.

245[1]

Item, bulla ejusdem Clementis (papæ VI), de renunciatione unionis prioratus de Paredo, facta monasterio Cluniacensi [2].

---

244. — 1. *Arch. de la ville de Cluny, origin. parchem., dern. bande de 18 cent. sur 20 1/2, avec traces de 2 sceaux sur lemnisques.*

245. — 1. Marrier, *Bibl. Cluniac.* (1614), 1693. — 2. *1342/3.*

246[1]

VISITATIO PROVINTIE [LU]GDUNENSIS PER DE LAUDONA ET DE KADRELLIS PRIORES, [ANN]O D[OMINI M°] CCC° XLIJ°, FACTA.

Primo, die lune [post I]*nvocavit*[2] fuimus in prioratu de Kadrellis : inv[enimus] priorem cum duobus sociis ; divinum officium, hospitalitas bene fiunt ibidem. Domus nichil debet et sunt cetera in bono statu.

§ 2. Die martis et die lune (mercurii) sequentibus[3] fuimus apud Marcigniacum : invenim(u)s ibidem priorem cum conventu xviij. monachorum, qui retulerunt nobis, quantum ad ipsos spectat, quod divinum officium, hospitalitas et elemosina bene fiunt more solito ibidem. Sunt etiam moniales centum incorrigibiles omnino ; monuimus ipsas, in quantum potuimus, quod permitterent nos intrare capitulum et officium visitationis excercere, ut est moris : que contradixerunt, nisi faceremus eis reddere et solvere per priorem maximam pecunie quantitatem, et sic invisitate remanserunt ; petierunt etiam quod ordo ipsas reponat ad statum in quo erant a tempore quo non est memoria usque ad diem quo controversia inter ipsas et priorem fuit orta. Secun(dum) relacionem prioris domus debet moderno tempore CC. libras : timet ne, necessitate conpulsus, oporteat contrahere debitum usque ad CCC. libras.

§ 3. Die jovis et die veneris sequentibus[4] fuimus apud Paredum : [inve]nimus subpriorem com conventu ejusdem loci et s[unt ibidem, com]putatis priore pro duobus monachis et duabus monachis d[.............]cii et uno scolari Parisius studenti, residui sunt in [.............], de quorum numero sunt xvi. sacerdotes ; divinum officium bene [fit ibidem], elemosina vero debiliter : excusat se elemosina[rius] pro eo quod in retinendis juribus elemosinarie oportet necessario contra plures bona et redditus dicte elemosinarie expendere, et sic elemosina non fit ut deceret. Domus male sunt pro majori parte cooperte : super quo conqueruntur monachi, maxime de

---

246. — 1. *Arch. de la ville de Cluny, origin. parchem. (incomplet)*, 4 bandes de 195 centim. sur 22/3 ; au dos (XIV° s.) : Visitacio in provincia Lugdunen. in anno Dni mill°o IIJ° XLIJ°. — 2. 3 mars 1343. — 3. 4-5 mars. — 4. 6-7 mars.

dormitorio, de infirmaria et de domo hospitum multipliciter conqueruntur, quod necessitate compulsi oportet quod cum sanis comedant et jaceant, nec ministrantur eis necessaria ut deceret. Propter absentiam procuratoris, de temporali non potuimus scire veritatem; hospitalitas non bene fit ibidem pro ut hactenus extitit consuetum.

§ 4. Apud Borbonium fuimus sabbato ante *Reminiscere*[5] : invenimus tres monachos cum priore et debent esse quatuor, sed unus hoc anno obiit; domus pro parte indiget reparacione et coopertura : prior promisit infra breve tempus reparare. Domus debet C. libras monete currentis; habet necessaria usque ad fructus novos.

§ 5. Apud Lusiacum fuimus dominica qua cantatur *Reminiscere*[6] : invenimus tres monachos cum priore ; divinum officium, hospit(al)i(ta)s et elemosina more solito bene fiunt ibidem. Domus debet L. libras vel circa monete currentis, et sunt c^a in bono statu.

§ 6. Apud Mangobrium fuimus die lune sequenti[7] : sunt ibidem VI. monachi cum priore; prior non fuit presens, sed monachi nobis retulerunt quod divinum officium, hospitalitas et elemosina bene fiunt ibidem. Domus nichil debet et habet necessaria usque ad fructus novos : c^a sunt in bono statu.

§ 7. Die martis sequenti[8] fuimus apud Montem Sancti Johannis : ibi sunt tres monachi cum priore, quorum unus tempore visitationis erat absens, pro dom^o priore de Abbatis Villa in opere neccessario occupatus. Requisitus prior qualiter divinum officium ibi fiebat, respondit prior quod male die noctuque; econtorio respondit dom^s Robertus dom^o Jacobo socio suo quod erant sine culpa et ex justa causa, quia non est ibi sacrista stabilis qui horis debitis horas pulset, aliquando media nocte, aliquando de clara luce, et sic frequenter cantantur negligenter ; requisiti qualiter ornamenta ecclesie reservabantur, responderunt quod negligenter et dixerunt quod male et inhoneste; requisiti monachi in presentia prioris cujus culpa, dixerunt quod prioris; defitiunt ibi albe et cingula; dixerunt monachi quod sunt ibi duo calices, quorum unus est fractus, alter inhonestissi-

---

5. *8 mars.* — 6. *9 mars.* — 7. *10 mars.* — 8. *11 mars.*

me custoditur. Elemosina sac' honeste fit ibidem, hospitalitas non est laudanda. Requisiti quomodo edificia sunt retenta, respondit dompnus Robertus quod male per totum, et nisi remedium celeriter apponatur, plura edifitia ruinam patientur; injunximus et precepimus priori quod remedium apponeret oportunum : respondit prior quod hoc anno nullum remedium apponere posset et sic periculum viget in mora; item requisiti monachi in presencia prioris (si) jura et juridictiones ecclesie deffendebantur et manutenebantur, responderunt quod male et, nisi in brevi remedium apponatur, plures redditus erunt in via perditionis; item dixit nobis idem Robertus, in presentia prioris, quod quinque anni sunt elapsi fuisse diffinitum ut remedium apponeret in tectis cooperiendis et domibus reparandis, quod [adhi]bere minime curavit, set totaliter fuit remissus ut apparet. Requisitus prior de conversacione suorum monachorum, qui dixit in presentia dicti Roberti, domno Jacobo absente, ipsos non esse honeste conversationis set, in conte(m)ptu ipsius et (contra) ejus inhibitionem, frequen(ter) (i)bant ad loca inhonesta et usque ad noctem non revertebantur, et hoc non semel sed pluries, dicto Roberto et pro dómo Jacobo negante; e contra requisiti monachi coram priore, utrum prior diebus festivis sollempnibus celebraret, dixit idem Robertus quod non recolit dict. priorem infra octo annos Eukaristiam su(m)psisse nec missam celebrasse sicut in ordine est consuetum; item dixerunt monachi quod habet penes se dict. calicem fractum, et est precavendum ne dict. calix amittatur si contingeret priorem mori. Et quia, propter brevitatem temporis alias occupati super littibus et controverssiis memoratis finem apponere non potuimus, ad petitionem et requisitionem tam prioris quam monachorum, ad capitulum generale ipsos citavimus coram domº abbate seu suis commissariis, ad procedendum ulterius super articulis memoratis. Domus debet ad presens LX libras monete currentis; accepit etiam mutuo duos modios bladi, quorum valor tempore moderno ad C libras mon. curr. extimatur, minus IIII libris.

§ 8. In domo de Troado sunt IIIJ^{or} monachi, computato priore, quorum unus est augmentatus de voluntate prioris qui nunc est, quia idem prior redditus acquisivit pro prebenda monachi competenti ; divinum officium, hospitalitas et elemosina bene et ad laudem Dei sunt ibidem ; edificia vetusta bene reparat, nova edificat. Nichil debet et sunt cetera in bono statu.

§ *9*. Ad domum de Sancto Romano personaliter non fuimus, quia domus non indiget opp(re)ssione, preterea quia prior fuit absens ; misimus pro procuratore dicte domus, qui venit ad nos apud Vergeyum et statum domus satis debilem nobis retulit, primo quia divinum officium minus bene fit ibidem, est ibi solus monachus, missam non potest celebrare, nisi parrochiani calicem sibi prestent, missa celebrata oportet statim reddere : erat ibidem unus calix tempore prioris nuper defuncti sub pignore traditus, quem nuntii dom^i episcopi Valentie redemerunt et secum asportaverunt, ubi sit vel quo devenerit ignoratur. Ecclesia et omnia edifitia, breviter loquendo, sic sunt devastata quod , nisi celeriter remedium apponatur, ad unum inpetum corruent venti. Debet modo XL. libras monete currentis, set necessario oportebit contrahere debitum in blado pro domus sustentatione usque ad xx. libras.

§ *10*. Die dominica qua cantatur *Oculi mei*[9] fuimus apud Vergeyum : numerus monachorum qui debet ibidem esse XVIIJ, dicit nobis decanus quod duo deficiunt qui sunt mortui; divinum officium bene fit, hospitalitas pari modo, elemosina minime, sed neglecta est fieri a tempore dom^i Jacobi de Bassey, qui fuit longo tempore. Decanus qui nunc est invenit multa edificia disrupta et discooperta tam in capite quam in menbris, sicut in inventario inde confecto continetur, que pro parte tam in capite quam in membris decanus qui nunc est reparavit, et de die in diem reparare non cessat et adhuc sunt multa reparanda, que vita comite reparabit. Item dicit decanus quod tempore retroacto fuit quidam miles, qui pro remedio anime sue contulit quosdam redditus, sed pacifice non potuit domus habere, quia erant de feodo dom^i ducis Burgondie : tandem pueri dicti militis solverunt decano qui pro tempore fuit C libras, ille decanus assignavit sacriste qui pro tempore fuit, de redditibus ab antiquo ad mensam decani spectantibus, C solid. annuatim : illos C solid. repetit decanus qui nunc est a sacrista, affirmans

---

9. *16 mars.*

quod redditus sue mense ad alios usus non posset assignare ; sacrista vero qui redditus possidet, de dict. redditibus non vult respondere, set contra voluntatem decani, ut asserit idem decanus, retinet minus juste. Item dict. decanus qui nunc est dicit quod decanus de Nongento, qui tunc temporis quo in Vergeyo erat decanus, contraxit debitum de CCC. libris, datis super hoc litteris sub sigillo conventus sigillatis in aurora die, non vocato conventu, set solummodo de consensu subprioris qui tunc temporis erat et cantoris ejusdem loci, nomine Johannis de Alta Rupe : supplicat decanus de Vergeyo quod ille CCC. libre solvantur per illos qui solvere tenentur et quod domus de Vergeyo non sit lesa.

§ 11. Item die mercurii post dominicam qua cantatur *Oculi mei*[10] fuimus apud Laudonam : sunt ibi tres monachi, priore non computato ; divinum officium, hospitalitas et elemosina bene fiunt ibidem ad honorem et laudem Dei, sicut fieri est consuetum. Prior qui nunc est molendina et edificia que erant reparanda reparavit, et de novo aliqua edificavit ; habet necessaria usque ad fructus novos, et sunt omnia in bono statu.

§ 12. Diebus veneris et sabbati sequentibus[11] fuimus apud Sanctum Marcellum Cabilonis : ibidem fit divinum officium cum ceteris ad spiritualitatem spectantibus laudabiliter et devote ; temporalitas bene regitur et jura ecclesie bene deffenduntur. Interrogatus prior in presencia conventus si essent alique alienationes, respondit quod non, ymo circa LX libratas terre annui redditus de suo te(m)pore acquisivit ; dormitorium et reffectorium, que pre nimio vetustate corruerant, de novo exintegro refici fecit ; aulam majorem dicti loci, que ruine erat propinqua, et plura molendina reparavit : cetera per Dei gratiam sunt in bono statu.

§ 13. Die dominica qua cantatur *Letare Jherusalem*[12] fuimus apud Gigniacum : prior non fuit presens ; invenimus per priorem claustralem et obedienciarios ejusdem loci quod sunt ibi XXX.IIIJ. monachi, non computato priore, quorum XX.IJ sunt sacerdotes, residui non : injunximus priori claustrali et procuratori prioris ut cicius quam potuerunt de gradu in gradum

---

10. *19 mars.* — 11. *21-2 mars.* — 12. *2.3 mars.*

ad sacros ordines faciant promoveri ; divinum officium, hospitalitas et elemosina bene fiunt ibidem ; edificia et tecta bene sunt cooperta, et jurisdictiones ejusdem domus bene manutenentur. Prior qui nunc est a toto conventu bene et laudabiliter est recommendatus ; nichil debet et sunt omnia in bono statu que pertinent ad priorem. Questio de vestiario, super quo conqueruntur cellerarius et camerarius, dicentes quod non habent redditus ad onera pro tanto numero monachorum, supp(ri)or tamen a decano in contrarium asserente.

§ *14*. Item fuimus in prioratu Nantuaci diebus mercurii et jovis post dominicam qua cantatur *Letare Jherusalem*[13] ; et quia relatu aliquorum intellexeramus relationem factam anno lapso proximo per visitatores prioris ipsius super statu et prioratus ejusdem regimen, et diffinitionem sequtam minime valuisse, quia visitator idem subditus inmediate dicte domus Nantuaci manebat, tanto diligentius inquisivimus veritatem ; et quia omnino tollatur anbiguitas et famosa su(s)picio, reperimus hoc testificantes prioratum predict. in spiritualibus laudabiliter vigere, in temporalibus ubique ; prior nobis exibuit inventa[ri]um confactum sub forma publica ij^a die postquam dicti prioratus [........]it possessionem, et cujus copiam apud Clugniacum trans[misit.......]m tenore constitutione Novellarum, in quo quidem [inventar]io continetur tunc dict. prioratum teneri in debitis [IIII^m]quingentorum floren. et insuper deficiebat in blado, vino et pidantia usque ad novos fructus, cum istud esset circa festum Omnium Sanctorum ; clausura aularum conventus et infirmarie et plurima alia edifitia destructa manebant ; non erant ibi aliqua utensilia camere coquine et cellarii, in hospicio tali necessaria ; redditus in magna quantitate bladi et pecunie alienata manebant, quedam ad vitam et alia ad tempus. Ostendit nobis insuper quod debita minuavit hoc anno lapso ad IIII^m floren., et hoc per litteras debitorum cancellatas et per creditorum quitacionis litteras publicatas, et in tantum onera debitorum minuit et usuras, deffectum vini et bladi absque mutuo contrahendo ; ostendit nobis edificia per ipsum reedificata et alienata que ad

---

13. *26-7 mars*.

prioratum revocavit, et clare nobis exibuit quicquid relatum fuit anno lapso; et plus quod hoc anno nulla vina habuit et tamen jam provisus est de eodem usque ad novos fructus et ultra, quorum vinorum deffectus exclusus qua potest annuatim si male non adveniret ascendit ad summam CC. floren.; item edificavit ad castrum de Belandor donjonem de duabus turribus rotundis, nondum tamen perfectum, set in perfectione intendit et intendet hoc anno, et tamen quod factum est ascendit ad summam XII^{xx} floren., solvitque hoc anno pro diffinitione de antiquis debitis IIIJ^{xx} floren. Humberto de Insula domicello; in prioratu autem de die edificat in diem incessanter, aliorum debitorum onera supportavit et omnes deffectus supplevit, et hospicium minutum usque ad tempora oportuna non sunt redditus minuti set augmentati, et jurisdictio in omnibus observata; aliunde quoque domus non patitur......

INDEX ALPHABETICUS

PERSONARUM, LOCORUM, RERUM

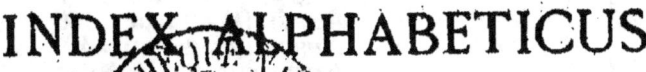

[Les chiffres renvoient aux numéros des chartes et non aux pages; pour les n°° 229 à 246 un second chiffre désigne le paragraphe (§); le trait (—) supplée à la répétition du mot principal de l'article et cet autre (-) à celle des lettres identiques d'une variante; les communes dont le département n'est pas indiqué appartiennent à celui de Saône-et-Loire].

Aabaldi campus, 145.
Aabaldus, famulus, 158, 160-1.
Aalgrinus (Richardus), testis, 167.
Abbatis Villa (prior de), 246.7. — *Abbeville (Somme)*.
Abertus, lusor, 230. 16.
Acelina, mater G. de Pinet, 63.
Acelinus, testis, 31.
Achardus, filius, 99; —, testis, 180, 182, 193.
Acriri, villa, 124.— *Crary, c° d'Ozolles, c. de Charolles*.
Ada, uxor Dalmatii, 60.
Adalaidis = Adelaidis.
Adalardus, filius Letbranni, 179.
Adalbertus, vicarius, 215.
Adaleida = Adelaidis.
Adalelmus, camararius, 207.
Adalmoda, soror Mariæ, 217.
Adaltrudis, soror Antelmi, 21.
Adelaidis, A-ais, Adeleidis, A-eydis, comitissa [*de Châlon*], 5, 87, 152, 165, 180, 192-3, 195-6, 213; —, uxor, 17, 68, 216.
Adelina, uxor G. de Pinet, 63.
Ademarus, testis, 58.
Adheleidis = Adelaidis.
Admarus, abbas Sancti Stephani [XI° s. fin], 16.
Adoardus, servus, 80.
Adraldus, decanus [*de Paray*], 82; —, testis, 32.
Adzonet, jurator, 207.
Æduensis = Eduensis.

Aenricus = Henricus.
Ærderadus, miles, 132.
Æva = Eva.
Aeynricus = Henricus.
Agano, episcopus Æduensis [*v. 1055-† 1098*], 16, 25, 28, 114, 189; —, præpositus, 28, 46; —, testis, 44-5, 48, 185.
Agglerius (mons), 131. —
Agia, mulier, donatrix, 173.
Agnes, filia, 87; —, mater, 157; —, sanctimonialis, 88; —, uxor, 115, 154.
Aimo, prior de Sancto Salvio, 221; —, testis, 42.
Aimoenus, servus, 34.
Aina, mater E. de Lurciaco, 120.
Ainardus, testis, 71.
Ainardus (Mainfredus), 27.
Airoardus, jurator, 207.
Aitardus, testis, 186.
Alaidis = Adelaidis.
Alardus, colonus, 99.
Albanensis episcopus, 189. — *Albano (Italie)*.
Albericus, colon. 215; —, testis, 193.
Albert, A-tus, testis, 125, 174.
Albigi (Arnaldus de), 82. — *Augy, c° de Ballore. c. de la Guiche*.
Albiniaco (a), 212. — *Aubigny, c° et c. de Toulon-sur-Arroux*.
Albuinus, 217; —, frater, 120; — Grossus, 217;
Alcherius, testis, 63.

ALDEBALDUS, scriptor, 213.
ALEXANDRE IV, pape [1254-61], 228.
Algeria, forest, 184. —
Algerius, villa, 42. —
Allodus, 50, 97.
ALMARUS, colonus, 73.
ALODI(Archimbaldus, Gaucerannus, Girardus, Wido), 207.
Alodium, 48, 50, 56.
Alodus, 219.
Altaripa (de), 109. —
Alta Rupe (Johannes de), 246. 10. —
Altofont (barrochia de), 50. — *Hautefond, c. de Paray-le-Monial*.
Alto Jugo (domus de), 232. 3, 233. 32, 240. 16, 243. 11. — Altum Jugum, A-mjungum (apud), 229. 11, 230. 33, 235. 23, 236. 10, 237. 27, 238. 16, 239. 11, 241. 2. — *St-Loup-d'Ajoux, c° de St-Igny-de-Vers, c. de Monsol (Rhône)*.
ALVERA, venditor, 174.
AMALDRICUS, servus, 146.
AMALRICUS, colonus, 71.
Ambersum, castrum, 131. — *Ambert ?*
Amberta (domus de), 232. 11, 240.10. — A-tam (apud), 229. 17, 230. 12, 233. 20, 235. 14, 236. 1, 237. 2, 238. 23, 239. 23, 241. 9, 243. 8. — *Ambierle c. de St-Haon-le-Châtel (Loire)*.
Ambronay (archipresbyter de), 230. 27, 232. 31, 233. 2. — *Ambronay, c. d'Ambérieu (Ain)*.
AMEDEUS, mon., 229. 5; —, testis, 188.
AMICUS Eng', 207 ; —, servus, 204.
AMILUS, uxor W. de Corte, 93.
Ampiliaco, [villa], 188. —
ANDRALDUS, [Paredi] præpositus, 12 ; prior, 96, 145.
ANDREAS, colonus, 71 ; —, coriarius, 207.
Angl', Angledeus, A-duris, A-luris (de) Ansedeus, 48, 105, 107-8, 116, 131, 157-8 ; — Bernardus, 41, 108, 115, 154, 157-8 ; senex, senior 108, 111, 115, 157 ; — Enricus, 48 ; — Jodcerannus, 108 ; — Rodbertus, Rotb-s, 115-6, 154, 157 ; — Stephanus, 157, 161 ; — villa, 141 ; — Willelmus, 158. — *Anglure, c° de Mussy-sous-Dun, c. de Chauffailles*.
Anglars, A-les (Bernardus de, des), 201, 204. —
Anglia, 237. 19. — *Angleterre*.
Annona, 48, 50-1, 204.
Annonagium, 221-2.
Ansaldus, testis, 174.

ANSEDEUS, filius, 74 ; —, miles, 44 ; —, præpositus, 44, 79 ; —, testis, 15, 40, 48, 140, 157, 187.
ANSEL (Walterius), 166.
ANSELINUS, servus, 40.
ANSELMUS, testis, 65, 134, 193.
ANSELS, testis, 77.
ANSERICUS, præpositus Æduensis [10..-1110] 16, 189 ; —, testis, 213.
ANSOENUS, servus, 45 ; —, testis, 48.
ANTELMUS, ANTHE-S, donator, 21 ; —, filius, 60 ; —. monacus, 49, 56, 66, 87-8, 93-4, 132, 158-9-60, 170 ; —, testis, 76, 85.
ANTONIUS, clericus, 184.
Appellatio. 239.7.
Aprebendacio, A-are, 243. 8.
Araris, fluvius, 193. — *La Saône, riv*.
ARBEBALDUS, testis, 193.
ARCHIMBALDUS, frater Girbergæ, 33 ; —, sutor, 207.
ARCHIMBERTUS, præpositus, 105.
ARCHINSINDA, uxor Adoardi, 80.
AREMBURGIA, mater B. Uriul, 82.
AREMBURGIS, soror Antelmi, 21.
ARICUS, miles Forensis, 91.
ARLEGIUS, testis, 193.
Armarum locus, 60. —
ARNALDUS, presbyter, 70.
Arpaiam (domus de), 234. 28. —
Arrodi aqua, 131 ; fluvius, 134. — *L'Arroux, riv*.
ARTALDUS, A-AUDUS, avunculus, 20 ; —, decanus, 166, 167 (de Tolon), 170, 188 ; —, filius, 26, 65, 96, 99 ; —, frater, 26, 76, 168 ; —, dict. Grossus, 31 ; —, monacus, 188 ; 192 ; —, prior Cluniacensis, 176 ; —, — Paredi, 176, 207, 209, 211 ; —, testis, 100.
ARTALT, testis, 125.
ARTARDUS, testis, 186.
Artariis (prioratus de), 237. 11. —
Arthoingo (domus de), 234. 10. — *Arcinge, c. de Belmont (Loire)*.
Arvernensis vicecomes, 15. — A-nica territoria, 148. — *Auvergne*.
Asteron, villa, 230. 8. — *L'Acheron, c° de St-Vincent-de-Rallins, c. de....... (Loire)*.
ATALA, uxor Rainerii, 34.
ATTO, testis, 195.
AUDEDERTUS (magister), 202.
AUDOARDUS, servus, 41.
Augustodunensis, A-tud-s pagus, 74, 148, 184, 186. 7, 214. — *Autun*.
Aurea Valle (Artaldus, Senebrunus de), 207. — A-a Vallis, 2, 5. — A-æ V-s Boso, 28 ; — locus, 34, 111,

115, 145, 152, 167, 187; — monachi, 96; — Rotbertus, 28. = *Paray-le-Monial.*
Autisiodorensis, A-issi-s episcopus, 189, 226. — *Auxerre (Yonne).*
Avariaco (mansus ad), 6; —, villa, 192. —
Avengum (mansus ad), 215. = *suiv.*
Avengunz (Pascherius), 221. = *suiv.*
Avinga, A-go (Ansedeus de), 71; —villa, 71, 136, 139.— *Avignon, c° de St-Maurice-lès-Châteauneuf, c. de Chauffailles.*
Aviti mansus, 21.
Aya, mater, 215; —, uxor, 96-7, 114.
Aydeus, mancipium, 71.
Ayma, uxor G. de Jaliniaco, 177-8.
Aymardus, prior Paredi, 135.
Aymericus, testis, 212.
Aymo, frater, 168.
Aynricus = Henricus.

Baldet, testis, 207.
Balgeiacum, villa, 148.— *Baugy, c. de Marcigny.*
Balma (Odo de), 239. 7.— *La Balme, c° et c. de Cuiseaux.*
Balmont (a), 200. — *Beaumont, c° de Trivy, c. de Matour.*
Bancelinus, testis, 207.
Baolio (mansus in), 3. —
Baptisterium, 167.
Bardes, testis, 127.
Bargi (Gerardus). 27; (Gir-s), 91; (G-s la), 90; — (Gotardus), 27.
Barinus, sutor, 207.
Baronenses cartæ, 180.— B-sis ecclesia, 15; — silva, 6, 184; — villa, 3, 60, 85.— *Baron, c. de Charolles.*
Bas, villa, 166. —
Basifranc, villa, 48. — *Bisfranc, c° de Vitry-en-Charollais, c. de Paray-le-Monial.*
Bassey (Jacobus de), 246. 10. —
Batel (Girardus), 36.
Bautfredus, testis, 173.
Baz (Letaldus li), 207.
Beatrix, comitissa Cabilonensis [1203-†1227], 225-6;—, mater, 164.
Beci, silva, 204. —
Belandor (castrum de), 246. 14. — *Belleydoux, c° et c. d'Oyonnax (Ain).*
Belaspina, ecclesia, 151. = Pulchra Spina.
Belfestu (Bruno de), 189;— (mansus ad), 173; — , terra, 87; —, villa, 66, 87. —

Belinus, don., 181; —, famulus, 210.
Bellaspina, villa, 117. = Pulchra Spina.
Bell'i dominus, 243. 11.
Bello Forti (Petrus de), 238. 11.—
Belli Joci dominus, 229. 10. — *Beaujeu, a. de Villefranche (Rhône).*
Bello Monte (de) decanus, 221, 236. 20; — Petrus, 207.— *Beaumont-sur-Grosne, c. de Sennecey-le-Grand.*
Bellusmons, villa, 224. = *préced.*
Belmont, mansus, 111, 117. — *Beaumont, c° de St-Romain-sous-Gourdon, c. du Mont-St-Vincent.*
Belna (de) domus, 235. 28; — Johannes, 243. 17. — B-am (apud, juxta, 238. 10. — *Beaune (Côte-d'Or).*
Belosi (mansus a la), 149. —
Belucia, uxor Maimbalt, 125.
Beluz (Girardus de), 114. —
Bemote = Bello Monte.
Benedicti mons, 145.—*Montbenoît, c° de la Motte-St-Jean, c. de Digoin.*
Benedictus (sus), 76; ejus regula, 214.
Benedictus (Girardus), 48.
Benefactum, 108, 170, 192.
Beneficiare, 27, 111. — B-rius, 17.
Beneficium, 6, 7, 17, 25, 38, 45, 76, 86, 108, 148, 162, 171, 174, 180, 193, 200, 206.
Beral (Hugo), 207.
Beraldus, 83; —, donator, 81; —, prior Cluniacensis, 221; —, testis, 193, 196.
Beraldus (Hugo), 210; — (Rodulfus, Wido), 201.
Berardus, decanus de Lordono, 221; —, testis, 207.
Berengarius, armiger, 131.
Berguliaco (Rotbertus), 188.— *Bourgueil, c° et c. du Mont-St-Vincent.*
Berna (domus de), 241. 21.— B-am (apud), 236. 12. = Belna.
Bernardi mansus, 3.
Bernardus, cæmentarius, 48; —, camerarius, 189; —, canonicus, 192; —, capellanus, 24; —, clericus, 77; —, consobrinus, 60; —, faber, 167; —, famulus, 70, 111; —, filius, 132; —, frater, 20; —, helemosynarius, 207; —, miles, 173; —, presbyter, 27, 200; —, prior de Cluniaco, 190, 207, 209; —, — de Paredo, 190; —, puer, 145; —, servus, 42, 96, 204; — sutor, 207; —, testis, 65, 120, 140, 180, 182, 184, 186, 207, 213; —, vicarius, 148.
Bernardus (Benedictus), 25.

BERNART, testis, 125.
BERNOENUS, servus, 59.
BERS (Bernardus), 10; — (Eldinus-Hilelmus, Enricus-Henricus, Helgodus), 87, 154.
Bertas, vaura, 204. —
BERTASIA, soror Girardi, 59.
BERTELO, abbas, 145; —, levita, 145.
Bertem, campus, 204. —
BERTRANNUS, cantor [Æduensis, 202; —, frater, 17; —, sartor, 95, 207; —, testis, 63, 140; —, vicecomes Arvernensis, 15.
Berziaco (Artaldus de), 188. — *Berzé-le-Châtel, c. de Cluny.*
BETAL (Hugo), 207.
BEZON (Stephanus), 115.
Biciaco (mansus in), 6; —, villa, 3, 7. — *Bissy-sur-Fley, c. de Buxy.*
Bierias (mansus in\), 8. — *Les Bières, c° de Vendenesse, c. de Charolles.*
Biirat (Hugo, Rainerius de), 142. —
BILON (Letbaldus), 66.
Biziacensis barrochia, 198. = *suiv.*
Biziaco, villa, 196. = Biciaco.
Bizon, fluvius, 48. — *La Bize, riv.*
BLADINUS, 168; —, frater, 84.
BLAINUS (Petrus), 207.
BLANC, B-CHUS (Archimbaldus), 19, 22; — (Artaldus), 24; — (Hugo), 93, 155; — (Humbertus), 79, 155.
Blançiacum (apud), 229.24. — *Blanzy, c. de Mont-Cenis.*
BLANCUS = BLANC.
Blandigiaco (mansus de), 164. — *Blangue, c° de Lournand, c. de Cluny.*
BLANS (Archimbaldus li), 38; — (Gaulterius li), 207.
Blanziaco (domus de), 230. 36. = Blançiacum.
BOCHARS (Hugo), 27.
BOERI (Constans), 48.
BOIREL (Durannus), 216.
BOLET (Bernardus, Durannus, Petrus, Robertus), 207.
Bonant (de) Gaufredus, G-ridus, 9, 93, 151; — Rainerius, 144, 151. —
Bonefont (Hugo de), 25. — *Bonnefont, c° de Volesvres, c. de Paray-le-Monial.*
BONET, servus, 53; —, vir, 155. —
BONINUS, procurator Maçobrii, 229. 25.
BONIT, famulus, 95.
BONNET, salnerius, 207.
Bonofont (terra ad), 159. —
BONUS PAR, filius, 25; —, miles, 92.
Bor (villa de), 63. —

Borbentiæ fluvius, 74. — *La Bourbince, riv.*
Borbon, B-nio (de) Ansedeus, 15, 140, 158; — Bernardus, Bertran, 105; — Dalmatius, 115-6, 130-1, 154, 157, 167, 201; — domus, 240. 1; — Falcho, F-co, 115, 130, 154, 157; — Hugo, 200, 207, 211; — Humbertus, 45, 107, 116-7, 131, 158; — prior, 234, 241; — Wicardus, Wicha-s, 115, 131, 154, 201. — B-nem, B-nium (apud), 158, 229. 22, 230. 13, 232. 15, 233. 15, 234. 1, 235. 7, 236. 19, 237. 17, 238. 3, 239. 20, 241. 15, 243. 2, 246. 4. — *Bourbon-Lancy, a. de Charolles.*
Bordelaria, B-leria, 21, 45, 90, 93, 136, 148.
Bornat (boscus de), 159. — *Bois de Bornat, c° de Volesvres, c. de Paray-le-Monial.*
Bornet, silva, 64. = *préced.*
Bosco (de) Durannus, 160-1; — Jocelinus, 208; — Petrus, 161, 201; — Stephanus, 225. —
Bosco (ecclesia Sæ Mariæ de), 3, 24, 190. — *Le Bois-Ste-Marie, c. de la Clayette.*
BOSROUNT (Hugo), 167.
Bracman (ad), locus, 193. —
Braniaco (Bernardus, Richardus de), 162. — *Bragny-en-Charollais, c. de Palinges.*
Breterias, villa, 111. —
Brion (Ansedeus de), 140. — *Brion, c. de Mesvres.*
Brugulinas, villa, 148. —
BRUNUS (Willelmus), 131.
Bue (Hugo de), 155. —
Burbon = Borbon.
Burbonensis capella, 189. —
BURCHARDUS, prior Paredi, 200-1.
Burdalaria, 216.
BURGENSIS (Bonettus), 56.
Burgondiæ, B-gun-æ comes, 230. 27, 236. 5, 237. 4; — dux, 202, 230. 19-20, 235. 29, 237. 11, 238. 8, 240. 5, 246. 10. — B-ia (in), 224. — *Bourgogne.*
BURIANDES (Bernardus), 70.
Burziaco (Gaufredus, Seguinus), 188. — *Burzy, c. de St-Gengoux-le-Royal.*
Busol, Bussel = Bussul.
Bussiris (Seguinus de), 212. —
Bussul, Buxol, B-lio, Buxul (de) Artaldus, 17, 21, 24, 28, 30, 35-6, 38, 49, 58, 87-8, 92, 96-7, 107-8, 112, 127, 138, 155, 158-9, 161, 175,

216, 219-20; — Atto, 20, 28, 49, 87-8, 96-7, 138, 152; — Bernardus, 28, 49, 136, 138-9, 217, 219; — Gaufredus, G-ff-s, 110, 114; — Gerardus, G-rt, Girardus, 10, 45, 54, 58, 60, 86, 96-7-8, 188, 220; — Guido, Guigundus, 203; - Hugo, 20, 28, 49, 88, 96-7, 136, 138-9, 155, 175-6, 218-9-20; — Salomon, 203. — *Busseuil*, c° *de Poisson*, c. *de Paray-le-Monial*.
Buxumma (mansus a), 167. —

Cabilonense, C-ses, C-sis civitas, 6, 193; — comes, 180, 194, 186, 208, 227, 229; — comitatus, 2, 7, 195; — comitissa, 226; — decanus, 192; — episcopus, 165, 221-2; — nondinæ, 288. 11; — pagus, 6, 7, 192-3; — partes, 221 2; — suburbium, 5, 193, 213; — vicecomes, 8. — *Chálon-sur-Saône*.
Cachiaco (de) Bernadus, Hugo, 87; — Petrus, 17. — *La Guiche, a. de Charolles*.
Cahic (Girardus de), 36. —
Calfurno (terra de), 148. —
Calmunt, castrum, 87. = *suiv.*
Calvo Monte (de) B., 176; — Bernardus, 206, 225-6; — Guicardus, G-cc s, Guicha-s, 206, 225-6; — Hugo, 221; — Letaldus, 206, 221. — *Chaumont, c° de la Guiche.*
Camelgias, villa, 181. — *Chamoges*, c° *de St-Symphorien-les-Charolles*.
Camera (Theobaldus de), 235. 1. —
Cameraria, 241. 12, 243. 5.
Camerarius, 229. 3, 235. 25, 246. 15.
Camp Aldoeni, villa, 148. —
Campa (Girardus), 227.
Campanus (Dodo), 207.
Campiluci barrochia, 69. = Campo Lucio.
Campis (villa de), 217. —
Campoburtins, nemus, 93. —
Campo Felici (Wilelmus de), 128, 141. — *Champfeliz*, c° *de*
Campo Lucio (presbyter de), 56. — *Champlecy.*
Campus Rotundus, 56. — *Champrond*, c° *de St-Julien de Donzy.*
Campus Spinosus, terra, 103. —
Canal (Durannus), 211.
Cancellas, villa, 148. —
Candelabra argentea, 10.
Caninam, vaura, 204. —
Capella (Aalaldus de la), 112. —

Capella (Lethaldus de), 48. —
Capella (Stephanus de), 105. —
Capellam Sæ Mariæ (ecclesia ad), 15; — (e-a Sæ M-æ ad), 3. — *La Chapelle-au-Mans.*
Capellus cati, 36.
Capitulum, 235, 2-20, 236. 7, 243. 15-7, 246. 2; — generale, 235. 19-22, 246. 7.
Capo, 22, 36, 41, 98, 127.
Capreolus (Petrus), 207.
Capucium cornutum, 244. 1.
Caput Jolus (Petrus), 95.
Cardinales Romani, 207.
Caritativa (refectio), 22.
Caro Loco (de) = Karo Loco.
Carrus vestitus, 44.
Casam (mansus ad), 183. —
Casania = Cassagnias.
Casasnovas, ecclesia, 23. = Novas Casas.
Cassagnias, Cassaneis, C-nia, C-as, C-nnis (de) Artaldus, 25; — Gauffredus, Gaufr-s, G-ridus, 24-5, 70, 159, 207; — villa, 25, 39; — vineæ, 201. — *Chassagnes*, auj. *Ste-Radegonde*.
Cassan Berfredi, mansus, 148. —
Cassoer, servus, 69.
Castel, C-llo (de), 85; — Artaldus, 50, 178; — Heldinus, 105; Hil-s, 164; — Hugo, 21, 177; — Ildinus, 164; — Petrus, 89, 177; — Régnier, 113; — Rodbertus, 164; — Willelmus, 149; — (villa ad), 90. — *Castel, Château....*
Castelio de Montana (Stephanus de), 225-6. —
Castro Petri (de), 18. —
Catgiaco (de) Bernardus, 154, 175; — Letaldus, 44. = Cachiaco.
Cavachola = Cavanhol.
Caval (Bernardus), 48.
Cavanhol, Cavazola, C-le (Guichardus, Wi-s), 18, 21, 59, 83, 94, 108.
Cave (Stephanus de), 155. —
Cecilia, uxor W. de Vilers, 109.
Cecus (Durannus), 48.
Celarium, 229. 6.
Celerarius, 229. 3, 230. 13, 235. 25.
Cella (Arnaldus), 95.
Cellarium, 161, 246. 14.
Cellerarius, 239. 22, 246. 13.
Cemsa, 237. 19. — Censa, 2 8. 16, 239. 3-15-21-24, 243. 8-10.
Census, 22, 41; synodalis, 15.
Centarben, C-nc, C-nt, C-rpent (de),

Dalmatius, 10, 54, 60, 98 ; — Girardus, Jocerannus, 155 ; — Wilelmus, 68. — *Centarbent, c° de St-Aubin en-Charollais.*
Chalcingis, mansus, 96. —
Chaloe (Letaldus de), 132. —
Chaloent (Hugo), 139. = *précéd.*
Chaloer (in), 79. —
Chamelgias, villa, 182. — *Chamoge, c° de Champlecy.*
Chandeuz (domus S¹ Petri de), 240. 18. = Chandiaco.
Chandiaco (de) domus, 243. 19 ; — Petrus, 240. 18 ; — prior, 233. — C-cum (apud), 229.5, 232. 32, 235. 19, 237. 7, 238. 18, 239. 5. — *St-Pierre-de-Chandieu (Isère).*
Chanfellz = Campo Felici.
Chanlucie (Bernardus), 53. = Campo Lucio.
Chantriac en Choutayne (domus de), 237. 9. —
Chanziaco = Chandiaco.
Charellam (domus de), 234. 26. — *Charolles.*
Charneto (in), 112. — *Charnay, c° de Vitry-sur-Loire.*
Charri (domus de), 280. 20. — *Charrey-sur-Saône (C.-d'Or).*
Chasals (Durannus de), 212. — *Chazeau....*
Chasanes (G. de), 176. = Cassagnias.
Chassanil (mansus de la), 70. —
Chassingiacum, ecclesia, 8. — *Sassangy.*
Chassoer, bordeleria, 45. —
Chastel (Heldradus de), 108. = Castel.
Chasuit (Bertrannus, Girardus de), 86. — *Chassy.*
Chatgie (Bernardus de), 22. = Cachiaco.
CHAUVACON (Bernardus), 242.
Chaux (li), mansus, 186. — *La Chaux, c° de Viry ?*
CHAVACHOLE (Wichardus), 9.
Chavariaco (domus de), 233. 6. — *Chaveyriat (Ain).*
Chavasiget (Achardus, Artaldus, Ylio Ylius, Wigo de), 22. = Chiavaniset.
Chaz (a la), mansus, 186. —
Chazeto (mansus de), 220. —
Chialoet (Hugo de), 46=Chaloe.
Chiasal Unal, mansus, 167. —
Chiavaniset (Artaldus de), 160 ; — villa, 54. — *Chevenizet, c° de Nochize.*
CHIOS (Falco), 177.

Chisal Unal, mansus, 168. —
CHIVROL (Giraldus), 61.
Chopetra (fratres de), 9. = Copetra.
Chucy (Galterius, Guillelmus, Petrus de), 216. — *Cussy, c° de Melay.*
Cimiterium, 17-8-9, 20, 22, 25, 94, 132, 150, 154, 162, 167, 188, 210.
Ciphus corneus, 221-2.
Civignon, C-nun, Civin', C-nion, C-non, C-nun (de) Bernardus, 86; — P., 152 ; — Petrus, 36, 66, 159, 176. = Sivignon.
CLARA, uxor Ansedei, 44.
Claromonte, C-ensis pagus, 15, 149. — *Clermont-Ferrand (P.-de-D.)*
Clastrum, 235. 2-8-20-29, 238. 12.
Clausus, 3, 36, 42, 45, 69, 89, 156, 195, 196, 229. 5.
Clautrum, 237. 1-8-11, 238. 29, 243. 5.
CLEMENS VI, papa [1342-52], 245.
CLERICUS (Hugo), miles, 68 ; — (Petrus), miles, 148.
Clissi (Petrus), 212. — *Clessy.*
CLOSERS (Bernardus, Humbertus), 176.
Clugniaci, C-cum (ap.) = Cluniac.
Cluniacense, C-ses, C-sis, C-ci, C-co (de), 3 ; — abbas, 2, 13-4, 48, 87, 178, 189, 192, 206-7, 209, 221-2-3, 226, 239. 7-9 ; — abbaye, 228 ; — archidiaconus, 237 ; — cœnobium, 213 ; — consuetudo, 229. 6-7-8-21-2 ; — conventus, 238. 1, 240. 24 ; — custos generalis, 232. 17 ; — decanus, 235 ; — ecclesia 221-2, 226-7 ; e-æ, 189 ; — familia, 207 ; — fratres, 189, 229. 23 ; — locus, 33, 111, 176; — monasterium, 213-4, 245; — prior, 176, 190, 209 ; claustralis, 237. 25, 239. 7 ; major, 244. 1 ; — sacrista, 243. 7, 238. 25-27 — seniores, 108, 221 ; — villa, 221-2. — C-cum (apud), 176, 207, 230. 15-17, 233. 29, 246. 14. — *Cluny.*
COCUS (Bernardus), 112.
Cohopertura, 243, 3-15.
Colchis (de) Guido, 241. 22; — Wido, 166. — *Couches-les-Mines.*
Colmines (Seguinus de), 79. —
COLONGARIUS (Guillelmus), 221.
Colongis, ecclesia, 191. — *Collonge-en-Charollais.*
Colonicas (parrochia de), 164. = *précéd.*
Columbariensis = Columbers.
Columbers (apud), 190 ; —, ecclesia, 27-8, 49. — *Colombier en-Brionnais.*
Columbeta (Pontius de), 91.

ALPHABETICUS

COMES, cardinalis, 207.
Condamina, 98.
Condemina, 18, 25,157-8.—C-nia, 201.
CONRADUS, cardinalis, 207.
Constabularius, 207.
CONSTABULUS, filius, 48.
CONSTANCIUS, colonus, 179-80; —, presbyter, 166; —, testis, 81.
CONSTANTINUS, presbyter, 181; —, servus, 45; — (Rotbertus), 207.
Consuetudo, 3, 6, 10, 12, 15, 54, 57, 59, 87, 97-8, 107, 109, 128, 127, 167, 179, 206; bona, 208; mala, 9, 167, 208-9.
CONTAT (Andreas), 48.
Coopertura, 229. 14, 240. 17, 246. 4.
Coperia, Copetra, C-re (de) Atto, 204, 206; — Gaucerannus, Gausc-s, 201, 204, 207; — Girardus, 59, 204, 208; — Jocerannus, Jodc-s, Jotc-s, 17, 28, 45, 64, 107, 152, 159, 167, 176; — Ledbaldus, Letb-s, 88, 55 (miles), 57, 79 (calvus), 98, 100, 159-60-1, 175 (calvus), 179; — Rainaldus, 59. — Cypierre, c° de Champlecy.
CORALDUS (Amicus), 95.
Corbere (excambium de la), 237.9. —
Corbignié, ecclesia, 25. — Curbigny.
Corbiniaco, villa, 25. = précéd.
Corcellas, C-lis (de) Huns, Petit, 207; — (mansus in), 8. — Corcelle, c° de St-Symphorien-les-Charolles.
Corcon (Gaufridus de), 21. —
Cordensis silva, 104. —
Corouro (de) Folcherius, 48; — villa, 45-6. — Coleure, c° de....
Corte (Seguinus de la), 116; — (Wido de), 95. —
Cosam, C-an, C-nt (de) dominus, 230. 8-9, 233. 26; — Zacharias, 160. — Couzan, c° de Sail-sous-C. (Loire).
COTTA (Andreas), 211.
Crais (Durannus de), 69. — Cray, c° de St-Marcellin-de-C.
Crucis altare, 95.
Culturam (a la), villa, 148. —
Cumines (B. de), 203. —
Cunziaco (Wigo de), 27. —
Curbiniaco = Corbiniaco.
Curdiaco, villa, 210. —
Curdin, C-ns, ecclesia, 19. — Curdin.
Curia, 166; apostolici, regis, 189.
Curia (Aimardus, Guido de), 202. = suiv.
Curt (de la) Gui, 139; Wido 115. — C-té (Wido de), 204. — La Cour,

c° de Sigy-le-Châtel.
Curte Judæa, villa, 6, 199. — Juif.
Curtilis, 52. — C-lus, 3, 87, 74, 85, 125, 198, 199.
Cusello (Guido de), 239. 7. — Cuisseaux.
Cutiaco (silva de), 21. —
CYRICUS (sus), martyr, 145.
Cysiacum (apud), 239. 12. = Tissiaco.

DALMATIUS, dominus, 107; —, testis, 140; — (Hugo), 27, 87, 160; — (Rainaldus), 225; (Reinaudus), 226; — (Robertus, Rotb-s), 166, 206, 220.
DAMAS (Hugues), 126.
Davarier, mansus, 192. —
Decima, 15, 18-9, 22, 128, 140, 150, 154, 167, 192, 243, 9; duplex, 233. 8-10.
Decimum, 21, 94, 132, 140, 162, 204.
DELI (Durannus), 192.
Denariis (in), 162, 167.
DEODATA, filia Adalis, 48.
DEODATI mansus, 99.
DEODATUS, donator, 187; —, præpositus, 35, 48, 53-4, 56, 60, 167; —, testis, 181, 185.
DEPORT, testis, 187.
DEPORTET (Guido), 207.
DESCAL (Lambertus), 87.
DETCENDA, mater, 76.
Deuma (domus de), 240. 5. = Dueme.
Digon, D-ncio, D-nia, D-i, D-io, D-nptiaco, D-ns, D-ntio, D-nz, Digunz (ecclesia ad), 15; — (apud), 221-2; — (de), Artaldus, 76; — Bernardus, 202; — ecclesia St Georgii, 140; - Gauffredus, 158; Gaufr-s, 162; Geoffroy, 119; — Girardus, 77, 204, 206; — Guicardus, 225; Guicha-s, 176, 226; — homines, 107; — Hugo, 225-6; — Iterius, 187; — Jocerannus, Jodc-s, 64, 77, 176, 206; — Lebaldus, Lebaudus, Letbaldus, 21-2-3, 48, 62, 64, 66, 76, 87-8, 92, 127, 152, 155, 159, 167, 175-6, 179, 206, 209; — Oddo, 187; — Stephanus, 157; — terra, 107, 211; — villa, 6, 157; — (in), 145. — Digoin.
Dio, ecclesia, 27, 91; — (Rotbertus), 27; — (presbyter), 88. — Dyo.
Dioci castrum, 160. = Dio.
DIONYSII (S¹) festum, 231.
Disciplina, 240. 23.
DODA, DODANA, mulier, 72.

Dodo, clericus, 193; —, testis, 102.
Dodolini terra, 7, 195.
Dolbos (Simon, Zacharias), 207.
Dolcanbert (Adalardus), 207.
Dolmont (Bernardus), 179.
Domicellus, 240. 18.
Domini altare, 86.
Dominicus, homo, 75.
Dominium, 9, 25, 88, 97, 111, 166-7, 193.
Domziaco, villa, 80. = Donzi.
Donfai (Richardus de), 239. 7. —
Donzel (Girardus), 80.
Donzi (de) Gaufredus, 87; — Jodcerannus, 110. — *Donzy-le-Royal.*
Dormitorium, 229. 16-17-19-20-28, 230. 12-24, 235. 2-20-24, 236. 7, 237. 25, 238. 8-11-26-29, 239. 7-9-13-15-28, 243. 2-5-15, 244. 2, 246. 8-12.
Duchaz, jurator, 207.
Dueme, Duime, Duismam, D-mum (apud), 232. 20, 235. 3, 238. 9, 239. 16, 241. 19. — *Duesmes (C.-d'Or)*.
Dulcedus, jurator, 207.
Dulcet, colonus, 204.
Dulcros (Johannes), 54.
Dulzoles (Arnulfus), 124.
Duramnus, D-annus, capellanus, 16; —, clericus, 72;—, cocus, 207; —, decanus, 43; —, filius, 48, 187; —, infans, 170; —. mancipium, 71; —, monachus. 48, 215; —, præpositus, 25, 99, 166, 212; —, presbyter, 158, 210; —, prior de Paredo, 215; —, testis, 140, 157, 181; —, vicarius, 20.
Duranni (Bet.), testis, 48.

E*bdomadarius*, 243. 15.
Eduæ, Eduensis archidiaconus, 202; — archipresbyter, 189, 202; —canonicus, 15-6, 88, 140, 189 ;—capitulum, 16; — civitas, 140 ; — diœcesis, 189; — episcopatus, 16; — episcopus-præsul, 15-6, 140, 189, 202, 218, 221-2 ; — sanctimonialis, 20, 88. — *Autun*.
Eldeardis, uxor H. de Larris, 93.
Eldeaz, soror, 134.
Eldebert terra, 125.
Eldebertus, filius, 81 ; —, testis, 177.
Eldesendis, uxor Beraldi, 81.
Eldevertus, colonus, 71.
Eldierius, Eldige-s, miles, 71, 83 ; —, testis, 134, 193.

Eldigerii terra, 97.
Eldinus, filius H. de Larris, 93.
Eldricus, frater, 48; —. salnerius, 207 ; —, testis, 184, 207.
Elemosina, 4, 17, 46-7-8-9. 150, 226, 229, 230. 2, 238, 241, 243, 244. 2, 246. 2.
Elemosinaria, 246. 3.
Elemosinarius, 230. 2, 246. 3.
Elisabeth, mater P. et H. de S. 219.
Emeldina, uxor W. de Castello, 149.
Emenda, 229. 10, 233. 18.
Emendare, 48, 94, 241. 23, 243. 3-5.
Emendatio, 178, 181, 188.
Emmeltrudis, mancipium, 71.
Ende, villa, 57. —
Engelbaldus, archidiaconus, 189.
Engelbertus, colonus, 71.
Enricus = Henricus.
Ermenaldus, frater, 88.
Ermenast terra, 125.
Ermengardis, uxor H. de Borbon, 117.
Ermenjart, soror Girardi, 59.
Erveus, episcopus Nivernensis [*1099-†1110*], 189.
Esars (Gaufredus de), 87. —
Eschacherii bordelaria, 21.
Escot (Amics), 207.
Essartines (Johannes d'), 242. — *Essertenne*.
Eugenius II, papa [*824.7*], 202.
Eustachius, canonicus Autisiodorensis, 225.
Euvangelia (sa), 86, 167, 208, 222, 225, 227.
Eva, donatrix, 82, 65 ; —, uxor, 35, 71, 80.
Evraldi vercheria, 99.
Evraldus, colonus, 6, 185.
Evrardus, præpositus, 145; —, testis, 9.
Exartella, E-lis, villa, 148-9. = Essartines.
Exclusa, 181. — *Exclusia*, 243. 3.
Excommunicatio, 229. 6.

F*adi* (Alardus), 152.
Fai (de) Petrus, 207; — silva, 45. — *Le Fay*.
Faidla, mansus, 188. —
Faitaldus (Morestenus), 48.
Falco, frater, 192 ; —, testis, 87.
Faltreriis, Faltricrias, F-iis, F-ris (de) Antelmus, 146, 166, 208; — Artaldus, 146, 167, 170 ; — Joce-

rannus, 76, 167, 170. — *Fautrières,* c° *de Palinges.*
FARAMUNDUS (Bernardus), 211.
FARENS (Bonitus), 200.
Fargias, villa, 89. — *Farges.*
FAUSTINUS (Bernardus), 207.
Fautrières (Hugues de), 169. = Faltreriis.
Faya, villa, 20. = Fai.
FERRANZ (Durannus), 89.
FILAI (Rodulfus, Walo), 117.
FILIASTER (Richardus), 201.
Fin (Ansedeus de la), 121. — *La Fin,* c° *de St-Léger-lès-Paray.*
Finem (villa a la), 148, 206. = Fin.
Finire, 59, 64, 82-3, 87, 117, 154, 160-1, 167, 179, 192, 209.
FINS (Johannes), præpositus, 200.
Flavignaci archidiaconus, 232.25.— *Flavigny (C.-d'Or).*
FLERS, FLOIT (........), 21.
Floienxani, Florenz', F-zang', F-gis, Florinz-s (de) Bernardus, 129 ; — Galterius, 117 ; — Stephanus, 115 ; — Walterius, 42, 48, 114 ;— Wido, 118. —
Floriaco (de), 237.11. — F-cum (apud), 230.19. 232.22, 233.10, 236. 14, 238.7. — *Fleury la-Montagne.*
Foc...... (ante), 230.1.
FOLCALDUS, laicus, 92.
Fons Benedictus, locus, 40. —
Font (vercheria de la), 93. —
Forense territorium, 91. — F-sis comes, 230. 8-10, 243.9. — *Forez.*
Forest Teton, boscus, 59. —
Foresta, 111, 115, 120, 204.
FORESTARII (Petrus), 242.
FORESTARIUS (Wido), 155.
Forfactum, 230.19. — Forisf-m, 209.
FORTESCUT (Willelmus), 18.
Fracto Puteo (de) Adalis, Adelais, 48; — Bonet, 61 ; — Girardus, 48, 61 ; — Letardus, 48; — Petrus, 204 ; — Rotbertus, 48; — villa, 227 ; — Wido, præpositus, 61 ; — Wlbertus, 67 ; — (mansus in), 8. —
Franchisia, 3, 6, 8, 21, 41, 55, 97, 148.
Francia (in), 238.9. — F-æ rex, 2. — *France.*
Francor, clausus vineæ, 36. —
Francorum boscus, 184. —
Francorum rex, 189, 192, 202, 221.
Frasnem (ad), 159. = *suiv.*
Frasnis, villa, 3. — *Frasne (Jura).*
Fraxinum (mansus ad), 148. —
Frigido Puteo (Petrus de), 202. —

FROTMUNDUS, testis, 187.
Frumentale (mansus ad), 89. —
FRUMENTINUS (Bernardus), 56.
FUIER (Hugo), 42.
FUIRS (Durannus), 154.
FULCALDUS, testis, 90.
FULCHARDUS, servus, 83.
FULCO, domnus, 70; —, frater, 192; —, senior, 78.
FULCREDA, uxor B. de Angled., 93.
Furnet (Richerandus dul), 212. —

GALDELAS, G-LS (Durannus), 157-8.
GALDIAL (Durannus), 42.
GALEGELLUS, testis, 157.
GALTERIUS, famulus, 202 ; —, lusor, 230.16.
GALTERUS, episcopus Eduensis [*v. 1189- v. 1223*], 226.
GALVANUS, laudator, 205.
GANDAL (Ermenaldus), 207.
Garenio, nemus, 204. —
GARLINDIS, uxor Enrici ducis, 193.
GARNAT (Rotbertus), 207.
GASCUM (Bernardus, Petrus), 207.
GAUDELLUS (Artaldus), 205.
GAUFFRIDI (Galtonus, 24.
GAUFREDI (Hugo), 26.
GAUFREDUS, G-RIDUS, camerarius, 207 ; —, comes [*d'Anjou 958 et de Chálon 978-† 987*], 18 ; —, diaconus, 189; —, frater' 2168, 188;—, miles, 171; —, nepos, 25, 27 ; —, testis, 78, 82, 140, 157].
GAUSBERT, testis, 125.
GAUSCERANNUS, decanus de Prisiaco, 190.
GAUSFREDUS = GAUFREDUS.
GAUSLENUS, decanus Cabilonensis [*1080-7*], 192.
GAUTERIUS, archidiaconus Eduensis, 202,—, archipresbyter E-s, 202.
GAUZBERTUS, decanus, 192.
Gaveri (Durannus de la), 207. —
Gebennensis comes, 237. 9, 240. 20 — *Genève (Suisse).*
GELINI (Bernardus), 226.
GELINUS, testis, 81.
GEMO, testis, 193.
Generale fratrum, 48, 230. 15.
Gent', Gentes (de) Asginus, 103 ; — Stephanus, 115. —
GERALDUS, 56 ; —, testis, 82.
GERARDUS, prior de Paredo, 210;—, testis, 71, 78, 96, 100, 215.
GERINI (Bernardus), 225.
GERINUS, sacrista Sᵗⁱ Nicetii. 230.34.

GERVASIUS (s^{us}), martyr, 1, 76, 86; —, præpositus, 200.
Gestiis (ecclesia de), 189. —
Gigniaco (de) domus, 233.5; — prioratus, 237. 10. — G. cum (apud), 229.3, 235. 25, 239. 7, 240. 21, 241. 23, 243. 12, 246. 13. — *Gigny (Jura)*.
GILBARDUS, servus, 184.
GINEAT, testis, 207.
Ginhiacum, Gini-m = Gigniaco.
GIRALDUS, presbyt. 49; —, testis, 213.
GIRARDUS, decanus de Bellomonte, 221; —, donator, 8; —, episcopus Eduensis [*1253-76?*], 231; —, homo, 179; —, miles, 26; -li pictor, 207; —, pistor, 95; —, presbyter, 27; —, prior Paredi, 95, 202, 206; —, servus, 69, 103, 105; —, testis, 32, 134, 178, 180, 182, 207.
GIRARDUS (Constantinus), sutor, 207.
GIRBALDUS, miles, 73; —, presbyt. 61.
GIRBERGA, donat. 33; —, uxor, 87.
GIRBERTUS, 9; —, archipresbyter, 44, 57; —, capellanus, 150; —, donator, 86; —, homo, 179; —, presbyter, 145; —, prior de Paredo, 12, 48, 179; —, testis, 81.
GISLEBERTUS, testis, 213.
Giverduno (villa de), 177. — *Giverdun, c° de..... (Loire)*.
Giverze, G-zi, G-iaco, G-zy (de) Artaldus, 139; — Bernardus, 57; — Giraldus, 28; G-ardus, 57; — Hugo, 25, 57; — villa, 90. — *Giverdey, c° de Toulon-sur-Arroux ?*
Glonez (apud), 236.16. —
GLORIOUS (Rotlannus), 43.
GOFREDUS, testis, 215.
GOLFERIUS, miles, 85; —, testis, 99.
GONDELI (Bernardus), 103.
GONTERIUS = GUNTERIUS.
GONTRUDIS, mater Ansedei, 121.
GOTCERANNUS, testis, 78.
GOULBERTUS, homo, 45.
Goy (Stephanus), 122.
GOZFRIDUS, archiclavus, presb. 145.
Grangia, 17-8, 229.28, 230.6-21, 240.21, 243.16.
Grantmont, salvamentum, 179. —
Granval (de) Artaldus, 32; — barrochia, 60; — Rotbertus, 82. — *Grandvaux*.
GRAS (Rotbertus li), 207.
Grasaco (prior de), 239. —
GRATUS (s^{us}), præsul [*de Châlon-sur-Saône, 648*], 1, 68, 76, 86, 131, 205-6-7.
Gravam, G-vem Longam, G-vil-m (apud), 229. 8, 232. 1, 235. 21, 236.7, 237. 28, 238. 18-4, 239. 9. — Gravilonga (de) domus, 233. 29, 234. 12; — prior, 232-3, 235. 20 — *Grelonges, île disparue de la Saône, en face de Fareins (Ain)*.
Graveri (Archimbaldus de la), 107.—
Graverias, portus, 123; — (in), 164. — *La Gravière-sur-Loire*.
Grelonges (apud), 230.31. = Gravem Longam (apud).
GRIMALDUS, presb. 57; —, servus, 100.
Gros (Artaldus), 31.
GROSSA, mulier, 88.
Grossa Noa, pratum, 93. —
GROSSUS (Albuinus), 90; — Bernardus), 157.
GUALDUS [Giraldus?], homo, 20.
Gubirs (Ylerannus de), 212. —
Gueri (Rainaldus de la), 207.
Guerpire, 48, 212, 221-2.
Guerpitio, 208, 212, 221-2.
Guerra, 230.25-28, 232. 29-30, 238.18-29, 243.10-19.
GUICHARDUS, canon. Lugdunen. 229.5.
GUIDO, buticularius, 222; —, prior de Nantuaco, 239.6.
GUILLELMUS, archipresbyter, 216; —, clericus, 229.3; —, monachus de Pomeriis, 229.16.
GULFERIUS, miles, 85.
GUMBERTUS [=Hu-s], 80.
GUNTAR (Bernardus, Petrus), 48.
GUNTERIUS, 173; —, prior de Paredo, 12, 111, 142; —, testis, 80.
GUNZZE (Stephanus), 48.
Gurbiniaco (Artaldus, Durannus, Lambertus de), 70. = Corbiniaco ?
Gurci (mansus a la), 98. —
Gygne, Gyniacum (apud), 230.24, 232.29. = Gigniaco.

Hamberta (domus de) 234.24. = Amberta.
Hararis, fluvius. 6. — *La Saône, riv*.
HARTALDUS, testis, 215.
HELDEARDIS, mulier, 105.
HELDERICUS, testis, 199.
HELDINUS, miles, 111.
HELDRICUS, præpositus, 53.
Helemosina, 192, 206, 236.23, 239.1.
HELIAS, hospitalarius Cluniac. 207.
HELIRANNUS, puer, 145.
HELISABETH, mater, 20, 28, 136, 139; —, uxor, 138.

HÉMARD, pricur de Paray, 188.
HENRICUS, dux [de Bourgogne 987-†1002], 5, 193, 213; —, episcopus Æduensis [1148-†1170], 202; —, prior de Paredo, 242; —, testis, 193.
HERMENGARDA, H-dis, uxor U. Borbon, 107.
HERMUINUS, episcopus Æduensis, [1025-†1055], 15, 140.
HERODIS hereditas, 86.
Hierosolimam, H-imis profectio, 111, 206, 208. — Hierusalem (de), 157. — *Jérusalem*.
HILDEARDA, uxor H. de Larris, 94.
HIMBALDUS, canon. Autisiodor. 225.
HISDRAHEL, testis, 207.
Hispania, 10. — *Espagne*.
HISPERONS (Ildricus), 220.
HOLDRICUS, testis, 202.
Horæ nocturnæ et diurnæ, 239.8.
Hospitale monachorum, 161.
Hospitalitas, 229, 236, 238-9, 241, 243-4, 246.
HUBERTUS, testis, 65.
HUGO, abbas Cluniacensis, Clunie-s [1049-†1109], 14, 27, 48, 111, 180, 162, 164, 176 7-8, 189, 192, 227; —, — Si Germani [à *Auxerre 1099-1116*], 189; —, archidiaconus [Æduen.], 16; —, cancellarius, 222; —, caprarius, 221; —, cellerarius, 87; —, comes Cabilonensis, C-sium [*I de Chalon-s.-S.*, 988·], 101, 134, 145, 165, 173, 180, 182, 184, 193-4-5-6, 199, 209, 221-2; et episcopus-præsul [*d'Auxerre 999* † *1039*], 5, 7, 14-5, 96, 102, 111, 140, 183, 185-6, 213-4; —, comes [*II de Chálon-s.-S. v. 1065-† v. 1078*], 10-1, 45, 107; —, consobrinus, 124; —, constabularius [Cluniacen.], 207; —, decanus de Maleyo, 229.28; — (domnus), 58; —, dux Burgundiæ et comes Cabilonensis [*IV*, *1218-†1272*], 227, 231; —, episcopus Autisiodorensis [*1183-†1209*], 225-6; — Nevernensis [*1013-†1066*], 145; —, filius, 21, 78; —, frater, 17, 20, 46, 48, 54, 60, 68; —, miles, 18-9; —, monachus, 79; —, prior de Paredo, 12, 16, 21, 24-5, 27-8, 34, 47-8-9, 53, 56, 60-1, 66, 76, 87-8, 91-2-3-4, 97-8, 115, 123, 130, 132, 154-5, 157-8-9, 160-1-2, 164, 167-8, 170, 192, 208, 210, 215-6, 218; —, sacristes [Æduen.], 16; —,

testis, 44-5, 96, 100, 120, 185, 217; —, vir, 150.
HUGOLINUS, testis, 195.
HUMBALDUS, archidiaconus [Æduen.], 189; —, episcopus Autisiodorensis [1095-†1115], 189.
HUMBERTUS, abbas, 145; —, frater, 79, —, levita, 145; —, miles, 80; —, monachus, 230. 17-34; —, presbyter, 84; —, prior Marciniaco, 91-2.
Hychiun, castrum, 166. — *Uchon*.

ILDINUS, frater, 68; —, laudator, 205; —, testis, 120, 140.
ILIO, ILIUS, donator, 99, 100.
Immunitas, 208.
Imperio (nobiles de), 243.10.
Incarnatio Domini, D-ica, 2, 4, 189, 202, 206, 213, 221-2, 225, 227.
Incendium, 236. 17.
Indominicatus, *I-ta*, 71, 148, 188-4.
Infirmaria, 246. 3-14.
INGELBERGA, mater, 184; —, uxor, 150.
INGELBERTUS, servus, 112.
INGELTRUDIS, mater Lamberti com., 2; —, mulier, 134; —, textis, 195.
Insula (Humbertus de), 246. 14. —
Inundatio aquarum, 235.26.
Inventarium, 246. 10-14.
ITERIUS, frater, 120; —, testis, 186; —, vir, 180.
Itulet (Petrus de), 207. —

JACOB (Oddo), 207; — (Willelmus), 191.
JACOBI (si) sepulcrum, 11.
JACOBUS, monachus, 240. 14, 246. 7.
Jaliniaco (de) Falco, Gulferius, 177.—
Jaloniaco (Hugo de), prior de Gravilonga, 237. 25. — *Jalogny*.
Jambum (Durannus du), 212. —
Janthals (Stephanus de), 210. —
JARENTO, miles, 68; —, testis, 189.
JARGENSIS (Leottaldus), 84.
JARTRUDIS, uxor A. de Buxol, 28, 88.
JESUS CHRISTUS, 4, 206, 213.
Jhalamo, parrochia, 42. —
Jhaloet, J-th (de) Hugo, 88; —villa, 121. = Chaloe.
Jhavagist, J gniset, J-asiset, Jhavisiset [de] Artaldus 90-1-2; — villa, 60; — Ylio, 34. = Chiavaniset.
Jhavanes (monachus de), 212. —
JHAVAZOLA, J-LE (Aimo), 150-1.

JOCERANNUS, famulus, 160, 162 ; —, filius, 132 ; —, frater, 60, 72 ; —, testis, 54, 76, 153, 173, 187.
JODCELMI Berardus, fil.), 207.
JODCERANNUS = JOCERANNUS.
JOEL (Aimon), 59.
JOFFREDUS, prior de Pomers, 240.14.
JOHANNES (sus) Baptista, præcursor Christi, 2, 5, 187, 206, 213-4 ; ejus festivitas, 94; festum. 230. 5, 235.8 ; —, clericus, 207 ; — episcopus [de Mâcon, 973-†977], 165 ; —,—Masticonensis [1262-†1264], 235.10 ; —, prior Paredi, 221-2 ; —,— Si Simphoriani, 202 ; —, sutor, 207.
JOHANNIS mansus, 60, 177.
JOSBERTUS, frat. 211;—, presbyt. 26.
JOSSERANNUS = JOCERANNUS.
JOTCELINUS, præpositus, 85.
JOTCERANNUS = JOCERANNUS.
JOTSALDUS, colonus, 71, 74.
JOTSELINUS, mancipium, 71.
JOTSUINUS, colonus, 71.
JOTZA, soror, 179.
JOZERANNUS = JOCERANNUS.
JUDÆI, 6, 199.
JUDAS, traditor Domini, 86, 213.
Juliaco (Rotbertus de), 207. — *Juilly (Côte-d'Or*).
Juramentum, 231, 236, 239.7.
Jus, ecclesia, 128. — *St-Bonnet-de-Joux* ?

Kadralas, Kadrellam, K-as, K-lem (apud), 230.1, 235. 9, 236. 23, 237.20, 243.4. — K-la, K-lis (de) prior, 230, 246 ; — p-ratus, 246.1. — *Charolles*.
Kari Loci, Karilocum = Karo Loco (de).
Karitate (prior de), 230.20. — *La Charité (Nièvre)*.
Karo Loco (de) debitum, 232. 4 ; — domus, 234. 23, 241.11 ; — prior, 230. 5-34, 237. 23, 238. 15 ; — prioratus, 232. 2, 233. 23-4, 237. 23, 238. 26-8. — Karum Locum (ad), 232. 5 ; — (apud), 229. 19, 230. 4, 232. 12, 233. 13, 235. 11, 236. 22, 237. 1, 238. 29, 239. 1, 241. 11, 243. 6. — *Charlieu (Loire)*.
KAROLUS, pœnitens, 207.

Ladona (domus de), 230, 20. = Laudona.

LAGASCHETUS, servus, 203.
Lainaco (ecclesia de), 78. —
Laingiacus, villa, 38. = Langiac.
LAMBERT, mancipium, 71.
LAMBERTUS, comes Cabilonensis, [968-†988 fév. 22], 2, 3, 4, 6, 7, 8, 14, 165, 180, 195-6, 213-4 ; —, miles, 40 ; —, monachus, 130 ; —, testis, 72, 195, 199.
LANBERTUS = LAMBERTUS.
LANCBERTUS, presbyter, 207.
LANCENDUS, colonus, 85.
Landona (Johannes de), 235. 23. —
LANDRICUS, miles, 74 ;—, testis, 78, 185, 198, 199.
Langiacum (apud), 190. —
LANTBERTUS = LAMBERTUS.
Larr', Larris (Hugo de), 18, 48, 93 (juvenis), 94. —
Larveta (Ainaldus de), 212. —
Latrinæ, 229. 5-22-28.
Laudare, 16, 21, 24-5, 27-8, 36, 45, 48, 53, 56, 64, 70, 86-7, 93-4-5, 97, 200-1.
Laudona (prior de), 246. — L-am (apud), 246. 11.—*St-Jean-de-Losne (C.-d'Or)*.
LAURENTIUS, frater Karoli, 207.
Laval, L-ls (a), 6 ; — (de) Hugo. 22, 27, 90, 155 ;— Vualbertus, 112 ;— Willelmus, 42. —
Lavardu', villa, 144. —
Lavarenis (villa de), 204. — *Lavarenne, c° de....*
Laviniaco (in), 180. —
Legatus sedis apostolicæ, 189.
Lentenay (apud) ,230. 19. — *Lantenay (C.-d'Or)*.
LEODEGARII (s!) festum, 41.
LEODEGARIUS, testis, 217.
LEOTALDUS, testis, 165.
Lermont (Bernardus de), 207. —
Leschiroles, L-lles, villa, 87.—*L'Echeriolle, c° de Martigny-le-Comte*.
LESJANS (Wido), 175.
LETALDUS, donator, 53 ; —, nauta, 129.
LETBALDI mulier, 51.
LETBALDUS, 173 ; —, carpentarius, 138 ; —, filius, 65 ; —, testis, 77, 180, 182, 186, 188.
LETBALS (Aymo, Hugo), 167.
LETBERGA, fœmina, 185.
LETBRANNUS, stipes, 179.
LETBURGA, uxor Deodati, 187.
Liber [Evangeliorum], 95.
Libra auri, 4, 187 ; — denariorum, 182 ;— panis, 235. 10;—piperis, 211.

Librata terræ, 237.9, 246.12.
Ligeris, fluvius, 6, 21, 107, 141, 145;
— riva, 164. — *Loire, fleuve.*
Livonæ terra, 80. —
LOEL (Bernardus), 98.
Loies (dominus de), 230.27. — *Loyes (Ain).*
LOIRS (Bernardus), 207.
Lonbardia (in), 238.13. — *Lombardie.*
Longuavilla, locus, 40. —
Longum Peretum (ad), terra, 60. —
Lordono (decanus de), 221. —
L-num (apud), 221. — *Lourdon.*
LOTALDUS, tisserius, 32.
LUBERSI (Tetbaldus), 212.
Luciaco, campus, 180. —
Luçiacum = Luziacum.
Lucina, villa, 35. —
LUDOVICUS, rex Francorum [*VI*, *1108-37*], 189; [*VII, 1137-80*], 202, 206.
Ludunensis, Lugdule-s, L-une-s archiepiscopus, 233.27, 243.10; — canonicus, 229.5; — decanus, 230.80; — electus, 229.4; — provincia, 229-30, 232-3-4-5-6-7-8-9, 240-1, 243-4-5. — L-num (apud), 229.5-17, 230.28, 238.18, 239.5. — *Lyon (Rh.)*
Lugiaco (de), 160. —
Lugo, mons, 21. —
Luiçacum = Luziacum.
Luminaria, 88, 152, 176, 188.
Lurciaco, Lurcy (de) ecclesia, 150, 162; — Emmo, 120; — Jodzerannus, Painus, 150; — Richard, 163; — Rotbertus, 150; — Wichardus, 93; — Wilelmus, 48, 120, 150. — *Lurcy, cᵉ de Luneau (Allier).*
Lusiacum = Luziacum.
Luurci, L-iaco = Lurciaco.
Luziaco (de) castrum, 189; — dominus, 230.16, 241.12; — domus, 232.17, 234.2, 240.2. — L-cum (apud), 229.24, 230.15, 233.14, 235.6, 236.18, 237.16, 238.4, 239.19, 241.16, 243.1, 246.5. — *Luzy (Nièvre).*

M able (domus de), 236.1. —
Macobrium = Magobrium.
Macura = Mandopera.
Magnates, 107,154.
Magobrio (prior de), 238, 243,— 16.
— M-ium (apud), 229.25, 230.16, 235.5, 236.17, 237.15, 238.5, 246.6. — *Mesvres.*

MAIMBALDUS, M-lt, donator, 125.
MAIMBERTUS, faber servus, 21.
MAINBALDUS, testis, 81.
MAINBERTI terra, 174.
MAINFREDUS, servus, 134.
MAIOLUS, abbas Cluniacensis [*v.* *965-†994*], 2, 18, 213-4.
MALA TESTA (Robertus), 87.
MALAREIN (Burdinus), 207.
Malareto = Malereto.
Maldelgo (Heynricus de), 168. —
Malereti, M-to (de) Artaldus, 150-1, 154; — Gaufredus, 151,154. —
MALFREDUS, servus, 134.
MALS ET BONUS (Albertus), 28.
MANAGONA (Durannus), 207.
MANCEL (Durannus), 207.
Mancipium, 8, 5, 6, 71, 92, 145, 165, 193.
Mandopera (domus de), 240.3 = Magobrio.
Manerium, 237.11, 243.15.
Mangobrium = Magobrium.
Maniaco (Hugo de), 211. —
Mansio, 25, 69, 107, 199, 229. 4-8, 233.16-22, 239.7.
Mansum (ad), mansus, 42. — *Mans, cᵉ de Dyo?*
Mansus, 3, 6, 38-4, 38, 40, 46, 55, etc.
Mansus, terra, 148. —
Maosta, silva, 55. —
Marchisut (Gaufridus de), 206. —
Marci (Radulfus de), 226. = Marniaco.
Marciaco (Petrus de), 221. —
Marcigniacum = Marciniacum.
Marcile, M-li, M-iacencis, M-co, M-ie (de) Atto, 22; — finis, 72; — Jocerannus, 22, 98, 100, 159, 176; — Lambertus, 98-9, 100; — mansus, 216; — villa, 58. — *Marcilly-la-Gueurce.*
Marcinhiacum = Marciniacum.
Marciniacense-sis, M-ci, M-co (de) domus, 234.25, 240.9, locus, 215, 220; — monachi, 218; — monasterium, 216.7; — prior, 91-2, 220; — sanctimoniales, 219-20; — silva, 6; — villa, 27,130; — Wichardus, 160. — M-cum, M-agum (apud), 229.20, 230.3, 232.13, 233.17, 235.10, 236.21, 237.19, 238.24, 239.22, 241.12, 243.5, 246.2. — *Marcigny-les-Nonnains.*
Mardanges (a), 133. —
Mardelgio (Emricus de), 103. —
Mardiago, villa, 41. — *Mardiaugue,*

c° de …
Mardialgo (Enricus, Walterius, Wilelmus de), 41-2. = préced.
Marescaldus (Bernardus), 202.
Marescals (Martinus), 61 ; — (Petri), 158.
Mareschus, testis, 27.
Maria (b*, 8a), 1, 131, 187, 210, 213-4, 217. — Ejus Annunciatio, 288.24 ; missa, 229.3 ; Nativitas, 207 ; Purificatio, 229.28, 230.16.
Maria, filia Albuini Grossi, 217.
Maringis (de) Ansedeus, 107,117 ; — Joceramnus, 130 ; — Letaldus, 99 ; — Stephanus, 21 ; — Wilelmus, 50. — *Maringue, c° de St-Julien-de-Ciury.*
Mariniaco = Martiniaco.
Marinus, miles, 68 ; — servus, 22.
Marischal (Rotbertus), 166.
Marliacensis, M-cus, ecclesia, 15, 165, 167. — M-co (in), 3. — *Marly-sur-Arroux.*
Marmanio (Ascherius), 21. — *Marmagne.*
Marnant, villa, 8. — *Marnand, c° de Briant.*
Marniaco (Radulfus de), 225. — *Marnay, c° de St-Symphorien-de-Marmagne.*
Marriaco (mansus in), 8. — *Mary.*
Marriglerii (Letbaldus), 21.
Martel (Gelinus), 44.
Martiniaca silva, 184. — M-censis parrochia, 87 ; — villa, 184. — M-co, 87. — *Martigny-le-Comte.*
Martinus (s*), 141. — Ejus festum 86, 98, 123-4-5, 127, 145, 242 (hiemale) ; natalis, 79, 136.
Martinus, decanus, 208 ; —, servus, 22, 134, 189 ; —, testis, 27.
Marzili = Marcile.
Mathæus, camerarius [Franciæ], 222.
Matischial (Wido), 53.
Matutinæ, 229.17. — M-num, 239. 2,-12,-17, 240.13.
Mauricius, comes, 213 ; — frater comitis [de Châlon], 5, 180, 193.
Medens (Fulco de), 110. —
Medius (Girbertus), 166.
Melleduni villa, 189. —
Menciau, M-ioda, M-ot (Hugo), 21, 53, 108.
Menial (Galterius), 207.
Mensura Paredi, 44 ; probata, 123.
Mercator (Jocelinus), 24.
Mercatum, 6, 194.

Merculle, villa, 172. — *Merciiley, c° de Gueugnon.*
Mercure (apud), 230.23. — *Mercurey.*
Merlous, Merolus, Merulus (Durannus), 25, 28, 34, 88, 114, 132, 167.
Meschins, M-nus (Bernardus), 29 ; — (Gelinus), 68 ; — (Rodulfus), 48 ; — (Wigo), 25.
Meschinus, presbyter, 95, 207.
Messio, 41, 98, 124, 143.
Messionagium, 221-2.
Meuram, M-re (apud), 232.18, 233. 13. —
Meuvray (domus de), 234.8. = *Magobrio.*
Michaelis (si) festum, 128 ; missa, 148, 192.
Mieroz (Odilo), donator, 167.
Mignelus (Rotbertus), coriarius, 207.
Milici (Bernardus, Rotbertus), 192.
Milo, canonicus Autisiodorensis, 225 ; —, telonarius, 181.
Misericordia Domini (dominica), 229.25.
Missa matutinalis, 235.2, 238.22 ; — pro mortuis, 239.1-2 ; defunctis, 238.29.
Mitte Focum (Hugo), 207.
Modius avenæ, 179 ; — bladi, 246.7 ; —sigili, 108, 174 ; — vini, 9, 108.
Molendinum, 6, 45, 48, 63, 73-4, 134-5, 148, 150, 161, 193, 197, 229. 10, 240.24, 241.5, 243. 8, 246.11-2.
Molinum, 47-8, 150, 181.
Monacatus, M-cha-s, 25, 27, 122, 128-9, 164, 205.
Monachicus habitus, 79, 118, 120, 198 ; — ordo, 90, 168, 172.
Monasteriolum (apud), 169. —
Monbertout (domus de), 230.30. = Montem Beltodi.
Moncel, M-llis, M-lo, M-els (ad), 70 ; — (al), 29, 30 ; — (Bernocus), 48 ; — (Durannus de), 60 ; — (mansus al), 127 ; — (Rainerius), 48 ; —, villa, 3, 41, 59, 81, 110, 125, 145, 148, 204. — *Montceau.*
Monegra (Hugo), 201.
Monenchia, foresta, 120. —
Monert (Wichardus), 87.
Moneta, 189 ; — currens, 246.4-9 ; — Matisconensis, 229.1 ; — Nivernensis, 229.23-4 ; — Parisiensis, 229.28, 233.12, 238.29, 240.18 ; — Pictavensis, 46 ; — de rege, 21 ; — Toronensis, Tur-s, 229.17, 233.

15-7, 234.1-26, 235.8-18, 236.1-23, 237.1-20, 238.3-24, 239.18-22, 240.4-24, 241.8, 242 ; — Vianensis, Vienn-s, 229.2-23, 230.4-28, 231, 232.8-29, 233.5-31, 234.18-24, 235.4-25, 236.5-25, 238.11-21, 239.1-9, 240.18-25. — Ejus mutatio, 240.18.
Moneta (Robertus de), 201. —
Moniales velatæ et non, 239.9.
Monliergue (Bernardus de), 56. — *Mouiliergue*, c° *de Paray-le-Monial*.
Mont, locus, 165 ; —, villa, 148. — M-te (castrum de), 8. — M-em (ad), 42. — *Mont*.
Montem Beltodi, Berthodi, Bertodi, B-oldi, B-oti, B-oudi (apud), 229.7, 235.20, 236.8, 238.14, 239.8, 241.4, 244.1. — Montis B-i domus, 233.1, 234.13, 240.19. — *Montberthoud*, c° *de Savigneux* (*Ain*).
Monte Berthodi (Joannes de), 243.11. = *préced*.
Montboon (Lambertus), 34.
Montis Brisonis (decanus, 235.17. — *Montbrison* (*Loire*).
Monte Combroso (ecclesia B. Mariæ V. in), 15, 148. — *Montcombroux* (*Allier*).
Mons Liergue, villa, 52 = Monliergue.
Montelanteri mansus, 188. —
Montmalats (Hugo de), 24. — *Montmelard*.
Montermenter, M-the-e (Ansedeus), 20, 107, 111 ; —, castrum, (Dalmatius, Rodbertus, Stephanus de), 111 ; — (Willelmus de), 10, 111. — *Montermenter*, c° *de* .....
Montempessalanum (scolæ apud), 238.5. — *Montpellier* (*Hér*.).
Montem Sancti Joannis (apud), 229.28, 230.17, 232.19, 233.12, 235.4, 237.14, 238.6, 239.17, 241.18, 243.18, 246.7. — Montis S¹ J-s castrum, 238.6 ; — domus, 240.4 ; — prioratus, 234.4. — *Mont St-Jean* (*C.-d'Or*).
Monte Sancti Vincentii (in), 6, 188, 194, 207. — M-em S¹ V-i (apud), 229.26, 240.8. — Montis S¹ V-i, 111, 236.20. — *Mont-St-Vincent*.
Monte Villa (apud), 159. — *Mont-la-Ville*.
Montet, M-th (de) condemina, 161 ;— villa, 79, 134. — *Le Montet*.
Monticima (Rimaldus de), 21. —
Monz villa, 174. — *Mont*.

Moregne (Gauscerannus de), 204.—
Morel (Bernardus), 34.
Morelion (Hugo), 109.
Morelli (Ademarus), 209.
Moreste (parrochia de), 177. —
Moriniaco (de) Oddo, 158 ; — Rainerius, 157. — *Mornay*.
Morsals (Hugo), 109.
Mota (mansus in), 8 ; —, villa, 74, 78. —
Mota Sancti Joannis, 240. 8. — *La Motte-St-Jean*.
Moteri (condamina ad), 98. —
Mula, 64, 108, 112, 115, 159, 208.
Mulinis (Bernardus), 189.
Mulins (Bladinus de), 28. —
Mulnaris, 150, 197. — *M-ium*, 93.
Mulnerius, 45.
Mulneto (in), 145. —
Multo, 44, 107 ; — vestitus, 98.
Mulus, 21, 167.
Munda (Gelinus de), 112. —
Murciaco (ecclesia de), 94.— *Mussy-sous-Dun* ?
Murnels (mansus de), 188. —
Mussal canabi, 22, 93, 127.

Namtuaco, Nantoaco, N-ais, N-as, N-ays, N-ouaco, N-tuaco (de) domus, 230.26, 233.2-3, 243.19 ; — prior, 233.4, 240. 14 ; — prioratus, 229.16, 232.9 31, 233.21, 237. 3-8-9, 238.22, 246.14 ; — subprior, 233.2. —Nantoacum, N-ais, N-as, N-tuacum (apud), 229.4, 230.25-7, 232.30, 235.26, 237.9, 239.6, 240.20, 241.24. — *Nantua* (*Ain*).
Narjodus, episcopus Æduensis [1098-1112], 189.
Natale Domini, 41, 238.18-21-22, 241.12.
Nativitas Domini, 227.
Neusiaco, villa, 40,145. — *Neuzy*, c° *de* ....
Nevernensis = Nivernensis.
Nicholaus, custos ordinis, 221.
Nigro Stabulo (prior de), 236. — *Noirétable* (*Loire*).
Nivernensis canonicus, 145 ; — comes, 189, 237.16 ; — episcopus, 189 ; — præsul, 145. — Nivernis (fact.), 189. — *Nevers* (*Nièvre*).
Nongento (decanus de), 246.10. — *Nogent-le-Rotrou* (*E.-et-L.*).
Noschisis, parrochia, 54. — *Nochize*.
Nota (horæ, missa cum, sine), 238.5-29, 239. 1-, 240.24.

Nova Villa = Villa Nova.
Novas Casas, ecclesia, 22 ; —, parrochia, 60. — *Nochize*.
Novellarum constitutio, 246.14.
NOVIODUS, cantor et archidiaconus [Æduensis], 16.Cf. NARJODUS.
Nucibus (Petrus de), 210.—

O*bedientia*, 229.19. — *O-arius*, 229.3-10-19, 235.25, 246.13.
Oblationes, 21, 143, 150.
Oculi mei (dominica), 230.12.
ODDO, miles, 196 ; —, prior de Pomers, 238.22, 240.14.
ODILO, abbas Cluniacencis [994-1048], 13, 33, 96, 104, 111, 145, 213-4 ; —, avunculus, 126 ; —, monacus, 84, 86, 192 ; —, puerulus, 85.
ODO, dux Burgundiæ [1142-1162], 202 ; —, presbyter, 145 ; —, testis, 193.
ODULGARIUS, testis, 213.
ODYLO = ODILO.
Offerenda, 22, 94, 132, 154, 167.
Officium divinum, 229.3, 235.2, 236. 19, 237.8, 238.1, 239.1, 241.1, 243.12, 244.2, 246.1 ;—precum, 192.
OGEDIA (Hugo), laicus, 92.
OLESCHINUS, presbyter, 200.
Olsola, Olzola (de) Artaldus, 172 ; — Hugo, 28, 34, 36, 38, 64, 87, 93, 136, 152, 153, 172, 175 ; — Joverannus, 87, 112 ; — parrochia, 219. — *Ozolles*.
Omnium sanctorum festum, 246.14.
Oredors, Oretors (ecclesia St Petri), 25 ; — (presbyter), 49. — *Ouroux*.
ORIRALIT, serviens, 235.14.
ORNADUS, presbyter, 94 ; —, testis, 185.
ORNATUS, testis, 207.
Orval, O-ls (a), 126 ; — (Rotbertus d'), 159. — *Orval, c. d'Oyé*.
OSANNA, mancipium, 71.
OSBERTUS, laudator, 167.
OTELMI pratum, 103.
OTBERTUS, abbas Sæ Margaritæ [1150-5], 202 ; — (magister), 202.
OTTO, comes [de Bourgogne v. 995-1027], 213 ; —, nepos comitis, 184.
OZESCHINUS, presbyter, 208.
Ozola, O·les = Olsola.

P AGANUS (Ilius), 107.
Paigne, P-eyo (Henricus de), 230.

20, 235.25. — *Pagny (C.-d'Or)*.
Paion (a), 159 ; —, foresta, 103 ; — (villa de), 6, 77, 101, 180. — *St-Denis-de-Péon, c° de Curgy*.
Palafiedus, 210. — *Palefs*, 21.
PALFOL (Aimo, Bernardus, Gaufredus), 211.
Palut (Stephanus de la), 58. —
Paray (à), 188. — Paredo, P. Moinali (act.), 187 ; — (de), 242 ; — capitulum, 200 ;—carta, 225 ; — conventus, 242 ; — domus, 221.2, 234. 27, 240.8, 243.3 ; — ecclesia, 152, 202, 221-2, 226-7 ; — fratres, 16, 210 ; — hospitium, 221-2 ; — locus, 10, 43, 68, 87, 131, 157-8-9, 160-1-2, 164, 175, 177-8, 207-8, 211 ; — monachi, 84, 96, 158, 160, 200-1, 212 ; — pedagium, 231 ; — prévosté, 223 ; — prior, 135, 176, 190, 204, 206-7, 210, 221-2, 234.4, 238 ; — p-ratus, 228, 245 ; — sacrista, 242 ; — seniores, 158, 209 ; — terra, 201 ; — villa, 204, 221-2, 226 ; — (in), 95. — P-dum (apud), 161, 224-5-6, 229.21, 230.2, 232.14, 238.16, 235.8, 236.20, 237.18, 238.1, 229.2, 241.14, 246.3. — *Paray-le-Monial*.
Paret (Hebradus de), 216.
Parisius (actum), 224 ; — (studens, 235.8, 246.3. — *Paris (Seine)*.
Parreciaco, P-ric-o (de) monacus St Benedicti, 76 ; — Stephanus, 61, 87-8, 93, 132, 208. — *Perrecy-les-Forges*.
Parreney, P-niaco, P-rin-o (de) Anseau, Ansedeus, 20, 53, 119 ; — Anselmus, 101 ; — Artaldus, 33, 70 ;— Bertrannus, 101-2-3 ; — Girbertus, 36 ;— Heldinus, 103 ;— Hugo, 33, 60, 70 ; — Ildinus, 101-2 ;— Petrus, 70, 135 ;— Walterius, 58, 103 ; — (in), 87. — *Perrigny*.
Pasca, Pascha, 41, 189, 229.4, 230. 24-26-31 ; ejus octabæ, 242.
PASCHALIS, papa II [1099-1118], 189.
Pasche, P-et (Hugo de), 132,155. —
Passio Domini, 229.17, 230.18.
PASTURALS (Thomas), 207.
Patagni (de) Arnulfus, 212 ; — Ingerbertus, 212. —
Patriciaco = Parriciaco.
Pauliaco, villa, 122, 129. = Poliaco.
PAULUS(sus), apostolus, 207, 213-4, 217.
Pedagium, 221-2.
Pelles silvaticæ, 238.8.
Pellicia, 229.17, 238.11.

Pellicus Puisant (Briccius), 207.
Pellitus (Denioret), 207.
Penthecosten (circa), 230.4.
Peredet (Durannus), 48.
Pererium (al), 41. — *Le Perrier, c⁰ de Ciry ?*
Perers (Girardus), 207.
Perret (Bernardus de), 216. — *Péret, c⁰ de St-Laurent-en-Brionnais.*
Perrius (Girardus), 27.
Petra Campi (de) Guicardus, Guicha-s, 225-6 ; — Hugo, 221, 225-6 ; — Jotcerannus, 204. — *Pierrechamp, c⁰ de La Guiche.*
Petronus, testis, 125.
Petrus, abbas Cluniacensis [*1152-81*], 206, 209 ;—(sus), apostolus, 68, 160-1-2, 164, 177, 190, 207, 210, 213-4, 216-7 ; —, archipresbyter, 207 ; —, armarius et subprior Kari Loci, 229.19 , —, cocus, 202; —, decanus Cluniacen., 207 ; —, (dom.), 229. 4 ; —, faber, 207 ; —, filius, 18-9, 21, 32, 207 ; —, frater, 84, 229.19 ; —, miles, 17 ; —, monacus, 132, 230.34 ; —præpositus, 38, 69 ; —, servus, 98, 112 ; —, testis, 55, 83, 181 ; —, vir, 82.
Pevrari (Milo), 211.
Philippus, rex Francorum [*I, 1060-1108*], 192, 221-2, 224.
Pictantia, P-ten-a. Pidan-a, Pitta-a, 238.22, 241.12, 243.5, 246.14.
Pigneria (Acelinus de), 69. — *Pignière, c⁰ de Changy.*
Pilfol, P-ls (Artaud), 113 ; — (Gaufredus, Geoffroi), 113, 207.
Pinet (Berengerius, Guido, Waldo, Wido de), 63. —
Pinum (ad), 41. — *Les Pins ?*
Pipinus, frater, 211.
Piscaria, 5, 6, 193. — *Piscatura*, 218.
Piscis, servus, 204 ; — (Hugo), 38.
Placis (a les), 41. —
Placitum, 92-3, 154, 159-60-1, 166, 192, 194, 200-1, 207, 212 ; generale, 76.
Planchi (a la), 47 ; — (Joannes de la), 207. —
Plumb', villa, 3. — *Plomb, c⁰ de Baron.*
Pochet (Petrus), 202.
Podialano (prior de), 235. — *Piolenc (Vaucluse).*
Podium, villa, 148. — *St-André-le-Puy (Loire).*
Poilli, P-iacum = Polliaco.
Poisson, P-ns, ecclesia, 20, 49, 88,
178 ; —, villa, 138. — *Poisson.*
Poli, P-iaco, P-ie, Polliaco (de) domus, 232.7, 233.22, 234.16, 240. 15, 243.9 ; — Gaufredus, G-ridus, 137, 151 ; — illi, Letbaldus, 167 ; — Rainerius, Rayn-s, 137, 151, 156, 161 ; — Ysiliardus, 167. — P-cum in Foresio, Forisio (apud), 230.8, 232.7, 233.22, 235.17, 236.5, 237.4, 238.20, 239.8, 241.7. — *Pouilloux.*
Pomerias, P-ios, P-ium in Foresio, P-rs (apud), 229.16, 230.10, 235.15, 236.3, 237.3, 238. 22. — P-riis in Foresio, P-rs (de) domus, 232.9, 233.21, 234.18, 240.14 ; — prior, 239. — *Pommiers (Loire).*
Ponsi (Bernardus de), 207. —
Pontius, abbas Cluniacensis [*1109-22*], 189-90, 207 ; —, episcopus Masticonensis [*1199-1220*], 226.
Popet (Clarembaldus), 207.
Popez, testis, 93-4.
Popier (li), Popperii de Cambonio, 242.
Popin, P-ns, colonus, 35, 86.
Porta (de la) Bernardus, 88 (juvenis), 198 ; — Wilelmus, 44-5. —
Positellis, villa, 148. —
Possions, Possons, Possun = Poisson.
Præpositura, 25.
Præpositus, 24-5, 136, 194.
Prebenda, 239.9, 240.21, 246.8.
Predbonant, pratum, 108. —
Presbyteratus, 17-8-9, 20, 22, 25, 88, 94, 132, 154, 162, 167.
Presbyterium, 150.
Priscey, P-ciaco, Prisiaco (de) decanus, 190 ; — obedientia, 70 ; — villa, 26, 29, 30-1, 36, 79. — *Prizy.*
Procuratio, 221. — *P-tor*, 238-9, 241.
Provintia (in), 238.18. — *Provence.*
Pueleto (Hugo de), 226. —
Pulchra Spina, locus, 181, 211. —
Puleio (Hugo de), 226. — *Le Puley.*
Pulzet (Otbertus), 167.
Puteres (H. de), 203. — *Puthière c⁰ de.....*

Quadragesima, 229.23, 230. 13-4-7-31, 238.21, 239.9, 243.5.
Quadrellam (apud), 238.2, 239.12, 241.13. — Q-lc (Bernardus), 84. — Q-lis (de) domus, 240.24 ' — prior, 240. = Kadralas.

Quadrile, Q-ense-sis, castrum, 45, 181 ; — porta, 45 ; — præpositus, 44. = præced.
Queciuns, testis, 207.
Querelam (ad), 89. —
Querre, villa, 124. — *Quierre, c° de Beaubery.*
Quictare, 152, 232.28. — *Quit-e,* 224-2.

Raculfus, donator, 3, 196.
Radulfus, constabularius, 222.
Radulphus, monac. de Tulolers, 230.20.
Ragan, famulus, 95.
Ragenaldus, presbyter, 145.
Ragiacensis, Raginiaco ecclesia, 17. — *Ragy, c° de Marigny ?*
Raimbaldus, decanus [Nivernensis], 145.
Raigniacum (apud), 230.6. = Regniaco.
Raimbalt, testis, 125.
Raimbert, mancipium, 71.
Raimberti tenementum, 86.
Raimodis, domina, 34, 58.
Rainaldus, custos ordinis, 221 ; —, episcopus, 213 ; —, pistor, 105.
Rainaudus, monacus, 48.
Rainerius, archipresbyter [Æduensis], 16, 112 ; —, filius, 18-9, 21 ; —, testis, 88, 140, 180, 182, 186.
Raingardis, uxor, 56, 110.
Raingart, terra, 174.
Raionardus, servus, 40.
Ramis Palmarum (in), 229.20, 230.28.
Rasneria, silva, 152. —
Ratbal (Hugo), 166.
Ratmaldi terra, 80.
Raymodis, Raynerius = Rai....
Recondis (Amicus de), 212. —
Rectitudo, 18, 33, 59, 86, 154, 182.
Rectum, 17, 36, 48, 59, 87, 91-2, 159-60, 170-1, 218.
Refectorium, Refert-m, Reffect-m, 235, 2.20, 236.7, 237.25, 238.29, 244.2, 246.12.
Regniaco (prioratus de), 237.23. — *Regny (Loire).*
Regniacum (juxta), 158 = Rigniaco.
Reigniacus, 224. = Rigniaco.
Reiniaco (ecclesia de), 202. = Rigniaco.
Reliqula, 229.12. — *R-iœ,* 243.17.
Remigius, testis, 218.
Reminiscere (dominica), 229.4, 230.6.
Rencho, monacus, 215.
Reun (Girardus de), 221. — *Rion,*

c° *de Demigny.*
Rex (Heldigerius), 147 ; — (Martinus), 56.
Richardus, comes [999], 213 ; —, episcopus Albanensis [1102-14?], 189 ; —, homo, 184, 188 ; —, præpositus, 64, 66, 159 ; —, servus, 134, 143 ; —, testis, 140.
Richirs, testis, 207.
Rigniaco (domus de), 232.5, 233.23, 234.20. — R-cum (apud), 229.14, 238.26. — *Rigny-sur-Arroux.*
Rimunnes (Benedictus, Eldricus, Rotbertus de), 48. —
Riniacum = Rigniacum.
Rispa, 55, 148-9, 198.
Robertus, 21 ; —, capellanus, 28 ; —, — de Martiniaco, 225 ; —, episcopus Cabilonensis [1185- v. 1215], 226 ; —, filius, 87 ; —, frater, 192-3, 215 ; —, monacus, 93, 246.7 ; —, præpositus, 127 ; —, presbyter, 48 ; —, rex [Franciæ II, 996-1031], 187, 213-4 ; —, servus, 151 ; —, socius abbatis, 221 ; —, testis, 40, 48, 65, 73, 83, 140, 181, 192, 199 ; —, vicecomes [d'*Autun*], 2 ; Cabilonensis, 8, 165, 213 ; 185.
Rocca, Roccha = Rocha.
Rocelinus, testis, 184.
Rochi, R-ia (de la) Bernardus, 197 ; — Petrus, 212 ; — Walterius, 212 ; — Wido, 58, 197 ; — Willelmus, 197. —
Roclenus, præpositus, 199 ; —, subdiaconus, 145 ; —, testis, 15, 140, 184, 193.
Rodbertus = Robertus.
Rodgerius, episcopus, 213.
Rodonis fluvius, 148. — *Le Roudon, riv. (Allier).*
Rodulfus, archipresbyter, 93, 132 ; —, episcopus Cabilonensis [977-986], 165 ; —, homo, 87, 184 ; — levita, 145 ; —, pater, 65 ; — presbyter, 145 ; —, testis, 71, 80 186 ; — (Hugo), 210.
Roena (de), Roenensis, Roenes (Bonuspar, 25, 92 ; — Tetardus, 25, 27, 29, 80, 92. — *Roanne (Loire).*
Roleti (Rotbertus), 207.
Rosels (Constancius), 192.
Roserias, R-rs (ad), 44 ; — (de) villa, 8, 74 ; — vineæ, 9. — *Rosières, c° de Toulon-sur-Arroux.*
Rossolione (dominus de), 240.17. — *Roussillon* ....

ROTBERTUS = ROBERTUS.
ROTGERIUS, testis, 180, 182, 185.
ROTILDIS, uxor Gunterii, 173.
ROTRUDIS, domina, 78 ; —, uxor, 22, 41-2, 87, 99, 100.
Rua Merdosa, villa, 148. —
RUBERT (Jodzerannus), 179.
RUDOLFUS = RODULFUS.
RUFUS (Durannus), 103, 112 ; — (Hugo), 83 ; — (Petrus), 207 ; — (Pontius), 27 ; — (Rainerius), 148.
RUIL (Artaldus), 79.
Rumannes (in), 204. —
RUNGUFER, R-RS (Olgodus), 167 ; — (Rotbertus), 76 ; — (Seguinus), 166-7.
Runs (prior de), 236. —

Sacratio ecclesiæ, 3, 165.
Sagonam (ultra), 238.18-29, 241.1. — *La Saône (riv.).*
Salas = Sales.
Salcine (Hugo de), 22. —
Saleniaco = Saliniaco.
Sales (apud), 229.9, 230.32, 232.27, 235.22, 236.9, 237.24, 238.17, 239.10, 241.3, 244.2 ; — (domus de), 233.30, 234.11, 240.26, 243.10. — *Salles (Rhône).*
SALICHERIUS, testis, 199.
Saliniaco (de) Aroldus, 127 ; — Hugo, 20, 48, 79, 92, 101, 127, 153 ; — Rotbertus, 101 ; — Wichardus, 48, 127, 153, 155. — *Saligny (Allier).*
Salis, Salles = Sales.
SALOMON, faber, 207.
Salon (Oddo de), 232.24. —
Saltu de Cosant, C-nzt, Quosant, subtus Cossam (domus de) 232.8, 233.26, 234.17, 240.13. — Saltum (apud), 236.4. — S-m de Cosan, C-nt, subtus Cosam, Cosant (apud), 229.15, 230.9, 235.16, 237.5, 238.21, 239.24, 241.8. — *Sail-sous-Couzan (Loire).*
SALVAIONS (Stephanus dictus), 234.28.
SALVAMENTO (Bernardus), 183.
Salvamentum, 179, 194, 221-2, 226.
SALVATOR (sus), 2, 187.
Sancti familia, 103 ; — terra, 10, 209.
Sancto Albano, Albino (de) Anselmus, 206 ; — ecclesia, 102 ; — G. 203 ; — Guicardus, G-cha-s, 225-6 ; — Hugo, 221 ; — Willelmus, 225-6. — Si A-ni de Calmo (ecclesia, 189. — *St-Aubin-en-Charollais.*

Si Andreæ apostoli (ecclesia, 81. —
Sancto Benigno ecclesia, parrochia, 167. — *St-Berain-sous-Sanvigne.*
So Bonito (Rodulfus de), 21. — *St-Bonnet-de-Vieille-Vigne.*
Sancti Cirici terra, 6. —
Si Cosmæ domus, 230.29, 235.23. — *St-Cosme-lès-Châlon.*
Sancto Desiderio (de) Ansedeus, 45 ; — parrochia, 148 ; — Willelmus, 212. — *St-Didier....*
Sum Dionisium (ad), 145. —
Sanctam Ecclesiam (capella dicta ad), 152. —
Se Euphemiæ ecclesia, 87, 184. — *A Martigny-le-Comte.*
Sancti Ferioli, Ferr-i terra, 7, 196. — *St-Forgeuil.*
Si Filiberti terra, 64. —
Sancti Gengulfi ecclesia, 189. — *St-Gengoux-le-Royal.*
Si Georgii terra, 180. —
St Germain (Girard, Guillaume de), 113. —
Si Germani abbas, 189. — *St-Germain, à Auxerre (Yonne).*
Si Grati terra, 29, 52, 79, 160, 206. —
Sancti Joannis, J. Baptistæ altare, 206-7, 210 ; — circuitus, 145 ; — terra, 3, 125. —
Si Joannis archipresbyter, 202. —
Si Joannis castrum, 48, 167, 181. = Mota Si Joannis.
Si Joannis cœnobium, 183 ; — monasterium, 3. — *St-Jean-de-Maizelle, près Châlon.*
So Juliano (de) Bernardus, 161-2 ; — parrochia, 35, 86 ; — villa, 33. — *St-Julien-de-Civry.*
Si Justi ecclesia, 6, 198 ; — mansus, 96 ; — terra, 49 ; — villa, 44-5. — *St-Just, c^e de Champlecy.*
Si Justi Lugdunensis obedientiarius, 230.8-34, 232.2-7. — *St-Just, à Lyon.*
Sancto Laurentio (de) Hugo, 202 ; — obedientia, 190 ; — parrochia, 88. — *St-Laurent-en-Brionnais ?*
Si Leodegarii ecclesia, 21, 132 (mart.) ; — parrochia, 21, 48, 51. — *St-Léger-lès-Paray.*
So Luciano (de), 48. —
Sum Lucianum (ad), 64. —
Si Marcelli Cabilonensis, C-onis, Cha-nensis, in suburbio Cati, prope C-onem) cœnobium, 213 ; — domus, 232.22, 233.7, 240.22 ; — prior, 238.11 ; — prioratus, 234.7, 238.7. —

Sum M-lum, M-m de C-e, C-ensem, C-onis, juxta C-nem, Sc-nis (apud), 229.27, 230.28, 232.25, 235, 24, 238.11, 239.13, 241.23, 243.13, 246.12. — *St-Marcel, à Châlon-s.-S.*

Sum Marcellinum (apud), 237.11. = *précéd.*

Sᵉ Margaritæ abbas, 202. — *Ste-Marguerite, à Beaune (C.-d'Or).*

Sᵃ Margarita in Helincuria (prior de), 238.9. —

Sanctæ Mariæ terra, 64, 180. —

Sᵃᵉ Mariæ : *voy.* Bosco.

Sᵃᵉ Mariæ : *voy* Capellam (ad).

Sⁱ Martini capella, ecclesia, 25. —

Sⁱ Martini ecclesia, 3, 165 ; — mansus, 6.

Sⁱ Martini in Campis (prior, 230.20. — *St-Martin-des-Champs, à Paris.*

Sⁱ Martini Masticonensis (domus, 234.8, 237.26, 240.23. — Sum M-num M-nsem, Matisc-m, de Vineis prope Masticonem (apud), 229.1, 230.35, 232.26, 235.27, 237.26, 238. 11, 241.1. — *St-Martin-des-Vignes, cᵉ de Mâcon.*

Sancti Nazarii capella, 134 ; —terra, 7, 195. —

Sⁱ Nicetii ecclesia, 8. — *St-Nizier-sur-Arroux ou sous-Charmoy.*

Sⁱ Nicetii, Sⁱ N-i juxta Bellum Jocum, subtus Bellijocum (domus, 232.2, 233.31, 234.9 ; — prioratus, 237.23. — Sum N-tium s-s B-m, de Strata (apud), 229.10, 230.34, 238.15. — *St-Nizier-d'Azergues (Rhône).*

Sᵒ Nycetio (de) = Sⁱ Nicetii.

Sancti Pauli colonica, 6. —

Sⁱ Petri cathedra, 202.

Sⁱ Petri terra, 72, 79. —

Sⁱ Petri Cabilonis abbas, 230.22. — *St-Pierre, à Châlon.*

Sⁱ Petri de Chandeyo, C-die, Chanziaco (dominus, 230.23 ; — domus, 233.28, 234.14 ; — prior, 230. 28. — Sum Petrum de Chandiaco (apud), 241.5. — *St-Pierre-de-Chandieu (Isère).*

Sᵒ Prejecto (de) Hugo, 207 ; — Huldris, 133 ; — Vericus, 27. — *St-Prix.*

Sᵒ Privato (Guido de), 76. — *St-Privé.*

Sancti Quintini abbas, 16. —

Sancti Rigaudi abbas, 230.11, 232.6-10. — *St-Rigaud, cᵉ de Ligny.*

Sⁱ Romani ecclesia, 189. — *St-Romain-sous-Gourdon.*

Sⁱ Romani domus, 233.8, 234.6, 240.7, 246.9. — Sⁱ R-i (dominus villæ), 230.21 ; — juxta Belnam (prior, 233.10. — Sum R-num, 246.9 ; — (apud), 230.21, 235.1, 236.11, 237.12, 239.14, 241.21, 243. 14. — *St-Romain-le-Haut (C.-d'Or).*

Sancti Salvatoris terra, 30. —

Sᵒ Salvio (prior de), 221. —

Sⁱ Secani abbas, 233.3. — *St-Seine-l'Abbaye (Côte-d'Or).*

Sⁱ Simphoriani ecclesia, 27-8, 49, 165 ; — prior, 202. — *St-Symphorien-des-Bois.*

Sⁱ Stephani abbas, 16. — *St-Etienne, près Autun.*

Sanctum Victorem (capella ad), 6. —

Sⁱ Vincentii capitulum, 232.26. — *St-Vincent, chap. à Mâcon.*

Sⁱ Vincentii terra, 206. —

Sanctimonialis habitus, 17 ; — recepta, velata, 229.8.

Santena, villa, 197. — *Santenay (Côte-d'Or).*

Sarron (Hugues de), 163. —

Sau (Guichard de), 133. —

Saules = Sales.

Savigniaci hospitalarius, hostalarius, 229.14. — *Savigny (Rhône).*

Saviliacensis ager, 195. — *Santilly.*

Savinlaco (in) 6 ; —, villa, 69. — *Savigny-sur-Grosne.*

Scabellis (Hugo de), 93-4, 150-1, 162. —

Scammium, 96. — Scamnium, 190. — Scannium, 177.

Sciphus argenteus, 10.

Scolaris, 230.23, 233.7-15, 238.11.

Scolis (prior in), 230.14, 233.5, 240. 18-23.

Scotia (de) Humbertus, 39 ; — villa, 89, 59, 97. — *Ecossais, cᵉ de Cronat.*

SCURULA (Durannus), 207.

Secretarius ecclesiæ, 25.

SEGNORET, testis, 207.

SEGUALDUS, præpositus, 12.

SEGUINUS, archidiaconus Æduensis, 16, 189 ; —, donator, 63 ; —, filius, 73, 140 ; —, frater, 68 ; — monachus, 130 ; —, præpositus, 117 ; —, prior de Marciniaco, 220 ; —, presbyter, 57 ; —, socius abbatis, 221 ; —, testis, 63, 96, 102, 199.

Selmeriaco (Artaldus de), 44. — *Sommery.*

S¹ Victoris domus, 232.6, 234,21; — prior, 234,287. — S-um V-rem (apud), 229.13, 230.7, 233.23, 235. 12, 237.21, 238.27, 243.7. — St-Victor, c° de.... (Rhône).
Sella argentea, 10.
Semelayum (apud), 243.1. = Simulay.
Semuro (Girardus de), 231. = suiv.
Semuro Briennensi (Perrinus de), 231. — Semur-en-Brionnais.
Senior, 8. — S-res, 87, 131. 157, 167, 174, 181, 190, 192.
Senonis (actum), 222. — Sens (Y.).
Senviniaco (in). 143. = Sine Vinea.
SEPTIMANA (Willelmus), 207.
Sepultura, 19, 21, 97, 100, 102-3, 107, 109-10, 136, 139, 167, 176, 187.
SERGIUS, clericus cardinalis, 207.
Sernay (Guido de), 239.7. —
Servitium, 3,35-6, 55, 58, 90, 97, 109, 124, 127, 134, 139, 143, 184, 206; — Dei, 229. 11; divinum, 229.6, 238.20.
Servitutis calumnia, 66.
SESCHAL (Stephanus), 111.
SESCHAS (Bernardus), 200.
Setmur (Gaufredus de), 166-7. = Semuro.
Sextaria, 141. — S-ius, 20, 22, 35-6, 41, 44, 70, 98, 123-4, 127, 136, 138, 139.
Sigillum, 221-2, 225-6, 246.10.
Simelay, Similac, S-ayo = Simulay.
Simiric (Artaldus de), 69. = Semuro.
SIMON, testis, 174.
Simulay, S-liacum (apud), 229.23, 230.14, 232.16, 233.14; — (de), 235.6; — domus, 234-2, 237.16. — Sémelay (Nièvre).
Sinemurense castrum, 90. — S-ro (Dalmatius de), 15. = Semuro.
Sine Vinea, castrum, 76. — Sanvigne.
Sivignon (de) Hugo, 219; — Petrus, 219.20. — Sivignon.
Societas, 16, 68, 108, 170.
SOFREDUS, camerarius, 221.
Solman (Hugo de), 80. —
Spinacia (Guillaume de), 133.
SPIRIACO (Hugo), 25.
Spirii (Lambertus de), 189. —
Sposion (ecclesia de), 154. = Poisson.
STAGNI (Gaufredus), 166.
STEPHANA, domina 79; —, uxor, 18-9, 21, 29, 30, 88, 113.
STEPHANI (Durannus), 207.
STEPHANUS, abbas S¹ Quintini

[XI° s. fin], 16; —, archipresbyter, 76; a-r Si Joannis, 202; —, armarius, 207; —, cantor, 189; —, decanus, 87; —, eleemosinarius Cluniaci, 230; —, episcopus Æduensis [1112-39], 218; —, frater, 229.30; —, præpositus, 43,211; —, presbyter, 27, 88; —, servus, 48; —, socius in ordine, 229.28; —, testis, 35, 42, 71, 140; —, vicarius, 148.
Strafort (domus de), 283.4. —
Stratus laneus, 238.11; lineus, 235. 2-4-8.
Sulvusi (Hugo de la), 150. —
SUSANNA, foemina, 159.
Symulay (apud) = Simulay.

T..... (molendinum de), 230.2. — Tablenas (apud), 61. —
Talia, 237.11. — Tallia, 221.2, 230.2.
Talmeriaco, villa, 191. — Thomery, c° Collonge-en-Charollais.
Taloiers, Taluers, T-uier, T-rs, T-uyers (apud), 229.6, 230.29, 232.28, 235. 18, 236.6, 237.6, 238.19, 239.4, 241.6; — (de) domus, 233.27, 234, 15, 240.17; — prior, 232. Taluyer (Rhône).
Taluxiaco (Aymo de), 237.9. — Taluchot, c° de Toulon ?
Tanncio (Joceranuus de), 234.28. —
Tanpestas = Tempestas.
TARABALDUS, testis, 27.
Taschia, 60, 70, 98, 127, 157-8, 206.
Tasneria (campus a la), 90. —
TEBRANNUS, testis, 174.
TECHIT (Ingelbertus), 167.
TEDBALDUS = Theobaldus.
TEGRINUS, testis, 80.
Teli (homines a), 212. = Til.
Telia 30, 138.
Tempestas, 237.13-19-20, 243.9, 16.
Temponiaco (in), 145. —
Tenego, rivus, 217. —
Tenementum, 20, 36, 42, 45, 60, 69, 80, 109, 112, 139, 221.
TEOBALDUS = THEOBALDUS.
Tercennariorum missa, 235.2.
Terniacum (apud), 229.8, —
Testamentum, 10, 176, 213.
TETBALDUS = THEOBALDUS.
TETCENDA, serva, 76.
TEUDBALDUS = THEOBALDUS.
TEUDBERTUS, testis, 71.
TEUDINUS, testis, 186.
TEUZA, TEZA, mulier, 170.

Thaluiers = Taloiers.
Theconerias, villa, 6. — *Tassonnières, auj. Droux, c° de Sevrey*.
THEOBALDUS, abbas Cluniacensis [*1179-83*], 221-2 ; —, comes, c-s Cabilonensis [*1039-† v. 1065*], 10-1, 64, 87, 96, 101, 107, 111, 140, 152, 194, 209, 221-2 ; c-s dapifer, 222; nepos comitis, 9,184 ; —, presbyter, 145 ;—, servulus, 48.
THEODORICUS, servus, 82.
THETÆRALS, laudator, 48.
THETMANNI mansus, 112.
Tholon (chasteau de), 228. = Tolon.
THOMAS, clericus, 61.
Tiangis, villa, 143. — *Thianges (Nièvre)*.
Tier, T-rno (Wido de), 87, 152, 208. — *Thiers (P.-de-D.)*
Til (a), 212 ; — (Stephanus de), 212. — *Tilly, c° de St-Aubin-en-Charollais*.
Tilve (Constantius de), 53. — *Timpanille*, 243.4.
Tisiacum (apud), 238.28. = suiv.
TISIONS (Heldinus), 92.
TISIRE (Letbaldus), 207.
Tissiaco (de) domus de burgo, 234. 22 ; — prioratus, 257.23. — *Thizy (Rhône)*.
Tolfol, villa, 156.—
Tolociaco, villa, 82. — *Tollecy, c° de St-Julien de Civry*.
Tolon, T-nensis, Tolono, Tolun (de) cartæ, 165 ;— decanus. 167 ; — ecclesia, 15, 227 ; — potestas, 167 ; — stagnum, 48 ; — villa, 3,165-6, 175, 221-2, 225-6. — *Toulon-sur-Arroux*
Tolosa, 10. — *Tolosa (Esp.)*
Tor (de la) Hugo, 66,152 ; — Seguinus. 57,66. —
Torcularis (domus), 235.1.
TORNULUS (Ayrardus), 82.
TOSINUS (Bernardus), 56.
Treffort (apud), 229.1, 230.26. — *Treffort (Ain)*.
Trenorchium (apud), 176. — *Tournus*.
Trinitas (sa), 206, 214-5, 217, 219, 222.
Troado, Troando (de) domus, 235. 29, 246.8 ; — prior, 243. —T-dum, T-nt, Troaz (apud), 230.18, 232.21, 238.11, 236.15, 243.17. — *Trouhans (Côte-d'Or)*.
Tronce (terra de), 204. — *Troncy (Le), c° de Nochize*.
Truandum (apud) = Troandum.
Turiaco (Rodulfus de), 162. — *Toury, c° de Cortembert*.
Turre (dominus de), 230.24. — *La Tour-du-Pin (Isère)*.
Tyse, T-eio (domus de), 232.4, 233, 24. —
Tysiacum (apud), 230.5. = Tissiaco.

U GO = HUGO.
ULDEIRS (Bernardus), 207.
Uldri (ecclesiæ) parrochia, 167. — *Oudry*.
ULGERIUS. servus, 184.
Ulmo (ecclesia Si Albani de), 189. —
Ulmos (piscaria ad), 6. — *Ormes*.
Un... (Hugo de), 48.
UNCBERGIA, uxor, 73.
UNDRADA, ancilla, 84.
Ungren, vineæ, 151. —
Urcinis (de), 237.11. — *Urcy (C.-d'Or)*.
URIOLS (Girardus), 166.
URIUL, URUILS (Bernardus), 82.
Usagia bona, 227. — *U-gium*, 240.5.
Usuaria, 64. — *U-ium*, 204.
Usura, 238.1 à 29, 239.6-12-15.

V ADEPET (Joculator), 207.
VAGULIERS, testis, 207.
VALDET (Heldinus), 53.
Valentiæ, Valentinen. episcopus, 237.39, 246.9. — *Valence (Drôme)*.
Valestinas, V-nes, V-nis (de) Anselmus, 36,127 ; — Fulco, 27 ; — Girardus, 25,70 ; — Girbaldus, 24 ; — Humbertus, 70 ; — illi, 60 ; — Jocerannus, 27,36 ; — Wilelmus, 27. — *Valétine, c° de Colombier-en-Brionnais*.
Valle (mansus de), 220. —
Vallis (mansus in), 8 ; —, villa, 41, 50, 184. — *Vaux*....
Vallis Aurea, cœnobium, 213,214. = Aurea Vallis.
Vals (de) Bernardus, 90 ; — Hugo, 87, 90, 155 ; — Petrus, 90. — *Vaux*....
Varena (a la), terra, 59. —
Varena, V-as, V-nis, V-nnas. V-nes, V-nens, V-nnis (apud), 216 ; — (de) Bernard, 104 ; — Constantinus, 216 ; — Durannus, 221 ; — Gaufredus, 42, 103, 105, 107, 156 ; — Gerardus, Gir-s, 55, 105 ; —

Guillaume, 156 ; — Hugo, 104 ;
Jocerannus, Jodc-s, Jodze-s, Josserand, 55, 104, 105, 106, 161 ; —
Petrus, Pierre, 105, 156, 161 ; —
villa, 112 ; — Wigo, 105, 112 ; —
Wilelmus, 105, 107, 111, 161. —
Varennes.
Varnutias, villa, 73. —
VASLET (Walterius), 166.
Vaura (de) Hugo, 207 ; — villa, 148.
La Vèvre ?
Velicourt (Guillaume de), 113,119.—
Velorbain. V-ania (de) Gaufridus,
54 ; — Letbaldus, 159. = Villæ
Orbanæ.
Velum ante altare in XL.ma, 230.14.
Vendenesse. V-si (Jocerannus), 27.
— *Vendenesse-lès-Charolles.*
Vercelgum (apud), 160. — *Versaugues.*
Vercheria, 18, 22, 24, 32, 35, 38, 41,
50, 72, 79, 89, 93, 99, 117, 129, 191.
Vergeio, V-erio, V-eyo (de) decanus,
246.10 ; — domus, 234.5, 240.6. —
V-cium, V-cyum, Vergiacum
(apud), 230.20, 232.20-23, 233.9,
235.2, 236.18, 237.18, 238.8, 239.15,
241.20, 243.15, 246.9 10. — *Vergy*
(Côte-d'Or).
Vernol, V-nul [de] Atto, 49 ; —
Bernardus, 49, 97 ; — villa, 58.—
Verneuil.
Verreriis, mansus, 93. —
Verreris, locus, 150. — *Verrièrela-Grande.*
VERT (Girbaldus), 34.
VESONTIOLA (Gaufredus, Hugo, Wilelmus), 151.
Vestiarium, 235.14, 238.11, 241.12,
248.5, 246.18.
Vetul',V-lac', V-ai', V-lis (de) Vilelmus, Vui-s, Wi-s, 108, 111,
115-6. —
Vetula Curia (Vuilelmus de), 97.
— *Viécours, cⁿ de St-G....*
Vetulæ Fontis pratum, 93. —
Vetulas Milerias, campus, 103 ; —
villa, 187. —
VETULUS (Rainerius), 123.
Vetus Vinea, villa, 176. — *St-Bonnet-de-Vieille-Vigne.*
Veura (in), 32. — *Le Vevra, c° de
St-Julien-de-Civry.*
VICARIUS (Adalbertus), 215.
Vichiaco (Tetardus de), 144. — *Vichy (Allier).*
Vico (domus de), 204. —
Victriacensis parrochia, 120.— *Viry.*

Vigiaco (Rotbertus de), 207. —
Vilate (apud), 230.27. = Villeta.
Vileret = Villeret.
Vilers (de) Jocerannus, Jotc-s, 17,20,
107,119, 158, 210 ; — Richard, 121 ;
— Wicardus, 109. — *Villers.*
Vilete (apud), 237.8. = Villeta.
Villa Nova (de) domus, 232.10, 234.
19, 240.12 ; — prior, 237 ; — prioratus, 238.27 ; — villa, 185. —
V-am N-am (apud), 229.18,230.11,
233.19, 235.13, 236.2, 237.22, 238.25,
239.2, 241.10, 243.7. — *Villeneuve*
(Ain).
Villæ Orbanæ, Ur-æ (Jodcerannus,
86 ; — Letbaldus, 97. — *Villorbaine.*
Villarcium, villa, 224. —
Villata (domus de), 233.2. = Villeta.
Villena (de) mansus, 22 ; — villa,
99. — *Villaine.*
Villerel, villa, 100. = Villeret.
Villeret (de), 56 ; — Deodatus,
Girardus, 50 ; — mansus, 22 ; —
villa, 50. — V-t, V-tum (in), 56,
145. — *Villeret.*
Villeta (domus de), 232.31. — *Villette* (Ain).
Villon (de) Achardus, 22 ; — Girbaldus, Rainerius, 34. —
Villula, 148, 212, 214.
Vilorbana, V-ne (de) Bertrannus,
25 ; — Gaufridus, 28. = Villæ
Orbanæ.
VIMBERGA, mulier, 51.
Vinal (Walterius de), 200. —
Vinam (ad), 41. —
Vinario (Constantinus de), 44.—
VINCENTIUS (suᵘ), 188.
Vinzæ (Girardus), 34. —
Viridiarium, 69, 93.
VISUNTIOLE (Gaufridus), 59.
VITALIS (Bernardus), 186.
Vitreæ, 235.8-9, 243.15.
Vitri, V-iacensis, V-co, V-ie (de),
barrochia, 48,112 ; — ecclesia, 18 ;
— parochia, 118 ; — Petrus, 202 ;
— Rodulfus, 95, 200 ; — Seguinus,
107. — *Vitry-en-Charollais.*
Vivent, V-tio, V-ntz, V-nz (de)
terra, 145 ;— villa, 6, 151, 154, 157,
158. — *Vivent, c° de....*
Volabrensis ager, 125. — *Volesvres.*
Volabro (decimus de), 204. = *précéd.*
Volauro, ecclesia, 59. = *précéd.*
Voldrach, fluvius, 52. — *L'Oudrache, riv.*

Volobrensis villa, 81. = Volab-s.
Vosensola (de) Gaufredus, Hugo, Wilelmus, 154. —

W ALBURGA, uxor, 69.
Walo, testis, 77, 134, 188.
Walterius, archidiaconus [Æduen.], 189; —, decanus [Æduen., 1055], 16; —, episcopus Æduensis [v. 977-†1024], 15,213; —, filius, 74; —, infans, 170; —, pontonarius, 130; —, servus, 116, 151; —, testis, 29, 77, 85, 140, 199.
Wandalmuda, soror, 84.
Werpire, 76, 87, 91, 142, 167, 177, 189, 208.
Werpitio, 49, 66, 68, 82, 108, 115, 179.
Wichardus, camararius, 190; —, eleemosynarius, 46, 47, 48; — filius, 44, 45, 140; —, frater, 18; —, monachus, 212; —, obedientiarius, 171, 175; —, testis, 21,93.
Wido, abbas, 213; —, archidiaconus [Æduen.],16,25; [Nivernen.], 145; —, comes, 213; —, domnus, 171; — donator, 8; — filius, 99; — nauta, 123; —, presbyter, 212; —, testis, 58, 134.
Wigo, filius, 99; —, testis, 100.
Wilelmus, Will-s, clericus com...

Cabilon. 229; —, comes, 185;
Cabilonensis [I, 1113-v. 1168], 201, 204, 209; [II, 1168-1203], 221, 222; —, —Nivernensis [1089-], 189; —, filius, 17; —, Judæus, 6; —, testis, 17,32, 74, 184, 210.
Wilengus, testis, 213.
Winebald (Rainardus), 48.
Winebaldus, testis, 198.
Winebalt. mancipium, 71.
Witbertus, miles, 8.
Witburgis, mater, 210.
Wlferius, miles, 86.

X ARTINES (Hugo), 190.

Y MARUS, testis, 196.
Ysabellis, uxor, 242.
Ysardus, episcopus, 165.
Ysiliardus, miles, 168.
Yspania, 237,19. — Espagne.
Yvo, abbas [Cluniacensis II, 1275-† 1289], 236,16.

Z ACARIAS, canonicus Autisiodorensis, 225.
Zuedebulda (villa de), 204. — Zublé,  ci. de Massy.

www.ingramcontent.com/pod-product-compliance
Lightning Source LLC
Chambersburg PA
CBHW051352230426
43669CB00011B/1616